Die Geldwäschegesetzgebung als Ermächtigungsgrundlage für den Informationsaustausch zwischen den Steuerbehörden und den Strafverfolgungsorganen

Europäische Hochschulschriften
Publications Universitaires Européennes
European University Studies

**Reihe II**
**Rechtswissenschaft**

Série II Series II
Droit
Law

**Bd./Vol. 4495**

PETER LANG
Frankfurt am Main · Berlin · Bern · Bruxelles · New York · Oxford · Wien

Jens Michael Bülte

# Die Geldwäschegesetzgebung als Ermächtigungsgrundlage für den Informationsaustausch zwischen den Steuerbehörden und den Strafverfolgungsorganen

## Zugleich eine verfassungsrechtliche Betrachtung der §§ 30 Abs. 4, 370a AO, 261 StGB und 10, 11 GwG

PETER LANG
Europäischer Verlag der Wissenschaften

**Bibliografische Information der Deutschen Nationalbibliothek**
Die Deutsche Nationalbibliothek verzeichnet diese Publikation in der Deutschen Nationalbibliografie; detaillierte bibliografische Daten sind im Internet über <http://www.d-nb.de> abrufbar.

Zugl.: Trier, Univ., Diss., 2006

D 385
ISSN 0531-7312
ISBN 3-631-56163-6



www.peterlang.de

**Gewidmet meinen Eltern**
**Ursula und Hans-Eckhart Bülte**

**Vorwort**

Die vorliegende Arbeit wurde im Sommersemester 2006 vom Fachbereich Rechtswissenschaft der Universität Trier als Dissertation unter dem Titel „Die Geldwäschegesetzgebung als Ermächtigungsgrundlage für den Informationsaustausch zwischen den Steuerbehörden und den Strafverfolgungsorganen" angenommen. Das Manuskript dazu wurde im Januar 2006 fertiggestellt. Rechtsprechung und Literatur sind, soweit dies möglich war, bis August 2006 berücksichtigt.

Das Thema der Arbeit geht auf eine Anregung von Herrn Rechtsanwalt Hans-Joachim Gernert aus Trier zurück, dem ich dafür herzlich danken möchte. Danken möchte ich auch meiner Kollegin Frau Marianne Scholten, die das Manuskript in der Rohfassung lesen mußte und mir so viele hilfreiche Anregungen gegeben hat.

Mein aufrichtiger Dank gilt selbstverständlich meinem Doktorvater Herrn Prof. Dr. Volker Krey, der mich bei der Fertigstellung des Manuskriptes in so freundlicher Weise betreut, mit konstruktiven Gesprächen unterstützt und mir während dieser Zeit die Gelegenheit gegeben hat, die herzliche Atmosphäre an seinem Lehrstuhl zu genießen und Erfahrungen in der wissenschaftlichen Tätigkeit zu sammeln.

Außerdem danke ich Herrn Prof. Dr. Christian Jäger für die zügige Erstellung des Zweitgutachtens.

Meiner Frau Sonja möchte ich besonders dafür danken, daß sie mir auch in schwierigen Zeiten den Rücken frei gehalten und jederzeit Verständnis für den Zeitaufwand gehabt hat, den diese Arbeit mit sich brachte.

Nicht zuletzt danke ich meinen Eltern, ohne deren bedingungslose Unterstützung auch diese Arbeit nicht denkbar gewesen wäre.

Schwalmtal, im August 2006 — Jens Michael Bülte

IINHALTSVERZEICHNIS

**Literaturverzeichnis**


Amelung, Knut — Zur Kritik des kriminalpolitischen Strafsystems von Roxin, JZ 1982, 617-622

Apitz, Wilfried — Schätzungsbescheide bei „willkürlicher" Schätzung, StBp 2002, 107-113

Arbeitsgruppe für Steuerausfälle — Bericht der Arbeitsgruppe für Steuerausfälle, StB 1994, 400-413

Arzt Gunther / Weber, Ulrich — Strafrecht Besonderer Teil, Bielefeld 2000

Aselmann, Maike — Die Selbstbelastungsfreiheit im Steuerrecht, NStZ 2003, 71-75

Bärlein, Michael / Pananis, Panos / Rehmsmeier, Jörg — Spannungsverhältnis zwischen der Aussagefreiheit im Strafverfahren und den Mitwirkungspflichten im Verwaltungsverfahren, NJW 2002, 1825-1830

Ball, Kurt — In dubio pro fisco, JW 1921, 547-549

Barton, Stephan — Das Tatobjekt der Geldwäsche: Wann rührt ein Gegenstand aus einer der im Katalog des § 261 StGB I Nr.1-3 StGB bezeichneten Straftaten her ?, NStZ 1993, 159-164

Barton, Stephan — Sozial übliche Geschäftstätigkeit und Geldwäsche (§ 261 StGB), StV 1993, 156-163

Berg, Wilfried — Die Beweislast im Verwaltungsprozeß am Beispiel des Wohngeldrechts, BVerwGE 44, 26, JuS 1977, 23-27

Bernsmann, Klaus — Geldwäsche (§ 261 StGB) und Vortatkonkretisierung, StV 1998, 46-51

Besson, Phillip A. — Das Steuergeheimnis und das nemotenetur-Prinzip im (steuer)-strafrechtlichen Ermittlungsverfahren, Frankfurt a.M. 1997

| | |
|---|---|
| Bilsdorfer, Peter | Die Informationsquellen und -wege der Finanzverwaltung; Wege und Methoden der Auskunftserlangung im In- und Ausland zum Zwecke der Besteuerung, Grundlagen und Praxis des Steuerrechts Bd. 26; 4. Aufl., Bielefeld 1999 |
| Birk, Dieter | Steuerrecht, 8. Aufl., Heidelberg 2005 |
| Bittmann, Folker | Die gewerbs- oder bandenmäßige Steuerhinterziehung und die Erfindung des gegenständlichen Nichts als geldwäscherelevante Infektionsquelle, wistra 2003, 161-169 |
| Bittmann, Folker / Rosner Marie-Luise | Beweiserhebung zum Vergessen ? Ein Beitrag zum Umfang der Verwendungsbeschränkungen in den §§ 10 und 11 V des Geldwäschegesetze, wistra 1995, 166-170 |
| Blesinger, Karl | Die Einleitung des Steuerstrafverfahrens, wistra 1994, 48-54 |
| Blesinger, Karl | Das Steuergeheimnis im Strafverfahren, wistra 1991, 239-245, 294-298 |
| Bock, Michael | Die Mitteilungspflicht der Gerichte nach § 116 AO, NJW 1992, 101-102 |
| Bockelmann, Ralf | Die geplante Geldwäsche-Verdachtsmeldepflicht für Steuerberater kontra § 57 Abs. 1 StBerG, Stbg 2001, 127-134 |
| Boldt, Gottfried | Johann Samuel Friedrich von Böhmer und die gemeinrechtliche Strafrechtswissenschaft, Berlin 1936 |
| Bottke, Wilfried | Teleologie und Effektivität der Normen gegen Geldwäsche, wistra 1995, 87-91, 121-130 |
| Bottermann, Christoph | Untersuchung zu den grundlegenden Problematiken des Geldwäschetatbestandes, auch in seinen Bezügen zum Geldwäschegesetz, Bochum 1995 |

Bunjes, Johann / Geist, Reinhold — Umsatzsteuergesetz, 8. Aufl., München 2005 (zitiert als: Bearbeiter in: Bunjes/Geist)

Burger, Armin — Die Einführung der gewerbs- und bandenmäßigen Steuerhinterziehung sowie aktuelle Änderungen im Bereich der Geldwäsche – Eine Darstellung und Bewertung der Geldwäsche –, wistra 2002, 1-8

Burr, Christian — Geldwäsche, Eine Untersuchung zu § 261 StGB, Siegburg 1995

Carl, Dieter / Klos, Joachim — Geldwäschegesetz und Datenweitergabe zu Besteuerungszwecken, DStZ 1994, 68-74

Cramer, Peter / Cramer, Steffen (Hrsg.) — Anwalts-Handbuch Strafrecht, Köln 2002, (zitiert: Bearbeiter in: Anwalts-Handbuch Strafrecht)

Creifelds, Carl — Rechtswörterbuch, 18. Aufl., München 2004

Crezelius, Georg — Verkappte Analogien in der Finanzrechtsprechung, StuW 1981, 117-125

Dahs, Hans — Anmerkung zum Urteil des BVerfG vom 30.03.2004 – 2 BvR 1520, 1521/01, NStZ 2004, 261.

Dahs, Hans / Krause, Daniel M. / Widmaier, Gunter — Das Verbrechensbekämpfungsgesetz vom 28.10.1994 – ein Produkt des Superwahljahres, NJW 1995, 553-557

Dannecker, Gerhard — Steuerhinterziehung im internationalen Wirtschaftsverkehr, Köln 1984

Deal, Detlef — Der strafprozessuale Vergleich, StV 1982, 545-552

Diercks, Uwe — Das verfassungsrechtlich befremdliche Verhältnis des Gesetzgebers zur Unschuldsvermutung, in AnwBl. 2002, 147-155

| | |
|---|---|
| Dolzer, Rudolf / Vogel, Klaus / Graßhof, Karin | Bonner Kommentar zum Grundgesetz, Loseblattsammlung, München (Bearbeiter in: BK) |
| Erbs, Georg / Kohlhaas, Max | Strafrechtliche Nebengesetze, München, Loseblattsammlung (zitiert als: Bearbeiter in: Erbs/Kohlhaas) |
| Eisenberg, Ulrich | Beweisrecht der StPO, Spezialkommentar, 5. Aufl., München 2006 |
| Engels, Dieter | Der partielle Ausschluß der Notwehr bei tätlichen Auseinandersetzungen zwischen Ehegatten, in GA 1982, 109-125 |
| Eser, Albin | Neue Wege der Gewinnabschöpfung im Kampf gegen die organisierte Kriminalität? Kritische Bemerkungen zu aktuellen Reformbemühungen, in Festschrift für Walter Stree und Johannes Wessels zum 70. Geburtstag, S. 832-853, Heidelberg 1993 |
| Eul, Harald | Banken im Dienst der Obrigkeit - datenschutzrechtliche Fragestellungen beim Geldwäschegesetz – RDV 1999, 197-205 |
| Feigen, Peter | Die Beweislastumkehr im Strafrecht, Geldwäsche, Vermögenseinziehung, Hehlerei de lege lata et ferenda, Herdecke 1998 |
| Fincke, Martin | Zum Begriff des Beschuldigten und den Verdachtsgraden, ZStW 95 (1983), 919-972 |
| Findeisen, Michael | Der Präventionsgedanke im Geldwäschegesetz – Anforderungen der Bankenaufsicht an die internen Sicherungsmaßnahmen der Kreditinstitute gem. § 14 Abs. 2 GwG zur Bekämpfung der Geldwäsche, wistra 1997, 121-128 |

| | |
|---|---|
| Flatten, Thomas | Zur Strafbarkeit von Bankangestellten bei der Geldwäsche, Frankfurt a.M. 1996 |
| Flume, Werner | Steuerrechtsprechung und Steuerrecht, StbJb 1985/1986, 277-310 |
| Forthauser, Roman | Geldwäscherei de lege lata et ferenda, München 1991 |
| Fromm, Heinz | Finanzermittlungen – Ein Herzstück der OK-Bekämpfung ?, Kriminalistik 1998, 463-469 |
| Franzen, Klaus / Gast-De Haan, Brigitte / Joecks, Wolfgang | Steuerstrafrecht mit Zoll- und Verbrauchsteuerstrafrecht, Kommentar §§ 369-412 AO, StraBeg, § 32 ZollVG, 6. Aufl., München 2004 (zitiert als: Bearbeiter in: Franzen/Gast/Joecks) |
| Fülbier, Andreas | Eckpunkte einer verbesserten Geldwäschebekämpfung, ZBB 1996, 72-73 |
| Fülbier, Andreas | Das Geldwäschegesetz - ein Überblick mit kritischen Anmerkungen, DStR 1994, 827-831 |
| Fülbier, Andreas / Aepfelbach, Rolf R. / Langweg Peter / Schröder, Christian / Textor, Petra | Das Geldwäschegesetz, Eine kommentierte Einführung, 5. Aufl. 2006 (zitiert: Bearbeiter in: Fülbier/Aepfelbach) |
| Fülbier, Andreas / Aepfelbach, Rolf R. | Das Geldwäschegesetz, Eine kommentierte Einführung, 3. Aufl. 1995, (zitiert: Bearbeiter in: Fülbier/Aepfelbach[3]) |
| Geerds, Friedrich | Verfolgung Unschuldiger in: Festschrift für Günter Spendel zum 70. Geburtstag, S. 503-517, Berlin 1992 |
| Gern, Alfons | Güterabwägung als Auslegungsprinzip des öffentlichen Rechts, DÖV 1986, 462-471 |

| | |
|---|---|
| Gern, Alfons | Aktuelle Probleme des Kommunalabgabenrechts, Analogie im Abgabenrecht - Begründungspflicht von Abgabensatzungen - Die Zulässigkeit von Sozialtarifen, NVwZ 1995, 1145-1155 |
| Göppinger, Hans | Kriminologie, Bearbeitet von Michael Bock, 5. Aufl., München 1997 |
| Goll, Eberhard | Steuergeheimnis und abgabenrechtliche Offenbarungsbefugnis in, NJW 1979, 90-96 |
| Gosch, Dietmar / Beermann, Albert | AO, Finanzgerichtsordnung mit Nebengesetzen EuGH-Verfahren (ehemals Steuerliches Verfahrensrecht), Loseblattsammlung, Bonn (zitiert: Bearbeiter in: Gosch/Beermann) |
| Gotzens, Markus / Wegner, Carsten | Das Steuerverkürzungsbekämpfungsgesetz, PStR 2002, 32-36 |
| Grombert, Irene | Die Schätzung der Besteuerungsgrundlagen nach § 162 der AO, Berlin 2001 |
| Gropp, Walter | Strafrecht, Allgemeiner Teil, 2. Aufl., Heidelberg, 2001 |
| Häde, Ulrich | Initiativen zur Bekämpfung der Geldwäsche, EuZW 1991, 553-557 |
| Hamacher, Rolfjosef | Neue Rechtsprechung zu den Voraussetzungen von Ermittlungsmaßnahmen der Finanzbehörden, DStZ 1987, 224-228 |
| Hamacher, Rolfjosef | Zur Zulässigkeit von Kontrollmiteilungen durch allgemeine Verwaltungsbehörden und Rundfunkanstalten – Entwurf eines § 93a AO, DB 1984, 2157-2160 |
| Harms, Monika | § 370a AO – Optimierung des steuerstrafrechtlichen Sanktionssystems oder gesetzgeberischer Fehlgriff ?, in Festschrift für Günter Kohlmann zum 70. Geburtstag, Köln 2003, S. 413-426 |

| | |
|---|---|
| Hassemer, Winfried | Die „Funktionstüchtigkeit der Strafrechtspflege“ – ein neuer Rechtsbegriff ?, StV 1982, 275-280 |
| Haurand, Günter | Das Geldwäschegesetz und seine Bedeutung bei der Verfolgung der organisierten Kriminalität, DuD 1994, 204-209 |
| Hebert, Roman Philipp | In dubio pro reo, in JA 2002, 193-196 |
| Hegel, Georg Wilhelm Friedrich | Grundlinien der Philosophie des Rechts, Berlin 1821 |
| Hellmann, Uwe | Strafprozeßrecht, 2. Aufl. Heidelberg 2005 (zitiert als: Hellmann, Strafprozeßrecht) |
| Hellmann, Uwe | Das Nebenstrafverfahrensrecht der Abgabenordnung, Köln 1995 (zitiert als: Hellmann, Nebenstrafverfahrensrecht) |
| Hellmann, Uwe | Die Anwendbarkeit der zivilrechtlichen Rechtfertigungsgründe im Strafrecht, Köln 1987 (zitiert als: Hellmann, Anwendbarkeit) |
| Hellmann, Uwe | Anmerkung zum Urteil des BGH vom 23.01.2002 – 5 StR 540/01 – , JZ 2002, 616 ff. |
| Hentschel, Carsten | Neue und erweiterte Befugnisse der Finanzämter durch das Steuerverkürzungebekämpfungsgesetz, in NJW 2002, 1703-1705 |
| Herzog, Felix | Der Banker als Fahnder ? Von der Verdachtsanzeige zur systematischen Verdachtsgewinnung - Ermittlungstendenzen der Geldwäschebekämpfung -, in WM 1996, 1753-1763 |
| Hesse, Konrad | Grundzüge des Verfassungsrechts der Bundesrepublik Deutschland, 20. Aufl. Heidelberg, 1995 |

| | |
|---|---|
| Hetzer, Wolfgang | Quantensprung in der Geldwäschebekämpfung, DStZ 2002, 175-179 |
| Hetzer, Wolfgang | Neue Dimension der Geldwäschebekämpfung – Steuerhinterziehung (§ 370a AO) als Vortat der Geldwäsche (§ 261 StGB) – Kriminalistik 2002, 642-654 |
| Hetzer, Wolfgang | Umsatzsteuerbetrug und Geldwäsche, ZfZ 2002, 38-44 |
| Hetzer, Wolfgang | Systemgrenzen der Geldwäschebekämpfung, ZRP 1999, 245-253 |
| Hetzer, Wolfgang | Geldwäschebekämpfung oder Staatsbankrott?, Kriminalistik 1999, 218-224 |
| Hetzer, Wolfgang | Steuer und Strafe, Neue kriminalpolitische Orientierungen, Kriminalistik 1998, 234-240 |
| Hetzer, Wolfgang | Kriminalpolitischer Aufbruch? Im Visier: Kapital und Kommunikation der organisierten Kriminalität, Kriminalistik 1997, 386-395 |
| Hetzer, Wolfgang | Der Geruch des Geldes - Ziel, Inhalt und Wirkung des Gesetzes gegen Geldwäsche, in NJW 1993, 3298-3301 |
| Hillmann-Stadtfeld, Anja | Die strafrechtlichen Neuerungen nach dem Steuerverkürzungsbekämpfungsgesetz (StVBG), NStZ 2002, 242-244 |
| Hirsch, Hans Joachim | Rechtfertigungsgründe und Analogieverbot in: Gedächtnisschrift für Zong Uk Tjong, Hrsg. Hans Heinrich Jescheck u.a., S. 50-77 |
| Hombrecher, Lars | Der Tatbestand der Geldwäsche (§ 261 StGB) – Inhalt, Aufbau, Problemstellungen, JA 2005, 67-71 |
| Hoyer, Petra / Klos, Joachim | Regelungen zur Bekämpfung der Geldwäsche und ihre Anwendung, Bielefeld, 2. Aufl. 1998 |

| | |
|---|---|
| Hübschmann Walter / Hepp, Ernst / Spitaler, Armin | Kommentar zur Abgabenordnung und Finanzgerichtsverfassung, Köln, Loseblattsammlung |
| Hund, Thomas / Johnigh, Frank / Wollberg, Eva | Die Problematik der neuen Regelung zur gewerbsmäßigen Steuerhinterziehung nach § 370a AO, Interview mit Herrn Prof. Dr. Jürgen Meyer am 11.1.2001, DStR 2002, 879-884 |
| Isensee, Josef / Kirchhof, Paul (Hrsg.) | Handbuch des Staatsrechts, 2. Aufl., Heidelberg 2001 (zitiert als: Bearbeiter in: Handbuch des Staatsrechts) |
| Jäger, Markus / Birke, Rainer | BGH: Der Verbrechenstatbestand des § 370a AO ist nicht ausreichend bestimmt, PStR 2004, 204-208 |
| Jähnke, Burkhard (Hrsg.) | Leipziger Kommentar zum Strafgesetzbuch, 11. Aufl., Berlin ab 1992 (zitiert: Bearbeiter in: LK) |
| Jakob, Wolfgang | AO, Steuerverwaltungsverfahren und finanzgerichtliches Verfahren, 3. Aufl. München 2001 |
| Jakobs, Günther | Strafrecht Allgemeiner Teil, 2. Auflage, Berlin 1991 |
| Jarass, Hans D. / Pieroth, Bodo | Grundgesetz für die Bundesrepublik Deutschland, 8. Aufl., München, 2006 |
| Jescheck, Hans-Heinrich / Weigend, Thomas | Lehrbuch des Strafrechts, Allgemeiner Teil, 5. Aufl., Berlin, 1996 |
| Joecks, Wolfgang | Steuerliche Schätzungen im Strafverfahren, wistra 1990, 52-56 |
| Joecks, Wolfgang | Studienkommentar, StGB, 5. Aufl., München 2004 |
| Jonas, Bernd / Pauly, Eberhard | Sensible Amtshilfe durch Datenaustausch, DStR 1985, 560-567 |

| | |
|---|---|
| Kadelbach, Stefan | Anmerkung zum Urteil des OLG Düsseldorf, v. 15.11.1991, VI 14/89, in StV 506-509 |
| Kant, Immanuel | Metaphysik der Sitten, 1797, in Immanuel Kant in sechs Bänden, Band 5, hrsg. Rolf Toman, Köln 1995 |
| Keidel, Leo | Finanzermittlungen, Zur Strafbarkeit von Bankangestellten bei der Geldwäsche, Kriminalistik 1996, 406-410 |
| Kern, Christine | Geldwäsche und Organisierte Kriminalität, Regensburg 1993 |
| Kindhäuser, Urs / Neumann, Ulfrid / Paeffgen, Hans-Ullrich (Hrsg.) | Nomos Kommentar Strafgesetzbuch, Band 2, 2. Aufl. 2005, (zitiert als: Bearbeiter in: NK-StGB) |
| Klein, Andrej | Die gewerbsmäßige Steuerhinterziehung – Eine Diskussion ohne Ende?!, StV 2005, 459-464 |
| Klein, Guido | Die Auswirkungen der unterschiedlichen Beweislast im Steuerrecht und im Strafrecht, Köln 1988. |
| Klein, Franz | AO – einschließlich Steuerstrafrecht – 9. Aufl. München 2006 (zitiert als: Bearbeiter in: Klein) |
| Klos, Joachim / Weyand, Raimund | Praktische Probleme des Einsatzes von Außenprüfern zu steuerstrafrechtlichen Ermittlungen, StBp 1989, 157-162 |
| Koch, Karl / Rolf-Detlev, Scholtz (Hrsg.) | Abgabenordnung, Kommentar, 5. Aufl., Köln 1996 |
| Konzak, Olaf | Analogie im Verwaltungsrecht, NVwZ 1997, 872-873 |
| Körner, Harald Hans | Betäubungsmittelgesetz, Arzneimittelgesetz, 5. Aufl. München 2001 |

| | |
|---|---|
| Körner, Hand Harald | Verfolgung der Geldwäsche, Der Justiz fehlt die Aufhellerkombination XYZ, Kriminalistik 1994, 195-198 |
| Körner, Harald Hans | Die Strafrechtspraxis im Labyrinth neuer Betäubungsmittelrechtsbestimmungen, NJW 1993, 233-239 |
| Körner, Harald Hans / Dach, Eberhard | Geldwäsche: Ein Leitfaden zum geltenden Recht, München 1994 |
| Köstlin, Reinhold | Der Wendepunkt des deutschen Strafverfahrens im neunzehnten Jahrhundert, kritisch und geschichtlich beleuchtet, nebst ausführlicher Darstellung der Entstehung des Geschworenengerichts, Tübingen 1849. |
| Kohlmann, Günther | Strafprozessuale Verwertungsverbote als Schranken für steuerliche und steuerstrafrechtliche Ermittlungen der Fahndungsbehörden, in: Die Steuerrechtsordnung in der Diskussion, Festschrift für Klaus Tipke zum 70. Geburtstag, Hrsg. Joachim Lang, Köln 1995, S. 487-508 |
| Kohlmann, Günther | Die Begründung des Staatsgeheimnisses (§ 93 StGB und § 99 StGB Abs. 1a.F.) und das verfassungsrechtliche Gebot der Bestimmtheit von Strafvorschriften, Köln-Marienburg 1969 (zitiert: Kohlmann, Begründung des Staatsgeheimnisses) |
| Kohlmann, Günther (Hrsg.) | Steuerstrafrecht Kommentar; mit Ordnungswidrigkeitenrecht und Verfahrensrecht, Loseblattsammlung, Köln |
| Kottke, Klaus | Tafelgeschäfte, NWB 1999, 1357-1364 |
| Kratsch, Dietrich | § 53 StGB und der Grundsatz nullum crimen sine lege, GA 1971, 65-82 |

| | |
|---|---|
| Kreß, Claus | Das neue Recht der Geldwäschebekämpfung - Eine Bestandsaufnahme nach nationaler und europäischer Rechtssetzung sowie höchstrichterlicher Rechtsprechung, wistra 1998, 121-130 |
| Krey, Volker | Deutsches Strafrecht, Allgemeiner Teil, Band 1, 2.Aufl., Stuttgart 2004 (zitiert als: Krey, Strafrecht AT I) |
| Krey, Volker | Rechtsprobleme des Einsatzes qualifizierter Scheinaufkäufer im Strafverfahrensrecht, in: Schriftenreihe des Zollkriminalamtes, Bd. 1, Köln 1994 (zitiert als: Krey, Rechtsprobleme) |
| Krey, Volker | Strafverfahrensrecht, Studienbuch, Band. 1, Stuttgart 1988 (zitiert als: Krey, Strafverfahrensrecht) |
| Krey, Volker | Keine Strafe ohne Gesetz, Einführung in die Dogmengeschichte des Satzes: „nulla crimen sine lege, nulla poena sine lege“, Berlin 1983 (zitiert als: Krey, Keine Strafe ohne Gesetz) |
| Krey , Volker | Zur Verweisung auf EWG-Verordnungen in Blankettgesetzen am Beispiel der Entwürfe eines Dritten und Vierten Gesetztes zur Änderung des Weingesetzes, in EWR Schriftenreihe zum Europäischen Wirtschaftsrecht, Heidelberg 1982, S. 109-201 (zitiert als: Krey, Blankettstrafgesetze) |
| Krey, Volker | Studien zum Gesetzesvorbehalt im Strafrecht, Berlin 1977 (zitiert als: Krey, Studien) |
| Krey, Volker / Dierlamm, Alfred | Gewinnabschöpfung und Geldwäsche - Kritische Stellungnahme zu den materiellrechtlichen Vorschriften des Entwurfs eines Gesetzes zur Bekämpfung des illegalen Rauschgifthandels und anderer Erscheinungsformen der Organisierten Kriminalität (OrgKG), JR 1992, 353-360 |

| | |
|---|---|
| Kruse, Heinrich Wilhelm | Lehrbuch des Steuerrechts, Bd. 1 AT, München 1991 |
| Kühn, Rolf / v. Wedelstädt, Alexander (Hrsg.) | AO, Finanzgerichtsordnung, Nebengesetz, 18. Aufl., Stuttgart 2004 (zitiert: Bearbeiter in: Kühn/v. Wedelstädt) |
| Kühne, Hans Heiner | Strafprozeßrecht, Ein Lehrbuch zum deutschen und europäischen Strafverfahrensrecht, 6. Aufl., Heidelberg 2003 |
| Lackner, Karl / Kühl, Kristian | Strafgesetzbuch mit Erläuterungen, 25. Aufl., München 2004 |
| Lackner, Karl / Kühl, Kristian | Strafgesetzbuch mit Erläuterungen, 22. Aufl., München 1997 (zitiert als: Lackner/Kühl[22]) |
| Lampe, Ernst-Joachim | Der neue Tatbestand der Geldwäsche (§ 261 StGB), JZ 1994, 123-132 |
| Langrock, Marc | Das „große Ausmaß" der schweren Steuerhinterziehung, wistra 2004, 241-246 |
| Lechner, Hans / Zuck, Rüdiger | Bundesverfassungsgerichtsgesetz, 5. Aufl., München 2006 |
| Leibholz, Gerhard / Rinck, Hans-Justus / Hesselberger, Dieter | Grundgesetz, Kommentar an Hand der Rechtsprechung des BVerfGs, Köln, Loseblattsammlung |
| Leise, Horst (Hrsg.) | Steuerverfehlungen, Kommentar zum Steuerstrafrecht, Loseblattsammlung (zitiert als: Bearbeiter in: Steuerverfehlungen) |
| Lisken, Hans | Vorfeldeingriffe im Bereich der „Organisierten Kriminalität" – Gemeinsame Aufgabe von Verfassungsschutz und Polizei?, ZRP 1994, 264-270 |
| Löwe, Ewald / Rosenberg, Werner | Die StPO und das Gerichtsverfassungsgesetz mit Nebengesetzen, hrsg. von Peter Rieß, 25. Aufl. 1999 (zitiert als: Bearbeiter in: Löwe/Rosenberg) |

| | |
|---|---|
| Löwe-Krahl, Oliver | Die Strafbarkeit von Bankangestellten wegen Geldwäsche nach § 261 StGB Eine kritische Analyse des neuen Straftatbestandes, wistra 1993, 123-127 |
| Loose, Matthias | Steuerliche Berücksichtigung von Umweltlasten und Weitergabe von Erkenntnissen über Verstöße gegen Umweltschutzbestimmungen, FR 1995, 393-399 |
| Lüderssen, Klaus | Anmerkung zu dem Beschluß des OLG Hamburg vom 06.01.2000, 2 Ws 185/99, in StV 2000, 205-208 |
| Marx, Thomas | Geldwäsche als „Vortat" zur Steuerhinterziehung, DStR 2000, 2045-2049 |
| Marx, Thomas | Marx: Paradigmenwechsel beim Steuergeheimnis? - Die Einführung eines § 31b AO durch das 4. Finanzmarktförderungsgesetz zur Bekämpfung der Geldwäsche, DStR 2002, 1467-1470 |
| Marx, Thomas | Das Geldwäschegesetz als „Einfallstor" der Steuerfahndung, PStR 1999, 16-21 |
| Maunz, Theodor / Dürig, Günter | Kommentar zum Grundgesetz, München, Loseblattsammlung (zitiert als: Bearbeiter in: Maunz/Dürig) |
| Maunz, Theodor / Schmidt-Bleibtreu, Bruno / Klein, Franz / Bethge, Herbert | Bundesverfassungsgerichtsgesetz, Kommentar, München, Loseblattsammlung, (zitiert als: Bearbeiter in: Maunz/Schmidt-Bleibtreu/Klein/Bethge) |
| Meyer, Fritz | Der Verbotsirrtum im Steuerstrafrecht, NStZ 1986, 443-446 |
| Meyer, Jürgen | Gewinnabschöpfung durch Vermögensstrafe, ZRP 1990, 85-89 |

| | |
|---|---|
| Meyer, Jürgen / Hetzer, Wolfgang | Neue Gesetze gegen die Organisierte Kriminalität - Geldwäschebekämpfung, Gewinnabschöpfung und Einsatz technischer Mittel zur akustischen Überwachung von Wohnungen für Beweiszwecke im Bereich der Strafverfolgung, NJW 1998, 1017-1029 |
| Meyer, Jürgen / Hetzer, Wolfgang | Abschöpfung von Verbrechensgewinnen Rechtliche und praktische Probleme bei der Bekämpfung der Organisierten Kriminalität, Kriminalistik 1997, 31-36 |
| Meyer, Jürgen / Hetzer, Wolfgang | Schulterschluß gegen die Organisierte Kriminalität – Oder: Ein Beispiel politischer Vernunft, in Kriminalistik 1997, 694-703 |
| Meyer, Jürgen / Hetzer, Wolfgang | Gewinnabschöpfung durch Besteuerung, ZRP 1997, 13-21 |
| Meyer-Arndt, Lüder | Fehlentwicklungen in der Praxis des Steuerstrafrechts, StbJb 1979/80, 142-161 |
| Meyer-Goßner, Lutz | Strafprozeßordnung, Gerichtsverfassungsgesetz, Nebengesetze und ergänzende Bestimmungen, München, 49. Aufl. 2006 |
| Miebach, Klaus / Sander, Günther M. | Münchner Kommentar zum Strafgesetzbuch, München 2003 (zitiert als: Bearbeiter in: MüKo-StGB) |
| Miehe, Olaf | Nochmals: Die Debatte über Ausnahmen vom Folterverbot, NJW 2003, 1219-1220 |
| Mösbauer, Heinz | Steuerfahndung im Rechtsstaat, DStZ 1986, 339-345 |
| Montenbruck, Axel | In dubio pro reo, Berlin 1984 |
| Müller, Eckhart | Auswirkungen des Geldwäschetatbestandes auf die Tätigkeit von Strafverteidigern, StraFO 2004, 3-5 |

| | |
|---|---|
| Müller, Lutz | Steuergeheimnis und Verwertungsverbot bei nichtsteuerlichen Straftaten, DStR 1986, 699-702 |
| Müller-Brühl, Franz Josef | Eine Aufsichtsbehörde für die Steuerfahndung muß geschaffen werden, DStZ 1991, 712-714 |
| Müller, Rudolf / Wabnitz, Heinz-Bernd | Wirtschaftskriminalität, Eine Darstellung der typischen Erscheinungsformen mit praktischen Hinweisen zur Bekämpfung, München 1997 |
| Mußgnug, Reinhard | Sachverhaltsaufklärung und Beweiserhebung im Besteuerungsverfahren, JuS 1993, 48-54 |
| Obermüller, Manfred | Beteiligung der Kreditwirtschaft an der Bekämpfung der Geldwäsche, Kriminalistik 1992, 361-364 |
| Ossenbühl, Fritz | Der Grundsatz der Verhältnismäßigkeit (Übermaßverbot) in der Rechtsprechung der Verwaltungsgerichte, Jura 1997, 617-620 |
| Ott, Julian | Bandenmäßige und gewerbsmäßige Steuerhinterziehung (§ 370a AO), PStR 2002, 41-46 |
| Otto, Harro | Geldwäsche, § 261 StGB, Jura 1993, 329-332 |
| Otto, Harro | Geldwäsche und das strafrechtliche Risiko von Bankmitarbeitern, ZKred 1994, 63-68 |
| Pahlke, Armin / König, Ulrich (Hrsg.) | AO, §§ 1 bis 368, Kommentar, München 2004 (zitiert als: Bearbeiter in: Pahkle/König) |
| Palandt, Otto | Bürgerliches Gesetzbuch, 65. Aufl., München 2006 (zitiert als: Bearbeiter in: Palandt) |

Park, Tido — Die Vereinbarkeit des § 370a AO n.F. mit dem Bestimmtheitsgebot des Art. 103 Abs. 2 GG, wistra 2003, 328-332

Pfeiffer, Gerd — StPO, Kommentar, 5. Aufl., München, 2005

Pfeiffer, Gerd (Hrsg.) — Karlsruher Kommentar zur StPO und zum Gerichtsverfassungsgesetz mit Einführungsgesetz, 5. Aufl. München 2003 (zitiert als: Bearbeiter, in KK-StPO)

Pieroth, Bodo /Schlink, Bernhard — Grundrechte, Staatsrecht II, 21. Aufl. Heidelberg, 2005

Pieth, Mark — Bekämpfung der Geldwäscherei, Modellfall Schweiz?, Basel 1992

Pohl, Rolf — Steuerhinterziehung durch Steuerumgehung; zugleich einer Studie zur Umgehungsbekämpfung im Strafrecht, Frankfurt a.M. 1990

Remmers, Burkhard — Die Entwicklung der Gesetzgebung zur Geldwäsche, Frankfurt a.M. 1998

Reiß, Wolfram — Besteuerungsverfahren und Strafverfahren, Köln 1987

Rixen, Stephan — Die Bindungswirkung stattgebender Kammerentscheidungen des BVerfG (§ 93c I 2 i.V.m. § 31 I BVerfGG), NVwZ 2000, 1364-1367

Rogall, Klaus — Der Beschuldigte als Beweismittel gegen sich selbst, Berlin, 1977 (zitiert als: Rogall, Der Beschuldigte)

Rogall, Klaus — Zur Verwertbarkeit einer noch nicht beschuldigten Person, MDR 1977, 978-980

Roth, Gerald — Grundfragen der Hehlereitatbestände, JA 1988, 193-207; 253-261

| | |
|---|---|
| Roxin, Claus | Strafverfahrensrecht. 25. Aufl., München 1998 (zitiert als: Strafverfahrensrecht) |
| Roxin, Claus | Strafrecht, Allgemeiner Teil, Band 1, 4. Aufl., München 2006 (zitiert als: Strafrecht AT I) |
| Rudolphi, Hans-Joachim | Grundprobleme der Hehlerei, JA 1981, 1-7; 90-95 |
| Rudolphi, Hans-Joachim (Hrsg.) | Systematischer Kommentar zum Strafgesetzbuch, Loseblattsammlung (zitiert als: Bearbeiter in: SK-StGB) |
| Rudolphi, Hans-Joachim (Hrsg.) | Systematischer Kommentar zur StPO und zum Gerichtsverfassungsgesetz, Loseblattsammlung (zitiert als: Bearbeiter in: SK-StPO) |
| Ruegenberg, Guido | Das nationale und internationale Steuergeheimnis im Schnittpunkt von Besteuerungs- und Strafverfahren, Köln 2001 |
| Rüping, Hinrich | Das Verbrechen der Steuerhinterziehung, Zur Reform des reformbedürftigen § 370a AO n.F. (BGBl. 2002, 2715), DStR 2002, 1418-1420 |
| Rüping, Hinrich | Das Strafverfahren, 3. Auflage, München 1997 (zitiert als: Rüping, Strafverfahren) |
| Rüping, Hinrich | Blankettnormen als Zeitgesetze, NStZ 1984, 450-451 |
| Rüping, Hinrich | Steuerfahndung im Rechtsstaat, DStZ 1980, 179-183 |
| Rupp, Hans Heinrich | Zur neuen Verwaltungsgerichtsordnung: Gelöste und ungelöste Probleme, AöR 1960, 319. |
| Rüster, Susanne | Der Steuerpflichtige im Grenzbereich zwischen Besteuerungsverfahren und Strafverfahren, Göttingen 1989 |

| | |
|---|---|
| Rüster, Susanne | Rechtsstaatliche Probleme im Grenzbereich zwischen Besteuerungsverfahren und Strafverfahren, wistra 1988, 49-56 |
| Salditt, Franz | Der Tatbestand der Geldwäsche, StraFO 1992, 121-136 |
| Salditt, Franz | Die Schlingen des neuen Steuerstrafrechts, StV 2002, 214-219 |
| Samson, Erich | Geldwäsche nach Steuerhinterziehung? Gedanken zur Halbwertzeit von Strafgesetzen; in Festschrift für Günter Kohlmann zum 70. Geburtstag, Köln 2003, S. 263-278 |
| Samson, Erich | Möglichkeit einer legislatorischen Bewältigung der Parteispendenproblematik, wistra 1983, 235-242 |
| Sánchez, Alfredo Chirino | Das Recht auf informationelle Selbstbestimmung im Strafverfahren am Beispiel der neuen Ermittlungsmethoden in der StPO, Frankfurt a.M. 1998 |
| Sax, Walter | Das strafrechtliche Analogieverbot, Eine methodische Untersuchung über die Grenzen der Auslegung im geltenden deutschen Strafrecht, Göttingen 1953 |
| Schaffstein, Friedrich | Verdachtsstrafe, außerordentliche Strafe und Sicherungsmittel im Inquisitionsprozeß des 17. Und 18. Jahrhunderts, ZStW 101 (1989), 493-515 |
| Scheu, Udo | Evokations- und materielles Prüfungsrecht der Staatsanwaltschaft, wistra 1983, 136-139 |
| Schiffer, Jan | Schwere Steuerhinterziehung (§ 370a AO): Reichweite und Konsequenzen, BB 2002, 1176-1178 |

Schmidhäuser, Eberhard | Strafrecht, Allgemeiner Teil, Tübingen, 2. Aufl. 1984

Schmidt, Ludwig | Einkommensteuergesetz, 25. Aufl., München 2006

Schmidt-Bleibtreu, Bruno / Klein, Franz | Kommentar zum Grundgesetz, 10. Aufl., Neuwied 2004

Schleeh, Jörg | Die Bedeutung der steuerlichen Pflichten für das Steuerstrafrecht, in BB 1971, 815-818

Schlüchter, Ellen | Das Strafverfahren, 2. Aufl., Köln 1983

Schönke, Adolf / Horst Schröder | Strafgesetzbuch Kommentar, begründet von Adolf Schönke, 27. Aufl. München 2006 (zitiert als: Bearbeiter in: Schönke/Schröder)

Schoreit, Armin | Bekämpfung der Organisierten Kriminalität und anderer neuer Formen von Straftaten aus Sicht der Polizei und der Staatsanwaltschaft (Strafverfolgung), StV 1991, 535-540

Schroeder, Friedrich-Christian | Der Begriff der Strafverfolgung, GA 1985, 485-491

Schulze-Osterloh, Joachim | Unbestimmtes Steuerrecht und strafrechtlicher Bestimmtheitsgrundsatz in Strafverfolgung und Strafverteidigung im Steuerstrafrecht, 43 ff. , Köln 1983, Hrsg. Kohlmann, Günter

Schuster, Leo | Die Verantwortung der Banken bei der Geldwäsche, Regensburg 1994.

Schwind, Hans-Dieter | Kriminologie, Eine praxisorientierte Einführung mit Beispielen, Heidelberg, 13. Aufl. 2003.

Seer, Roman | Kriminalisierung des Steuerbürgers – Ringen um § 370 a AO, BB 2002, 1677-1680

| | |
|---|---|
| Seer, Roman | Verträge, Vergleiche und sonstige Verständigungen im deutschen Steuerrecht, StuW 1995, 213-225 |
| Simitis, Spiros | Daten- oder Tatenschutz – ein Streit ohne Ende ?, NJW 1997, 1902-1903 |
| Spatscheck, Rainer / Wulf, Martin | „Gewerbsmäßige Steuerhinterziehung“ als Vortat zur Geldwäsche, DB 2001, 2572-2575 |
| Spatscheck, Rainer / Wulf, Martin | „Schwere Steuerhinterziehung“ und Geldwäsche - Auslegung und Anwendung der neuen §§ 370a AO und 261 Abs.1 Satz 3 StGB –, DB 2002, 392-397 |
| Stahl, Rudolf | Steuerverkürzungsbekämpfungsgesetz: Umsatzsteuerhaftung, Nachschau, Steuerhinterziehung, KÖSDI 2002, 13204-13212 |
| Stree, Walter | In dubio pro reo, Tübingen 1962 |
| Streck, Michael | Die „tatsächliche Verständigung“ in der Praxis, StuW 1993, 366-370 |
| Streck, Michael | Die Außenprüfung, 2. Aufl., Köln 1993 (zitiert als: Streck, Außenprüfung) |
| Streck, Michael | Die Steuerfahndung, 2. Aufl., Köln 1993 (zitiert als: Streck, Steuerfahndung) |
| Stypmann, Rolf | Methoden zur Feststellung der Steuerverkürzung und Schätzung im Steuerstrafverfahren, wistra 1983, 95-99 |
| Suendorf, Ulrike | Geldwäsche eine kriminologische Untersuchung, Neuwied, 2001 |
| Suhr, Gerhard / Naumann, Axel / Bilsdorfer, Peter | Steuerstrafrecht - Kommentar zu §§ 369-412 AO, 4. Aufl., Saarbrücken 1986 |
| Sutherland, Edwin H. | White collar crime, New York, 1961 |

| | |
|---|---|
| Tanzer, Michael | Das Analogieverbot im Steuerrecht - Eine Wertbetrachtung auf der Grundlage des kritischen Rechtspositivismus –, StuW 1981, 201-219 |
| Tiedemann, Klaus | Tatbestandsfunktion im Nebenstrafrecht, Tübingen 1969 |
| Tipke, Klaus | Die Steuerrechtsordnung, Band 1, 2. Aufl. Köln 2000 (zitiert als: Tipke, Steuerrechtsordnung I) |
| Tipke, Klaus | Die Steuerrechtsordnung, Band 1, 1. Aufl., Köln 1993 (zitiert als: Tipke, Steuerrechtsordnung[1] I) |
| Tipke, Klaus | Die Steuerrechtsordnung, Band 3, Köln 1993 (zitiert als: Tipke, Steuerrechtsordnung III) |
| Tipke, Klaus / Lang, Joachim | Steuerrecht, 18.Aufl, Köln 2005 |
| Tipke, Klaus / Kruse, Heinrich Wilhelm (Hrsg.) | AO – Finanzgerichtsordnung – Kommentar zur AO und FGO (ohne Steuerstrafrecht), 16. Aufl. Loseblattsammlung (zitiert als: Bearbeiter in: Tipke/Kruse) |
| Tröndle, Herbert / Fischer, Thomas | Strafgesetzbuch und Nebengesetz, 53. Aufl., München 2006 |
| Umbach, Dieter C. / Clemens Thomas / Dollinger, Franz-Wilhelm (Hrsg.) | Bundesverfassungsgericht, Mitarbeiterkommentar und Handbuch, Heidelberg 2002 (zitiert als: Bearbeiter in: Umbach/Clemens/Dollinger) |
| Ungnade, Dieter | Rechtliche Aspekte bei der Umsetzung des OrgKG und des Geldwäschegesetzes, WM 1993, 2069-2076, 2105-2115 |
| Vogel, Joachim | Geldwäsche - ein europaweit harmonisierter Straftatbestand ?, ZStW 109, 335-356 |
| Vogel, Hans-Jochen | Strafverfahrensrecht und Terrorismus – ein Bilanz, NJW 1978, 1217-1228 |

von Feuerbach, Johann Anselm — Lehrbuch des gemeinen in Deutschland geltenden peinlichen Rechts, Giessen 1801

von Mangoldt, Hans / Klein, Franz / Starck, Joachim (Hrsg.) — Das Bonner Grundgesetz, Kommentar, 4. Aufl. 1999 (zitiert als: Bearbeiter in: v. Mangoldt/Klein/Starck)

von der Heide, Isabella Maria — Tatbestands- und Vorsatzprobleme bei der Steuerhinterziehung nach § 370 AO – zugleich ein Beitrag zur Abgrenzung der Blankettgesetze von Strafgesetzen mit normativen Tatbestandsmerkmalen, Bochum 1986

von Heydebreck, Tessen — Die Begründung der Beschuldigteneigenschaft im Strafverfahren, Göttingen 1974

von Liszt, Franz — Der Zweckgedanke im Strafrecht, ZStW 1883, 1-47

von Galen, Gräfin Margarete — Bekämpfung der Geldwäsche – Ende der Freiheit der Advokatur ?, NJW 2003, 117-118

von Gerlach, Jürgen — Die Begründung der Beschuldigteneigenschaft im Strafverfahren, NJW 1969, 776-781

Wabnitz, Heinz-Bernd / Janowski, Thomas — Handbuch des Wirtschafts- und Steuerstrafrechts, 2. Aufl. München 2004 (zitiert als: Bearbeiter in: Wabnitz/Janowski)

Wabnitz, Heinz-Bernd / Janowski, Thomas — Handbuch des Wirtschafts- und Steuerstrafrechts, 1. Aufl. München 2001 (zitiert als: Bearbeiter in: Wabnitz/Janowski[1])

Wannemacher, Wolfgang — Steuerfahndung und Steuerstrafverfahren; typische Besonderheiten, vermeidbare Fehler, Abwehrmaßnahmen, Praktische Hinweise zur Verteidigung, Bonn 1985

Wassermann, Rudolf (Hrsg.) — Alternativkommentar zur StPO in drei Bänden, Neuwied 1992 (zitiert als: Bearbeiter: in AK-StPO)

| | |
|---|---|
| Weber-Grellet, Heinrich | In dubio pro quo ? Zur Beweislast im Steuerrecht, StuW 1981, 48-60 |
| Weber-Fas, Rudolf | Grundzüge des allgemeinen Steuerrechts der Bundesrepublik Deutschland, Tübingen 1979 |
| Welzel, Hans | Das Deutsche Strafrecht, 11. Aufl., Berlin 1968 |
| Wenzig, Herbert | Die Mitwirkungspflicht des Steuerpflichtigen und ihre Grenzen, DStZ 1986, 375-382 |
| Werner, Gerhard | Bekämpfung der Geldwäsche in der Kreditwirtschaft, Freiburg 1996 |
| Wessing, Jürgen | Strafbarkeitsgefährdungen für Berater, NJW 2003, 2265-2271 |
| Weyand, Raimund | Legalitätsprinzip und Praxis des Steuerstrafverfahrens, DStZ 1990, 166-170 |
| Weyand, Raimund | Strafrechtliche Gefahren für den Außenprüfer, StBp 1990, 97-102 |
| Weyand, Raimund | Beratungswissen zu § 370a AO, zu § 261 StGB und Geldwäschegesetz, INF 2003, 115-120 |
| Wisser, Michael | Zu den Kompetenzen des Vermittlungsausschusses in der Prüfung der Verfassungswidrigkeit des § 370a AO - Zugleich Erwiderung auf Gast-de Haan, DStR 2003, 12, DStR 2003, 1191-1195 |
| Wittmann, Rolf | Mitwirkungspflicht und Aufklärungspflicht in der AO - Reduktion der Mitwirkungspflicht durch finanzbehördliches Verhalten –, StuW 1987, 35-50 |
| Wolter, Jürgen | Heimliche und automatisierte Informationseingriffe wider Datengrundrechtsschutz - Gesamtanpassung vor Gesamtreform von Strafrecht und Polizeirecht, GA 1988, 49-90, 129-142 |

Zaczyk, Rainer — Zur kantischen Begründung der Trias Freiheit, Gleichheit, Selbständigkeit" innerhalb der Rechtslehre in: Freiheit, Gleichheit, Selbständigkeit: Zur Aktualität der Rechtsphilosophie Kants für die Gerechtigkeit in der modernen Gesellschaft, S. 73 ff., herausgegeben von Götz Landwehr, Göttingen, 1999

Zirpins Walter / Terstegen, Otto — Wirtschaftskriminalität, Lübeck 1963

Zuck, Rüdiger — Geldwäsche: Die verfassungswidrige Indienstnahme des Rechtsanwalts für die Zwecke der Strafverfolgung, NJW 2002, 1398-1397

## Grundlagen und Zielsetzung der Arbeit

### § 1 Sachverhaltsermittlung als Kern jedes Verfahrensrechts

Die Sachverhaltsermittlung steht am Anfang eines jeden von hoheitlichen Stellen betriebenen Verfahrens. Der Hoheitsträger muß ermitteln, wie sich der vorliegende Sachverhalt gestaltet, um danach die anzuwendenden Rechtsvorschriften bestimmen zu können. Damit bildet diese Sachverhaltsaufklärung den zentralen Punkt im Rahmen der Rechtsanwendung. Das gilt für jeden Rechtsanwender, also sowohl für Behörden als auch für Gerichte.

Die für diese Sachverhaltsaufklärung notwendigen Daten werden durch hoheitliche Ermittlungen erlangt. Dabei wird grundsätzlich in jedem Verfahren, das ein Hoheitsträger gegenüber einem Bürger durchführt, auch eine eigenständige Sachverhaltsermittlung betrieben. Die Art und Weise, wie die Informationen zu beschaffen sind, und welche Rechte und Pflichten der Hoheitsträger und der Bürger im Rahmen dieser Ermittlungen haben, hängt eng mit dem Sinn und Zweck des Verfahrens zusammen, für das die Informationen benötigt werden.

Jedes Verfahren hat hier seine eigenen Regeln. Vor allem die Grenzen der Sachverhaltsermittlung werden insbesondere durch den Grundsatz der Verhältnismäßigkeit bestimmt. In letzter Konsequenz bedeutet das, daß eine Ermittlungshandlung, die in die Rechte des Einzelnen eingreift, nur insoweit zulässig ist, als sie die Grenzen des dem Betroffenen Zumutbaren nicht übersteigt.

Es müssen der Schaden an den Rechten des Betroffenen und durch die Ermittlung bzw. durch den erfolgreichen Abschluß des Verfahrens erbrachte Nutzen in einem angemessenen Verhältnis stehen. Der Schaden muß also im Hinblick auf den Nutzen als hinnehmbar betrachtet werden können.

## § 2 Gang der Darstellung

In der vorliegenden Betrachtung soll ein Verfahren im Mittelpunkt stehen, daß von der Kombination zweier Rechtsgebiete lebt, das Steuerstrafverfahren.

Schon der Name deutet an, daß hier sowohl das Steuerrecht und Steuerverfahren als auch das Strafrecht und Strafverfahren jeweils bedeutende Rollen zu spielen haben. Beide Rechtsgebiete und ihre Verfahrensregeln sind einerseits mit weitreichenden Beschränkungen bürgerlicher Freiheitsrechte – sowohl während als auch möglicherweise nach Abschluß des Verfahrens – verbunden, erbringen aber andererseits auch einen unverzichtbaren Nutzen für die Allgemeinheit.

Das Strafrecht und das Steuerrecht verfolgen beide gesellschaftliche und sozial wichtige Zwecken. Sie dienen dem Rechtsgüterschutz einerseits und der Bereitstellung von finanziellen Mitteln für die öffentlichen Aufgaben des Staates andererseits. Durch diese verschiedenen Zielsetzungen sind die zulässigen Mittel der Sachverhaltsermittlung im jeweiligen Verfahren ebenfalls unterschiedlich. Insbesondere die Folgen einer gesetzlich erzwungenen Handlung, Duldung bzw. Unterlassung innerhalb des Verfahrens sind dafür maßgeblich, ob die Eingriffe in Grundrechte noch zumutbar oder schon das Verhältnismäßigkeitsprinzip, auch Übermaßverbot genannt, verletzt ist. Zu Beginn sollen daher vorliegend beide Verfahren mit ihren grundsätzlichen Regeln dargestellt und verglichen werden.

In der weiteren Bearbeitung wird dann die Kombination jener Rechtsmaterien im Steuerstrafrecht Gegenstand der Betrachtung sein. Das Steuerstrafrecht ist in seiner Gesamtheit durch die systematische und inhaltliche Kombination dieser beiden Rechtsgebiete bestimmt. Dadurch ergibt sich ein höchst komplexes und ambivalentes Rechtsgebiet. Im steuerstrafrechtlichen Verfahren treffen Verwaltungsverfahren in Form des Besteuerungsverfahrens und ein justizielles Strafverfahren aufeinander. Aus dem Zusammenspiel zwischen beiden Rechtsgebieten ergeben sich eine Reihe von Kollisionspunkten in punkto Sachermittlung durch die tätigen Behörden.

Insbesondere entstehen Probleme durch die Tätigkeit der Finanzbehörden im Steuerstrafverfahren, denn hier wird durch die Zuständigkeitsregelung in § 386 AO einer Verwaltungsbehörde weitgehend die Aufgabe der Staatsanwaltschaft im Ermittlungsverfahren übertragen. Die Finanzbehörde muß hier also in zwei unterschiedlichen Verfahren ermitteln, die nach unterschiedlichen Regeln funktionieren und in denen unterschiedliche Informationen verwandt werden dürfen. Damit stellt sich zwingend die Frage, ob und wieweit die in einem Verfahren erlangten Informationen auch in dem anderen, von der gleichen Behörde betriebenen Verfahren genutzt werden dürfen. Es muß daher die Problematik erörtert werden, ob die Behörde Informationen intern „verschieben“ darf.

Darüber hinaus betreibt nicht nur die Steuerbehörde Strafverfahren mit Bezug zu steuerrechtlichen Fragen. Insbesondere dann, wenn eine Steuerstraftat mit einem nicht steuerlichen Delikt zusammentrifft, ist die Staatsanwaltschaft zur gesetzmäßigen Ermittlung berufen. Sie kann darüber hinaus nach § 386 IV AO jederzeit ein Steuerstrafverfahren, das die Finanzbehörde eigenständig betreibt, an sich ziehen.[1] Auch dadurch ergeben sich Fragestellungen dahingehend, ob ein Hoheitsträger Informationen, die er erlangt hat, an einen anderen Hoheitsträger weitergeben darf, wenn die Auskünfte für die von diesem geführten Ermittlungen dienlich wären.

Dem Fortgang des Verfahrens wäre ein unbeschränkter Informationsaustausch zwischen den staatlichen Organen ohne Zweifel dienlich. Doch wenn ein Verfahren eine bestimmte Maßnahme zuläßt, die das für ein anderes Verfahren geltende Recht unter Gesichtspunkten des Grundrechtsschutzes nicht erlaubt, so wäre durch den Informationsaustausch zwischen den Behörden ein Schutzmechanismus umgangen, der gerade verhindern soll, daß die ermittelnde Stelle die Information über die betreffende Maßnahme unter Verletzung von Grundrechten erhält. Die verschiedenen Grenzen der Sachverhaltermittlungen in den beiden Verfahren ergeben also Reibungspunkte.

Einige dieser Konfliktbereiche werden hier aufgezeigt, um dann zu erörtern, welche rechtlichen und praktischen Schwierigkeiten sich daraus ergeben. Solche Problemstellungen verschärfen sich um so mehr, je weiter der Gesetzgeber die Grenzen für den freien Datenfluß zwischen den Hoheitsträgern steckt. Je mehr Informationsaustausch zulässig ist, desto eher wird sich eine Kollision zwischen den Prinzipien der unterschiedlichen Rechtsgebiete ergeben. Dadurch gerät der in einem Gebiet gewählte Ermittlungsweg möglicherweise auf dem „fremden" Gebiet vor allem mit dem Verhältnismäßigkeitsgrundsatz in Konflikt. Wenn nämlich Daten weitergegeben werden sollen, so müssen sie sowohl im Rahmen des „Export-„ als auch des „Importverfahrens" den jeweils geltenden Grundrechtsgarantien und vor allem dem Verhältnismäßigkeitsgrundsatz gerecht werden.

Ein hier als Spezialgebiet eingehend beleuchteter Bereich, in dem Datenfluß nach dem Willen des Gesetzgebers weitgehend ohne Schranken möglich sein soll, ist das Gebiet der Bekämpfung der Organisierten Kriminalität.[2]

Hier wurden in den letzten Jahren weitgreifende Gesetzesprojekte auf den Weg gebracht. Der Gesetzgeber hat im Kampf gegen diese besondere Form der Kriminalität ein eigenes Instrumentarium bereit gestellt, das dem Zweck der Strafverfolgung in diesem Bereich dienen sollte. Im Rahmen der sog. Geldwäschegesetzgebung wurden Instrumente geschaffen, die es ermöglichen, Daten aus

[1] Zu den Voraussetzungen in der Praxis, Nr. 267 I RiStBV.

[2] Ausführlich zum Begriff der Organisierten Kriminalität, S. 163 ff.

den verschiedensten Verfahren zwischen den Hoheitsträgern zu verschieben, um so den Weg für eine effektivere und schnellere Sachverhaltsermittlung zu ebnen. Dieser Datentransfer soll schnelle und wirksame Maßnahmen gegen die Organisierte Kriminalität ermöglichen und fördern.

Dieser Gesetzgebung für den Kampf gegen Organisierte Kriminalität, ihrer Entwicklung und ihren Instrumenten wird vorliegend besondere Aufmerksamkeit zuteil, vor allem um den in den letzten Jahren wahrzunehmenden Trend der Gesetzgebung darzustellen, den Beschuldigten immer mehr seiner Verfahrensrechte zu entkleiden und so seine Daten jederzeit für alle staatlichen Verfahren verfügbar zu machen. Die staatlichen Stellen wurden im Zuge dessen mit ebenso weitreichenden Nutzungsmöglichkeiten ausgestattet, wie für Private, insbesondere Banken und Finanzinstitute, Pflichten zur Informationssammlung eingeführt worden sind. Welche Folgen die im Zuge der Geldwäschebekämpfung geschaffenen Ermächtigungen einerseits und die auferlegten Verpflichtungen andererseits haben, wird, soweit es den Bereich des Steuerstrafverfahrens betrifft, ebenfalls erörtert.

In einer Gesamtwertung wird die Frage gestellt und beantwortet, welche Maßnahmen dieser Gesetzgebungsaktivitäten, die sich gegen die Organisierte Kriminalität richten sollen und daher Datenfluß in großem Ausmaß ermöglichen, wirklich diesem Ziel zu dienen bestimmt und darüber hinaus mit den Vorgaben der Verfassung vereinbar sind.

## Kapitel 1

### Ambivalenz des Steuerstrafrechts und seines Verfahrens

Zunächst ist es notwendig, Steuerstrafrecht und insbesondere Steuerstrafverfahren als solche zu untersuchen und sich einen Überblick über die grundlegenden Probleme zu verschaffen, die sich aus der Kombination der Systeme des Steuerrechts und des Strafrechts im Steuerstrafrecht ergeben.

Wenn hier von Strafrecht oder Steuerstrafrecht gesprochen wird, dann ist darunter sowohl das materielle als auch das formelle Recht zu verstehen. Es ist also das Strafrecht/Steuerstrafrecht im weiteren Sinne gemeint.[3] Entsprechendes gilt auch für den Gebrauch des Begriffs Steuerrecht.

Die Regel des § 369 AO vermittelt den Eindruck einer schlichten und klaren Lösung. Für das materielle Steuerstrafrecht gelten nach § 369 II AO die

> *„allgemeinen Gesetze über das Strafrecht, soweit die Strafvorschriften der Steuergesetze nichts anderes bestimmen."*

Dies wirkt sich sowohl auf das materielle Strafrecht, insbesondere die Regeln des allgemeinen Teils des StGB, als auch das formelle Strafrecht (insbesondere die StPO und das GVG) aus. Das Steuerstrafrecht ist demnach grundsätzlich Strafrecht, und damit ist das Steuerstrafverfahren auch ein Strafverfahren.

Jedoch wirkt im Steuerstrafrecht nicht allein das Strafrecht auf das Verfahren ein, sondern auch das Steuerrecht wird relevant. Die entscheidende, weil praktisch bedeutsamste Vorschrift für das materielle Steuerstrafrecht ist die Regelung des § 370 AO. Danach wird wegen Steuerhinterziehung bestraft, wer der Finanzbehörde oder anderen Behörden über steuerlich erhebliche Tatsachen unrichtige oder unvollständige Angaben macht (Abs. 1 Nr. 1), die Behörden pflichtwidrig über steuerlich relevante Tatsachen in Unkenntnis läßt (Abs. 1 Nr. 2) oder pflichtwidrig die Verwendung von Steuerzeichen oder Steuerstemplern unterläßt, wenn dadurch Steuern verkürzt oder ungerechtfertigte Steuervorteile erlangt werden.

Mit dem Begriff *„steuerlich relevant"* verweist das Steuerstrafrecht auf das Steuerrecht. Es ist hier also ein strafrechtliches Tatbestandsmerkmal nach steuerrechtlichen Gesichtspunkten zu bewerten.[4] Nur über das Steuerrecht kann ermittelt werden, ob eine Tatsache steuerliche Relevanz besitzt.[5] Des weiteren

---

[3] So versteht dies etwa auch *Krey*, Strafverfahrensrecht I, Rn. 1.

[4] Ob es hierbei um einen Blankett-Tatbestand handelt - so die h.M. -, oder um Strafnormen mit normativem Tatbestandsmerkmal sei hier noch dahingestellt. Nw. zu beiden Ansichten bei *Schulze-Osterloh*, S. 46 f.

[5] Dazu *Schulze-Osterloh*, S. 46 ff.

kann nur über das Steuerrecht bestimmt werden, ob der Steueranspruch verkürzt wurde oder ein erlangter Steuervorteil ungerechtfertigt ist.[6] Damit werden im Steuerstrafrecht sowohl Strafrecht als auch Steuerrecht relevant. Weder dem einen noch dem anderen Rechtsgebiet gebührt also im Grundsatz ein materieller Vorrang. Demgegenüber sind im Bereich des Steuerstrafverfahrens die strafrechtlichen und strafverfahrensrechtlichen Maximen entscheidend.

Wegen dieses ambivalenten Charakters einer Steuerrecht-Strafrechts-Kombination ist es zu Beginn der Betrachtung des Steuerstrafverfahrens sinnvoll, die beiden das Steuerstrafverfahren beeinflussenden Rechtsgebiete in ihren Elementen separat zu betrachten. Hier sind die Grundprinzipien, die Aufgaben und Zwecke zu untersuchen, die diese Verfahren bestimmen, um dann im Vergleich aufzuzeigen, wo Gemeinsamkeiten bestehen und Unterschiede liegen. Die Gegenüberstellung ist insofern notwendig, als es auf diese Weise möglich ist, die Reibungspunkte dieser beiden Rechtsgebiete untereinander auszuloten und deren praktische Relevanz zu bestimmen.

---

[6] Vgl. *Kohlmann*, Steuerstrafrecht, § 370/169.

## § 1 Das allgemeine Strafverfahren als Instrument des materiellen Strafrechts

Um die beiden Rechtsgebiete Steuerrecht und Strafrecht mit ihren unterschiedlichen Verfahrensregeln vergleichen zu können, ist es erforderlich, zunächst festzustellen, auf welchen Grundpfeilern das Strafrecht ruht und wie diese das Strafverfahren bestimmen.[7] Dabei ist die Erörterung der Grundmaximen des Strafverfahrens im wesentlichen auf diejenigen Grundsätze beschränkt, die für das Ermittlungsverfahren durch die Staatsanwaltschaft gelten; denn in der Hauptverhandlung vor dem Strafgericht ist ein Nebeneinander von Besteuerung und Strafverfahren nicht mehr in der zu untersuchenden Weise gegeben. Nur im Ermittlungsverfahren laufen beide Verfahren in den Händen der Finanzbehörde als ermittelnder Behörde nebeneinander her.

### A. Definition des Strafverfahrensrechts

Das Strafverfahrensrecht im weitesten Sinne stellt die Summe derjenigen Regelungen und Bedingungen dar, unter denen das staatliche Unwerturteil der Rechtsgemeinschaft gegenüber einer Einzelperson ausgesprochen wird.[8]

Diese Definition allein liefert zwar eine Umschreibung der Normen, die strafverfahrensrechtlichen Charakters sind. Sie ermöglicht damit eine Kategorisierung, jedoch nur eine unzureichende Inhaltsbeschreibung. Sie macht weder den Sinn dieser Regeln deutlich, noch wird klar, welche Ziele mit diesen Rechtssätzen verfolgt werden. Aus der genannten Beschreibung läßt sich lediglich folgern, daß das Strafverfahren das Mittel ist, um eine nach dem materiellen Strafrecht verwirkte Strafe prozessual umzusetzen und den betreffenden Bürger zur Verantwortung zu ziehen. Die Funktion des Strafverfahrens wäre also unter dieser Betrachtung die Ermöglichung der strafrechtlichen Würdigung des Sachverhalts und die Konkretisierung der Sanktion.[9]

### B. Zweck und Ziele des Strafverfahren

Nachdem das Strafverfahren als Begrifflichkeit grob umrissen ist, wird es in einem zweiten Schritt notwendig, zu erörtern, welchem Zweck die Verfahrensregeln dienen; mithin welches Ergebnis am Ende des Verfahrens stehen und welche Wirkung dieses Endergebnis haben soll.

---

[7] Auch wenn *Tipke* (Steuerrechtsordnung I, S. 147) meint, man könne Strafrecht und Steuerrecht nicht ohne weiteres miteinander vergleichen, soll dies hier dennoch versucht werden.

[8] *Rieß* in: *Löwe-Rosenberg*, Einl. B/1.

[9] *Rieß* in: *Löwe-Rosenberg* , Einl. B/10.

## I. Immanente Grenzen des Strafverfahrens

Schon die Bestimmung des Zwecks des Strafverfahrens hat jedoch massive Auswirkungen auf die in ihm einsetzbaren Mittel. Zum einen wirkt sich der Zweck notwendig auf die sinnvollerweise eingesetzten Mittel zu seiner Erreichung aus. Zum anderen gibt die Zweckbestimmung auch die Grenzen, die dem Verfahren und seinen angewandten Mitteln durch den Verhältnismäßigkeitsgrundsatz gezogen werden, vor.

Im maßgeblich durch das Rechtsstaatsprinzip der Art. 20 III, 28 I 1 GG bestimmten Staat, der damit unter dem beherrschenden Gebot des Verhältnismäßigkeitsprinzips steht, ergeben sich aus dem Zweck eines jeden staatlichen Handelns, das einen Eingriff in die Rechte des Einzelnen bedeutet, auch die Grenzen dessen, was dem Bürger an Eingriffen in seine Rechte zugemutet werden kann. Der Verhältnismäßigkeitsgrundsatz genießt Verfassungsrang und ergibt sich aus dem Rechtsstaatsprinzip und dem Wesen der Grundrechte.[10]

Daher steckt dieses Prinzip, insbesondere im Strafverfahrensrecht, das mit ganz empfindlichen Freiheitseinbußen für den Betroffenen (etwa mit der Untersuchungshaft gem. §§ 112 ff StPO) einhergehen kann, die Grenzen der zulässigen Grundrechtseinschränkungen ab. Sobald die Auswirkungen des Mittels nicht mehr in einem angemessen Verhältnis zum verfolgten Ziel stehen, kann das Mittel dem Rechtsstaat wegen Verletzung des Verhältnismäßigkeitsgrundsatzes nicht gerecht werden und steht zur Verfassung im Widerspruch. Die Regeln des Strafverfahrens müssen also den Grenzen der Verhältnismäßigkeit Rechnung tragen.

Damit zeigt sich, daß die obige Definition des Strafverfahrens als Mittel der Ermittlung des Sachverhalts und der angemessenen Strafe sowie der Durchsetzung der Sanktion zu kurz greift. Diese Definition vernachlässigt die Aufgabe des Strafprozeßrechts, die Grundrechte im Rahmen des Verhältnismäßigkeitsprinzips zu wahren. Diese Aufgabe erfüllt das Strafverfahrensrecht, indem es die Ermächtigungsgrundlagen, die es zur Einschränkung der Grundrechte des Beschuldigten[11] schafft, wieder begrenzt und grundrechtsverletzende Maßnahmen ausschließt. Das Strafverfahrensrecht muß neben den Schranken des betroffenen Grundrechts auch enge „Schranken-Schranken“ normieren. Die Reichweite dieses Schutzes ergibt sich konsequenterweise ebenso über das Prinzip der Verhältnismäßigkeit aus dem Zweck des Strafverfahrensrechts.

---

[10] So die ständige Rspr. des *BVerfG*, etwa: BVerfGE 19, 342 (348 f.); 29, 312 (316); 61, 126 (134); 69, 1 (35); 76, 256 (359).

[11] Zum Begriff des Beschuldigten als Oberbegriff des vom Strafverfahren unmittelbar Betroffenen, § 157 StPO.

## II. Ziel des materiellen Strafrechts und der Strafe als Ausgangspunkt für das Strafverfahrensrecht

Oberflächlich betrachtet ist das Ziel des materiellen Strafrechtes die Bestrafung, die als staatliche Sanktion auf einen bestimmten Sachverhalt hin folgen soll. Das formelle Strafrecht (Strafverfahrensrecht) hat die Funktion, das materielle Strafrecht zur Geltung zu bringen und den Sachverhalt zu ermitteln, auf den das materielle Recht Anwendung finden soll. Daher ist der Zweck des materiellen Strafrechts letztlich auch für den des Strafverfahrensrechts mitbestimmend, denn das Verfahrensrecht dient der Verwirklichung des materiellen Strafrechts.[12] Das Ziel des formellen Verfahrens und des materiellen Strafrechts ist also gleichermaßen die Durchsetzung der Strafe. Es folgt daraus notwendig die Frage, welcher Sinn hinter dem Institut der staatlichen Strafe steht.

Sicherlich ist hier nicht der geeignete Ort, um ausführlich darzulegen, welchen Zweck Sanktionen im Rechtsstaat verfolgen und ob sie überhaupt sinnvoll sind. Gleichwohl muß hier diesbezüglich ein gewisser Grundkonsens gefunden werden, um eine Basis für weitere Gedankengänge zu erhalten. Daher ist in der gebotenen Kürze auch auf den Sinn der Strafe als solcher einzugehen.

Die hier betrachtete Strafe könnte man in idealtypisierender Vereinfachung als bewußte Nachteilszufügung definieren, die sich als staatliche Reaktion auf einen Rechtsbruch darstellt. Sie kann in der Entziehung von körperlicher Fortbewegungsfreiheit (§ 38 StGB), von Vermögen (§§ 40 ff StGB) oder als Nebenstrafe in einem Fahrverbot (§ 44 StGB) liegen.

Über das durch staatliche Strafe verfolgte Ziel besteht keineswegs Einigkeit. Es sind hier nur einige Hauptströmungen genannt:

### 1. Absolute Straftheorien

Insbesondere von den klassischen Strafrechtsphilosophen - die den sog. Vergeltungstheorien[13] anhingen - wurde die Strafe als Instrument einer idealisierten Gerechtigkeit betrachtet. Die Strafe negiere die Rechtsverletzung des Täters; sie sei die *„Aufhebung des Verbrechens, das sonst gelten würde und die Wiederherstellung des Rechts“*[14]. Sie ist nicht mit einem gesellschaftlichen Zweck verbunden.[15] Es gilt das Prinzip: *„punitur, quia peccatum est“*[16]

---

[12] *Krey*, Strafrecht AT I, Rn. 41.

[13] Etwa *Kant*, § 49 E I, Rn. 331 ff., der für das Talionsprinzip eintritt (Rn. 332); *Hegel*, §§ 99 ff.; *Krey*, Strafrecht AT I, Rn. 124, der auf das berühmte Inselbeispiel aus *Kants* eingeht, ähnlich *Gropp*, § 1/103.

[14] Nachweise bei *Krey*, Strafrecht AT I, Rn. 124.

[15] Dazu näher *Krey*, Strafrecht AT I, Rn. 120.

[16] Hierzu *Gropp*, § 1/100 f.

Den Aspekt der Vergeltung und des Schuldausgleichs betont auch die Rechtsprechung des *BGH*[17] und *BVerfG*[18].

Für dieses, vornehmlich von *Kant*[19] und *Hegel*[20] aber auch heute noch vereinzelt von Neoklassikern[21] vertretene, absolute Strafverständnis spricht, daß es mit seinem Vergeltungsgedanken das allgemeine Rechtsgefühl wiedergibt. Es kommt dem Genugtuungsinteresse des Geschädigten und der Gesellschaft gegenüber dem Täter entgegen und leitet ihn in staatliche Bahnen. Die private Rache wird durch die vergeltende staatliche Bestrafung ersetzt.[22]

Dennoch soll nach der Vergeltungstheorie nicht Rache geübt, sondern eine abstrakte Gerechtigkeit hergestellt werden, indem dem Täter kontrolliert ein ausgleichender Nachteil zugefügt wird. *Hegel* legt besonderen Wert darauf, daß die Würde des Täters als vernünftiges Wesen nur dann gewahrt bleibt, wenn die Strafe sich allein nach seiner Schuld bestimmt und nicht von anderen, gesellschaftlichen Faktoren abhängig ist.[23]

Dieser Gerechtigkeitsgedanke ist über das Schuldprinzip in das StGB eingeflossen.[24] Die Strafe ist nach § 46 S. 1 und auch § 29 StGB durch die Schuld jedes einzelnen Täters (oder Teilnehmers) einer Straftat beschränkt. Es darf also keine Strafe oberhalb des Rahmens dessen ausgesprochen werden, was schuldangemessen ist.

Die absolute Straftheorie in dieser reinen Form widerspricht jedoch der Konzeption des Grundgesetzes, die maßgeblich am Schutz des einzelnen Menschen, seiner Rechtsgüter und der menschlichen Gesellschaft orientiert ist. Die Strafe wird nach der Vergeltungstheorie zum Instrument der Verwirklichung eines metaphysischen Gerechtigkeitsideals, die ein säkularer Staat nicht leisten kann und vernünftigerweise auch nicht leisten will.[25] Es ist daher nicht möglich, den Vorrang der Strafe und der damit verbundenen Rechtseinbußen des einzelnen Verurteilten vor seinen Grundrechten auf Persönlichkeitsentfaltung oder körperliche Fortbewegungsfreiheit allein mit dem Aspekt der Vergeltung verfassungsgemäß zu begründen. Die Strafe wäre Selbstzweck und müßte gegenüber den Grundrechten zurückstehen, weil sie unter diesen idealisierten Voraussetzungen dem am Menschen orientierten Grundgesetz nicht entspräche.

---

[17] Vgl. BGHSt 20, 262 (264 ff.), 24, 132 (133 f.).
[18] Etwa in BVerfGE 22, 125 (132); 45, 187 (258 f.).
[19] *Kant*, § 49.
[20] *Hegel*, § 99 ff.
[21] *Zaczyk*, S. 73 ff.
[22] So *Krey*, Strafrecht AT I, Rn. 121 f.
[23] *Hegel*, § 100.
[24] Zu dessen Bedeutung auch S. 24 f.
[25] So auch *Roxin*, Strafrecht AT I, § 3/8.

Sie diente nicht dem Menschen, sondern einem höheren metaphysischen Ziel, das der Staat niemandem aufdrängen darf. Eine allein darauf gestützte Strafe wäre damit mit dem Verhältnismäßigkeitsgrundsatz und der Menschenwürde nicht in Einklang zu bringen.

Darüber hinaus ist der Resozialisationsgedanke[26] als verfassungsrechtlich anerkannt wichtiges Ziel des Strafens nicht mit dieser reinen Vergeltungstheorie vereinbar. Die Notwendigkeit eines sozialpolitischen Zwecks einer jeden staatlichen Sanktion ergibt sich aus dem, unter anderem in Art. 20 I GG, niedergelegten Sozialstaatsprinzip. Auch im StGB finden sich Regelungen (etwa § 46 S. 2 StGB), die sich auf dieses Ziel beziehen. Der Täter, dem lediglich als Schuldausgleich und Vergeltung ein anderes Übel zugefügt werden soll, kann durch diese Maßnahme nicht wieder in die Gesellschaft eingegliedert werden.

Die sog. absolute Straftheorie ist als die Strafe allein begründende Theorie in einem Rechtsstaat, wie ihn das Grundgesetz normiert, deswegen nicht haltbar.[27] Daher ist auch der *BGH* von dieser Begründung der staatlichen Strafe ausdrücklich abgerückt und hat erklärt, *„daß die Strafe nicht die Aufgabe hat, Schuldausgleich um ihrer selbst Willen zu üben...“*[28]. Es kann damit im Hinblick auf das Grundgesetz keine Strafe allein mit der Vergeltung begründet werden.

Dennoch ist eine logische Folge, die jene von der absoluten Straftheorie erstrebte Gerechtigkeit hätte, sehr beachtenswert: Die Erreichung einer Idealgerechtigkeit hätte Rechtsfrieden zur Folge. Denn ein gerechtes Strafrecht schafft Rechtsfrieden. Der Bürger kann nämlich dann erkennen, daß auf eine Verfehlung eine gerechte Strafe folgt. Er kann so in (Rechts)Sicherheit leben, da er die Folgen seiner Handlungen und auch der anderer besser einzuschätzen vermag. Weiterhin kann auch wegen einer gerechten Strafe zwangsläufig keine gesellschaftliche Unruhe über ein als ungerecht empfundenes Strafmaß entstehen. Letztlich ist damit der Rechtsfrieden die Folge einer durch die absolute Straftheorie angestrebten Gerechtigkeit.

### 2. Relative Straftheorien

Auch nach den verschiedenen Gegenansichten, den sog. relativen Straftheorien, dient das Strafrecht in letzter Konsequenz genau diesem Zweck, der Schaffung des Rechtsfriedens. Die relativen Straftheorien binden das staatliche Strafen jedoch offen an ein gesellschaftlich legitimes Ziel jenseits der abstrakten Gerechtigkeit.

---

[26] Dazu das *BVerfG* im Lebachurteil, BVerfGE 35, 202 ff.

[27] So auch *Roxin*, Strafrecht AT I, § 3/10.

[28] BGHSt 24, 40 (42).

### a) Generalprävention

Nach dieser Spielart der relativen Straftheorien dient die Sanktion generalpräventiven, also auf die Rechtsgemeinschaft gerichteten Zwecken. Sie verfolgt danach eine gesellschaftliche Intention in zwei verschiedenen Zielrichtungen.

#### aa) Lehre von der negativen Generalprävention

Nach diesem Ansatz soll die Strafdrohung potentielle Täter abschrecken und darüber hinaus soll die Strafvollstreckung am Täter den anderen Mitgliedern der Rechtsgemeinschaft als Warnung dienen.

Als Begründer der neuzeitlichen generalpräventiven Straftheorie gilt *Paul Johann Anselm v. Feuerbach* (1775-1833)[29]. Seine Theorie des psychologischen Zwangs ist *„primär eine Theorie der Strafdrohung".*[30] Der Sinn der Strafe ist es nach dieser Auffassung, den Rechtsfrieden zu wahren und wiederherzustellen, indem dem Bürger vor Augen gehalten wird, welche negativen Folgen die Straftat für ihn haben wird, und daß diese die Vorteile aus der Tat überwiegen. Das entscheidende Element ist also hier die Durchsetzung der Strafe zur Abschrekkung der Mitglieder der Rechtsgemeinschaft.

Zwar mag die tatsächliche Wirkung einer Strafe als Abschreckungsmittel nicht empirisch nachweisbar sein, jedoch ist dieser Defekt ebenso wenig falsifizierbar. Die Schlußfolgerung, die Strafe habe Abschreckungswirkung, ist zumindest als durchaus plausibel zu bezeichnen.[31]

Dennoch sind die möglichen Folgen und Mißbrauchsmöglichkeiten dieses, nur auf Abschreckung angelegten Ansatzes im Hinblick auf die Menschenwürde als oberstem Verfassungsgebot bedenklich. Der einzelne straffällig gewordene Bürger darf nämlich durch die Strafe nicht zum Instrument der Abschreckung, also zum reinen Objekt staatlichen Handelns, gemacht werden. Vor dem Hintergrund eines rein generalpräventiven Ansatzes besteht jedoch grundsätzlich eine erhöhte Gefahr, daß das Strafrecht in „staatlichen Terror umschlägt"[32] und an einzelnen, ohne Rücksicht auf die persönliche Schuld, Exempel statuiert werden. Eine nach dem Maßstab der Schuld des Täters nicht als angemessen empfundene Strafe kann aber weder auf den Täter noch auf die Rechtsgemeinschaft positive Wirkungen haben.[33]

---

[29] *V. Feuerbach*, §§ 19 ff.
[30] So *Roxin*, Strafrecht AT I, § 3/23; dazu auch *Krey*, Keine Strafe ohne Gesetz, Rn. 43, 57.
[31] So *Krey*, Strafrecht AT I, Rn. 128.
[32] *Roxin*, Strafrecht AT I, § 3/31.
[33] So auch *Feigen*, S. 75, m.w.Nw.

**bb) Lehre von der positiven Generalprävention**

Nach dieser Auffassung, der im heutigen Strafrecht eine zentrale Rolle zukommt,[34] soll die staatliche Sanktion den Bürger zur Rechtstreue motivieren und der Rechtsgemeinschaft durch die Verurteilung von Straftätern das Vertrauen in die Rechtsordnung zurückgeben. Die Strafe dient demnach dem Schutz der Rechtsgüter des Einzelnen und *„der Erhaltung und Stärkung des Vertrauens in die Bestands- und Durchsetzungskraft der Rechtsordnung"*[35]. Damit steht eine solche Auffassung in Bezug auf das Ziel der Strafe und die Grundrechtsorientierung auch mit dem Grundgesetz im Einklang.

Jedoch steht auch dieser Ansatz der Generalprävention in reiner Form im Widerspruch zu strafrechtlichen Grundprinzipien. Denn das für das Strafrecht zentrale Schuldprinzip verbietet es, die Strafandrohung allein an der positiven Wirkung auf die Rechtsgemeinschaft, an der Erhaltung und Stärkung ihres Vertrauens in die Rechtsordnung zu orientieren. Es würde bei einem nur generalpräventiven Ansatz keine Orientierung der Strafe an der Schuld des einzelnen stattfinden. Das StGB gibt in §§ 46 S, 1, 29 StGB diese Bedeutung des Schuldprinzips aber zwingend vor.

Daher wäre ein rein generalpräventiver Ansatz – gleichgültig ob in der Form der positiven oder der negativen Generalprävention – nicht mit dem geltenden Recht vereinbar.

Jedoch wird auch im Rahmen dieser Theorien das hinter der Strafe stehende Interesse des Staates an Rechtsfrieden durch Rechtsgüterschutz sichtbar. Auch die Theorie der Generalprävention verfolgt dieses Ziel und ähnelt somit im Ergebnis den absoluten Straftheorien.

**b) Spezialprävention**

Von der Lehre der Spezialprävention wird ein anderer Ansatzpunkt gewählt. Es wird der Gedanke der Einwirkung auf den Einzelnen zu Grunde gelegt, wie ihn schon *Seneca* unter Berufung auf *Plato* vertreten hat:

> *„Nam, ut Plato ait: 'nemo prudens punit, quia peccatum est, sed ne peccetur...'"*.[36]

Die Spezialprävention ist auf das einzelne Mitglied der Gemeinschaft bezogen und soll nach dem Grundgedanken *v. Litzs* dreispurig erfolgen. Ziele sind die Unschädlichmachung der Unverbesserlichen, die Abschreckung der Gelegen-

[34] Dazu *Krey*, Strafrecht AT I, Rn. 129.
[35] So *Roxin*, Strafrecht AT I, § 3/26.
[36] Zitiert nach *Roxin*, Strafrecht AT I, § 3/11.

heitstäter und die Besserung der Besserungsfähigen.[37] Den Gedanken der Spezialprävention hat der Gesetzgeber im § 46 I 2 StGB auch in das Gesetz einfließen lassen.[38] Diese Vorschrift lautet:

*„...Die Wirkungen, die von der Strafe für das künftige Leben des Täters in der Gesellschaft zu erwarten sind, sind zu berücksichtigen"*

Insbesondere das Ziel der Besserung des Täters hat Eingang in das neuere Strafrecht gefunden. Die Resozialisierung nimmt in dieser Theorie den zentralen Stellenwert ein. Dazu heißt es in § 2 StVollzG:

*„Im Vollzug der Freiheitsstrafe soll der Gefangene fähig werden, künftig in sozialer Verantwortung ein Leben ohne Straftaten zu führen."*

Dennoch wirft auch dieser Weg der Spezialprävention - insbesondere die Resozialisierung - rechtsstaatliche Probleme auf. Denn sie verlangt in streng zweckorientierter Anwendung vom Strafrecht auch dann einen Besserungsversuch, wenn bei einem Bürger eine schwere Kriminalitätsgefährdung festzustellen ist, ohne daß er je einen Straftatbestand verwirklicht hätte. Dies könnte zu Freiheitsstrafen mit unbegrenzter Dauer, unabhängig von der Begehung einer Straftat führen. Eine solche schuldunabhängige Sanktion wäre mit dem im StGB geltenden Schuldprinzip nicht zu vereinbaren.[39] Außerdem läßt sich der Resozialisierungsgedanke auch mit dem Argument angreifen, es handele sich um einen Eingriff in die Menschenwürde, wenn der Staat versuche, den erwachsenen Menschen mit Strafe zu erziehen.[40]

Dazu hat das *BVerfG* geäußert, es komme dem Staat nicht die Aufgabe zu, seine Bürger durch Strafe zu „bessern".[41] Gegen eine Besserungswirkung der Strafe spricht auch das Konzept des StGB. Es hält nämlich neben der Strafe auch die Maßregeln der Besserung und Sicherung (§§ 61 ff) bereit, die ausdrücklich keine Strafen sind. Die Zielsetzung dieser Maßregeln ist nicht Strafe, sondern die Besserung der Besserungsfähigen und die Unschädlichmachung der gefährlichen und nicht mehr besserungsfähigen Täter. Diese Maßnahmen sind damit eindeutig spezialpräventiver Natur. Damit kann also im StGB der generalpräventive Ansatz keinen allein maßgebenden Stellenwert haben, wenn der Gesetzgeber jene präventiven Maßnahmen neben die Strafe stellt.

Doch auch dieses Ziel der speziellen Einwirkung auf den straffälligen Bürger dient, wie die vorgenannten Theorien, effektiv dem Rechtsgüterschutz und dem

---

[37] *V. Liszt*, ZStW 1883, 35 f; zur dreispurigen Spezialprävention *v. Listzs* auch, *Roxin*, Strafrecht AT I, § 3/12.

[38] Darauf hat auch der *BGH* hingewiesen, BGHSt 24, 40 (42).

[39] Dazu *Roxin*, Strafrecht AT I, § 3/16f.; nach der Rspr. des *BVerfG* gibt auch das Rechtsstaatsprinzip den Schuldgrundsatz vor: etwa BVerfGE 80, 109 (120).

[40] Dazu *Hegel*, Grundlinien der Philosophie des Rechts, Zusatz zu § 99.

[41] BVerfGE 22, 180 (219 f.).

Rechtsfrieden. Der Bürger soll durch die Spezialprävention, ebenso wie durch die Generalprävention von Straftaten abgehalten werden.

### 3. Die Vereinigungstheorien und ihre Wirkung auf das Strafverfahren

Damit haben alle Straftheorien die Gemeinsamkeit, daß sie die Schaffung und Bewahrung des Rechtsfriedens zumindest als wünschenswerten Effekt der Strafe ansehen. Der Strafzweck ist somit umschrieben. Das Strafverfahren, das die angemessene Strafe festsetzen soll, ist deshalb ebenso am Rechtsfrieden zu orientieren, wie die Strafe, der es zur Umsetzung dienen soll.

Das geltende Strafrecht greift zu diesem Zweck auf einen am Schuldprinzip orientierten Strafbegriff mit generalpräventiven und spezialpräventiven Elementen zurück. Damit *„erscheint es gegenwärtig sachgerecht, als Ziel"* des gesamten Strafrechts[42] also auch des Strafprozeßrechts, die Schaffung und Erhaltung des Rechtsfriedens anzusehen. Das Strafrecht dient dem Wohl der Gemeinschaft. Denn nur eine Gesellschaft, in der Rechtsfrieden herrscht, kann ein weitgehend reibungsloses Miteinander ermöglichen.

> *„Ziel des Strafprozesses ist daher die Herstellung (oder Erhaltung) von Rechtsfrieden durch eine justizförmige den Wertvorstellungen des Grundgesetzes entsprechende, auf Wahrheitsfindung ausgerichtete und an Gerechtigkeitsvorstellungen orientierte optimale Realisierung des materiellen Strafrechts."*[43]

Rechtsfrieden erfordert Rechtssicherheit. Rechtssicherheit setzt Sicherheit im Recht und Sicherheit an Rechten voraus. Das heißt, dem Betroffenen muß sowohl ein geregeltes Verfahren, das seine persönlichen Rechte respektiert, als auch ein materiell-normativ gerechtes Urteil garantiert werden. Der Zweck des Strafverfahrens als gesetzlich geregeltem Rechtsvorgang ist damit neben der Wahrheitsfindung auch die Beschränkung der staatlichen Machtbefugnisse, die während des Strafprozesses über den Einzelnen ausgeübt werden, und der Schutz der nach dem Grundgesetz gewährleisteten Freiheitsrechte des Betroffenen.[44]

Die Vorschriften, die die Strafverfolgung regeln, müssen daher zwingend neben der Organisation des Verfahrens auch die Begrenzung der hoheitlichen Eingriffsbefugnisse gewährleisten. Folglich ist es Sinn und Zweck des Strafverfahrens, den wahren Hergang eines bestimmten fraglichen Tatgeschehens unter größtmöglichem Schutz der Rechtspositionen des als unschuldig zu betrachtenden Beschuldigten zu erforschen (Wahrheitsfindung). Soweit sich dabei seine Täterschaft herausstellt, ist er daraufhin unrechts- und schuldangemessen zur Verantwortung zu ziehen. Dies hat in einem justizförmigen Verfahren zu ge-

---

[42] *Rieß* in: *Löwe-Rosenberg*, Einl. B/4.
[43] *Rieß* in: *Löwe-Rosenberg*, Einl. B/4.
[44] *Rieß* in: *Löwe-Rosenberg*, Einl. B/6.

schehen, das den Beschuldigten als Menschen und in seinen Rechten respektiert.[45] Nur auf diese Weise kann das Prinzip der Verhältnismäßigkeit gewahrt werden, um dem Bürger nur insoweit Rechtseinbußen zuzumuten, als es zur Bewahrung des Rechtsfriedens unumgänglich ist.

Wegen der Vorzüge der dargelegten präventiven Theorien wird in der Rechtslehre zum Teil eine präventive Vereinigungslehre vertreten.[46] Hier werden die relativen Strafzwecke vereinigt, die jene präventiven Straftheorien bieten. Die Verbrechensbekämpfung steht hier als Zweck hinter der Strafe. Die im StGB festgelegte Orientierung an der persönlichen Schuld und ihren Grenzcharakter müßte diese Auffassung konsequenterweise ablehnen.[47] Dennoch wird die Schuld als Obergrenze der Strafe akzeptiert, ansonsten aber eine Beschränkung der Strafe durch die Schuld des Täters abgelehnt.[48]

Die Rechtsprechung[49] vereinigt dagegen alle Straftheorien in der sog. vergeltenden Vereinigungstheorie. Sie steht auf dem Boden des Schuldprinzips, so daß der äußere Rahmen der Strafe von der persönlichen Schuld der einzelnen bestimmt wird.[50] Dies gilt sowohl für ein Verbot einer zu harten, als auch einer zu milden Strafe. Darüber hinaus kombiniert diese Auffassung Aspekte der Generalprävention mit solchen der Spezialprävention. Präventionsgesichtspunkte dürfen nach der vergeltenden Vereinigungstheorie jedoch nur insofern eine Rolle spielen, als sie sich auf die Strafzumessung innerhalb des von der Schuld vorgegebenen Rahmens auswirken (sog. Spielraumtheorie).[51]

Auf diesem Standpunkt ist auch das StGB seiner Struktur und seines Inhalts nach angesiedelt.[52] Daher finden sich in diesem Gesetz in vielen Normen Hinweise sowohl auf relative, als auch auf absolute Strafzwecke.[53]

## C. Verfassungsgrundsätze und ihre Auswirkungen auf das Strafverfahren

Diese oben eher logisch deduzierten Voraussetzungen eines rechtsstaatlichen und den Beschuldigten soweit wie möglich schützenden Verfahrens ergeben sich insbesondere auch aus dem Grundgesetz, dem einfachen Prozeßrecht und völkerrechtlichen Verträgen. Die Grundsätze des justizförmigen Verfahrens, die

---

[45] Dazu *Krey*, Strafverfahrensrecht I, Rn. 35.
[46] *Roxin*, Strafrecht AT I, § 3/37 ff., 44 ff.; *Jakobs*, 17/18 ff.
[47] So *Krey*, Strafrecht AT I, Rn. 138.
[48] *Roxin*, Strafrecht AT I, § 3/51 ff.
[49] Etwa BVerfGE 45, 187 (228); zusammenfassend *Krey*, Strafrecht AT I, Rn. 139 ff.
[50] St. Rspr. etwa BVerfGE 45, 187 (253 ff.): in neuerer Zeit, NJW 2002, 1779 (1780) m.Nw.; weitere Nachweise bei *Krey*, Strafrecht AT I, Rn. 136.
[51] Dazu *Krey*, Strafrecht AT I, Rn. 136.
[52] So *Krey*, Strafrecht AT I, Rn. 142.
[53] Relative Strafzwecke sind maßgebend etwa in §§ 46 I 2, 47 I, 69 StGB, absolute Strafzwekke etwa in: § 46 I 1 und § 29 StGB.

den Beschuldigten schützen sollen, werden im folgenden - soweit notwendig - näher erörtert. Die Herleitung beginnt in diesem Zusammenhang im Zentralpunkt des Grundgesetzes, bei Art. 1 I GG.

### I. Menschenwürde Art. 1 GG und Rechtsstaatsprinzip

Das Grundgesetz garantiert jedem Menschen, insbesondere in der Situation eines Beschuldigten im Strafverfahren, als unantastbares und unverzichtbares Recht: die Menschenwürde. *„Die Menschenwürde ist der Mittelpunkt des Wertsystems der Verfassung."*[54] Sie ist Ausgangspunkt des Grundgesetzes und das Maß, an dem sich jedes justizielle Verfahren eines Rechtsstaates messen lassen muß. Sie gibt damit vor, welche Regeln in einem rechtsstaatlichen fairen Verfahren zu gelten haben und wann der Grundsatz eines fairen Verfahrens verletzt ist. Sie ist auch und insbesondere für den Beschuldigten in einem Strafverfahren unverzichtbar.

Die Menschenwürde zu definieren, ist bisher trotz umfangreicher Bemühungen nicht angemessen gelungen. Ein bestimmter Aspekt der Menschenwürde ist dennoch unumstritten, und gerade dieser Gesichtspunkt zeigt sich für das rechtsstaatliche Strafverfahren als besonders relevant. Das BVerfG[55] hat diesen einen Aspekt besonders hervorgehoben:

Der Kern der in Art. 1 I GG festgeschriebenen Menschenwürde ist danach die Subjektstellung des Menschen. Diese **Subjektsgarantie** verbietet es der Staatsgewalt unbedingt, den Einzelnen zum reinen Objekt hoheitlichen Handelns zu degradieren[56]; die staatliche Gewalt darf es darüber hinaus auch nicht zulassen, daß ein Dritter den Betroffenen zum bloßen Objekt herabwürdigt.[57] Die Menschenwürde kommt selbstverständlich auch demjenigen zu, der sich durch schwere Verfehlungen in einen Gegensatz zur menschlichen Gesellschaft stellt.[58]

Das heißt im unmittelbaren Schluß für das Strafrecht und insbesondere für das Strafverfahren, daß der einer Straftat verdächtigte Mensch nicht wie im mittelalterlichen und frühneuzeitlichen Inquisitionsprozeß zum bloßen Objekt einer staatlichen Untersuchung gemacht werden darf. Der Beschuldigte ist Träger unveräußerlicher Verfahrensrechte. Das Gericht wie auch allen anderen am Ver-

---

[54] *Leibholz/Rinck/Hesselberger*, Art. 1/1 mit auf BVerfGE 35, 202 (225); 39, 1 (42).
[55] BVerfGE 27, 6 (7).
[56] Ständige Rspr. des BVerfG; etwa in BVerfGE 9, 89 (95); 27, 1 (6); 28, 386 (391); 45, 187 (228); 87, 209 (228).
[57] Dürig in: Maunz/Dürig, Art. 1/34; Schmidt-Bleibtreu/Klein, Art. 1/12.
[58] BVerfGE 87, 209 (228); *Dürig* in: *Maunz/Dürig* Art. 1/21. Auch wenn dies anscheinend von einigen Autoren etwa im Hinblick auf den Fall *Jakob* von Metzlers nicht mehr unbedingt anerkannt wird; dazu sehr kritisch etwa, *Miehe*, NJW 2003, 1219.

fahren beteiligten Hoheitsträger haben seine Persönlichkeit und Menschenwürde in jedem Stadium des Verfahrens zu achten und zu wahren.

Demgemäß verbietet sich eine „Wahrheitsfindung um jeden Preis".[59] Die Grenzen steckt hier namentlich das Verhältnismäßigkeitsprinzip.[60] Der Beschuldigte muß von den handelnden Staatsorganen innerhalb eines jeden rechtlichen Verfahrens als selbstverantwortliche Persönlichkeit anerkannt sein und bleiben[61]. Daher muß ihm der Status eines Verfahrens**subjektes** mit eigenen Gestaltungsmöglichkeiten zugestanden werden[62]. Er bleibt also jederzeit Grundrechtsträger.[63]

Aus diesem Grund ist es für den rechtsstaatlichen und auf die Menschenwürde bedachten Strafprozeß charakteristisch, dem Beschuldigten die Möglichkeit zu geben, sich durch ihm garantierte Verfahrensrechte wirksam gegen die Anklage zu verteidigen. Aus der Menschenwürde ergeben sich folglich eine Reihe anerkannter strafprozessualer Möglichkeiten auf den Prozeß einzuwirken, derer sich der Beschuldigte bedienen darf und deren Inanspruchnahme ihm auf keinen Fall prozessual zum Nachteil gereichen darf.

### 1. Das Recht auf Aussagefreiheit im Strafverfahren

Aus dem Gebot der effektiven Verteidigungsmöglichkeit und dem garantierten Status als aktiv verfahrensbeteiligtes Subjekt - insgesamt also aus dem rechtsstaatlichen Prinzip des *fair trial* - ergibt sich das Recht des Beschuldigten, sich zu den vorgebrachten Vorwürfen zu äußern, insbesondere Argumente und Beweismittel zu seiner Entlastung vorzubringen. Es ist aber genauso gut sein Recht, dies nicht zu tun und zu schweigen.[64]

Festgehalten ist dieser Grundsatz im Völkerrecht etwa im Art. 14 III g des *internationalen Pakts über staatsbürgerliche und politische Rechte*[65] vom 19.12.1966, der über Art. 59 GG nationales Gesetz geworden ist und als einfaches Bundesrecht gilt.[66]

Danach darf eine wegen einer Handlung strafrechtlich angeklagte[67] Person nicht gezwungen werden, sich zu den vorgebrachten Anschuldigungen zu äußern und

---

[59] BGHSt 14, 358 (365).

[60] *Weber-Fas*, S. 147; *Jakob*, Rn. 191; *Seer* in: *Tipke/Kruse*, § 208/47.

[61] BVerfGE 45, 187 (228).

[62] Zum Status als Verfahrenssubjekt, BVerfGE 9, 89 (95); 56, 37 (43).

[63] So *Krey*, Strafverfahrensrecht I, Rn. 788.

[64] *Rüping*, Strafverfahren, Rn. 97 ff. Ob der Beschuldigte die Pflicht hat zu seinen Personalien Angaben zu machen ist streitig. Aber nach h.M. ist ihm eine Aussage dazu zuzumuten; dazu *Krey*, Strafverfahrensrecht I, Rn. 785 m.w.Nw.

[65] BGBl. 1973 II, 1533.

[66] *Dürig* in: *Maunz/Dürig*, Art. 1/59, dazu *Krey*, Strafverfahrensrecht I, 157.

[67] Zu dem Begriff der strafrechtlichen Anklage, *EGMR*, NJW 2002, 499.

damit eventuell zu seiner eigenen Verurteilung beizutragen. Es darf niemand verpflichtet werden, sich selbst zu überführen, indem er aussagt.[68] Dieses Recht ist weiterhin auf europäischer Ebene durch die *Europäische Konvention zum Schutze der Menschenrechte und Grundfreiheiten* (EMRK) vom 04.11.1950[69] verbürgt.[70] Nach der Rechtsprechung des Europäischen Gerichtshofs für Menschenrechte ist das Recht, auf eine Anschuldigung schweigen zu dürfen, ein international allgemein anerkannter Grundsatz, der ein *„Kernstück des von Art. 6 I MRK garantierten fairen Verfahrens"* darstellt.[71]

Zwar ist jenes Schweigerecht im Grundgesetz[72] nicht ausdrücklich normiert. Aber ein Zwang zur aktiven, über eine passive Duldung hinausgehenden Mitwirkung, der zu strafrechtlichen Nachteilen (etwa sog. Ungehorsamsstrafen[73]) führt, würde einen Verstoß gegen Art. 1 I GG beinhalten.[74] Damit ist es ausnahmslos verfassungswidrig, einen Beschuldigten zu einer Aussage zu zwingen, wenn daraus strafrechtlich nachteilhafte Konsequenzen[75] entstehen können. Ein Eingriff in die Menschenwürde kann keine Rechtfertigung finden; er ist schlechthin unzumutbar und damit eine Grundrechts**verletzung**.[76] Das Interesse an einem materiell richtigen Urteil und evtl. auch an einer angemessenen Bestrafung muß hier hinter dem Grundrecht des einzelnen Beschuldigten zurückstehen.[77]

Von einigen Stimmen in der Literatur wird dieser Grundsatz zwar nur aus dem allgemeinen Persönlichkeitsrecht hergeleitet, jedoch auch hier wird auf den Aspekt der Menschenwürde im allgemeinen Persönlichkeitsrecht besonderer Wert gelegt.[78]

---

[68] Dazu nur beispielhaft *BGH*, NJW 2000, 1962 (1963) m.w.Nw. Zu diesem Recht in der Rechtsgeschichte sehr anschaulich: *Rogall*, Der Beschuldigte, S. 67 ff.

[69] BGBl. 1952 II, 685.

[70] Zur Geltung und Bedeutung der EMRK als Bundesrecht, BGHSt 21, 81 (84).

[71] So *EGMR*, NJW 2002, 499.

[72] Anders als etwa in der Verfassung des Landes Brandenburg. Dort heißt es in Art. 52 V: *„Niemand darf gezwungen werden, gegen sich selbst oder durch Gesetz bestimmte nahestehende Personen auszusagen."*

[73] Dazu *Köstlin*, S. 101 ff.

[74] BVerfGE 55, 144, (150); 37, (42 ff), BGHSt 34, 39 (46); *BGH*, NJW 1992, 1463 (1464 f.); *Kohlmann*, Steuerstrafrecht, § 385/281 m.w.Nw.; *Joecks* in: *Franzen/Gast/Joecks*, § 393/8.; a.A.: *Starck* in: *v. Mangoldt/Klein*/Starck Art. 1/51.

[75] Etwas anderes gilt, wenn dem Beschuldigten für eine Mitarbeit an seiner Verurteilung Vergünstigungen, wie etwa eine Strafmilderung für ein Geständnis, in Aussicht gestellt werden.

[76] So BVerfGE 67, 213 (228); 75, 369 (379); DVBl. 2001, 985; NJW 2003, 1303; *Schmidt-Bleibtreu/Klein*, Art 1/4, 5 m.w.Nw.; zur Unverbrüchlichkeit des nemo-tenetur-Grundsatzes, *BVerfG*, wistra 1988, 302.

[77] *Rogall*, Der Beschuldigte, S. 124 ff.

[78] Nachweise bei BVerfGE 56, 37 (43 f.).

Der Beschuldigte muß also kein Schuldeingeständnis abgeben und darf jeden Vorwurf wahrheitswidrig bestreiten, ohne strafrechtliche Folgen befürchten zu müssen.[79] Er muß verhältnismäßige Zwangsmaßnahmen zwar passiv erdulden, nicht aber aktiv die Ermittlungshandlungen fördern.[80] Über dieses Recht ist er nach § 136 I StPO zu Beginn seiner Vernehmung zu belehren. Dieses Schweigerecht schützen die §§ 136, 136a StPO und die mit ihnen verbundenen – Teils gesetzlich normierten (§ 136a III S. 2 StPO), teils durch Richterrecht entwickelten[81] – verknüpften Beweisverwertungsverbote, welche eine Verwertung erzwungener Aussagen verbieten.[82] Dieser Grundsatz bedeutet praktisch, daß keine Situation entstehen darf, in der eine Person vor die Wahl gestellt wird, entweder unmittelbare strafrechtliche Nachteile zu erdulden oder eine Aussage zu tätigen, mit der sie sich selbst belastet und zu ihrer Verurteilung beiträgt.[83]

Um einen noch weitergehenden Schutz vor strafrechtlicher Verfolgung zu gewähren, gilt auch im nationalen Recht Art. 14 III g des *internationalen Pakts über staatsbürgerliche und politische Rechte*. Im Zusammenspiel mit den deutschen Grundrechten wird so das Schweigerecht über den Beschuldigten selbst hinaus auf Personen ausgeweitet, die in der Gefahr stehen, sich durch das Erfüllen einer Aussagepflicht (Zeugen, Sachverständige oder sonstige Auskunftspflichtige) selbst einer Straftat zu bezichtigen.[84]

Auch das *BVerfG* ist der Auffassung, daß der Grundsatz des Schutzes vor einem Selbstbezichtigungszwang für diese Personen, die *„lediglich eine allgemeine staatsbürgerliche Pflicht im Interesse der Wahrheitsfindung erfüllen"*, erst recht gelten müsse. Auch der Zeuge darf nicht zum bloßen Instrument der

---

[79] RGSt 48, 414 (415); BGHSt 3, 149 (152); *BGH*, NJW 2000, 1962 (1963); *OLG Hamm*, NStZ 1993, 82 (83); *OLG Hamburg*, NStZ-RR 1997, 103 f.;. Eine Schranke findet dieses Recht jedoch dahingehend, daß etwa §§ 145 d und 164 sowie §§ 185 ff. StGB, die wissentlich wahrheitswidrige Beschuldigung eines anderen unter Strafe stellen; vgl. *BGH*, NStZ 1995, 78. Denn der Angeklagte kann nicht das Recht haben Unrecht zu schaffen, um sich zu verteidigen. Die Befugnis zum Leugnen findet hier in den Rechten Dritter ihre Grenzen; dazu auch *Rogall*, Der Beschuldigte, S. 158, m.Nw. aus der Rechtsprechung.

[80] So BGHSt 34, 39 (45 f.); *KG Berlin*, NStZ-RR 2001, 204 (205). Als Zwangsmaßnahmen kommen hier etwa körperliche Untersuchungen (§ 81a ff. StPO), Durchsuchungen (§ 102 StPO), Beschlagnahmen (§§ 108 StPO ff.) und die Untersuchungshaft (§ 112 ff. StPO) in Betracht.

[81] Wegweisend hier etwa *BGH*, NJW 1992, 1463 (1464 ff.) hinsichtlich der Konsequenzen einer unterlassenen Beschuldigtenbelehrung bei polizeilicher Vernehmung.

[82] So *BVerfG*, NJW 1981, 1431.

[83] Nach *Rogall*, Der Beschuldigte, S. 148, gilt der nemo-tenetur-Grundsatz überall dort, wo eine Gefahr der Selbstbelastung entsteht.

[84] *Rogall*, Der Beschuldigte, S. 19, 150.

Wahrheitsfindung werden, denn auch ihm steht selbstverständlich die Menschenwürde zu.[85]

Aufgrund dieser fundamentalen Bedeutung sieht die StPO, ebenso wie andere Gesetze[86], ein Auskunftsverweigerungsrecht[87] vor, das auch Zeugen und Sachverständige vor der Gefahr der Selbstbezichtigung schützen soll, indem es bei Gefahr der Selbstbelastung die Aussagepflicht beseitigt (§ 55 bzw. §§ 72 i.V.m. 55 StPO).

Es gilt damit der Grundsatz **nemo tenetur se ipsum accusare**[88] auch für alle potentiell von Strafverfolgung betroffenen Personen in vollem Umfang.[89] Niemand muß aussagen, wenn er sich dadurch selbst strafrechtlich belasten könnte.

### 2. Das rechtliche Gehör

Auf der anderen Seite ergibt sich aus dem Grundsatz des fairen Verfahrens die Pflicht der ermittelnden Behörden und des Gerichts, den Beschuldigten zu hören, wenn er sich zu erklären wünscht. Dieses Recht, sich zu verteidigen, korrespondiert mit der Pflicht des Gerichts, den Einwand nicht nur zur Kenntnis zu nehmen, sondern auch in seine das Urteil beeinflussende, Abwägung und Bewertung mit einfließen zu lassen. Dem Recht des Beschuldigten auf die Freiheit der Aussage steht als Ausfluß Menschenwürde daher zwingend die Garantie des rechtlichen Gehörs zur Seite. Dieses Recht ist für gerichtliche Verfahren in Art. 103 I GG festgehalten und ergibt sich mittelbar auch aus Art. 6 III b, c der *Europäischen Menschenrechtskonvention (MRK)*. Denn die darin enthaltenen menschenrechtlichen Grundsätze setzen rechtliches Gehör zwingend voraus.

Für das Strafverfahren bedeutet diese Rechtsstellung konkret, daß der Betroffene zu Beginn der Vernehmung zu unterrichten ist, welcher Tatvorwurf gegen ihn erhoben wird (Art. 6 I MRK)[90]. Dem trägt § 136 I StPO Rechnung, der eine Aufklärung des Beschuldigten über die ihm gegenüber erhobenen Anschuldigungen vor Beginn der Vernehmung vorschreibt. Dem Beschuldigten muß die

---

[85] BVerfGE 56, 37 (44 f.); *BVerfG*, NJW 2002, 1411 (1412).

[86] In der Entscheidung BVerfGE 55, 144 ff. war es § 31a II Nr. 2 des Gesetzes über den gewerblichen Binnenschiffahrtsverkehr; weitere Beispiele BVerfGE 56, 37 (46).

[87] Diese sind nicht mit den Zeugnisverweigerungsrechten von Angehörigen des Beschuldigten oder bestimmter Berufsgruppen (§§ 52, 53 StPO) zu verwechseln, die anderen Zwecken als dem Schutz vor Strafverfolgung dienen.

[88] Im kanonischen Recht heißt dieser Grundsatz: *„nemo tenetur prodere se ipsum"* und wird naturrechtlich begründet, dazu *Rogall*, Der Beschuldigte, S. 17 f.

[89] BVerfGE 56, 37 (44 ff.); zur historischen Entwicklung des nemo-tenetur Grundsatzes, *Rogall*, Der Beschuldigte, S. 67 ff.; *Besson*, S. 70 ff.

[90] Dazu die (auch) maßgebende englische Fassung:

*„In the determination of his civil rights and obligations or of any criminal charge against him, everyone is entiteld to a fair and public hearing within a reasonable time by an independent and impartial tribunal established by law."*.

Gelegenheit gegeben werden, sich zu den Vorwürfen zu äußern, seine Sicht der Dinge vorzutragen und insbesondere entlastende Tatsachen beizubringen (§ 136 I 2 StPO). Damit ist auch das rechtliche Gehör für den Beschuldigten als Ausfluß des Grundsatzes des fair trial eine verfassungsrechtlich elementare Verfahrensgarantie.[91]

Das deutlichste Zeichen des Rechts auf richterliches Gehör in der Hauptverhandlung ist das Recht des Angeklagten auf das letzte Wort. Auf dieses Recht wird er zum Ende der Hauptverhandlung ausdrücklich hingewiesen (§ 258 II, III StPO).

Für das außergerichtliche Verfahren, im Strafprozeß also für das staatsanwaltliche Ermittlungsverfahren, läßt sich die Notwendigkeit des rechtlichen Gehörs zwar nach der Auffassung des *BVerfG* nicht aus dem Art. 103 I GG herleiten, da das Grundgesetz explizit nur das richterliche Gehör garantiere.[92] Jedoch ergibt sich dieses Recht ebenfalls aus der Menschenwürde und dem Rechtsstaatsprinzip des Art. 20 I GG. Es gehört zur Stellung des Beschuldigten als eigenständiges Rechtssubjekt. § 163a StPO schreibt daher eine Vernehmung des Beschuldigten vor Abschluß der staatsanwaltschaftlichen Ermittlungen vor. Das rechtsstaatlich faire Strafverfahren, gibt dem Betroffenen also einen grundrechtlichen Anspruch auf rechtliches Gehör schon vom Beginn des Verfahrens an, also noch bevor das strafgerichtliche Zwischen- oder gar Hauptverfahren eröffnet ist.[93]

### 3. Die Unschuldsvermutung und das Prinzip „in dubio pro reo"

Die strafprozessualen Verfahrensgarantien des Rechtsstaats gehen aber über die Gewährleistung jener Rechte – Schweigebefugnis und Anspruch auf rechtliches Gehör – noch weit hinaus. Denn nach der Rechtsprechung des *BVerfGs* stellen die Strafnormen eine Umschreibung besonders intensiven Unrechts dar, und die Verurteilung wegen einer Straftat bedeutet ein schweres ethisch-soziales Unwerturteil durch den Staat.[94] Dieses Unwerturteil berührt den sozialen Achtungs- und Wertanspruch des Verurteilten, der ebenfalls der Menschenwürde entstammt, im Kern.[95] Daher kann dieses Unwerturteil solange nicht ausgesprochen werden, bis die Täterschaft und die Schuld des Betroffenen nachgewiesen sind.[96] *„Die Unschuldsvermutung ist eine besondere Ausprägung des Rechts-*

---

[91] So auch BVerfGE 6, 12 (14); 9, 89 (96).
[92] BVerfGE 9, 89 (95); 27, 88 (102); 36, 321 (330).
[93] Leipholz/Rinck/Hesselberger, Art. 103/31 ff. m.Nw.
[94] *Stree*, S. 16, spricht davon, die Verfehlung habe in der Strafe die Folge einer *„sozialethischen Deklassierung und Diskriminierung"*.
[95] BVerfGE 96, 245 (249); 101, 275 (287), m.w.Nw.
[96] BVerfGE 35, 311 (320) m.w.Nw.

*staatsprinzips und hat damit Verfassungsrang."*[97] Letztlich ergibt sich das Prinzip, daß der Beschuldigte des Strafverfahrens solange als unschuldig anzusehen ist, wie kein rechtskräftiges Urteil seine Schuld festgestellt hat, auch aus der Garantie der Menschenwürde in Art. 1 GG.[98] Dieses Prinzip nimmt damit als Teil der Menschenwürde an der Ewigkeitsgarantie des Art. 79 III GG teil.[99] Positivrechtlich normiert wird die Unschuldsvermutung in Art. 6 II EMRK[100], im übrigen auch in verschiedenen Landesverfassungen.[101]

Diese Unschuldsvermutung beinhaltet zugleich den Zweifelsgrundsatz in **dubio pro reo.**[102] Weil Täterschaft und Schuld des Beschuldigten zweifelsfrei nachgewiesen sein müssen, um die Strafe als schwerstes Unrechtsurteil mit der Ultima-ratio-Prinzip des Strafrechts vereinbaren zu können, gilt über die Unschuldsvermutung hinaus auch das Prinzip in dubio pro reo. Danach ist im Zweifel über den tatsächlichen Hergang eines relevanten Geschehens in der Gesamtwürdigung von einer für den Betroffenen günstigen Tatsachenlage[103] auszugehen. Aufgrund des tiefgreifenden Eingriffs in den Achtungsanspruch des Beschuldigten ist in derartigen Fällen nämlich eher eine Nichtverurteilung eines Schuldigen, als die Verurteilung eines Unschuldigen hinzunehmen.

Der Richter darf demnach nur dann verurteilen, wenn seine Überzeugung von der Schuld frei von vernünftigen Zweifeln ist.[104] Er hat daher bei seiner Urteilsfindung, soweit ein Zweifel auch durch umfassende Würdigung der Beweislage nicht ausgeräumt werden konnte, von der für den Beschuldigten günstigsten Sachlage auszugehen. Dieser Grundsatz ist im Gesetz nicht ausdrücklich formuliert, aber aus dem Schuldprinzip i.V.m. § 261 StPO und Art. 6 II EMRK[105] abzuleiten.[106]

---

[97] BVerfGE 74, 358 (370).
[98] So auch *Diercks*, AnwBl. 2002, 152 m.Nw.
[99] *Diercks*, AnwBl. 2002, 153 m.Nw.
[100] In der offiziellen englischen Fassung der EMRK heißt es: *„Everyone charged with a criminal offence shall be presumed innocent until proved guilty according by law."*
[101] Etwa in Art. 6 IV 2 Landesverfassung des Landes Rheinland-Pfalz, Hessen Art. 20 II, des Saarlandes Art. 14 II und in Art. 9 II der Berliner Verfassung.
[102] Deswegen hält *Montenbruck*, 66 ff. den Zweifelssatz für im deutschen Recht überflüssig, da sich der Inhalt schon aus dem Grundsatz *nullum crimen sine lege* ergebe.
[103] Der Zweifelsgrundsatz gilt dagegen nicht für Rechtsfragen, denn hier darf es keine non-liquet-Situation geben; hier muß das Gericht Klarheit schaffen; vgl. *Eisenberg*, Rn. 119, so weiterhin BGHSt 14, 69 (73), für die h.M. etwa *Hebert*, JA 2002, 194 m.w.Nw.
[104] Hat der Richter auch nur *„leise"* Zweifel an Täterschaft oder Schuld, so fehlt es an der für die Verurteilung erforderlichen Überzeugung, so *Eisenberg*, Rn. 90.
[105] *Pfeiffer* in: KK-StPO, Einl./12.
[106] Die Frage Ob diesem Grundsatz Verfassungsrang zukommt, hat das *BVerfG* (in *BVerfG* NJW 1988, 477) zwar offengelassen. Aber nach der hier vertretenen Auffassung nimmt er als Teil der Unschuldsvermutung am Verfassungsrang der Menschenwürde teil. Die Europäi-

Der Gesetzgeber scheint sich der rechtsstaatlichen Bedeutung der Unschuldsvermutung oft nicht hinreichend bewußt zu machen. Er hat in einigen Gesetzen das Unwerturteil dem Gerichtsurteil vorweggenommen, wie eine Untersuchung aus neuerer Zeit zeigt.[107] So ist in §§ 98a, 100c, 111, 163d, 163e, 163f StPO und § 4 BKAG vom Täter die Rede, ohne daß rechtskräftig festgestellt wurde, daß überhaupt eine Straftat begangen wurde. Das Gesetz nutzt also einen materiellrechtlichen Begriff, der jedoch die Feststellung der Tatbegehung durch den von der Norm Betroffenen voraussetzt.

Dem Gesetzgeber wird daher von Stimmen in der Lehre vorgeworfen, er nehme die Unschuldsvermutung nicht in angemessener Weise ernst.[108] Jene verfehlte Formulierung des Gesetzeswortlautes („Täter") mag isoliert betrachtet nicht bedenklich sein, aber im Zusammenhang mit den zum Teil noch zu erörternden Entfernungen des Gesetzgebers vom diesem Prinzip zugunsten der Praktikabilität wird auch die Sprache zum Vorboten der kommenden Verfassungskollisionen.

### 4. Die Auswirkungen des Schuldprinzips im Strafverfahrensrecht

Auch aus dem Schuldprinzip des materiellen Strafrechts ergeben sich Rechte für den Beschuldigten im Strafverfahren. Es gilt im Strafrecht damit ausnahmslos der Grundsatz des „nulla poena sine culpa". Der Täter kann, selbst wenn einwandfrei feststeht, daß er die mit Strafe bedrohte Handlung begangen hat, nur dann bestraft werden, wenn zweifelsfrei feststeht, daß er die Fähigkeit hatte, das Unrecht seiner Tat einzusehen und auch fähig war, nach dieser Einsicht zu handeln.[109] Das Unrecht der Handlung bzw. des Erfolges müssen dem Täter vorgeworfen werden können. Dieses Prinzip tritt im StGB insbesondere in den §§ 17, 19, 20, 29, 33, 35 zu tage und hat nach der Rechtsprechung des *BVerfG* im Strafrecht Verfassungsrang.[110] Jemand, der aufgrund seelischer oder geistiger Defekte die Begehung der Tat nicht als Unrecht erkennen konnte oder die Tat dennoch nicht unterlassen konnte, darf daher wegen fehlender Schuld nicht bestraft werden.[111]

---

schen Kommission für Menschenrechte geht sogar soweit, eine Verletzung dieser Unschuldsvermutung und damit des Art. 6 II MRK anzunehmen, wenn eine öffentlich ausgestrahlte Aussage eines hohen Beamten oder Ministers eine vorverurteilende Bezeichnung eines Verdächtigen als Täter enthält; dazu MRK Nr. 7986/77, Krause./. Schweiz, DR 13, S. 73 (75 f.).

[107] Vgl. *Diercks*, AnwBl. 2002, 147 ff.

[108] *Diercks*, AnwBl. 2002, 150 m.v.Nw.

[109] *Welzel*, S. 138 ff.

[110] BVerfGE 9, 167 (169); 20, 323 (331); 23, 127 (132); 25, 269 (285); 41, 121 (125); 45, 187 (259); 54, 100 (108).

[111] Das hat den Gesetzgeber jedoch nicht gehindert, Maßregeln zur Sicherung und Besserung vorzusehen, die dann Anwendung finden, wenn der Täter rechtswidrig, aber schuldlos den Straftatbestand erfüllt (§§ 61 ff StGB). Diese Maßnahmen sind keine Strafen sondern am Ge-

Das Schuldprinzip ist kennzeichnend für das repressiv ausgerichtete Strafrecht. Im Gegensatz etwa zum präventiven Polizei- und Ordnungsrecht, für das Schuldfragen allenfalls von sekundärer Bedeutung sind, ist das Schuldprinzip für das Strafrecht prägend.

Die Notwendigkeit der schuldabhängigen Strafe ergibt sich auch aus den Strafzwecken. Eine Abschreckungs- und Besserungswirkung kann eine Strafe auf einen Menschen, der nicht einsehen kann, was Recht und was Unrecht ist, nicht haben. Ebensowenig ist es mit dem, von den absoluten Straftheorien vertretenen und auch heute noch in der vergeltenden Vereinigungstheorie wirkenden Gerechtigkeitsgedanken zu vereinbaren, eine Person zu bestrafen, obwohl die Tat für sie nicht vermeidbar war. Daher hat das *BVerfG* das Schuldprinzip und die Berücksichtigung der Schuld bei Strafausspruch und Strafzumessung als elementares rechtsstaatliches Erfordernis angesehen.

Eine Strafe zu verhängen, ohne die Schuld des Täters festgestellt zu haben, stellt daher einen Verfassungsbruch und einen Verstoß gegen den rechtsstaatlichen Grundsatz des fair trial dar.

## II. Die Verwirklichung des grundrechtlichen Gleichheitsgrundsatzes durch das Offizial- und Legalitätsprinzip im Strafverfahrensrecht

Eine weitere Voraussetzung des fairen, rechtsstaatlichen Verfahrens, das Art. 20 I GG verlangt, ist die Gleichheit aller Menschen vor dem Gesetz und damit auch vor den Strafverfolgungsorganen. Denn Rechtsfrieden kann nur bei einer gerechten Anwendung des Gesetzes auf alle Menschen in angemessen gleicher Weise entstehen. Nur in diesem Fall ist anzunehmen, daß der Einzelne die Behandlung durch die Strafrechtspflege als gerecht empfinden kann. Diesen Gleichheitsgrundsatz gibt Art. 3 GG in allgemeiner Form als maßgebliche Verfassungsnorm vor.

### 1. Die Offizialmaxime

In die einfachgesetzlichen Regelungen der StPO ist der Gleichheitssatz in Form zweier Prozeßmaximen eingeflossen. § 152 I StPO beinhaltet die sog. Offizialmaxime: *„Zur Erhebung der öffentlichen Klage ist die Staatsanwaltschaft berufen."* Diese Regelung normiert das Anklagemonopol des Staates. Nur der Staat hat grundsätzlich das Recht, eine strafrechtliche Untersuchung gegen einen Tatverdächtigen einzuleiten.[112]

---

sichtspunkt der Gefahrenabwehr orientiert. Sie gehören daher nicht in den Bereich des Strafrechts, sondern sind polizeirechtliche Vorkehrungen. Vgl. *Krey*, Strafrecht AT I, Rn. 132.

[112] Ausnahmen gelten in den Fällen der Privatklagedelikte (§§ 374 ff StPO), nicht aber im Klageerzwingungsverfahren. Denn auch dort wird der Staat als Ankläger tätig. Nur die Privatklage wird grundsätzlich ohne Beteiligung der Staatsanwaltschaft betrieben, dazu *Senge* in: KK-StPO, Vorbem. § 374/2.

Die Gleichheit aller Menschen vor dem Gesetz kann nur dann gewährleistet werden, wenn - insbesondere bei schweren Rechtsverstößen - die Strafe nicht vom Gutdünken des Einzelnen oder von Macht, Einfluß oder Finanzkraft des Verletzten oder des Täters abhängt. Im Gegensatz zum altgermanischen oder auch römischen Strafverfahren, das nur durch Bürger Kläger initiiert werden konnte, muß der Staat die Aufgabe des Klägers übernehmen.

## 2. Legalitätsprinzip

Jedoch kann das Anklagemonopol des Staates nur dann zu einer gerechten Behandlung der Bürger führen, wenn das hoheitliche Anklage- bzw. Verfolgungsrecht sein Korrelat in einer Anklage- bzw. Verfolgungspflicht findet. Denn nur wenn die hoheitlichen Strafverfolgungsbehörden grundsätzlich in allen Fällen zum Handeln verpflichtet sind, kann das Anklagemonopol des Staates zur Schaffung des Rechtsfriedens beitragen. Es besteht daher ein Ermittlungs- und Anklagezwang.[113] Dieser Gedanke hat in der StPO in § 152 II seinen Niederschlag gefunden:

> *„Sie [die Staatsanwaltschaft] ist, soweit nicht gesetzlich ein anderes bestimmt ist, verpflichtet, wegen aller verfolgbaren Straftaten einzuschreiten, sofern zureichende tatsächliche Anhaltspunkte vorliegen."*

§ 160 I StPO konkretisiert diese Ermittlungs- bzw. Verfolgungspflicht weitergehend[114]:

> *„Sobald die Staatsanwaltschaft durch eine Anzeige oder auf anderem Wege von dem Verdacht einer Straftat Kenntnis erhält, hat sie zu ihrer Entschließung darüber, ob öffentliche Klage zu erheben ist, den Sachverhalt zu erforschen."*

Für die Polizei bestimmt § 163 I 1 StPO:

> *„Die Behörden und die Beamten des Polizeidienstes haben Straftaten zu erforschen und alle keinen Aufschub gestattenden Anordnungen zu treffen, um die Verdunklung der Sache zu verhüten."*

Hier ist die grundsätzlich strikte Bindung der Strafverfolgungsbehörden an Recht und Gesetz, also die Geltung des Legalitätsprinzips normiert. Der Staat muß ohne Rücksicht auf die gesellschaftliche Stellung gewährleisten, daß jeder Rechtsbrecher mit der Ahndung seines verwirklichten Unrechts rechnen muß. Die Rechtsgleichheit muß sowohl in der materiellen Rechtsstellung als auch in der Rechtsanwendung garantiert sein. Die staatlichen Strafverfolgungsorgane sind demnach verpflichtet, jedem ernsthaften Verdacht einer Straftat nachzugehen und in jedem Fall, in dem die nicht fernliegende Möglichkeit einer Straftat besteht, die Ermittlungen in gleicher Weise aufzunehmen und durchzuführen.

---

[113] *Weyand*, DStZ 1990, 166; *Schoreit* in: KK-StPO, § 152/13.
[114] *Pfeiffer*, § 160/1.

## III. Amtsermittlungsgrundsatz

Eng mit dem Offizialprinzip hängt wiederum die amtliche Sachverhaltsermittlung zusammen. Der Staat hat das Verfahren zu beginnen und zu beherrschen. Daher obliegt den staatlichen Organen auch die Pflicht die Beweismittel zu beschaffen, die zur Führung des Prozesses notwendig sind. Es gilt die sog. Instruktionsmaxime, die sich für das Ermittlungsverfahren aus § 160 StPO ergibt. Insbesondere § 160 II StPO betont den umfassenden Sachverhaltsermittlungsauftrag der Staatsanwaltschaft:

> *„Die Staatsanwaltschaft hat nicht nur die zur Belastung, sondern auch die zur Entlastung dienenden Umstände zu ermitteln..."*

Der ermittelnde Beamte kann zwar Hinweisen des Beschuldigten oder Dritter nachgehen und wird dies im Regelfall auch müssen, um den Sachverhalt aufzuklären; er ist aber an Beweisanträge nicht, wie etwa im Zivilprozeß (Beibringungsgrundsatz), gebunden.[115] Er darf nicht darauf warten, daß andere Verfahrensbeteiligte oder gar Dritte ihm die Fakten zur Verfügung stellen.

Diese aktive Vorgehensweise wird auch durch den Unschuldsgrundsatz vorgegeben, denn nur wenn das Strafverfolgungsorgan sich durch eigene Ermittlungen ein ausreichend sicheres Bild der Lage geschaffen hat, kann es mit hinreichender Sicherheit Zweifel an der Tatsachengrundlage des fraglichen Hergangs überhaupt erst aufdecken.[116]

## IV. Bestimmtheitsgebot, Analogie-, Rückwirkungsverbot und das Verbot von Gewohnheitsrecht

Wegen der schweren Folge einer staatlichen Kriminalstrafe haben im Strafrecht das Verbot strafbegründender bzw. strafschärfender Analogie[117] und das Rückwirkungsverbot elementare Bedeutung. Darüber hinaus sind sowohl das Bestimmtheitsgebot als auch das Verbot von strafschärfendem oder -begründendem[118] Gewohnheitsrecht im Strafrecht von entscheidender Relevanz.[119] Diese Grundsätze strahlen, als elementare Regeln des materiellen Strafrechts, auf das Strafverfahrensrecht aus. Eine Analogie ist die

---

[115] Zum Vergleich dieser beiden Grundsätze, *Feigen*, S. 3 f.

[116] So auch *Kühne*, Rn. 300.

[117] Gegen dieses Analogieverbot zuungunsten des Bürgers ausdrücklich *Sax*, S. 152 f.; ebenso *Jakobs*, 4/17 ff. Die Möglichkeit einer Analogie zugunsten des Bürgers ist dagegen nahezu einhellig anerkannt, vgl. BGHSt 7, 190 (193 f.); *Tröndle/Fischer*, § 1/10a, *Eser* in: *Schönke/Schröder*, § 1/30 ff. jeweils m.w.Nw.

[118] Auch die Möglichkeit der Anwendung von Gewohnheitsrecht zugunsten des Beschuldigten ist nach allgemeiner Meinung anerkannt, dazu *Tröndle/Fischer*, § 1/9

[119] BVerfGE 71, 108 (115), 73, 206 (234) jeweils mit Nachweisen; ferner *Nolte* in: *v.Mangoldt/Klein/Starck*, Art. 103/97; zum ganzen sehr eingehend: *Krey*, Keine Strafe ohne Gesetz, Rn. 106 m.v.Nw. Die genannten Prinzipien sind mittlerweile auch im Grundsatz nicht

*„...Schließung einer Lücke im Normtext durch Übertragung der für einen Tatbestand gegebenen Rechtsfolge auf einen anderen ihm ähnlichen Tatbestand (sog. Gesetzesanalogie) oder durch Übertragung der für mehrere Tatbestände gegebenen Rechtsfolgen auf einen ähnlichen Tatbestand (sog. Rechtsanalogie) und Zusammenfügung der im Normtext gegebenen Rechtsfolge(n) zu einer neuen Rechtsnorm".*[120]

Die Analogie hat die Anwendung des gesetzlichen Tatbestandes auf einen vom Wortlaut der Norm nicht erfaßten Fall zufolge. Eine solche Art der Auslegung über den Wortlaut hinaus ist im Strafrecht bezüglich der Bestimmung der Strafbarkeit und der Strafe zu Lasten des Täters unzulässig. Der mögliche Wortsinn ist Auslegungsschranke.[121] Das Analogieverbot verhindert also die Rechtsfindung praeter legem – und erst recht contra legem – im Strafrecht zuungunsten des Täters.[122]

Art. 103 II GG normiert unmißverständlich das Verbot einer solchen Anwendung strafbegründender oder -schärfender Normen über ihren Wortlaut[123] hinaus und in eine Zeit vor ihrer Entstehung hinein.[124] Es gilt damit auch ein strenges Rückwirkungsverbot. Eine Rechtsnorm hat dann rückwirkenden Charakter, wenn ihre Regelungswirkung schon vor dem Zeitpunkt ihrer Inkraftsetzung einsetzt.[125]

Dieses Verbot findet sich in etwas „verwässerter" Form"[126] auch in Art. 7 EMRK.[127] Eine Tat kann danach nur dann bestraft werden, wenn ihre Begehung zum Tatzeitpunkt schon mit Strafe bedroht war.

---

mehr streitig. Uneinigkeit besteht nur im Einzelfall darüber, ob etwa eine Analogie vorliegt oder nicht.

120 *Gern*, NVwZ 1995, 1146.

121 BVerfGE 47, 109 (124); 64, 389 (393); 71, 108 (115); 73, 206 (235); *BVerfG*, NJW 2002, 1779 (1781); BGHSt 4, 144 (148), spricht von den *„Grenzen des sprachlich Möglichen"*.

122 *Pohl*, Rn. 508, zu problematischen Einzelfällen in der Rechtsprechung: Rn. 517 f. m.w.Nw.

123 Bedenken gegen die Möglichkeit der Abgrenzung von Auslegung nach dem Wortlaut gegen die Analogie äußert *Schmidhäuser*, § 3/49 ff.

124 BVerfGE 25, 269 (285); 30 367 (385); 95, 96 (130), m.w.Nw.

125 Dazu *Kruse/Drüen* in: *Tipke/Kruse*, § 4/15 m.Nw.

126 So *Krey*, Keine Strafe ohne Gesetz, Rn.102.

127 Art. 7 I EMRK lautet:

*„I Niemand darf wegen einer Handlung oder Unterlassung verurteilt werden, die zur Zeit ihrer Begehung nach innerstaatlichem oder internationalem Recht nicht strafbar war. Es darf auch keine schwerere als die zur Zeit der Begehung angedrohte Strafe verhängt werden.*

*II Dieser Artikel schließt nicht aus, daß jemand wegen einer Handlung oder Unterlassung verurteilt oder bestraft wird, die zur Zeit ihrer Begehung nach den von den zivilisierten Völkern anerkannten allgemeinen Rechtsgrundsätzen strafbar war."*

Das *BVerfG* unterscheidet aufgrund langer Rechtstradition zwischen nullum crimen sine lege[128] und nulla poena sine lege[129]. Beide Prinzipien gelten im deutschen Strafrecht. Sowohl alle Voraussetzungen der **Strafbarkeit** als auch die **Strafe** als solche müssen gesetzlich festgelegt gewesen sein, bevor die Tat begangen wurde.[130] Immer, wenn eine staatliche Sanktion für ein schuldhaftes Verhalten verhängt werden soll, gilt damit Art. 103 II GG als besondere Form des Vorbehalts des Gesetzes.[131]

*Krey* sieht das Analogieverbot sogar in der Menschenwürde und darüber hinaus sogar im Demokratieprinzip und der Gewaltenteilung verwurzelt.[132] Nach dieser Auffassung ist jenes Prinzip auch von der Ewigkeitsgarantie geschützt.[133] Es darf niemals Zweckmäßigkeitserwägungen geopfert werden.[134]

Daher gilt im Strafrecht ein umfassendes Verbot strafschärfender und strafbegründender Analogie (im weiteren strafrechtlichen Zusammenhang kurz: Analogieverbot). Eng inhaltlich damit verbunden ist das Verbot einer rückwirkend strafbegründenden oder strafschärfenden Norm (im weiteren kurz: Rückwirkungsverbot) und solcher Normen, die eine Strafe zwar androhen, aber in der weiteren Bestimmung der tatbestandlichen Voraussetzungen der Strafbarkeit oder im Strafrahmen unzulänglich sind.

Schon aus dem Strafziel der Rechtssicherheit ergibt sich logisch zwingend, daß eine Strafe, die nicht vor Begehung der Tat gesetzlich in bestimmter Weise festgeschrieben war, dem Rechtsfrieden keinesfalls dient. Wenn der Bürger die Strafdrohung nicht absehen konnte, läuft eine Strafe dem Rechtsfrieden zuwider.[135] Kann nämlich der Einzelne eine eventuelle Strafbarkeit nur vage, ge-

---

[128] Der wörtlich zu übersetzende Grundsatz „*kein Verbrechen ohne Gesetz*" hat für diesen Zusammenhang eher die Bedeutung von keine Strafbarkeit ohne Gesetz. Es geht hier also um die Strafbarkeit dem Grunde nach, dazu eingehend, *Krey*, Keine Strafe ohne Gesetz, Rn. 23, 94.

[129] Dieser Grundsatz „*keine Strafe ohne Gesetz*" erfordert die direkte Herleitung auch der konkreten Strafe (also der Höhe nach) aus dem Gesetz; so die gefestigte Rechtsprechung des *BVerfGs*: BVerfGE 25, 269 (285); 26, 41 (42); 37, 201 (207); 45, 363 (371).

[130] BVerfGE 86, 288 (313); *BVerfG*, NJW 2002, 1779 (1780). Jedoch scheint das *BVerfG* dem Gesetzgeber bezüglich der Bestimmtheit Strafandrohung etwas mehr Spielraum einzuräumen als im Rahmen des Tatbestandes, denn es hat die Benutzung der Generalklausel des besonders schweren Falls in BVerfGE 45, 363 (370 ff.) bestätigt.

[131] BVerfGE 26, 186 (204) für den Bereich der Ehrengerichte der Rechtsanwälte.

[132] *Krey*, Keine Strafe ohne Gesetz, Rn. 99; ders, Strafrecht AT I, Rn. 86; ähnlich auch BVerfGE 95, 96 (139).

[133] So *Krey*, Keine Strafe ohne Gesetz, Rn. 100.

[134] *Kratsch*, GA 1971, 67.

[135] So auch *Pohl*, Rn. 509.

fühlsmäßig erahnen, so führt das zu allgemeiner rechtlicher Verunsicherung.[136] Eine Strafe, deren Verhängung der Einzelne nicht vorhersehen kann, ist folglich kein taugliches Mittel zur Erreichung des Strafzweckes.

Nach Ansicht des *BVerfG* soll durch das Bestimmtheitsgebot sicher gestellt werden, daß jeder Bürger eine drohende Strafe absehen und sein Handeln danach ausrichten kann.[137] Das Gesetz muß daher nach der ständigen Rechtsprechung des Gerichts so beschaffen sein, daß

> *„Tragweite und Anwendungsbereich der Straftatbestände für den Normadressaten schon aus dem Gesetz selbst zu erkennen sind und sich durch Auslegung ermitteln und konkretisieren lassen..."*[138]

Die Anforderungen an diese konkrete Umschreibung von Tat und Rechtsfolge erhöhen sich mit der Intensität des Eingriffs durch die Rechtsfolge.[139] Aus der Zielsetzung der Rechtssicherheit und der Vorhersehbarkeit von Strafen ergibt sich somit auch die Notwendigkeit einer Strafgesetzgebung, die so bestimmt ist, daß sie an ihrer Reichweite und ihren Folgen keine ernsthaften Zweifel aufkommen läßt. Das *BVerfG* hat dies im Vermögensstrafenurteil so ausgedrückt:

> *„Das Gebot der Gesetzesbestimmtheit gilt (Art. 103 Abs. 2 GG) auch für die Strafandrohung. Strafe als mißbilligende hoheitliche Reaktion auf schuldhaftes kriminelles Unrecht muß in Art und Maß durch den parlamentarischen Gesetzgeber normativ bestimmt werden, die für eine Zuwiderhandlung gegen eine Strafnorm drohende Sanktion muß für den Normadressaten vorhersehbar sein."*[140]

Natürlich muß ein Strafgesetz trotz seiner Bestimmtheit einen großen Kreis von Fällen abdecken und daher abstrakt gehalten sein, jedoch hat im Grundsatz der Anwendungsbereich immer noch hinreichend bestimmt zu bleiben. Daran fehlt es nach der Rechtsprechung des *BVerfGs*, wenn Regelungen etwa widersprüchlich sind und es dem Normadressaten daher nicht gelingen kann, sein Verhalten an der Regelung auszurichten.[141] Die Interpretationsbedürftigkeit einer Norm allein darf jedoch nicht mit Unbestimmtheit verwechselt werden. Eine Notwendigkeit der Begriffsbestimmung durch Auslegung läßt die Rechtsprechung des *BVerfG* durchaus zu.[142]

---

[136] So *BVerfG*, NJW 2002, 1779 f.; m.w.Nw.; ähnlich *Kohlmann*, Begründung des Staatsgeheimnisses, S. 250 ff; *Kratsch*, GA 1971, 70.

[137] So etwa BVerfGE 64, 369 (393 f.); 85, 69 (72 f.).

[138] *BVerfG*, NJW 2002, 1779; ähnlich auch BVerfGE 73, 206 (234); 75, 329 (340); 78, 374 (381 f.).

[139] BVerfGE 83, 145.

[140] NJW 2002, 1779 (1780).

[141] Nachweise bei *Sommermann* in: *v. Mangoldt/Klein*/Starck Art. 20/279.

[142] BVerfGE 14, 245 (251); 25, 269 (285); 26, 41 (42); 57, 250 (262); 83, 130 (145); 84, 133 (149).

Das *BVerfG* unterscheidet das strafrechtliche Bestimmtheitsgebot aufgrund seiner expliziten Regelung im Grundgesetz (Art. 103 II GG) begrifflich vom allgemeinen rechtsstaatlichen Gebot der Normenklarheit.[143] Jedoch wurden daraus bis heute keine praktischen Unterschiede abgeleitet.[144]

Des weiteren verbietet das Gebot der Rechtssicherheit auch die Anwendung von strafbegründendem oder strafschärfendem Gewohnheitsrecht (nulla poena sine lege scripta), denn auch ein solches ungeschriebenes Strafrecht bringt für den einzelnen Bürger zu viel Unsicherheit mit sich.[145]

## D. Resümee: Prägende Prinzipien im Strafrecht und Strafprozeß

Für das Strafverfahren gelten insbesondere die folgenden, seine Struktur prägenden Grundsätze:

Der Beschuldigte ist als Ausfluß der Menschenwürde Verfahrenssubjekt und hat damit das Recht, auszusagen oder zu schweigen. Er muß darüber hinaus auch angehört werden. Des weiteren gilt er solange als unschuldig, wie ihm seine Schuld nicht nachgewiesen wurde. Im tatsächlichen Zweifel über die Tatbegehung oder Schuld ist er als unschuldig freizusprechen.

Der Staat ist verpflichtet in einem ohne Ansehen der Person durchgeführten Strafverfahren, den tatsächlichen Sachverhalt von Amts wegen vollständig zu ermitteln. Es gilt grundsätzlich das Legalitätsprinzip, das ein Ermittlungsverfahren in der Regel dann vorschreibt, wenn ein Anfangsverdacht gegeben ist.

Das Strafrecht prägen namentlich die Grundsätze des Analogieverbotes, des Verbots von Gewohnheitsrecht, des Rückwirkungsverbots und des Bestimmtheitsgebotes. Nur eine Strafrechtsordnung, die allen diesen Grundsätzen gerecht wird, kann dem Ziel der Schaffung von Rechtsfrieden überhaupt dienlich sein. Wird einer dieser Aspekte nicht berücksichtigt, so entsteht ein rechtsstaatliches Verfahrensdefizit. In solchen Fällen kann von einem rechtsstaatlichen Strafrecht keine Rede mehr sein.

Es gilt weiterhin das strafrechtliche Schuldprinzip. Jede Person wird nach ihrer persönlichen Schuld bestraft. Nur wenn einer bestimmten Person ein bewirktes Unrecht aufgrund ihrer Einsichts- und Steuerungsfähigkeit vorgeworfen werden kann, kommt eine Bestrafung in Betracht.

---

[143] zur Normenklarheit vgl. etwa BVerfGE 45, 400 (420).

[144] So *Nolte* in: *v. Mangoldt/Klein*/Starck Art. 103/138.

[145] So auch *Krey*, Strafrecht AT I, Rn. 106.

## § 2 Zweck und Verfahrensprinzipien des Steuerrechts – Besteuerungsverfahren –

Auch das Recht des Besteuerungsverfahrens ist an Prinzipien gebunden, die von den Zielen des materiellen Rechts - hier dem Steuerrecht - und den allgemeinen Maximen des Rechtsstaates und des Verfassungsrechts vorgegeben sind.

### A. Ziele des materiellen Steuerrechts

Nach der Legaldefinition des § 3 I AO[146] sind Steuern Geldleistungen, die zur Erzielung der Einnahmen dienen, die das öffentlich-rechtliche Gemeinwesen zur Erfüllung seiner allgemeinen Aufgaben benötigt. Damit ist das Ziel des Steuerrechts ein rein fiskalisches, nämlich die Bereitstellung von Geldmitteln für hoheitliche Aufgaben. Die Steuertatbestände dienen damit grundsätzlich der staatlichen Geldbeschaffung. Sie sind daher im wesentlichen sog. Fiskalzwecknormen. Nach § 3 I 1 AO a.E. kann die Erzielung von Einnahmen zwar bei sog. Lenkungsnormen auch Nebenzweck sein. Sie muß aber zumindest eine der Motivationen des Gesetzgebers darstellen.

Das Besteuerungsverfahren dient der Durchsetzung und Konkretisierung des materiellen Steuerrechts, des Steueranspruchs des Staates im Einzelfall und damit dem Ziel des materiellen Steuerrechts, der Bereitstellung des Staatshaushalts. Es ist also Ziel des Steuerrechts, die finanzielle Basis für die Erledigung öffentlicher Aufgaben zu beschaffen.[147] Das Steuerverfahrensrecht ist das Mittel zur Erreichung des Zweckes des Steuerrechts. Es dient damit grundsätzlich genauso der Beschaffung der notwendigen Finanzmittel. Im Besteuerungsverfahren geht es damit – im Gegensatz zum Strafrecht und seinem Verfahren – nicht um einen persönlichen Schuldvorwurf oder ein staatliches Unrechtsurteil, die geeignet sind, den Steuerpflichtigen in den Augen der Öffentlichkeit herabzuwürdigen und der im alltäglichen Leben über den finanziellen Aspekt hinaus Schwierigkeiten bereiten kann.

Allein aus dieser divergierenden Zweckrichtung ergeben sich schon bedeutende Unterschiede zwischen den Verfahrensarten Strafprozeß und Besteuerungsverfahren. Diese Unterschiede machen die Kombination dieser Verfahren im Rahmen des Steuerstrafrechts brisant.

---

[146] Diese Norm lautet:
*„§ 3 Steuern, steuerliche Nebenleistungen*
*(1) Steuern sind Geldleistungen, die nicht eine Gegenleistung für eine besondere Leistung darstellen und von einem öffentlich-rechtlichen Gemeinwesen zur Erzielung von Einnahmen allen auferlegt werden, bei denen der Tatbestand zutrifft, an den das Gesetz die Leistungspflicht knüpft; die Erzielung von Einnahmen kann Nebenzweck sein.*"

[147] Auch wenn *Seer* in: *Tipke/Lang*, § 21/1 betont der Auftrag der Finanzbehörden sei rechtsstaatlich ausgerichtet, ändert dies nichts an der Tatsache, daß letztlich das Ziel des Besteuerungsverfahrens die Durchsetzung eines fiskalisch orientierten Anspruchs ist.

Auch wenn dieser These nicht uneingeschränkt zugestimmt werden kann, da vielfach Lenkungsnormen ebenso wie Strafvorschriften ein nicht strafwürdiges, aber „schädliches“ Verhalten verhindern sollen[148], muß man hier doch feststellen, daß die Steuergesetze der steuerbaren Handlung theoretisch neutral und praktisch in der Regel positiv gegenüber stehen.

Die unterschiedliche Zweckrichtung der Verfahrensrechte bringt einen weiteren entscheidenden Aspekt mit sich, auf den *Tipke* verweist: Es bestehe staatlicherseits ein hohes Interesse daran, daß keine strafrechtlichen Ver- und Gebote verletzt, also Straftatbestände erfüllt werden. An der Erfüllung der steuerlichen Tatbestände dagegen habe der Staat ein sehr starkes Interesse, um die Finanzmittel in die Kassen zu bringen, die er zur Erfüllung seiner Aufgaben benötigt.

> *„Strafbare Handlungen sind unerwünscht und verboten, steuerbare (besteuerbare) Handlungen sind durchweg erwünscht und überwiegend...unvermeidbar!“*[149]

Dieser Unterschied in der Zielsetzung ist bei der Betrachtung der zu untersuchenden Verfahrensgrundsätze zu beachten und mag oftmals die fehlende Zurückhaltung der Hoheitsträger bei der Ermittlung der Steueransprüche verständlicher – wenn auch nicht notwendig billigenswerter – erscheinen lassen.

## B. Verfassungsrechtliche Maßgaben für Besteuerungsverfahren

Trotz der dominierenden finanziellen Zielrichtung des Steuerrechts und seiner oftmals allein an Einnahmen des Staates orientiert scheinenden Normen, gelten auch hier die Regeln einer rechtsstaatlichen Verfahrensweise.

### I. Grundrechte und Rechtsstaatsprinzip

Auch dem Steuerrecht gibt das Verfassungsrecht über die Zweckbestimmung und die Verhältnismäßigkeit verbindliche Maßregeln vor. Die elementaren Grenzen der im rechtsstaatlichen Besteuerungsverfahren des Rechtsstaats erlaubten Maßnahmen ergeben sich hier, ebenso wie im Strafverfahren aus den Grundrechten, vornehmlich der Menschenwürde sowie sonstigen rechtsstaatlichen Garantien. Das Verhältnismäßigkeitsprinzip (Übermaßverbot) hat, neben den im klassischen Eingriffsrecht - wie dem Steuerrecht - geltenden Grundsätzen des Vorbehalt Gesetzes und des Vorrangs des Gesetzes (Art. 20 III GG), herausragende Bedeutung.[150]

Die Geltung dieses Übermaßverbots ist über die Verankerung im Rechtsstaatsprinzip hinaus auch in § 92 AO einfachgesetzlich angedeutet. Denn die Finanzbehörde darf sich der Mittel bedienen, die sie *„nach pflichtgemäßem Ermessen*

---

[148] Am praxisrelevantesten wird dies im Bereich der Besteuerung von Kraftfahrzeugen u.a. anhand des Schadstoffausstoßes.
[149] *Tipke*, Steuerrechtsordnung I[1], S. 179.
[150] So auch *Lang* in: *Tipke/Lang*, § 4/209 ff.

*zur Ermittlung des Sachverhalts für erforderlich hält.*" Sie ist also durch den Zweck des Verfahrens auf die erforderlichen Mittel festgelegt und damit durch § 92 AO, ebenso wie durch das Rechtsstaatsprinzip an den Grundsatz der Verhältnismäßigkeit und insbesondere der Angemessenheit/Zumutbarkeit gebunden.[151]

Jedoch gibt das Verhältnismäßigkeitsprinzip im Steuerverfahren als einem Verwaltungsverfahren zumindest partiell andere Maßstäbe und Schwerpunkte als im Strafverfahren vor. Im Rahmen des Steuerrechts dient das Verfahren einem anderen Ziel. Das Steuerverfahren ist einerseits mit weniger intensiven persönlichen Einwirkungen auf den Einzelnen verbunden, andererseits dient es aber nicht einem Zweck mit höchstem rechtsstaatlichem Verfassungsrang, sondern ist von rein praktisch unverzichtbarer Notwendigkeit.

### 1. Menschenwürde und Rechtsstaatsprinzip

Zunächst haben auch im Rahmen des Besteuerungsverfahrens natürlich die Achtung und Wahrung der Menschenwürde oberste Priorität.[152] Der Menschenwürde ist es immanent, daß kein Zweck, so notwendig seine Durchsetzung auch sein mag, ihre Verletzung rechtfertigt. Im Steuerverwaltungsverfahren darf ebensowenig wie im Strafverfahren „Wahrheitserforschung um jeden Preis" betrieben werden. Der Betroffene muß eigene Rechte haben und wahrnehmen können, durch deren Ausübung er auf den Ausgang des Verfahrens einen gewissen Einfluß nehmen kann.[153] Auch im steuerlichen Verfahren darf der Steuerpflichtige nicht zum reinen Untersuchungsobjekt der staatlichen Gewalt werden. Er hat daher über seine eigenen Gestaltungsrechte maßgeblichen Einfluß auf den Ausgang des Verfahrens.

Dennoch ergibt sich schon aus der Zielsetzung des Steuerverfahrens der entscheidende Unterschied zum Strafverfahren. Wer wegen einer Straftat verurteilt wird, muß unter Umständen eine Eintragung in sein Führungszeugnis hinnehmen[154] und hat darüber hinaus an dem sozialethischen Unwerturteil durch den Schuldspruch zu tragen. Solche Konsequenzen hat ein Steuerbescheid nicht, auch wenn er gelegentlich als Maßnahme mit Strafcharakter empfunden werden mag. Daher hat die Menschenwürde keine so erheblichen und unmittelbaren Auswirkungen auf das Besteuerungsverfahren und kann hier auch nicht so wichtig werden wie im Strafrecht.[155] Im Besteuerungsverfahren geht es regel-

---

[151] *Weber-Fas*, S. 150, so auch *Tipke* in: *Tipke/Kruse*, § 92/8.

[152] So nennt *Tipke* in: *Tipke/Kruse*, § 88/14 zunächst dieses Grundrecht als im Rahmen des Steuerverfahrens unverletzlich.

[153] Etwa aus §§ 91 I, 103 ff., 347 ff. AO.

[154] Dazu näher § 32 BZRG.

[155] Auch wenn Art. 1 I GG im materiellen Steuerrecht in Fragen des Existenzminimums (hier in Verbindung mit dem Sozialstaatsprinzip) – dazu etwa *BVerfG*, NJW 1999, 561; NVwZ

mäßig weniger um die Persönlichkeit des Steuerpflichtigen als schlicht um sein Vermögen. Daß der Gesetzgeber den Folgen eines Strafverfahrens deshalb viel weitreichendere Bedeutung beigemessen hat, zeigt sich schon an der notwendigen Beteiligung eines sachlich und persönlich unabhängigen Richters im Strafverfahren. Eine Strafe kann ohne einen Richter nicht verhängt werden. Zur Festsetzung und Beitreibung von Steuern bedarf es eines Richters nicht.

Aus der Menschenwürde in Verbindung mit dem Rechtsstaatsprinzip ergibt sich aber gleichwohl auch für das Steuerverfahren das Recht des Einzelnen vor dem Ergehen einer ihn persönlich betreffenden Entscheidung – etwa des Steuerbescheides - zu diesem Verwaltungsakt gehört zu werden, soweit das möglich ist und nicht den Zweck der Maßnahme gefährdet. Dem hat die AO zumindest grundsätzlich Rechnung getragen, indem sie in § 91 I AO die Anhörung Beteiligter vor Erlaß des Verwaltungsaktes grundsätzlich vorschreibt. Jedoch läßt § 91 II AO hiervon Ausnahmen zu. Des weiteren kann die Anhörung bis zum Abschluß des Einspruchsverfahrens nachgeholt werden.

Auch hier zeigen sich damit Abweichungen zum strengen strafprozessualen Prinzip des Rechtes auf Gehör. Dort ist eine Anhörung des Beschuldigten vor einer Entscheidung weder theoretisch noch praktisch zu umgehen, da der Beschuldigte nach § 163a StPO zwingend zu einer Einlassung aufgefordert werden muß, bevor sich die Staatsanwaltschaft zur Erhebung der Anklage entschließen kann. Darüber hinaus hat der Angeklagte auch das letzte Wort in der Hauptverhandlung. Der Anspruch auf rechtliches Gehör ist also im Besteuerungsverfahren zwar grundsätzlich gegeben, aber gegenüber dem Strafverfahren stark eingeschränkt.

Darüber hinaus hat die Menschenwürde im Rahmen des Verwaltungsverfahrens nur in den seltensten Fällen eine tragende Bedeutung. Der Steuerpflichtige darf etwa im Besteuerungsverfahren nicht herabgewürdigt werden. Im Rahmen von besonderen Verfahrensabschnitten, die im persönlichen Kontakt mit dem Steuerpflichtigen stattfinden, müssen seine *„Integrität und Intimsphäre“*[156] geachtet werden. Die Menschenwürde hat also auch im Besteuerungsverfahren zwar oberste Priorität, aber praktisch viel weniger Bedeutung als im Strafrecht.

## 2. Der allgemeine Gleichheitsgrundsatz im Besteuerungsverfahren

Andere Grundrechte werden im Besteuerungsverfahren praktisch sehr viel relevanter. Insbesondere nimmt der, auch im Strafverfahren schon erwähnte, Gleichheitssatz des Art. 3 GG eine zentrale Rolle ein. Denn er erfordert in Verbindung mit dem Sozialstaatsprinzip eine Gleichbehandlung aller Bürger nach

---

2003, 467 (470) – oder dem Verbot einer Erdrosselungsbesteuerung Bedeutung hat; dazu etwa *Schmidt*, § 2/11.

[156] *Lang* in: *Tipke/Lang*, § 4/198.

persönlicher Leistungsfähigkeit in der Steuerfestsetzung, Erhebung[157] und auch Vollstreckung, sofern diese notwendig wird. Es gilt das sog. Leistungsfähigkeitsprinzip. *Seer* betrachtet es als für die Funktionsfähigkeit des Steuerstaats von *„vitalem Allgemeininteresse"*, daß die gesetzliche Gleichbelastung auch *„flächendeckend"* praktiziert wird. Der einzelne könne die Steuerpflicht nur solange als erträglich betrachten, wie er davon überzeugt sei, daß der Staat diese Belastung auch allen anderen Bürgern gegenüber durchsetze.[158]

Das *BVerfG* hat in diesem Zusammenhang von einer rechtlichen und tatsächlichen Belastungsgleichheit gesprochen.[159] Das gesamte steuerliche Verfahren hat also zu gewährleisten, daß alle Steuerpflichtigen gleichermaßen veranlagt und auch gleichermaßen zur Entrichtung der Steuern herangezogen werden. Auf diese Belastungsgleichheit muß im Extremfall auch mit Hilfe von Strafdrohungen hingewirkt werden.[160] Dieser Ausfluß des Gleichheitsgrundsatzes ist in § 85 1 AO auch einfachgesetzlich normiert: *„Die Finanzbehörden haben die Steuern nach Maßgabe der Gesetze gleichmäßig festzusetzen und zu erheben."*

Die Erfüllung dieser Pflicht bereitet jedoch in der Praxis aufgrund des Charakters des Steuerverfahrens als Massenverfahren mit vielen Millionen von Veranlagungen in jedem Jahr massive Schwierigkeiten. Denn in einem solchen Verfahren können unmöglich alle Angaben eines jeden der vielen Steuerpflichtigen gründlich überprüft werden. Hinzu kommt eine Verschärfung dieser Situation durch undurchschaubare Gesetze und die vernachlässigte personelle und sachliche Ausstattung der Finanzbehörden.[161] Die Finanzverwaltung befindet sich

> *„...dauerhaft in einem Zielkonflikt zwischen der sorgfältigen Sachaufklärung im Einzelfall und der Sicherstellung des Gesamtvollzuges, d.h. der Summe der Einzelfälle."*[162]

Wollte die Steuerverwaltung versuchen, jeden Einzelfall genau zu überprüfen, so könnte dies nur mit sehr wenigen Steuerfällen jährlich geschehen und die anderen Steuerpflichtigen müßten ganz vernachlässigt werden. Die Durchsetzung des Steueranspruchs würde dann zufällig geschehen.

Aus diesem Grunde muß eine praktische Konkordanz gefunden werden, der den generellen Gesetzesvollzug und die Behandlung des Einzelnen nach dem Gesetz in Einklang bringt. *Seer* spricht von einem *„maßvollen Gesetzesvollzug"*, der die Ansprüche an die Steuerverwaltung zu *„optimieren"* habe, indem die Sachaufklärung angemessen zurückgeschraubt wird, um über die frei gewordenen

---

[157] Nachweise dazu *Lang* in: *Tipke/Lang*, § 4/81 ff.

[158] *Seer* in: *Tipke/Lang*, § 22/2.

[159] Dazu insbesondere BVerfGE 84, 239 (268), ähnlich *BVerfG*, 2 BvL 17/02 vom 9.3.2004; weitere Nw. bei *Leibholz/Rinck/Hesselberger*, Art. 3/496 ff.

[160] *Kohlmann* in Festschrift für *Tipke*, S. 488 f.

[161] Dazu etwa der Bericht der *Arbeitsgruppe für Steuerausfälle*, StB 1994, 399 ff.

[162] *Seer* in: *Tipke/Lang*, § 21/5.

Kapazitäten die Erfassung aller Steuerpflichtigen zu ermöglichen.[163] Auf die Auswirkungen dieses *„maßvollen Gesetzesvollzuges"* soll später noch eingegangen werden.[164]

## II. Die Geltung für das Strafverfahren typischer Grundsätze im Besteuerungsverfahren

Aus der Geltung des Art. 3 I GG ergibt sich auch die Wirkung anderer Prinzipien, die ebenso im Steuerrecht wie im Strafrecht relevant sind.

### 1. Legalitäts-, Offizial- und Inquisitionsprinzips und die Beweisführung im Steuerrecht

Aus dem Gleichheitsgrundsatz und dem Leistungsfähigkeitsprinzip, die einfachgesetzlich Eingang in § 85 S. 1 AO gefunden haben, folgt die Pflicht der Finanzbehörden zur gleichmäßigen Festsetzung und Erhebung der Steuern. Es gilt also auch hier das Legalitätsprinzip.[165]

Die Behörde muß tätig werden, wenn Anhaltspunkte für die Erfüllung eines Steuertatbestandes bestehen und ein Festsetzungs- und Erhebungsverfahren betreiben, sobald ersichtlich ist, daß der Steuertatbestand erfüllt wurde.[166] Statt einer Anklagepflicht bestehen also im Steuerrecht eine Veranlagungs- und gegebenenfalls eine Vollstreckungspflicht. Die Finanzbehörden unterliegen daher dem Legalitätsprinzip bezüglich des Betreibens eines Steuerverwaltungsverfahrens. Damit gilt die Maxime der Gesetzmäßigkeit der Hoheitsträger im Steuerrecht grundsätzlich[167] ebenso wie im Strafrecht.[168] Dies bringt eine Pflicht zur Eröffnung des gesetzlich vorgesehenen Besteuerungsverfahrens mit sich.

Jedoch dürfen die Behörden ohne Anhaltspunkte keine Ermittlungen „ins Blaue hinein" betreiben. Das verbietet sich aus dem Legalitätsprinzip ebenso wie ein Untätigbleiben im Falle von Anhaltspunkten für das Bestehen eines Steueranspruchs.[169] Die Steuer ist nur aufgrund einer gesetzlichen Ermächtigung und ohne Ansehen der Person nach dem Leistungsfähigkeitsprinzip festzusetzen und zu erheben. Eine bindende Vereinbarung über Steuerrechtsverhältnisse zwischen Behörde und Steuerpflichtigem ist danach grundsätzlich genauso unzu-

---

[163] *Seer* in: *Tipke/Lang*, § 21/6.
[164] Dazu S. 54 ff.
[165] *Wittmann*, StuW 1987, 36.
[166] *Jakob*, Rn. 191.
[167] Ausnahmen bestehen etwa im Steuerhaftungsrecht der §§ 191 ff. AO.
[168] *Söhn* in: *Hübschmann/Hepp/Spitaler*, AO, § 85/7; soweit die Verwaltung nicht streng nach dem Gesetz verfährt, handelt sie nach *Weber-Fas*, S. 144 (immer) rechtswidrig.
[169] *Jakob*, Rn. 193; dazu auch *BFH*, BStBl. II 1991, 227; *FG Baden Württemberg*, EFG 1998, 919.

lässig wie eine bindende Absprache der Bestrafung im Strafprozeß.[170] Daher wurden auch nach früher h.M. Vereinbarungen im Steuerrecht als nicht wirksam angesehen.[171] Nach heute herrschender Auffassung im Steuerrecht ist eine tatsächliche Verständigung jedoch grundsätzlich möglich und in der Praxis auch oft notwendig, wenn auch die rechtlichen Grundlagen noch umstritten sind.[172]

Da es im Besteuerungsverfahren nicht um die Ahndung einer Verletzung von privaten Rechtgütern, sondern um finanzielle Interessen des Gemeinwesens geht, liegt es hier - im Gegensatz zum Strafverfahren - nahe, daß es allein dem Staat obliegt, die Steuern festzusetzen und einzutreiben. Da allein seine Interessen unmittelbar berührt sind, ist nur dieser staatliche Steueranspruch maßgebend, den allein der Staat durchzusetzen hat.[173] Eine Klage oder Anklage von Seiten eines Verletzten ist im Steuerrecht naturgemäß nicht denkbar.

Der Staat als Anspruchsteller fordert vom Bürger als Anspruchsgegner ein bestimmtes Handeln, Dulden oder Unterlassen d.h., er macht einen Anspruch geltend. Aufgrund dieses regelmäßigen Ziels des Besteuerungsverfahrens – der Feststellung eines Anspruchs auf eine steuerliche Leistung – drängt sich zwar eine Ähnlichkeit mit dem Zivilrecht und damit die Geltung des Beibringungsgrundsatzes auf. Jedoch ist im Besteuerungsverfahren der Anspruchsteller mit demjenigen identisch, der den Anspruch festsetzt. Die Finanzbehörde als Hoheitsträger handelt für den Staat. Damit liegt im Steuerrecht die Geltung des Offizial- oder Amtsprinzips (§ 86 AO) notwendig auf der Hand. Nur der Staat kann das Steuerverfahren, das in seinem Interesse liegt, betreiben. Das Legalitätsprinzip mit dem Recht auf Gehör (hier § 91 AO) und die Möglichkeit des Rechtsweges sichern die Stellung des Steuerpflichtigen als Subjekt mit eigenen Verfahrensrechten. Der Behörde steht also in der Regel kein Ermessen bezüglich der Verfahrenseinleitung zu.[174]

Aus dem Legalitäts- und Offizialprinzip folgt nahezu zwingend der Inquisitions- oder Untersuchungsgrundsatz, wenn dem Steuerrecht an einer Aufklärung der tatsächlichen Besteuerungsgrundlage gelegen ist.[175] Nach *Söhn*[176] stellt der Untersuchungsgrundsatz die *„verfahrensrechtliche Seite des Verfassungsgrundsatzes der Gesetzmäßigkeit der Verwaltung"* dar. Die Instruktionsmaxime

---

[170] Dennoch kommt eine sog. tatsächliche Verständigung in beiden Rechtsgebieten sehr häufig vor; dazu sehr anschaulich, *Deal*, StV 1982, 545 ff.

[171] Dazu *Streck*, StuW 1993, 366; *Seer*, StuW 1995, 213 m.Nw.

[172] *Brockmeyer* in: *Klein*, *§* 78/5 zu den Begründungsansätzen der verschiedenen *BFH* Senate.

[173] Einzige Ausnahme hiervon ist die Kirchensteuer, denn hier machen staatliche Behörden nicht unmittelbar staatliche Ansprüche geltend.

[174] *Wittmann*, StuW 1987, 36.

[175] So i.E. auch *Wittmann*, StuW 1987, 36.

[176] *Söhn* in: *Hübschmann/Hepp/Spitaler*, AO, § 85/9.

ist Ausdruck des Rechtsstaatsprinzips.[177] Nach § 88 AO (in der Außenprüfung auch § 199 AO) hat die Finanzbehörde prinzipiell den gesamten steuerlichen Sachverhalt – also alle steuerlich relevanten Tatsachen – von Amts wegen selbständig zu ermitteln, ohne an das Vorbringen oder die Anträge Beteiligter gebunden zu sein.[178] Im Einzelfall kann es jedoch ermessensfehlerhaft sein, eine solche Anregung nicht zu verfolgen.[179] Dies ergibt sich aus dem Grundsatz des rechtlichen Gehörs (§ 91 AO). Die ermittelnde Behörde muß sich aus Gründen des fair trials und des Ziels der materiellen Wahrheitsfindung mit den Einwänden des Steuerpflichtigen rechtzeitig[180] und ernsthaft auseinandersetzen.[181]

Der Beibringungsgrundsatz[182] der Zivilprozeßordnung ist daher mit dem steuerrechtlichen Offizialprinzip nicht vereinbar, denn letzteres Prinzip schließt die Abhängigkeit des Verfahrens vom Vorbringen der Parteien aus.[183] Die Finanzbehörde kann nur sinnvoll das gesetzlich vorgeschriebene Besteuerungsverfahren durchführen, wenn sie vorher die notwendigen Tatsachen ermittelt. Damit ist der Auftrag der hoheitlich selbständigen Sachverhaltsermittlung Teil des Legalitätsprinzips.[184]

Weiterhin hat die Behörde alle tatsächlichen äußeren und inneren[185] Umstände zu berücksichtigen, die steuerlich relevant sind, also auch solche, die zur Festsetzung einer geringeren Steuerschuld führen (§ 88 II AO). Denn trotzt des finanziellen Interesses des Fiskus kann der Rechtsstaat eine zu einem falschen Ergebnis führende Festsetzung nicht bewußt hinnehmen.[186] Der Steuerpflichtige muß also ihm günstige Umstände nicht grundsätzlich selbst vorbringen. Die Behörde darf sich bei der Sachverhaltsermittlung auch nicht auf die vom Steuerpflichtigen vorgebrachten Tatsachen beschränken, wenn eine weitere Sachaufklärung sachdienlich erscheint. Sie hat alle offenstehenden Möglichkeiten der Sachverhaltsermittlung zu nutzen.[187]

Das bedeutet aber auch, daß die Beamten dann auf einen weiteren Versuch der Sachermittlung verzichten können und müssen, wenn dieser Versuch keinerlei

---

177 *Wittmann*, StuW 1987, 36 m.Nw.

178 *Jakob*, Rn. 191; *Tipke* in: *Tipke/Kruse*, § 88/1; *Wittmann*, StuW 1987, 36.

179 *Brockmeyer* in: *Klein*, § 88/1.

180 Zu den Heilungsmöglichkeiten bei verspäteter Anhörung, § 126 AO.

181 *Jakob*, Rn.191.

182 Im Steuerverfahrensrecht gilt der Beibringungsgrundsatz jedoch beschränkt, denn bestimmte Steuervergünstigungen werden nur auf Antrag gewährt; dazu *Tipke* in: *Tipke/Kruse*, § 88/1.

183 *Witmann*, StuW 1987, 36.

184 So *Wittmann*, StuW 1987, 43.

185 Wie etwa die Gewinnerzielungsabsicht im Zusammenhang mit Verlusten aus einer Einkunftsart.

186 *Weber-Fas*, S. 145 f.

187 *Wagner* in: *Kühn/v. Wedelstädt*, § 88/3.

Erfolg verspricht. Dies ist etwa der Fall, wenn die Aufklärung unmöglich[188] oder mit einem für eine der beiden Seiten unzumutbaren Aufwand verbunden ist.[189]

Die Behörde steht also in der Pflicht zur Ermittlung der materiellen Wahrheit im Interesse einer richtigen Besteuerung ex officio. Wegen dieser Zielrichtung darf aber über die notwendigen Ermittlungen hinaus keine Sachverhaltsaufklärung betrieben werden. Denn dem Bürger sind aufgrund des Verhältnismäßigkeitsgrundsatzes nur insoweit Ermittlungen seiner Verhältnisse zumutbar, als dies für das Verfahren notwendig ist.[190]

Der Grundsatz des fair trials fordert also ebenso wie das Legalitätsprinzip und der Gleichheitsgrundsatz ein objektives, unparteiliches und unabhängiges Vorgehen im Steuerverfahren.[191] Dieses Vorgehen der Verwaltung soll eine materiell richtige Steuerfestsetzung garantieren.[192] Demnach verpflichten das Legalitätsprinzip und der Gleichheitssatz zur Amtsermittlung die Finanzbehörden.[193]

### 2. Analogie- und Rückwirkungsverbot, Bestimmtheitsgrundsatz und Ausschluß von Gewohnheitsrecht im Steuerrecht

Im Strafrecht gelten ein umfassendes Analogie-, Rückwirkungs- und Gewohnheitsrechtsverbot sowie der Bestimmtheitsgrundsatz in besonderer Schärfe. Inwieweit diese besonderen Verfahrensschranken auch im Steuerverfahren Geltung haben, ist im folgenden zu erörtern:

#### a) Analogieverbot

Inwieweit die gesetzesergänzende Lückenfüllung, z.B. mittels Gesetzesanalogie, zulässig ist, ist für jedes Rechtsgebiet eigenständig zu beantworten.

Während sie im Strafrecht zu Lasten des Täters durch das Grundgesetz verboten ist, werden Analogien im Zivilrecht unter Berufung auf die römische Rechtstradition vielfach angewandt.[194] Im öffentlichen Recht außerhalb des Steuerrechts wird von der Rechtsprechung die Geltung eines umfassenden Analogieverbots eher abgelehnt. Das *BVerwG* hat gegen eine Lückenfüllung durch Analogien im Verwaltungsrecht nur im Bereich des Beamtenrechts Bedenken ausgespro-

---

[188] Dazu *Wittmann*, StuW 1987, 39.

[189] *Witmann*, StuW 1987, 39.

[190] Zu den Grenzen der Sachaufklärungspflicht der Finanzbehörde, *Wittmann*, StuW 1993, 37 f. m.w.Nw.

[191] *Weber-Fas*, S. 145.

[192] *Weber-Fas*, S. 146, Fn. 9; die Verwaltung darf sich hier nicht durch Zweckrationalisierung selbst helfen, wenn sie an die Grenzen ihrer Kapazitäten gelangt.

[193] *Tipke* in: *Tipke/Kruse*, § 88/1.

[194] Dazu *Gern*, NVwZ 1995, 1146.

chen.[195] Ein Teil der Lehre bejaht jedoch auch hier eine strikte Geltung des Verbots von Analogien zum Nachteil des Bürgers.[196]

Die Frage, ob ein Verbot steuererhöhender- bzw. steuerbegründender Analogie besteht, ist innerhalb der Lehre heftig umstritten und auch in der steuerlichen und verfassungsgerichtlichen Rechtsprechung nicht eindeutig entschieden.[197]

### aa) Rechtsprechung

#### (1) Reichsfinanzhof und Bundesfinanzhof

Der *RFH* war relativ *„analogiefreundlich"* und bemühte zur Begründung seiner Anwendungen des Steuerrechts auf nicht geregelte Sachverhalte oft das Prinzip der *„wirtschaftlichen Betrachtungsweise"*.[198] Danach ist für die Anwendung einer Steuernorm die wirtschaftliche Konstellation des betreffenden Falles entscheidend, mögen die formell zivilrechtlichen Gestaltungen dem auch im Einzelfall widersprechen. Damit kam es zum Teil zu finanzgerichtlichen Entscheidungen, die zumindest am Rande des Gesetzeswortlauts lagen.[199]

Der *BFH* hat diese Rechtsprechung zunächst weitergeführt, in der Folge dann aber keine klare einheitliche Stellung zur Analogie im Steuerrecht eingenommen. Zwar haben der erste, zweite, fünfte und achte Senat die Meinung vertreten, es könne im Steuerrecht durch Analogien keine Steuerpflicht begründet werden.[200] Dem ist jedoch der vierte Senat insofern entgegengetreten, als er ausdrücklich festgestellte, daß er eine steuerschärfende Analogie nicht für unzulässig halte.[201] Es heißt dort:

> *„Ein Analogieverbot besteht im Steuerrecht ebensowenig wie im übrigen Verwaltungsrecht [...]Ergibt sich einwandfrei, daß eine Lücke im Gesetz vorliegt, und ist andererseits aus dem Gesetzeswortlaut oder aus den Gesetzesmaterialien eindeutig zu entnehmen, daß es Rechtsprinzipien gibt, nach denen diese Lücke zu schließen ist, so ist eine Lückenfüllung auch zum Nachteil des Steuerpflichtigen*

---

[195] *BVerwG*, KStZ 1980, 170; Nachweise bei *Gern*, DÖV 1985, 558 f.

[196] *Krey*, Studien, S. 242 f.

[197] So *Pohl*, Rn. 672; ebenso *Gern*, NVwZ 1995, 1146.

[198] Dazu eingehend dazu *Tipke*, Steuerrechtsordnung I, S. 179 f., in der aktuellen Fassung der AO im § 42 I 2 angesprochen. Dazu näher S. 47 f.

[199] Etwa RFHE 4, 48 (52), 243 (252); 6, 292 (299); weitere Nachweise bei Tipke, Steuerrechtsordung I, S. 179 f.; dazu auch *Gern*, NVwZ 1995, 1145.

[200] So etwa der zweite Senat in BFHE 91, 132 (134 f.) und 96, 129 (131); der erste Senat in BFHE 105, 15 (20); der achte Senat in BFHE 117, 563 (567) und der fünfte Senat in BFHE 127, 243 (247); weitere Nachweis bei *Gern*, DÖV 1995, 1146; sowie bei *Tipke*, Steuerrechtsordnung I, S. 206. In einer früheren Entscheidung hatte der *BFH* (BStBl. II 1968 650) dagegen die Analogie in beide Richtungen für zulässig gehalten, ebenso wie später in BFHE 139, 561 (567).

[201] Der sechste Senat des *BFH* war in NVwZ 1984, 822 nicht bereit, sich zu äußern, ob er der Rechtsprechung des vierten Senats folgen wolle.

*ßen ist, so ist eine Lückenfüllung auch zum Nachteil des Steuerpflichtigen möglich.“* [202]

Diese Rechtsprechung wurde etwa im Bereich der Betriebsaufspaltung bemüht, um eine Steuerpflicht zu begründen.[203]

**(2) Bundesverfassungsgericht**

Das *BVerfG* hat in der Rechtsprechung seiner Senate die Judikatur des *BFH* nicht beanstandet.[204] Das *BVerfG* hatte stets anerkannt, daß zur Vermeidung von unbefriedigenden und ungerechten Gesetzeslagen richterliche Rechtfortbildung auch außerhalb des engen Gesetzestextes notwendig sein könne.[205] Jedoch hat das Gericht einschränkend betont, daß sich hier Grenzen ergeben, die nicht in einer Formel erfaßt werden können und für alle Rechtsgebiete maßgeblich seien.[206] Insbesondere für das Steuerrecht, welches primär *„aus dem Dictum des Gesetzgebers“* [207] lebe, gelten demnach Besonderheiten.

Auf der anderen Seite hat das *BVerfG* in einem Kammerbeschluß des 2. Senats, festgestellt, daß es gegen das Grundrecht aus Art. 2 I GG und das Rechtsstaatsprinzip verstoße, die Ermächtigungsgrundlage für einen hoheitlichen Eingriff

– in casu allerdings nicht auf dem Gebiet des Steuerrechts sondern des Strafvollzugsrechts[208] –

aus einer analogen Anwendung einer, nur für einen ähnlich gelagerten Fall passenden Norm, herzuleiten. Aus Art. 2 I GG ergebe sich der Vorbehalt des Gesetzes und damit das Recht auf die Freiheit von einer Rechtseinbuße, die das formelle Gesetz in dieser Form nicht vorsehe.[209] Die Begründung einer neuen Ermächtigungsgrundlage durch Analogie sah die Kammer damit als nicht ver-

---

[202] *BFH,* Urteil vom 20.10.1983 - IV R 175/79, BFHE 139, 561 ff.; NVwZ 1984, 823 f.

[203] Mit weiteren Beispielsfällen zu Analogien im Steuerrecht, *Tanzer,* StuW 1981, 206; Flume, StBJb 1985/1986, 297.

[204] Vgl. BVerfGE 69, 188 (203). In BVerfGE 7, 89, 95, wollte das Gericht dagegen das Analogieverbot nicht auf die *„verhältnismäßig belanglose steuerrechtliche Bestimmung wie § 27 Abs. 2 des Hundesteuergesetzes“* angewendet wissen.

[205] BVerfGE 34, 269 (287 ff.); 49, 304 (308); 65, 183 (190f.).

[206] BVerfGE 34, 269 (288).

[207] BVerfGE 13, 318 (328), ebenso der unveröffentlichte Beschluß des *BVerfG* v. 30.01.1985, zitiert nach *Flume,* StBJb 1985/1986, 290.

[208] Streitgegenstand war die Frage, ob die Verfahrenskosten eines Strafgefangenen gegen dessen Taschengeldanspruch aufgerechnet werden könne.

[209] *BVerfG,* NJW 1996, 3146 ff.

fassungsgemäß an. Jedoch ist hier zu bedenken, daß es streitig ist, ob einer solchen Kammerentscheidung Bindungswirkung zukommt.[210]

Doch selbst wenn man einer bloßen Kammerentscheidung Bindungswirkung zusprechen will[211]

– so wird auch von ihren Befürwortern zu bedenken gegeben –,

handelt es sich um eine Wirkung, die *„kaum über den konkreten Einzelfall hinausreicht und nur punktuelle Bindungswirkung zeitigen dürfte"*[212]. Daher kann hier nicht von einer die Analogie im Steuerrecht zuungunsten des Bürgers eindeutig ablehnenden und bindenden Entscheidung gesprochen werden, da die Kammer lediglich auf dem Gebiet des Strafvollzugsrechts entschieden hat.

**(3) Finanzgericht Köln**

Auch wenn man also eine Tendenz dahingehend feststellen kann, daß eine Analogie auch im Verwaltungsrecht zuungunsten des Bürgers nicht zulässig ist, gilt dieser Grundsatz in der Praxis offensichtlich nicht uneingeschränkt: In jüngerer Vergangenheit entschied das *FG Köln*, daß es im Steuerrecht kein Analogieverbot gebe:

> *„Dem Steuerrecht ist grundsätzlich die Ergänzung ungewollter Unvollständigkeiten des Gesetzes bzw. die Schließung von Lücken im Gesetz im Wege der teleologischen Extension bzw. der Analogie durch die Gerichte nicht fremd. Ein Analogieverbot besteht im Steuerrecht ebensowenig wie im übrigen Verwaltungsrecht (vgl. BFH-Urteil vom 20. Oktober 1983 IV R 175/79, BStBl II 1984, 221). Werden insoweit Lücken durch Analogie geschlossen, so kann diese Rechtsfortbildung im Einzelfall steuermindernde oder steuerverschärfende Wirkung haben. Das Gebot der Rechtssicherheit im Einzelfalle schließt eine Lückenfüllung durch steuerverschärfende Analogie nicht aus [...] Das Vertrauen der Bürger in die bestehende Gesetzeslage wird dadurch nicht in unzulässiger Weise berührt... Auch das BVerfG hat insoweit wiederholt betont, daß auch den Finanzgerichten das Recht zur Rechtsfortbildung nicht verwehrt sei, soweit die Rechtsfortbildung sich in den allgemein zulässigen Grenzen halte. Die zulässige richterliche Rechtsfortbildung hat sich insoweit an der Systematik und dem Sinn und Zweck der Gesetzes- und Rechtslage zu orientieren."*[213]

---

[210] Dagegen hat sich etwa *Rennert* in: *Umbach/Clemens/Dollinger*, § 31/70 ausgesprochen, dem folgend *Zuck* in: *Lechner/Zuck*, § 31/28, Fn. 38. Zum Streitstand: *Rixen*, NVwZ 2000, 1365.

[211] So etwa *Rixen*, NVwZ 2000, 1365; *Bethge* in: *Maunz/Schmidt-Bleibtreu/Klein/Bethge*, § 31/84.

[212] *Bethge* in: *Maunz/Schmidt-Bleibtreu/Klein/Bethge*, § 31/84.

[213] Urteil vom 29.09.2000, Az.: 7 K 4746/99.

Die Judikatur hat also das Problem des Verbots steuerbegründenden Analogien noch nicht abschließend gelöst.[214] In der heutigen gerichtlichen Praxis wird jedenfalls ein steuerrechtliches Analogieverbot vielfach nicht anerkannt.[215]

**bb) Literatur**

Auch in der Lehre ist die Stellung zu einem steuerrechtlichen Analogieverbot keinesfalls einheitlich:

**(1) Zwingende Positivität des Steuerrechts**

*Flume*[216] ist der Ansicht, die zwingende *„Positivität des Steuerrechts"* schließe Analogieschlüsse aus. Die Willkür, die dem Steuerrecht eigen sei, lasse Analogien nicht zu. Diese Auffassung beruht auf der Annahme, daß der Gesetzgeber willkürlich die Steuerbarkeit einer Handlung oder eines Zustandes bestimme.[217] Das Analogieverbot stehe einer Anwendung der Steuertatbestände jenseits des Gesetzeswortlauts im Interesse der Rechtssicherheit entgegen. Es geriete nach dieser Ansicht nicht nur die Gesetzgebung im Steuerrecht, sondern darüber hinaus auch seine Anwendung zur Beliebigkeit, ließe man Analogien auf diesem Gebiet zu.

Diese These der Willkür liegt etwa vor dem Hintergrund einer zum Teil als willkürlich angesehenen Gewerbesteuerpflicht nahe.[218] Die Gewerbesteuerpflicht eines Inkassounternehmers im Vergleich zu einem von dieser Pflicht freigestellten Rechtsanwalt, der sich im Einzelfall ebenfalls mit der Einziehung von fremden Forderungen beschäftigt, erscheint auf den ersten Blick etwa kaum nachvollziehbar.

Dennoch ist der Auffassung *Flumes* entgegenzuhalten, daß die Anwendung des Steuerrechts gerade keine willkürliche Festsetzung von Steuerpflichten beinhalten darf. Im Steuerrecht ergibt sich die Festlegung der Steuerbarkeit aus vielen Aspekten, die zusammenwirken. Es werden hier Gesichtspunkte wie etwa die Nutzung staatlicher Ressourcen durch den Steuerpflichtigen ebenso relevant, wie das Leistungsfähigkeitsprinzip und der Gleichheitssatz. Die Steuerpflicht ergibt sich grundsätzlich aus der tatsächlichen Leistungsfähigkeit und der abstrahierten Sozialpflicht zur Leistung.

---

[214] Zu diesem Ergebnis kommt auch *Pohl*, Rn. 672.

[215] Zur Anwendung von Analogien in der finanzgerichtlichen Praxis, *Crezelius*, StuW, 1981, 117 ff.

[216] In StbJb 1985/86, 280, 290 ff, 310; dem folgend *Kruse*, S. 60; i.E. auch *Krey*, Studien, S. 242.

[217] So *Flume*, StbJb 1985/86, 283 f.

[218] Zu diesem Problem etwa *Birk*, Rn. 1128 ff. m.Nw., weitere Beispiele bei *Flume*, StBJb 1985/1986, 280.

### (2) Analogiefähigkeit der Prinzipien des Steuerrechts

*Lang*[219] stellt daher zu der Frage der Analogie im Steuerrecht fest: *"Es ist evident, daß es auch im Steuerrecht analogiefähige Prinzipien gibt."* Er betrachtet die Ausfüllung der vom Gesetzgeber unbewußt geschaffenen Lücken als dem Demokratieprinzip entsprechend und als eine Nachbesserung im Sinne der Intention des Gesetzgebers.[220] *Tipke*, der *Lang* folgt, macht in diesem Zusammenhang insbesondere geltend, daß von einem Analogieverbot auch die Analogie zugunsten des Steuerpflichtigen betroffen sein müsse, wenn das Steuerrecht nicht analogiefähig wäre.[221]

Dies letztere Argument ist jedoch nicht schlüssig, weil das Analogieverbot als Ausfluß des Rechtsstaatsprinzips niemals herangezogen werden kann, um eine für den Bürger günstige Rechtsanwendung abzulehnen. Das Rechtsstaatsprinzip dient letztlich allein dem Schutz des Einzelnen.

Auch *Gersch* meint, es lasse sich ein Analogieverbot im Steuerrecht nicht feststellen. Das Grundgesetz lege in Art. 103 II schließlich nur für den Bereich des Strafrechts ein Analogieverbot fest und daraus folge per argumentum e contrario eine Nichtgeltung dieses Grundsatzes für alle anderen Bereiche.[222]

Der Rechtssicherheit werde – so *Tipke* – mit dem Analogieverbot überdies nicht gedient. Der Steuerpflichtige verlasse sich nicht auf den Gesetzestext, selbst wenn er ihn kennen sollte.[223] Die Normen des Steuerrechts seien als ein systematisches Gefüge zu verstehen und aus dem Wortsinn nicht hinreichend zu erschließen. Des weiteren gebe es auch innerhalb des Wortsinnes meist mehr als nur eine Auslegungsmöglichkeit. Daher biete die Auslegung auch ohne die Anwendung von Analogien nur wenig Rechtssicherheit. Letztlich seien Analogien keine willkürlichen Erweiterungen der steuerlichen Normen. Das System des Steuerrechts, Prinzipien wie die Leistungsfähigkeit und der Gleichheitssatz geben seiner Auffassung nach die Richtung der Analogie vor.[224]

Nach dieser Auffassung könnte eine Analogie zu einer Steuernorm dann gebildet werden, wenn die Leistungsfähigkeit und die Pflichtenstellung des Betroffenen die Besteuerung im Hinblick auf den Gleichheitssatz angemessen erscheinen lassen. Es könne also im Einzelfall steuererhöhende Norm analog angewandt werden.

---

[219] In: *Tipke/Lang*, § 5/59.
[220] *Lang* in: *Tipke/Lang*, § 5/59; ebenso *Tipke*, Steuerrechtsordnung I, S. 198.
[221] *In*, Steuerrechtsordnung I, S. 190.
[222] *Gersch* in: *Klein*, § 4/37 f.
[223] In Steuerrechtsordnung I, S. 200 f.
[224] *Tipke*, Steuerrechtsordnung I, S. 203.

Dem hat sich das *FG Köln* in der obigen Entscheidung[225] angeschlossen: Das berechtigte Vertrauen der Bürger in die Rechtsordnung werde nicht durch eine systemgerechte Analogie verletzt, denn der Bürger vertraue nicht auf einzelne Normen, schutzwürdig könne nur der *„im Gesetz zum Ausdruck gekommene Sinnzuammenhang - der gesetzgeberische Plan - "* sein.

**cc) Geltung des Analogieverbots im Steuerrecht**

Zu dieser Argumentation, auch der Wortlaut gebe nur begrenzte Rechtssicherheit, ist zunächst folgendes zu bemerken:

Der Wortlaut einer Norm dient einem wichtigen Zweck, der im Strafrecht auch nahezu einhellig anerkannt ist.[226] Er schränkt eine Auslegung zumindest auf den Bereich ein, der vom möglichen Wortsinn des Gesetzes selbst noch abgedeckt ist. Damit wird innerhalb des Wortlautbereichs eine gewisse Rechtssicherheit gewährt, da der Wortlaut als Schranke nicht überschritten werden darf, auch wenn *Tipke* und ebenso der *BFH*[227] dem mit der These, es gebe nur im Hinblick auf Rechtsprinzipien Rechtssicherheit, nicht jedoch im Hinblick auf den Wortlaut, widerspricht.

Entscheidend ist aber in der weiteren Argumentation folgendes:

*Tipke* gibt, insbesondere wegen des Aspekts des Gleichheitssatzes, eine interessante Anregung. Es gehe bei der Frage, ob Analogien im Steuerrecht zulässig seien, um einen Konflikt zwischen formaler und materieller Rechtsstaatlichkeit. Die Analogie diene dem Gleichheitssatz durch konsequentes Weiterdenken von Prinzipien, die dem Gesetz unterliegen.[228] Damit diene sie der Steuergerechtigkeit. Das Ausfüllen erkennbarer Lücken innerhalb der vom Gesetzgeber durch das vorgegebene System gesteckten Grenzen sei somit keine Rechtsneuschöpfung oder Erweiterung von Steuertatbeständen.[229] Mit ähnlicher Begründung bejaht nunmehr auch *Lang* die Zulässigkeit der steuerrechtlichen Analogie.[230]

Jedoch ist nach auch *Tipkes* Auffassung zu untersuchen, ob nicht eine Einschränkung der Analogie über das Rückwirkungsverbot vorzunehmen sei, wenn es sich um eine für den Steuerpflichtigen ungünstige Lückenfüllung handele.[231]

Folgt man dieser Ansicht *Tipkes* und der wohl h.M. im Steuerrecht, so ist hier insofern ein Unterschied zwischen dem Strafrecht und dem Steuerrecht in der

---

[225] Urteil vom 29.09.2000; 7-K-4746/99.
[226] Anderer Auffassung wohl nur *Jakobs*, 4/17 ff.
[227] So BFHE 139, 561 (568).
[228] In Steuerrechtsordnung I, S. 199 ff.
[229] *Tipke*, Steuerrechtsordnung I, S. 203 f.
[230] In: *Tipke/Lang*, § 5/54 f; ebenso *FG Münster*, 1989-04-04 XII 1660/88 E; so auch *Balmes* in: *Kühn/v. Wedelstädt, § 4/26*; *Gersch* in: *Klein, §* 4/37.
[231] *Tipke*, Steuerrechtsordnung I, S. 204.

Behandlung von Analogien zu konstatieren, als nur im Strafrecht ein striktes Verbot belastender Analogien gilt.[232]

Für die Zulässigkeit der Analogie im Steuerrecht – auch zum Nachteil des Bürgers – spricht weiterhin die Erwägung von *Gersch*[233], daß ein striktes Analogieverbot auf eine Rechtsauslegungsregel „in dubio contra fisco" hinauslaufen würde, die es ebensowenig geben darf wie ein „in dubio pro fisco".[234]

**dd) Wirkung des § 42 AO**

In diesem Zusammenhang wird jedoch in der Praxis relevant, daß es für die Finanzverwaltung vielfach nicht notwendig ist, eine Steuerpflicht im Wege der Analogie zu begründen. Der Gesetzgeber hat den Finanzämtern mit der wirtschaftlichen Betrachtungsweise einen weiten Spielraum zur Anwendung von Steuergesetzen eröffnet.

Mag man auch – wie etwa *Konzak*[235] – die Entscheidung der 2. Kammer des zweiten Senats des *BVerfG*[236] für eine eindeutige Stellungnahme des Bundesverfassungsgerichts gegen die belastenden Analogie im Allgemeinen halten, so steht diesem theoretischen Anspruch der Vorhersehbarkeit und Vorausbestimmbarkeit der Anwendung steuerbegründender oder –schärfender Normen dennoch eine in der Praxis sehr bedeutsame Norm der AO entgegen nämlich, § 42 Abs. 1 AO in dem es heißt:

> *„Liegt ein Missbrauch von Gestaltungsmöglichkeiten vor, entsteht der Steueranspruch so, wie er bei einer den wirtschaftlichen Vorgängen angemessenen rechtlichen Gestaltung entsteht."*

Damit läßt die AO ausdrücklich Analogien zuungunsten des Steuerpflichtigen in einem praktisch sehr wichtigen Feld zu. Diese Norm sieht nämlich eine Ausweitung von Steuertatbeständen über ihren Wortlaut hinaus vor, soweit der Steuerpflichtige den Steuertatbestand umgeht. Der Gesetzgeber hat sich in § 42 AO damit selbst für das Prinzip materieller Rechtsstaatlichkeit entschieden.

Nach der Rechtsprechung des IX. Senat des *BFH*[237] ist eine solche Umgehung dann gegeben, wenn eine Gestaltung, gemessen an dem zu erzielenden Ergebnis unangemessen ist, der Steuerminderung dienen soll und durch wirtschaftliche oder sonst beachtliche nichtsteuerliche Gründe nicht zu rechtfertigen ist. Es wird hier z.T. von der Rechtsprechung darüber hinaus eine Umgehungsabsicht

---

232 *Tipke*, Steuerrechtsordnung I, S. 191 ff.; Ebenso *Gern*, NVwZ 1995, 1147 m.w.Nw.

233 In *Klein*, § 4/38.

234 In der Praxis wird aber gerade im Bereich der Steuerschätzung nach dem Grundsatz *„in dubio pro fisco"* verfahren; dazu *Kohlmann*, Steuerstrafrecht, § 370/52; *Joecks*, wistra 1990, 53.

235 In NVwZ 1997, 872 ff.

236 In NJW 1996, 3146 ff.

237 BStBl. II 1988, 942 (943)

verlangt.[238] Der Steuerpflichtige, der also eine Gestaltung wählt, die nicht zivilrechtlich, jedoch *„der Sache nach"*[239] den Steuertatbestand erfüllt, begeht nach der Verwaltungspraxis regelmäßig einen steuerlichen Gestaltungsmißbrauch.

Begründet wird die Existenz des § 42 AO mit der Notwendigkeit der Lastengleichheit und der sich daraus ergebenden Notwendigkeit, denjenigen, der den Belastungstatbestand nur wirtschaftlich erfüllt, genauso zur Leistung heranzuziehen, wie den, der ihn auch rechtlich erfüllt.[240]

Es wurde damit aus den Gründen, die nun in der Diskussion um die Geltung des Analogieverbots im Verwaltungsrecht im allgemeinen für die Lückenfüllung angeführt werden (Lastengleichheit und Vorrang der materiellen Rechtsstaatlichkeit), eine Regelung geschaffen, die eine Anwendung von Steuergesetzen über den Wortlaut hinaus ausdrücklich zuläßt.

Damit ist es im Steuerrecht schon gesetzlich zulässig, auch dann eine steuerbegründende oder –schärfende Norm auf einen Sachverhalt anzuwenden, wenn die Tatbestandsmerkmale nicht erfüllt sind und ein Mißbrauch erkennbar ist. Der Gesetzgeber gibt der Steuerverwaltung damit den Auftrag, in bestimmten Fällen ein Steuergesetz über den Wortlaut hinaus anzuwenden, wenn dies der wirtschaftlichen Betrachtungsweise entspricht.

Man kann also in der Praxis nicht von einer Geltung eines strengen Analogieverbots im Steuerrecht sprechen:

Erstens wird ein solches umfassendes Verbot von den Finanzgerichten nicht anerkannt und zweitens ist es für die Finanzverwaltung auch vielfach nicht notwendig, eine Besteuerung auf eine außergesetzliche Analogie zu stützen. In der Regel wird nämlich durch die Finanzämter die wirtschaftliche Betrachtungsweise und damit der § 42 AO sehr großzügig bemüht. Es besteht in der Praxis damit nur wenig Bedürfnis, über diese gesetzlich ausdrücklich zulässigen Analogien hinaus Steuertatbestände durch Lückenfüllung anzuwenden.

Im Steuerrecht gilt also im Ergebnis kein strenges Analogieverbot. Denn die AO sieht „Analogien" zuungunsten des Steuerpflichtigen in § 42 ausdrücklich vor.

---

[238] So etwa *FG Hessen*, EFGWG02, 378 (379); nicht einig sind sich diesbezüglich jedoch die Senate innerhalb des *BFH*: befürwortend etwa der erste Senat in BFHE 167, 273 (277) und der neunte Senat in BStBl. II, 1991, 904 (905); eher ablehnend: der fünfte Senat in *BFH*, BStBl. II 1993, 253 (255 f.) m.w.Nw.

[239] *Birk*, Rn. 316.

[240] *Birk*, Rn. 316.

### b) Rückwirkungsverbot

#### aa) Ausgangspunkt

Wenn das Analogieverbot im Steuerrecht keine strikte Geltung hat, drängt sich die Frage nach der Behandlung von Rückwirkungen im Steuerrecht auf. Im Strafrecht soll das Rückwirkungsverbot, ebenso wie das Analogieverbot, der Rechtssicherheit – insbesondere dem Schutz des Bürgers vor Willkür[241] – und dem Vertrauensschutz dienen.

Bezüglich des Rückwirkungsverbotes im Steuerrecht könnte man mit *Tipke* schon von seiner sachlichen Basis her einen anderen Ansatz als im Strafrecht wählen. Geht man nämlich davon aus, daß der Steuerpflichtige seine wirtschaftliche Betätigung an der Möglichkeit des größten Profits mit der geringsten Aufwendung von Ressourcen ausrichtet, und damit die steuerlichen Folgen grundsätzlich nicht berücksichtigt, so könnte dem Vertrauensschutz im Steuerrecht keine allzu große Bedeutung zukommen.[242] Das Vertrauen in die Rechtslage hätte dann „nur" Bedeutung für die rein wirtschaftliche Planung vor Steuern, also für die Berücksichtigung dieser Daten bei der Planung des weiteren geschäftlichen Vorgehens zur Vorausberechnung eines finanziellen Vorteils unmittelbar aus einem Geschäft.

Eine solche rechtsformneutrale steuerliche Betrachtung regt *Tipke* an, denn er ist der Auffassung,

> *„dem Gleichheitssatz würde allerdings ein Steuerrecht mehr entsprechen, das rechtsformneutral und wettbewerbsneutral ist, indem es an gleiche wirtschaftliche Sachverhalte gleiche Steuerrechtsfolgen knüpft und folglich Planung entbehrlich macht."*[243]

Jedoch hat eben auch die Besteuerung eine finanziell so wichtige Bedeutung, daß es allgemein üblich ist, die wirtschaftliche Betätigungsweise auch daran zu orientieren, daß möglichst geringe Steueransprüche entstehen. Es werden „Steuern geplant", und bei Rechtsgeschäften größeren Umfangs die steuerlichen Folgen vorher meist sehr genau bedacht. Daher stellt sich auch hier die Frage, ob der Steuerpflichtige ein Recht auf einen Schutz vor nachträglichen Einwirkungen auf das Steuerrecht, auf Vertrauensschutz hat.

#### bb) Rechtsprechung des *BVerfG* zur Rückwirkung

In seiner Judikatur hat das *BVerfG* jedoch festgestellt, daß rückwirkende rechtliche Regelungen nicht immer und in jedem Rechtsgebiet unzulässig sind.[244] Es

---

[241] So *Krey*, Keine Strafe ohne Gesetz, Rn. 126
[242] Dazu *Tipke*, Steuerrechtsordnung I, S. 154.
[243] *Tipke*, Steuerrechtsordnung I, 155, m.Nw.
[244] BVerfGE 45, 142 (163); 87, 48 (61).

wurde von der früher h.M. zwischen einer echten und einer unechten Rückwirkung unterschieden.[244] Der 1. Senat des *BVerfG* hat daran festgehalten[245]; der 2. Senat spricht dagegen heute von der Rückbewirkung von Rechtsfolgen bzw. von der tatbestandlichen Rückanknüpfung.[246]

Eine sog. echte (retroaktive) Rückwirkung/Rückbewirkung von Rechtsfolgen liegt demnach vor, wenn auf Vorgänge rechtlich eingewirkt wird, die in der Vergangenheit schon abgeschlossen wurden. Die unechte (retrospektive) Rückwirkung/tatbestandliche Rückanknüpfung ist dagegen gegeben, wenn auf in der Vergangenheit begonnene Vorgänge Einfluß genommen wird, deren Beendigung aber in der Zukunft liegt.[247]

### (1) Echte Rückwirkung

Die echte Rückwirkung/Rückbewirkung von Rechtsfolgen hat das *BVerfG* für im Grundsatz unzulässig erklärt.[248] Damit ist die rückwirkende Begründung von Steuertatbeständen ebenso verboten wie die rückwirkende Aufhebung von Steuervergünstigungen. Dieses Verbot ergibt sich nach der Rechtsprechung des *BVerfG*[249] aus dem Grundsatz des Vertrauensschutzes, der nach dieser Rechtsprechung Wirkung bei allem staatlichen Handeln hat. Gesetze, die dem Bürger rückwirkend eine Steuer auferlegen oder rückwirkend Steuern erhöhen, sind danach grundsätzlich unzulässig. Sie zerstören das Vertrauen des Bürgers in die Rechtsordnung, denn sie nehmen dem Bürger die Planungssicherheit. Jedoch könne sich der Einzelne – so das *BVerfG* – darauf nur dann berufen, wenn das Vertrauen auf die Rechtslage sachlich gerechtfertigt und er aus diesem Grunde schutzwürdig war.[250]

Dies macht eine Abwägung zwischen der Schutzwürdigkeit des Vertrauens des einzelnen Steuerpflichtigen und dem Interesse der Allgemeinheit an der Besteuerung notwendig. Diesbezüglich hat sich im Laufe der Zeit eine umfangreiche Einzelfallrechtsprechung entwickelt.[251] Prinzipiell gilt demnach jedoch, daß eine echte Rückwirkung im Grundsatz unzulässig ist.

---

[244] Etwa BVerfGE 13, 261 (270); 25, 142 (154); 25, 269 (289 ff.); 30, 272 (285 ff.).

[245] BVerfGE 88, 384 (403 ff.); *BVerfG*, NJW 2000, 413 (415).

[246] BVerfGE 72, 200 (241 ff.); 72, 302 (321 ff.); 78, 249 (283 ff.); 87, 48 (63); 92 277 (344); so auch *OVG Rheinland-Pfalz*, NVwZ 2001, 228 (229); *VGH Mannheim*, DVBl. 2000, 1728 (1729).

[247] *BVerfG*, NJW 2000, 413 (415), auch *VGH München*, NVwZ-RR 2000, 35.

[248] BVerfGE 30, 272 (285); *BVerfG*, NJW 2003, 213 (214).

[249] BVerfGE 30, 272 (285).

[250] BVerfGE 13, 261 (271f.); 50, 177 (193); 78, 249 (283f.), dem folgend etwa: *BFH*, BStBl. II 89, 733 (735); 93, 201 (203), *FG München*, EFG 1991, 403 (405).

[251] Eine Aufstellung dieser Einzelfälle mit Nachweisen etwa bei *Kruse/Drüen* in: *Tipke/Kruse*, § 4/21 ff.

### (2) Unechte Rückwirkung

Die unechte Rückwirkung ist dagegen grundsätzlich zulässig. Nach der Rechtsprechung des *BVerfG*[252] ist deshalb das Vertrauen des Bürgers auf das Fortbestehen des aktuellen Steuerrechts nicht geschützt.

### (3) Ergebnis

Es ist damit zu konstatieren, daß das Rückwirkungsverbot im Steuerrecht nur eine sehr begrenzte Wirkung hat und Änderungen von Steuergesetzen mit Wirkung für die Vergangenheit nicht unmöglich sind. Zu beachten ist jedoch grundsätzlich, daß *„der Grundsatz der Rechtssicherheit"* rückwirkend *„nur maßvolle Änderungen"* gestattet.[253]

Im materiellen Steuerrecht gilt damit wie im Verwaltungsrecht und im Gegensatz zum materiellen Strafrecht kein umeingeschränkter Grundsatz der Unzulässigkeit von rückwirkenden, den Bürger belastenden, Gesetzesänderungen.

### c) Bestimmtheitsgrundsatz

Wenn also auch das Rückwirkungsverbot nicht uneingeschränkt gilt, so ergibt sich die Frage, ob und inwieweit der im Strafrecht, insbesondere im Hinblick auf die Vermögensstrafenentscheidung des *BVerfG*[254], so wichtige Grundsatz der Bestimmtheit von Eingriffsnormen im Steuerrecht Geltung hat.

Nach der Wesentlichkeitsrechtsprechung des *BVerfG*[255] ist es zwingend erforderlich, für Eingriffe[256] in die Grundrechte des Einzelnen – auch wenn es sich „nur" um solche in sein Vermögen handelt – eine formell gesetzliche Regelung zu schaffen, die die Voraussetzungen und den Umfang des Eingriffs möglichst exakt bestimmt. Es ist also nicht nur überhaupt eine gesetzliche Regelung zu schaffen, sondern diese muß auch dem Bestimmtheitsgrundsatz entsprechend Inhalt, Gegenstand, Zweck und Ausmaß des Eingriffs vorgeben. Die betreffende Norm muß demnach so formuliert sein, daß der Adressat die Möglichkeit hat, sein Verhalten danach zu richten und der Eingriff für ihn überschaubar und berechenbar wird.[257] Dabei gilt insbesondere:

---

[252] *BVerfG* 14, 76 (104); 27, 375 (386); 68, 287 (306); so auch *BFH*, DStR 2001, 481; weitere Nachweise *Kruse/Drüen* in: *Tipke/Kruse*, § 4/10; *Scholtz* in: *Koch/Scholtz*, § 4/11.

[253] So Kruse/*Drüen* in: *Tipke/Kruse*, § 4/24.

[254] Dazu insbesondere *BVerfG*, NJW 2002, 1179 ff.

[255] Dazu etwa BVerfGE 8, 274 (325); 20, 150 (157 ff.); 21, 73 (79 f.); 34 165 (192 f.); 41, 251 (262 f.); 45, 393 (399); 49, 89 (145); 52, 1 (41); 62, 169 (182 f.); 83, 130 (152); *Pieroth/Schlink*, Rn. 266; *Hesse*, Rn. 314, 509, mit eher strafrechtlichem Bezug *Krey*, Keine Strafe ohne Gesetz, Rn. 124 m.w.Nw.

[256] Hier Eingriffe in das Vermögen des Steuerpflichtigen.

[257] So etwa BVerfGE 21, 73 (79 f.).

Je schwerer die Auswirkungen auf die geschützte Sphäre des Einzelnen sind, desto strengere Anforderungen sind auch an diese Überschaubarkeit zu stellen.[259] Unklare Gesetze können daher wegen Verstoßes gegen das Rechtsstaatsprinzip nichtig sein, denn solche Gesetze gefährden die Rechtssicherheit.

Jedoch hindert diese Wesentlichkeitsrechtsprechung den Gesetzgeber nicht daran, Generalklauseln oder unbestimmte Rechtsbegriffe zu verwenden, soweit es anders nicht möglich ist, die natürlichen Gegebenheiten gesetzlich zu erfassen.[260]

Das Bestimmtheitsgebot gilt mit Rücksicht auf den Gesetzesvorbehalt auch im Verwaltungs- und Steuerrecht als Eingriffsrecht. Zwar ist es hier – wegen der nur finanziellen Konsequenzen – theoretisch schwächer ausgeprägt, aber dies blieb bisher ohne praktische Konsequenzen.[261] Im Grundsatz gilt also auch im Steuerrecht ein Bestimmtheitsgebot.[262]

#### d) Verbot von eingriffsbegründendem Gewohnheitsrecht

Im Strafrecht ist es außerdem verboten, eine Strafe aufgrund einer gewohnheitsrechtlichen Grundlage auszusprechen.

Unter Gewohnheitsrecht versteht man alle nicht zur lex scripta zählenden Rechtsnormen, die sich durch langdauernde Übung gebildet haben und vom allgemeinen Rechtsbewußtsein getragen werden."[263] In der steuerrechtlichen Literatur dominiert die Meinung, daß sich auch im Steuerrecht grundsätzlich uneingeschränkt Gewohnheitsrecht bilden könne[264] – und damit auch zum Nachteil der Bürger. Die Anerkennung von Gewohnheitsrecht im Steuerrecht ist zwar bisher an den hohen Anforderungen des *BFH* gescheitert, jedoch ist eine Entwicklung von gewohnheitsrechtlichen Regeln auch nicht allgemein abgelehnt worden. Im Steuerrecht kann Gewohnheitsrecht jedoch anerkanntermaßen einen vom Gesetzgeber gegebenen Ermessensspielraum einengen.[265]

Im Steuerrecht gilt also kein absolutes Verbot einer gewohnheitsrechtlichen Anwendung steuerrechtlicher Normen zuungunsten des Steuerpflichtigen.

---

[259] St. Rspr., dazu mit Nachweisen, *BVerfG* NJW 2002, 1779 (1780) m.w.Nw.; auch *Schmidt-Bleibtreu/Klein*, Art. 20/34.

[260] BVerfGE 4, 352 (358); 11, 234 (237); 26, 41 (42); 28, 175 (183); 37, 201 (208); 78, 214, (226); *BVerfG*, NJW 1974, 1860 (1862); *Schmidt-Bleibtreu/Klein*, Art. 20/34 m.w.Nw.

[261] Diese schwächere Ausprägung hat das BVerfGE 48, 48 (60 f.) nur angedeutet.

[262] Zu Divergenz zwischen theoretischem Bestimmtheitsgebot und praktisch fehlender Normklarheit, *Pohl*, Rn. 705.

[263] *Krey*, Strafrecht AT I, Rn. 106, *Jescheck/Weigend*, § 12 IV 1.

[264] Unzulässig sei lediglich die Begründung neuer Steuertatbestände durch Gewohnheitsrecht; so *Kruse/Drüen* in: *Tipke/Kruse*, § 4/100 ff m.Nw.

[265] *Kruse/Drüen* in: *Tipke/Kruse*, § 4/104; so auch *Scholtz* in: *Koch/Scholtz*, § 4/8

### e) Wirkungen der im Strafrecht maßgebenden Maximen für das Steuerrecht

Zusammenfassend ist damit zu konstatieren:

Es gilt keine der untersuchten Einschränkungen der hoheitlichen Gewalt im Steuerrecht in der gleichen Schärfe wie im Strafprozeß. Das Steuerrecht läßt Analogien grundsätzlich genauso zu wie Rückwirkungen oder Gewohnheitsrecht. An die Bestimmtheit der Steuernormen sind die gleichen Anforderungen zu stellen wie im sonstigen Verwaltungsrecht, aber wohl weniger strenge als im Strafrecht.

## 3. Sachverhaltsermittlung und *in dubio pro reo* im Besteuerungsverfahren

Wenn die im Strafrecht so wichtigen Grundsätze aus dem Prinzip nulla poena sine lege im Steuerrecht nur eingeschränkte Geltung haben, dann schließt sich hier die Frage an, ob dies gleichermaßen für den im Strafrecht so entscheidenden und charakteristischen Satz in dubio pro reo – im Steuerrecht aber eher in Form des in dubio pro libertate – gilt. Es ist daher zu erörtern, wie der Richter im finanzgerichtlichen Verfahren oder die Behörde im Besteuerungsverfahren den Sachverhalt zu werten haben, wenn eine Tatsache, die für die Erfüllung des Steuertatbestandes entscheidend ist, nicht aufgeklärt werden kann.

Es ist daher festzustellen, zu wessen Lasten entschieden werden muß, wenn eine bestimmte Tatsache nicht beweisbar erscheint, und ob der Zweifelsgrundsatz im Steuerrecht überhaupt und mit welcher Reichweite Geltung hat. Es ist zu diesem Zweck notwendig, einen Blick auf die Sachverhaltsermittlung, Beweislast und Beweisführung im Steuerverfahren zu werfen.

### a) Geltung des Amtsermittlungsgrundsatzes und des Untersuchungsgrundsatzes aus § 88 AO

Der Staat ermittelt im Steuerverfahren zwangsläufig selbsttätig, denn seine Behörden klären den Sachverhalt im Staatsinteresse auf. Es gelten daher denknotwendig der Amtsermittlungsgrundsatz und der Untersuchungsgrundsatz, die con § 88 AO normiert werden. Ziel des Besteuerungsverfahrens ist schließlich in der Regel die Festsetzung einer Belastung des Steuerpflichtigen durch einen staatlichen Zahlungsanspruch. Es handelt sich damit beim Steuerverfahrensrecht um einen Regelungskomplex des staatlichen Eingriffsrechtes im Allgemeininteresse.

Zum Teil wird daher die These vertreten, ein Grundsatz *„im Zweifel für den Bürger"* müsse auch im Steuerverfahren Anwendung finden, denn das Steuerrecht als staatliches Eingriffsrecht, das dem Vorbehalt des Gesetzes aus Art. 20 III GG unterliegt, könne erst dann einen hoheitlichen Eingriff zulassen, wenn bewiesen sei, daß auf Seiten des Bürgers der gesetzliche Tatbestand erfüllt ist.

Eine Rechtsbeschränkung sei daher nicht zulässig, wenn Tatsachen nicht nachweislich sind, die eine Steuer begründen oder erhöhen.[266] Das bedeutete, im Zweifel über das Vorliegen eines Merkmals des Besteuerungstatbestandes müsse davon ausgegangen werden, daß es nicht erfüllt sei. Eine Steuer könnte danach nur festgesetzt werden, wenn der Besteuerungstatbestand ohne vernünftige Zweifel als gegeben angesehen werden kann. Es obliege damit der Finanzbehörde, für alle steuerbegründenden und steuererhöhenden Tatsachen den Beweis zu erbringen.[267]

Unterstellt man dies als richtig, dann ergeben sich logische Kollisionen mit den Mitwirkungspflichten, die die Steuergesetze dem Steuerpflichtigen im Besteuerungsverfahren auferlegt. Nach den §§ 90 ff. AO darf der Steuerpflichtige seine Mitwirkung nämlich im Besteuerungsverfahren nicht wie im Strafverfahren auf das reine Dulden beschränken.[268] Diese Handlungspflichten stünden dann im Widerspruch zu der Verpflichtung der Finanzbehörde, den Sachverhalt selbsttätig aufzuklären und alle steuerbegründenden und steuererhöhenden Tatsachen zweifelsfrei zu belegen.

Hier wäre es widersinnig, allein der Finanzbehörde die einseitige Obliegenheit aufzuerlegen, Beweis über die Besteuerungsmerkmale zu führen, den Steuerpflichtigen aber dann zur Mitarbeit an dieser Beweisführung zu verpflichten.

### b) Die Mitwirkungsverpflichtungen im Besteuerungsverfahren

Die Notwendigkeit einer Mitwirkung des Steuerpflichtigen bei der Festsetzung des Steueranspruchs ergibt sich aus den praktischen Notwendigkeiten dieses Massenverfahrens.

Jedoch erlaubt der Verhältnismäßigkeitsgrundsatz daraus, daß das Besteuerungsverfahren nur zur Beschaffung der Finanzmittel der öffentlichen Hand dient, die für die Erfüllung der allgemeinen Aufgaben des Staates notwendig sind, den Schluß ziehen, daß nicht die gleichen weitgehenden Maßnahmen wie im Strafverfahren gerechtfertigt sind. Der Verhältnismäßigkeitsgrundsatz verbietet es daher der Finanzverwaltung, wegen eines rein fiskalischen Zweckes die Bürger *„permanent mit ihren Nachforschungen heimzusuchen“*[269] und dem Steuerpflichtigen zu weitgehende Pflichten aufzuerlegen.

Der Schutz der Privatsphäre und der Verfahrenszweck legen den Finanzbehörden in ihren Ermittlungsmöglichkeiten grundsätzlich weitgehendere rechtliche

---

[266] *G. Klein*, S. 18 f.; so i.E. auch *Rupp*, AöR 1960, 318 f.

[267] Zu grundsätzlichen objektiven Beweislastverteilung im Steuerverfahren, *Brockmeyer:* in *Klein*, § 88/15 m.w.Nw.

[268] Zu Mitwirkungspflichten in anderen Verwaltungsverfahren: *Bärlein/Palanis/Rehmsmeier*, NJW 2002, 1826.

[269] Dazu *Mußgnug*, JuS 1993, 49.

Schranken auf als den Behörden im Strafverfahren. Dort ist es – trotz des Grundsatzes „keine Wahrheitsforschung um jeden Preis“ [270] – möglich, den beschuldigten Bürger mit umfassenden Ermittlungen zu belasten, denn dort steht nicht „nur“ ein finanzieller Anspruch, sondern eine strafrechtliche Sanktion für ein so gravierendes Unrecht im Raum, daß der Staat dies mit der ultima ratio der Kriminalstrafe des Strafrechts ahnden könnte. Daher macht das Strafverfahren zwar vor dem unantastbaren Kernbereich der Persönlichkeit, nicht aber schlechthin vor der Privatsphäre des Beschuldigten halt.[271]

Dem Steuerverfahren sind hier im Hinblick auf den verfolgten Zweck engere Grenzen gesetzt. Um im Besteuerungsverfahren dennoch der wichtigen Aufgabe der Ermittlung der individuellen Steuerschuld nachkommen zu können, ist es unumgänglich, den Steuerpflichtigen zur Mitwirkung an der Sachaufklärung zu verpflichten. Andernfalls wäre ein massives Festsetzungs- und Durchsetzungsdefizit die Folge, und die verfassungsmäßig vorgegebene steuerliche Gleichbelastung wäre nicht zu verwirklichen.[272]

Diese Mitwirkung besteht primär in der Preisgabe von Tatsachenkenntnissen, über die der Steuerpflichtige verfügt und in seiner Pflicht schon im Vorfeld, bestimmte Aufzeichnungen vorzunehmen und diese zur Verfügung zu halten (§§ 140, 141 AO). Der Steuerpflichtige ist Haupterkenntnisquelle und primäres Beweismittel der Steuerbehörde.[273] Dies gilt um so weitgehender, je mehr Aufwand es für die Behörden bedeutet, die Angaben des Steuerpflichtigen zu überprüfen. Eine Ermittlung aller Besteuerungsgrundlagen ist der Finanzverwaltung ohne Kooperation mit dem Steuerpflichtigen unmöglich. Dieser praktischen Notwendigkeit mußte der Gesetzgeber sich beugen und daher hat er weitreichende Mitwirkungspflichten des Steuerpflichtigen normiert.[274]

Zwar bleibt anzumerken, daß die Mitwirkungspflicht des Steuerpflichtigen keine Beweislast auslöst.[275] Jedoch hat die AO in den §§ 90 ff.[276] aufgrund der dargelegten Sachzwänge mit dem strengen Prinzip der Amtsermittlung partiell gebrochen. In § 90 I 2 AO heißt es:

> *„Sie [die Beteiligten] kommen der Mitwirkungspflicht insbesondere dadurch nach, daß sie die für die Besteuerung erheblichen Tatsachen vollständig und wahrheitsgemäß offenlegen und die ihnen bekannten Beweismittel angeben.“*

---

[270] BGHSt 14, 358 (365).

[271] Zu Ermittlungen im unantastbaren Intimbereich: BVerfGE 80, 367 (373 ff.); *BVerfG*, NJW 2004, 999 (1002 ff.).

[272] *Söhn* in: *Hübschmann/Hepp/Spitaler*, § 90/6; *Wenzig*, DStZ 1986, 375 ff, 379.

[273] So *BFH*, BStBl. II 1969, 550 (553); ebenso *Jakob*, Rn. 191; *Söhn* in: *Hübschmann/Hepp/Spitaler*, § 90/7; *Wittmann*, StuW 1987, 43.

[274] *Weber-Fas*, S. 147.

[275] *Tipke* in: *Tipke/Kruse*, § 88/1; *Weber-Grellet*, StuW 1981, 48.

[276] Für den finanzgerichtlichen Prozeß verweist § 76 I FGO auf die §§ 90 ff. AO.

Hier wurden für den Steuerpflichtigen Mitwirkungspflichten statuiert, so daß *Seer* von einer *„Kooperationsmaxime"* und von einer *„Arbeitsteilung in einer Arbeitsgemeinschaft"* spricht, bei der der Finanzverwaltung als *„Treuhänderin der Gemeinwohlinteressen"* nur die Letztverantwortung verbleibe.[277] Dem Steuerpflichtigen komme für seinen Einwirkungsbereich eine *„sphärenorientierte Mitverantwortung"* für die Sachaufklärung zu.[278] Der *BFH* spricht von einer *„gemeinsamen"* Aufgabe der Sachverhaltsaufklärung, bei der der Steuerpflichtige, ebenso wie die Finanzverwaltung, für die Aufklärung der bedeutsamen Tatsachen verantwortlich ist.[279] Eine Mitwirkungsverpflichtung kann sich jedoch nur auf die Preisgabe von Tatsachen beziehen.[280]

Die Angaben des Steuerpflichtigen unterliegen in der Praxis zunächst nur einer Plausibilitätskontrolle. Solange er seinen Mitwirkungspflichten nachkommt und die von ihm angegebenen Daten auch glaubhaft wirken, genießt er diesen *„freiheitsschonenden Vertrauensvorschuß"*[281], und es kommt meist nicht zu einer weiteren Überprüfung.[282] Es werden darüber hinaus lediglich Stichproben aufgrund des Zufallsprinzips und der Verwaltungserfahrung vorgenommen, um Steuerpflichtige von der Angabe schlüssiger, aber falscher Daten abzuhalten.[283]

Anders als im Strafverfahrensrecht[284] ist demnach der Steuerpflichtige gesetzlich verpflichtet, zur Aufklärung jener Tatsachen, aus denen sich die Besteuerungsgrundlage in seinem Fall ergibt, beizutragen. Diese Pflicht hat er etwa nach 149 I 1 AO grundsätzlich durch Abgabe einer wahrheitsgemäßen – insbesondere vollständigen – Steuererklärung zu erfüllen.[285] Durch die Normen der §§ 90 ff. AO wird ein Einfallstor für die Dispositionsmaxime in die Instruktionsmaxime geschaffen, da nun der Beteiligte verpflichtet ist, selber tätig zu werden und er die Beweismittel, die ihm ohne übermäßigen Aufwand zur Verfügung stehen, herausgeben muß.

Der Bruch mit dem Untersuchungsgrundsatz wird insbesondere darin deutlich, daß der Gesetzgeber in den §§ 90 ff. AO auch die Erzwingbarkeit dieser Mitwirkung mit den Mitteln des Verwaltungszwanges (§§ 328 ff AO) normiert

---

277 So *Seer* in: *Tipke/Lang*, § 21/4, dagegen *Weber-Fas*, S. 148.

278 Vgl. *Seer* in: *Tipke/Lang*, § 21/4.

279 *BFH*, BStBl. II 1989, 462 (464).; Kritisch zu der gemeinsamen Pflichtenstellung, *Wittmann*, StuW 1987, 44.

280 So *BFH*, BStBl. II 1964, 88 (89); *Söhn* in: *Hübschmann/Hepp/Spitaler*, AO, § 90/13.

281 So *Seer* in: *Tipke/Lang*, § 21/6 m.Nw.

282 Des weiteren gibt § 57 I StBerG vor, daß von der Richtigkeit einer Steuererklärung grundsätzlich auszugehen ist, wenn diese mit Hilfe eines Steuerberaters erstellt wurde.

283 *Seer* in:*Tipke/Lang*, § 21/6 m.w.Nw.

284 Für das disziplinar- und berufsgerichtliche Verfahren gelten die strafrechtlichen Regeln, wegen des Unrechtsausspruches ebenso; *BVerfG*, NJW 1981, 1431.

285 So *Grombert*, S. 37. Dazu, wie dies mit dem Grundsatz des nemo tenetur verträglich ist, vgl. S. 63 ff.

hat.[286] Darüber hinaus hat die AO in §§ 370 ff. AO vorsätzlich unrichtige Angaben des Steuerpflichtigen über steuerlich relevante Sachverhalte unter Strafe gestellt, soweit es dadurch zu einer Steuerverkürzung kommt oder kommen sollte. Die reine Mitwirkungsverweigerung ohne Erklärungscharakter ist dagegen straflos.

Soweit der Steuerpflichtige seinen Mitwirkungspflichten in vollem Umfange nachkommt, besteht für die Finanzbehörde korrespondierend eine umfassende Aufklärungspflicht. Sie muß den gesamten Steuertatbestand ermitteln und trägt die Feststellungslast für das Bestehen des Steueranspruchs.[287]

Im Bereich des Umsatzsteuerrechts geht die Mitwirkungspflicht sei der Änderung des UStG durch das *Gesetz zur Bekämpfung von Steuerverkürzungen bei der Umsatzsteuer und zur Änderung anderer Steuergesetze* (StVBG)[288] vom 19.12.2001 etwas weiter. § 27b UStG normiert die „Nachschau", die es ermöglicht, eine unangekündigte Kontrolle bei Umsatzsteuerpflichtigen vorzunehmen. Auf Verlangen sind der Finanzbehörde nach § 27b UStG Aufzeichnungen, Geschäftspapiere, Bücher und andere Urkunden über die Tatsachen, die die von der Nachschau betroffenen Steueransprüche berühren, vorzuzeigen und diesbezüglich sachdienliche Auskünfte zu geben.

**c) Beweisführung und -würdigung im Besteuerungsverfahren**

Verletzt der Steuerpflichtige dagegen seine Mitwirkungspflichten, so kann sich im Gegenzug die Ermittlungspflicht der Finanzbehörde verringern. Darüber hinaus hat die Verwaltungsbehörde aus §§ 328 ff AO die Möglichkeit durch Zwangsmaßnahmen, wie etwa durch Zwangsgeld oder durch Zwangshaft die Mitwirkung zu erzwingen. Dieser Möglichkeit muß sie sich jedoch nicht bedienen; denn sie kann in diesen Fällen auch zu einer Schätzung[289] greifen.[290]

Nach der Auffassung des *BFH* stehen die Mitwirkungspflicht des Steuerpflichtigen und die Ermittlungsaufgabe der Finanzverwaltung gleichwertig nebeneinander und bedingen einander, so daß die Verletzung auf der einen Seite eine Pflichtenminderung auf der anderen Seite bewirkt. Dies wird damit begründet, daß Finanzbehörde und Steuerpflichtiger gemeinsam verpflichtet seien, die steuerlich relevanten Tatsachen zusammenzutragen.[291] Eine Verletzung der

[286] *Jakob*, Rn. 200 meint, die Beteiligten stehen vor dem Finanzamt *„nackt und bloß"*.
[287] *BFH*, BStBl. 1969 II, 550 (553).
[288] BGBl. 2001 I, 3922 ff., dazu ausführlich S. 177 ff., 211 ff.
[289] Zur Schätzung, S. 60 f.
[290] BFHE 62, 182 (184); dazu auch *Lang* in: *Tipke/Lang*, § 21/376.
[291] *BFH*, BStBl. 1989 II, 462 (464) m.w.Nw.; *Seer* in *Tipke/Lang*, § 21/4. Mit einem Blick auf BVerfGE 56, 37 ff (46) wird man jedoch eine gemeinsame Pflicht zur Sachaufklärung verneinen müssen, denn das Gericht gibt zu bedenken, daß eine Pflicht zur Aufklärung auch solcher

Mitwirkungspflichten könne zur Folge haben, daß aus diesem Verhalten für den Steuerpflichtigen nachteilige Schlüsse gezogen werden.[291] Das Finanzamt könne sich dann etwa mit einem geringeren Grad an Überzeugung bezüglich eines die Steuerpflicht begründenden Tatbestandes begnügen, als er sonst erforderlich sei.[292]

Jedoch finden auch die Mitwirkungspflichten ihre Grenzen in den allgemeinen verfassungsrechtlichen Grundsätzen, so daß diese Mitwirkungsverpflichtung durch die Grundrechte beschränkt werden kann. Aus dem Verhältnismäßigkeitsgrundsatz ergibt sich etwa, daß nur dann eine Pflicht zur Preisgabe von Kenntnissen bestehen kann, wenn diese Kenntnisse benötigt werden, um dazu beizutragen den Zweck der gesetzmäßigen Besteuerung zu verwirklichen. Eine Anforderung von darüber hinaus gehenden Daten ist nicht zwecktauglich und deshalb verfassungswidrig.[293] Darüber hinaus endet die Mitwirkungspflicht auch da, wo eine Mitwirkung unmöglich oder unzumutbar wird, weil sie etwa im Vergleich zu dem zu erwartenden Ergebnis einen unverhältnismäßigen Aufwand für den Steuerpflichtigen mit sich brächte[294] oder etwa mit Rücksicht auf die grundrechtlich geschützte Privatsphäre unzumutbar wäre.[295]

### d) Zweifelsgrundsatz

Stellt sich nun eine Situation ein, in der es der Behörde nicht gelungen ist, die notwendige Tatsachenbasis für eine sichere steuerliche Beurteilung des Falles zu ermitteln, so steht die Verwaltung vor dem Problem, daß zwar keine Entscheidungsreife gegeben ist, aber dennoch eine Entscheidung ergehen muß. In dieser non-liquid Konstellation ist die Frage zu beantworten, zu wessen Lasten sich diese Unaufklärbarkeit auswirkt, denn eine subjektive Beweislast kennt das Steuerrecht grundsätzlich nicht[296], obwohl der Gesetzgeber in einigen Fällen[297] dem Steuerpflichtigen das Risiko der Beweislosigkeit auferlegt.[298] Es muß hier aber dennoch eine objektive Beweislast, eine Feststellungslast, geben, um eine Entscheidung treffen zu können.[299]

---

Tatsachen, die eine Belastung bewirken können auch im Verwaltungsrecht nicht verfassungsrechtlich unbedenklich sei. Zweifelnd auch *Wittmann*, StuW 1987, 44; *Weber-Fas*, S. 148.

[291] *BFH*, BStBl. II 1972, 952 (953); BFH/NV 1987, 689 (691), BStBl. II 1989, 462 (462, 464).

[292] *BFH*, BStBl. II 1989, 462.

[293] So i.E. auch *Söhn* in: *Hübschmann/Hepp/Spitaler*, § 90/14.

[294] *Wittmann*, StuW, 1987, 35 ff., 42.

[295] *Söhn* in: *Hübschmann/Hepp/Spitaler*, § 88/71 ff., § 90/33 ff.

[296] So schon *BFH*, BStBl. III 1963, 213; *Wittmann*, StuW 1987, S. 36; *Wagner* in: *Kühn/v. Wedelstädt*, § 88/7.

[297] Insbesondere §§ 159 I, 160 AO; 4 V Nr. 2 EStG; 6 IV, 7 IV; 8 III UStG a.F.

[298] Dazu *Weber-Grellet*, StuW 1981, 48.

[299] BFHE 119, 164 (166).

Die „Arbeitsteilung“ über die Mitwirkungspflicht führt praktisch dazu, daß in der Praxis jeder die Tatsachen beweisen muß, die ihm „zugute“ kommen. Die Steuerbehörde muß das Vorliegen der steuerbegründenden und der steuererhöhenden Tatbestände nachweisen. Dem Steuerpflichtigen obliegt es, die Umstände nachzuweisen, die zur Anwendung einer steuermindernden Regelung führen. Zwar hat der *BFH* eine generelle Beweislast abgelehnt und auf eine spezifische Einzelfallprüfung verwiesen; das Gericht hat aber hinzugefügt: In der Regel sei davon auszugehen, daß

> *„a) der„Steuergläubiger die objektive Beweislast für diejenigen Tatsachen trägt, die den Steueranspruch begründen und*
>
> *b) der Steuerpflichtige mit der objektiven Beweislast für diejenigen Tatsachen belastet ist, die eine Steuerbefreiung oder Steuerermäßigung begründen oder den Steueranspruch aufheben oder einschränken“*[300]

Daher hat der *BFH* etwa dem Steuerpflichtigen in der betreffenden Entscheidung eine Feststellungslast dafür auferlegt, daß als betrieblich verbuchte Einnahmen wirklich auch betrieblich veranlaßt waren, wenn hieran begründete Zweifel bestehen.

Auch im allgemeinen Verwaltungsprozeß hat das *BVerwG* diese Regel der sog. Normbegünstigungsklausel in einigen Entscheidungen zu den allgemeinen Regeln des Verwaltungsrechts gezählt.[301] Jedoch sollte man in diesem Zusammenhang bei dem Wort „Begünstigung“ Vorsicht walten lassen, denn es geht hier nicht um eine Begünstigung des Fiskus, sondern um eine gleichmäßige und gerechte Steuerfestsetzung.[302]

In der Sache bedeutet dies letztlich für das Steuerrecht, daß begründete Zweifel am Vorliegen einer den Steueranspruch mindernden Tatsache zu Lasten des Steuerpflichtigen gehen. Entsprechend gehen Unklarheiten bezüglich des Vorliegens einer steuerbegründenden oder steuererhöhenden Tatsache zu „Lasten“ des Fiskus.[303] Die Finanzgerichte folgern hier in der Praxis aus bestimmten äußerlichen Umständen das Vorliegen spezifischer Sachverhalte.[304] Aus einer unzweckmäßigen wirtschaftlichen Gestaltung wird etwa vielfach auf eine Steuerumgehungsabsicht geschlossen.

---

[300] *BFH*, BStBl. II 1976, 562 (563); *BFH*, BStBl. II 1978, 338 (339); BStBl. II 1979, 345 (347), BFHE 119, 164 (166 f.), m.w.Nw.; so i.E. auch *Weber-Grellet*, StuW 1981, 53.
[301] BVerwGE 30, 358 (361); 41, 53 (56 f.); *BVerwG*, DVBl 1969, 402 (403); auch der *BFH*, BStBl. II 1989, 462 (463) verweist hierauf.
[302] Zu diesem Begünstigungsbegriff im allgemeinen Verwaltungsrecht, *Berg*, JuS 1977, 25.
[303] *Brockmeyer* in: *Klein*, § 88/15.
[304] Dazu etwa eine Entscheidung des *FG Baden Württemberg* EFG 1998, 919 zur Frage des Nachweises eines Spielbankgewinns.

Der Steuerpflichtige ist dabei um so mehr in der Beweispflicht, je mehr er die einzigen Beweismittel beherrscht, je beweisnäher er ist.[305] Denn die Finanzbehörde ist grundsätzlich nicht verpflichtet sich, unter unverhältnismäßig großem Aufwand die Informationen selbst zu beschaffen. Entscheidend ist der konkrete Einzelfall[306]: Es gilt hier das Verhältnismäßigkeitsprinzip und eine Art Sphärenhaftung bezüglich des Informationsbereichs der Beteiligten.

Diese Art der Beweisführung und die Beweisbelastung des Steuerpflichtigen, in dessen Recht eingegriffen werden soll, läßt eine nähere Verwandtschaft mit dem Zivil- als mit dem Strafprozeß vermuten. Sie legt nahe, daß es eine Regel in dubio pro libertate im Steuerrecht trotz seiner Qualifikation als Eingriffsrecht nicht gibt.[307] Der *BFH* hat die Unanwendbarkeit eines einseitigen Zweifelsgrundsatzes auch schon mit einer Entscheidung vom 24.1.1963[308] verdeutlicht, in der er ausführte, daß bei einem Zustand, in dem der Beweis einer bestimmten Sachlage nicht möglich sei, von dem Sachverhalt auszugehen sein, der am wahrscheinlichsten sei.[309] Doch auch dieser Versuch, nach Wahrscheinlichkeitsregeln zu entscheiden, wurde – wie dargestellt – zwischenzeitlich aufgegeben.

Aus den oben genannten Gründen hat für das Besteuerungsverfahren die Möglichkeit der tatsächlichen Verständigung praktisch eine besondere Bedeutung:

Vermehrt werden Veranlagungsverfahren bei Schwierigkeiten in der Sachaufklärung durch tatsächliche Verständigung abgeschlossen. Diese beinhaltet eine Vereinbarung der Finanzbehörde mit dem Steuerpflichtigen über unaufklärbare Tatsachen. Sie ist in der Finanzrechtsprechung anerkannt[310] und in jedem Abschnitt des Besteuerungsverfahrens möglich, solange ein Steueranspruch des Staates durch die Verständigung nicht vereitelt oder beeinträchtigt wird. Auf diese Weise wird in einer Vielzahl der Fälle eine Zweifelssituation durch eine einverständliche Lösung ohne die unmittelbare Anwendung von Zweifelsregeln gelöst.

### e) Sonderfall der Schätzungsbefugnis im Besteuerungsverfahren

Die Schätzungsbefugnis des § 162 AO macht weiterhin deutlich, daß der Zweifelsgrundsatzes zugunsten des Steuerpflichtigen im Steuerrecht nicht die absolute Geltung des vergleichbaren strafrechtlichen Prinzips haben kann.[311] Wollte man nämlich im Steuerrecht den Zweifelsgrundsatz zur Anwendung bringen,

---

[305] *FG Thüringen* EFG 1998, 1414; *FG München,* EFG 1997, 1085.

[306] Zu den Kriterien, *Brockmeyer* in: *Klein, §* 88/9.

[307] Zum zivilprozessualen Einfluß auf das Steuerverfahren, *Weber-Grellet*, StuW 1981, 50.

[308] *BFH,* HFR 1964, 167; dem folgend auch des Große Senat des *BFH,* BFHE 127, 140; sowie BStBl. II 1998, 466.

[309] Zusammenfassend dazu *Weber-Grellet*, StuW 1981, 50.

[310] *BFH,* BStBl. 1985 II, 354 ff.; 1991 II, 45 ff; 1991 II, 673 ff.

[311] Über § 96 I 1 FGO gilt diese Norm auch im Finanzprozeß.

dann müßte daraus folgen, daß solche Tatsachen, die sich nicht zur vollen Überzeugung des Rechtsanwenders aufklären lassen, jeweils zum Vorteil des Steuerpflichtigen als bestehend angesehen werden müßten, soweit sie sich zu seinen Gunsten auswirken würden, bzw. umgekehrt als nicht existent, soweit sie ihm schaden würden. Wenn also beispielsweise die Höhe des Gewinns aus einem bestimmten Vorgang nicht nachgewiesen werden kann, müßte er als inexistent und damit als nicht steuerbar gelten. Jedoch darf die Steuerbehörde bei Beweisschwierigkeiten bezüglich der Gewinnhöhe zu einer Schätzung greifen:

Als Ersatz für eine unmögliche oder unzumutbare Sachverhaltsaufklärung, als „letzte Handhabe" in diesen Fällen, steht der Finanzbehörde nach der AO die Möglichkeit der Schätzung zur Seite.[313] Schätzungsbefugt ist das Finanzamt insbesondere dann, wenn, wie in § 162 II AO umschrieben, der Steuerpflichtige seinen Mitwirkungspflichten nicht ordnungsgemäß nachkommt und dadurch eine Sachverhaltsaufklärung unmöglich oder unzumutbar wird.[314]

Nach der Auffassung *Weber-Grellets*[315] ist es zwingend erforderlich, daß in diesen Schätzungsfällen eine schuldhafte Verletzung von Mitwirkungspflichten vorliegt, um eine Schätzungsbefugnis anzunehmen. Er hat Bedenken gegen eine Schätzung ohne nachweisbare Pflichtverletzung, denn es komme hier zu einer Verletzung des Gesetzmäßigkeitsprinzips, wenn ohne diesen Nachweis geschätzt würde. Der Eingriff in die Rechtssphäre des Bürgers beruhe dann auf unsicherer Tatsachengrundlage. Man könne dem Steuerpflichtigen die Schätzung nur zumuten, wenn er die Beweisnotlage selbst schuldhaft verursacht habe.

Eine solche verschuldete Beweisnot setzt jedoch die AO nicht voraus. Sie schreibt eine Schätzung in den Fällen, in denen sich eine Besteuerungsgrundlage nicht ermitteln läßt, gem. § 162 AO zwingend vor:

> *„(1) Soweit die Finanzbehörde die Besteuerungsgrundlagen nicht ermitteln oder berechnen kann, hat sie zu schätzen. Dabei hat sie alle Umstände zu berücksichtigen, die für die Schätzung von Bedeutung sind.*
>
> *(2) Zu schätzen ist insbesondere dann, wenn der Steuerpflichtige über seine Angaben keine ausreichende Aufklärung zu geben vermag oder weitere Auskünfte oder eine Versicherung an Eides statt verweigert oder seine Mitwirkungspflicht nach § 90 Abs. 2 verletzt. Das gleiche gilt, wenn der Steuerpflichtige Bücher oder Aufzeichnungen, die er nach den Steuergesetzen zu führen hat, nicht vorlegen kann oder wenn die Buchführung oder die Aufzeichnungen der Besteuerung nicht nach § 158 zugrunde gelegt werden."*

---

[313] *Grombert*, S. 21; dazu BT-Drs. 6/1982, S. 147:
*„Die Schätzung ist das äußerste Mittel der Finanzbehörde, um die Besteuerungsgrundlagen mit Hilfe von Wahrscheinlichkeitserwägungen - dem Grunde und der Höhe nach - möglichst zutreffend festzustellen."*

[314] *Jakob*, Rn. 221.

[315] In StuW 1981, 56.

Eine Schätzung kann auch in Fällen der Bewertung mit Zukunftsprognose durchgeführt werden.[316] Sie wird nach Ausschöpfung aller möglichen und zumutbaren Ermittlungshandlungen vorgenommen.[317] Streitig ist lediglich, was Gegenstand der Schätzung sein darf, ob nur die Höhe eines Steueranspruchs geschätzt werden darf[318] oder auch der Grundsachverhalt im Zweifelsfall zu schätzen ist.[319]

Die Schätzung ist damit eine Variante der freien Beweiswürdigung, bei der aus Indizien die Besteuerungsgrundlage so zusammengefügt wird, daß sie sich möglichst weitgehend den wahren Tatsachen nähert. Die Schätzung muß in sich schlüssig und wirtschaftlich vernünftig sein. Sie darf nicht willkürlich zu hoch angesetzt werden, um den Steuerpflichtigen zur Mitwirkung zu bewegen (sog. Strafschätzung).[320] Die Behörde muß substantiierten Behauptungen des Steuerpflichtigen die notwendige Aufmerksamkeit schenken und, soweit wie es möglich und zumutbar ist, auch bei einer Verweigerung der Mitwirkung alle Möglichkeiten der Sachverhaltsaufklärung ausschöpfen.[321] Der Finanzbehörde steht hier allerdings ein eine Reihe von Schätzungsvarianten zur Verfügung, die bis zur sog. Vollschätzung reichen können.[322]

Jedoch ist unabhängig von der konkreten Ausgestaltung der Schätzung festzuhalten, daß eine solche Art der Sachverhaltsermittlung einen Grundsatz *„der von vernünftigen Zweifeln"* freien Überzeugung des Hoheitsträgers „aus den Angeln hebt". Wenn die AO eine Schätzung von Besteuerungsgrundlagen vorschreibt, dann stellt sie damit indirekt fest, daß eine Belastung des Steuerpflichtigen auch dann stattfinden darf, wenn nicht zweifelsfrei feststeht, daß der Steuertatbestand erfüllt ist.

### f) Fazit

Damit bleibt hier festzuhalten, daß es theoretisch weder einen Grundsatz in *„dubio pro fisco"*[323] noch einen gegenteiligen Zweifelsgrundsatz zum Vorteil des Steuerpflichtigen gibt. Der Grundsatz, im Zweifelsfall zugunsten des Betroffenen zu entscheiden, der im Strafverfahren eine besonders hervorgehobene Rolle spielt, ist im Besteuerungsverfahren also grundsätzlich nicht anzuwenden.

---

316 Dazu *Grombert*, S. 21.

317 So *von Wedelstädt* in: *Kühn/v. Wedelstädt*, § 162/1; Seer in: *Tipke/Kruse* § 162/2.

318 So eine verbreitete Ansicht, etwa *Trazaskalik* in: *Hübschmann/Hepp/Spitaler*, § 162/14 f; *Weber-Grellet*, StuW 1981, 56.

319 *V. Wedelstädt* in: *Kühn/v. Wedelstädt*, § 162/2; eher unentschieden, *Seer* in: *Tipke/Kruse*, § 162/4.

320 Zur Nichtigkeit einer willkürlichen Schätzung, *Apitz*, StBp 2002, 108 f.

321 *Jakob*, Rn. 219 ff.

322 So *Joecks*, wistra 1990, 53.

323 *Ball* diskutierte diesen Grundsatz schon in JW 1921, 547 ff, in einem gleichnamigen Aufsatz, zum Streitstand in der älteren Literatur, s. *Weber-Grellet*, StuW 1981, 51.

Steuerrecht und Strafrecht folgen verschiedenen Beweisregeln und zum Teil unterschiedlichen Wahrscheinlichkeitsanforderungen.[324] Gerade bei Schätzungen durch das Finanzamt ist die Behörde nicht gehalten, die dem Steuerpflichtigen günstigste Ausgangslage anzunehmen.[325]

### 4. Die Pflicht zur Selbstbelastung im Steuerrecht

Die letzte im Strafverfahrensrecht entscheidende und hier zu untersuchende Maxime ist das Verbot, auf den Beschuldigten Zwang auszuüben, um ihn dazu zu bringen, sich selbst zu überführen oder an seiner Verurteilung mitzuwirken. Es fragt sich, ob im Steuerrecht eine Pflicht, zur eigenen steuerlichen Belastung beizutragen, gesetzlich vorgesehen ist.

#### a) Der Grundsatz nemo-tenetur im Besteuerungsverfahren

Die Zulässigkeit einer Pflicht zur Mitwirkung an der Festsetzung der eigenen Steuerbelastung soll Gegenstand der folgenden Untersuchung sein. Eine Konfliktsituation ergibt sich hier insofern, als der Betroffene verpflichtet wird, an einem auf ihn bezogenen Rechtseingriff durch die Steuerpflicht mitzuwirken.

Das Strafverfahrensrecht verbietet eine Verpflichtung zur Mitwirkung an der Ermittlung der eigenen Straftaten. Man könnte annehmen, Entsprechendes gelte auch für das Besteuerungsverfahren, wenn das Steuerrecht als „klassisches Eingriffsrecht" denselben Grundprinzipien folgt. Dann könnte ein so wichtiger strafrechtlicher Grundsatz wie das Verbot eines Zwangs zur Selbstbelastung auch im Steuerrecht wirken.

Jedoch ergibt sich schon aus Sinn und Zweck des Steuerrechts, und damit auch seines Verfahrens, etwas anderes. Das Steuerrecht ist grundsätzlich wertneutral, wie sich in § 40 AO zeigt. Es ist hier kein Unrechtsurteil über eine Person zu fällen, sondern es ist allein Aufgabe des Verfahrens, den betroffenen Steuerpflichtigen gleichmäßig an den Lasten der Allgemeinheit zu beteiligen, die durch Aufwendungen entstehen, die der Gemeinschaft als solcher – und damit auch ihm – wieder zugute kommen sollen.

Der Grundsatz des nemo-tenetur wird für den strafrechtlichen Bereich unter anderem aus der Menschenwürde hergeleitet und damit begründet, daß jedem das Recht zustehe, sich vor einem negativen Werturteil zu schützen, um keinen Schaden an seiner Persönlichkeit zu nehmen. Ohne eine drohende, die Persönlichkeit betreffende Verurteilung, entfällt jedoch dieses Schutzbedürfnis. Im Besteuerungsverfahren steht ein persönlicher Schuldvorwurf nicht im Raum. Es gilt eine gesetzlich vorgesehene Steuerschuld festzusetzen, die keinen Vorwurf beinhaltet. Es ist daher grundsätzlich kein Verstoß gegen die Menschenwürde

---

[324] *G. Klein*, S. 68.

[325] *Joecks*, wistra 1990, 53 m.Nw.

ersichtlich, wenn jemand gezwungen wird, zur richtigen Festsetzung seiner Steuerschuld beizutragen. Denn er wird in seiner Persönlichkeit weder verletzt, noch wird sie gar in Frage gestellt. Dies gilt auch hier natürlich nur solange, wie das Verfahren nicht zum Selbstzweck und der Steuerpflichtige damit zum bloßen Instrument solchen Selbstzwecks wird, denn dies verbietet Art. 1 I GG.

Daraus folgt, daß der Steuerpflichtige sich im Besteuerungsverfahren[326] bzgl. der Ermittlung des Steueranspruches nicht auf den nemo-tenetur-Grundsatz berufen kann, da ihm im eigentlichen Besteuerungsverfahren keine strafrechtlichen Maßnahmen drohen.[327] Die Mitwirkungspflichten der §§ 90 ff AO zwingen den Steuerpflichtigen also ohne Verstoß gegen das nemo-tenetur-Prinzip, über seine steuerlichen Verhältnisse umfassende Angaben zu machen.

Zwar stellt schon die Verpflichtung zur Mitwirkung im Besteuerungsverfahren einen Grundrechtseingriff dar, aber diese Einschränkungen sind nicht auf die Menschenwürde oder den Kern des Persönlichkeitsrechts bezogen, sondern bedeuten lediglich eine gesetzlich erlaubte Einschränkung anderer Grundrechte, (aus Art. 14 I, bzw. aus Art. 2 I ggfl. i.V.m. 1 I GG) und sind daher nicht unzulässig. Sie können über das Verhältnismäßigkeitsprinzip und die spezifischen Grundrechtsschranken eine Rechtfertigung finden.[328] Es ist daher zunächst folgendes zu konstatieren:

Aufgrund der fehlenden intensiven persönlichen Wirkung einer Festsetzung des Steueranspruches im Gegensatz zur Verhängung der Kriminalstrafe steht im Besteuerungsverfahren keine Verletzung der Grundrechte durch die „steuerliche Selbstbelastung“ im Raum. Ein absolutes Verbot des Selbstbelastungszwangs im reinen Steuerverfahren scheidet demnach aus.[329]

### b) Das Steuergeheimnis als Korrelat zur Mitwirkungspflicht des Steuerpflichtigen

Jedoch darf in diesem Zusammenhang nicht vernachlässigt werden, daß das Besteuerungsverfahren mittelbar auch Auswirkungen auf andere behördliche Verfahren haben kann, wenn es z.B. zu einem Datentransfer von der Finanzbehörde zu einem anderen Hoheitsträger, etwa der Staatsanwaltschaft kommt. Aus die-

---

326 Auf die Problematik der §§ 393 ff. AO und die Pflicht zur Aussage trotz der Gefahr der Steuerstrafverfolgung soll an anderer Stelle eingegangen werden. Dazu S.88 ff.

327 Dennoch hat der *BFH* in NJW 2001, 2118 f. ein steuerliches Verwertungsverbot für Tatsachen angenommen, die aus einer strafrechtlichen Telephonüberwachung erlangt wurden.

328 Zur Grundrechtseinschränkung durch Datenerhebung und Datenverwendung ausführlich, S. 281 ff.

329 *Besson*, S. 176 ff., geht zwar in diesem Zusammenhang von einem grundsätzlichen Verbot des Selbstbelastungszwanges auch im Verwaltungsverfahren aus, jedoch wird man schon diesen strafrechtlich besetzten Begriff im Steuerrecht besser vermeiden und sich an die allgemeine Terminologie des Grundrechtseingriffes halten müssen.

sem Grund soll das Steuergeheimnis, als „Gegenleistung“ der Finanzbehörden für die umfassende Information durch den Steuerpflichtigen, diese Problematik der Datenoffenbarung gegenüber Dritten einer rechtsstaatlichen Lösung zuführen, indem es die erhaltenen Informationen für andere Zwecke als die der Besteuerung grundsätzlich sperrt und eine Verletzung dieser Geheimhaltungspflicht mit Strafe bedroht.

**aa) Die grundsätzliche Wirkung des Steuergeheimnisses**

Diese Geheimhaltung ist wegen der Intensität der Sachverhaltsaufklärung im Besteuerungsverfahren erforderlich. Steuerpflichtige müssen im Besteuerungsverfahren oft sehr umfängliche Angaben zur eigenen Person machen. Insbesondere wenn sie in den Genuß einer Steuervergünstigung kommen wollen, die aufgrund des Leistungsfähigkeitsprinzips[330] geboten ist, sind auch solche Auskünfte gegenüber den Behörden zu erteilen, die den intimen Bereich betreffen, etwa wenn Angaben zu Krankheiten oder Behinderungen notwendig sind, um steuerliche Vergünstigungen i.S.d. §§ 33 ff. EStG zu erhalten.[331]

Vor diesem Hintergrund steht den umfassenden Aussagepflichten aus §§ 90 ff. AO als rechtsstaatlich notwendiges Sicherungsinstrument das Steuergeheimnis des § 30 AO gegenüber.[332] Dieses Instrument soll jeden Steuerpflichtigen grundsätzlich vor der Offenbarung seiner persönlichen, im Steuerverfahren der Behörde bekannt gewordenen, Verhältnisse gegenüber Dritten schützen[333] und darüber hinaus auch die Bereitschaft des einzelnen stärken, seine Angaben gegenüber der Steuerverwaltung umfassend und richtig zu erstatten.[334] Insofern schützt das Geheimnis nicht nur die Rechte des Einzelnen sondern auch die fiskalischen Interessen der Allgemeinheit.[335]

In den Schutzbereich des Steuergeheimnisses fallen nach § 30 II AO alle Daten des persönlichen und wirtschaftlichen Bereichs und deren steuerliche Behandlung; dies grundsätzlich unabhängig davon, ob der Betreffende Wert auf die Geheimhaltung legt oder nicht.[336] Darüber hinaus ist auch irrelevant, ob diese Daten anläßlich oder gelegentlich des Besteuerungsverfahrens bekannt wur-

---

330 Dazu BVerfGE 43, 108 (123).

331 Weitere Beispiele bei *Blesinger*, wistra 1991, 239.

332 BT-Drs. 7/4292, S. 18; *Ruegenberg*, S. 11; *Rüster*, S. 63, *Jakob*, Rn. 60; *Benda*, StbKongrRep spricht sogar vom Steuergeheimnis als *„conditio sine qua non für das heutige Steuersystem der Steuerveranlagung“;* zitiert nach *Tipke, Steuerrechtsordnung* I, S. 238; *Jakob*, Rn. 61 kritisiert jedoch, das Steuergeheimnis sorge für eine Möglichkeit der Steuerverwaltung sich in politisch heiklen Situation zu verstecken.

333 Ausnahmen gelten bei schweren Straftaten, dazu § 30 IV Nr.5 AO.

334 *OLG Köln*, NJW 1953, 1846; BVerfGE 67, 100 (143); ähnlich *Blesinger*, wistra 1991, 240.

335 Dazu BStBl I 1987, 664 (668).

336 Dazu *Bilsdorfer*, S. 102; *Drüen* in: *Tipke/Kruse*, § 30/6, 12.

den.[337] Das Steuergeheimnis erlaubt einen Transfer solcher Daten an Dritte nur aufgrund eines Gesetzes.[338] Dieses Gesetz muß insbesondere dem Anspruch der Verfassung an Wahrung der Grundrechte des Betroffenen unter Berücksichtigung der Verhältnismäßigkeit gerecht werden.

Der Steuerbeamte i.S.d. § 7 AO und die nach § 30 III AO gleichgestellten Personen sind folglich verpflichtet, die ihnen im Rahmen des Steuerverfahren bekannt gewordenen Verhältnisse des Steuerpflichtigen geheim zu halten.[339]

Das Steuergeheimnis dient dem Schutz des Rechtes auf informationelle Selbstbestimmung. Dieses Recht garantiert dem Einzelnen, individuell zu bestimmen, welche Daten er an die Öffentlichkeit oder bestimmte Personen gelangen lassen will und welche Daten geheim bleiben sollen.[340] Es wird als Teil des allgemeinen Persönlichkeitsrechts aus Art. 2 I i.V.m. Art. 1 I GG angesehen.[341] Diese informationelle Selbstbestimmung soll durch das Steuergeheimnis trotz Mitwirkungspflichten möglichst weitgehend gewahrt bleiben. Damit hat das Steuergeheimnis als sog. qualifiziertes Amtsgeheimnis[342], auch wenn man es nicht als Institut mit Verfassungsrang ansieht,[343] dennoch insofern eine verfassungsrechtliche Bedeutung, als es Grundrechte absichert.

Wenn die Finanzbehörde durch den Steuerpflichtigen von Verhältnissen erfährt, die relevant für andere hoheitliche Verfahren werden können, so ist sie also im Regelfall nicht befugt, Daten weiterzugeben, die ihr im Rahmen eines Veranlagungsvorganges von dem Steuerpflichtigen offenbart wurden.[344]

Die steuerrechtliche Geheimhaltungspflicht ergibt sich als Korrelat der umfassenden Mitwirkungspflichten des Steuerpflichtigen aus dem Steuergeheimnis.[345] Denn der Bürger kann wegen des Grundsatzes der Verhältnismäßigkeit nur

---

[337] *Drüen* in: *Tipke/Kruse*, § 30/35, kritisch zu diesem sehr weiten Begriff der steuerlichen Verhältnisse: *Blesinger*, wistra 1991, 240 f.

[338] Dazu *Bilsdorfer*, S. 102; näher zu den Offenbarungsmöglichkeiten, vgl. S. 88 ff.

[339] § 30 II AO normiert die Fälle, in denen eine Verletzung des in § 355 StGB strafbewehrten Steuergeheimnisses vorliegt: Nach § 30 II Nr. 1 a) AO ist das Steuergeheimnis verletzt, wenn der Amtsträger „*Verhältnisse eines anderen, die ihm in einem Verwaltungsverfahren…in Steuersachen […] bekannt geworden sind […] unbefugt offenbart oder verwertet.*"

[340] BVerfGE 65, 1, 44.

[341] Zu diesem Grundrecht ausführlich, S. 289 ff.

[342] Mit Nachweisen zu und Kritik an diesem Begriff, *Tipke*, Steuerrechtsordnung I, S. 208.

[343] So die h.M.; Nachweise bei *Tipke*, Steuerrechtsordnung I, S. 211; ebenso das *BVerfG*, das in BVerfGE 67, 100 (142). feststellte, daß das Recht auf Wahrung des Steuergeheimnisses „*als solches kein Grundrecht*" ist.

[344] Im umgekehrten Fall, also wenn etwa Gericht oder Behörden Verdachtsmomente über nicht angegebene Besteuerungsgrundlagen erhalten, so sind sie nach § 116 AO grundsätzlich zur Weitergaben an die Finanzbehörde verpflichtet. Dazu *Kummer* in: *Wabnitz/Janovski*, 18/144.

[345] *Bilsdorfer*, S. 102.

dann zur Angabe wirklich aller Daten verpflichtet werden, wenn er sicher ist, daß diese nicht unbegrenzt weitergegeben werden dürfen. Er muß sich grundsätzlich auf die Verschwiegenheit der Finanzbehörden verlassen können.[346]

**bb) Mitwirkungspflicht in einer strafrechtlichen Konfliktsituation**

Diese Offenbarungsverpflichtung kann insbesondere bei Fallkonstellationen mit strafrechtlichem Bezug relevant werden. Bekanntlich muß auch derjenige, der gewerbsmäßig im illegalem Waffen- oder Betäubungsmittelhandel tätig ist, Umsatzsteuern abführen und hat die Gewinne auch in seiner Steuererklärung als Einkünfte anzugeben[347]; denn das Steuerrecht ist wertneutral (§ 40 AO).

In solchen Fällen könnte sich jedoch durch die umfassenden Mitwirkungspflichten des Steuerpflichtigen eine verfassungswidrige, weil die Menschenwürde verletzende, Konfliktsituation für den Steuerpflichtigen ergeben: Wenn nämlich die Offenbarungspflicht fortbesteht und der Verpflichtete durch Verwaltungszwang genötigt werden kann, Daten zum Zwecke der Besteuerung herauszugeben, die dann in einem Strafverfahren gegen ihn verwandt werden können.

Meldete die Finanzbehörden also einen strafrechtlichen Verdacht an die entsprechenden Verfolgungsorgane weiter, so würde der Steuerpflichtige gezwungen, sich selbst zu belasten und der Strafverfolgung seiner Person mitzuwirken. Hier könnte sich das Risiko ergeben, durch die umfassende steuerliche Mitwirkungspflicht strafrechtliche Verfahrensmaximen – hier den nemo-tenetur-Grundsatz – auszuhebeln. Nach der Rechtsprechung des Europäischen Gerichtshofs für Menschenrechte darf jedoch eine außerstrafrechtliche Handlungspflicht nicht genutzt werden, um den Grundsatz des nemo tenetur zu umgehen.[348]

Es ist demnach zu erörtern, ob der Steuerpflichtige Angaben über seine steuerlichen Verhältnisse machen muß, wenn diese steuerlichen Verhältnisse den Tatbestand eines Strafgesetzes erfüllen, er die Einkünfte also durch strafbare Handlungen oder im Zusammenhang mit solchen erlangt hat und damit vor der Steuerbehörde selbst Straftaten offenlegen muß. Die Antwort auf diese Frage ist im Gesetz explizit nicht normiert. Einen Hinweis auf jene Pflicht gibt § 30 IV Nr. 4b[349], denn dort heißt es:

*„(4) Die Offenbarung der nach Abs.2 erlangten Kenntnisse ist zulässig, soweit [...]4. sie der Durchführung eines Strafverfahrens wegen einer Tat dient, die kei-*

---

[346] So schon, *E. Becker*, ReichsAO, § 10 Anm. 2 (zitiert nach *Tipke, Steuerrechtsordnung* I, S. 236)

[347] Mit diesem Beispiel auch *Kruse* in: *Tipke/Kruse,* § 40/3, anders für die Umsatzsteuer genau in diesem Fall, *EuGH*, UR 1989, 18.

[348] *EGMR*, NJW 2002, 499 (501).

[349] Zur Durchbrechung des Steuergeheimnisses vgl. S. 89 ff.

*ne Steuerstraftat ist, und die Kenntnisse [...] b) ohne Bestehen einer steuerlichen Verpflichtung [...] erlangt worden sind."*

Daraus folgt, daß grundsätzlich eine Mitwirkungsverpflichtung auch bezüglich der Verhältnisse besteht, die eine (Nicht)Steuerstraftat betreffen, denn ansonsten wäre diese Regelung nicht notwendig.

Das zweite Indiz ist die Ausnahmeregelung der Nr. 4, 5 des § 30 AO als solche. Denn wenn das Steuergeheimnis als Gegenleistung der Finanzverwaltung für die Mitwirkung gedacht ist, dann kann ein *do-ut-des* Verhältnis nur dann entstehen, wenn auch der Steuerpflichtige zur Mitwirkung verpflichtet ist. Eine alleinige Verpflichtung der Finanzbehörde zur Geheimhaltung der Daten – über den üblichen Grundrechtsschutz hinaus – ergäbe hier keinen Sinn, wenn es sich nicht um ein Art Synallagma handelte. Darüber hinaus ergibt der Umkehrschluß aus § 103 AO, der nur den Nichtbeteiligten ein Auskunftsverweigerungsrecht bei Gefahr der Verfolgung wegen einer Straftat oder einer Ordnungswidrigkeit einräumt, daß den am Steuerverfahren unmittelbar Beteiligten kein solches Recht zustehen soll.[350]

Somit ist der Steuerpflichtige grundsätzlich zur umfänglichen Auskunftserteilung verpflichtet, die auch strafrechtlich relevante Daten umfaßt.[351] Das *BVerfG* hat den Umfang dieser Auskunftspflicht als sachlich gerechtfertigt bezeichnet und verfassungsrechtlich bestätigt.[352]

## C. Gemeinsamkeiten und Unterschiede zwischen Steuer- und Strafverfahren

Damit bleibt letztlich festzuhalten, daß die Grundrechte im Rahmen des Steuerrechts und des Steuerverfahrens volle Geltung besitzen. Aus der Menschenwürde ergibt sich für das Besteuerungsverfahren, ebenso wie im Strafverfahren für den Beschuldigten, die notwendige Subjektstellung des Steuerpflichtigen und sein Anspruch auf rechtliches Gehör. Letzteres Recht ist auch in Art. 103 I GG für jedes gerichtliche Verfahren ausdrücklich normiert. Im Verwaltungsverfahren mag der Anspruch auf Gehör zwar von Ausnahmeregelungen und Heilungsmöglichkeiten „durchlöchert" sein, wird jedoch grundsätzlich gewährleistet.

Wie das Strafverfahren verläuft auch das Besteuerungsverfahren damit nach den Grundprinzipien, die das Strafverfahren beherrschen: Grundrechtsgeltung, Rechtsstaatsprinzip, Legalitätsprinzip, Offizialprinzip und Untersuchungs-

---

[350] *Blesinger*, wistra 1991, 239 ff.

[351] So i.E. *Drüen* in: *Tipke/Kruse*, § 30/8; *Kruse*, S. 344; *Wittmann*, StuW 1987, 36 ff., 41; *Blesinger*, wistra 1991, 239 ff.; dies verkennt die Gesetzesbegründung; BT-Drs. 7/4292, S. 18, denn dort heißt es: *„Im Steuerstraf- und Bußgeldverfahren gelten die Offenbarungs- und Mitwirkungspflichten nicht."*.

[352] *BVerfG*, wistra 1988, 302 f.

grundsatz, wobei letzterer jedoch durch die Mitwirkungsverpflichtungen des Steuerpflichtigen stark eingeschränkt ist und die verschiedenen Zwecksetzungen auch im Bereich der Grundrechte verschieden starke Eingriffe erlauben.

Unterschiede ergeben sich naturgemäß aus der Zielrichtung der Verfahrensrechte und der von ihnen durchzusetzenden materiellen Rechtsnormen.

Im Steuerrecht gilt wegen der geringeren Eingriffsintensität zumindest nach der Rechtsprechung der Fachgerichte weder ein strenges Analogieverbot noch ein striktes Rückwirkungsverbot. Gewohnheitsrecht ist im Steuerrecht eine Rechtsquelle, die sich für den Steuerpflichtigen auch negativ auswirken kann. Die Geltung des Bestimmtheitsgebots ergibt sich auch für das Steuerrecht aus der Wesentlichkeitsrechtsprechung des *BVerfGs*.[353] Ein Schuldprinzip existiert im Steuerrecht naturgemäß nicht.

Ein Verbot der Verpflichtung zur Selbstbelastung durch Mitwirkungspflichten bei der Ermittlung steuerbegründender Tatsachen gibt es im Steuerrecht nicht. Da im Besteuerungsverfahren kein Unrechtsurteil über den Steuerpflichtigen gefällt werden soll, kann ihm im Rahmen der Grundrechte – insbesondere mit Rücksicht auf seine Privatsphäre – ein Zwang zugemutet werden, solche Angaben zu machen, die eine höhere Steuerfestsetzung bewirken. Auf Basis des Steuergeheimnisses kann ihm ebenso zugemutet werden, solche Angaben zu machen, die Anhaltspunkte für einen strafrechtlichen Verdacht gegen ihn selbst begründen können. Jedoch gilt dies uneingeschränkt nur solange, wie gesichert ist, daß diese Daten nicht in einem Strafverfahren gegen den Steuerpflichtigen verwertet werden.

Damit stellen sich Strafverfahren und Besteuerungsverfahren zwar als Verfahren dar, die auf der gleichen Basis, dem staatlichen Eingriff, ruhen und daher auch den gleichen Grundprinzipien folgen. Aber durch den jeweiligen Verfahrenszweck ergeben sich doch gravierende Unterschiede, vor allem auf dem Gebiet der Eingriffsbefugnisse und der Verpflichtung zur Selbstbelastung bzw. des Verbots einer solchen Verpflichtung, daß sich im Schnittpunkt zwischen den Verfahren, d.h. im Steuerstrafverfahren, schwierige Kollisionsprobleme erwarten lassen.

---

[353] Dazu etwa BVerfGE 8, 274 (325); 20, 150 (157 ff.); 21, 73 (79 f.); 34 165 (192 f.); 41, 251 (262 f.); 45, 393 (399); 49, 89 (145); 52, 1 (41); 62, 169 (182 f.); 83, 130 (152); weiterhin *Pieroth/Schlink*, Rn. 266; *Hesse*, Rn. 509.

## Kapitel 2

## Folgen des Widerspruchs zwischen Grundsätzen des Straf- und des Steuerverfahrens

### § 1 Auswirkungen eines Strafverfahrens auf das Besteuerungsverfahren

Die Einleitung eines Strafverfahrens kann auf die Durchführung des Besteuerungsverfahrens, sowohl praktisch als auch rechtlich, erhebliche Auswirkungen haben. Das Strafverfahren gegen einen Steuerpflichtigen beeinflußt nämlich nicht nur die Rechte der Verfahrensbeteiligten, also des Steuerpflichtigen und der Finanzbehörden, sondern es ergeben sich auch Veränderungen im praktischen Umgang miteinander.

#### A. Einleitung des Strafverfahrens

Mit der Einleitung eines staatsanwaltschaftlichen Ermittlungsverfahrens beginnt das Strafverfahren. Im strafrechtlichen Ermittlungsverfahren erforscht die Staatsanwaltschaft, inwieweit sich aus einem Sachverhalt, von dem sie in irgendeiner Weise Kenntnis erhalten hat und der zureichende Verdachtsmomente für die Annahme einer Straftat enthält, ein hinreichender Tatverdacht[354] ergibt, der zur Erhebung der Klage führen kann. Die Aufgabe der Staatsanwaltschaft im Vorverfahren ist also die Überprüfung eines verdächtigen Geschehensablaufs.

Die Einleitung des Strafverfahrens gegen eine Person bringt in erster Linie für den Betroffenen die rechtliche Stellung des Beschuldigten i.S.d. § 157 StPO mit sich. Er kann – im Gegensatz zum Zeugen – die Mitwirkung an der Strafverfolgung verweigern und darf nicht zur Aussage zur Sache gezwungen werden. Darüber hinaus ergibt sich aus der Einleitung eines Strafverfahrens eine, in der Praxis nicht zu unterschätzende, soziale und psychologische Drucksituation, die dem Betroffenen schaden kann.

Daher dürfen einerseits keine zu hohen Anforderungen an die Annahme einer Verfahrenseinleitung gestellt werden, um dem Betroffenen nicht den Beschuldigtenstatus und die damit verbundenen Rechte aus § 136 StPO und im Bereich des Steuerstrafrechts vor allem aus §§ 397, 393 AO vorzuenthalten. Andererseits darf ein strafrechtliches Ermittlungsverfahren aber auch nicht ohne genügenden Anfangsverdacht eingeleitet angesehen werden, da es für den Betroffenen zu den genannten Belastungen führen kann. Dies gilt auch, wenn aus der

[354] Zu diesem Begriff etwa *BGH*, NJW 1989, 96 (97).

Verfahrenseinleitung – wie *Jäger*[355] meint – persönliche Folgen nur bei Bekanntgabe der Ermittlungen entstehen.

Für die Durchführung des Strafverfahrens und mittelbar auch für die des Besteuerungsverfahrens, ist es also von entscheidender Bedeutung, zu welchem Zeitpunkt das Strafverfahren eingeleitet wurde. Davon hängen die Rechte und Pflichten der Beteiligten maßgeblich ab. Aus diesem Grund ist es wichtig, den exakten Zeitpunkt der Einleitung des Strafverfahrens zu bestimmen. Allerdings ist die Frage, wann und wie ein solches Ermittlungsverfahren eingeleitet wird, gesetzlich nur fragmentarisch geregelt und daher in Rechtsprechung und Wissenschaft nicht endgültig geklärt.

## I. Allgemeine Regelung der StPO für Strafverfahren ohne steuerlichen Bezug

Erste Anhaltspunkte bezüglich der Einleitung eines strafrechtlichen Ermittlungsverfahrens ergeben sich aus den Verfahrensprinzipien. Das Gesetz nimmt aber nur zu der Frage der Pflicht zur Einleitung Stellung, nicht jedoch zum Zeitpunkt des Verfahrensbeginns.

### 1. Legalitätsprinzips (Verfolgungspflicht)[356]

Aus dem Offizialprinzip ergibt sich als Korrelat die Pflicht der staatlichen Strafverfolgungsorgane, ein Ermittlungsverfahren gegen jeden einzuleiten, von dem Handlungen bekannt werden, die zureichende Anhaltspunkte für die Begehung einer Straftat bieten.

Die gesetzliche Bestimmung, wann ein Strafverfahren einzuleiten ist, ist in den §§ 160 I i.V.m. 152 II StPO festgehalten. § 160 I StPO normiert die Pflicht zur Erforschung des Sachverhalts. § 152 II StPO bemüht sich um Konkretisierung der Voraussetzungen, die § 160 StPO I nennt. § 152 II StPO formuliert bezüglich der Staatsanwaltschaft:

> *„Sie ist, soweit nicht gesetzlich ein anderes bestimmt ist, verpflichtet, wegen aller verfolgbaren Straftaten einzuschreiten, sofern zureichende tatsächliche Anhaltspunkte vorliegen."*

Eine Verfolgungspflicht[357] resultiert unmittelbar aus dem Wortlaut des § 152 II StPO. Hier wird ein Verfolgungszwang bei Vorliegen zureichender Verdachtsmomente (sog. Anfangsverdacht) normiert.[358] Auf der anderen Seite ergibt sich mittels Umkehrschluß, in Verbindung mit dem Prinzip des Vorbehalts des Gesetzes, eine Pflicht, die Strafverfolgung zu unterlassen, soweit sich Verdachts-

---

[355] In: *Franzen/Gast/Joecks*, § 397/6.

[356] Zum Grundsatz der Verhältnismäßigkeit auch bei dieser Verfolgungspflicht, *Schoreit* in: KK-StPO, § 152/18.

[357] Zur Pflicht zur Einleitung des Ermittlungsverfahrens: *BVerfG*, NStZ 1982, 430

[358] St. Rspr.: etwa BGHSt 15, 155 (158); *BGH*, StV 1988, 442; *OLG Hamm*, StV 1993, 4 (5).

momente als nicht hinreichend erweisen. Diese Unterlassungspflicht verdeutlicht der Verbrechenstatbestand des § 344 StGB eindringlich, indem er die *„Verfolgung Unschuldiger"* mit Strafe bedroht.

Die genannten Regelungen tragen dem Legalitätsprinzip als Teil des Rechtsstaatsprinzips Rechnung. Die Grundregeln einer rechtsstaatlichen Rechtsordnung geben die Notwendigkeit der Untersuchung und Verfolgung aller potentiellen Straftaten vor, die den Verfolgungsorganen zur Kenntnis gelangen, unabhängig von Rang und Namen des Täters und des Opfers.[359] Nur wenn jeder Bürger sicher sein kann, daß sowohl gegen ihn als auch von ihm begangene Straftaten verfolgt werden und keine potentiell strafbare Handlung außer acht gelassen wird, kann die Strafverfolgung ihrem Zweck der Herstellung und Bewahrung des Rechtsfriedens dienlich sein. Die Pflicht, unverzüglich und streng gesetzesorientiert tätig zu werden, läßt sich demnach aus der Notwendigkeit einer funktionstüchtigen Strafrechtspflege für den Rechtsfrieden und für die Sicherheit des Einzelnen herleiten.

Das Legalitätsprinzip ist also notwendige Voraussetzung, um den Zweck der Strafe[360] überhaupt erreichen zu können. Die Pflicht zur Strafverfolgung ist daher eine *„Aktualisierung des Willkürverbots als eines allgemeinen Rechtsgrundsatzes des Grundgesetzes"*.[361]

## 2. Auslegung der gesetzlichen Regelung (§§ 152 II, 160 StPO)

Probleme ergeben sich jedoch aus der Formulierung des Gesetzes, es müßten „zureichende" Anhaltspunkte für die Begehung einer Straftat vorliegen. Dieser Begriff der zureichenden Anhaltspunkte ist wegen seiner Unbestimmtheit problematisch. Es erscheint nahezu unmöglich, diesen tautologischen Rechtsbegriff so zu definieren, daß sich für den Rechtsanwender brauchbare Kriterien ergeben, aufgrund deren Vorliegens ein Strafverfahren einzuleiten ist. Den Sinn des § 152 II StPO könnte man wie folgt zusammenfassen:

> *„Die Strafverfolgung hat zu beginnen, wenn die Voraussetzungen der Strafverfolgung vorliegen."*

Daher werden auch in Rechtsprechung und Literatur unterschiedliche Anforderungen an das Vorliegen eines Anfangsverdachtes gestellt. Einheitlich wird lediglich angenommen, daß sich der Begriff der Anhaltspunkte nur auf den **tatsächlichen** Bereich bezieht. Es müssen zureichende tatsächliche Verdachtsmerkmale vorliegen. Für den rechtlichen Aspekt gilt es, eine vollständige Schlüssigkeitsprüfung durchzuführen.[362] In der Praxis bedeutet das: Der Sach-

---

[359] *Schoreit* in: KK-StPO § 152/14.
[360] Dazu S. 9 ff.
[361] So *BVerfG*, NStZ 1982, 430.
[362] So *Roxin*, Strafverfahrensrecht, § 37/14.

verhalt darf unklar sein, rechtlich muß die Staatsanwaltschaft aber jeden Aspekt überprüft haben.

### a) Beurteilungsspielräume und Legalitätsprinzip

Durch den diffusen Wortlaut des § 152 II StPO entstehen natürlich Beurteilungsspielräume für die Strafverfolgungsbehörden und dadurch Differenzen zwischen der Art der Dienstausübung verschiedener Beamter.[363] Spielräume eröffnen sich sowohl auf der zeitlichen als auch auf der grundsätzlichen Ebene. Damit können in sehr ähnlichen Fällen die Entscheidungen der jeweiligen Amtsträger, ein Strafverfahren einzuleiten oder dies zu unterlassen, ebenso stark differieren wie der Zeitpunkt des Entschlusses ein Strafverfahren in Gang zu bringen. Solche Spielräume läßt das Legalitätsprinzip aber zu, denn eine strenge Festlegung auf einen immer gleichen Zeitpunkt in jedem Fall wäre unrealistisch und trüge den oft sehr unterschiedlichen Fallgestaltungen nicht ausreichend Rechnung.

Dennoch ist es notwendig, zunächst den Begriff *„zureichend"*, den das Gesetz verwendet, durch den systematischen Zusammenhang und anerkannte Definitionen in anderen Bereichen weitgehend einzuengen, um die Abweichungen in Verfahrensentscheidungen soweit wie möglich zu reduzieren und so größtmögliche Rechtssicherheit zu gewährleisten.

### b) Das Tatbestandsmerkmal *„zureichend"* als unbestimmter Rechtsbegriff

Die StPO verwendet den Begriff *„Verdacht"* nicht nur in § 152 II, sondern auch, in einengend abgewandelter Form, in weiteren Regelungen. Aus dem Vergleich mit diesen anderen Normen, die eine bestimmte Verdachtsform als Bedingung fordern, können sich Rückschlüsse auf die Kriterien des strafverfahrensrechtlichen Anfangsverdachts ergeben.[364]

Die §§ 81 II, 112, 138a I StPO verwenden den Begriff „dringend verdächtig". Ein dringender Tatverdacht erfordert schon sprachlich mehr als der schlicht *„zureichende"* Tatverdacht des § 152 StPO. § 112 I StPO muß also einen höheren Verdachtsgrad als den Anfangsverdacht fordern, der der Einleitung eines Strafverfahrens zugrunde liegen muß.[365] Ein *„dringender"* Tatverdacht erfordert nach allgemeiner Meinung[366], daß nach dem bisherigen Ermittlungsergebnis in seiner Gesamtheit eine große Wahrscheinlichkeit dafür besteht, daß der Beschuldigte an einer strafbaren Handlung beteiligt war. Der Richter hat hier

---

[363] *Hellmann*, Strafprozeßrecht, Rn. 61 m.Nw. zur diesbezüglichen Rechtsprechung des *BVerfG*.

[364] Dazu *Pfeiffer*, § 152, Rn. 3.

[365] *Meyer-Goßner*, § 112/6.

[366] Nachweise bei *Boujong* in: KK-StPO § 112/3.

aufgrund der ihm vorliegenden Tatsachenbasis zu beurteilen, ob der Betroffene mit großer Wahrscheinlichkeit die Tat in der fraglichen Weise begangen hat.

Eine weitere Verdachtsform findet sich in den §§ 203, 408 II StPO. Es ist etwa für Eröffnung der Hauptverhandlung (§ 203 StPO) notwendig, daß ein *„hinreichender"*[367] Verdacht hinsichtlich der Verwirklichung der angeklagten Straftat besteht. Ein solcher *„hinreichender Tatverdacht"* ergibt sich dann, wenn nach Maßgabe des Akteninhalts die vorläufige Tatbewertung ergibt, daß eine Verurteilung des Beschuldigten wahrscheinlich ist.[368] Diese Wahrscheinlichkeit muß, auch wenn kein dringender Tatverdacht erforderlich ist, so groß sein, daß es einer Entscheidung durch das erkennende Gericht bedarf, um nachzuprüfen, ob noch bestehende Zweifel berechtigt sind.

Beide Verdachtsstufen gehen in ihrer Intensität über die Stufe der *„zureichenden Anhaltspunkte"* in § 152 II StPO hinaus und erfordern ihrerseits schon ein eingeleitetes Strafverfahren. Denn ohne ein Ermittlungsverfahren würde es weder zu einer Anklage noch zu einem Antrag auf Haftbefehl kommen können. Der Anfangsverdacht verlangt also weniger als eine große Wahrscheinlichkeit einer Tatbeteiligung oder Verurteilungswahrscheinlichkeit. Einigkeit besteht aber dahingehend, daß zum Anfangsverdacht mehr gehört als eine bloße Vermutung oder eine kriminalistische Hypothese, es könne eine Straftat begangen worden sein.

Trotz dieser Einschränkung ist auch hiermit die Grenze zwischen Verdacht und Vermutung nicht viel deutlicher bestimmt. Nach Ansicht des *BGH*[369] steht Polizei und StA ein gewisser Beurteilungs-, nicht aber Ermessensspielraum[370], bezüglich des Tatverdachts zu. Dem Staatsanwalt ist

> *„bei der Entscheidung über die Einleitung eines Ermittlungsverfahrens ein Spielraum der Würdigung und eine gewisse Freiheit bei der Bildung seiner Auffassung zu gewähren."*[371]

Dieser Spielraum ist erst überschritten, wenn die rechtliche und tatsächliche Würdigung, die dem Verdacht zugrunde liegt, unvertretbar ist.[372] Nach der Rechtsprechung des *BVerfG* genügen aber schon entfernte Verdachtsgründe, die es nach kriminalistischer Erfahrung als möglich erscheinen lassen, daß eine verfolgbare Straftat vorliegt, um einen Anfangsverdacht zu begründen.[373]

---

[367] Hier bestehen trotz der Ähnlichkeit mit dem Begriff *„zureichend"* relativ wenige Meinungsverschiedenheiten über die Auslegung des Begriffs.
[368] *Tolksdorf* in: KK-StPO § 203/5.
[369] *BGH*, NJW 1970, 1543.
[370] *BGH*, NJW 1989, 96 (97).
[371] *BGH*, NStZ 1988, 510 (511).
[372] So *BGH*, NJW 1989, 96.
[373] *BVerfG*, NJW 1994, 784, dazu aus der st. Rspr. des *BGH*, NJW 1989, 96 (97).

Daher wird man wohl das Überschreiten der Verdachtsschwelle annehmen müssen, wenn eine gewisse Wahrscheinlichkeit für die Annahme einer Strafbarkeit spricht, auch wenn diese Wahrscheinlichkeit die Zweifel noch nicht überwiegt. Einen Anfangsverdacht darf und muß der berufene Amtsträger demnach annehmen, wenn ihm Tatsachen bekannt werden, nach deren Würdigung die Möglichkeit einer Straftat nicht von der Hand zu weisen ist.[374] Es gilt hier also eine Art „Möglichkeitstheorie".

### c) Zeitpunkt der Verfahrenseinleitung

Mag damit auch der Aspekt der Pflicht zur Einleitung eines Ermittlungsverfahrens klarer geworden sein, so gilt es nun, den im gegebenen Zusammenhang wichtigeren zeitlichen Gesichtspunkt zu berücksichtigen. Die Staatsanwaltschaft hat die Pflicht, unverzüglich einzuschreiten, es sei denn, das Verhältnismäßigkeitsprinzip gebietet etwas anderes.[375] Unmittelbar aus der StPO ergibt sich aber damit nur die grundsätzliche Pflicht der Staatsanwaltschaft, tätig zu werden. Sie schreibt vor, daß ein Verfahren einzuleiten ist. Über die Kriterien, zu welchem Zeitpunkt es als eingeleitet anzusehen ist, schweigt sich die gesetzliche Bestimmung jedoch aus. Es wird durch Gesetz also nur bestimmt, wann **einzuleiten** ist, nicht aber wann **eingeleitet** ist. Damit bleibt also bisher die Frage unbeantwortet, mit welcher Handlung oder durch welchen Umstand das Ermittlungsverfahren eingeleitet wird.

Fest steht, daß die Einleitung eines Strafverfahrens durch eine besondere förmliche Amtshandlung, etwa einen besonderen Akteneintrag, in der StPO nicht vorgesehen ist. Denn nach der ständigen Rechtsprechung des *BGH* begründet auch die Vernehmung eines Zeugen, die aber der Sache nach eine Beschuldigtenvernehmung darstellt, die Beschuldigtenstellung.[376] Damit ist auch das Strafverfahren gegen diese Person als eingeleitet anzusehen. Gleiches gilt, wenn Polizei oder Staatsanwaltschaft sich bei der Anordnung einer Zwangsmaßnahme auf eine Norm stützen, die ein Vorgehen nur gegenüber einem Beschuldigten erlaubt.[377] Ein förmlicher Einleitungsakt ist daher nicht Bedingung des strafrechtlichen Ermittlungsverfahrens.

Aus dem Gesetz läßt sich zur Frage der Einleitung eines Strafverfahrens über den Aspekt der Verfolgungspflicht hinaus nur wenig ableiten. Die StPO trennt jedoch zwischen einer wegen einer Straftat nur verdächtigen Person (§ 163b StPO) und einem Beschuldigten (§ 163a StPO). Das läßt den Schluß zu, daß der bloße Verdacht als solcher noch keine Beschuldigteneigenschaft ausmacht.[378]

---

[374] So auch *BGH*, NJW 1989, 96 (97).
[375] So *Schoreit* in: KK-StPO § 152/38.
[376] *BGH*, NJW 1997, 1591 f., m.w.Nw.
[377] Dazu *Rogall*, Der Beschuldigte, S. 25.
[378] So aber *Bärlein/Pananis/Rehmsmeier*, NJW 2002, 1830.

Mit dem rein „inneren" Entschluß des zuständigen Beamten, in einem bestimmten Sachverhalt zureichende Verdachtsgründe bezüglich der Begehung einer Straftat zu erkennen, ist das Vorverfahren folglich noch nicht eingeleitet. Dafür spricht auch, daß der Gesetzgeber keine Pflicht zur Einleitung des Verfahrens hätte normieren müssen, wenn die Verfahrenseinleitung mit dem Entstehen des Verdachts „automatisch" vorläge. Diese Hinweise sind jedoch leider die einzigen Anhaltspunkte, die die StPO gibt. Der Verdacht kann also jedenfalls nicht allein entscheidend sein.[379] Es muß ein weiteres Element hinzukommen, das für das Einsetzen des strafrechtlichen Ermittlungsverfahrens relevant ist.[380]

### aa) Behördlicher Willensakt

Die h.M. fordert für die Begründung der Beschuldigteneigenschaft einen Willensakt der zuständigen Strafverfolgungsbehörde. Sie müsse kenntlich machen, daß ein Strafverfahren gegen jemanden als möglicherweise strafrechtlich verantwortliche Person betrieben wird.[381]

Der *BGH* will die Frage der Beschuldigteneigenschaft nach der subjektiven Auffassung der Strafverfolgungsbehörde entscheiden. Es komme hier nicht auf die Stärke des Tatverdachts allein an, sondern die Einleitung des Ermittlungsverfahrens werde „durch einen Willensakt der zuständigen Strafverfolgungsbehörde begründet".[382] Es ist also nach dieser Auffassung notwendig, daß die Strafverfolgungsbehörden bewußt und zielgerichtet ein Strafverfahren betreiben. Es ist also eine bewußte Ausrichtung des Ermittlungsverfahrens auf eine bestimmte Person notwendig, um deren Beschuldigteneigenschaft zu begründen.[383] Unter dieser Voraussetzung ist die Beschuldigteneigenschaft das Ergebnis eines Zuschreibungsprozesses.

Problematisch ist dieser Ansatz insofern, als es danach maßgeblich von dem Verständnis der Verfolgungsbehörde abhängt, ob eine Person schon Beschuldigter ist und deswegen über das ihr zustehende besondere Schweigerecht belehrt werden (§ 136 StPO) muß, oder ob sie noch als verdächtiger Zeuge ohne originäres Schweigerecht vernommen werden darf.[384] Es besteht die Gefahr, daß dem Beschuldigten Rechtseinbußen widerfahren, indem er als Zeuge vernom-

---

[379] *Hanack* in: *Löwe-Rosenberg*, § 136/4.

[380] Zum Inkulptionsakt, als notwendiges Element, Schlüchter, Rn. 85. Kühne, Rn. 1, schreibt *„Mit dem Entstehen eines Verdachts bei Polizei oder Staatsanwaltschaft, daß eine Straftat begangen sei, beginnt das Ermittlungsverfahren."* Dieser Satz ist insofern mißverständlich, als er den Eindruck erweckt werden könnte, es sei nur der rein subjektive Verdacht entscheidend.

[381] *Krey*, Strafverfahrensrecht I, Rn. 761

[382] So BGHSt 34, 138 (140) m.w.Nw.; *BGH*, NJW 1997, 1591.

[383] so auch *Krey*, Strafverfahrensrecht I, Rn. 758.

[384] Dem Zeugen steht lediglich bei Gefahr eigener Strafverfolgung oder der naher Angehöriger ein Auskunftsverweigerungsrecht nach § 55 StPO zu.

men wird und ihm die Beschuldigtenrechte so vorenthalten werden. Die Strafverfolgungsbehörde könnte so den Betroffenen zur Aussage zwingen und den nemo-tenetur-Grundsatz umgehen.

Gegen diese Bedenken wendet der *BGH* zwar ein, die Strafverfolgungsbehörde als Herrin des Vorverfahrens bestimme in Ausübung pflichtgemäßen Ermessens über die Einleitung des Strafverfahrens und die Stellung des Betroffenen als Beschuldigter. Aufgrund dieser Entscheidungsgewalt könne die Strafverfolgungsbehörde jedoch einem Beschuldigten durch seine Vernehmung als Zeugen nicht die Beschuldigtenrechte verwehren. Es sei jedoch nicht zu befürchten, daß durch ein bewußtes Vorenthalten des Beschuldigtenstatus ein Aussagezwang erzeugt werde, da „ein solcher Mißbrauch des Ermessens" vermöchte dem Beschuldigten nicht die „Eigenschaft eines Zeugen zu verleihen".[385] In solchen Fällen der mißbräuchlichen Zeugenvernehmung greife nämlich ein Verwertungsverbot. Der *BGH* will demnach seine subjektive Lehre von der Einleitung des Strafverfahrens nur in solchen Fällen der Willkür d.h. sachfremder Erwägungen, einschränken.

Diese modifizierte subjektive Zuschreibungslösung kann trotzdem nicht effektiv vor dem Vorenthalten der Beschuldigteneigenschaft schützen. In den angesprochenen Evidenzfällen müssen nämlich zwei offensichtliche Fehleinschätzungen bzw. Mißbräuche zusammentreffen. Die Strafverfolgungsbehörde muß offensichtlich den hinreichenden Verdacht einer Straftat mißachten und darüber hinaus offensichtlich mißbräuchlich die Beschuldigtenstellung aus sachfremden Erwägungen vorenthalten. Diese beiden Aspekte nachzuweisen wäre dann außerdem noch Sache des Betroffenen; denn der Zweifelsgrundsatz gilt nach der Rechtsprechung nicht auf dem Gebiet des Verfahrensrechts[386] und der Verwertungsverbote.[387] Es bleibt also bei einem extrem groben Raster, durch das nur die Fälle des evidenten Mißbrauchs ausgesiebt werden können.[388]

### bb) Einleitung bei bestimmtem Verfahrensstand

Von einigen Autoren wurde daher versucht, die Kriterien der Verfahrenseinleitung zu objektivieren und die Beschuldigteneigenschaft vom Stand des Verfahrens abhängig zu machen.[389] Es sei die Beschuldigteneigenschaft dann anzunehmen, wenn der Betroffene aus der Sicht eines objektiven Dritten als Be-

[385] BGHSt 10, 9 (12).
[386] BGHSt 16, 164 (166 f.).
[387] Hier gilt der Grundsatz des Freibeweises, so daß erhebliche Zweifel am Vorliegen eines das Verwertungsverbot begründenden Umstandes zu Lasten des Beschuldigten gehen, dazu BGHSt 38, 291 (293); *LG Magdeburg*, StV 1993, 238.
[388] So auch *Rogall*, Der Beschuldigte, S. 26.
[389] *Gerlach*, NJW 1969, 779 f; *v. Heydebreck*, S. 72.

schuldigter in Betracht komme, weil er der Begehung einer Straftat verdächtig sei.

Nach *Rogall* läuft diese objektive Theorie auf die Ersetzung einer Unbekannten (Willen der Behörde) durch eine andere Unbekannte (Ansicht eines objektiven Dritten) hinaus.[390] Dem ist nur bedingt zuzustimmen, denn es wird hier eine subjektive Unbekannte durch eine objektivierte Unbekannte ersetzt. Diese Ersetzung gibt damit dem Gericht einen objektiven Überprüfungsmaßstab an die Hand.

Mit dem Begriff des Beschuldigten ist es jedoch nicht zu vereinbaren, diesen Verfahrensstatus unabhängig vom Verhalten der Verfolgungsbehörden zu begründen. Das *„Beschuldigen"* ist schon sprachlich eine aktive und bewußte Tätigkeit. Daher ist über die objektive Stellung des Betroffenen als möglicher Täter hinaus auch eine Handlung der Strafverfolgungsbehörde notwendig, um das Ermittlungsverfahren einzuleiten.

#### cc) Systematisches Verständnis des Begriffes des Vorverfahrens (Ermittlungsverfahrens) als Beginn der Strafverfolgung

Da beide Auffassungen Schwächen zeigen, muß die Frage nach der Einleitung des Strafverfahrens und der Beschuldigtenstellung nach anderen Kriterien ermittelt werden.

Denkbar wäre es, für diese Fragen auf § 344 StGB zurückzugreifen, denn dieser spricht von *„strafrechtlicher Verfolgung"*. Den Beginn dieser strafrechtlichen Verfolgung einer Person als Tatbestandsmerkmal des § 344 StGB stellt die Einleitung des Vorverfahrens dar. Es könnten also die in diesem materiellen Zusammenhang von Lehre und Rechtsprechung entwickelten Kriterien bezüglich des Vorliegens einer strafrechtlichen Verfolgung möglicherweise fruchtbar gemacht werden, zumal keine Gründe ersichtlich sind, warum der Begriff der strafrechtlichen Verfolgung im materiellen Strafrecht eine andere Bedeutung haben sollte als im Strafverfahren.

Eine Stellungnahme des Gesetzgebers zu dieser Strafnorm wäre daher für den Beginn der Strafverfolgung auch im Rahmen des Strafprozeßrechts verwertbar. Im § 344 I StGB heißt es:

> *„(1) Wer als Amtsträger, der zur Mitwirkung an einem Strafverfahren, ...berufen ist, absichtlich oder wissentlich einen Unschuldigen oder jemanden, der sonst nach dem Gesetz nicht strafrechtlich verfolgt werden darf, strafrechtlich verfolgt oder auf eine solche Verfolgung hinwirkt,...."*

Der Wortlaut des Straftatbestandes setzt damit voraus, daß die strafrechtliche Verfolgung von dem Vorliegen eines realen Verdachts und einer entsprechen-

---

[390] *Rogall* in: SK-StPO, vor § 133/30.

den Vorstellung des Amtsträgers unabhängig ist. Setzte die Strafverfolgung als solche den Verdacht oder die Vorstellung des handelnden Beamten voraus, einen real bestehenden Verdacht zu untersuchen, wäre § 344 I StGB konsequenterweise nicht begehbar. Der Amtsträger, der dann nämlich wissentlich gegen einen Unschuldigen ermittelte, könnte zwar hoheitlich tätig werden, aber keine strafrechtliche Verfolgung vornehmen, da er keinen Verdacht aufklären will.

Festzuhalten bleibt damit, daß die Einleitung eines Strafverfahrens mit einem zureichenden Verdachtsmoment nur über die Pflichtenstellung des zuständigen Beamten verbunden ist. Der Verdacht ist nicht notwendige Voraussetzung, um die Einleitung eines Strafverfahrens zu bejahen.

Da § 344 StGB einen Fall darstellt, in dem Strafverfolgung unter Verletzung der Pflicht aus § 152 StPO stattfindet, kann daraus geschlossen werden, daß die Einleitung eines Strafverfahrens unabhängig davon ist, ob eine Pflicht und damit auch eine Ermächtigungsgrundlage für die Verfolgungsbehörde bestand. Die Strafverfolgung stellt danach einen rein tatsächlichen Zustand dar, der aber maßgeblich vom Willen der Strafverfolgungsbehörde beeinflußt wird.

Der Gesetzgeber hat in seiner Begründung zu § 344 StGB[391] dem Tatbestandsmerkmal der Verfolgung nur wenig Aufmerksamkeit gewidmet. Er stellt nur fest, daß Strafverfolgung kein förmliches Tätigwerden voraussetzt:

> *"Es genügt bereits, daß der Amtsträger in gesetzeswidriger Weise strafrechtlich verfolgt [...] hierunter ist jedes dienstliche Tätigwerden im Rahmen der strafrechtlichen Ermittlungs- oder Verfolgungstätigkeit gemeint, das sich gegen eine Person richtet..."*[392]

Die Literatur spricht daher von einer Strafverfolgung i.S.d. § 344 StGB bei jeder dienstlichen Entscheidung oder Maßnahme verantwortlicher Beamter, die das Strafverfahren voranbringen sollen.[393] Es ist damit jede dienstliche Handlung erfaßt, die ein Verfahren bezüglich der Bestrafung einer Person fördern soll[394], also jene Handlungen, die auf eine Bestrafung abzielen.[395] Hier ist demnach eine subjektive Prägung des Begriffs Strafverfolgung kaum zu übersehen und dem *BGH* wäre mit seiner streng subjektiven Theorie also insofern Recht zu geben, als die Zuschreibung durch den Beamten notwendig ist.

Jedoch erscheinen die hiergegen genannten Bedenken als zu schwerwiegend, um sie zu vernachlässigen. Das Kriterium für die Einleitung eines Strafverfahrens muß etwas Kontrollierbares und Greifbares enthalten. Um dennoch einen Ausweg aus dem Problem der Verfahrenseinleitung zu finden, wird nunmehr

---

[391] BT-Drs. 7/550 S. 279 f.

[392] BT-Drs. 7/550 S. 280.

[393] *Geerds*, S. 508.

[394] *Cramer/Sternberg-Lieben* in: *Schönke/Schröder*, § 344/11.

[395] So *Schroeder*, GA 1985, 487.

auch von der Rechtsprechung die gesetzgeberische Entscheidung des § 397 AO herangezogen.[396] Man versucht, sie auch für das allgemeine Strafverfahren fruchtbar zu machen.

## II. Einleitung des Steuerstrafverfahrens

In der AO hat der Gesetzgeber auf die Definition der Einleitung eines Strafverfahrens deutlich mehr Mühe verwandt als in der StPO. Diesen gesetzgeberischen Ansatz für die Definition im allgemeinen Strafrecht zu nutzen, schlug *Rogall* schon im für § 432 RAO – dem Vorläufer des § 397 AO – vor[397] und dem folgt eine seit Jahren im „Vordringen befindliche" Ansicht.[398]

### 1. Gesetzliche Regelungen für den Beginn des Steuerstrafverfahrens in der AO

Die allgemeinen Regeln der StPO, wann ein Strafverfahren zu eröffnen sei, gelten auch in den Fällen des Steuerstrafverfahrens, denn dieses Gesetz ist für alle Strafverfahren und auch für das Steuerstrafverfahren maßgeblich. Soweit jedoch die AO Sonderregelungen für bestimmte Fälle trifft, gehen diese den Normen der StPO als leges speciales nach § 385 I AO vor.

Auch die Pflicht zur Einleitung eines Steuerstrafverfahrens setzt, wie die Einleitung des allgemeinen Strafverfahrens, gemäß §§ 152 II, 160 I StPO einen entsprechenden Anfangsverdacht einer (Steuer-)Straftat voraus. Auch hier gilt aus § 152 II StPO für die zuständigen Beamten das Legalitätsprinzip.[399] Zureichende Anhaltspunkte und damit ein Anfangsverdacht der Steuerhinterziehung sind auch in diesem Zusammenhang dann gegeben, wenn ausreichende tatsächliche Anzeichen dafür vorliegen, daß ein Tatbestand der §§ 370 ff. AO rechtswidrig verwirklicht wurde. Dafür genügen Indizien, die dies nach kriminalistischer Erfahrung als möglich erscheinen lassen.[400] Die zuständigen Behörden sind in diesem Fall zur Aufnahme der Ermittlungen verpflichtet.

Die AO hat die im allgemeinen Strafverfahrensrecht umstrittene Frage des Zeitpunktes der Einleitung eines Strafverfahrens zumindest im Ansatz erläutert. Die Einleitung des Steuerstrafverfahrens wird in § 397 I AO folgendermaßen definiert:

> *„Das Strafverfahren ist eingeleitet, sobald die Finanzbehörde, die Polizei, die Staatsanwaltschaft, einer ihrer Hilfsbeamten oder der Strafrichter eine Maßnah-*

---

[396] So etwa BGHSt 38, 214 (228) m.w.Nw.; *BGH*, NJW 1997, 1591 f.

[397] *Rogall*, Der Beschuldigte, S. 28.

[398] So für § 397 AO etwa: *Krey*, Strafverfahrensrecht I, Rn. 763, *Hanack* in: *Löwe-Rosenberg*, § 136/4; *Schöch*, in AK-StPO, § 152/13 überträgt § 397 AO sogar ohne nähere Begründung.

[399] *Jäger* in: *Franzen/Gast/Joecks*, § 397/10.

[400] Dazu Anweisungen für das Straf- und Bußgeldverfahren (Steuer) (AStBV (St)) vom 28.06.1996, BStBl 1996 I, 707, Nr. 24 II.

*me trifft, die erkennbar darauf abzielt, gegen jemanden wegen einer Steuerstraftat strafrechtlich vorzugehen.“*[401]

Auch im Steuerstrafverfahren gilt, daß die tatsächliche Einleitung des Vorverfahrens nicht von der Pflicht oder der Befugnis zur Einleitung des Verfahrens abhängt. „*Die Begriffsmerkmale des § 397 I AO sind tatsächlicher Natur*“[402] Ob die zuständigen Behörden pflichtgemäß handeln, spielt für die Einleitung des Strafverfahrens und deren Wirkung keine Rolle.[403]

Das Gesetz legt in § 397 I AO fest, wann die Einleitung eines Steuerstrafverfahrens anzunehmen ist. Dies ist dann der Fall, wenn die für die Steuerstrafverfolgung zuständigen Behörden Maßnahmen treffen, die erkennbar auf eine Strafverfolgung abzielen. Die Einleitung des Steuerstrafverfahrens ist damit nach *Jäger* ein Sammelbegriff für die Wirkung aller strafverfahrensrechtlichen Ermittlungsmaßnahmen, die sich gegen eine Person richten.[404]

> *„Als Maßnahme, die erkennbar darauf abzielt, gegen jemanden wegen einer Steuerstraftat strafrechtlich vorzugehen, kommt jede Willensbetätigung einer zur Verfolgung von Zuwiderhandlungen gegen Steuergesetze allgemein zuständigen Stelle in Betracht, deren strafrechtliche Zielsetzung objektiv erkennbar ist.“*[405]

Durch die erste verdachtsaufklärende Maßnahme ist demnach das Steuerstrafverfahren eingeleitet. Sobald gegen eine Person erkennbar steuerstrafrechtlich eingeschritten wird, ist das Steuerstrafverfahren eröffnet.[406] Die Einleitung eines Steuerstrafverfahrens ist nach dieser Darstellung nicht Voraussetzung, sondern Folge einer Ermittlungsmaßnahme. Jedoch ist diese Folgerung und damit die Reihenfolge von Ermittlungsmaßnahme und Verfahrenseinleitung vom Gesetzeswortlaut des § 397 I AO nicht zwingend vorgegeben.

Es ist durchaus möglich und im Ergebnis auch näher liegend, die Regelung des § 397 I AO nicht als Umschreibung einer gesetzlichen Folge anzusehen. Problematisch ist das Verständnis *Jägers* nämlich insofern, als es eine strafrechtliche Ermittlungsmaßnahme gegen einen Beschuldigten außerhalb eines Strafverfahrens voraussetzt, wenn die Verfahrenseinleitung Folge einer Ermittlungs-

---

[401] Diese Formulierung verwendet jetzt auch der *BGH*, NJW 1997, 1591 f.; so auch *Tröndle/Fischer*, Einl./60.

[402] *Jäger* in: *Franzen/Gast/Joecks*, § 397/11.

[403] *Jäger* in: *Franzen/Gast/Joecks*, § 397/11.

[404] *Jäger* in: *Franzen/Gast/Joecks*, § 397/2.

[405] *Jäger* in: *Franzen/Gast/Joecks*, § 397/65; sehr ähnlich auch schon der Wortlaut des § 410 IV 1 RAO (i.d.F. v. 07.12.1951) im Bezug auf die Selbstanzeige, dessen Definition durch das RAOStrafÄndG in § 432 RAO versetzt wurde. Mit ähnlicher Formulierung auch *BGH*, NJW 1997, 1591 (1592).

[406] *Hübner* in: *Hübschmann/Hepp/Spitaler*, § 208/10.

maßnahme sein soll. Es können aber zwangsläufig die Ermittlungsmaßnahmen erst im laufenden Strafverfahren stattfinden.[407]

Es ist daher vielmehr davon auszugehen, daß das Steuerstrafverfahren in der „logischen Sekunde“ vor der tatsächlichen Vornahme der Ermittlungshandlung eingeleitet sein muß. Dies kann entweder durch Äußerung des entsprechenden Willens oder konkludent durch Vornahme der Ermittlungsmaßnahme geschehen. Der praktische Unterschied zur Ansicht *Jägers* ist freilich sehr gering.

### 2. Auslegung des § 397 AO

Das Gesetz gibt damit drei Elemente für die Bestimmung der Einleitungsvoraussetzungen vor. Es muß erstens eine Maßnahme getroffen werden und diese Maßnahme muß zweitens auf die strafrechtliche Verfolgung einer Person abzielen. Drittens muß die Maßnahme als solche erkennbar auf die Verfolgung einer Person abzielen. Bei der Auslegung rechtlicher Begriffe ist die Wortbedeutung bekanntlich der erste Ansatzpunkt.

#### a) Maßnahmebegriff und Zielperson der Strafverfolgung

Den Begriff der *„Maßnahme“* darf man hier sehr weit interpretieren. Unter Maßnahme versteht etwa *Hübner*[408] eine *„bewirkende Handlung, eine Vorkehrung zu bestimmtem Zweck“*. Das bedeutet, daß nur eine zweckgerichtete Handlung Maßnahme i.S.d. § 397 I AO sein kann. Diese Zweckrichtung konkretisiert die Norm durch eine Ausrichtung auf die Strafverfolgung. Sie verlangt ein Abzielen der Maßnahme auf die Strafverfolgung. Der Zweck der Maßnahme muß in der Betreibung eines Strafverfahrens liegen. Die Maßnahme der Behörde muß also auf die Aufklärung eines steuerstrafrechtlich relevanten Sachverhalts gerichtet sein.[409] Eine Verfahrenseinleitung kommt daher nach dem Wortlaut des Gesetzes nur in Betracht, wenn die Strafverfolgungsbehörde bewußt eine Handlung vornimmt, die der Aufklärung eines möglicherweise strafrechtlich relevanten Sachverhaltes dienen soll.

Auch der zweite Aspekt, *„Abzielen auf die Verfolgung einer Person“*, hat einen sprachlich deutlichen Bezug zur subjektiven Seite des Handelnden. Das Abzielen kann nur im Hinblick auf den Willen der Strafverfolgungsbehörde betrachtet werden, denn zu zielen heißt, etwas treffen zu wollen. Der Gesetzeswortlaut gibt also eine subjektive Färbung der Definition der Einleitung eines Steuerstrafverfahrens vor. Insoweit spricht auch diese Auslegung deutlich für die Auffassung des *BGH*, daß ein Willensakt der Behörde notwendig sei, um die Einleitung eines Strafverfahrens überhaupt annehmen zu können. Ohne den Willen

---

[407] So ist wohl auch *Fincke*, ZStW 95 (1983), 952 zu verstehen.

[408] *Hübner* in: *Hübschmann/Hepp/Spitaler*, § 208/12 unter Berufung auf *Duden*, Das Große Wörterbuch der deutschen Sprache 1978, Stichwort, „Maß“.

[409] *Hübner* in: *Hübschmann/Hepp/Spitaler*, § 208/17.

der Strafverfolgungsbehörde, in strafverfolgender Weise tätig zu werden, kann es keine Strafverfolgung geben.

Die Formulierung des § 397 I AO gibt weiterhin vor, daß die Strafverfolgung gegen jemanden gerichtet sein muß. Dieses Merkmal kann unterschiedlich weit interpretiert werden. Es kann zunächst so aufgefaßt werden, daß gegen irgendeine Person vorgegangen werden muß, um das Strafverfahren als eingeleitet anzusehen.[410]

Damit wäre auch dann die Einleitung eines Strafverfahrens anzunehmen, wenn gegen Unbekannt ermittelt wird. Demgegenüber könnte man daran denken, erst dann eine Verfahrenseinleitung anzunehmen, wenn eine Verfolgungsmaßnahme ergriffen wurde, die auf die Verfolgung einer bestimmten Person abzielt.

Für die Fälle des gegen Unbekannt eingeleiteten Strafverfahrens hat die Schutzfunktion des § 397 I i.V.m. §§ 393 ff AO, § 136 f. StPO keine Bedeutung, so daß solchc Fällc unberücksichtigt bleiben können. Relevant ist damit nur die Frage, wann ein Strafverfahren gegen eine bestimmte Person eingeleitet ist.

**b) Objektivierte Erkennbarkeit**

Auch hier ergibt sich wieder die Problematik, ob die Einleitung des Strafverfahrens allein vom Willen der Strafverfolgungsbehörde abhängig sein kann. Denn auch die Voraussetzung der Erkennbarkeit des Abzielens auf eine Strafverfolgung im Gesetz ändert vom Wortlaut her nichts an der subjektiven Deutung. Sie fügt jedoch einen weiteren, nun aber objektiv zu verstehenden, Aspekt hinzu. Demnach muß die Einleitung eines Strafverfahrens dann angenommen werden, wenn es nach außen objektiv erkennbar ist, daß die von der Behörde vorgenommene Maßnahme auf die Ermittlung in einem Strafverfahren abzielt.

Der *BGH* hat hierzu festgestellt, es handele sich bei den Merkmalen, die § 397 I AO aufzählt, um eine Kombination aus objektiven und subjektiven Elementen. Das Gericht hat jedoch damit nicht Kombination in der Weise gemeint, daß entweder nur der Wille oder nur nach außen erkennbare Merkmale für die Strafverfolgung vorliegen müssen. Sondern es sollte damit ausgedrückt werden, daß es etwa polizeiliche Verhaltensweisen gibt, die ein strafverfahrensrechtliches Vorgehen nahelegen, ohne das der Beamte dies ausdrücklich gegenüber dem Befragten feststellt.[411] Danach ist ein Strafverfahren eingeleitet, wenn die Behörde ihren Willen, strafrechtlich aktiv zu werden, nach außen hin zumindest konkludent kundtut. Dies ist nach dem Gesetzeswortlaut sicherlich die naheliegendste Auslegungsmöglichkeit.

---

[410] So *Rogall*, Der Beschuldigte, S. 28, kritisch *Hellmann*, Nebenstrafverfahrensrecht, S. 260.
[411] *BGH*, NJW 1992, 1463 (1466); Beispiele dazu bei *Fincke*, ZStW 95 (1983), 952

Dennoch bringt etwa *Rogall* hiergegen vor: Diese, auf die Auffassung der Strafverfolgungsbehörden abstellende, Ansicht sei insofern bedenklich, als sie *„notwendigerweise zu einer gewissen Rechtsunsicherheit"* führe, wenn sie die Einleitung des Strafverfahrens und damit die Rechte eines Betroffenen als Beschuldigtem von der subjektiven Sicht der Strafverfolgungsbehörden abhängig mache.[412] Es ergebe sich daraus die Gefahr der Umgehung der Rechte des Beschuldigten.[413] Dieser Befürchtung ist der *BGH* zwar schon mit dem oben[414] genannten Argument des Willkürschutzes entgegengetreten. Jedoch reicht diese Evidenzkontrolle gerade nicht aus.[415]

### 3. Objektivierung durch § 397 I AO als Zweifelsregel

Daher wird in der Literatur eine Theorie mit objektiven Ansätzen vertreten. *Rogall* etwa meint, es komme *„nach wie vor"* für die Versetzung des Betroffenen in den Beschuldigtenstand darauf an, daß ein Willensentschluß der Strafverfolgungsbehörde vorliege.

> *„Der Verfolgungswille muß sich aber in einem äußerlich erkennbaren Verfolgungsakt manifestiert haben. Als eine Manifestation des Verfolgungswillens ist auch eine mißbräuchliche Vernehmung des Inkulpaten als Zeuge zu betrachten."* [416]

Als äußeres Zeichen des Verfolgungswillens sei jede faktische Verfolgungshandlung geeignet, auch wenn sie getarnt sei.

Diese Theorie hilft jedoch im Zweifelsfall nicht weiter. Denn sie enthält effektiv keine entscheidenden objektiven Elemente. Nach dieser Auffassung ist das Strafverfahren eröffnet, sobald die Strafverfolgungsbehörde bewußt Schritte zur Verfolgung einer Person wegen einer Straftat unternimmt und dies nach außen durch erkennbare Verfolgungshandlungen zum Ausdruck bringt, mögen diese auch als allgemeine Vorfeldermittlungen getarnt sein.

Damit bleibt immer noch der Wille der Verfolgungsorgane, eine Strafverfolgung vorzunehmen, maßgebend. Denn eine äußerlich wahrnehmbare Verfolgungshandlung bestimmt sich auch auf diese Weise nach dem Behördenwillen. Es ist nach dieser Ansicht immer noch notwendig, den inneren Willen der Strafverfolgungsbehörde zu ermitteln, um so dann die Einleitung des Strafverfahrens mittels bestimmter Verfolgungshandlungen zu bestimmen.

Die von *Rogall* vorgeschlagene Vorgehensweise schränkt die Möglichkeiten der Verfolgungsorgane, die Zeugeneigenschaft zu mißbrauchen, nicht nennenswert ein und ist daher für die Lösung des sich stellenden Problems nur insoweit för-

---

[412] *Rogall* in: SK-StPO, vor § 133/27.
[413] *Rogall*, MDR 1977, 978.
[414] Vgl. S. 76 f.
[415] Vgl. S. 76 ff.
[416] *Rogall* in: SK-StPO, vor § 133/32.

derlich, als sie herausstellt, daß besonderer Wert auf den objektiven Aspekt zu legen ist, durch den der Strafverfolgungswille manifestiert wird.

Die Regelung des § 379 I AO sollte daher mehr als Zweifelsregel, denn als abschließende Bestimmung angesehen werden. Das Strafverfahren gegen eine bestimmte Person ist eröffnet, wenn der Wille der Verfolgungsbehörden zur Strafverfolgung dieser Person zum Ausdruck kommt oder wenn die Strafverfolgungsbehörde eine Handlung vornimmt, die sich für den objektiven Dritten unter Berücksichtigung der Verdachtslage im konkreten Einzelfall als Verfolgungshandlung gegenüber der betroffenen Person darstellt. Es muß also in Zweifelsfällen, in denen von der Behörde nicht kundgetan wurde, daß sie ermitteln will, der Sinn ihrer Maßnahmen objektiviert werden. Jedoch muß dies stets über eine Handlung der Verfolgungsorgane und nicht allein über den Stand des Verfahrens geschehen.

Es ist demnach auch dann eine Einleitung des Steuerstrafverfahrens, und damit die Wirkung der Beschuldigtenstellung mit allen Rechten für den Betroffenen, anzunehmen, wenn die Verfolgungsorgane Handlungen vornehmen, die der objektive, kundige Beobachter als strafrechtliche Verfolgungshandlungen aufgrund der bestehenden Verdachtslage ansehen wird. Nur so können die Verfahrensrechte des Betroffenen gewährleistet werden. Diese Auffassung klingt auch beim *BGH* neuerdings an, wenn er feststellt, die Stärke des Tatverdachts und die Wirkung des Geschehens nach außen sei relevant für die Beurteilung.[417]

Der Begriff des Abzielens auf eine strafrechtliche Verfolgung im § 397 I AO muß danach objektiviert werden. Die Norm löst daher die Einleitung des Steuerstrafverfahrens zumindest im Zweifelsfall vom Willen der zuständigen und handelnden Behörde. Das ist insbesondere im Steuerstrafverfahren notwendig. Denn hier gibt es eine Reihe von Handlungen der sowohl für die Steuerstrafverfolgung als auch für die Steuerermittlungen zuständigen Finanzbehörden, die im Bezug auf ihre Zugehörigkeit zu dem einen oder anderen Verfahren indifferent sind.[418] Daher ist es aus Sicht des Betroffenen im Zweifelsfall kaum möglich zu entscheiden, ob er nun Beschuldigter im Strafverfahren oder Steuerpflichtiger im Besteuerungsverfahren ist.[419]

§ 397 I AO ist mithin als ein Zweifelssatz aufzufassen, der den Schutz des Betroffenen durch weitgehende Anwendbarkeit der Regeln über das Steuerstrafverfahren ausweiten soll.

---

[417] BGHSt 37, 48 (51 f.); BGHSt 38, 214 (228); *BGH*, NJW 1997, 1591 (1592).
[418] Dazu auch S. 130 ff.
[419] *Blesinger*, wistra 1994, 50.

## B. Anwendbarkeit des § 397 I AO auf das allgemeine Strafverfahren

Um einen Mißbrauch einer manipulierten Zeugenstellung zu vermeiden, ist es aber nicht nur im Steuerstrafverfahren, sondern auch im allgemeinen Strafprozeß notwendig, die Regelung des § 397 I AO sinngemäß anzuwenden. Es gilt also, daß jedes Strafverfahren als eingeleitet anzusehen ist, wenn die Strafverfolgungsbehörde eine Handlung vorgenommen hat, mit der sie den Willen kundtut, ein strafrechtliches Verfahren zu betreiben. Wenn über den Willen der Behörde Zweifel herrschen, ist das Strafverfahren immer zu dem Zeitpunkt als eingeleitet anzusehen, zu dem eine Handlung vorgenommen worden ist, die bei einem objektiven Dritten, der Kenntnis von der Verdachtslage hat, die Überzeugung begründet, es werde ein Strafverfahren betrieben.

Im Zweifelsfall gilt damit eine Vermutung des Verfolgungswillens. Damit wird auch keine zu frühe Fiktion der Verfahrenseinleitung herbeigeführt, denn die negativen Folgen einer frühen Einleitung, die sich aus einer Bekanntgabe der Einleitung des Ermittlungsverfahren ergeben, bleiben aus, wenn kein Behördenwillen gegenüber dem Betroffenen geäußert wird.

Eine auf alle Strafverfahren anwendbare Regelung, etwa in § 152 III StPO, sähe sinnvollerweise etwa so aus:

> *„Das Strafverfahren ist als eingeleitet anzusehen, sobald der mit der Verfolgung der Straftat befaßte Hoheitsträger eine Maßnahme trifft, die auf die Verfolgung einer Straftat gerichtet ist oder zumindest bei objektiver Würdigung den Eindruck erweckt, der Verfolgung einer Person wegen einer Straftat zu dienen."*

## C. Wirkung des Steuerstrafverfahrens auf das Besteuerungsverfahren

Der betroffene Steuerpflichtige wird durch die Eröffnung des Steuerstrafverfahrens zusätzlich zu seiner Eigenschaft als Subjekt des Steuerverfahrens zum Beschuldigten. Er ist sowohl am Besteuerungsverfahren als Steuerpflichtiger als auch im Steuerstrafverfahren als Beschuldigter beteiligt. Die Wirkungen des oft im Laufe eines Veranlagungsverfahrens eingeleiteten Steuerstrafverfahrens nicht nur auf die Stellung des Beschuldigten, sondern auch auf seine Position im Besteuerungsverfahren sind beträchtlich.

Die erste formelle Wirkung der Einleitung des Steuerstrafverfahrens ist die Notwendigkeit eines Aktenvermerks, der über die getroffene Maßnahme gefertigt werden muß (§ 397 II AO). Er hat jedoch lediglich deklaratorische Bedeutung.[420] Das ergibt sich allein schon aus der oben erörterten Mißbrauchsgefahr und aus dem Umstand, daß ein solcher Vermerk in der Regel erst nach Vornahme der Ermittlungsmaßnahme eingetragen werden wird, da sonst ein Zeitpunkt

---

[420] *Blesinger* in: *Kühn/v. Wedelstädt*, § 397/5; *Jäger* in: *Franzen/Gast/Joecks*, § 397/86 f. m.w.Nw.

kaum exakt eingetragen werden könnte. Der Aktenvermerk hat damit keine konstitutiven Auswirkungen auf das Besteuerungsverfahren.

Hat die Buß- und Strafsachenstelle des Finanzamtes nun das Steuerstrafverfahren eingeleitet, so muß sie die Ermittlungen durchführen (§§ 386, 399 AO) und dabei alle erforderlichen Maßnahmen treffen oder veranlassen. Insbesondere hat sie den betroffenen Steuerpflichtigen spätestens dann über die Verfahrenseinleitung zu informieren und über seine damit entstehende Rechtsstellung als Beschuldigter zu belehren, wenn die entstandenen Beschuldigtenrechte zum ersten Mal relevant werden können. Das ist nach § 397 III AO der Zeitpunkt, in dem der Beschuldigte aufgefordert wird, Angaben zu machen, die im Zusammenhang mit der Straftat stehen können.

Mit der Einleitung des Strafverfahrens stehen dem Beschuldigten die Rechte zu, die § 136 StPO (i.V.m. §§ 163a III, IV StPO, 404 AO) voraussetzt. Der Steuerpflichtige darf nun auch im Besteuerungsverfahren nicht mehr durch Zwangsmittel zur Erfüllung seiner nach §§ 90 ff AO bestehenden Mitwirkungspflicht angehalten werden:

§ 393 I 2 AO verbietet die Anwendung der Zwangsmittel der §§ 328 ff AO.[421] § 393 II 1 AO bestimmt weiterhin, daß für solche Angaben, die er ohne Kenntnis von der Einleitung des Strafverfahrens gemacht hat, ein Verwertungsverbot bezüglich nichtsteuerlicher Straftaten gilt.[422] Denn in diesem Fall fehlt es zwangsläufig an einer entsprechenden Rechtsbelehrung.

Jedoch hat die Einleitung des Steuerstrafverfahrens neben diesen, den Beschuldigten schützenden Wirkungen, für ihn auch, über die psychologisch hohe Belastung hinaus, negative Seiten. Denn mit der Einleitung des Steuerstrafverfahrens wird i.d.R. die Verjährung der betroffenen Tat unterbrochen. Des weiteren schließt eine Bekanntgabe der Einleitung des Steuerstrafverfahrens die strafbefreiende Selbstanzeige des Beschuldigten aus.[423]

Die Wirkungen der Verfahrenseinleitung und die Wechselwirkungen zwischen Steuerstrafverfahren und Besteuerungsverfahren lassen sich am deutlichsten am Beispiel der Arbeit der Steuerfahndung zeigen. Diese „januskopfige“[424] Behörde ist in beiden Verfahren aktiv und stellt damit den intensivsten Verbindungspunkt zwischen ihnen dar.[425] Doch auch ohne Berücksichtigung dieser „Kriminalpolizei“ des Steuerrechts ergeben sich allein aus dem Zusammenspiel zwischen Steuerrecht und Strafrecht eine Reihe von beachtlichen Problemen in Bezug auf strafrechtlich relevante Verfahrensgarantien.

[421] Dazu *Jäger* in: *Franzen/Gast/Joecks*, § 397/100.
[422] *Joecks* in: *Franzen/Gast/Joecks*, § 393/53 ff.
[423] *Jäger* in: *Franzen/Gast/Joecks*, § 397/101.
[424] So die Formulierung von *Streck*, Steuerfahndung, Rn. 2.
[425] Dazu näher S. 128 ff.

## § 2 Zur Möglichkeit der Umgehung strafrechtlicher Prinzipien durch steuerrechtliche Maximen

Das Besteuerungsverfahren kann in einigen wichtigen Punkten zu einer Durchbrechung strafrechtlicher Verfahrensmaximen führen. Einer solchen Situation, die mit Eingriffen in die Rechte des Beschuldigten verbunden ist, soll hier zunächst besondere Aufmerksamkeit zu teil werden.

### A. Die Ausnahmen vom Steuergeheimnis und das nemo tenetur Prinzip

Wie erläutert, ist der Steuerpflichtige auch in einer Situation, in der strafrechtlich relevante Angaben für die Besteuerung entscheidend sind, verpflichtet, der Steuerbehörde diese Verhältnisse mitzuteilen. Den Auskunftszwang glaubte der Gesetzgeber durch das Steuergeheimnis rechtsstaatlich ausreichend abgesichert zu haben. Durch diese Geheimhaltungspflicht der Finanzämter entsteht gewissermaßen ein *do-ut-des*-Verhältnis zwischen dem Steuerpflichtigen, der Angaben macht, und der Behörde, die über die Verhältnisse des Steuerpflichtigen Stillschweigen bewahrt.

Jedoch normieren § 30 IV, V und § 31b AO Ausnahmen von der Geheimhaltungspflicht des Finanzbeamten. In diesen besonderen abschließend aufgezählten Fällen dürfen die Daten über Verhältnisse des Steuerpflichtigen in einem gewissen Rahmen – unter strenger Beachtung des Verhältnismäßigkeitsprinzips – weitergegeben werden. Ein Zwang zur Übermittlung der Daten besteht jedoch grundsätzlich nicht.[426]

Durch diese Ausnahmeklauseln ist die hoheitliche Seite im Einzelfall nicht mehr zur Einhaltung ihrer vollen Verpflichtungen in jener gegenseitigen Beziehung gezwungen. Es stellt sich hier daher die Frage, ob der Steuerpflichtige auch in dieser Situation noch als gesetzlich verpflichtet angesehen werden kann, eigene Angaben über die von der Offenbarung bedrohten Tatsachen zu machen oder ob dann die Mitwirkungspflicht des Steuerpflichtigen mit der Geheimhaltungspflicht der Behörde aus verfassungsrechtlichen Erwägungen entfallen muß.[427]

Nach § 30 IV, V und § 31b AO sind die Finanzbehörden trotz des geltenden Steuergeheimnisses befugt, in bestimmten Fallkonstellationen ausnahmsweise Informationen an andere Behörden weiterzugeben. Diese Ausnahmeregelungen sind unter dem Aspekt der Rechtsstaatlichkeit problematisch. Durch die Wei-

---

[426] Dazu *Hellmann*, Nebenstrafverfahrensrecht, S. 32 f.; Eine Ausnahme bildet § 31b AO, in dem es heißt *"haben Tatsachen [...] mitzuteilen."* und der damit eine Verpflichtung normiert.

[427] Das *BVerfG* (E 67, 100 (143 f.)) hat hierzu geäußert, der Steuerpflichtige sei nur zur Angabe der Daten zu Zwecken des Steuerverfahrens verpflichtet. Die verfassungsrechtliche Konformität der damals bestehenden Offenbarungsgründe aus § 30 AO hat das Gericht dahinstehen lassen.

tergabe der Daten kann das Besteuerungsverfahren zu einer Aufweichung des strafrechtlichen nemo-tenetur-Grundsatzes führen und so auch zur Förderung von strafrechtlichen Ermittlungsverfahren genutzt werden.

In einer Untersuchung der Ausnahmeregelungen auf ihr Gefährdungspotential für den nemo-tenetur Grundsatz im Strafverfahren können die Regelungen der § 30 IV Nr. 3, V AO außen vor bleiben. Sie sind rechtsstaatlich insofern unbedenklich, als ein Zwang zur Selbstbelastung ausscheidet, wenn der Steuerpflichtige der Offenbarung freiwillig zustimmt[428] oder vorsätzlich falsche Angabe macht.[429] In beiden Konstellationen kann nicht von einem rechtsstaatswidrigen Zwang gesprochen werden, diese Angaben zu machen.

Ebenso unbedenklich ist die Regelung des § 30 IV Nr. 1 i.V.m. II Nr. 1a AO, soweit sie die Weitergabe zum Zwecke der rein steuerlichen Nutzung betrifft, weil sie etwa für steuerliche Kontrollmitteilungen gilt. Die zur Betreibung eines Steuerverfahrens gemachten Angaben dürfen natürlich auch zum Zwecke eines anderen steuerlichen (nicht steuerstrafrechtlichen) Verfahrens verwandt werden. Dies ergibt sich „aus der Natur der Sache".[430] Hier werden die Daten nicht außerhalb des reinen Steuerverfahrens genutzt und eine erzwungene Selbstbezichtigung scheidet damit aus.

## I. Offenbarung zum Zwecke der Steuerstrafverfolgung

Die in § 30 IV Nr. 1 AO normierte Ausnahmeregelung ist dagegen bedenklich und daher näher zu untersuchen. Sie ermöglicht eine Steuerstrafverfolgung mit Hilfe der nur zu steuerlichen Zwecken und unter der Last der steuerlichen Mitwirkungspflicht ermittelten Daten und geleisteten Auskünfte.

### 1. Allgemeines

Nach § 30 IV Nr. 1 i.V.m. II Nr. 1b AO dürfen Daten, die in einem Besteuerungsverfahren erlangt wurden, für Steuerstrafverfahren verwandt werden.

Es besteht dennoch weiterhin eine Mitwirkungspflicht des Steuerpflichtigen und die Finanzverwaltung ist befugt, die vom Steuerpflichtigen zwangsweise erstatteten Auskünfte für ein Strafverfahren zu verwenden. Der Betroffene wird also „durch die Hintertür" zu einer (steuer)strafrechtlichen Selbstbelastung gezwungen. Damit scheint der nemo-tenetur Grundsatz verletzt zu sein. Diese Ausnahmeregelung ist jedoch im Zusammenhang mit dem Zwangsmittelverbot des § 393 I 2 AO zu sehen.

---

[428] Der *BFH* hält (in BStBl. II 1967, 572) daher ein Steuergeheimnis gegen den Willen des Steuerpflichtigen nicht für existent.

[429] i.E. so *Hellmann*, Nebenstrafverfahrensrecht, S. 29.

[430] *Jakob*, Rn. 61.

Der Gesetzgeber hat dort eine Maßnahme zum Schutz des Steuerpflichtigen getroffen. § 393 I 2 AO schließt in den Fällen, in denen ein Steuerstrafverfahren eingeleitet wurde, die Anwendung des Verwaltungszwanges auch für das reine Besteuerungsverfahren aus.

Aus diesem Zwangsmittelverbot folgt jedoch, daß die Pflicht zur Mitwirkung weiterhin aufrecht erhalten wird. Ansonsten wäre eine solche Norm nicht notwendig. Der Betroffene kann allerdings trotz seiner aufrechterhaltenen Pflichtenstellung nicht mehr effektiv zu einer Mitwirkung gezwungen werden. Diesen Ausschluß von Zwangsmitteln betrachtete der Gesetzgeber als ausreichend, um den Steuerpflichtigen vor einer strafrechtlichen Eigenbelastung zu schützen. Auch *Rüster* sieht das Selbstschutzinteresse des Steuerpflichtigen in einem ausreichenden Maße gewahrt, da ihm ja nun die Wahl zwischen Schweigen und Reden durchaus offen stehe.[431]

Jedoch ist diese paradoxe gesetzgeberische Konstruktion inkonsequent und irreführend. Trotz der Gefahr, daß die Finanzbehörden den Steuerpflichtigen nachdrücklich durch Beharren auf der weiteren Mitwirkungsverpflichtung verunsichern können, wird zwar in der Praxis in den meisten Fällen keine strafrechtliche Eigenbelastung zustande kommen, weil der Steuerpflichtige in der Regel von der Unerzwingbarkeit der Mitwirkung erfährt. Auf der anderen Seite handelt er dennoch nicht pflichtgemäß, wenn er nicht mitwirkt. Das Gesetz zwingt also den, der sein Verfahrensrecht wahren will, zu einer rechtswidrigen, wenn auch nicht unmittelbar sanktionierbaren Handlung. Er begeht nämlich nach dem Wortlaut der AO eine rechtswidrige Handlung, wenn er seine formell weiterhin bestehende Mitwirkungsverpflichtung verletzt.[432]

Eine Verletzung des strafrechtlichen nemo-tenetur-Prinzips ist hierin also durchaus zu erkennen. Weiterhin drängt sich der Verdacht auf, daß das formale Festhalten an der Mitwirkungspflicht in der Praxis nur dem Zweck dienen kann, eine Schätzung wegen Verweigerung der Mitwirkung zu ermöglichen.[433]

*Wisser*[434] folgert dagegen aus der Rechtsprechung des *BVerfG* im Gemeinschuldnerbeschluß[435], daß nur dann ein Verstoß gegen Grundrechte vorliege, wenn durch eine zwangsweise Erhebung von Daten strafrechtlich verwertbare Angaben erlangt werden. Daher sei ein Verstoß gegen Grundrechte im vorliegenden Fall nicht gegeben. Wegen § 393 I 2 AO könne im Steuerstrafverfahren die Mitwirkungspflicht nicht mittels des Verwaltungszwangs durchgesetzt wer-

---

[431] So *Rüster*, wistra 1988, 51.

[432] Diese Verletzung der Mitwirkungspflichten ermöglicht der Steuerbehörde die Schätzung.

[433] So *Joecks* in: *Franzen/Gast/Joecks*, § 393/6, der auch von weiteren Mißbrauchsmöglichkeiten und Gefahren für den Beschuldigten im Steuerstrafverfahren spricht.

[434] Dazu *Wisser* in: *Klein*, § 393/14; ebenso *Rüster*, wistra 1988, 51.

[435] BVerfGE 56, 37 ff., dazu ausführlich S. 111 ff.

den, und eine Verweigerung habe keine strafrechtlichen, sondern höchstens steuerliche Konsequenzen. Daher sei eine Mitwirkungspflicht, die nicht zwangsweise durchgesetzt werde, zulässig, auch wenn hierdurch eine rechtliche Pflicht zur Selbstbelastung entstehe.[436]

Diese Folgerungen sind jedoch weder logisch zwingend noch auch nur naheliegend. Denn das *BVerfG* hat seine Entscheidung im *Gemein-Schuldner-Fall* vom gegensätzlichen Ausgangspunkt getroffen. In dem zugrunde liegenden Fall war der Konkursschuldner aufgrund der damals geltenden Konkursordnung verpflichtet, umfassende Angaben zu machen und sogar strafrechtliche Verfehlungen seinerseits zu offenbaren. Diese Angaben durften zwar nach der geltenden Konkursordnung durch Zwangsmittel herbeigeführt, jedoch strafrechtlich nicht verwertet werden. Das Gericht nahm an, ein strafrechtliches Verwertungsverbot trage dem strafverfahrensrechtlichen Schweigrecht ausreichend Rechnung.[437] Die Verfassungsrichter haben also gerade nicht die nicht zwangsweise durchsetzbare Auskunftspflicht mit strafrechtlichen Folgen als grundsrechtskonform bestätigt, sondern die erzwingbare Auskunftspflicht ohne strafrechtliche Auswirkung.[438]

Das *BVerfG* hat eine erzwingbare Auskunftspflicht gutgeheißen, soweit den Betroffenen ein Verwertungsverbot schützt. Damit kann dem Beschluß zur Situation nach § 30 IV Nr. 1 AO nichts Bestätigendes entnommen werden. Das *BVerfG* befaßt sich mit § 393 I AO nur insoweit, als es diese Norm nennt, sich aber zur Wirksamkeit im grundrechtlichen Sinne nicht äußert.[439] Denn diese Norm war nicht Gegenstand des Verfahrens.

Man darf demnach im Gegensatz zu *Wisser* eher annehmen, daß § 393 I 2 AO den Steuerpflichtigen nicht angemessen schützt. Denn das *BVerfG* hat es für grundrechtskonform gehalten, daß ein Pflichtiger zur einer Datenoffenbarung verpflichtet und gezwungen werden kann, die ihn selbst einer Straftat bezichtigt, wenn er vor der Verwertung der offenbarten Tatsachen im Strafverfahren geschützt wird. Das Schwergewicht in der Argumentation des Gerichts liegt also auf dem Schutz des Steuerpflichtigen vor der strafrechtlichen Verwertung seiner Daten.[440]

---

436 Dazu *Wisser* in: *Klein, § 393/14.*

437 Dazu BVerfGE 56, 37 (41), dort heißt es:
„*Seinen* [des Beschwerdeführers] *schutzwürdigen Belangen wird dadurch ausreichend Rechnung getragen, daß etwaige Selbstbezichtigungen einem strafrechtlichen Verwertungsverbot unterliegen*"

438 In diesem Sinne ist wohl auch BGHSt 37, 340 (343) zur Selbstbezichtigungspflicht im Verfahren des § 807 ZPO zu verstehen.

439 BVerfGE 56, 37 (47).

440 Dem wird die Rspr. wie etwa in BGHSt 36, 328 (333 f.) oder *OLG Düsseldorf*, NStZ 1992, 349 jedoch nicht gerecht, wenn sie die nicht erzwingbare Auskunftspflicht lediglich als Oblie-

Diesen Schutz gewährleistet § 393 I 2 AO jedoch nicht in hinreichendem Maße. Aus § 30 IV Nr. 1 i.V.m. II Nr. 1b AO ergibt sich eine weiträumige Nutzungsmöglichkeit für die Strafverfolgung. Die Norm bringt den Steuerpflichtigen in die Situation, entweder sich selbst zu belasten oder einen Rechtsbruch zu begehen. Gerade diese Situation darf jedoch nach dem Grundsatz des nemo-tenetur nicht eintreten.

Es ist daher vom Gesetzgeber zu fordern, daß er in den Fällen, in denen die Mitwirkungspflicht nicht mehr erzwingbar ist, Klarheit schafft und die Mitwirkungsverpflichtung ausdrücklich ausschließt, um so diesen mißlichen Zustand zu beseitigen. Die Regelung des § 30 IV Nr. 1 i.V.m. II Nr. 1b AO ist zumindest als sehr unglücklich und reformbedürftig zu bezeichnen.[441]

Der *BGH* hat in diesem Zusammenhang einen Lösungsweg über eine restriktive Auslegung des § 370 AO gewählt und angenommen, daß der Steuerpflichtige, der im Rahmen seiner steuerlichen Mitwirkung zwar eine Erklärungspflicht verletzt, aber damit kein neues Unrecht verwirklicht, den Tatbestand der Steuerhinterziehung nicht erfülle. Dies gelte aber nur, wenn sich die Erklärungspflicht auf den steuerlichen Sachverhalt beziehe, der auch Gegenstand des laufenden Steuerverfahrens sei.[442]

## II. Die Offenbarung aufgrund eines Gesetzes (§ 30 IV Nr. 2 AO)

### 1. Grundsätzliche Bedeutung der Norm

§ 30 IV Nr. 2 AO ermöglicht die Offenbarung einer steuerlich relevanten Tatsache, wenn ein Gesetz dies durch ausdrückliche[443] Bestimmung zuläßt. Ein Gesetz im Sinne der AO ist nach § 4 AO *„jede Rechtsnorm"*. Das hieße, daß § 30 IV Nr. 2 AO die Offenbarung, und damit einen Eingriff in das Recht der informationellen Selbstbestimmung, aufgrund jeder Rechtsnorm erlaubt.

Diese Ermächtigung ist vor dem Hintergrund der Wesentlichkeitsrechtsprechung des *BVerfG*[444] sehr bedenklich. Hier hat das Gericht wesentliche Eingriffe in Grundrechte nur aufgrund eines formellen Gesetzes zugelassen, das Ausmaß, Inhalt und Gegenstand des Eingriffes so exakt wie möglich bestimmt. Versteht man unter dem Begriff „Gesetz" in § 30 IV Nr. 2 AO aber auch rein mate-

---

genheit betrachtet, die kein Verwertungsverbot begründe; dazu ebenfalls kritisch Anmerkung *Kadelbach*, StV 1992, 508.

441 I.E. ebenso *Aselmann*, NStZ 2003, 75

442 *BGH*, NJW 2001, 3638 (3640 f.); JZ 2002, 615 f.

443 Es ist jedoch umstritten, ob „ausdrücklich" i.S.d. § 30 IV Nr. 2 AO einen explitizen Hinweis auf die Offenbarungsbefugnis verlangt, so *Drüen* in: *Tipke/Kruse*, § 30/71 m.w.Nw., oder ob wie *Lenckner/Perron* in: *Schönke/Schröder*, § 355/21 meinen, auch eine konkludente Ermächtigung ausreichend ist.

444 Vgl. S. 51 f.

rielle Gesetze, wie etwa Rechtsverordnungen[445], dann ergibt sich aus der Regelung des § 30 AO eine Blankoermächtigung zur Einschränkung eines Grundrechtes durch bloße materielle Gesetze, insbesondere Rechtsverordnungen.

Eine solche Ermächtigung stellte damit einen Verstoß gegen das Wesentlichkeitsprinzip dar, da für einen erheblichen Rechtseingriff keine legislative Grundentscheidung erforderlich wäre. Demnach kann bei verfassungskonformer Auslegung des § 30 IV Nr. 2 AO unter einem Gesetz ungeachtet des § 4 AO nur jedes (verfassungsgemäße) formelle Gesetz verstanden werden.[446] Damit wäre auch diese Ausnahme als solche noch kein Verstoß gegen Verfassungsgrundsätze. Gleichwohl muß in Anbetracht der inzwischen unzähligen Einzelgesetze, die Offenbarungen zulassen, festgehalten werden, daß diese Vielfältigkeit der Ausnahmen es für den Bürger nicht mehr zuläßt, einen Überblick über die Verwendung seiner Daten zu behalten.[447] Eine Analyse aller dieser Einzelregelungen ist hier naturgemäß nicht möglich.[448]

### 2. Evokationsbefugnis der Staatsanwaltschaft

Im folgenden soll zunächst ein Blick auf eine Norm geworfen werden, die von manchen Stimmen der Literatur[449] für eine solche Offenbarungsbefugnis gehalten wird, und zwar auf § 386 IV AO. Nach ihrem Wortlaut ist es der Staatsanwaltschaft erlaubt, ein Steuerstrafverfahren, daß von der Finanzbehörde betrieben wird, jederzeit an sich zu ziehen und weiter zu betreiben. Darüber hinaus kann die Finanzbehörde Steuerstrafverfahren auch jederzeit an die Staatsanwaltschaften abgeben.[450]

In Bezug auf die Weitergabe von Informationen über die Verhältnisse des Steuerpflichtigen, die von § 30 AO geschützt werden, gibt § 386 IV keinen direkten Aufschluß. Die Frage der Informationsermittlung ist im Gesetz nicht ausdrücklich angesprochen. Jedoch erhält die Staatsanwaltschaft durch die gesetzliche Evokation zwangsläufig Einblicke in die Verhältnisse des Steuerpflichtigen. Daher wird die Möglichkeit der Abgabe des laufenden Verfahrens an die

---

[445] So mit zutreffendem Hinweis auf § 4 AO, *Lenckner/Perron* in: *Schönke/Schröder*, § 355/21.

[446] So auch *Drüen* in: *Tipke/Kruse*, § 30/71 m.Nw., i.E. auch *Ruegenberg*, S. 71, aber ohne Begründung, zweifelnd dagegen *Rüsken* in: *Klein* § 30/102.

[447] Dazu *Ruegenberg*, S. 71, *Tipke*, Steuerrechtsordnung I, S. 208 spricht von einem *„seitenlangen Katalog"*.

[448] Eine Aufstellung der wichtigsten Regelungen findet sich bei *Drüen* in: *Tipke/Kruse*, § 30/74 ff.

[449] Für eine allgemeine Offenbarungsbefugnis etwa *Scheu*, wistra 1983, 138, *Rüping* in: *Hübschmann/Hepp/Spitaler*, § 386/73; für eine Beschränkung der Offenbarungsbefugnis auf rein steuerliche Tatsachen etwa *Randt* in: *Franzen/Gast/Joecks*, § 386/50 ff. und *Kohlmann*, Steuerstrafrecht, § 386/21.2 jeweils mit zahlreichen Nw.

[450] Dazu AStBV (St) Nr. 18.

Staatsanwaltschaft etwa von *Scheu*[451] als Fall des § 30 IV Nr. 2 AO angesehen. Denn die Finanzbehörde müsse, wenn sie ein solches Verfahren abgebe, zwangsläufig unter Rücksicht auf den Legalitätsgrundsatz, dem sie verpflichtet sei, alle Daten – also auch jene, die einen Hinweis auf nichtsteuerliche Straftaten liefern könnten – weitergeben, die der Staatsanwaltschaft die strafrechtlichen Ermittlungen ermöglichen. Damit sei § 386 IV AO ein Gesetz, daß die Offenbarung der vom Steuergeheimnis geschützten Daten erlaubte. Das Evokationsrecht – so *Scheu* – lasse die Datenoffenbarung zu und werde vom Steuergeheimnis nicht eingeschränkt.[452]

Eine Verwendung der Informationen, die der Steuerpflichtige wegen seiner Mitwirkungspflichten aus §§ 90 ff. AO zum Teil selbst geliefert habe, werde durch § 393 II AO verhindert. Das Steuergeheimnis sei daher auch ausreichend berücksichtigt.

Diese Ansicht erscheint zunächst unter dem Aspekt der Unbestimmtheit der Ermächtigungsgrundlage des § 386 IV AO in Bezug auf eine Datenweitergabe zweifelhaft. Denn die betreffende Norm trifft keinerlei Aussage zu dem Problem der Datenverwendung. Wollte man hier die konkludente Erteilung einer gesetzlichen Ermächtigung zur Datenübermittlung annehmen, so wäre diese als eine Art notwendige Annexkompetenz aus der Befugnis der Verfahrensübernahme zwar grundsätzlich denkbar, doch würde eine solche Weitergabe von Daten eine Einschränkung des Steuergeheimnisses und damit eine Rechtsbeschränkung für den Betroffenen darstellen. Insofern wäre die Norm des § 386 IV AO den Anforderungen an eine solche ermöglichende Ermächtigungsgrundlage kaum gewachsen. Sie widerspricht mit ihrer unbestimmten Formulierung bezüglich der Datenverwendung den Grundsätzen der Wesentlichkeitsrechtsprechung des *BVerfG*, zumal § 30 IV Nr. 2 AO unmißverständlich eine ausdrückliche Offenbarungsbefugnis durch ein anderes Gesetz verlangt.[453]

Des weiteren ist eine eigene gesetzliche Befugnis zum Datentransfer an die Staatsanwaltschaft seitens des Finanzamtes auch nicht notwendig, denn dem hier zugrunde liegenden Zweck genügt die Norm des § 30 IV Nr. 1 AO mit ihrer Offenbarungsbefugnis. Danach dürfen die Verhältnisse des Steuerpflichtigen, die im Besteuerungsverfahren bekannt geworden sind, offenbart werden, wenn sie der Durchführung eines Verfahrens nach § 30 II Nr. 1a) oder b) AO dienen. Aus diesem Grunde darf die Steuerbehörde zum Zwecke der Steuerstrafverfolgung die Verhältnisse des Steuerpflichtigen gegenüber der Staatsanwaltschaft offenbaren, soweit dies der Durchführung eines Steuerstrafverfahrens dient.

---

451 *Scheu*, wistra 1983, 138; mißverständlich *Kohlmann*, Steuerstrafrecht, § 386/25.7.
452 *Scheu*, wistra 1983, 138.
453 So *Randt* in: *Franzen/Gast/Joecks*, § 386/52, ebenso *L. Müller*, DStR 1986, 700.

Diese Ermächtigungsgrundlage des § 30 IV Nr. 1 AO ist deutlich bestimmter und durch die Einschränkung der Voraussetzungen hinsichtlich des Inhalts und der Reichweite der Verwendung der Daten auch ein weniger schwerer Eingriff in das Steuergeheimnis. Dürfte die Steuerverwaltung nach § 30 IV Nr. 2 i.V.m. § 386 IV AO eine unbestimmte Menge Daten ohne nähere Zweckbestimmung an die Staatsanwaltschaft transferieren, so beschränkt § 30 IV Nr. 1 i.V.m. § 30 II Nr. 1b) AO diese Offenbarungsbefugnisse auf solche Daten, die unbedingt notwendig sind, um das Steuerstrafverfahren zu betreiben. *Kohlmann* macht in diesem Zusammenhang deutlich, daß im Rahmen dieser Offenbarungsbefugnis nur Daten über einen steuerstrafrechtlich relevanten Komplex offenbart werden dürfen, nicht jedoch hinsichtlich nichtsteuerlicher Straftaten. Denn es handele sich hier nicht um ein Gesetz i.S.d. § 30 IV Nr. 2, das die Weitergabe auch solcher Daten erlaube. Die Norm des § 386 IV AO sei nur als Offenbarungsgrundlage für steuerstrafrechtliche Verhältnisse tauglich.[454]

Daher handelt es sich bei § 386 IV nicht um eine Norm, die eine Offenbarung i.S.d. § 30 IV Nr. 2 AO zuläßt, sondern nur um eine Zuständigkeitsregelung, die eine Offenbarung i.S.d. § 30 IV Nr. 1 notwendig macht, aber nicht eigenständig zuläßt. Eine Offenbarung der Verhältnisse eines Steuerpflichtigen ist in dieser Hinsicht nach § 30 IV Nr. 1 AO nur insoweit zulässig, als dies für die Steuerstrafverfolgung erforderlich ist. Erfolgt eine Offenbarung auch darüber hinaus, ergibt sich ein Schutz vor Verwertung im Strafverfahren aus § 393 II 1 AO.

### 3. Offenbarungen im Rahmen der Umsatzsteuernachschau

Eine weitere Möglichkeit der Offenbarung bietet sich der Steuerverwaltung gem. § 27b UStG im Rahmen der sog. umsatzsteuerlichen Nachschau.

Nach § 27b I UStG besteht eine dem §§ 90, 200 AO ähnliche Mitwirkungspflicht der Steuerpflichtigen bei der Kontrolle von Umsatzsteueranmeldungen. Die Umsatzsteuernachschau ist eine Art Außenprüfung im Rahmen der Umsatzsteuer.[455] Die Nachschau muß jedoch nicht wie die Außenprüfung angekündigt und vorbereitet werden. Sie soll eine „zeitnahe kursorische Kontrolle“ gewährleisten und nicht an die Stelle der Außenprüfung treten.[456] Zwar gelten auch hier gem. § 1 AO die Rechte des Steuerpflichtigen und des Auskunftspflichtigen nach §§ 103, 393 AO. Jedoch ist für den Betroffenen die Gefahrenlage im Bezug auf eine Selbstbelastung noch schlechter einzuschätzen als im Bereich der Außenprüfung. Die Nachschau erfolgt für den Auskunftspflichtigen als plötzli-

---

[454] *Kohlmann*, Steuerstrafrecht, § 386/21.2, 25.7

[455] *Leonard* betont jedoch in: *Bunjes/Geist*, § 27b/29 ausdrücklich, daß es sich mangels Schlußbesprechung nicht um eine Außenprüfung handelt.

[456] BT-Drs. 14/6883, S. 9.

ches Ereignis und es gibt keine Regelungen über eine ausreichende Information des Betroffenen über Grund und Reichweite der Untersuchung.[457]

Wegen dieser Überrumpelungstaktik, die vielleicht in finanzieller Hinsicht nützlich sein mag, erscheint die Nachschau vor dem Hintergrund des nemo-tentur-Grundsatzes rechtsstaatlich bedenklich.

Doch muß § 27b IV UStG, der zunächst eine Offenbarungsbefugnis normiert, als Schranke für die Verwertung der Daten im Steuerstrafverfahren angesehen werden.[458] Gemäß dieser Norm ist die Weitergabe von Daten, die auch in Verfahren zur Festsetzung und Erhebung anderer Steueransprüche relevant werden könnten, nur insoweit möglich, als ihre Kenntnis *„für die Besteuerung der in Absatz 1 genannten Personen oder anderer Personen von Bedeutung sein kann"*.

Es ist hier nur von Besteuerung bzw. Festsetzung und Erhebung von Steueransprüchen die Rede. Eine Datenoffenbarung zum Zwecke der Steuerstrafverfolgung ist damit ausgeschlossen, denn diese dient nicht der Besteuerung. Diese Deutung wird unterstrichen durch die Formulierung „insoweit zulässig". Diese Worte schließen eine darüber hinausgehende Auswertung der Daten aus.

Nur diese Auslegung des § 27b IV UStG wird dem nemo-tenetur-Prinzip gerecht. Wenn der Staat schon diese Überrumpelungstaktik nutzt, um die Umsatzsteuer möglichst vollständig einziehen zu können, dann ist es rechtsstaatlich notwendig, dem durch ein Verbot der Datenoffenbarung Rechnung zu tragen. Eine gegenteilige Auffassung würde dem Finanzamt die Möglichkeit offen halten, unter dem Vorwand, eine Umsatzsteuernachschau durchzuführen, Daten für die Durchführung eines Steuerstrafverfahrens zu sammeln.[459] Damit ist § 27b IV AO als eine abschließende Offenbarungsbefugnis bezüglich der durch die Nachschau ermittelten Daten zu verstehen.

Trotz dieser Datenoffenbarungsbeschränkung in § 27b IV UStG ergeben sich jedoch Bedenken. Es könnte eine Situation der zwingenden Selbstbelastung entstehen, wenn die über § 27b IV UStG als in ein anderes Steuerverfahren überführten Daten im Rahmen des § 30 IV Nr. 1 i.V.m. § 30 II Nr. 1b AO offenbart werden dürften, wenn also aus dem Besteuerungsverfahren Daten über die Offenbarungsbefugnis aus dem § 30 IV AO in ein Strafverfahren gelangen. Auf diese Weise wäre dann die Einschränkung aus § 27b IV UStG umgangen.

Doch es gilt hier eine Sperrwirkung. Das speziellere Gesetz, § 27b IV UStG, verbietet aus verfassungsrechtlichen Gründen eine Offenbarung der über die

---

[457] Dazu *Gotzens/Wegner*, PStR 2002, 33.

[458] Nicht aber für außersteuerliche Belange, so *Leonard* in: *Bunjes/Geist*, § 27b/29

[459] Auch mit Bedenken wegen der Mißbrauchsmöglichkeiten, *Gotzens/Wegner*, PStR 2002, 34.

Nachschau ermittelten Daten zu anderen Zwecken als dem der Besteuerung der Bezugsperson. Andernfalls würde die Überrumpelungstaktik der Umsatzsteuernachschau zur Hintertür aus dem Steuergeheimnis. Es wäre dann möglich, die Rechte des Beschuldigten einschneidend zu verkürzen. Zur Verhinderung solchen Mißbrauchs ist die Norm des § 27b IV UStG abschließend zu verstehen. Andere als die im Absatz 4 genannten Offenbarungsgründe gibt es nicht. § 27b IV UStG geht damit § 30 IV, V AO vor und verdrängt ihn für den Bereich der Umsatzsteuernachschau, so daß bezüglich dieser Datenoffenbarungsbefugnis keine verfassungsrechtlichen Bedenken bestehen. Daten, die über § 27b UStG erlangt wurden, dürfen daher zu keinem anderen Zweck als der Besteuerung verwandt werden.

### III. Datenoffenbarung zur Verfolgung einer außersteuerlichen Straftat

Der Schutz vor Selbstbelastung durch § 393 II AO wird allerdings nur so weit gewährt, wie die steuerlichen Verhältnisse nicht in einem Fall des § 30 IV Nr. 5 ermittelt wurden, also kein zwingendes öffentliches Interesse an der Aufklärung einer **Straftat** besteht (so § 393 II 2 AO) oder die Informationen ohnehin in einem Steuerstrafverfahren mit den zulässigen strafprozessualen Mitteln erlangt worden sind, der Betroffene sich also seiner strafprozessualen Rechte bedienen konnte.

Auf die letztere Konstellation bezieht sich § 30 IV Nr. 4 AO. Diese Offenbarungsbefugnis erfaßt Informationen, die in einem Steuerstraf- oder Ordnungswidrigkeitenverfahren gewonnen wurden und nun in einem Strafverfahren wegen einer Straftat, die keine Steuerstraftat ist, genutzt werden sollen.

Wenn auf diese Weise ermittelte Daten des Steuerpflichtigen an die Strafverfolgungsbehörden weitergegeben werden, so gelten im Steuerstrafverfahren zumindest insoweit die gleichen Grundsätze wie in sonstigen Strafverfahren. Der Steuerpflichtige darf nicht mit strafrechtlichen Mitteln gezwungen werden, Angaben zu machen und damit an der eigenen Überführung mitzuwirken.[460] Das Steuerstrafverfahren ist und bleibt ein Strafverfahren, und daher hatte die Verfolgungsbehörde schon im Steuerstrafverfahren die rechtsstaatlichen Prinzipien für den Strafprozeß zu beachten. Der Grundsatz des nemo-tenetur wird durch die Offenbarung zwischen den unterschiedlichen Strafverfahren nicht verletzt.[461] Eine Verletzung kommt daher nur insoweit in Betracht, als schon die Daten im Steuerstrafverfahren entgegen dem Grundsatz des nemo-tenetur erlangt worden sein sollten.

§ 30 IV Nr. 4 AO sichert die Rechte des Steuerpflichtigen darüber hinaus insofern ab, als er bestimmt, daß nur solche Informationen weitergegeben werden

---

[460] Dazu *Ruegenberg*, S. 75.
[461] *Koch* in: *Koch/Scholtz*, § 30/22.

dürfen, die der Steuerpflichtige oder ein anderer Auskunftspflichtiger in Kenntnis des eingeleiteten Verfahrens wegen einer Steuerverfehlung herausgegeben hat. Es muß also das Steuerstraf- oder Ordnungswidrigkeitenverfahren schon eröffnet und dies dem Betreffenden bekannt gewesen sein. Macht er also nur aufgrund des Zwangs der steuerlichen Mitwirkungspflicht Angaben, so bleibt er schutzwürdig.[462]

Darüber hinaus dürfen[463] die Daten auch dann weitergegeben werden, wenn derjenige, der die Angaben im Besteuerungsverfahren oder Steuerstraf- oder Ordnungswidrigkeitenverfahren[464] gemacht hat, dies tat, obwohl er wußte, daß er nicht dazu verpflichtet war (§ 30 IV Nr. 4b). Hier bestand keine Aussagepflicht und damit fehlt es am Zwang.[465]

Zwar spricht die Regelung nur von Angaben ohne rechtliche Verpflichtung, jedoch muß diese Ausnahme einschränkend ausgelegt werden, um den Sinn der Regelung ganz zu erfassen. Der Steuerpflichtige soll sich nicht aus einem rein psychischen, rechtlich aber nicht bestehenden Zwang heraus selbst belasten müssen. Daher sind auch solche Fälle von der Datenweitergabe an die Staatsanwaltschaft ausgeschlossen, in denen der Betroffene nicht von seinem Recht wußte, keine Angaben machen zu dürfen, etwa weil er nicht belehrt wurde.[466]

Die Regelung des § 30 IV Nr. 4 AO beinhaltet damit keine eigenständige Verpflichtung zur Selbstbelastung, denn entweder wurden die Daten freiwillig und damit ohne irgendeinen Zwang angegeben oder sie entstammen einem Steuerstrafverfahren. In diesem letzteren Fall wußte der Beschuldigte, daß er keinen Angaben machen muß oder es sind Informationen, die ohne Mitwirkung des Beschuldigten erlangt wurden und auf die sich das Steuergeheimnis sich daher nicht erstreckt.[467]

## IV. Offenbarung aufgrund eines zwingenden öffentlichen Interesses

Über die bislang genannten Konstellationen hinaus ist es nach § 30 IV Nr. 5 AO möglich, Informationen weiterzugeben, die die Finanzbehörde im Wege des Besteuerungsverfahrens ermittelt hat. Die in dieser Regelung genannten Offenbarungsgründe waren schon in Zeiten der Reichsabgabenordnung (RAO) ein an-

---

[462] BT-Drs. 7/4292, S. 18.

[463] Eine Verpflichtung der Finanzbehörde zur Datenübermittlung an die Staatsanwaltschaft besteht jedoch nicht, vgl. *Carl/Klos*, DStZ 1994, 73.

[464] *Koch* in: *Koch/Scholtz*, § 30/23.

[465] So BT-Drs. 7/4292, S. 18.

[466] So muß man wohl auch die Gesetzesbegründung BT-Drs. 7/4292, S. 18 verstehen. Dazu auch *Ruegenberg*, S. 76 f., der darüber hinaus auch dann § 30 IV Nr. 4b nicht anwenden will, wenn der Steuerpflichtige Angaben zu steuerbegünstigenden Tatsachen macht.

[467] Zur Frage des Verzichts auf Auskunftsverweigerungsrechte Dritter, *Ruegenberg*, S. 78.

erkannter Offenbarungsgrund. Sie haben nun in § 30 IV Nr. 5 AO ihren gesetzlichen Niederschlag gefunden.[468]

*„Die Offenbarung der nach Absatz 2 erlangten Kenntnisse ist zulässig, soweit...*

*5. für sie ein zwingendes öffentliches Interesse besteht; ein zwingendes öffentliches Interesse ist namentlich gegeben, wenn ...“*

Diese Offenbarungsbefugnis aus zwingendem öffentlichen Interesse ist sicherlich die innerhalb des § 30 IV, V AO umstrittenste Befugnis der Finanzbehörden zur Datenweitergabe.[469] Denn das Gesetz konkretisiert nicht, wann ein solches zwingendes öffentliches Interesse abstrakt generell vorliegt, sondern nennt nur in den Nr. 5 a-c beispielhaft Fälle solcher Offenbarungsgründe. In der Anwendungszeit der RAO war dieser Ausnahmefall des öffentlichen Interesses als Datentransferbefugnis anerkannt.[470] Auf eine gesetzliche Definition kann jedoch nicht zurückgegriffen werden, denn auch die RAO enthielt keine eine solche Umschreibung des zwingenden öffentlichen Interesses. Damit ist jene Vorschrift ein inhaltsarmes Blankett, eine Generalklausel ohne genügende Konturen.[471] *Loose* warnt deswegen davor, über eine zu weite Auslegung dieser Regelung eine Aushöhlung des Steuergeheimnisses zuzulassen. Eine enge Auslegung der Norm sei notwendig, um das *„Steuergeheimnis nicht zur leeren Hülle verkommen zu lassen“*[472].

Unter einem zwingenden Bedürfnis wird man nach der herrschenden Auffassung Umstände verstehen müssen, unter denen schwere Nachteile für das allgemeine Wohl die Folge einer unterlassenen Offenbarung wären.[473] Es gilt hier insbesondere das Verhältnismäßigkeitsprinzip zu beachten, so daß nicht - wie die ältere Auffassung für den sog. Popitz-Erlaß annahm - schon dann ein zwingendes öffentliches Interesse zu bejahen ist, wenn die Behörde die Informationen nicht auf andere Weise erlangen kann.[474]

---

[468] *Ruegenberg*, S. 80.

[469] Bei *Joecks* in: *Franzen/Gast/Joecks*, § 393/72 heißt es wörtlich: *„Diese Anordnung der Verwertbarkeit der Auskünfte des Stpfl ist verfassungswidrig.“*

[470] *BFH*, HFR 1965, 381 (382).

[471] *Joecks* in: *Franzen/Gast/Joecks*, § 393/71 sprechen von *„extremer Unklarheit“*.

[472] *Loose*, FR 1995, 398.

[473] Dazu *Ruegenberg*, S. 80, *BFH*, HFR 1965, 381 (382), kritisch *Drüen* in: *Tipke/Kruse*, § 30/119, der hier nur eine unbekannte durch eine andere ersetzt sieht.

[474] Nw. dazu bei *Drüen* in: *Tipke/Kruse*, § 30/120.

### 1. Anwendungsbereich des § 30 IV Nr. 5a und 5b AO

Für die Frage der Selbstbelastung des Steuerpflichtigen aufgrund seiner Auskunftspflicht im Besteuerungsverfahren haben die im folgenden zu erörternden Beispielsfälle in § 30 IV Nr. 5a und 5b AO herausragende Bedeutung.[475]

#### a) Die Offenbarung aufgrund schwerer Straftaten (§ 30 IV Nr. 5a AO)

Nach § 30 IV Nr. 5a AO ist es der Finanzverwaltung erlaubt, an die Strafverfolgungsbehörden Daten weiterzugeben, die im Besteuerungsverfahren gewonnen wurden, wenn durch diese Informationen

> *„...a) Verbrechen und vorsätzliche schwere Vergehen gegen Leib und Leben oder gegen den Staat und seine Einrichtungen verfolgt werden oder verfolgt werden sollen.*

In diesem Zusammenhang wird rasch deutlich, daß derjenige, der eine der genannten Straftaten begangen hat, damit rechnen muß, daß seine Daten, die er aus §§ 90 ff. AO angeben muß, an die Strafverfolgungsbehörden weitergegeben werden, wenn diese Daten geeignet sind, die Strafverfolgung zu unterstützen[476] und sich aus den Tatsachen nicht eine bloße Vermutung, sondern bereits ein Anfangsverdacht einer Straftat im Sinne des § 30 IV Nr. 5a, 5b AO ergibt.

Dabei ist es jedoch wichtig, im Gedächtnis zu behalten, daß nicht Fragen der Prävention, sondern der Repression zu diskutieren sind. Ob die Finanzbehörde Daten weitergeben darf, um damit eine schwere Straftat zu verhindern, steht hier nicht zur Diskussion. Allein entscheidend ist die Frage der Offenbarung zur Verfolgung von schon begangenen Straftaten.

In welchen Fällen diese Regelung zur Anwendung kommt, ergibt sich nicht ohne weiteres aus dem Gesetz. Feststellen kann man zunächst nur, daß das rein private oder öffentliche Interesse an der Strafverfolgung allein nicht ausreichend sein kann, da sonst die Regelung des § 30 IV Nr. 4a AO sinnlos wäre.[477] Der Gesetzgeber hätte dann eher eine allgemeine Auskunftspflicht der Finanzbehörden an die Staatsanwaltschaft normiert und damit das Steuergeheimnis für Strafverfahrenszwecke aufgegeben. Es muß also ein, über das Funktionieren der Strafverfolgung hinausgehendes Interesse gegeben sein, das eine Datenweitergabe rechtfertigt.

##### aa) Erfassung aller Verbrechen

§ 30 IV Nr. 5a AO begrenzt deswegen die Mitteilungsbefugnis auf einen Bereich spezifischer, besonders schwerwiegender Straftaten gegen den Staat oder

---

[475] Ihre praktische Relevanz ist nach *Rüster* (wistra 1988, 51) eher gering, denn ein Steuerpflichtiger, der seinen Gewinn aus schweren Straftaten erzielt, werde kaum seinen steuerlichen Pflichten nachkommen und seine steuerlichen Verhältnisse richtig angeben.

[476] *Besson*, S. 53.

[477] I.E. auch *Schäfer* in: LK § 355/51; *Drüen* in: *Tipke/Kruse*, § 30/121a.

gegen Leib und Leben. Jedoch wird aus dem Gesetzeswortlaut allein nicht deutlich, welche Straftaten im Einzelnen erfaßt sind. Die grammatikalische Auslegung läßt es zu, sowohl Verbrechen als solche – also **alle** Verbrechen[478] – einzubeziehen als auch nur solche Verbrechenstatbestände unter den Regelungsgehalt zu fassen, die gegen Leib und Leben oder den Staat und seine Einrichtungen gerichtet sind.[479]

Gegen die alleinige Erfassung solcher Verbrechen, die sich gegen Leib oder Leben richten, spricht sich eine Ansicht mit dem Argument aus, es käme zu einem Wertungswiderspruch, wollte man nur Verbrechen gegen Leib und Leben sowie den Staat und seine Einrichtungen, nicht aber andere Verbrechen gegen hochrangige Rechtsgüter als Offenbarungsgrund der angegebenen Tatsachen betrachten.[480] Dies führe nämlich dazu, daß ein Verdacht auf eine schwere Körperverletzung offenbart werden müsse, nicht aber Tatsachen, die etwa auf einen massiven Eingriff in die sexuelle Selbstbestimmung wie im Falle der §§ 176a ff. StGB hindeuten.[481]

Dieses grundsätzliche Wertungsproblem ist nicht von der Hand zu weisen. Legt man jedoch § 30 AO IV Nr. 5a AO so aus, daß alle Verbrechen erfaßt sind, so käme man zu einer sehr weitgehenden Lockerung des Steuergeheimnisses. Seine Durchbrechung darf jedoch auch bei Straftaten nicht die Regel werden. Daher ist nach Ansicht der Gegner der extensiven Auslegung eine Ausweitung des § 30 IV Nr. 5a AO auf alle Verbrechen aus verfassungsrechtlichen Gründen zu vermeiden. Es sei nur dann eine solche Ausnahmesituation gegeben, die diese Norm erfassen soll, wenn schwerste Nachteile für die Allgemeinheit drohten. Nur in diesem Fall sei die Offenbarung gerechtfertigt, denn es gelte, diese spezifischen Nachteile abzuwenden.[482]

Dem Wortlaut des § 30 IV Nr. 5a AO kann in Verbindung mit dem StGB bei genauer Analyse jedoch mehr an Informationen entnommen werden, als es zunächst den Anschein hat. Der Gesetzgeber formuliert:

> „*Verbrechen und vorsätzliche schwere Vergehen gegen Leib und Leben oder gegen den Staat und seine Einrichtungen...*".

Wie erwähnt, läßt diese Formulierung grammatikalisch die Beziehung der genaueren Umschreibung nicht nur auf die schweren Vergehen zu, sondern auch

---

[478] So die wohl h.M., etwa *Joecks* in: *Franzen/Gast/Joecks*, § 393/79; *Träger* in: LK, § 355/56 f.; *Tormöhlen* in: *Beermann/Gosch*, § 30/138.
[479] So *Tröndle/Fischer*, § 355/14.
[480] *Rüster*, S 81; *Reiß*, S. 125 f.; *BMF*, BStBl. 1987 I, 664, 668.
[481] So *Rüster*, S. 81, *Besson*, S. 52. Wie diese Autoren jedoch zu dem Ergebnis kommen, die einfache Körperverletzung des § 223 sei ein schweres Vergehen in diesem Sinne, ist nicht nachvollziehbar.
[482] *Ruegenberg*, S. 82 m.w.Nw.

auf die Verbrechen.[483] Gegen Leib und Leben sind solche Delikte gerichtet, die sich unter dem 16. (Straftaten gegen das Leben) und 17.Abschnitt (Straftaten gegen die körperliche Unversehrtheit) des StGB wiederfinden. Es sind also im engeren Sinne nur die Tötungs- und die Körperverletzungsdelikte hierunter zu verstehen. Darüber hinaus könnte man alle Delikte erfassen, die eine abstrakte oder konkrete Gefahr für Leib oder Leben oder deren Verletzung voraussetzen.

Mit einem Blick auf den Sechzehnten Abschnitt des StGB (Straftaten gegen das Leben, §§ 211 ff StGB) ist zu erkennen, daß dort drei vorsätzliche Vergehen gegen dieses Rechtsgut zu finden sind: Die Tötung auf Verlangen (§ 216 StGB), der Schwangerschaftsabbruch (§ 218 StGB) und die Aussetzung (§ 221 StGB).[484] Diese Taten hatte jedoch der Gesetzgeber sicherlich nicht im Auge, als er den Offenbarungstatbestand schuf, denn hierüber wird die Finanzbehörde selten Informationen erhalten.[485] Darüber hinaus besteht auch an einer Weitergabe der Tatsachen über diese Straftaten sicherlich kein so gesteigertes Strafverfolgungsinteresse, daß der Gesetzgeber das Steuergeheimnis insoweit durchbrechen wollte.[486]

Daraus ist zu schließen, daß der Gesetzgeber auf die Beschränkung *„gegen das Leben"* auch hätte verzichten können, wenn er nur den Bereich der Vergehen beschränken wollte, denn die genannten Vergehen gegen das Leben sind sicherlich nicht Ursache dieser Formulierung gewesen. Der systematische Zusammenhang spricht also dafür, die Einschränkung auf Straftaten gegen das Leben auch auf die Verbrechen anzuwenden. Selbst wenn man den Begriff *„gegen das Leben"* untechnisch versteht und alle Straftaten einbezieht, die eine Lebensgefährdung beinhalten, wird das Ergebnis nicht anders ausfallen. Die vorsätzlichen Taten, die praktische Bedeutung erhalten können[487] und eine Todesfolge oder Todesgefahr fordern, sind durchgängig Verbrechen.

Daher muß sich die genauere Umschreibung *„gegen...Leben..."* insbesondere auch auf Verbrechen beziehen und diese auf den Bereich der Tötungsdelikte einschränken. Entsprechend werden außer den Verbrechen gegen das Leben nur

---

483 A.A. *Tormöhlen* in: *Beermann/Gosch*, § 30/138, der meint, der Gesetzgeber hätte die Formulierung *„vorsätzliche Straftaten gegen..."* gewählt, wenn er keine Differenzierung zwischen Verbrechen und Vergehen gewollt hätte.

484 Bei einer Strafdrohung von Geldstrafe oder Freiheitsstrafe bis zu drei Jahren kann man im Fall des § 218 StGB wohl kaum von einem schweren Vergehen sprechen.

485 In Fällen der sog. Abtreibungsärzte wäre dies allenfalls noch denkbar.

486 Bei der Tötung auf Verlangen und der Aussetzung ist des weiteren sehr fraglich, aus welchem Grunde die Finanzbehörde an diesen Informationen ein solches Interesse haben könnte, daß der Steuerpflichtige sich dazu genötigt sieht sie anzugeben.

487 Nur ein Vergehen und setzt dennoch eine Todesgefahr voraus ist zwar § 125 a Nr.3 StGB. Jedoch ist seine praktische Bedeutung in diesem Zusammenhang nicht erkennbar.

noch Verbrechen gegen den Leib oder den Staat und seine Einrichtungen erfaßt.[488]

**bb) Erfassung der Delikte des § 138 I, II StGB**

Von anderen wird zur Eingrenzung des Anwendungsbereichs des § 30 IV Nr. 5a AO die Regelung § 138 I, II StGB herangezogen.[489] Nach *Loose*[490] fallen zumindest jene Straftaten, die § 138 I, II StGB als anzeigepflichtig aufzählt, in den Bereich des §§ 30 IV Nr. 5a AO.[491] Dies begründet er damit, daß eine für jedermann geltende Anzeigepflicht erst recht für den Steuerbeamten gelten müsse.[492] Doch ist dem zweierlei entgegenzuhalten:

Zunächst erfordert das Steuergeheimnis als qualifiziertes Amtsgeheimnis eine besondere Geheimhaltung aus Gründen der Rechtsstaatlichkeit. Darüber hinaus werden von *Loose* Repression und Prävention verwechselt. § 138 I, II StGB soll nicht die Verfolgung, sondern die Verhinderung der Katalogtaten ermöglichen; das folgt aus dem Tatbestandsmerkmal des § 138 I StGB *„zu einer Zeit, zu der die Ausführung oder der Erfolg noch abgewendet werden kann"*.[493] Daher kann auch keinerlei Rechtspflicht zum Tätigwerden aus § 138 I, II StGB hergeleitet werden, soweit dies die Weitergabe von Daten zum Zwecke der Straf**verfolgung** betrifft. Damit ist eine Argumentation mit einer Anzeigepflicht eines Jeden zur Verhinderung von Straftaten in diesem Zusammenhang verfehlt.[494]

Des weiteren ist fraglich, ob alle Taten, die § 138 I, II StGB aufzählt, von der Formulierung *„gegen Leib und Leben oder den Staat und seine Einrichtungen"* erfaßt sind.

Den Schutz des Staates bezwecken zunächst die Strafnormen im Bereich der Staatsschutzdelikte im engeren Sinne (§§ 80 ff StGB), also die Strafdrohung solcher Delikte, die den Bestand des Staates als solchen gefährden. Damit sind die in § 138 I Nr. 1-3 StGB genannten Taten mit Sicherheit Straftaten i.S.d. § 30 IV Nr. 5a AO.

Dem Schutz seiner (des Staates) Einrichtungen soll eine Norm dienen, wenn sie die ungestörte Arbeit der staatlichen Organisationen und Behörden, wie etwa

---

488 A.A. insbes. das *BMF* in AEAO zu § 30, Nr. 8.2, jedoch ohne Begründung oder Erörterung der Frage.

489 Etwa *Drüen* in: *Tipke/Kruse*, § 30/123; *Tormöhlen* in: *Beermann/Gosch*, § 30/139; auch *Koch* in: *Koch/Scholtz*, § 30/26, der den Katalog des § 138 StGB jedoch nur als Beispiele ansieht.

490 *Loose*, FR 1995, 398 f.; ebenso *Drüen* in: *Tipke/Kruse*, § 30/123.

491 A.A. *Blesinger* in: *Kühn/v. Wedelstädt*, § 30/33, der nur *„die meisten der in § 138 StGB aufgezählten Straftaten"* erfaßt sieht.

492 So auch *Drüen* in: *Tipke/Kruse*, § 30/123; *Tormöhlen* in: *Beermann/Gosch*, § 30/139.

493 Dazu auch *Lackner/Kühl*, § 138/1.

494 So auch *Lencker/Perron* in: *Schönke/Schröder*, § 355/28.

die der Polizeidienststellen, Gerichte, Parlamente etc gewährleisten soll.[495] Damit sind also nur der Staat als solcher und seine gegenständlichen Einrichtungen geschützt. Selbst wenn man erwägt, darüber hinauszugehen, um etwa eine Straftat gegen die öffentliche Ordnung wie den Verstoß gegen § 146 StGB (§ 138 I Nr. 4 StGB) und damit einen Angriff auf die Sicherheit des Währungssystems zu erfassen, oder z.B. auch § 181a StGB (§ 138 I Nr. 5 StGB) als mittelbar gegen die körperliche Unversehrtheit schützend ansehen will, so wird man dennoch Schwierigkeiten haben, etwa den „einfachen" Raub des § 249 StGB – erfaßt von § 138 I Nr. 8 StGB – als Verbrechen gegen Leib oder Leben oder gar gegen den Staat anzusehen. Der Raub ist zwar oft mit einer gegenwärtigen, zumindest abstrakten Gefahr für Leib oder Leben verbunden, aber dennoch ist er sicherlich keine Straftat gegen Leib oder Leben im herkömmlichen Sinne. In den Schutzbereich des § 249 StGB fallen nur die Freiheit der Willensbildung und -entschließung sowie Eigentum und Gewahrsam.[496] Damit ist es ausgeschlossen, eine generelle Offenbarungsmöglichkeit in allen Fällen von Straftaten i.S.d. § 138 I, II StGB anzunehmen.

**cc) Beschränkung auf die Fälle des § 138 I, II StGB**

*Drüen* will grundsätzlich nur die in § 138 I, II StGB aufgezählten Delikte unter § 30 IV Nr. 5a AO subsumieren und nur *„ausnahmsweise weitere äußerst gravierende Verbrechen gegen Leib und Leben oder den Staat und seine Einrichtungen"* zur Offenbarung zulassen. Die Entstehungsgeschichte und die Notwendigkeit fester Abgrenzungskriterien spreche dafür, diese Aufzählung zu übernehmen.[497] Die Notwendigkeit einer Offenbarungsbefugnis ergebe sich daraus, daß § 138 I, II StGB gerade geschaffen wurde, um verbrecherische Erfolge und damit schwere Nachteile für das allgemeine Wohl von der Gesellschaft abzuwenden.[498]

*Ruegenberg*[499] führt gegen diese Lösung an, eine Beschränkung auf die Taten des § 138 I, II StGB sei zwar wünschenswert, widerspreche aber dem eindeutigen Willen des Gesetzgebers. Dieser hätte, wenn er eine enumerative Aufzählung gewollt hätte, auf § 138 I, II StGB, der ihm bekannt war, zurückgegriffen.

---

[495] *Joecks* spricht in *Franzen/Gast/Joecks*, lediglich davon, daß der fragliche Tatbestand *„in den ersten Abschnitten des Besonderen Teils"* geregelt sei und *„staatliche Rechtsgüter"* schützen müsse.

[496] Dazu *Joecks*, Studienkommentar StGB, § 249/1; *Herdegen* in: LK, § 249/1; *Tröndle/Fischer*, § 249/2.

[497] *Drüen* in: *Tipke/Kruse*, § 30/123; *Tormöhlen* in: *Beermann/Gosch*, § 30/139 f.; ebenso *Goll*, NJW 1979, 94.

[498] So *Drüen* in *Tipke/Kruse*, § 30/123, dazu auch *Cramer/Sternberg-Lieben* in: *Schönke/Schröder*, § 138/2.

[499] S. 82 f. m.w.Nw.

Dies habe er aber nicht getan und damit sei eine Einschränkung auf den § 138 I, II StGB durch den Rechtsanwender nicht statthaft.[500]

Aus der Formulierung des § 30 IV Nr. 5a AO kann mit Blick auf den von *Drüen* für maßgeblich gehaltenen § 138 I, II StGB ein Weiteres gesagt werden: § 138 I, II StGB enthält überhaupt nur zwei Vergehen (§ 95 StGB; Offenbarung von Staatsgeheimnissen und § 310 I Nr. 2 StGB; Vorbereitung eines Explosionsverbrechens) und damit kein einziges Vergehen gegen Leib oder Leben.[501] Wenn der Gesetzgeber nur die Taten des § 138 I, II StGB im Auge hatte, dann hätte es wenig Sinn gehabt von *„vorsätzlichen schweren Vergehen"* zu sprechen. Es gab also keinen Grund für den Gesetzgeber, die Norm des § 30 IV Nr. 5a AO so wie geschehen zu formulieren, wenn er nur die Katalogtaten des § 138 I, II StGB im Auge hatte.[502]

Daher kann festgehalten werden, daß nach der Offenbarungsregelung des § 30 IV Nr. 5a AO die Finanzverwaltung die Befugnis haben soll, die Strafverfolgungsbehörden über durch den Steuerpflichtigen angegebene Tatsachen zu informieren, die den Verdacht einer vorsätzlichen schweren Straftat, gerichtet gegen Leib oder Leben sowie den Staat oder seine Einrichtungen, begründen.[503] Der Versuch, diese Norm über bestehende Kataloge wie § 138 StGB zu konkretisieren, ist als gescheitert anzusehen.

**dd) Schwere Vergehen**

Damit bleibt insbesondere offen, wann ein Vergehen als so *„schwer"* zu betrachten ist, daß jene Offenbarungsbefugnis besteht. *Joecks* lehnt die Erfassung von Vergehen gegen Leib oder Leben generell ab. Denn er ist der Ansicht, es könne nur dann eine schwere Straftat vorliegen, wenn es sich um ein Verbrechen handele.[504] Dem könnte man aus rechtsstaatlichen Erwägungen zustimmen, doch muß man sich im Klaren sein, daß dieser Auslegung der Wortlaut explizit entgegensteht. Des weiteren ist mit der Aussonderung dieser Delikte in der Praxis nicht viel gewonnen. Man wird mit *Lenckner/Perron*[505] im Rahmen des § 30 IV Nr. 5a AO jedoch solche Straftaten, die in § 30 IV Nr. 5b erfaßt sind, außen vor lassen können, denn eine Notwendigkeit für eine doppelte Regelung besteht nicht. Damit scheiden Wirtschaftsstraftaten aus dem Anwen-

---

[500] I.E. so auch *Lenckner/Perron* in: *Schönke/Schröder*, § 355/28.

[501] Im Fall des § 310 I Nr. 2 besteht noch keine abstrakte Gefahr für Leib oder Leben, da es sich noch um die Vorbereitung handelt. Bestünde aus der Sicht des Täters schon eine Gefährdung, so wäre die Vorbereitungsphase schon verlassen worden und es handelte sich schon um den Versuch eines Verbrechens nach § 308 I StGB.

[502] Mit Hinweis auf den Wortlaut auch *Joecks* in: *Franzen/Gast/Joecks,* § 393/80 gegen die Beschränkung auf § 138 StGB.

[503] So i.E. auch *Ruegenberg*, S. 82.

[504] *Joecks* in: *Franzen/Gast/Joecks*, § 393/79.

[505] *Lenckner/Perron* in: *Schönke/Schröder*, § 355/28.

dungsbereich der vorliegenden Norm aus, auch wenn sie sich gegen den Staat im weiteren Sinne - etwa gegen den Fiskus – richten mögen.

Weiterhin wollen *Lenckner/Perron*[506] aus der Gegenüberstellung der schweren Vergehen mit den Verbrechen folgern, daß es dem Gesetzgeber bei der „Schwere“ eines Vergehens auf die abstrakte Strafhöhe ankomme, wobei minder schwere Fälle auszuscheiden seien. Diese Ausscheidung minder schwerer Fälle ist ebenfalls richtig, denn hier besteht kein so gesteigertes Strafverfolgungsbedürfnis, daß das Steuergeheimnis zurücktreten müßte.

Daher widerspricht *Ruegenberg* der Auffassung von der abstrakten Strafdrohung. Er ist der Auffassung, daß der einzelne Beamte in wertender Entscheidung festzustellen habe, ob Art und Ausmaß der Tat die Aufrechterhaltung des Steuergeheimnisses unerträglich erscheinen lassen und einem zwingenden öffentlichen Interesse Vorrang zu gewähren sei.[507] Nur so könne man das Strafverfolgungsinteresse hinreichend bestimmen. Daran ist richtig, daß der gesetzgeberische Sinn des Steuergeheimnisses und seiner Durchbrechung es notwendig machen, Einzelfallentscheidungen zu treffen, um die Gefahr für die Allgemeinheit abwägen zu können.

Hiergegen muß jedoch in der Praxis erwogen werden, daß vom einzelnen Finanzbeamten eine strafrechtliche Abwägung verlangt wird, nach der er die Schwere eines Deliktes einordnen und eine Strafmaßerwägung anstellen soll. Zu dieser Tätigkeit wird der Steuerbeamte aber im Zweifelsfall kaum qualifiziert sein und sie daher nicht leisten können.

Der Gesetzgeber hat sich hier, wegen der fehlenden Angaben über die genaue Konstellation, in der offenbart werden darf, für einen Weg entschieden, von dem bezweifelt werden darf, ob er den Anforderungen des Bestimmtheitsgebots entspricht. Es ist weder aus dem Gesetz noch aus den Motiven des Gesetzgebers klar zu erkennen, welchen Anwendungsbereich diese Norm erhalten sollte.[508] Daher stürzt diese Norm den Steuerpflichtigen und den Rechtsanwender in eine erhebliche Rechtsunsicherheit.

Vom Gesetzgeber ist daher zu fordern, daß er sich in diesem Zusammenhang einer deutlicheren Sprache bedient, also etwa die Auffassung von *Drüen* und *Tormöhlen* mit dem Gesetz in Einklang bringt und den § 138 I, II StGB als Maßstab nimmt, oder besser einen eigenen Katalog schafft[509], in dem die Straftaten genannt sind, die eine Offenbarung ermöglichen. Es wäre denkbar mit ei-

---

[506] *Lenckner/Perron* in: *Schönke/Schröder*, § 355/28, m.w.Nw.

[507] *Ruegenberg*, S. 83.

[508] Die Gesetzesbegründung, BT-Drs. 7/4292, S. 18, enthält keinerlei Hinweise auf eine Auseinandersetzung mit der Frage, welche Straftaten erfaßt sein sollen.

[509] Auch wenn *Intemann* in: *Pahlke/König*, § 30/232 meint, mit einem Katalog gehe die erforderliche Flexibilität der Regelung des § 30 IV Nr. 5a AO verloren.

nem solchen Katalog einen groben Rahmen für die Delikte zu schaffen, die Grundlage für die Offenbarung sein können und - wichtiger noch - die Delikte auszuscheiden, deren Verdacht niemals eine Datenweitergabe erlaubt.

### ee) Gesicherter Anwendungsbereich des § 30 IV Nr. 5a AO

Nach dem Gesetzestext dieser Norm kann nur festgehalten werden, welche Taten sicher vom Bereich des § 30 IV Nr. 5a AO erfaßt sind. Dies sind alle Verbrechen im 16. und 17. Abschnitt des StGB (§§ 211, 212, 221 II, III, 226, 227 StGB). Des weiteren ist der Verdacht eines Staatsschutzverbrechens im Sinne der §§ 80 ff. StGB ein Offenbarungsgrund.

Darüber hinaus wird man auch alle Vorsatztaten mit Todesfolge in den Bereich der Offenbarungsgründe mit einschließen dürfen. Der Anwendungsbereich des § 30 IV Nr. 5a AO beschränkt sich danach auf einen engen Bereich der Schwerkriminalität.

Keinesfalls kann nach Sinn und Zweck der Norm das zwingende öffentliche Interesse auf die Verfolgung aller Geldwäschetaten und -vortaten erstreckt werden, wie das *Bundesministerium der Finanzen* (BMF) es als selbstverständlich voraussetzt.[510] Bei der Fülle der Vortaten im dem letztlich wieder weitgehend geänderten Katalog wäre damit das Steuergeheimnis gegenüber beinahe jeder Strafverfolgung wirkungslos.[511]

### ff) Einführung des § 31b AO durch das 4. Finanzmarktförderungsgesetz

Die Bedenken gegen eine Erfassung des Geldwäscheverdachts als Grund für den Datentransfer an die Strafverfolgungsbehörden haben den Gesetzgeber nicht davon abgehalten, mit Wirkung ab dem 01.07.2002 durch das 4. Finanzmarktförderungsgesetz[512] folgende Norm in die AO einzufügen:

> *§ 31b AO*
>
> *„Die Finanzbehörden sind verpflichtet, die nach § 30 geschützten Verhältnisse den für die Verfolgung der Geldwäsche (§ 261 Strafgesetzbuch) zuständigen Behörden mitzuteilen, wenn Tatsachen auf eine derartige Straftat schließen lassen."*

Mit dieser Regelung wird das Steuergeheimnis für alle Straftaten, die zum Katalog des § 261 StGB gehören, hinfällig. Damit wird dem § 30 AO ein großer Teil seines Anwendungsbereichs genommen und das Steuergeheimnis in einer bedenklichen Weise preisgegeben.

Dennoch wird jener § 31b AO wohl in der Praxis wenig eigenständige Bedeutung gewinnen. Die Steuerverwaltung war – wie gesagt – schon nach alter Rechtslage der Auffassung, daß für Fälle des Geldwäscheverdachts § 30 IV Nr.

---

[510] BMF-Schreiben vom 17.12.2001 - IV A 4 S 0130-86/01.

[511] Zur Problematik des weiten Anwendungsbereichs des § 261 StGB, vgl. S. 198 ff.

[512] BR-Drs. 936/01, S. 163.

5 AO gelte, da es sich um bedeutsame Wirtschaftsstraftaten handele. Des weiteren erzielt § 31b AO nicht die erwünschte Wirkung, da offensichtlich übersehen wurde, auch § 393 II 2 AO zu ändern. Dieser nennt nämlich nur § 30 IV Nr. 5, nicht aber § 31b AO. Insbesondere weil häufig Verfahren wegen Steuerstraftaten mit solchen wegen Geldwäsche zusammentreffen werden[513], gibt § 31b AO der Finanzverwaltung keine weitergehenden Befugnisse als § 30 IV Nr. 5, weil hier zumindest ein partielles Beweisverwertungsverbotes bzw. ein Ausschluß von Zwangsmitteln durch § 393 AO normiert ist.

§ 31b AO normiert jedoch eine wichtige Besonderheit in Satz 2; denn danach sind die Finanzbehörden nun zur Datenweitergabe an die Staatsanwaltschaften verpflichtet.[514]

Diese Verpflichtung zur Datenübermittlung ist jedoch erst mit Vorliegen der Voraussetzungen eines strafrechtlichen Anfangsverdachts der Geldwäsche anzunehmen. Die Gegenauffassung[515], die geringere Voraussetzungen für ausreichend hält, um eine Verpflichtung zur Anzeige gegenüber den Strafverfolgungsbehörden anzunehmen, ist mit dem Gesetzeswortlaut nicht in Einklang zu bringen.

Denn die Formulierung des § 152 StPO, der *„tatsächliche zureichende Anhaltspunkte"* für das Vorliegen einer verfolgbaren Straftat als maßgebliche Bedingung einer Strafverfolgungspflicht normiert, ist inhaltlich gleichbedeutend mit den *„Tatsachen, die auf eine derartige Straftat schließen lassen"* im § 31b AO. Aus dem Vergleich des Wortlauts der Normen läßt sich nicht erklären, warum die Finanzverwaltung schon dann eine Mitteilungspflicht haben soll, wenn *„ein krimineller Hintergrund im Sinne des § 261 StGB nicht ausgeschlossen werden kann."*[516]

Auch die Argumentation *Rüskens*, die zuständigen Finanzbeamten seien nicht in der Lage, festzustellen, ob ein Anfangsverdacht vorliege und daher bei Vorliegen eines allgemeinen Verdachts, *„Geldflüsse könnten im Zusammenhang mit Geldwäsche stehen"* zur Datenübermittlung verpflicht[517], greift insofern nicht, als man den Beamten mit dieser Ansicht zum einen zutraut, eine Vortat des § 261 StGB erkennen zu können, aber andererseits nicht zutraut, den strafrechtlichen Anfangsverdacht einschätzen zu können, obwohl letzteres nicht mehr juristische Fachkenntnisse erfordert als ersteres.

---

[513] Zu § 370a AO und seiner Bedeutung, vgl. S.211 ff.

[514] Dies ergibt sich aus dem eindeutigen Wortlaut, so auch *Rüsken* in: *Klein*, § 31b; *Intemann* in: *Pahlke/König*, § 31b/20.

[515] Etwa *Intemann* in: *Pahlke/König*, § 31b/28; *Rüsken* in: *Klein*, § 31b.

[516] AEAO zu § 31b, Ziffer 2, Satz 3.

[517] *Rüsken* in: *Klein*, § 31b.

Eine Pflicht der Finanzverwaltung zur Meldung von Geldwäschevortaten hängt damit entgegen der ausdrücklichen Verwaltungsanweisung in dem AEAO von dem Vorliegen eines strafrechtlichen Anfangsverdachts i.S.d. § 152 StPO ab.

### b) Offenbarung zur Verfolgung von Wirtschaftsstraftaten (§ 30 IV Nr. 5b AO)

Neben dem Verdacht einer schweren spezifischen Straftat nach § 30 IV Nr. 5a AO bzw. dem Geldwäscheverdacht i.S.d. § 31b AO erlaubt nach der AO auch der Verdacht von bestimmten Wirtschaftsstraftaten (§ 30 IV Nr. 5b AO) eine Offenbarung von Daten des Steuerpflichtigen.[518] Diese Regelung sollte die damalige Verwaltungsübung legalisieren.[519] § 30 IV Nr. 5b AO erlaubt die Datenweitergabe, wenn durch diese Informationen

> *„...b) Wirtschaftsstraftaten verfolgt werden oder verfolgt werden sollen, die nach ihrer Begehungsweise oder wegen des Umfangs des durch sie verursachten Schadens geeignet sind, die wirtschaftliche Ordnung erheblich zu stören oder das Vertrauen der Allgemeinheit auf die Redlichkeit des geschäftlichen Verkehrs oder auf die ordnungsgemäße Arbeit der Behörden und der öffentlichen Einrichtungen erheblich zu erschüttern."*

Wirtschaftsstraftaten sind alle Delikte, die bei wirtschaftlicher Betätigung das Vertrauen im Wirtschaftsleben mißbräuchlich ausnutzen und so nicht nur eine Einzelperson schädigen, sondern auch die wichtigen Belange der Allgemeinheit berühren.[520] In Kriminologie und Kriminalpolitik wird häufig von *„white-collar-Kriminalität"* gesprochen.[521] Gemeint sind insbesondere solche Berufsstraftaten, die von Personen im Staatsdienst, im Geschäftsleben oder in freien Berufen in Ausübung ihrer Tätigkeit begangen werden.

Um mehr Begriffssicherheit in dieser doch sehr allgemein gehaltenen Definition zu bewirken, hatte der Rechtsausschuß bei der Beratung des § 30 AO vorgeschlagen, einen Bezug zum § 74c GVG herzustellen.[522] Diese Norm stellt bestimmte Straftaten in den Zuständigkeitsbereich der Wirtschaftsstrafkammern. Zwar hätte mit dieser Maßnahme einiges an Rechtssicherheit gewonnen werden können, jedoch hat der *Bundestag* diesen Verweis auf das Gerichtsverfassungsgesetz mit der Begründung abgelehnt:

---

[518] Hier wird es nach der Einführung des § 31b AO sicherlich häufig zu Überschneidungen mit dieser Norm kommen.
[519] So BT-Drs. 7/4292, S. 18.
[520] *Schwind*, § 21/14 ff.
[521] Den Begriff der white collar crime prägte *Sutherland*, S. 9. Dort heißt es: *„White collar crime may be defined approximately as a crime committed by a person of respectability and high social status in the course of his occupation."*; näher dazu *Göppinger*, Kriminologie, S. 541.
[522] Dazu BT-Drs. 7/4292.

*„Dem Vorschlag des Rechtsausschusses [...] ist der Finanzausschuß nicht gefolgt, da hierdurch der Kreis der Fälle einer erlaubten Offenbarung erweitert worden wäre."*

Statt einer Eingrenzung des Kreises der betreffenden Delikte über eine Verweisung auf § 74c GVG hat der Gesetzgeber es vorgezogen, den Anwendungsbereich über nähere, aber recht abstrakte Umschreibungen zu definieren.[523]

Es ist nunmehr eine besondere volkswirtschaftliche Bedeutung der Straftat erforderlich, um eine Tat als Wirtschaftsstraftat i.S.d. § 30 IV Nr. 5 b AO betrachten zu können. Damit wurde der Anwendungsbereich in Bezug auf die Fälle, in denen offenbart werden darf, zwar verringert. Der Verzicht auf die Verweisung auf § 74c GVG ermöglicht der Finanzverwaltung jedoch auf der anderen Seite eine Offenbarung auch solcher Straftaten, die nicht in die Kompetenz der Wirtschaftsstrafkammer fallen, denn der Bereich der Wirtschaftskriminalität ist von der Aufzählung des § 74c GVG nicht abschließend abgedeckt.[524] Der Gesetzgeber hat

*„keine Legaldefinition des Begriffs Wirtschaftskriminalität vorgegeben, wohl aber eine pragmatische, an strafprozessualen Gesichtspunkten orientierte Klausel in Form eines Straftatenkatalogs zur Verfügung gestellt..."*.[525]

Ersteres hätte er auch nicht gekonnt, denn der Begriff der Wirtschaftskriminalität ist nach seiner Definition schon so weitläufig, daß es die Wirtschaftskriminalität und den Wirtschaftskriminellen letztlich nicht gibt.[526]

Eine Bestimmung des Umfangs der hier offenbarungsfähigen Wirtschaftsstraftaten kann also, wie es die weiteren Merkmale des § 30 IV Nr. 5b AO schon vorgeben, nur über die Sozial- und Wirtschaftsschädlichkeit der konkreten Tat und über das Schutzgut des in concreto verletzten Tatbestandes gelingen.[527] Wirtschaftsstraftaten, die eine Offenbarung über § 30 IV Nr. 5b AO erlauben, sind damit alle Straftaten, die ein wirtschaftliches Rechtsgut betreffen und darüber hinaus die weiteren Voraussetzungen der Norm erfüllen, also nach ihrer Begehungsweise oder wegen des Umfangs des durch sie verursachten Schadens geeignet sind, die wirtschaftliche Ordnung erheblich zu stören oder das Vertrauen der Allgemeinheit auf die Redlichkeit des geschäftlichen Verkehrs oder auf die ordnungsgemäße Arbeit der Behörden und der öffentlichen Einrichtungen erheblich zu erschüttern.

---

[523] So i.E. auch *Drüen* in: *Tipke/Kruse*, § 30/124, der von einer zu allgemeinen Begriffsbestimmung spricht.

[524] § 74c GVG gibt nach *Joecks* in: *Franzen/Gast/Joecks*, § 393/81, einen Anhaltspunkt für den Anwendungsbereich.

[525] *Dannecker* in: *Wabnitz/Janovsky*, 1/8

[526] So schon *Zirpins/Terstegen*, S. 18.

[527] So i.E. *Joecks* in: *Franzen/Gast/Joecks*, § 393/83 ff.

Es ist mithin eine Einzelfallbewertung vorzunehmen, um dann konkret zu entscheiden, in welchen Fällen die besondere wirtschaftliche Bedeutung eine Offenbarung ermöglicht.[528] Dabei bedeutet das Vorliegen einer Straftat, die in den Katalog des § 74c GVG fällt, nach der Rechtsprechung noch nicht, daß auch § 30 IV Nr. 5b AO anzuwenden ist.[529] Vielmehr kommt es nach Auffassung des *BGH* immer auch auf das Ausmaß des drohenden Schadens an.[530]

### 2. Verstoß gegen das nemo-tenetur Prinzip durch die genannten Ausnahmen vom Steuergeheimnis

#### a) Selbstbelastungszwang und zwingendes öffentliches Verfolgungsinteresse

In den erörterten Fallgruppen des § 30 IV AO steht die wichtige Frage im Raum, ob die angesprochenen Offenbarungsmöglichkeiten tatsächlich dazu führen, daß der einzelne Täter zu einer Selbstbezichtigung gezwungen wird, wenn die steuerlichen Mitwirkungspflichten und der Verwaltungszwang ihm nur die Wahl lassen, sich selbst zu belasten oder den Verwaltungszwang zu erdulden.

Die dargelegten Ausnahmeregelungen zum Steuergeheimnis erlauben eine Weitergabe bestimmter, unter dem Druck der Mitwirkungspflicht durch die Steuerbehörde ermittelter Daten. Dieser Transfer geschieht zum Zwecke der Strafverfolgung und mit der Folge eines Strafverfahrens gegen den Betroffenen.

Der Steuerpflichtige kann, da ihm in den Fällen eines Verdachts der in §§ 30 IV Nr. 5a, 5b und 31b AO genannten Straftaten kein Mitwirkungsverweigerungsrecht zukommt, nur eine wahrheitsgemäße Angabe machen, mit der er sich selbst – strafrechtlich gesehen – „ans Messer liefert“, wenn er seiner Steuerpflicht zur Erstattung von Angaben nachkommen will. Er muß Angaben zu seinen Einkünften machen, auch wenn dies dazu führt, daß er zu seiner eigenen Verurteilung beiträgt. Es entsteht also eine ähnliche Situation wie im Fall des § 30 IV Nr. 4 AO. Der Steuerpflichtige hat trotz der Gefahr der Strafverfolgung Angaben zu machen. Doch diese Konfliktsituation, die der Gesetzgeber im Rahmen des Steuerstrafverfahren durch § 393 I 2, II AO zumindest faktisch ent-

---

[528] Daher etwas zu weitgehend, die *OFD-München*, Verfügung vom 28.12.1999 (S 2144- 66 St 41/42 M), die festlegt, daß bei der Bestechung ausländischer Amtsträger oder Parlamentarier im internationalen Geschäftsverkehr eine Datenweitergabe von den Finanzämtern an die Strafverfolgungsorgane verpflichtend ist. In der Verfügung heißt es lapidar *„§ 30 AO gestattet insoweit eine Offenbarung steuerlicher Verhältnisse“*.

[529] Das *OLG Stuttgart*, wistra 1986, 191, hat im Fall einer Verletzung des § 82 I GmbHG die Offenbarung über § 30 IV Nr. 5b wegen der geringen Bedeutung der Tat und des Unrechts für unzulässig gehalten; ähnlich auch *Drüen* in: *Tipke/Kruse*, § 30/130.

[530] Der *BGH* (Zivilsenat) hat in NJW 1982, 1648 (1649) § 30 IV Nr. 5 in einem Fall der Korruption im Rahmen der Beschaffung für die Bundeswehr angewendet, weil der Täter sich durch Betrugsdelikte in großem Umfang zu Unrecht öffentliche Mittel verschafft habe.

schärfen wollte, bleibt im Falle eines offenbarungsfähigen Verdachtsgrundes i.S.d. §§ 30 IV Nr. 5, 31b AO brisant.[531] Der Steuerpflichtige kann in diesen Fällen durchaus mit Mitteln der §§ 328 ff. AO dazu gezwungen werden, seine Daten preiszugeben. Er muß also entweder Verwaltungszwang hinnehmen oder sich selbst bezichtigen.

Wenn der Steuerpflichtige Straftaten i.S.d. §§ 30 IV Nr. 5, 31b AO begeht, die ihm Einkünfte der Einkunftsarten des EStG bringen oder damit in sehr engem Zusammenhang stehen, dann muß er diese Einkünfte angeben, wenn er seiner steuerrechtlichen Mitwirkungspflicht nachkommen will. Er muß dann damit rechnen, daß seine Daten an die Strafverfolgungsbehörden weitergegeben werden. Wenn er der Finanzbehörde mitteilt, er werde über bestimmte Einkünfte keine Angaben machen, dann muß er sich dem Verwaltungszwang oder einer Schätzung unterwerfen. Teilt er dagegen nicht mit, daß er diese Einkünfte aus der illegalen Tätigkeit hatte und wird daher seine Steuerschuld zu niedrig festgesetzt, dann macht er sich aus §§ 370 ff. AO strafbar und muß mit steuerstrafrechtlichen Konsequenzen rechnen.[532]

Dem Steuerpflichtigen bleibt also nur eine Möglichkeit zu handeln, ohne grundsätzlich strafrechtliche Konsequenzen befürchten zu müssen. Er kann seine Mitwirkung verweigern und dann den Verwaltungszwang oder die Schätzung hinnehmen. Im letzteren Falle ist er nach der Rechtsprechung des *OLG Karlsruhe* sogar verpflichtet, eine zu günstige Schätzung zu korrigieren, wenn er sich nicht strafrechtlich verantworten müssen will.[533]

Das *BVerfG* hat jedoch in ständiger Rechtsprechung betont, daß ein Zwang zu strafrechtlicher Selbstbelastung mit dem Grundgesetz nicht vereinbar ist.[534] Ein solcher Zwang zur Aussage sei verfassungswidrig, weil er einen Verstoß gegen die Menschenwürde begründe. Hier stellt sich jedoch die Frage, ob dies auch für den verwaltungsrechtlichen Zwang Geltung hat, ob also eine Person im Verwaltungsverfahren zur Auskunft gezwungen werden kann, wenn sie sich damit der Gefahr der Strafverfolgung aussetzt.

Das *BVerfG* hat dazu im Gemeinschuldnerbeschluß[535] festgestellt:

> *„Der Schutz gegen Selbstbezichtigung beschränkt sich nicht auf strafrechtliche und vergleichbare Verfahren. Auch für den Zivilprozeß und entsprechende Verfahren ist anerkannt, daß die Wahrheitspflicht der Partei dort ihre Grenzen findet, wo sie gezwungen wäre, eine ihr zur Unehre gereichende Tatsache oder eine von ihr begangene strafbare Handlung zu offenbaren. Für den Bereich der Gewährung*

---

[531] Für § 31b AO gilt überraschender Weise noch das Beweisverwertungsverbot des § 393 II 2 AO.

[532] So *BGH*, wistra 2002, 149 f, 150; NStZ-RR 2004, 242 (243)

[533] *OLG Karlsruhe*, BB 1966, 1379.

[534] Etwa BVerfGE 1, 97, (104 ff.); 56, 37 ff. (42, 49 ff.).

[535] BVerfGE 56, 37 (44).

*von Sozialleistungen bestimmt das neue Sozialgesetzbuch ausdrücklich, daß der Leistungsberechtigte solche Angaben verweigern darf, die ihn der Gefahr einer strafgerichtlichen Verfolgung aussetzen (§ 65 Abs. 3).*"

Das bedeutet, daß das Gericht anerkennt, daß auch ein über die reine strafrechtliche Sanktion hinaus drohender Nachteil zu einem Recht auf Verweigerung der Angaben führen kann.

Es ergibt sich daraus ein generelles Prinzip, nachdem der Einzelne im Rechtsverkehr nicht mit Zwang dazu gebracht werden darf, Aussagen zu machen, durch die er strafbare Handlungen offenbaren müßte. Dies hat auch der Gesetzgeber anerkannt, denn in der Gesetzesbegründung zu § 46 (§ 38 des Entwurfs) Gesetz gegen Wettbewerbsbeschränkungen (GWB) heißt es:

Das Recht, bei Gefahr einer strafrechtlichen Belastung zu schweigen, sei ein „*naturrechtliches Prinzip*" und Voraussetzung für ein rechtsstaatliches Verwaltungsverfahren.[536]

Darüber hinaus ist festzuhalten, daß auch im Steuerverfahren gelten muß, was das *BVerfG* im Gemeindschuldnerbeschluß zum Zivilprozeß und sozialrechtlichen Verfahren feststellte:

„*Die derart gegen einen Zwang zur Selbstbezichtigung geschützten Prozeßparteien und Verfahrensbeteiligten tragen [...] das Risiko einer für sie ungünstigen Tatsachenwürdigung.*"[537]

Derjenige, der nicht bereit ist, steuerrechtlich relevante Tatsachen zu offenbaren, muß mit negativen Konsequenzen im Rahmen der Tatsachenwürdigung rechnen.

Im Rahmen des § 30 IV Nr. 5 AO bedeutet das, daß niemand verpflichtet werden darf, steuerliche Angaben zu machen, wenn die Geheimhaltung dieser Angaben nicht gesichert ist. Dennoch normiert die Regelung des § 30 IV Nr. 5 AO eine solche Pflicht.

Der *BGH*[538] ist in gefestigter Rechtsprechung gleichwohl der Auffassung, daß diese Offenbarungspflicht dem Grundsatz des nemo-tenetur gerecht werde, da hier der Schutz überragend wichtiger Gemeinschaftsgüter

– das Gericht nennt dabei die Vollständigkeit des Steueraufkommens –

die Durchbrechung des Steuergeheimnisses gebiete. Schließlich habe der Steuerpflichtige die Möglichkeit, nur die Einkünfte als solche, nicht aber deren Herkunft anzugeben.

---

[536] BT-Drs. 2/3644, S. 33.

[537] BVerfGE 56, 37 (44).

[538] *BGH*, wistra 2002, 149 f.; 2002, 150 f.; 2004, 391 (393).

Dabei unterschätzt das Gericht die Bedeutung des nemo-tenetur Prinzips als Ausfluß der unverletzlichen Menschenwürde und wirft mit dem Steueraufkommen gerade nicht das zutreffenderweise abzuwägende Gemeinschaftsgut in die Waagschale.[539]

Denn § 30 IV Nr. 5 AO dient der Strafverfolgung und nicht dem Steueraufkommen. Der vom *BGH* vorgeschlagene Lösungsweg, nur den Betrag der Einkünfte nicht aber ihre Herkunft anzugeben, ist letztlich untauglich. Denn eine fehlende Angabe der Herkunft des Geldes würde zumindest Mißtrauen beim veranlagenden Beamten wecken und auch ohne unmittelbare Offenbarung zu einer deutlich erhöhten Gefahr der Strafverfolgung führen. Insbesondere im Hinblick auf die Offenbarungs**verpflichtung** des Finanzamtes aus § 31b AO ist die vom *BGH* angegebene Handlungsmöglichkeit keine Alternative.

Der Steuerpflichtige wird folglich zur Angabe von Daten sogar unter Straf- oder Zwangsdrohung verpflichtet. Eine Geheimhaltung wird ihm nicht garantiert und ist insbesondere im Falle des § 31b AO auch nicht anzunehmen. Er ist damit verpflichtet, sich selbst zu belasten. Daher kann für einen Zwang zur Angabe von Daten trotz der Gefahr der Offenbarung an die Strafverfolgungsbehörden nur gelten, daß er einen Verstoß gegen das nemo-tenetur-Prinzip darstellt. Damit ist durch § 30 IV Nr. 5a und b AO im Ergebnis die Menschenwürde verletzt. Eine Erörterung, ob die Schwere der Tat eine Strafverfolgung nicht trotz der entgegenstehenden Grundrechte des Betroffenen rechtfertigt, ist damit ausgeschlossen.

Auch eine Korrektur des Gesetzes im Wege einer verfassungskonformen Auslegung durch Annahme eines **Verwertungsverbots** wie in der KO, die dem Gemeinschuldnerbeschluß[540] zugrunde lag, ist hier nicht möglich. § 30 IV Nr. 5a und 5b AO verlören damit jeden Anwendungsbereich und § 393 II 2 AO stünde dem klaren Wortlaut entgegen. § 30 IV Nr. 5a und b AO ist folglich verfassungswidrig.

### b) Die Folgen des Fehlens von Verwertungsregelungen in § 30 AO

Aus § 30 IV Nr. 5 AO ergibt sich für das Problem strafprozessualer Verwertbarkeit jedoch, selbst unter der Prämisse, daß man die Offenbarung zum Zweck der Verfolgung schwerer Straftaten als gerechtfertigt betrachtet, noch ein weiteres praktisches Problem.

Wenn es der Zweck der §§ 30 IV Nr. 5 AO ist, die Strafverfolgung in solchen Fällen zu ermöglichen, in denen die besondere Schwere der Straftat eine Ausnahme vom Steuergeheimnis zulassen soll, dann darf eine Verwertung der so

539 So aber die Abwägung des *BGH* in wistra 2004, 391 (393).
540 BVerfGE 56, 37 ff.

gewonnenen Daten auch nur im Zusammenhang mit einem Verfahren wegen dieser besonders schweren Tat erfolgen.

Was aber gilt, falls sich der Verdacht einer offenbarungsfähigen Straftat nach § 30 IV Nr. 5 AO zwar ergeben hatte, sich dieser Verdacht aber nicht bestätigt hat, in der konkreten Situation jedoch vieles dafür spricht, daß der betroffene Steuerpflichtige wegen anderer, möglicherweise sogar nicht unbedeutender Straftaten zur Verantwortung gezogen werden könnte, regelt § 30 AO nicht. Es fehlt also an einer begrenzenden Norm für die Datenverwendung nach der Offenbarung. Damit ist sind §§ 30 IV Nr. 5, 31b AO[541] auch unter diesem Aspekt rechtsstaatlich bedenklich.

## V. Fazit

Mithin ist neben § 30 IV Nr. 1 i.V.m. II Nr. 1a AO auch § 30 IV Nr. 5a, 5b AO bzw. § 31b AO als verfassungswidrige Ausnahmeregelung anzusehen. Erstere verwehrt dem Betroffenen die Inanspruchnahme von Grundrechten und letztere bringen den Steuerpflichtigen in die Zwangslage, sich entweder strafrechtlich selbst zu belasten oder wegen mangelnder Mitwirkung verwaltungsrechtliche Zwangsmaßnahmen nach §§ 328 ff. AO bis hin zur Zwangshaft in Kauf zu nehmen, solange noch kein Steuerstrafverfahren gegen ihn eingeleitet ist.[542] Die Offenbarungsbefugnis bzw. Pflichten nach § 30 IV und § 31b AO verletzen damit den Grundsatz des nemo-tenetur.

Der Gesetzgeber muß also, um verfassungsgemäß zu handeln, entweder ein strenges Steuergeheimnis ohne Ausnahmeklauseln bzw. mit weitreichenden Verwertungsverboten schaffen oder im Falle der Gefahr einer strafrechtlichen Selbstbelastung nicht nur die Möglichkeit des Verwaltungszwangs vollständig beseitigen, sondern auch jede Mitwirkungsverpflichtung ausschließen. Vom finanziellen Standpunkt her wäre die Lösung über ein vollständiges Verwertungsverbot sinnvoller, rechtsstaatlich sicherer wäre eine vollkommene Beseitigung der Mitwirkungspflicht.

---

[541] Zu § 31b AO ebenso, *Marx*, DStR 2002, 1469.

[542] Denn erst ab diesem Zeitpunkt schützt ihn § 393 AO vor Zwangsmitteln des Finanzamtes.

## B. Gefahren für die Rechtsstaatlichkeit durch Kollisionen des materiellen Steuerrechts mit dem materiellen Strafrecht

Nach § 386 AO gelten im materiellen und formellen Steuerstrafrecht die Regeln des Strafrechts und Strafprozeßrechts. Das Steuerstrafverfahren folgt unstreitig dem Offizial- und dem Legalitätsprinzip.[543] Es besteht bei Verdacht auf eine Steuerstraftat die Pflicht zur strafrechtlichen Ermittlung aus § 152 StPO für die Staatsanwaltschaft und aus § 399 I AO für die Finanzbehörde. Auch alle weiteren Grundsätze, die sowohl für das Steuerrecht als auch für das Strafrecht Geltung haben, sind für das Steuerstrafrecht naturgemäß maßgeblich.

Problematisch wird das Zusammenwirken der beiden Rechtsbereiche jedoch dort wo das Strafrecht anderen Regeln folgt als das Steuerrecht. Solche Divergenzen sind keine Seltenheit, wie oben schon deutlich wurde. Daher stellt sich die Frage, welche Grundsätze Geltung beanspruchen können und wann welches Verfahrensprinzip zurückstehen muß, wenn es zu Kollisionen zwischen den Rechtsgebieten in dem Schnittbereich des Steuerstrafrechts kommt.

Reibungspunkte entstehen insbesondere durch die Regelungen, die dem Beschuldigten einen weitergehenden Schutz als dem Steuerpflichtigen gewähren, ersteren also in jedem Falle vor einer ungerechtfertigten Verurteilung schützen und die im strafrechtlichen Bereich so notwendige und rechtsstaatlich zwingend gebotene Rechtssicherheit garantieren sollen.

### I. Geltung des Grundsatzes *nulla poena sine lege* im Steuerstrafrecht

#### 1. Wirkung steuerrechtlicher Analogien

Verfassungsrechtlich bedeutsam ist vor allem die Geltung des Prinzips *nulla poena sine lege scripta, stricta, certa et praevia* aus Art. 103 II GG. Er bildet einen „Garantietatbestand".[544] Dieser Grundsatz enthält vier für das Strafrecht entscheidende Prinzipien mit fundamentaler Bedeutung:

Das Verbot der strafschärfenden oder -begründenden Rückwirkung und Analogie, das Verbot der Anwendung von Gewohnheitsrecht zu Lasten des Täters sowie das Bestimmtheitsgebot.[545]

Diese Regeln gelten im Steuerrecht nicht so konsequent. Die Finanzrechtsprechung – jedenfalls weitgehend – und ein Teil der Lehre akzeptieren im Steuerrecht belastende Analogie genauso wie belastende Rückwirkungen.[546] Auch das Gewohnheitsrecht ist im Steuerrecht grundsätzlich in beide Richtungen anerkannt; es kann sich also zugunsten und zuungunsten des Steuerpflichtigen aus-

---

[543] *Weyand*, DStZ 1990, 166.

[544] So *Tiedemann*, S. 172.

[545] Dazu S. 27 ff.

[546] Ausdrücklich in BFHE 139, 561 (567); dazu ausführlicher S. 40 ff.

wirken. An diesem Punkt ergibt sich also eine Prinzipienkollision aufgrund in den Fällen der Ausfüllung steuerstrafrechtlichen (Blankett-)Straftatbestände durch steuerrechtliche, also außerstrafrechtliche Normen[547]:

Damit fragt sich, wie eine Situation strafrechtlich zu bewerten ist, in der ein Steueranspruch aus einer analogen Anwendung eines Steuertatbestandes hergeleitet wird. Eine solche Analogie wird in der Regel den Zweck verfolgen, wegen der Vergleichbarkeit der Belastungslage der Betroffenen die nach Art. 3 I GG notwendige Gleichbehandlung herzustellen. Wenn es sich um wirksam begründete steuerliche Verpflichtungen handelt, dann müßten diese, ebenso wie die sich unmittelbar aus dem Gesetz ergebenden Steuerverpflichtungen, strafbewehrt sein. § 369 II AO bestimmt dagegen, daß die strafrechtlichen Gesetze auch auf das Steuerstrafrecht anzuwenden sind. § 1 StGB gilt also auch uneingeschränkt im Steuerstrafrecht und Art. 103 II GG ohnehin.

Eine Analogie zu Lasten des Beschuldigten kann es im Steuerstrafrecht dann genauso wenig geben wie strafbegründendes oder strafschärfendes Gewohnheitsrecht oder solche Rückwirkungen.[548] Denn es handelt sich um Strafrecht, das steuerliche Pflichtverletzungen sanktioniert, und damit gelten die Regeln des Strafrechts. Daher äußert *Tipke* auch etwa zum Analogieverbot im Steuerstrafrecht:

> *„Das Verbot der strafbegründenden und strafverschärfenden Analogie wird, auch durch Art. 103 II GG garantiert. Soweit der Steueranspruch auf eine Analogie gestützt ist, kann eine Steuerverkürzung nicht angenommen werden.“*[549]

Durch eine solche Geltung des Analogieverbots würde ein deutlicher Wertungswiderspruch entstehen, denn es werden auf diese Weise Steueransprüche erster und zweiter Klasse geschaffen. Solche Ansprüche, die der Bürger ohne Strafgefahr „hinterziehen“ kann und solche, deren vorsätzliche Verkürzung mit Strafe geahndet werden kann. Die Klasseneinteilung ergibt sich daraus, daß der eine Teil der Ansprüche, nämlich solche, die aus Analogien hergeleitet werden, strafrechtlich als inexistent angesehen werden müssen.

### 2. Das Steuerstrafrecht als Blankettstrafrecht

Eine Lösung jener Problematik ergibt möglicherweise aus der Rechtsnatur der Steuerstraftatbestände: Im Allgemeinen werden die Straftatbestände der §§ 370 ff. AO als sog. Blankettatbestände betrachtet. Die Frage, ob die Normen der AO, die die Steuerstraftaten normieren, wirklich Blankettstrafgesetze oder aber doch abgeschlossene Tatbestände mit normativen Tatbestandmerkmalen sind,

---

[547] Die h.M. spricht bei den von §§ 370 ff. formulierten Straftatbeständen von sog. Blankettatbeständen; dazu *Kohlmann*, Steuerstrafrecht, B/12 ff.

[548] *Kohlmann*, Steuerstrafrecht, § 370/18.2; *Joecks* in: *Franzen/Gast/Joecks*, § 369/17 ff.

[549] *Tipke*, Steuerrechtsordnung III, S. 1416.

ist jedoch umstritten.[550] Daher ist zu erörtern, welche Auswirkungen die beiden Auffassungen auf die Geltung des Analogieverbots haben.

### a) Blankettgesetze

Creifelds definiert das Blankettgesetz wie folgt:

> *„Blankettgesetz ist eine Rechtsvorschrift...die eine Rechtsfolge festlegt, aber die Bestimmung der Voraussetzungen hierfür anderen Rechtsquellen[...] überläßt."*[551]

Es wäre danach hier ein Blankettatbestand anzunehmen, der voll den strafrechtlichen Regelungen zu unterwerfen ist, wenn es sich bei den §§ 370 ff AO lediglich um Festlegungen des Strafmaßes ohne eigene tatbestandliche Voraussetzungen handeln würde.

Geht man mit der h.M. davon aus, daß die §§ 370 ff AO Blankettstrafnormen sind[552], dann ergibt sich daraus die Folge, daß die Strafnormen der AO so zu lesen sind, als entstammten auch die ausfüllenden Besteuerungstatbestände dem Strafrecht. Damit würden diese Normen ebenfalls zu strafrechtlichen Regelungen, für die das Strafgesetzbuch in vollem Umfang gelten würde.[553] Das bedeutet auch, daß die Begründung einer Steuerstrafbarkeit nicht möglich wäre, wenn sich der betroffene Steueranspruch auf eine Analogie gründet, denn die angewandte steuerrechtliche Norm wird ins Strafrecht transformiert. Es gilt damit das Analogieverbot des Art. 103 II GG. Auch für das Nebenstrafrecht hat das *BVerfG* die umfassende Geltung dieser Verfassungsnorm deutlich gemacht.[554]

Jedoch setzt etwa § 370 AO gerade die dort genannte Tatbestandsmerkmale voraus, die erfüllt sein müssen. Der Steueranspruch ist nur eines dieser Merkmale. Es muß nach den Regelungen der einzelnen Steuergesetze bestimmt werden. Daher darf wohl mit *Rüping*[555] angenommen werden, daß die §§ 370 ff AO keine Blankettnormen im herkömmlichen Sinne darstellen, da diese Strafnormen neben der Beschreibung der Strafdrohung auch Angaben über tatbestandliche Handlungen – etwa das Machen *„unrichtiger Angaben"*– umfassen. Es ist also nur ein Teil des Tatbestandes über einen Verweis in ein anderes Rechtsgebiet zu ermitteln.

---

550 So etwa *von der Heide*, S. 3, 44 ff.

551 *Creifelds*, S. 245 f.; *von der Heide*, S. 34 m.w.Nw.; zum Begriff des Blankettstrafgesetzes auch *Krey*, Blankettstrafgesetze, S. 172 ff.

552 So noch für § 396 RAO ausdrücklich, BGHSt 20, 177 (180); für § 370 AO: BFHE 108, 286, 288; BVerfGE 37, 201 (208); *Kohlmann*, Steuerstrafrecht, B/12; *Joecks* in: *Franzen/Gast/Joecks*, § 369/26, 103; *Pohl*, Rn. 867 ff.; Nw. bei *Hellmann* in: *Hübschmann/Hepp/Spitaler*, § 370/44, *von der Heide*, S. 44 ff.

553 So *von der Heide*, S. 50, m.Nw.

554 BVerfGE 37, 201 (208), m.Nw., dazu auch *Schulze-Osterloh*, S. 49 ff.

555 *Rüping*, NStZ 1984, 451; *F. Meyer*, NStZ 1986, 445.

**b) Steuerrecht als Ausfüllung normativer Tatbestandsmerkmale**

Ein anderes Ergebnis bezüglich der Anwendung des Analogieverbotes könnte sich ergeben, wenn man die §§ 370 ff. AO als Strafnormen verstünde, die normative Tatbestandsmerkmale enthalten.[556] Normative Tatbestandsmerkmale sind solche Merkmale, deren Vorliegen nicht durch bloße Wahrnehmung und Tatsachenkenntnis ermittelt werden kann, sondern deren Feststellung eine rechtliche Wertung erfordert.[557]

Zur Bestimmung der Begriffe *„steuerlich erheblich"* und *„pflichtwidrig"* ist eine steuerrechtliche Wertung notwendig[558], so daß die Betrachtung als normatives Tatbestandsmerkmal nicht fern liegt. In diesem Falle handelte es sich bei dem Begriff des Steueranspruchs in § 370 AO lediglich um ein strafrechtliches Merkmal, das über das Steuerrecht auszufüllen ist. § 370 AO wäre danach nicht als Blankettgesetz zu betrachten.

Dieser Standpunkt wird etwa von *Schleeh*[559] mit der Begründung vertreten, daß die steuerlichen Tatbestände lediglich definieren, ob der schützenswerte Anspruch des Fiskus entstanden sei oder nicht. Auch *Samson* ist der Ansicht, es handele sich bei der Norm des § 370 AO nicht um einen Blankett-Tatbestand. Er begründet seine Ansicht mit den unübersehbaren strafrechtlichen Folgen einer anderen Betrachtung, insbesondere im Rahmen der Rückwirkungsproblematik.[560]

**c) Mögliche Konsequenzen der Einordnung als normatives Tatbestandsmerkmal**

Die Folgen einer Einordnung der auf das Steuerrecht verweisenden Begriffe als normative Tatbestandsmerkmale wären sehr bedeutsam. Mit dieser Betrachtungsweise als strafrechtliches Tatbestandsmerkmal, das aber über das Steuerrecht bestimmt wird, stellt sich die Frage, ob hier das Analogieverbot die gleiche Wirkung hat wie im Falle eines Blankettgesetzes. Denn die Anwendung des nulla-poena-Grundsatzes könnte man im Rahmen der Ausfüllung von normativen Tatbestandsmerkmalen mit einem Verweis auf die Behandlung außerstrafrechtlicher Rechtfertigungsgründe im allgemeinen Strafrecht und die Bedeutung zivilsrechts-akzessorischer Rechtsbegriffe in Straftatbeständen verneinen:

---

[556] *Hellmann* in: *Hübschmann/Hepp/Spitaler*, § 370/47; *von der Heide*, S. 51 f; S. 218 mit Hinweis auf die Problematik des Irrtums.
[557] *Krey*, Strafrecht AT I, Rn. 375.
[558] Eine ähnliche Formulierung enthält etwa § 403 I AktG, der von *„erheblichen Umständen spricht"* und dies wird von *Schulze-Osterloh*, S. 51.
[559] In BB 1971, 817.
[560] *Samson*, wistra 1983, 235, 237.

### aa) Zivilrechtliche Rechtfertigungsgründe im Strafrecht

Die h.M. nimmt an, es sei möglich, einen zivilrechtlichen Rechtfertigungsgrund auch in der strafrechtlichen Anwendung zuungunsten des Täters teleologisch zu reduzieren, ohne den Grundsatz „nulla poena sine lege" zu verletzen.[561] Nicht „genuin strafrechtliche" Normen dürfen nach dieser Betrachtung auch zum Nachteil des Täters teleologisch in einer Weise reduziert werden, die dann zur Rechtswidrigkeit der Handlung führt und somit strafbegründend wirkt. Die Begründung hierfür ist durchaus einleuchtend. Die Einheit der Rechtsordnung gebiete eine solche Behandlung.[562] Ansonsten ergäbe sich für den Strafrichter das Problem, daß er Gefahr liefe, in zivil- oder verwaltungsrechtlichen Fragen nicht der gefestigten Rechtsprechung der entsprechenden Obergerichte folgen zu können. Obwohl diese Gerichte den Anwendungsbereich eines Rechtfertigungsgrundes wegen Sinn und Zweck der Norm eventuell reduzieren und daher trotz passenden Wortlauts nicht anwenden, könnte der Strafrichter diesen Weg wegen des strengen strafrechtlichen Analogieverbots nicht gehen, weil er den Wortlaut streng zu beachten hätte. Dies könnte dazu führen, daß er einen Erlaubnissatz möglicherweise gegen Sinn und Zweck anwenden müßte.[563] Die Spaltung des Anwendungsbereichs von Erlaubnissätzen vor den verschiedenen Gerichtsbarkeiten wäre die Folge.

Aus diesem Grund wird die Ansicht vertreten, das Verbot der teleologischen Reduktion mit strafrechtlicher Wirkung zum Nachteil des Täters sei auf den originär strafrechtlichen Bereich begrenzt. Es wird damit der „Schutz" des Täters vor einer Strafbarkeit, die dem Wortlaut des Gesetzes nicht unmittelbar zu entnehmen ist, auf das reine Strafrecht, den originär strafrechtlichen Bereich, beschränkt.

### bb) Ausfüllung normativer zivilrechts-akzessorischer Straftatbestandsmerkmale durch zivilirechtliche Analogie

Konsequenterweise müßte diese Einschränkung des nullum-crimen-Grundsatzes allein auf den originär strafrechtlichen Bereich dann auch bei Anwendung anderer Normen eines fremden Rechtsgebiets auf das Strafrecht gelten. Die Reduzierung der Schutzwirkung des Analogieverbots, die im Bereich der Rechtferti-

[561] *Hirsch* in Gedächtnisschrift für *Tjong*, S. 67.; weitere Nw. bei *Kratsch*, GA 1971, 68. Mit Zweifeln an der grundsätzlichen Anwendbarkeit der zivilrechtlichen Rechtfertigungsgründe im Strafrecht, *Hellmann*, Anwendbarkeit, S. 191. Er kommt zu dem Schluß, daß es einer Anwendung zivilrechtlicher Rechtfertigungsgründe im Strafrecht nicht bedarf.

[562] Auch wenn Engels, GA 1982, 120, meint der *„Topos der 'Einheit der Rechtsordnung'"* sei *„eine Leerformel"*.

[563] *Krey*, Studien, S. 235 f; dem folgend *Amelung*, JZ 1982, 620; *Roxin*, Strafrecht AT I, § 5/42; *Schmidt-Aßmann* in: *Maunz/Dürig*, Art. 103 Abs. II/234, mit Zweifeln, *Kratsch* GA 1971, S. 73, Fn. 46; dagegen, *Rüping* in: BK, Art. 103 II/50.

gungsgründe vorzunehmen ist, muß dann auch auf den Tatbestandsbereich übertragen werden.

Wenn normative Tatbestandsmerkmale sich nach dem Zivilrecht bestimmen – etwa das Merkmal fremd oder die Rechtswidrigkeit der Zueignung in § 242 StGB[564] –, dann wären nach der h.M.[565] insoweit auch zivilrechtliche Analogieschlüsse zur Auslegung der bürgerlichrechtlichen Begriffe unverändert in das Strafrecht zu übernehmen, auch wenn sich dies zum Nachteil des Täters auswirkt: Das Zivilrecht müsse dann im unmittelbaren Anwendungsbereich des Zivilprozesses und im mittelbaren Anwendungsbereich des Strafprozesses ebenfalls einheitlich ausgelegt werden.

Diese Auffassung geht daher davon aus, daß ein strafrechtlicher Begriff, der sich „streng akzessorisch" nach einem anderen Bereich der Rechtsordnung bestimmt, auch nicht durch das Analogieverbot begrenzt wird.[566] Zweifel an dieser uneingeschränkten Übertragung zivilrechtlicher Begrifflichkeiten in das Strafrecht hat jedoch etwa *Sandrock* geäußert, der der Auffassung ist, es sei ein ungelöstes Problem, wie diese *„Lehre von der Akzessorietät"* mit dem Analogieverbot vereinbart werden kann.[567]

### d) Uneingeschränkte Geltung des Analogieverbots

*Sandrocks* Zweifel sind berechtigt. Denn die Einschränkung des Analogieverbots aus Gründen der Einheit der Rechtsordnung steht im Widerspruch zu Art. 103 II GG. Dort formuliert das Grundgesetz unmißverständlich:

> *„Eine Tat kann nur bestraft werden, wenn die Strafbarkeit gesetzlich bestimmt war, bevor die Tat begangen wurde."*

Eine Beschränkung auf das originäre Strafrecht ist dem Grundgesetz nicht zu entnehmen. Die Verfassungsnorm bezieht sich auf die Strafbarkeit und die Bestrafung einer Tat. Zum Schutzbereich des Art. 103 II GG gehören jedoch nach der Rechtsprechung des *BVerfG*s nicht nur alle strafbegründenden und strafschärfenden Normen des Allgemeinen Teils, sondern auch solche genuin strafrechtlichen Vorschriften, die Fragen der Schuld regeln.[568] Daher kann Strafe nur dann verhängt werden, wenn nach dem geltenden Gesetzeswortlaut die

---

[564] Beispiel: Wenn der Täter ein Kfz an einen Käufer übereignet, dann geht nach, *BGH*, NJW 1978, 1854 f., gem. § 952 BGB analog auch das Eigentum am Kraftfahrzeugbrief über, daher beginge der Täter eine Unterschlagung, wenn er nun den Brief einer dritten Person verkauft und übergibt, da er durch zivilrechtliche Analogie des Eigentum verloren hat.

[565] So etwa *Krey*, Studien, S. 227 f m.Nw.; zum Streitstand; *Eser* in: *Schönke/Schröder*, § 1 Rn. 33.

[566] *Krey*, Studien, S. 227.

[567] *Sandrock*, Die Einheit der Wirtschaftsordnung, S. 43 f., Anmerkung 118, zitiert nach *Krey*, Studien, S. 227.

[568] Nw. bei *Nolte* in: *v. Mangoldt/Klein/Starck* Art. 103 II/116.

Strafbarkeit und ihre Voraussetzungen festgelegt waren.[569] Das gilt sowohl für die spezifisch strafrechtlichen Tatbestandsmerkmale als auch für solche akzessorischen Merkmale des Straftatbestandes, die sich nach anderen Regelungsgebieten bestimmten.

Daher gilt auch für den Bereich der normativen Tatbestandsmerkmale ohne Ausnahme, daß eine Strafbarkeit ausscheidet, wenn sich die Erfüllung eines gesetzlichen Tatbestandsmerkmals auf die Anwendung einer Analogie aus einem nichtstrafrechtlichen Bereich gründet. Das Analogieverbot beherrscht damit sowohl Blankett-Tatbestände als auch normative Tatbestandsmerkmale. Eine Entscheidung der Frage, ob es sich im Rahmen der §§ 370 ff AO um Blankettstrafrecht handelt, kann deswegen entgegen der h.M. dahin stehen.

## II. „Strafmaßschätzung" durch Schätzung einer Steuerschuld

Auch im Bereich einer anderen wichtigen strafverfahrensrechtlichen Garantie bestehen Zweifel an ihrer Geltung im Steuerstrafrecht: Die Möglichkeit der Schätzung im Besteuerungsverfahren eröffnet im Bezug auf das sich daran anschließende Steuerstrafverfahren das Problemfeld der Verwendbarkeit einer solchen Ermittlung von Besteuerungsgrundlagen im Strafprozeß. Auch im Steuerstrafverfahren kann nach der Rechtsprechung grundsätzlich, etwa bei Buchführungsmängeln, der Gewinn und Umsatz geschätzt werden.[570]

Diese Schätzung wirkt sich unmittelbar auch auf die Strafbarkeit aus. Die Höhe der Steuerschuld ist in zweierlei Hinsicht für das Strafverfahren von massiver Bedeutung. Die Frage, ob überhaupt eine Steuerverkürzung eingetreten ist, läßt sich nur im Vergleich zwischen der aufgrund der Angaben des Steuerpflichtigen festgesetzten und der sich aus den verwirklichten Tatbeständen der Steuergesetze ergebenden Steuerschuld ermitteln. Die Strafbarkeit hängt also dem Grunde nach von der Höhe der Steuerschuld ab.

Darüber hinaus macht sich aber auch die Höhe des Betrags der verkürzten Steuer im Strafmaß und in der Anwendung der vorgesehenen Strafschärfungen (§ 370 III Nr. 1 AO) bemerkbar. Damit hat die Schätzung von Besteuerungsgrundlagen also Auswirkungen auf das Ob und Wie der Strafe.[571]

### 1. Anwendung der strafrechtlichen Überzeugungsanforderungen auch im Steuerstrafverfahren

Damit drängt sich die Frage auf, inwieweit eine solche Schätzung von Besteuerungsgrundlagen aus dem Besteuerungsverfahren bzw. finanzgerichtlichen Verfahren auf das Strafverfahren übertragbar sind. Nach dem bisher Erörterten steht

---

[569] *Engels*, GA 1982, 119.
[570] *BGH*, wistra 1984, 182; *BGH*, wistra 2004, 391 (392).
[571] Dazu *Joecks*, wistra 1990, 52.

fest, daß im Strafverfahren zumindest zum Teil andere Beweis- und Ermittlungsregeln gelten als im Steuerverfahren. Daraus folgt, daß es dem Strafrichter oder Staatsanwalt verwehrt ist, Schätzungen des Besteuerungsverfahrens ungeprüft zu übernehmen.[572] Eine einfache Übernahme widerspräche bezüglich der StA dem § 160 II StPO, bezüglich des Gerichts dem § 244 II StPO und dem Grundsatz der freien Beweiswürdigung, § 261 StPO.[573]

Es besteht also keine Bindung des Gerichts an die Schätzung der Steuerbehörde.[574] Das gilt nach *BGH*[575] sogar dann, wenn der Steuerpflichtige den Steuerbescheid bestandskräftig hat werden lassen. Dieser Auffassung ist zuzustimmen, denn es kann durchaus sein, daß der Steuerpflichtige den Steuerbescheid trotz materieller Unrichtigkeit unangefochten läßt, weil er etwa in einem steuerrechtlichen Rechtsstreit wegen der Beweislast keine Erfolgsaussichten sieht. Dafür spricht auch, daß § 468 I 1 RAO[576] gestrichen wurde, der eine Bindung des Strafgerichts an höchstrichterliche steuerrechtliche Entscheidungen vorsah.[577]

Der Strafrichter muß sich also selbst die, im insoweit „anspruchvolleren" Strafverfahren notwendige, von vernünftigen Zweifeln freie Überzeugung verschaffen, indem er sich mit dem Schätzungsergebnis inhaltlich auseinandersetzt.[578] Selbst in Fällen einer eingeräumten Steuerschuld darf er die Feststellungen des Finanzamtes nur übernehmen, wenn der geständige Beschuldigte sachkundig ist, also die Reichweite seiner Äußerung einschätzen kann.[579] Das gilt schon deshalb, weil ein „steuerliches Mehrergebnis" nicht zwangsläufig auch eine Steuerverkürzung ergeben muß. Das Strafgericht muß – anders als die Finanzgerichtsbarkeit – eine umfassende Beweisaufnahme durchführen und darf eine Schätzung nur dann akzeptieren und übernehmen, wenn es von deren Richtigkeit überzeugt ist.[580]

---

[572] So *Joecks*, wistra 1990, 54; *Suhr/Naumann/Bilsdorfer*, Rn. 257.
[573] *Joecks* in: *Franzen/Gast/Joecks*, § 370/55.
[574] *BGH*, wistra 2001, 266 (267).
[575] *BGH*, GA 1978, 278; dem folgt die h.L.; m.Nw. *Joecks*, wistra 1990, 54, Fn. 11; a.A. *Suhr/Naumann/Bilsdorfer*, Rn. 259.
[576] *§ 486 [Entscheidung des Reichsfinanzhof]*
*„(1) Hängt eine Verurteilung wegen Steuerhinterziehung oder Steuergefährdung davon ab, ob ein Steueranspruch besteht oder ob und in welcher Höhe ein Anspruch verkürzt oder ein Steuervorteil zu Unrecht gewährt ist, und hat der Reichsfinanzhof über diese Frage entschieden, so bindet dessen Entscheidung das Gericht."*
[577] *Joecks* in: *Franzen/Gast/Joecks*, § 370/55; so auch *G. Klein*, S. 30.
[578] BGHSt 3, 377 (383 f.); *Joecks* in: *Franzen/Gast/Joecks*, § 370/59.
[579] So *BGH*, wistra 2001, 266 (267).
[580] *Joecks*, wistra 1990, 54 m.Nw.; *Kohlmann*, Steuerstrafrecht, § 370/52; BGHSt 3, 377 (383 f.).

Zwar will *G. Klein*[581] in der Frage des Verkürzungserfolges die steuerlichen Beweisregeln anwenden und lediglich im Bereich der anderen Tatbestandsmerkmale die strafrechtlichen Beweisregeln zur Geltung kommen lassen, da er meint, nur so könne man eine Aufspaltung in einen strafrechtlichen und einen steuerrechtlichen Steueranspruch vermeiden.

Doch diese Auffassung widerspricht der Tatsache, daß auch die Verkürzung einer Steuer zum strafrechtlichen Tatbestandsmerkmal wird, gleichgültig ob man die steuerlichen Umstände als Blankettmerkmale oder als normative Tatbestandsmerkmale auffaßt. Eine Umkehrung der Beweislast, die das Steuerrecht faktisch kennt, würde bei Anwendung im Strafprozeß zu einer Umkehrung des Zweifelsgrundsatzes führen. Wenn der Richter sich vom Taterfolg nicht zweifelsfrei überzeugen kann, darf eine Verurteilung des Beschuldigten nicht stattfinden. Die von *G. Klein* vertretene Konzeption würde damit zu rechtsstaatlich nicht akzeptablen Ergebnissen führen.[582] Außerdem ist die Aufspaltungswirkung nicht schädlich, da der Steueranspruch im Steuerstrafverfahren nur der Ermittlung der Strafe dient und daher einen anderen Zweck verfolgt als der Steueranspruch im Besteuerungsverfahren.

Eine durch Schätzung ermittelte Steuerschuld darf also nicht ungeprüft Grundlage einer Verurteilung werden. Andernfalls verstieße der Strafrichter gegen den Zweifelsgrundsatz, der auch im Steuerstrafverfahren gilt. Das Merkmal des Bestehens einer Steuerschuld wird im Rahmen des § 370 AO zum strafrechtlichen Tatbestandsmerkmal und ist beweisrechtlich auch so zu behandeln.[583] Kann demnach über irgendeine Tatsache, die zum gesetzlichen Tatbestand gehört, nach einer umfassenden Gesamtwürdigung keine Überzeugung gewonnen werden, so gilt hier der Grundsatz des in dubio pro reo,[584] während er im Besteuerungsverfahren nicht gilt.[585]

Damit hat also der Strafrichter sich ein eigenes Bild von der Steuerverkürzung sowohl dem Grunde als auch der Höhe nach, zu verschaffen. Er darf nur aufgrund dieses eigenen Eindrucks die Entscheidung über eine Strafbarkeit und die Strafe treffen.[586] Eine Schätzung der Besteuerungsgrundlagen wird damit im Rahmen des Strafrechts zumindest teilweise entwertet. Sie entbindet den Straf-

---

581 *G. Klein*, S. 82 ff.

582 So auch *Joecks* in: *Franzen/Gast/Joecks*, § 370/56.

583 So ausdrücklich *LG Frankfurt (Oder)*, StV 2001, 562 f.

584 *BGH*, wistra 1987, 292 (293); i.E. auch wistra 1984, 182; wistra 1986, 65; *Joecks*, wistra 1990, 55; *Kohlmann*, Steuerstrafrecht, § 370/52.

585 Auch wenn der *BFH* in BFH/NV 2002, 749 (755) klargestellt hat, daß im Bezug auf die Schätzung und die steuerstrafrechtliche Folgen auch im Steuerverfahren der Grundsatz in dubio pro reo gilt.

586 *Kohlmann*, Steuerstrafrecht, § 370/52; BGHSt. 3, 377, (383 f.).

richter nicht von einer sorgfältigen Beweisaufnahme. Die Schätzung kann lediglich als Indiz in das Beweisverfahren aufgenommen werden.[587]

Das *BVerfG* hat sich zu der Möglichkeit einer Schätzung im Strafverfahren sehr kritisch geäußert.[588] Im Rahmen des § 43a StGB war es den Strafgerichten möglich, eine Schätzung des Vermögens zur Bestimmung der Strafgrenze vorzunehmen. Nach der Ansicht des Verfassungsgerichts erhöhte sich durch die Schätzung zwangsläufig das Maß der gesetzlichen Unbestimmtheit:

Schätzungen begründeten für das Strafurteil in einem Bereich,

> *„der für die rechtliche Entscheidung tragend ist, einen Unsicherheitsfaktor ein, der das Ergebnis mit bestimmt [...] Eine Schätzung führt – auch wenn sie auf eine hinreichende Schätzungsgrundlage gestützt ist und eine der Wirklichkeit möglichst nahe kommende Feststellung zu erreichen sucht – immer die erhöhte Möglichkeit einer Abweichung von der Realität mit sich."*[589]

Eine Schätzung ist daher wegen des Konfliktes mit den im Strafrecht und Strafprozeß für die Findung der Strafe bestehenden rechtstaatlichen Anforderungen sehr vorsichtig anzuwenden. Sie darf nur dann zur Grundlage des Urteils genommen werden, wenn sie auf Tatsachen basiert, die das Schätzungsergebnis zu einem Ergebnis ohne begründete vernünftige Zweifel werden lassen. Der Richter muß daher zu der weitgehend zweifelsfreien Überzeugung kommen, daß es sich bei der Schätzung um eine Bestimmung der Tatsachen mit an Sicherheit grenzender Wahrscheinlichkeit handelt. Es gilt der Grundsatz des in dubio pro reo.[590] Andernfalls handele es sich bei der Schätzung des Verkürzungsbetrages um eine unerlaubte Schätzung zu Grund und Höhe der Strafe.

### 2. Herabsetzung der Überzeugungsanforderungen

Gegen solche Schlußfolgerungen und die strenge Aufrechterhaltung der Überzeugungsanforderungen aus dem Strafprozeß wenden sich etwa Suhr/*Naumann/Bilsdorfer*[591] und *Dannecker*[592] mit der Argumentation, ein Steuerpflichtiger müsse nur dann mit der Schätzung rechnen, wenn er seine Mitwirkungspflichten verletze, indem er unzutreffende oder gar keine Angaben mache. Aus dieser Pflichtverletzung lasse es sich rechtfertigen, auch auf Seiten

---

587 *Joecks*, wistra 1990, 55; *G. Klein*, S. 74 f.

588 Insoweit sehr bedenklich die Auffassung des *BGH*, wistra 2004, 391 (392), bei Vermögensstraftaten könne die Bestimmung des Schuldumfangs im Wege der Schätzung erfolgen.

589 *BVerfG*, NJW 2002, 1779 (1783).

590 So auch der *BGH*, Urteil vom 05.05.2004, 5 StR 139/03, S. 10, der damit seine eigene Auffassung eine Schuldschätzung sei möglich, erheblich einschränkt, zweifelnd hinsichtlich einer Anwendung des Zweifelsgrundsatzes bei einer solchen Schätzung *BVerfG* NJW 2002, 1779 (1783).

591 *Suhr/Naumann/Bilsdorfer*, Rn. 259.

592 *Dannecker*, S. 135.

der Strafverfolgungsbehörde bzw. des Strafgerichts eine Reduzierung der Überzeugungsschwelle anzunehmen. Der Steuerpflichtige habe mit seiner Handlung schon zum Ausdruck gebracht, daß er etwas zu verbergen habe. Es sei nicht gerechtfertigt, wenn es dem Täter zum Vorteil gereiche, daß er seine Mitwirkungspflicht nicht erfülle. Ein strafbares Verhalten könne dem Täter nicht zur Straffreiheit verhelfen.

Diese Argumentation ist jedoch in mehrerlei Hinsicht fehlerhaft:

Es wird damit von der Erfüllung eines Straftatbestandes ausgegangen, der nicht festgestellt wurde. Es wird dem Betroffenen eine Handlung bzw. ein Unterlassen als strafrechtlich relevant entgegengehalten, obwohl dieses Verhalten verschiedene, auch legale, Ursachen haben kann. Vielleicht war der Steuerpflichtige auch einfach mit der Buchführung überfordert (Fahrlässigkeit). Die Auffassung der genannten Autoren widerspricht klar der Unschuldsvermutung und damit der Verfassung.

*Joecks* verdeutlicht jene Widersinnigkeit sehr eindringlich: Man halte einem Angeklagten in einem Verfahren wegen Trunkenheit im Straßenverkehr auch keine unsichere Blutprobe mit dem Argument entgegen eine genauere Messung sei nicht möglich gewesen und schließlich *„sei es der Angeklagte, der zumindest etwas getrunken habe."*[593] Eine solche Wertung eines grundsätzlich erwiesenen Fehlverhaltens, auch bezüglich der Tragweite, läuft auf eine unzulässige Anwendung des heute allgemein abgelehnten Grundsatzes der actio illicita in causa hinaus.[594] Das Fehlen von steuerlich relevanten Unterlagen im Steuerstrafverfahren darf sich nicht zuungunsten des Beschuldigten auswirken, denn er trägt im **Strafverfahren** keinerlei materielle Beweislast.[595]

### III. Zwischenergebnis

Festzuhalten bleibt, daß im Steuerstrafrecht besonderer Wert auf die strafrechtlichen und strafprozessualen Verfassungsprinzipien gelegt werden muß, damit nicht über einen unangemessenen Vergleich des vermeintlich ehrlichen Steuerpflichtigen im Besteuerungsverfahren mit dem verdächtigten Steuerpflichtigen im Steuerstrafverfahren Grundrechte verletzt werden, indem man steuerliche Befugnisse ins Strafrecht und Strafprozeßrecht überträgt.

Das Analogieverbot wirkt deswegen auch im Steuerstrafrecht, mag es nun Blankettstrafrecht oder von normativen Tatebestandsmerkmalen bestimmtes Strafrecht sein. Eine ungeprüfte Übernahme von Schätzungen aus dem Besteuerungsverfahren ist unzulässig. Denn eine solche Vorgehensweise würde dem Prinzip der Unschuldsvermutung und dem Zweifelsgrundsatz widersprechen.

---

[593] *Joecks*, wistra 1990, 55.
[594] So zutreffend *Joecks*, wistra 1990, 55.
[595] *Joecks*, wistra 1990, 55.

## C. Ergebnis

Es ist also leicht ersichtlich, daß es über den Umweg des Steuerrechts, in einem Steuerstrafverfahren leicht zur Mißachtung der strafrechtlichen Verfahrensgarantien kommen kann. Es können auf diese Weise strafrechtliche und strafprozessuale Garantien durch die Finanzbehörde und die Mitwirkungspflichten des Steuerpflichtigen umgangen werden.

Diese Gefahr besteht vor allem dann, wenn das Steuergeheimnis, wie in der derzeit geltenden AO, keinen wirksamen Schutz des Steuerpflichtigen zu leisten vermag, weil es durch zahlreiche und zu weitgehende Ausnahmeregelungen entwertet wird. Es gibt keine verfassungsgemäße Begründung für die in § 30 AO geregelten Umgehungen des Schweigerechts des Beschuldigten. Wenn auch die Fälle, in denen einem Betroffenen Rechte auf diese Weise abgeschnitten werden, vielfach eher theoretischer Natur sein mögen, bestehen hier doch einige Widersprüche der Gesetzesgestaltung zum Prinzip des nemo tenetur.

Auch in Bezug auf andere, verfassungsrechtlich vorgegebene, Grundprinzipien des Strafrechts und Strafverfahrensrechts ist Vorsicht geboten. Das Analogieverbot hat Geltung auch im Steuerstrafrecht. Ebenso ist von seiten des Strafrichters besonderer Wert darauf zu legen, daß die Begutachtung und Ermittlung der Tatsachengrundlagen nach strafprozeßrechtlichen, dem Zweifelsgrundsatz sowie der Unschuldsvermutung unterworfenen Maßstäben zu erfolgen hat. Der Strafrichter darf es nicht zu einer ungeprüften Übernahme der Tatsachenfeststellungen aus dem Besteuerungsverfahren kommen lassen. Er hat insbesondere die unkritische Übernahme einer Steuerschätzung zu vermeiden.

## § 3 Die Steuerfahndung als doppelfunktionale „Behörde“

Am Beispiel der Steuerfahndung als einem zentralen Organ der Steuerstrafverfahren, mit schon in der theoretischen Anlage sehr gegensätzlichen praktischen Tätigkeitsbereichen, zeigen sich auch in der Praxis die aus dem Wechselspiel zwischen Besteuerungsverfahren und Steuerstrafverfahren resultierenden oben angesprochenen Probleme. Die Steuerfahndung ist nämlich nach h.M. sowohl Strafverfolgungsorgan, also der StPO verpflichtet, als auch Teil der Finanzverwaltung, die ihre Befugnisse auf die AO gründet.[596]

In der praktischen Rechtsanwendung ist das Besteuerungsverfahren regelmäßig der Anlaß des Strafverfahrens. Da die Ermittlung der Besteuerungsgrundlage sowohl im Besteuerungsverfahren als auch im Steuerstrafverfahren notwendig ist, liegen die praktischen Vorzüge einer den steuerrechtlichen Hintergrund für beide Verfahren aufklärenden Stelle auf der Hand. Die Steuerfahndung soll Ermittlungsaufwand sparen und doppelte Belastungen der betroffenen Bürger verhindern.[597]

### A. Behördeneigenschaft

Wegen dieser Janusköpfigkeit der Steuerfahndungsdienststellen wird auch von der Steuerfahndung als einer *„Multifunktionsbehörde“* gesprochen.[598] Diesen Begriff zu benutzen, macht aber natürlich nur dann Sinn, wenn man die Steuerfahndung als eine Behörde begreift und sie nicht lediglich als einen in eine Finanzbehörde eingegliederten Teil, als reine Dienststelle einer Behörde, betrachtet.

Nach der h.M.[599] sind die Steuerfahndungsorgane lediglich abhängig arbeitende Dienststellen und damit schon begrifflich nur Teile einer Behörde. Dies wird etwa daraus abgeleitet, daß die Steuerfahndung im Gesetz nicht ausdrücklich als eigene Behörde angesprochen wird. Die Zollfahndungsämter dagegen – so die h.M. – seien in § 1 Nr. 4 FVG und in § 6 II Nr. 6 AO ausdrücklich genannt und daher habe der Gesetzgeber nur sie als eigene Behörden betrachtet, nicht jedoch die Steuerfahndung, die er aus diesem Grunde in keinem Gesetz eigenständig nenne. Darüber hinaus heißt es in der Regierungsbegründung zum Entwurf des AOStrafÄndG, die Steuerfahndungsdienststellen seien keine Behörden.[600] Es wird also aus einem angeblichen numerus clausus der Behörden und aus dem Willen des Gesetzgebers die mangelnde Behördeneigenschaft der Steuerfahndung abgeleitet.

---

[596] *Streck*, Steuerfahndung, Rn. 2.

[597] So die Begründung zum Steuerstrafrechtsreformgesetz, BT-Drs. 5/1812, S. 21.

[598] So *Schick* in: *Hübschmann/Hepp/Spitaler*, § 208 Rn. 54.

[599] Etwa *Rüsken* in: Klein, § 208/7; Seer in: *Tipke/Kruse*, § 208/4.

[600] BT-Drs. 5/1812, S. 36.

Dennoch kommt etwa *Schick*[601] zu einem anderen Ergebnis. Auch wenn der Gesetzgeber die Steuerfahndung im Gesetz als *„mit der Steuerfahndung betraute Dienststellen der Landesfinanzbehörden"* bezeichne und damit über die parlamentarische Begründung hinaus auch in den Wortlaut des Gesetzes einen Anhaltspunkt für die fehlende Eigenständigkeit der Steuerfahndung eingefügt habe, so gebe es dennoch ausreichende materiell-funktionale Gründe, die Behördeneigenschaft anzunehmen. Zwar spreche § 404 AO von den mit der *„Steuerfahndung betrauten Dienststellen der Landesfinanzbehörden"* und mache damit deutlich, daß es sich lediglich um Dienststellen einer Behörde, also nicht um eigene Behörden handele.

Doch könne der Gesetzgeber selbst dann eine Behörde schaffen, wenn es ihm an sich darauf ankomme, **keine** Behörde zu konstituieren. Für die Behördeneigenschaft sei es nicht maßgebend, ob der Gesetzgeber eine Behörde schaffen wollte, sondern ob die betroffene Stelle die gesetzlichen Kriterien erfüllt, also eine Behördenfunktion übernimmt.[602]

In § 6 I AO, der wörtlich gleichlautend ist mit § 1 IV VwVfG, heißt es:

> *„Behörde im Sinne dieses Gesetzes ist jede Stelle, die Aufgaben der öffentlichen Verwaltung wahrnimmt."*

Die Steuerfahndungsstellen nehmen grundsätzlich Aufgaben der öffentlichen Verwaltung wahr. Jedoch ist es für die Erfüllung des § 6 I AO bzw. des § 1 IV VwVfG darüber hinaus notwendig, daß sie dies in einer gewissen Eigenständigkeit und Unabhängigkeit tun können, also eine gewisse organisatorische Selbständigkeit besitzen. Dies ist dann anzunehmen, wenn die Stelle durch Organisationsrecht gebildet, vom Wechsel des Amtsinhabers unabhängig und nach der einschlägigen Zuständigkeitsregelung berufen ist, unter eigenem Namen nach außen eigenständige Aufgaben der öffentlichen Verwaltung wahrzunehmen. Das *BVerfG*[603] definiert daher die Behörde als

> *„...eine, in den Organismus der Staatsverwaltung eingeordnete, organisatorische Einheit von Personen und sächlichen Mitteln, die, mit einer gewissen Selbständigkeit ausgestattet, dazu berufen ist, unter öffentlicher Autorität für die Erreichung der Zwecke des Staates oder von ihm geförderter Zwecke tätig zu sein."*

Legt man diese Definitionen zugrunde, dann muß man die Steuerfahndungsdienststellen, die in §§ 208, 404 AO explizit genannt und mit eigenen Rechten ausgestattet sind, die sogar nach dem Wortlaut der AO (§ 208 I 3 AO) über die Rechte der Finanzbehörden hinausgehen, als Behörden betrachten. Denn sie genießen eine ausreichende organisatorische Selbständigkeit.

---

601 *Schick* in: *Hübschmann/Hepp/Spitaler*, § 208/27 ff..
602 *Schick* in: *Hübschmann/Hepp/Spitaler*, § 208/30.
603 BVerfGE 10, 20 (48).

Damit sind die Steuerfahndungsstellen Dienststellen, die materiell Behörden sind, vom Gesetz aber als Teil der Finanzbehörden der Länder betrachtet werden. Da nun in § 6 I AO nicht auf die Bezeichnung der Dienststelle als Behörde Bezug genommen wird und die Kriterien für die Behördeneigenschaft erfüllt sind, sei im folgenden davon ausgegangen, daß die Steuerfahndungsstellen als Behörden fungieren.

Zu Unrecht meint *Seer*[604], eine solche Auslegung verstoße gegen den im Wortlaut zum Ausdruck kommenden Willen des Gesetzgebers. Denn der Respekt vor dem ernst genommenen § 6 AO ist gesetzestreuer als der vor dem dargelegten Willens des Gesetzgebers zu § 404 AO. Der Auffassung *Schicks* ist also zuzustimmen. Die Steuerfahndungsdienststellen sind Landes**behörden**.

## B. Aufgaben

Regelungen für die Aufgaben dieser Steuerfahndungsbehörde finden sich sowohl im vierten Teil - §§ 208 ff. (Durchführung der Besteuerung) - als auch im achten Teil - §§ 404 ff. (Straf- und Bußgeldvorschriften; Straf- und Bußgeldverfahren) der AO. In letzterem Teil wären diese Regelungen aufgrund des systematischen Zusammenhangs wohl eher zu vermuten und dort würden sie wegen des engen Zusammenhangs der Steuerfahndungstätigkeit mit Fällen der unbekannten Steuerfälle auch besser hinpassen.

Die Steuerfahndung hat das Gros der Steuerermittlungsarbeit in unbekannten Steuerfällen zu leisten. In § 208 I Nr. 1-3 AO sind der Steuerfahndung drei Aufgaben zugewiesen: Sie soll Verdachtsfälle von Steuerordnungswidrigkeiten und Steuerstraftaten erforschen, die Ermittlung der Besteuerungsgrundlagen bei Steuerdelikten vornehmen und unbekannte Steuerfälle aufdecken. Damit ist sie nach h.M.[605] sowohl mit Aufgaben der Strafverfolgung als auch der Ermittlungstätigkeit im „regulären" Veranlagungsverfahren betraut:

Diese Doppelfunktion der Steuerfahndung resultiere aus dem untrennbaren Sachzusammenhang, denn eine Ermittlung in einem Steuerstrafverfahren erfordere immer auch eine Ermittlung der Besteuerungsgrundlagen.[606]

### I. Tätigkeiten im Strafverfahren

### 1. Erforschung von Steuerstraftaten, § 208 I 1 Nr.1 AO

Hauptaufgabe der Steuerfahndung ist unstreitig die Erforschung von Steuerstraftaten und Steuerordnungswidrigkeiten.[607] Diese Aufgabe steht im Mittel-

---

[604] *Seer* in: *Tipke/Kruse*, § 208/4.
[605] Etwa *Seer* in: *Tipke/Kruse*, § 208/15; *Scheurmann-Kettner* in: *Koch/Scholtz*, § 208/11.
[606] *Kohlmann*, Festschrift für *Tipke*, S. 490; a.A. etwa *Schick* in: *Hübschmann/Hepp/Spitaler*, § 208/95 ff.
[607] Begründung des *Finanzausschusses* BT-Drs. 7/4292, 36 zu § 208.

punkt der Fahndungspraxis[608] und ergibt sich auch aus §§ 404 AO i.V.m. 163 StPO. Die Steuerfahnder haben hiernach dieselben Pflichten und Rechte wie die Beamten des Polizeidienstes. In diesem Fall hat die Steuerfahndung die Funktion einer Finanzkriminalpolizei.

Die Erforschungspflicht setzt, analog zum allgemeinen Strafverfahren, mit dem Aufkommen eines steuerstrafrechtlichen Anfangsverdachtes ein.[609] Es entsteht hier eine Verfolgungspflicht. Die Aufgabenzuweisung an die Steuerfahndung läßt jedoch die Ermittlungsbefugnisse und Pflichten anderer Finanzbehörden (§§ 386 I, 399 II AO) unberührt.[610] Sie sind also weiterhin berechtigt und verpflichtet das Besteuerungsverfahren und auch das Steuerstrafverfahren zu betreiben. Das gilt insbesondere für die Verpflichtung der Buß- und Strafsachenstelle, die in der Praxis in Zusammenarbeit mit der Steuerfahndung das Steuerstrafverfahren betreibt.

### 2. Ermittlung der Besteuerungsgrundlagen in Fällen von Steuerstraftaten, § 208 I 1 Nr. 2 AO

Weiterhin hat die Steuerfahndung die Besteuerungsgrundlagen in Fällen von Steuerstraftaten oder Steuerordnungswidrigkeiten zu ermitteln. Ihr Einsatz soll doppelten Ermittlungsaufwand verhindern. Die Fälle des § 208 I 1 Nr. 2 AO hängen also sehr eng mit denen des § 208 I 1 Nr. 1 zusammen.[611]

Die Ermittlung der Besteuerungsgrundlagen hat einerseits für die Festsetzung des Steueranspruches, andererseits aber auch für die strafrechtliche Sanktionsfindung Bedeutung. Daher überrascht die Normierung dieser Aufgabe in § 208 I 1 Nr. 1 AO. Denn wenn nach § 208 I 1 Nr. 1 AO die Steuerstraftaten erforscht werden sollen, dann beinhaltet das auch eine Ermittlung der Besteuerungsgrundlage in diesem speziellen Fall.[612] Ohne Ermittlung der Besteuerungsgrundlage ist die Feststellung einer Steuerverkürzung nicht möglich. Diese Ermittlung der Besteuerungsgrundlage ist sowohl für die Feststellung der Strafbarkeit dem Grunde nach als auch der Höhe nach maßgebend.

Dennoch ist die Bedeutung der Aufgabe der Steuerfahndung aus § 208 I 1 Nr. 2 AO schon dem Grundsatz nach umstritten. Der *BFH* sieht in allen Ermittlungshandlungen, die im Rahmen der Strafverfolgung geschehen, allein strafrechtliche Maßnahmen, weil sie untrennbar mit der Erforschung von Steuerstraftaten verbunden seien. Im Urteil des *BFH* v. 20.04.1983 heißt es daher:

---

608 *Kummer* in: *Wabnitz/Janovski*, 18/171; *Streck*, Steuerfahndung, Rn. 13.
609 Zum Anfangsverdacht, S.70 ff.
610 *Wannemacher*, S. 4.
611 *Seer* in: *Tipke/Kruse*, § 208/14.
612 So auch *Hellmann*, Nebenstrafverfahrensrecht, S. 198.

*„Gewiß hat die Steuerfahndung auch Aufgaben bei der Ermittlung von Besteuerungsgrundlagen (§ 208 Abs. 1 Satz 1 Nr. 2 AO 1977). Diese Ermittlung ist aber [...] ein untrennbarer Teil der Maßnahmen der Steuerfahndung zur Erforschung einer Steuerstraftat, falls sie, wie hier, nach Einleitung eines Strafverfahrens und unter Hinweis darauf durchgeführt wird. In einem solchen Fall wird die Steuerfahndungsbehörde stets als Strafverfolgungsbehörde tätig, unabhängig davon, daß die durchgeführten Ermittlungen auch dem Besteuerungsverfahren dienlich sind.“*[613]

§ 208 I 1 Nr. 2 AO hat danach keinerlei eigene Bedeutung, sondern nur deklaratorischen Charakter.[614] Denn wenn die Steuerfahndung Ermittlungshandlungen im Rahmen eines Strafverfahrens vornimmt, so ist das schon eine aus § 208 I 1 Nr. 1 AO erwachsende Annexaufgabe, die sich aus dem Auftrag der Strafverfolgung ergibt. Die Finanzverwaltung geht dagegen bei § 208 I 1 Nr. 2 AO von einer Aufgabe der Steuerfahndung im Besteuerungsverfahren aus.[615]

Selbst wenn man mit der Verwaltungspraxis ein Nebeneinander der Verfahren akzeptiert, bleiben doch beide Verfahren rechtlich selbständig. Die Rechte und Pflichten der Verfahrensbeteiligten richten sich nach den für das jeweilige Verfahren geltenden Vorschriften (§ 393 I 1 AO)[616], aus denen sich die jeweiligen Befugnisse herleiten. Diese Frage kann jedoch vorliegend im Rahmen der Aufgabenzuweisung offenbleiben. Fest steht, daß die Steuerfahndung die Aufgabe hat, in Fällen von Steuerordnungswidrigkeiten oder -straftaten auch die Besteuerungsgrundlagen zu ermitteln.

In der Praxis macht es nämlich keinen Unterschied, woraus die **Aufgabe** der Steuerfahndung abgeleitet wird. Entscheidend ist, welche **Befugnisse** die Steuerfahndung in ihrem jeweiligen Aufgabengebiet hat. Festzuhalten bleibt daher zunächst, daß die Steuerfahndung die Besteuerungsgrundlagen zu ermitteln hat.

### 3. Übertragene Aufgaben, § 208 II Nr. 2 AO

Die nach § 208 II Nr. 2 AO übertragenen Aufgaben sind für die Praxis und für die vorliegende Untersuchung nicht von Bedeutung, denn in diesen Fällen werden sowohl Aufgaben als auch Befugnisse übertragen. Daher ergeben sich keine Unterschiede in der rechtlichen Wirkung, wenn diese Aufgaben von der Steuerfahndung und nicht von den Finanzämtern wahrgenommen werden.

---

[613] *BFH*, BStBl. II 1983, 482 (484).

[614] So i.E. auch *Schick* in: *Hübschmann/Hepp/Spitaler*, § 208/85; *ders.*, JZ 1982, 125, 130; *Rüping*, DStZ 1980, 179, 181; *Hamacher*, DStZ 1987, 224, 227; *Hellmann*, Nebenstrafverfahrensrecht, S. 201 ff.

[615] AStBV (St) Nr. 143 I 2.

[616] *Wannemacher*, S. 5.

## II. Tätigkeiten im Besteuerungsverfahren

### 1. Ermittlung und Aufdeckung unbekannter Steuerfälle, § 208 I 1 Nr. 3 AO

Diese Nachforschungspflicht umfaßt die Erforschung unbekannter steuerlicher Sachverhalte bei bereits bekannten oder unbekannten Steuerpflichtigen, wenn Anhaltspunkte für einen Steueranspruch vorliegen. Jene Ermittlung ist eine Aufgabe der Steueraufsicht in der Finanzverwaltung nach § 85 S.2 AO.[617]

Die Steuerfahndung kann hiernach unbekannte Steuerfälle bei bekannten Steuerpflichtigen genauso ermitteln, wie sie Nachforschungen nach unbekannten Steuerpflichtigen anstellen kann. Voraussetzung dafür ist, daß aufgrund allgemeiner Erfahrung oder konkreter Anhaltspunkte die Möglichkeit einer Steuerverkürzung bzw. eines Anspruches besteht.[618] Vorfeldermittlungen nach § 208 I 1 Nr. 3 AO werden immer wieder durchgeführt, stellen aber nur einen geringen Teil der Steuerfahndungstätigkeit dar.[619]

Die praktische Bedeutung dieser Vorschrift kann allenfalls im Bereich solcher Vorfeldermittlung liegen. Denn gibt es bei einem bekannten Steuerpflichtigen Anhaltspunkte dafür, daß er unvollständige Angaben gemacht hat und wird deswegen eine Ermittlung von Tatsachen notwendig, so ist ein Strafverfahren in aller Regel schon eingeleitet oder einzuleiten. Die Steuerfahndung wird hier also steuerstrafrechtlich tätig.

### 2. Steuerliche Ermittlung auf Ersuchen einer zuständigen Finanzbehörde, § 208 II Nr. 1 AO

Mögliche steuerliche Aufgaben der Steuerfahndung sind nach § 208 II AO schließlich die Durchführung von Außenprüfungen oder sonstigen steuerlichen Ermittlungen auf Ersuchen der zuständigen Finanzbehörde, sowie ihr sonst im Rahmen der Zuständigkeit der Finanzbehörde übertragene Aufgaben Jedoch äußert sich *Kummer* zur Bedeutung dieser Aufgabe zutreffend wie folgt: *„Die steuerlichen Aufgaben nach § 208 II sind in der Steuerfahndungspraxis ohne jede Bedeutung."*[620] Daher darf dieser Aufgabenbereich auch hier außer Betracht bleiben.

## C. Befugnisse

Eine solche Ausrüstung einer Behörde mit weitreichenden Kompetenzen auf zwei Rechtsgebieten, die beide sehr starke Freiheitseinschränkungen zulassen, erfordert besondere Vorsicht im Umgang mit den Instrumenten der Steuerfahndung. Daher hat etwa der *BFH* angemerkt, von den in § 208 II AO beschriebe-

[617] *Scheurmann-Kettner* in: *Koch/Scholtz*, § 208/23.
[618] BFHE 91, 351 (360); 148, 108 ff.; 198, 42.
[619] *Kummer* in: *Wabnitz/Janovsky*, 18/171.
[620] *Kummer* in: *Wabnitz/Janovsky*, 18/171.

nen Aufgaben solle nur mit *„gebotener Vorsicht"* Gebrauch gemacht werden.[621] Es ist vor diesem Hintergrund sinnvoll, die Befugnisse zu beleuchten, die der Steuerfahndung die Erfüllung ihrer Aufgaben, ermöglichen sollen. Dies gilt insbesondere im Bereich des § 208 I 1 Nr. 1, 2 AO, also im außerordentlich praxisrelevanten Zusammenhang mit dem Steuerstrafverfahren.

Zur Erfüllung ihrer strafrechtlichen und steuerrechtlichen Aufgaben hat die Steuerfahndung nach der h.M. strafprozessuale und steuerverfahrensrechtliche Befugnisse.[622]

## I. Steuerstrafverfahrensrechtliche Befugnisse aus §§ 208, 404 AO

§§ 208 I 2, § 404 AO stellen die Ermächtigungsgrundlagen für das Handeln der Steuerfahndung dar. § 404 AO gibt den Steuerfahndungsdienststellen und Beamten die gleichen Rechte und Pflichten, die die StPO den Ermittlungspersonen der Staatsanwaltschaft im Strafverfahren einräumt. Nach § 404 S.2 2.HS AO sind die Fahndungsbeamten Ermittlungspersonen der Staatsanwaltschaft. Sie haben darüber hinaus die Befugnisse aus § 399 II 2 AO, die im Falle der Zuständigkeitskonzentration des § 387 II AO immer bei der an sich zuständigen Finanzbehörde verbleiben (§ 404 S. 2 Hs. 1, 2. Alt AO). Man spricht deswegen von der „Kriminalpolizei in Steuersachen".[623]

Der praktische Schwerpunkt der Steuerfahndungstätigkeit liegt auf den polizeilichen strafprozessualen Aufgaben. Sie bedient sich der StPO und ihrer Möglichkeiten wie etwa Durchsuchungen, Beschlagnahmen oder vorläufige Festnahmen. Die Steuerfahndung hat bei Gefahr im Verzuge das Recht, Durchsuchungen und Beschlagnahmen selbständig anzuordnen. Die Steuerfahndungsbeamten haben das Recht des ersten Zugriffs aus § 163 I StPO. Sie können Strafanzeigen entgegennehmen (§ 158 StPO), Auskünfte Dritter nach §§ 161, 163 StPO einholen, bei Gefahr im Verzug Personen zur Fahndung ausschreiben (§ 131 II StPO), nach § 111b, e StPO Verfalls- oder Einziehungsgegenstände sicherstellen, Störer festnehmen (§ 164 StPO) und die Identität von Personen gem. § 163b StPO feststellen. Sie dürfen die Ermittlungsergebnisse gem. § 163 II StPO an die Buß- und Strafsachenstellen übersenden.

Die Gesetzeslage ist hier also so, daß die Steuerfahndung die Ermittlungspersonen der Buß- und Strafsachenstelle stellt, soweit diese als Finanzstaatsanwaltschaft tätig wird. Die Steuerfahndung ermittelt allein nach den Vorschriften der StPO, wenn sie ihre strafprozessualen Aufgaben nach § 208 I 1 Nr. 1 AO erfüllt.

---

621 *BFH*. BStBl. III 1963, 49, 51.

622 *Kummer* in: *Wabnitz/Janovsky*, 18/176.

623 So etwa *Seer* in: *Tipke/Kruse*, § 208/17.

## II. Steuerverfahrensrechtliche Befugnisse aus § 208 I 2 AO

Zur Erfüllung der steuerlichen Aufgaben besitzt die Steuerfahndung die steuerverfahrensrechtlichen Befugnisse der AO, die allen Finanzbehörden zustehen (§ 208 I 2 AO). Jedoch gelten bestimmte Einschränkungen (wie z.B. die Erstbefragungspflicht des Steuerpflichtigen gem. §§ 93 I, 3, 97 II 1 AO) für die steuerlichen Ermittlungen der Steuerfahndung gem. § 208 I 3 AO nicht. Dies hat den Sinn, der Steuerfahndung die Arbeit in Fällen, in denen die Besteuerungsgrundlagen im Hinblick auf eine Straftat zu ermitteln sind, nicht unnötig zu erschweren oder unmöglich zu machen. § 393 I AO bleibt als unbedingte Schutznorm jedoch unberührt (§ 208 I 3 AO). Das heißt, die Steuerfahndung darf sich im Rahmen rein steuerrechtlicher Ermittlungen, soweit sie diese führt, allein des steuerverfahrensrechtlichen Instrumentariums bedienen.

## III. Befugnisse bei Ermittlungen nach § 208 I S.1 Nr. 2, 3 AO

### 1. Das Problem

Solange die Steuerfahndung sich nur auf die Befugnisse der StPO stützt, weil sie in einem Steuerstrafverfahren die Besteuerungsgrundlage zu ermitteln versucht, ergeben sich rechtlich keine relevanten Konfliktpunkte mit dem Steuerrecht. Die Behörde ermittelt wie im Strafverfahren.

Problematisch wird es jedoch, wenn die Steuerfahndung die Besteuerungsgrundlagen in einem laufenden Strafverfahren ermitteln soll und sich dabei auf Normen aus der AO stützen will. Hier stellt sich die Frage, wann sie sich auf die Befugnisse der Finanzbehörde berufen kann und wann sie strafrechtliche Normen heranziehen muß.

Zunächst ist festzuhalten, daß die Befugnisse und die Mitwirkungspflichten nach der AO deutlich andere sind als jene nach der StPO. Kein im Strafverfahren Beschuldigter muß aussagen, jedoch muß jeder Steuerpflichtige im Besteuerungsverfahren mitwirken. Allein daraus ergibt sich ein Konfliktfeld, das auf dem Gebiet der doppelfunktionalen Steuerfahndung besonders brisant wird. Die Frage, wann welche Kompetenzen gegeben sind und welche Informationen wie verwendet werden dürfen, ist damit von entscheidender Bedeutung.

### 2. Aufgabenkumulation als Befugniskumulation

Nach *Kummer*[624] ist die gesetzliche Regelung eindeutig: § 208 I 2 AO ermögliche der Steuerfahndung ein Vorgehen nach beiden Befugnisbereichen. Damit spricht er sich für eine freie Austauschbarkeit der ermittelten Informationen aus. Die Behörde habe den Auftrag, die Besteuerungsgrundlagen in einem Fall der Steuerverkürzung zu ermitteln und dazu werden ihr sowohl die steuerrechtli-

[624] *Kummer* in: *Wabnitz/Janovsky*, 18/181.

chen als auch die strafrechtlichen Verfahrensinstrumente bereitgestellt. Die Grenze bilde allein § 393 AO, der das Verhältnis von Besteuerungs- und Steuerstrafverfahren regelt und sicherstellen soll, daß niemand zu einer strafrechtlich relevanten Selbstbelastung gezwungen wird. Daher sei jede im Besteuerungsverfahren zulässigerweise ermittelte Information auch im Steuerstrafverfahren verwertbar. Kritische Einwände, die geltend machen[625], die Steuerfahndung stehe dann in der Gefahr, die Verfahren und ihre Ergebnisse zu vermischen und nach Belieben und dem Meistbegünstigungsprinzip vorzugehen, weist *Kummer*[626] mit dem Argument zurück, es sei für den Bürger immer klar erkennbar in welcher Gestalt die Steuerfahndung auftrete.

Das Argument, der Bürger könne immer erkennen, wann die Steuerfahndung mit welchen Befugnissen in welchem Verfahren vorgehen dürfe, ist unter den gegebenen Umständen jedoch als praxisfern zu bezeichnen. Oft treten im Besteuerungsverfahren und im Steuerstrafverfahren nämlich die gleichen Beamten auf.[627] Die Steuerfahndung gibt auch in der Praxis nicht immer zu erkennen, in welchem Verfahren sie handelt, zumal oft die Informationen auch für beide Verfahren durch die selben Handlungen ermittelt werden müssen.

Dennoch spricht für die freie Austauschbarkeit der Informationen sicherlich § 30 IV Nr. 1 i.V.m. § 30 I Nr. 1 AO. Hiernach ist es dem Amtsträger gestattet, Informationen aus einem Besteuerungsverfahren an die Veranlagungsstelle weiterzugeben und Informationen aus der Veranlagung in das Steuerstrafverfahren zu übernehmen.

Jedoch kann eine freie Anwendbarkeit der Befugnisse der Steuerfahndung, die dem Ermittlungsauftrag am wirkungsvollsten dient, nicht zulässig sein. Denn eine Einräumung weitreichender Befugnisse der Ermittlungsbehörde ist auch immer mit weitreichenden Einschnitten in die Rechte des Bürgers verbunden.

Wenn die Fahndungsbehörde etwa die steuerverfahrensrechtlichen Mittel einsetzt und so eine bestehende, nur nicht zwangsweise durchsetzbare Mitwirkungspflicht nutzt, um den Steuerpflichtigen zur Offenbarung von Daten zu bringen, die ein steuerliches Mehrergebnis, darüber hinaus aber auch eine strafrechtliche Selbstbelastung bedeuten, so stellt eine solche Vorgehensweise eine Verletzung des nemo tenetur Grundsatzes dar.

Geht die Steuerfahndungsbehörde dagegen andererseits mit strafrechtlichen Zwangsmitteln vor, um rein fiskalische Aspekte zur Geltung zu bringen, dann kann dies eine Verletzung des Verhältnismäßigkeitsprinzips darstellen. Die har-

---

[625] *Streck*, Steuerfahndung, Rn. 1; auch *Bilsdorfer*, S. 87 meint, es gehe nicht an, die Verfahrensart offenzulassen.

[626] *Kummer* in: *Wabnitz/Janovsky*, 18/182.

[627] Das bietet sich aufgrund der von der h.M. als steuerlich und strafrechtlich verstandenen Aufgabenzuweisung der Steuerfahndung auch an.

ten Ermittlungsmaßnahmen des Strafrechts, die der Beschuldigte dulden muß, sind nur durch den Zweck der Strafverfolgung gerechtfertigt.[628]

Eine freie Wahl zwischen den zur Verfügung stehenden Prinzipien kann also nicht verfassungsgemäß sein, denn sie verletzt das Verhältnismäßigkeitsprinzip, das Recht auf Schutz der Daten des einzelnen und den Grundsatz des nemo tenetur.

### 3. Steuerfahndung als reine Strafverfolgungsbehörde

*Schick*[629] vertritt daher einen restriktiven Ansatz und spricht den Steuerfahndungsbehörden schon die Stellung als Finanzbehörden und damit die Möglichkeit, sich auf Befugnisse der AO zu stützen, ab. Er meint, § 208 I 1 *„Nr. 2 geht bei richtiger Auslegung nicht über die Aussage von Nr. 1 hinaus"*.[630] Die Regelung stelle nur Selbstverständliches fest und betone lediglich, daß es nicht möglich sei, ohne Ermittlung der Besteuerungsgrundlagen die exakte Verkürzung durch den Steuerpflichtigen festzulegen.

Zwar sei das Merkmal *„Besteuerungsgrundlagen"* ein Begriff des Steuerverfahrens (§§ 199, 162 AO), doch im vorliegenden Zusammenhang hat dieser Begriff nach *Schick*[631] eine andere, nur strafrechtliche Bedeutung. In der Praxis werde zwar davon ausgegangen, daß die Steuerfahndung die Besteuerungsgrundlagen auch für das Besteuerungsverfahren zu ermitteln habe und nur deshalb ein vorsichtiger Umgang mit dem Instrument Steuerfahndung geboten sei. Richtiger Ansicht nach sei es aber von vornherein unzulässig, die Steuerfahndung als Ermittlungsbehörde, der nur strafrechtliche Aufgaben obliegen, im Besteuerungsverfahren als Aufklärungsorgan einzusetzen.[632] Die Ermittlungsergebnisse der Steuerfahndung können nach *Schick*[633] nur als *„Abfallprodukte"* des Strafverfahrens in das Besteuerungsverfahren Eingang finden. Grenze für eine solche Datenübermittlung sei das Steuergeheimnis des § 30 AO.

Ähnliches klingt in relativierter Form auch in der Rechtsprechung des *BFH*[634] an. Geht man nämlich mit dem *BFH* davon aus, daß der Steuerfahnder, der in einem Steuerstrafverfahren die Besteuerungsgrundlagen ermittelt, grundsätzlich strafprozessual tätig wird, so hat § 208 I Nr. 2 AO in der Tat keine konstitutive

---

[628] Daher nimmt der *BFH*, in NJW 2001, 2118 (2119) auch an, daß nur dann Informationen zwischen den Verfahren *„verschoben"* werden dürfen, wenn die Grenzen beider Verfahrensrechte bei der Datengewinnung eingehalten wurden.
[629] In: *Hübschmann/Hepp/Spitaler*, § 208/95 ff.
[630] *Schick* in: *Hübschmann/Hepp/Spitaler*, § 208/95.
[631] *Schick* in: *Hübschmann/Hepp/Spitaler*, § 208/96.
[632] *Schick* in: *Hübschmann/Hepp/Spitaler*, § 208/98; ebenso *Hübner* in: *Hübschmann/Hepp/Spitaler*, § 404/109.
[633] *Schick* in: *Hübschmann/Hepp/Spitaler*, § 208/100.
[634] *BFH*, BStBl. II 1983, 482 ff.

Bedeutung. Der Steuerfahnder, der in den Fällen des § 208 I 1 Nr. 2 AO recherchiert, betreibt dann reine Strafverfolgung. Bei diesen Ermittlungen gelten die allein Regeln des Prozeßrechts. Der Steuerfahnder darf sich damit in seinen Maßnahmen nur auf die StPO, nicht aber auf die Befugnisse der AO stützen.

### 4. Folgerung

Dieser Ansatz nimmt dem Problembereich der Befugnisse der Steuerfahndung einiges an Brisanz. Geht man nämlich davon aus, daß sie als reine Strafverfolgungsbehörde tätig wird, dann kann sie sich unmöglich auf Normen der AO stützen, die allein eine Durchführung des Besteuerungsverfahrens ermöglichen sollen. Ein solcher Ausgangspunkt wäre damit recht praktikabel und in Bezug auf die Kollision von Befugnisnormen unproblematisch.

Jedoch stellt sich die Frage, ob eine solche Auffassung dem Gesetzeswortlaut und der Gesetzeskonzeption, ganz zu schweigen von dem dahinterstehenden Willen des Gesetzgebers, der eine Verwaltungsvereinfachung und eine geringere Belastung der Bürger erreichen wollte, gerecht wird. Denn im § 208 I 3 AO räumt der Gesetzgeber den Steuerfahndern die genannten Befugnisse evident ein. Er eröffnet ihnen damit Ermittlungsbefugnisse im Bereich der AO. Diese Befugnisse einfach „hinwegzuwischen", so wünschenswert das Ergebnis auch sein mag, würde einen klaren Widerspruch zum Gesetzeswortlaut bedeuten.

Außerdem ist diese offene Nichtbeachtung des Wortlauts auch nicht notwendig, um zu einer praktikablen Lösung zu kommen. § 404 AO räumt den Steuerfahndungsbehörden über § 163 StPO im Strafverfahren wegen einer Steuerstraftat explizit die Befugnisse der Behörden und Beamten des Polizeidienstes nach den Vorschriften der StPO ein. § 208 I 2 AO ergänzt dies um die *„Ermittlungsbefugnisse, die den Finanzämtern (Hauptzollämtern) zustehen."* Diese Ergänzung kann sich nur auf die Befugnisse der Finanzämter aus der AO beziehen. Denn die Ermächtigungsgrundlage für die Anwendung von Zwangsmitteln aus der StPO hat § 404 AO schon geschaffen. Damit kann § 208 I 2 AO nur bedeuten, daß den Steuerfahndungsstellen die Befugnisse zustehen, die auch die Finanzbehörden im Besteuerungsverfahren haben. Das verdeutlicht auch § 208 I 3 AO, der den Steuerfahndungsbehörden sogar noch weitreichendere Befugnisse einräumt, als sie den Finanzbehörden im Besteuerungsverfahren gegeben werden. Will man den Steuerfahndungsbehörden nur strafprozessuale Funktionen zugestehen, dann muß man wohl den § 208 I 3 AO für unbeachtlich und vor allem für überflüssig erklären.[635]

---

[635] Nach *Schick* in: *Hübschmann/Hepp/Spitaler,* § 208/106 läuft die Regelung des § 208 I 3 AO leer.

Aus dem Gesetzeswortlaut ergibt sich damit ein Nebeneinander der Befugnisse aus AO und StPO.[636] Die Befugnisse des Steuerfahnders müssen sich daher nach dem jeweiligen Tätigkeitsbereich richten. Wird er im Rahmen der Strafverfolgung tätig, so stehen ihm auch nur die Befugnisse nach der StPO zu. Im Rahmen der Steueraufsicht hat er lediglich die Möglichkeiten aus der AO.

Doch bereitet eine solche Trennung zwischen den Bereichen mehr Schwierigkeiten als es den Anschein hat. *Rüsken* spricht zwar von zwei klar zu unterscheidenden Aufgabenbereichen. Dies ist insofern richtig, als die Tätigkeitsbereiche klar getrennt werden sollten. Doch sie sind in der Praxis kaum klar zu trennen. Die Ermittlung der Besteuerungsgrundlagen ist ein notwendiger Schritt auf dem Weg zur Feststellung der Steuerverkürzung. Daher kann praktisch kaum unterschieden werden, ob ein Fahndungsbeamter im Steuerstrafverfahren oder im Besteuerungsverfahren tätig wird. Denn ohne die Einleitung eines Steuerstrafverfahrens ermitteln die Beamten der Steuerfahndung in der Regel nicht.

Damit ist wohl der oben genannte Ansatz des *BFH*[637] für den Praxisfall der praxistauglichste. Der Steuerfahnder, der eine Ermittlungsmaßnahme vornimmt und sich dabei in einem Steuerfall bewegt, in dem das Steuerstrafverfahren eröffnet wurde, handelt auch dann steuerstrafrechtlich, wenn er nur die Besteuerungsgrundlagen ermitteln will. Das strafprozessuale Handeln beherrscht somit das steuerrechtliche Handeln. Danach wäre die Grenze für ein steuerverfahrensrechtliches Vorgehen mit der Eröffnung eines Steuerstrafverfahrens überschritten. Sobald gegen einen Steuerpflichtigen ein Steuerstrafverfahren eröffnet ist, könnte die Steuerfahndung, die in diesem Verfahren tätig ist, auch nur noch auf die StPO gestützte Maßnahmen ergreifen. Geht man von dieser Prämisse aus, dann ergeben sich bei der Wahrnehmung der Aufgaben aus § 208 I 1 Nr. 1 und 2 AO keine Befugnisse, eine Ermittlungshandlung vorzunehmen, die sich auf die AO stützt. *Streck* verstärkt diese Wirkung durch die Annahme einer Zweifelsregel, die dazu führt, daß Maßnahmen der Steuerfahndung im Zweifel als Maßnahmen im Strafverfahren anzusehen sind.[638]

Nur die Aufgabenstellung des § 208 I 1 Nr. 3 AO wäre dann noch ein Gebiet, auf dem die Steuerfahndung unter Anwendung der Regelungen der AO ermitteln dürfte. Die Behörde könnte und müßte in Fällen, in denen noch Vorermittlungen laufen und ein Strafverfahren daher noch nicht im Raume steht, nach der AO vorgehen, da die StPO ein laufendes Strafverfahren voraussetzt.

Auf eine kurze Formel gebracht wären die Befugnisse der Steuerfahndung dann so zu beschreiben:

---

636 So die h.M. etwa *Rüsken* in: *Klein, §* 208/4, *Mösbauer*, DStZ 1986, 341.

637 Aus *BFH,* BStBl. II 1983, 482 ff.

638 *Streck*, Steuerfahndung, Rn. 29.

*Vor dem Beginn eines Strafverfahrens darf die Steuerfahndung nur die Maßnahmen ergreifen, die sich aus der Abgabenordnung ergeben. Nach der Einleitung eines Steuerstrafverfahrens ist sie auf die Maßnahmen der Strafprozeßordnung beschränkt.*

## D. Praktische Funktionsweise

In der Praxis sieht die Arbeitsweise der Steuerfahndung, bedingt durch die parallel laufenden Steuerstrafverfahren und Besteuerungsverfahren, allerdings weniger klar gegliedert aus:

### I. Anlaß für Steuerstrafverfahren

Die Anlässe, aufgrund derer die Steuerfahndung tätig wird, sind verschieden. Es gehen bei allen Steuerfahndungsstellen täglich, zum Teil anonyme, Anzeigen mehr oder weniger vager Natur ein. Die Strafverfolgungsorgane der Finanzbehörden, in der Praxis also sehr häufig die Beamten der Steuerfahndung, sind wegen des Legalitätsprinzips verpflichtet, den Anzeigen, die wegen ihrer Plausibilität einen Anfangsverdacht begründen, nachzugehen. Steuerstrafverfahren aufgrund von Anzeigen bilden jedoch nur einen kleinen Teil der praktischen Arbeit.[639]

Verdachtsmeldungen erhalten die Steuerfahndungsstellen weiterhin auch von anderen Behörden außerhalb der Steuerverwaltung, die bei konsequenter Beachtung des § 116 AO Daten, die auf eine Steuerstraftat hindeuten, an die Finanzbehörden weitergeben müssen. Jedoch machen auch diese Informationen von Außen nur einen geringen Anteil aus.[640]

Die meisten Informationen erhält die Steuerfahndung aus „den eigenen Reihen“, also durch Meldungen aus der Steuerverwaltung, etwa durch Feststellungen der Veranlagungsbeamten, insbesondere aber durch die Beamten der Außenprüfung. Diese Meldungen begründen häufig den Verdacht einer Steuerstraftat. Denn sie sind meist substantiiert, wurden sie doch schon von Steuerfachleuten *„vorgeprüft“*.[641] Wenn die Anzeigen nicht bei der Steuerfahndung direkt eingehen, dann schaltet die Buß- und Strafsachenstelle als „Staatsanwaltschaft im Steuerstrafverfahren“ (§ 386 AO) die Steuerfahndung vielfach als Hilfsorgan ein.

Dies sind die häufigen Fälle, in denen dann die Außenprüfung und die Steuerfahndungsermittlungen nebeneinander herlaufen und sich dadurch eine besonders große Gefahr falsch eingesetzter Ermittlungsinstrumente ergibt.

---

639 *Kummer* in: *Wabnitz/Janovsky*, 18/172.
640 Zum § 116 AO vgl. S. 157 ff.
641 *Kummer* in: *Wabnitz/Janovsky*, 18/174.

Die Steuerfahndung wird naturgemäß auch in den Konstellationen ermittelnd tätig, in denen sich ein Verkürzungsverdacht im Rahmen eines anderen Verfahrens, in dem sie tätig ist, ergibt. Dies kann etwa dann der Fall sein, wenn in einem Steuerstrafverfahren der Verdacht der Steuerverkürzung seitens einer dritten Person, die nicht Beschuldigter jenes Strafverfahrens ist, auftritt. In diesem Fall führt dann die Steuerfahndung die Ermittlungen gegen diesen Dritten selbsttätig durch.[642] Auch hier wird die Steuerfahndung als Strafverfolgungsbehörde i.S.d. § 208 I 1 Nr.1, 2 AO tätig. Sie darf daher nach dem oben Gesagten nur Ermittlungsmaßnahmen der StPO ergreifen.

Ist noch kein Strafverfahren eingeleitet – befinden sich die Fahndungsbeamten also noch im Bereich der Vorermittlungen – so kommen nur Maßnahmen der AO in Betracht, denn es ist noch niemand strafverfahrensrechtlicher Beschuldigter. Die Frage der Anwendbarkeit des richtigen Instrumentariums reduziert sich damit auf die Frage, ob ein Steuerstrafverfahren eingeleitet ist oder nicht. Diese Problematik sollte nach dem schon erörterten objektivierten Behördenwillen entschieden werden.[643] Sie kann also über diese Abgrenzung zufriedenstellend gelöst werden.

## II. Verfahrensherrschaft der Buß- und Strafsachenstelle

Als in der Praxis problematisch stellt sich jedoch ein anderer Aspekt dar. Nach der Gesetzeslage sieht es zwar so aus, als sei die Steuerfahndung nur Hilfsorgan, aber in der Praxis werden die meisten Strafverfahren wegen Steuervergehen von der Steuerfahndung selbständig geführt, auch wenn die Buß- und Strafsachenstelle natürlich weisungsbefugt und rechtlich Herrin des Verfahren ist.

Die Buß- und Strafsachenstelle wird aber oft nur auf Anregung der Steuerfahndung tätig. Gleiches gilt für Staatsanwaltschaft und Gerichte. Die Steuerfahndung gibt den sie eigentlich beaufsichtigenden Behörden - den Finanzämtern und *Oberfinanzdirektionen* (*OFD*) - den Verfahrensgang vor. Zwar hat die Steuerfahndung nominell *„vier Vorgesetzte“*[644], jedoch läßt gerade die geschilderte Konstellation die Kontrolle in erheblichem Umfang leerlaufen.

Es ergibt sich damit in der Praxis die Situation, daß Finanzamt, Staatsanwaltschaft und sogar das Amtsgericht in eine faktische Abhängigkeit von der Steuerfahndung geraten, wenn es um Ermittlung der Besteuerungsgrundlagen oder um die Entscheidung bezüglich der Vornahme strafrechtlicher Maßnahmen geht.[645] Allen anderen, außer den Steuerfahndungsbeamten, fehlen in der Regel die notwendigen Sachkenntnisse im Steuerstrafrecht, um die Rechtmäßigkeit

---

642 *Kummer* in: *Wabnitz/Janovsky*, 18/175.

643 Dazu S. 75 ff.

644 Es können hier grundsätzlich die Oberfinanzdirektionen, die Finanzämter, die Staatsanwaltschaften und die Gerichte Kontrolle ausüben. Dazu *Streck*, Steuerfahndung, Rn. 46.

645 *Streck*, Steuerfahndung, Rn. 46.

der Maßnahmen der Steuerfahndung ausreichend beurteilen zu können. Die wenigsten Richter und Staatsanwälte sind ausreichend im Steuerrecht ausgebildet.[646]

Die Steuerfahndung übt damit faktisch die Verfahrensherrschaft auch gegenüber den Staatsanwaltschaften und Gerichten aus, da diese aufgrund des Fachkompetenzgefälles praktisch gezwungen sind, die von den Steuerfahndungsbeamten abschließend vorgelegten Ermittlungen nahezu ungeprüft zu übernehmen.[647] Auch die *OFD* ist trotz ihrer Sachkenntnis nicht in der Lage, die Aktionen der Steuerfahndung angemessen zu kontrollieren, da sie nur im Nachhinein gegen Maßnahmen der Steuerfahndung als Aufsichtsbehörden angerufen werden kann. Eine solche nachträgliche Feststellung der Rechtswidrigkeit oder eines Verwertungsverbotes ändert jedoch an den negativen Folgen der vorgenommenen Maßnahme wenig.[648] Der Schutz vor strafverfahrensrechtlichen Maßnahmen wie Durchsuchungen und Beschlagnahmen durch den Richtervorbehalt wird in dieser Konstellation entwertet.

Außerdem ergibt sich durch die oft fehlende Fachkompetenz bei den Finanzbehörden in steuerstrafrechtlichen und steuerstrafprozessualen Fragen für den Steuerberater die Problematik, daß er seinen Ansprechpartner verliert. Er muß sich vom Finanzamt zur Steuerfahndung verweisen lassen, die sich mit der Verantwortung nicht belasten will, die ihr rechtlich nicht obliegt.[649]

Aus diesen Gründen fordert *Müller-Brühl*[650] zu recht eine Aufsichtsbehörde für die Steuerfahndung, die mit kundigen Juristen besetzt ist, die sowohl fachlich als auch aufsichtsrechtlich in der Lage sein müssen, die Maßnahmen der Steuerfahndung vor ihrer Durchführung zu kontrollieren. Nur auf diese Weise kann man eine ausreichende Kontrollinstanz schaffen.

## E. Verfassungsrechtliche Einschätzung der Steuerfahndungsbefugnisse

Die oben dargestellte Befugniskumulation bei der Steuerfahndung wird von einigen Autoren[651] als bedenklich angesehen, da es hier zu Beweismittelvermischungen kommen könne. Diese Folge kann jedoch nur dann eintreten, wenn keine scharfen Grenzen zwischen den Anwendungsbereichen der jeweiligen Ermächtigungsgrundlagen ausgemacht werden können.

Unter der genannten Voraussetzung, daß die Steuerfahndung keine Maßnahmen der AO mehr einsetzen kann, sobald ein Steuerstrafverfahren eingeleitet ist, also

---

[646] Mit Zahlen, *Müller-Brühl*, DStZ 1991, 712 f.
[647] *Weyand*, DStZ 1990, 166f.
[648] *Müller-Brühl*, DStZ 1991, 713.
[649] *Streck*, Steuerfahndung, Rn. 46.
[650] *Müller-Brühl*, DStZ 1991, 713 f.
[651] *Joecks* in: *Franzen/Gast/Joecks*, § 404/6; sehr kritisch, *Streck*, Steuerfahndung, Rn. 58 ff.

auch zum Zwecke der Ermittlung der Besteuerungsgrundlagen im Steuerstrafverfahren nur auf Strafverfahrensinstrumente zurückgegriffen werden darf, ist theoretisch nur noch **eine** Situation denkbar, in der es zu einer Beweismittelvermischung kommen kann.

Gemeint ist der Fall, daß die Steuerfahndung eine Vorermittlung aufnimmt und hier über die Instrumente der AO Anzeichen für eine Steuerstrafbarkeit festgestellt werden. Jedoch ist dieser Fall, in dem ein Besteuerungsverfahren in ein Steuerstrafverfahren übergeht und damit die im Besteuerungsverfahren ermittelten Daten auch im Strafverfahren verwandt werden, verfassungsrechtlich unbedenklich. Die Steuerfahndung hat sich, sobald das Strafverfahren eröffnet ist, nur noch nach der StPO zu richten. Insofern besteht hier ein Schutz vor Maßnahmen der AO, die die Beschuldigtenrechte verletzen könnten.

Geht man von der genannten Abgrenzungsmarke aus, so wird die Steuerfahndung in der Regel nur steuerstrafrechtlich ermitteln. Falls sie im Einzelfall doch allein im Besteuerungsverfahren tätig wird, hat sie nur die Befugnisse, die auch dem Finanzamt selbst zustehen. Eine Befugniskumulation, also eine Nutzbarkeit der Möglichkeiten beider Verfahrensordnungen, wird hier nicht entstehen.

Dagegen ist die geschilderte Aufsichtssituation, die die Steuerfahndung zur faktischen Herrin des Verfahrens macht und damit den Richtervorbehalt in der Praxis entwertet, ein Verstoß gegen Grundrechte, und zwar unter dem Aspekt der Grundrechtssicherung durch ein geordnetes Verfahren und den Richtervorbehalt. Durch die Beseitigung der Herrschaft des Richters über Durchsuchungsmaßnahmen ergibt sich etwa ein Widerspruch zu Art. 13 GG oder das Prinzip des effektiven Rechtsschutzes aus Art. 19 IV GG. In dieser Hinsicht ist also die Schaffung einer kompetenten Aufsichtsbehörde verfassungsrechtlich erforderlich.

## § 4 Sonderfall der Außenprüfung als Anlaß des Steuerstrafverfahrens

Besonders häufig ist eine Außenprüfung i.S.d. §§ 193 ff AO Ausgangspunkt für ein Steuerstrafverfahren. Denn vielfach erlangen die Buß- und Strafsachenstellen ihre Informationen im Laufe einer Außenprüfung durch die Dienststellen, die diese Prüfungen vornehmen. Solche Fälle haben wegen der oft hohen Steueransprüche praktisch besondere Bedeutung. Darüber hinaus ergeben sich in diesen Konstellationen auch die relevantesten rechtlichen Problemstellungen.

### A. Funktion der Außenprüfung

#### I. Regelung und schematischer Ablauf der Außenprüfung

Die Außenprüfung[652] gem. §§ 193 ff AO ist ein Instrument, um die Besteuerungsgrundlagen vor Ort in besonders intensiver Weise zu ermitteln. In der Regel werden diese Außenprüfungen bei Personen mit Einkünften aus selbständiger oder gewerblicher Tätigkeit durchgeführt. Es werden hier die steuerlichen Verhältnisse des Steuerpflichtigen ermittelt (§ 194 AO). Voraussetzung und Schranke einer solcher Prüfung ist nach § 196 AO die Prüfungsanordnung, die den Umfang der Untersuchung bestimmt. Der Betriebsprüfer hat in der Prüfung die Besteuerungsgrundlagen objektiv zu ermitteln (§ 199 AO). Der geprüfte Steuerpflichtige ist gem. § 200 AO zur Mitwirkung verpflichtet.

Am Schluß der Außenprüfung steht in der Regel die Schlußbesprechung (§ 201 AO), in der die strittigen Sachfragen und die rechtliche Beurteilung bestimmter Sachverhalte zu erörtern sind. Der Steuerpflichtige soll, soweit aufgrund der Prüfungsfeststellungen Anhaltspunkte dafür bestehen, daß ein Steuerstraf- oder Steuerordnungswidrigkeitenverfahren durchgeführt werden könnte, nach § 201 II AO in dieser Schlußbesprechung darauf hingewiesen werden, daß die straf- bzw. ordnungswidrigkeitsrechtliche Würdigung einem gesonderten Verfahren vorbehalten bleibt.

#### II. Konstellation der Außenprüfung mit Steuerverkürzungsverdacht

Es ist bei diesen Prüfungen nicht selten, daß Hinweise auf die Begehung von Steuerstraftaten aufgedeckt werden. Der Beamte überprüft vor Ort insbesondere die Informationen, die der Finanzbehörde vom Steuerpflichtigen offenbart wurden, auf ihre Richtigkeit und Vollständigkeit hin und versucht, weitere Besteuerungsgrundlagen zu ermitteln. Ergeben sich im Verlaufe seiner Prüfung greifbare Anhaltspunkte für eine Steuerstraftat, so hat er diese Anzeichen gem. § 10 S.1 BpO unverzüglich den zuständigen Stellen mitzuteilen und gegebenenfalls mit der Steuerfahndung Kontakt aufzunehmen.[653] Im Ausnahmefall, etwa wenn

---

[652] In der Praxis als Betriebsprüfung bezeichnet.
[653] AStBV (St), Nr. 114 I i.V.m. Nr. 113 I und IV.

ein Beweisverlust droht, kann der Außenprüfer sogar als „Notstrafverfolgungsorgan" tätig werden. § 399 II 2 AO gibt dem Außenprüfer die Befugnis, bei Gefahr im Verzuge gewisse notwendige Ermittlungsmaßnahmen selber vorzunehmen und damit das Strafverfahren einzuleiten.

Wird auf den Hinweis des Außenprüfers hin ein Steuerstrafverfahren gegen den geprüften Steuerpflichtigen eingeleitet, so dürfen die Ermittlungen, die diesen Verdacht betreffen, nach § 194 AO erst dann fortgesetzt werden, wenn dem Steuerpflichtigen die Verfahrenseinleitung mitgeteilt wurde. Diese Regelung dient dem Zweck, dem Steuerpflichtigen, jetzt auch Beschuldigten, die Möglichkeit zu geben, seine Rechte im Strafverfahren – insbesondere das Schweigerecht – wahrnehmen zu können. Im betreffenden Besteuerungsverfahren kann er nach Eröffnung des Steuerstrafverfahrens nicht mehr zur Mitwirkung gezwungen werden.[654] Über diese Rechtsstellung ist er zu belehren (§ 393 I AO als lex specialis zu § 136 I 2 StPO).

Treten während der Prüfung nur vage Verdachtsmerkmale auf und muß daher von der Buß- und Strafsachenstelle aufgrund der Befunde geprüft werden, ob ein Ermittlungsverfahren durchgeführt werden muß, so soll der Steuerpflichtige auf diese Möglichkeit in der Schlußbesprechung hingewiesen werden.

## III. Manipulationsmöglichkeiten in der Praxis

In den folgenden Fällen wird deutlich, wie die ermittelnden Dienststellen die Einleitung des Strafverfahrens häufig verzögern oder sogar grundsätzlich unterlassen, um durch diese Manipulation die Beschuldigtenrechte des Betroffenen zu umgehen. Der Beginn des Strafverfahrens wird aus verfahrenstaktischen und fiskalischen Gründen hinausgeschoben, um die psychische Wirkung des „Damoklesschwertes" Strafverfahren in Verhandlungen mit dem Steuerpflichtigen als „Trumpf im Ärmel" behalten zu können.

### 1. Mißachtung des Legalitätsprinzips in der Außenprüfung

#### a) Praktische Vorgehensweise

Vor dem Eintritt einer Situation, in der eine Außenprüfung durch einen steuerstrafrechtlichen Verdacht beeinflußt wird, hat der Außenprüfer meist eine gewisse Scheu. Anders als seinen Kollegen der Steuerfahndung fehlen ihm in der Regel tiefergehende strafrechtliche Kenntnisse.[655] Er kann also nicht sicher entscheiden, ob ein strafrechtlicher Verdacht gegeben ist und wird dementsprechend zurückhaltend in Bezug auf strafrechtliche Einschätzungen sein.

---

[654] Zu dem Fortbestehen seiner Mitwirkungspflicht, vgl. S. 67 ff.

[655] *Klos/Weyand*, StBp 1989, 157.

Außerdem kollidiert die Meldepflicht mit dem, durch eine Punktebewertung motivierten Interesse des Prüfers, seine Prüfung möglichst reibungslos und schnell zu einem Abschluß zu bringen. Dies ist nämlich nur dann möglich, wenn er auf die Mitwirkung des Steuerpflichtigen bauen kann.

Die Einleitung des Strafverfahrens „vergiftet" jedoch das „Prüfungsklima", so daß einvernehmliche Lösungen und tatsächliche Verständigungen unwahrscheinlich werden.[656] Die Bekanntgabe eines Steuerstrafverfahrens bedeutet für den Prüfer also eine Gefährdung seiner eigenen Arbeitsziele und ist für ihn damit höchst unerwünscht.

Darüber hinaus kann sich der Prüfer nahezu in jedem Fall, also sowohl bei einer frühen als auch bei einer späten Annahme eines steuerstrafrechtlichen Verdachts und einer daraus folgenden Einleitung des Steuerstrafverfahrens, Vorwürfen von seiten des Steuerpflichtigen ausgesetzt sehen. Entweder wird ihm vorgeworfen werden, er habe durch voreiliges Handeln den Steuerpflichtigen diskriminiert, indem er ein Strafverfahren einleitete oder er habe zu spät reagiert und damit dem Betroffenen Rechte vorenthalten.[657]

Wie oben dargestellt, behindert die gesetzliche Regelung eine rasche und unkomplizierte Außenprüfung. Daher wird in der Praxis die gesetzliche Regelung häufig mißachtet und nach einem anderen Muster vorgegangen.

Dort tritt häufig der Fall auf, daß der Außenprüfer ohne jeden Hinweis auf die Gefahr eines strafprozessualen Ermittlungsverfahrens an den Steuerpflichtigen herantritt und die Prüfung bis zur Schlußbesprechung durchführt. Auch wenn sich ein Hinweis auf eine Steuerstraftat des geprüften Steuerpflichtigen ergibt, stellt sich der Prüfer blind, um die rasche Fortsetzung seiner Arbeit nicht zu gefährden. Hiermit wird besonders der unberatene Steuerpflichtige in Sicherheit gewogen, da er vom Prüfer erwartet, daß dieser strafrechtlich relevante Sachverhalte frühzeitig an die Buß- und Strafsachenstelle weitergibt und den Steuerpflichtigen darüber informiert. Zum Ende der Schlußbesprechung gibt der Außenprüfer dann oft noch den, meist als reine Routine verstandenen, aber nach § 202 II AO notwendigen Hinweis, eine mögliche strafrechtliche Bewertung der vom Steuerpflichtigen verwirklichten Sachverhalte bleibe einem gesonderten Verfahren vorbehalten.[658] Es wird hier also aus verfahrenstaktischen Gründen eine mit dem Gesetz kaum vereinbare Verfahrensweise entwickelt, die ganz offensichtlich praktisch große Vorzüge hat. Denn sie ermöglicht eine schnelle Feststellung des steuerlichen Mehrergebnisses.

---

[656] *Stypmann*, wistra 1983, 95, 97; *Streck*, Außenprüfung, Rn. 735; *Müller/Wabnitz*, S. 279, relativierend jedoch *Weyand*, StBp 1990, 97.

[657] Zur „Zwickmühle" in der sich der Außenprüfer hier befindet, *Joecks* in: *Franzen/Gast/Joecks*, § 397/50.

[658] *Meyer-Arndt*, StbJb 79/80, 143.

Aus diesem Grund wird so mancher Prüfer gerne die Augen selbst vor schweren Verdachtsmomenten zunächst verschließen und diese erst nach Abschluß der Prüfung an die zuständigen Behörden weiterleiten. Durch diese zu spät erfolgte Weiterleitung wird aber das Schweigerecht des Beschuldigten ausgehebelt. Der Betriebsprüfer wird nämlich vom Steuerpflichtigen weiterhin die Mitwirkung verlangen und der Steuerpflichtige wird eine Zuflucht der Finanzverwaltung in Zwangsmittel auch nicht wirksam abwehren können. Die Finanzverwaltung wird sich auf die AO berufen und darauf, daß § 393 II nur nach Einleitung des Strafverfahrens schützend wirkt.

**b) Folgen dieser Vorgehensweise**

Die Unvereinbarkeit mit verfassungsrechtlichen Prinzipien liegt hier auf der Hand. Jedoch ist vorliegend zu fragen, welche Möglichkeiten sich bieten, um die fiskalischen Interessen der Finanzverwaltung und das Interesse des Betroffenen an der Wahrung seiner Rechte in Einklang zu bringen.

Wird weiterhin so vorgegangen, wie es aktuelle Praxis ist, nämlich daß der Außenprüfer die Mitteilung an die Buß- und Strafsachenstelle vielfach verzögert, dann kann die rechtliche Folge nur sein, daß eine Einleitung des Strafverfahrens i.S.d. § 397 AO dennoch angenommen werden muß. Eine Verfahrenseinleitung würde dann trotz gegenteiligen Willens des ermittelnden Beamten fingiert[659] und so ein strafrechtliches Beweisverwertungsverbot für alle Tatsachen wirksam, die der Außenprüfer von diesem Zeitpunkt an ermittelt hat. Da der entscheidende Zeitpunkt schwer zu bestimmen ist, wären eventuell vom Außenprüfer ermittelte Daten im Strafverfahren nicht verwertbar. Ein Strafverfahren gegen den Betroffenen würde durch umfassende Beweisverwertungsverbote erheblich erschwert.

Es kann aber aufgrund der unglücklichen Organisation und Gesetzeslage sogar dann zu dieser beweisrechtlich problematischen Situationen kommen, wenn ein Amtsträger, der sich buchstabengetreu an die Regelungen der Betriebsprüfungsordnung hält, sowohl strafrechtliche als auch verfahrensrechtliche Ermittlungen betreibt. Denn der Beamte wird selber nicht immer genau trennen können, welche Informationen er in welchem Verfahren vom Steuerpflichtigen erhalten hat. Diese Doppelfunktion des einzelnen Amtsträgers führt auch beim Steuerpflichtigen wieder zu Unsicherheit.

*Schick*[660] formuliert hierzu plakativ: Die Steuerpflichtigen

> *"...wissen nicht, ob sie sich im Einzelfall dem Wolf im Schafspelz (also dem steuerlichen Prüfer, der im konkreten Fall strafrechtlich ermittelt) oder dem Schaf im Wolfspelz*

---

659 *Krey*, Strafverfahrensrecht I, Rn 765-767; Konsequenz aus BGHSt 10, 8 (12).

660 *Schick* in: *Hübschmann/Hepp/Spitaler*, § 208/60.

*(also dem Fahnder der steuerrechtlich ermittelt) gegenüber sehen - können doch die Beamten zwischen den beiden Rollen hin und her wechseln."*

## 2. Mißachtung des Legalitätsprinzips in der Schlußbesprechung

Eine weitere Konfliktsituation entsteht wiederum aus der Schlußbesprechung. Nach Abschluß der Prüfung findet in der Regel gemäß § 201 AO eine solche Besprechung statt. Bei dieser Besprechung werden die Prüfungsergebnisse erörtert. Spätestens in dieser Besprechung erfährt der Steuerpflichtige, welche Folgen diese Außenprüfung für ihn besteuerungsrechtlich und steuerstrafrechtlich hat; d.h. ob er Steuernachforderungen zu erwarten hat und ob die Gefahr der Strafverfolgung besteht.

Jeder Finanzbeamte arbeitet hierbei auf eine möglichst einverständliche Regelung bezüglich der einzelnen Feststellungen des Prüfers hin, um die mit Einspruch und Klage verbundenen erheblichen Mehrbelastungen zu vermeiden. Der gut beratene Steuerpflichtige kennt diesen „Schwachpunkt" der Steuerbehörden und stellt sich darauf ein. Er wird eine schriftliche Niederlegung strafrechtlich relevanter Sachverhalte zu verhindern suchen, um die Überprüfung durch die Buß- und Strafsachenstelle unmöglich zu machen. Um die Feststellung der Steuerschuld wird in dieser Besprechung heftig gefeilscht (sog. orientalische Phase[661]).

Wenn nun die Steuerbehörde den Steuerpflichtigen zu Zugeständnissen - insbesondere in Fragen der Bewertung – bringen will, dann fällt ihr dies besonders leicht, wenn sie ihm zu verstehen gibt, daß bestimmte Daten nicht den Weg zur Buß- und Strafsachenstelle finden werden. Diese „Technik" verstößt gegen das Legalitätsprinzip, denn sie bevorzugt den geprüften Verdächtigen sowohl gegenüber dem nicht geprüften Verdächtigen als auch gegenüber dem Beschuldigten, der eines Nichtsteuerdelikts verdächtigt wird.

*Kummer*[662] schlug deswegen vor, die Meldepflicht nach § 10 BpO vorzuverlagern, um schon beim ersten Verdacht auf die Erfüllung des objektiven Tatbestandes des § 370 AO die Buß- und Strafsachenstelle informieren zu müssen. Es mache keinen Sinn, bis zur Schlußbesprechung zu warten und dann auch noch die Beachtung des Verdachts in das Ermessen des Prüfers zu stellen. Durch die frühe Information der Buß- und Strafsachenstelle würde die zuständige Stelle in die Lage versetzt zu entscheiden, ob das Verfahren einzuleiten ist oder nicht. Von der erwähnten Taktik des jeweiligen Außenprüfers hinge dann das Ermittlungsverfahren nicht mehr ab.

---

[661] *Kummer* in: *Wabnitz/Janovsky*, 18/188.

[662] *Kummer* schlug dies in: *Wabnitz/Janovsky*[1], 10/167 zunächst vor, wobei er diese Forderung nunmehr (in: *Wabnitz/Janovski*, 18/188) in der **Theorie** schon durch die Änderung des § 10 BpO verwirklicht sieht.

## B. Kritik an der Doppelfunktion der Steuerfahndung

Mag auch in der Theorie die Beweisvermischung kein Problem sein, so ergeben sich dennoch verfassungsrechtliche und auch praktische Problemfelder. *Schick*[663] kritisiert daher diese doppelte Aufgabenzuweisung an die Steuerfahndung, die der Gesetzeswortlaut offensichtlich vorsieht, als unzulässig.

### I. Äußere Rechtsgebietsdifferenzen

Der Gesetzgeber hat hier einer Behörde Kompetenzen aus zwei Bereichen zugewiesen, die im Grundgesetz an vollkommen verschiedenen Stellen geregelt sind. Darüber hinaus ist in beiden Bereichen ein unterschiedlicher Rechtsweg zu beachten.

*Schick*[664] will hier eine weitere Gewaltenteilung beachtet wissen, nämlich die Trennung der Strafverfolgungsgewalt von der Steuerverfahrensgewalt. Doch greift das Verfassungsprinzip der Gewaltenteilung hier nicht ein. Es geht nicht um eine Trennung zwischen Judikative und Exekutive, sondern um die Trennung zwischen zwei Exekutivgewalten, da die Staatsanwaltschaft keine rechtsprechenden sondern ermittelnde Aufgaben wahrnimmt.

*Schick* kritisiert in diesem Zusammenhang, daß das Urteil des *BVerfGs* vom 06.06.1967[665] noch der Umsetzung harre, in dem das Gericht die Verhängung von strafrechtlichen Sanktionen auch im Steuerstrafrecht durch andere Personen als den staatlichen Richter für verfassungswidrig erklärte und eine Verhängung einer Kriminalstrafe durch die Steuerbehörden deswegen verwarf.

Doch im dort behandelten Fall stand nur das Entscheidungsrecht in Form eines Urteils in Rede, nicht aber die Verfahrensführung. Im vorliegenden Zusammenhang ist allerdings nur die Frage der strafrechtlichen und steuerverfahrensrechtlichen Ermittlung durch eine Behörde relevant, die nicht (mehr) den Anspruch erhebt, Urteile zu fällen. Daher kann aus jenem Urteil des Verfassungsgerichts wohl ebenso wenig etwas gegen die Aufgabenkumulation hergeleitet werden wie aus dem Aspekt der Gewaltenteilung.

### II. Praktische Unvereinbarkeit der Aufgaben

Im Ergebnis viel relevanter ist eine zweite, von *Schick*[666] erörterte Problematik. Er ist der Auffassung, es handele sich bei dieser doppelten Zuständigkeit für Besteuerungsverfahren und Steuerstrafverfahren um zwei miteinander nicht vereinbare Aufgaben, die daher auch nicht angemessen von **einer** Behörde be-

---

663 *Schick* in: *Hübschmann/Hepp/Spitaler*, § 208/54 ff.
664 *Schick* in: *Hübschmann/Hepp/Spitaler*, § 208/54 ff.
665 BVerfGE 22, 49 (77 ff.).
666 *Schick* in: *Hübschmann/Hepp/Spitaler*, § 208/54 ff.

wältigt werden können. Man könne zwei nicht miteinander kombinierbare Aufgabenbereiche nicht derselben staatlichen Stelle zuweisen.[667]

Aus einer solchen Aufgabenhäufung können sich generell praktische und verfassungsrechtliche Schwierigkeiten ergeben. Zwar ist die Zuständigkeitshäufung nicht per se unzulässig, aber sie wird dann unhaltbar, wenn die Aufgaben, die der Behörde übertragen sind, nicht miteinander zu vereinbaren sind, weil sie dann von einer Behörde nicht sachgerecht mehr bewältigt werden können. Die Beamten müssen sich dann für einen Aufgabenbereich entscheiden, den sie angemessen bearbeiten und den anderen vollkommen vernachlässigen oder sie müssen beide Bereiche unangemessen bearbeiten. Die Unvereinbarkeit führt damit zur Lähmung der Staatsorgane.

Unvereinbar sind Aufgaben dann, wenn sie in ihrer Zielsetzung oder in der Ausgestaltung der Mittel, die der Behörde zu Erfüllung ihrer Aufgaben zur Verfügung stehen, so unterschiedlich sind, daß es zu bezweifeln ist, ob die Behörde den beiden divergierenden übertragenden Aufgaben gerecht werden kann.[668]

Hier sind es Strafverfahren und Steuerveranlagungsverfahren, die der Steuerfahndung zugewiesen sind. Bei der Ermittlung wegen Steuerstraftaten hat die Steuerfahndung die Aufgabe eines Strafverfolgungsorgans. Steuerstraftaten sind Straftaten. „Das Steuerstrafrecht ist Strafrecht, nicht Steuerrecht."[669] Dieses Verfahren hat also den Sinn, ein soziales Unwerturteil auszusprechen und vergeltende und präventive Sanktionen zu verhängen. Hier wird in bedeutender Weise in den Status des Steuerpflichtigen als Person eingegriffen.

Die Ermittlung im Veranlagungsverfahren betrifft dagegen den „neutralen" Steueranspruch des Staates, dessen Erfüllung zu den Pflichten des Bürgers gehört. Damit ist die Zielsetzung dieser beiden Verfahren vollkommen verschieden. Während das Erstere ein Unwerturteil ermöglichen soll, geht es im Letzteren „nur" um den finanziellen Anspruch des Staates und nebenbei darum, den Bürger zur Erfüllung seiner Pflicht anzuhalten.[670] Es treffen also in der Behörde Steuerfahndung die Ziele und Mittel des Strafverfahrens auf die Ziele und Mittel des Besteuerungsverfahrens. Diese Zielsetzungen lassen sich, wie oben gezeigt, oft wenn nicht sogar typischerweise schwerlich in Einklang bringen.

Dies führt einerseits dazu, daß die Mittel, die der Steuerfahnder einsetzt, trotz der Möglichkeit einer klaren Abgrenzung nicht immer nur im jeweils angezeigten Verfahren verwandt werden und daß sich darüber hinaus der Außenprüfer strafrechtlich überfordert fühlt. Daher vernachlässigt er das strafrechtliche Verfahren, das sich finanziell nicht „rechnet", lieber. Diese Einstellung zur Straf-

---

[667] *Schick* in: *Hübschmann/Hepp/Spitaler*, § 208/55.
[668] *Schick* in: *Hübschmann/Hepp/Spitaler*, § 208/55.
[669] *Schick* in: *Hübschmann/Hepp/Spitaler*, § 208/56.
[670] Vgl. dazu S. 9 ff; 32 ff.

verfolgung läßt sich leicht erkennen, wenn man die Berichte über erfolgte Steuerfahndungsaktionen analysiert, die meist nur sehr vordergründig ihren Schwerpunkt in der Strafverfolgung haben, ansonsten aber fast ausschließlich an den erzielten Mehrergebnissen gemessen werden.

Denkbar wäre eine Vereinbarkeit der Aufgabengebiete allenfalls dann, wenn von Gesetzes wegen innerhalb der Behörde eine strikte Trennung zwischen einer für die Strafverfolgung und einer für die Veranlagung zuständigen Abteilung durchzuführen wäre. Dann wäre es möglich die Zielsetzung sachgerecht zu differenzieren und die Informationen, die mit den verschiedenen Mitteln gewonnen wurden nicht zu vermischen. Doch eine solche Trennung schreibt das Gesetz nicht vor. Insoweit kann dem Gesetzgeber vorgeworfen werden, die Absicherung der verfassungskonformen Funktionsfähigkeit der Steuerfahndungstätigkeit unterlassen zu haben. Er hat sich bei der Einführung des § 208 AO, der erst mit der Neufassung der AO vom 16.03.1976[671] eingefügt wurde, mit der Problematik der Vereinbarkeit der übertragenen Aufgabengebiete nicht auseinandergesetzt.[672]

### III. Unvereinbarkeit mit Art. 3 I GG

Ein zusätzliches Problemfeld ergibt sich aus der praktischen Arbeit der Steuerfahndung, ebenso wie aus der grundsätzlichen Verbindung von Besteuerungsverfahren und Strafverfahren. Durch die besondere Wertschätzung der Beamten für einen schnellen Abschluß des Besteuerungsverfahrens mit möglichst hohen Steuerfestsetzungen entstehen Ungleichbehandlungen. Der Steuerstraftäter wird vielfach gegenüber dem Nichtsteuerstraftäter bevorzugt:

Der gut beratene Steuerpflichtige, der Steuerstraftaten begangen hat, wird in der Regel die Möglichkeit haben, über weitgehende Zugeständnisse im Besteuerungsverfahren eine im Raume stehende Strafe zu mildern oder sogar ganz zu vermeiden. Die Strafverfolgungsorgane machen sich durch den selbst gesetzten zeitlichen Druck *„erpreßbar"*. Ein Steuerberater, der sich durch Zugeständnisse im Besteuerungsverfahren um eine tatsächliche Verständigung bemüht, wird in der Frage des Steuerstrafverfahrens vielfach, wenn nicht gar typischerweise auf eine sehr kompromißbereite Buß- und Strafsachenstelle bzw. Steuerfahndung treffen.

Damit kann also der Steuerstraftäter im Regelfall, ohne ernsthaft Gefahr zu laufen, schwer bestraft zu werden, abwarten, welche Erkenntnisse die Steuerfahndung oder die Buß- und Strafsachenstelle erlangen können. Wenn er soweit informiert ist, kann er in Verhandlungen mit den Steuerbehörden eintreten. In dieser Verhandlung kommt es deswegen meist zu einem für den Steuerstraftäter

---

[671] BGBl. 1976 I, 613 ff.; 1977 I, 269 ff.
[672] Vgl. BT-Drs. 7/4292, S. 36.

günstigen Ergebnis, weil er ein vorrangiges Interesse an der Vermeidung von Strafen hat, während die Steuerbehörden primär fiskalische Ziele verfolgen. Ein Kompromiß ist damit in den Fällen von vorliegenden Steuerstraftaten nahezu vorprogrammiert. *Schick*[673] kommentiert dies wie folgt:

> *"Kumpanei, einverständliches procedere, das dem Beamten die Arbeit vereinfacht, wird angestrebt, und es werden in der Literatur Rezepte aufgezeigt, wie man dazu kommen kann."*

Zwar gibt es auch im Nichtsteuerstrafverfahren für den Angeklagten bzw. seinen Vertreter gewisse Möglichkeiten zu taktieren und im Extremfall werden sogar Urteile vorher unter der Hand „ausgehandelt“[674], jedoch hat der „normale“ Straftäter nicht diese Möglichkeiten in der Hand, wie sie die Zusammenfassung der Aufgaben bei der Steuerfahndung eröffnet. Der Staatsanwalt hat die Strafverfolgung zu betreiben. Auch er hat ein großes Interesse daran, „den Aktendeckel schnell zuzuklappen“. Aber er hat nicht bezüglich der gleichen Person ein weiteres fiskalisch „lukrativeres“ Verfahren zu betreiben, das evtl. durch das Strafverfahren behindert wird. Letztlich kann der Nichtsteuerstraftäter nur mit dem Faktor Zeit und der Arbeitsbelastung der Strafverfolgungsorgane taktieren. Der Steuerstraftäter hat die nicht zu unterschätzende Möglichkeit, die Finanzbehörden darüber hinaus noch mit fiskalischen Erwägungen zu überzeugen.

Damit ist die effektive Verfolgung von Steuerstraftätern aus praktischen Gründen nicht annähernd so gut gewährleistet, wie bei anderen Straftaten. Diese Ungleichbehandlung verstößt, auch wenn der Straftäter eines nicht steuerrechtlichen Verfahrens sich nicht darauf berufen kann, gegen den Gleichheitsgrundsatz des Art. 3 I GG und stellt damit eine Verfassungsverletzung dar.

## C. Eigener Lösungsvorschlag

Die derzeitige gesetzliche Regelung ist also offensichtlich primär am Steueraufkommen und nur sekundär an der Strafverfolgung interessiert. Es geht dem Staat primär darum, die Verluste für den Fiskus einzuschränken, nicht aber darum, die mit der Strafe bezweckten Ziele zu verfolgen. Eine so vermeintlich fiskalisch günstiger ausgerichtete Betrachtung eines Strafverfahrens ist sicherlich eine sehr bedenkliche Lösung.

Es wäre aus diesen verfassungsrechtlichen und auch daher aus praktischen Gründen zu erwägen, ob das Besteuerungsverfahren und das Strafverfahren nicht ganz zu trennen sind, auch wenn dies andere Schwierigkeiten mit sich bringen wird, da die innere Verbindung zwischen beiden Verfahren nicht zu leugnen ist.

---

673 *Schick* in: *Hübschmann/Hepp/Spitaler*, § 208/60.

674 Dazu *Deal*, StV 1982, 545 ff.

## I. Durchführung des Besteuerungsverfahren in der Praxis

Nahezu in allen Fällen geht einem Steuerstrafverfahren ein Besteuerungsverfahren voran. In der Mehrzahl der Fälle tritt der Verdacht der Steuerverkürzung während einer Außenprüfung auf. Wie dargestellt, geht der Außenprüfer in der Praxis so vor, daß er das Verfahren zunächst weiter betreibt, wenn sich ein Verdacht ergibt und es dann in der Schlußbesprechung bei einem formalen Hinweis beläßt. Dies geschieht, obwohl der Prüfer nach § 10 BpO zur Bekanntgabe des Verdachtes an den Steuerpflichtigen und einer Weiterleitung an die Strafsachenstelle verpflichtet ist. Hier wäre es erwägenswert, die Praxis in rechtsstaatlichere Bahnen zu lenken.

## II. Orientierung an der heute tatsächlichen Verfahrensweise

Der Prüfer könnte gesetzlich verpflichtet werden, trotz des Vorliegens strafrechtlich relevanter Anhaltspunkte, seine Prüfung ohne Mitteilung an den Steuerpflichtigen fortsetzen. Sobald er sie beendet hat und die Prüfung abgeschlossen ist, kann er nun die Umstände, aus denen sich sein Verdacht ergibt, – und nur diese – an die Strafsachenstelle weitergeben, die dann bei einer Einleitung des Steuerstrafverfahren auch direkt den Steuerpflichtigen benachrichtigt. Dabei darf auch weitergegeben werden, was der Steuerpflichtige an Informationen im Rahmen seiner Mitwirkungspflicht beigetragen hat, denn § 30 IV Nr. 1 AO erlaubt eine solche Weitergabe in einem gewissen Umfang.

Jedoch dürfen der Strafsachenstelle keine Informationen weitergegeben werden, die ermittelt wurden, nachdem der Verdacht aufkam, der zur Einleitung des Steuerstrafverfahrens ausreichte. Entscheidend ist hier, gesetzlich auszuschließen, daß Strafverfolgung und Besteuerungsverfahren in eine Hand fallen. Denn auch bei dem im folgenden vorgeschlagenen Vorgehen ist eine Vermischung von Beweismitteln nur dann zu vermeiden, wenn unterschiedliche Beamte die verschiedenen Verfahren betreiben.

## III. Folgen

Es würden gemäß diesen Anregungen zwei auch zeitlich getrennte Verfahren laufen, die dem Steuerpflichtigen die Möglichkeit geben, sich auf jedes einzelne besser einzustellen. Weiterhin würde er damit kaum in den Irrtum verfallen, ein strafrechtliches Folgeverfahren wäre theoretisch, aber nicht praktisch möglich. Die Aussageverweigerungsrechte des Betroffenen würden hier offensichtlich besser gewahrt.

Fiskalisch wäre außerdem eine schnellere Festsetzung des zusätzlichen Steueranspruches das Ergebnis, das sich aus der zügig vollzogenen Außenprüfung ergibt. Die Belastung der Außenprüfer mit steuerstrafrechtlichen Gesichtspunkten wäre zumindest reduziert. Darüber hinaus müßte natürlich die Verjährungshemmung mit dem Vermerk eines strafrechtlichen Verdachts in der Steuerakte eintreten, um nicht durch eine solche Prüfung vielleicht wertvolle Zeit verstreichen zu lassen.

Dieser Trennung zwischen den Verfahren kann sicherlich auch nicht mit dem von der Verwaltung und dem Gesetzgeber bemühten Argument entgegengetreten werden, die Ermittlungsarbeit im Steuerstrafverfahren sei nur durch die steuerlich ausgebildeten Beamten, die auch das Besteuerungsverfahren betreiben, zu leisten, und die Staatsanwaltschaften wären überfordert.[675] Es wäre nämlich unter dieser Prämisse auch kaum einsichtig, daß der Strafrichter die Entscheidung in Steuerstrafverfahren zu fällen hat und nicht der im Steuerrecht viel besser ausgebildete Richter eines Finanzgerichtes.

Im übrigen muß der im Strafverfahren ermittelnde Beamte, ebenso steuerrechtlich wie auch strafrechtlich eine so umfassende Kenntnis haben, daß es ihm möglich ist, das Verfahren fehlerlos zu betreiben, was dazu geführt hat, daß bereits Schwerpunktstaatsanwaltschaften mit dem Bereich Steuerstrafrecht eingerichtet wurden.

Es mag zwar zunächst finanziell aufwendiger sein, die Verfahren zu trennen und das Strafverfahren dann von sowohl strafrechtlich als auch steuerrechtlich gebildeten Steuerfahndungsbeamten betreiben zu lassen, die dann aber auch nur diese Aufgabe übernehmen. Aber jenes ökonomische Argument verliert weiterhin an Kraft, wenn man bedenkt, daß dann die Beamten der Veranlagung in der Lage wären, sich voll und ganz auf das Besteuerungsverfahren zu konzentrieren. So könnte dieses Verfahren ohne „Hemmnisse" des Strafverfahrens abgeschlossen werden und die Steuerbehörden könnten damit deutlich schneller und sicherer zum Ziel zu kommen. Des weiteren darf eine solche ökonomische Überlegung nicht den verfassungsrechtlichen Schutz zugunsten der Rechte des Steuerpflichten beseitigen.[676]

Eine Beendigung oder zumindest erhebliche Reduzierung der Verbindung des Strafverfahrens mit dem Besteuerungsverfahren ist nicht nur verfassungsrechtlich, sondern auch fiskalisch geboten. Ohne Änderung der aktuellen Struktur der steuerstrafrechtlichen Verfolgungsbehörden wird das Steuerstrafverfahren ein für die Beamten „lästiges Anhängsel" des Besteuerungsverfahren bleiben, dem man möglichst wenig Beachtung schenkt, um die ohnehin schon komplizierte Tätigkeit im Besteuerungsverfahren nicht noch weiter zu erschweren.

---

[675] So BT-Drs. 5/1812, S. 21.

[676] So auch *Schick* in: *Hübschmann/Hepp/Spitaler*, § 208/61.

## Kapitel 3

### Datenaustausch zu Zwecken der Steuerstrafverfolgung

In der Steuerfahndung und der Außenprüfung wird die Finanzbehörde nach dem bisher Erörterten also in zwei Verfahrenzweigen tätig. Es können hier praktisch über die Verfahrensbefugnisse in dem einen Bereich Daten für das Verfahren im anderen Bereich gewonnen werden. So entsteht die Gefahr, daß Informationen intern zweckentfremdet werden, wenn sie von einem Verfahren in ein anderes verschoben werden.

Wie schon in den Ausführungen zum Steuergeheimnis angedeutet, kommt es aber nicht nur innerhalb der Behörden oder Sachgebiete zu einem Informationsaustausch. Die Steuerbehörden können nach § 30 AO auch Daten gegenüber den Staatsanwaltschaften offenbaren. Damit „verlassen" die Informationen über die Verhältnisse des Steuerpflichtigen also die ursprüngliche Behörde.

Und nicht nur die Steuerbehörden ermitteln Daten. Zentrales Anliegen einer Behörde in jedem Verwaltungs- und auch Strafverfahren ist die Sachverhaltsermittlung. Der Sachverhalt entscheidet schließlich über das richtige Vorgehen des Staatsorganes. Damit benötigen alle Hoheitsträger, die in einem auf einen einzelnen Bürger bezogenen Verfahren Entscheidungen zu treffen haben, Informationen über dessen relevante persönliche Verhältnisse. Die staatlichen Organe ermitteln daher eine große Menge von Informationen über jeden Bürger. Diese Daten wären in vielen Fällen nicht nur für das spezielle Verfahren förderlich, in dem sie ermittelt wurden, sondern sie könnten auch nützlich sein, um andere, evtl. auch von anderen Behörden betriebene, Verfahren voranzubringen.

Die Regelung und der Ablauf eines Austauschs solcher Informationen zwischen den staatlichen Behörden, die ein bürgerbezogenes Verfahren betreiben, ist damit ein zentrales Thema im Bereich des Datenschutzes. Im Rahmen des Datenaustausches zwischen Behörden besteht immer die Gefahr, daß Informationen nicht ihrem Zweck entsprechend eingesetzt werden, eine Datenverwendung zu dem konkreten Zweck also nicht verhältnismäßig ist.

Im folgenden sind spezielle Einzelprobleme dieses Informationsflusses Gegenstand der Erörterung. Dabei werden die Normen des Geldwäschegesetzes[677](GwG) und § 261 StGB (Geldwäsche)[678] im Mittelpunkt stehen.

---

677 Zunächst als *Gesetz über das Aufspüren schwerer Straftaten* vom 25.10.1993, BGBl I 1993, 1170 verabschiedet. Dann umbenannt in Geldwäschebekämpfungsgesetz; in der Fassung durch das *Gesetz zur Verbesserung der Bekämpfung der Geldwäsche und der Bekämpfung der Finanzierung des Terrorismus* vom 08.08.2002, BGBl I 2002, 3105 ff.

678 In der Fassung, die diese Norm durch das *Fünfte Gesetz zur Änderung des Steuerbeamten-Ausbildungsgesetz* erhalten hat, BGBl I 2002, 2715 ff.

Soweit ein Verdacht der Geldwäsche im Raume steht, ermöglicht das GwG nämlich einen weitreichenden Datentransfer zwischen den beteiligten Hoheitsträgern. Darüber hinaus verpflichtet das GwG in einem solchen Verdachtsfall sogar Private zur Ermittlung von Daten, die entsprechenden Strafverfahren dienen sollen.[679] Diese Informationstransferregelungen sah der Gesetzgeber als probates Mittel an, um eine effektive Bekämpfung der Organisierten Kriminalität zu ermöglichen. Sie sind ein Beispiel eines Regelungskomplexes, der einen sehr weitgehenden Informationsaustausch zwischen diversen Behörden erlaubt. Diese Befugnisse der Behörden und jene Pflichten für Private sind auch deswegen so schwerwiegend, weil der Bereich des Geldwäschetatbestandes in den letzten Jahren immer mehr ausgedehnt wurde. Auf diese Weise wurde zwangsläufig auch das Anwendungsgebiet der Datenoffenbarungsregeln des GwG stark erweitert. Der unmittelbare Bezug zur Verfolgung der Organisierten Kriminalität ging auf diese Weise weitgehend verloren.

[679] Vgl. S. 288 ff.

## § 1 Allgemeine Datenweitergabe an die Finanzbehörden

Zunächst sollen jedoch die **allgemeinen** Regeln der AO kurz erläutert werden, die schon eine weitreichende Datenweitergabe an die Finanzbehörde ermöglichen.

### A. Innerstaatliche Amts- und Rechtshilfe (§§ 111 ff AO)

Nach § 111 AO haben alle Gerichte und Behörden den Finanzbehörden die Amtshilfe zu leisten, die zur Durchführung der Besteuerung notwendig ist. Die Grenzen dieser Erforderlichkeit regelt § 112 AO und nennt hier Fälle, in denen insbesondere um Amtshilfe ersucht werden kann. Ebenso zählt § 112 II, III AO die Fälle auf, in denen Amtshilfe nicht geleistet werden darf oder muß, und normiert damit abschließend die Ausnahmefälle, in denen die Amtshilfe abgelehnt werden kann. § 112 IV AO gibt Gründe an, die ausdrücklich nicht ausreichen, um die Hilfe zu verweigern. § 113 AO bestimmt die Auswahl der zu ersuchenden Behörde.

### B. Anzeige von Steuerstraftaten nach § 116 AO

#### I. Gesetzliche Anzeigepflicht

In der AO ist in § 116 I über die Möglichkeit der Finanzbehörden, eine andere Behörde zum Tätigwerden aufzufordern, hinaus auch eine eigene Pflicht einer jeden Behörden, den Finanzämtern bestimmte Informationen zu übermitteln, normiert:

> *„Gerichte und die Behörden von Bund, Ländern und kommunalen Trägern der öffentlichen Verwaltung haben Tatsachen, die sie dienstlich erfahren und die den Verdacht einer Steuerstraftat begründen, der Finanzbehörde mitzuteilen."*

Diese Norm soll es der Finanzverwaltung erlauben, unbekannte Steuerfälle leichter aufzudecken und Steuerstraftaten zu verfolgen, die damit im Zusammenhang stehen. Nach *Bilsdorfer* läßt diese Regelung einen Schluß auf eine *„Solidargemeinschaft aller öffentlichen Stellen zur Vermeidung von Steuerhinterziehung zu"*[680] Diese Pflicht zur Information ist nur zugunsten der Steuerbehörden ausdrücklich geregelt. Eine vergleichbare Vorschrift fehlt etwa in den Sozialgesetzbüchern oder im VwVfG.[681]

Zur Meldung eines Verdachts auf eine Steuerstraftat sind grundsätzlich alle Behörden verpflichtet. Das bedeutet, neben den explizit genannten Gerichten[682]

---

[680] *Bilsdorfer*, S. 48.

[681] *Söhn* in: *Hübschmann/Hepp/Spitaler*, § 116/1

[682] Jedes Mitglied eines erkennenden Spruchkörpers ist zur Mitteilung verpflichtet, eine Mitwirkung alle Mitglieder ist nicht erforderlich, *Söhn* in: *Hübschmann/Hepp/Spitaler*, § 116/3.

müssen alle Behörden kommunaler Träger, der Länder und des Bundes[683] einen entsprechenden Verdacht an die Finanzbehörden weitergeben. Beamte als solche sind jedoch nicht allein wegen ihrer Beamteneigenschaft anzeigepflichtig.[684] Es handelt sich hierbei nicht um Amtshilfe, sondern um eine spezielle Informationshilfe.[685] Die Mitteilungen erfolgen behördenintern und können daher nicht mit Rechtsmitteln angegriffen werden.[686]

Die Pflicht zur Meldung wird durch das Vorliegen eines Verdachts auf eine Steuerstraftat ausgelöst. Es ist demnach erforderlich, daß sich Tatsachen zeigen, die dienstlich[687] bekannt geworden sind und auf das Vorliegen einer Steuerstraftat[688] im Sinne der §§ 369 ff. AO hindeuten. Es ist kein dringender Tatverdacht oder eine ähnlich qualifizierte strafverfahrensrechtliche Verdachtsform notwendig. Lediglich zureichende tatsächliche Anhaltspunkte müssen vorliegen. Eine Verpflichtung der anzeigenden Stelle zu ergänzenden Nachforschungen ergibt sich jedoch aus § 116 AO nicht.[689]

Damit besteht eine grundsätzliche Informationspflicht gegenüber den Finanzbehörden; diese Pflicht wird jedoch durch § 116 II AO in Verbindung mit § 105 II AO dadurch beschränkt, daß zahlreiche nichtsteuerliche Gesetze Schweigepflichten der staatlichen Organe normieren.[690] Ergänzend gilt für den Bereich der Zollverwaltung § 5 ZollVG.

## II. Praktische Pflichterfüllung

Meist wird die Pflicht zur Datenweitergabe aber aus Unwissenheit der verpflichteten Beamten und Richter vernachlässigt.[691] Eine zentrale Vorschrift für die effektive Strafverfolgung von Steuerkriminellen läuft damit weitgehend leer. Insbesondere in Arbeits- und Familienprozessen werden die verdächtigen

---

683 Damit also nicht für Behörden aller anderen juristischen Personen des öffentlichen Rechts und nicht für Einrichtungen oder sonstige Organe, Stellen oder Ämter, die Aufgaben der öffentlichen Verwaltung wahrnehmen ohne Behörden zu sein, *Söhn* in: *Hübschmann/Hepp/Spitaler,* § 116/3a.

684 *Söhn* in: *Hübschmann/Hepp/Spitaler*, § 116/4.

685 *Söhn* in: *Hübschmann/Hepp/Spitaler*, § 116/2.

686 *Söhn* in: *Hübschmann/Hepp/Spitaler*, § 116/24.

687 *Söhn* in: *Hübschmann/Hepp/Spitaler*, § 116/8, eine private Kenntnisnahme reicht i.d.R. nicht aus.

688 Eine Steuerordnungswidrigkeit reicht nicht aus, *Söhn* in: *Hübschmann/Hepp/Spitaler,* § 116/6

689 *Söhn* in: *Hübschmann/Hepp/Spitaler*, § 116/7.

690 *Brockmeyer* in: *Klein, §* 105/7, näheres *Söhn* in: *Hübschmann/Hepp/Spitaler,* § 116/10b. Der *BFH* stellt daher auch in NJW 2001, 2119 fest, daß für Informationen, die im Strafverfahren im Wege der Telefonüberwachung erlangt worden sind, ein steuerliches Verwertungsverbot gilt.

691 *Kummer* in: *Wabnitz/Janovsky*, 18/144 spricht von „sträflicher" Vernachlässigung; *Tipke* in: *Tipke/Kruse,* § 116/2; *Bock*, NJW 1992, 101.

Tatsachen nur selten weitergemeldet. Dies geschieht insbesondere wegen der hohen Arbeitsbelastung der Gerichte und Behörden und der fehlenden steuerrechtlichen und strafrechtlichen Kenntnisse der Amtsträger, die in die unvorteilhafte Lage geraten, häufig ohne ausreichendes Fachwissen, eine Fallgestaltung steuerrechtlich beurteilen zu müssen.[692]

Auch Staatsanwälte und Strafrichter trennen von umfangreichen Strafprozessen Steuervergehen ab, melden dann aber die Verdachtsmomente nicht an die Finanzbehörden weiter. Die Vorschrift des § 116 AO dient aber nicht nur der Steuerstrafverfolgung, sondern auch der zutreffenden Besteuerung. Die Mißachtung dieser Norm begünstigt damit in gesetzeswidriger Weise auch finanziell den Täter einer Steuerverkürzung.

§ 116 AO kommt daher praktisch nur eine untergeordnete Bedeutung zu.[693] Ein Änderungsvorschlag, der sich auf diese Vorschrift bezog und vorsah, eine Verpflichtung der Polizei zu begründen, den Finanzbehörden alle steuerlich relevanten Tatsachen im Rahmen eines Verwaltungsverfahrens mitzuteilen, das die Abschöpfung krimineller Gewinne bezweckt, wurde in einer parlamentarischen Gesprächsrunde daher nicht weiterverfolgt.[694]

## C. Die Regelung des § 93a AO

Eine weitergehende Norm enthält die AO in § 93a: Sie erweitert die Mitteilungspflichten einzelner öffentlicher Stellen über die Regeln des § 116 AO und der Amts- und Rechtshilfe nach den §§ 111 ff AO hinaus.

Vor 1986 war es üblich, daß relevante Daten solcher Personen, die aus öffentlichen Kassen für bestimmte Werk- oder Dienstleistungen vergütet wurden, bei den Finanzämtern angeben wurden. Die öffentlichen Stellen verschickten also „spontane“ Kontrollmitteilungen, auf deren Grundlage es den Finanzämtern möglich war nachzuprüfen, ob die betreffenden Personen ihre Einkünfte versteuert hatten. Mit Einführung des § 93a AO im *Steuerbereinigungsgesetz*[695] vom 19.12.1986 wollte der Gesetzgeber diese seit langem praktizierte Verfahrensweise der Informationsweitergabe mit einer entsprechenden Rechtsgrundlage legalisieren.

In dieser Norm hat der Gesetzgeber die *Bundesregierung* ermächtigt, mit Zustimmung des *Bundesrat*es eine Rechtsverordnung zu erlassen, die die Behörden verpflichtet, bestimmte Informationen, die für die Besteuerung relevant sein können, an die Finanzämter weiterzugeben. Auch wenn jenes § 93a AO nur eine grundsätzlich wünschenswerte Legalisierung einer praktisch bewährten Ar-

---

[692] So auch *Bilsdorfer*, S. 64.
[693] So *Bilsdorfer*, S. 64.
[694] Dazu *Hoyer/Klos*, S. 194 f.
[695] BGBl. 1985 I, 2436.

beitsweise darstellte, so rief er dennoch heftige Kritik hervor und der Erlaß einer entsprechenden ausführenden Rechtsvorschrift wurde zunächst aufgeschoben.[696]

Bedenken an der Verfassungswidrigkeit wurden, neben Zweifeln an einer Gesetzgebungskompetenz des Bundes[697], insbesondere dahingehend geäußert, daß eine solche Regelung nicht im Einklang mit der Rechtsprechung des *BVerfGs* zum Recht auf informationelle Selbstbestimmung stehe.[698] Nur für die Steuererhebung unerläßliche Maßnahmen seien unter Rücksicht auf das Verhältnismäßigkeitsprinzip zu rechtfertigen.[699]

Doch eine solche Auslegung des Verhältnismäßigkeitsgrundsatzes geht zu weit. Denn nach diesem Verfassungsprinzip sind alle (geeigneten und erforderlichen) Maßnahmen gerechtfertigt, die im Verhältnis zum Eingriff in das betroffene Rechtsgut als angemessen (zumutbar) anzusehen sind. Das heißt nicht, daß ein Eingriff nur dann möglich ist, wenn nur er allein das erstrebte Ziel erreichen läßt. Auch ein Rechtseingriff, der das Ziel leichter und schneller erreichen läßt, kann verhältnismäßig sein, wenn er im Verhältnis zur Intensität und Reichweite der Rechtbeeinträchtigung ein verwirklichenswertes Ziel auf angemessene Weise verfolgt.

Auch die grundsätzliche Regel der AO, daß zunächst der Steuerpflichtige seine steuerlichen Verhältnisse selbst aufzuklären hat, kann der Neuregelung des § 93a AO im Steuerbereinigungsgesetz nicht entgegengestellt werden. Der Gesetzgeber, der die AO erlassen hat, darf für einen Ausnahmefall auch die Durchbrechung einer solchen Regel anordnen.[700] Zudem ist, in den von § 93a AO erfaßten Fällen, ohnehin nicht mit einer Aufklärung durch den Steuerpflichtigen zu rechnen.

Schließlich setzten sich die Befürworter der neuen Vorschrift doch durch und 1994 kam es zum Inkrafttreten der Mitteilungsverordnung (MV).[701]

Gegen § 93a AO sind, wenn man seine gesetzliche Zweckbestimmung bedenkt, jedoch aus anderen Gründen verfassungsrechtliche Bedenken anzumelden. Der Zweck der Regelung ist insofern nicht ganz einsichtig, als § 93a AO nach den Gesetzesmaterialien zur Erleichterung der steuerlichen Aufzeichnungs- und Erklärungspflichten auf seiten des Steuerpflichtigen erlassen wurde. Dennoch muß er nach § 8 MV der Steuerbehörde alle für die Besteuerung notwendigen

---

[696] Nachweise bei *Bilsdorfer*, S. 45.
[697] Dazu *Söhn* in: *Hübschmann/Hepp/Spitaler*, § 93a/111.
[698] Zitiert nach *Söhn* in: *Hübschmann/Hepp/Spitaler*, § 93a/110.
[699] *Hamacher*, DB 1984, 2159 f.; *Jonas/Pauly*, DStR 1985, 562.
[700] So *Söhn* in: *Hübschmann/Hepp/Spitaler*, § 93a/111.
[701] Verordnung vom 7.09.1993, BGBl 1993 I, S. 1154, nun in der Fassung vom 19.12.2000, BGBl. 2000 I, S. 3.

Daten mitteilen. Hier hat der Gesetzgeber etwas Mut vermissen lassen. Er hätte sich offen zur Kontrolle des Bürgers bekennen sollen.[702] *Bilsdorfer* vergleicht das hier gewählte Vorgehen mit Geschwindigkeitskontrollen, deren ausgewiesener Zweck es lediglich ist, die Einhaltung der Verkehrsregeln zu ermöglichen und deren Daten dennoch an die Bußgeldstellen weitergegeben werden.[703]

Über die Frage, ob eine umfassende Kontrolle der Steuerbürger gemäß § 93a AO notwendig ist, die ja auch etwa den Grund der deutschen Quellensteuern darstellt, mag man streiten. Jedoch kann man festhalten, daß unter dem Aspekt der Lastengleichheit[704] die Ausnahmeregelung des § 93a II AO wohl kaum hingenommen werden kann. Sie lautet:

*„(2) Schuldenverwaltungen, Kreditinstitute, Betriebe gewerblicher Art von juristischen Personen des öffentlichen Rechts im Sinne des Körperschaftsteuergesetzes, Berufskammern und Versicherungsunternehmen sind von der Mitteilungspflicht ausgenommen.“*

Es ist nicht ersichtlich, warum jemand, der eine Provisionszahlung von einer Versicherung erhält, nicht kontrolliert werden muß, während der freie Mitarbeiter einer Rundfunkanstalt dieser Kontrolle unterworfen wird.[705] Daher hält § 93a AO nach Bilsdorfer auch *„in keiner Weise dem Anspruch stand [...], der gleichmäßigen Steuerfestsetzung“* dienlich zu sein.[706]

Die Verfassungsmäßigkeit dieser Norm soll hier dahin gestellt bleiben, denn ein anderer Regelungskomplex, der eine Datenweitergabe ermöglicht, gibt noch deutlich mehr Anlaß zu Zweifeln an seiner Vereinbarkeit mit dem Grundgesetz: das GwG.

---

702 *Bilsdorfer*, S. 62.
703 *Bilsdorfer*, S. 62.
704 Zur Lastengleichheit durch Durchsetzbarkeit von Steueransprüchen, BVerfGE 84, 239 (271); 96, 1 (6).
705 Beispiel bei *Bilsdorfer*, S. 62.
706 *Bilsdorfer*, S. 48.

## § 2 Das Geldwäschegesetz (GwG) und § 261 StGB

Um den Strafverfolgungsorganen eine bessere Möglichkeit zur Bekämpfung der Organisierten Kriminalität in die Hand zu geben, wurde Ende der 80er Jahre hin ein Gesetzespaket auf den Weg gebracht, das der Bekämpfung der Geldwäsche dienen sollte. Dieses Gesetz hat große Auswirkungen auf die Informationen, die die Finanzbehörden zur Durchführung sowohl der Besteuerungs- als auch Steuerstrafverfahren erhalten, gezeigt. Daher soll hier auf das Geldwäschegesetz und die Regelung des Geldwäschetatbestandes (§ 261 StGB) genauer eingegangen werden.

Es entstehen durch dieses Gesetzpaket vor allem Reibungspunkte zwischen Verfassungsgütern der Allgemeinheit und Grundrechten des Einzelnen. Die Geldwäschegesetzgebung ist der Funktionsfähigkeit der Strafverfolgung zu dienen bestimmt, bringt aber für die grundrechtlichen Garantien des Einzelnen Einschränkungen mit sich, die die Bedenken gegen § 93a AO deutlich nachrangig erscheinen lassen. Dies wird um so deutlicher, wenn man die Bemühungen des Gesetzgebers betrachtet, die Pflichten des Bürgers und die Befugnisse der Hoheitsträger, die das GwG begründet, weiter auszubauen.[707]

Die Regelungen des Geldwäschegesetzes ermöglichen einen weitgehenden Datenaustausch zwischen Hoheitsträgern, insbesondere den Finanzbehörden und den Staatsanwaltschaften. Da das GwG als Voraussetzung für einen Datentransfer den Verdacht einer Geldwäschetat i.S.d. § 261 StGB oder die Gefahr ihrer Begehung fordert, wird vorliegend zunächst der Aufbau, der Anwendungsbereich und die Zweckrichtung dieser grundlegenden Norm ins Visier genommen. Erst nach dieser Betrachtung ist es sinnvoll zu klären, welche Relevanz eine auf diesen Tatbestand aufbauende Datenoffenbarungs- bzw. Datentransferbefugnis hat.

### A. Begriff der Geldwäsche und Zielsetzung des GwG

#### I. Begriffsbestimmungen

Eine Erörterung der Gesetzgebung zur Bekämpfung der Organisierten Kriminalität und der Geldwäsche sowie ihrer Verfassungsmäßigkeit macht es notwendig, zunächst die zugrunde liegenden Begriffe zu klären, um so den Gegenstand der Betrachtung einzugrenzen und für die Beurteilung der Zweck- und Verhältnismäßigkeit der Gesetzesmaßnahmen eine sichere Basis zu gewinnen.

---

[707] Dazu im Zusammenhang mit der Beschreibung der Geschichte der Geldwäschegesetzgebung, S. 168 ff.

## 1. Begriff der Organisierten Kriminalität

Der Begriff der "Organisierten Kriminalität" ist in den letzten Jahren immer aktueller geworden. Eine Klärung ist zwar noch nicht gelungen, dennoch gibt es gewisse Übereinkünfte in der Bestimmung des Begriffs. Eine von der Justiz- und Innenministerkonferenz eingesetzte Arbeitsgruppe definiert die organisierte Kriminalität als

> „...*die von Gewinn und Machtstreben bestimmte planmäßige Begehung von Straftaten, die einzeln oder in ihrer Gesamtheit von erheblicher Bedeutung sind, wenn mehr als zwei Beteiligte auf längere oder bestimmte Dauer arbeitsteilig*
>
> *a) unter Verwendung gewerblicher oder geschäftsähnlicher Strukturen,*
>
> *b) unter Anwendung von Gewalt oder anderer zur Einschüchterung geeigneter Mittel oder*
>
> *c) unter Einflußnahme auf Politiker, Medien, öffentliche Verwaltung, Justiz und Wirtschaft zusammenwirken*".[708]

Diese Definition liegt auch der OK-Definition des Bayrischen Verfassungsschutzgesetzes (Art 1 III) zugrunde.[709]

Von einigen Stimmen in der Literatur wird darauf hingewiesen, daß der Begriff der Organisierten Kriminalität immer noch zu unscharf sei. Z.T. wird die Organisierte Kriminalität auch nicht als eigene Qualität der Kriminalität wahrgenommen. *Sánchez* geht davon aus, daß es die Organisierte Kriminalität nicht gebe, und bezeichnet sie als „*Gespenst*".[710] Er spricht von einer Politik der gezielten Fehlinformation gegenüber der Öffentlichkeit, um bewußt den Eindruck zu erwecken, es könne „*eines Tages der Krake der Organisierten Kriminalität die Sicherheit der Gesellschaft auflösen*". Hier werde Angst gezielt instrumentalisiert, um die Öffentlichkeit gegenüber einschneidenden Maßnahmen gefügig zu machen.[711] Die Organisierte Kriminalität sei demnach nur eine durch bestimmte politische Kreise gezielt geschaffene Illusion.

Das *BVerfG* hat sich in der Vergangenheit ebenfalls eher kritisch zu dem Begriff der Organisierten Kriminalität geäußert und an den zu unklaren Umrissen der Definition Anstoß genommen. Die Verfassungsrichter lassen in ihrem Urteil zur Verfassungsmäßigkeit des „Großen Lauschangriffs" vom 03.03.2004 den Vorwurf anklingen, der Gesetzgeber habe sich vor einer harten Legaldefinition gescheut. Der Begriff der Organisierten Kriminalität sei daher als Auslegungs-

---

[708] Abgedruckt bei *Meyer-Goßner*, als Anlage E Nr. 2.1. zu RiStBV (A 15); ähnlich die Definition des Europäischen Rats vom 26.11.1996, Nw. bei *Suendorf*, S. 25; zu älteren Definitionen etwa *Cramer/Schuster* in: Anwalts-Handbuch Strafrecht, Kap. N/64 ff.

[709] Vgl. auch BT-Drs. 11/7663; S. 23; 13/4942, S. 3 f.

[710] Nachweise bei *Sánchez*, S. 123, 143, 180.

[711] *Sánchez*, S. 123.

hilfe ohne klare gesetzliche Konturen zur Bestimmung des Anwendungsbereichs eines Gesetzes nicht hilfreich.[712]

Im vorliegenden Zusammenhang muß dennoch von der Definition ausgegangen werden, die der Gesetzgeber bei der die Geldwäschegesetzgebung im Gesetzgebungsverfahren zu Grunde gelegt hat. Eine andere Begriffsbestimmung zu benutzen hätte, wenig Sinn. Wenn im Schwerpunkt die Beziehung zwischen dem Gesetz und dem vom Gesetzgeber benannten Zweck untersucht werden soll und dieser Zweck nicht einheitlich ausgelegt wird, verzerrt sich das gefundene Ergebnis.

Organisierte Kriminalität liegt demnach dann vor, wenn mehrere Personen sich für eine unbestimmte Dauer zusammenfinden, um konzeptionell geplant Straftaten zu begehen, die dem Bestreben dienen sollen, erhebliche finanzielle Mittel sowie wirtschaftlichen und gesellschaftlichen Einfluß zu erringen. Die dabei eingesetzten Mittel sind Gewalt, Bestechung oder Einschüchterung eventuell hinderlicher oder förderlicher Personen und die Einwirkung auf Politik, öffentliche Verwaltung, Medien, Justiz und auf die Wirtschaft.

### 2. Begriff der Geldwäsche

Der zweite Schlüsselbegriff im GwG ist die „Geldwäsche". Diese ist seit dem Jahr 2001 ein auch in der Presse sehr präsentes Phänomen[713], das aber ebensowenig abschließend umgrenzt ist, wie die Organisierte Kriminalität. Doch um die Wirkung und Zielrichtung der Gesetzgebung, die auf die Bekämpfung der internationalen und nationalen Geldwäscheaktivitäten gerichtet ist, zu bestimmen, wird auch hier eine zumindest grobe Umschreibung der Geldwäsche notwendig. Die *US-President's Commission on Organized Crime* stellte für die Geldwäsche folgende Definition auf:

> *„Als Geldwäsche bezeichnet man das Verfahren, mit dem man die Existenz, die illegale Quellen oder die illegale Verwendung von Einkommen verbirgt und dann dieses Einkommen so bemäntelt, daß es aus einer legalen Quelle zu kommen scheint."*[714]

Das grundsätzliche Phänomen ist weder neu, noch kommt es allein in der white-collar-Kriminalität vor. Jeder Hehler, der dem Täter Geld für die Ware gibt, „wäscht" für diesen den Vermögenswert, da die Rückgewinnung mit jedem Wechsel der Besitzverhältnisse erschwert und das gezahlte Geld in der Regel im legalen Finanzkreislauf unproblematisch nutzbar wird.[715] Besonders interessant wird diese Tätigkeit jedoch nur im Bereich der Organisierten Kriminalität we-

---

[712] *BVerfG*, NJW 2004, 999 (1009)

[713] Dazu etwa nur Handelsblatt, Ausg. v. 26.06.01, S. 7;19.20/10.01, S. 29; v. 26/27.10.01, S. 42; v. 2/3.11.2001, S. 5; v. 14.11.01, S.6; 08.11.01, S. 7 etc.

[714] zitiert nach *Kern*, S.17, dazu auch *Krey/Dierlamm*, JR 1992, 353.

[715] Dazu *Flatten*, S. 2 f.

gen der beträchtlichen Summen, die hier „umgesetzt" werden.[716] Nur hier sollte man sinnvollerweise von Geldwäsche sprechen.

*„Unter Geldwäsche ist also die Einschleusung von Vermögensgegenständen aus organisierter Kriminalität in den legalen Finanz- und Wirtschaftskreislauf zum Zwecke der Tarnung zu verstehen."*[717]

Die Betätigungsfelder der Organisierten Kriminalität und damit für die Geldwäsche relevant sind insbesondere Drogendelikte, Eigentumskriminalität (insb. Einbrüche und Kfz-Diebstähle), Gewaltkriminalität, Fälschungskriminalität, Wirtschaftsdelikte, Delikte im „Rotlichtmilieu", Schleußerkriminalität, Waffenschmuggel und -handel und Umweltdelikte.[718] Der durch diese Delikte jährlich angerichtete volkswirtschaftliche Schaden ist beträchtlich.[719]

Aus diesen Gründen hat die EU sich verstärkt dem Problem der Geldwäsche angenommen und in der Richtlinie 91/308/EWG auch eine entsprechende Definition aufgestellt. Es werden nach Art. 1 C die folgenden Vorsatzhandlungen erfaßt:

> *„der Umtausch oder Transfer von Vermögensgegenständen in Kenntnis der Tatsache, daß diese Vermögensgegenstände aus einer kriminellen Tätigkeit oder der Teilnahme an einer solchen Tätigkeit stammen, zum Zwecke der Verheimlichung oder Verschleierung des illegalen Ursprungs der Vermögensgegenstände oder der Unterstützung von Personen, die an einer solchen Tätigkeit beteiligt sind, damit diese den Rechtsfolgen ihrer Tat entgehen;*
>
> *das Verheimlichen oder Verschleiern der wahren Natur, Herkunft, Lage, Verfügung oder Bewegung von Vermögensgegenständen oder des tatsächlichen Eigentums an Vermögensgegenständen oder entsprechender Rechte in Kenntnis der Tatsache, daß diese Gegenstände aus einer kriminellen Tätigkeit oder der Teilnahme an einer solchen Tätigkeit stammen;*
>
> *der Erwerb, der Besitz oder die Verwendung von Vermögensgegenständen, wenn dem Betreffenden bei der Übernahme dieser Vermögensgegenstände bekannt war, daß diese Gegenstände aus einer kriminellen Tätigkeit oder aus der Teilnahme an einer solchen Tätigkeit stammen;*
>
> *die Beteiligung an einer unter den vorstehenden Gedankenstrichen aufgeführten Handlungen, Zusammenschlüsse zur Ausführung einer solcher Handlung, Versuche einer sol-*

[716] Zahlen hierzu etwa bei *Flatten*, S. 3.
[717] BT-Drs. 12/989, S. 26; auch nahezu wörtlich verwendet von *Meyer/Hetzer*, Kriminalistik 1997, 34
[718] So *Hoyer/Klos*, S. 5. mit Beispielen auch *Cramer/Schuster* in: Anwalts-Handbuch Strafrecht Kap. N/2.
[719] Nachweise statistische Daten betreffend, bei *Hoyer/Klos*, S. 7 f.

*chen Handlung, Beihilfe, Anstiftung oder Beratung zur Ausführung einer solchen Handlung oder Erleichterung ihrer Ausführung."*[720]

## II. Die wesentlichen Stationen der Geldwäsche

Da die Geldwäsche im wesentlichen immer sehr ähnlich abläuft, können die maßgebenden Stationen der Geldwäsche hier einheitlich dargestellt werden.[721]

### 1. Die *placement stage* oder Unterbringung

Die Geldwäsche beginnt mit der *„placement stage"*. Diese Phase könnte man als „Vorwäsche" bezeichnen. Sie soll die „gröbsten Makel" entfernen. In dieser Stufe der Geldwäsche muß zunächst dafür gesorgt werden, daß das Geld – meist Unmengen von Banknoten geringen Wertes – in andere Banknoten höheren Wertes gewechselt wird. Hierbei wird meist so vorgegangen, daß das Geld beispielsweise in einem Spielkasino in Jetons getauscht wird und diese nach einigen Stunden und meist mit etwas Spielverlusten wieder in Banknoten höheren Wertes gewechselt werden. In dieser Phase besteht für die Strafverfolgungsbehörden die größte Wahrscheinlichkeit, die Geldwäscheaktivität zu entdecken und zu verhindern. Daher sollte man versuchen, eine staatliche Gegenaktivität bereits in dieser frühen Phase zu entwickeln.[722]

### 2. Das *layering* oder Verwirrspiel

Der sich anschließende Schritt ist der *„Hauptwaschgang"*. Es wird dafür gesorgt, daß sich Bargeld entweder zu viel leichter handhabbarem Buchgeld oder zu Edelmetall wandelt. Dazu wird es vornehmlich durch dritte Personen in internationale Finanzzentren mit mangelnder Bankenaufsicht und/oder fehlender Buchführungspflicht[723] eingeschleust. Diese Einbeziehung möglichst unverdächtiger Mittler dient dazu, die *paper trail* (Papierspur)[724] zu verwischen, die den Urheber der Vortat verdächtig machen könnte.[725]

An den genutzten Finanzzentren, den Off-Shore-Bankenplätzen, gründen die Geldwäscher dann shell companies, Briefkastenfirmen, die nur Zwecken der

---

[720] Jedoch sind nach der Definition des Art. 1 E der Richtlinie unter *„krimineller Tätigkeit"* i.S.d. Art. 1 C nur schwere Straftaten gegen bestimmte Rechtsgüter zu verstehen. Die Richtlinie stellt hier einen sehr unbestimmten Katalog auf.

[721] Dazu etwa auch die Darstellung bei *Schuster*, S. 8; *Hoyer/Klos*, S. 8 ff.

[722] Dazu *Hoyer/Klos*, S. 12.

[723] Besonders beliebt sind sog. *Off-Shore-Bankenplätze*. An diesen Orten findet sich eine extrem hohe Bankdichte, die es ermöglicht ungehindert schnelle und unkomplizierte Transaktionen durchzuführen ohne einen Verdacht zu erregen. Dazu *Flatten*, S. 6 m.w.Nw.

[724] Unter *„Papierspur"* versteht man hier die über den Geschäftsvorgang gefertigten Aufzeichnungen, die die Rückverfolgung einer Finanztransaktion ermöglichen können.

[725] Diese Spur soll die Geldwäschegesetzgebung zu Zwecken der Strafverfolgung erhalten, BT-Drs. 12/2704, S. 10; 12/3533, S. 11; 14/8739, S. 12.

Geldwäsche dienen und auf deren Namen Bankkonten eröffnet werden können. Auf diese Konten zahlen die Täter dann legal und illegal erworbene Geldmittel gleichermaßen ein und verbuchen dieses Geld als Umsätze des Unternehmens, freilich ohne daß dieses Geld von diesem Scheinunternehmen erwirtschaftet wurde. Dabei ist festzustellen, daß sie hieraus ein bemerkenswerter steuerrechtlicher Effekt ergibt:

Das rechtswidrig erworbene Geld, das mit legal erworbenen Mitteln vermischt wird und dann als Umsatz und eventuell auch als Gewinn einer solchen Scheinfirma ausgewiesen wird, ist damit zwangsläufig dem Zugriff der Steuerverwaltung ausgesetzt. Diese Geldwäsche führt also zu einer Nachversteuerung des beim Haupttäter nicht versteuerten Gewinns bei der Scheinfirma. Es tritt nur insofern eine Veränderung ein, als verschiedene Steuersätze relevant werden und so eine Differenz entstehen kann. Demnach kommt es typischerweise nur zu einer, mit dolus eventualis hingenommenen, Steuerhinterziehung. Die Steuerhinterziehung ist hier damit höchstens Nebenziel.[726] In vielen Fällen wird jedoch das in den legalen Geldkreislauf zurückgeführte Geld ordnungsgemäß versteuert.[727]

Die von der Literatur[728] zum Teil vertretene These, die Geldwäsche und die Steuerhinterziehung stünden in einem originären Zusammenhang, ist also bestenfalls als fraglich zu betrachten. Zuzugeben ist allerdings, daß die Scheinfirmen meist in Staaten gegründet werden, in denen die zu zahlende Steuer lediglich eine Verwaltungsabgabe von wenigen Prozent ausmacht. Jedoch werden für diese Geldwäschestationen nicht nur Banken im Ausland genutzt, sondern auch das deutsche Bankensystem war wegen der Stabilität der DM bei Geldwäschern sehr beliebt[729]. Das hat sich auch durch die Einführung der europäischen Gemeinschaftswährung und deren Stabilität nur in wenigen Aspekten – etwa bei Geldwechselstuben – geändert.

Später wird das Geld dann in das Ursprungsland zurück transferiert, und die Papierspur verliert sich meist bei irgendeiner Bank im Ausland. Zu diesem Zeitpunkt ist es für die Behörden kaum noch möglich Gegenmaßnahmen zu ergreifen, wenn vorher nicht schon Vorkehrungen zur Aufdeckung der Finanztransferaktionen getroffen worden sind.[730]

---

[726] Dazu *Hoyer/Klos*, S. 14.

[727] Dazu *Hoyer/Klos*, S. 175 am Beispiel chinesischer Restaurants in Österreich. Das verkennt *J. Meyer* schlicht, wenn in dem Interview in DStR 2002, 883 behauptet, derjenige, der Geld durch illegale Machenschaften erhalte, könne dieses schließlich nicht versteuern, ohne sich selbst anzuzeigen.

[728] Sehr vehement etwa *Hetzer*, Kriminalistik 1999, 218, 220 ff.

[729] Dazu *Flatten*, S. 8.

[730] Dazu *Hoyer/Klos*, S. 12.

### 3. Die integration oder Rückführung

Die letzte Stufe, der *Trockengang* oder *integration,* sorgt dafür, daß den nun „gewaschenen" Geldern eine rechtmäßige Herkunft beigegeben wird. Dies geschieht dadurch, daß das gesäuberte Kapital in einem Wirtschaftszweig fest investiert wird, um jede Verbindung zu illegalen Geschäften zu verdunkeln.

Besonders beliebt ist die Konstruktion des back-to-back-loan. Hierbei plaziert der Täter das Geld auf einem ausländischen Bankkonto, um dann einen Kredit aufzunehmen, der entweder mit diesem gewaschenen Geld getilgt oder gar nicht zurückgezahlt wird. Die Bank befriedigt sich, wenn keine Rückzahlung erfolgt, dann aus dem auf dem Konto „geparkten" Geld, das der Kreditnehmer als Sicherheit gestellt hatte.[731] Auf diese Weise wird der Kredit an die Bank zurückgezahlt und der Täter erhält sauberes Geld von der Bank.

## B. Historie der Geldwäschegesetzgebung

Die heutige, wahrscheinlich keineswegs endgültige Fassung des § 261 StGB und das *Gesetz über das Aufspüren von Gewinnen aus schweren Straftaten* vom 29.11.1993[732] in der Fassung vom 19.12.2003[733] (Geldwäschegesetz oder GwG) haben inzwischen eine längere Geschichte hinter sich. Bei der folgenden Darstellung sollen die vielen Begleitgesetze[734] außer Acht gelassen werden. Das Hauptaugenmerk soll dem Geldwäschetatbestand des StGB und dem Geldwäschegesetz gelten.

### I. Internationale Vereinbarungen

Im internationalen Rahmen wurde durch eine Reihe von Verträgen eine wichtige Basis auch für die deutsche Geldwäschegesetzgebung gelegt.

#### 1. Grundsatzerklärung des Baseler Ausschusses

Einen ersten Schritt zur ernsthaften Bekämpfung der Geldwäsche auf internationaler Ebene stellte die *Grundsatzerklärung des Baseler Ausschusses für Bankenbestimmungen und -überwachung* vom 12.12.1988 dar.[735] In dieser Verlautbarung stellte der Ausschuß fest, daß es zur ordnungsgemäßen Geschäftspolitik eines Kreditinstitutes gehöre, sich generell von Finanztransaktionen mit kriminellem Hintergrund fernzuhalten, und daß ein Kreditinstitut die Pflicht habe, zur

---

[731] Dazu *Flatten*, S. 7.

[732] BGBl. 1993 I, 1770, grundlegend geändert durch das *Geldwäschebekämpfungsgesetz* vom 08.08.2002, BGBl. 2002 I, 3105 ff.

[733] BGBl. 2003 I, 2733.

[734] Etwa das Begleitgesetz zur Umsetzung von EG-Richtlinien zur Harmonisierung bank- und wertpapieraufsichtsrechtlicher Vorschriften vom 22.10.1997 (BGBl 1997 I, 2567 ff) oder das Begleitgesetz zum Telekommunikationsgesetz vom 17.12.1997 (BGBl. 1997 I, 3108 ff.).

[735] Abgedruckt bei *Hoyer/Klos* im Anhang.

Aufdeckung solcher Taten beizutragen. Dies sei notwendig, um das öffentliche Vertrauen in die Integrität der Bankenlandschaft zu erhalten.

### 2. UN-Drogenkonvention

Über diese reine Absichtserklärung hinaus wurden auch staatlicherseits kurz danach Schritte gegen die internationale Geldwäsche eingeleitet. In dem *Übereinkommen der Vereinten Nationen gegen den unerlaubten Verkehr mit Suchtstoffen und psychogenen Stoffen* (UN-Drogenkonvention) vom 19.12.1988 wurden insbesondere Maßnahmen gegen die Wäsche von Geldern aus dem illegalen Drogenhandel beschlossen.[736]

Diese Maßnahme wurde aus der Sorge geboren, die Organisierte Kriminalität und insbesondere der Drogenhandel könne die Stabilität des legalen Wirtschaftsgefüges und auch der betroffenen Staaten gefährden. Man befürchtete, über die hohen Gewinne aus dem illegalen Betäubungsmittelverkehr seien die Organisatoren dieser kriminellen Vereinigungen in der Lage, *„die Gesellschaft auf allen Ebenen zu durchdringen, zu vergiften und zu korrumpieren"*.[737] Aus diesem Grund verpflichteten sich die Unterzeichnerstaaten, die Produktion, den Handel und den Besitz von Rauschgiften als Straftat einzustufen. Darüber sollte das Waschen von Erlösen aus illegalen Verkäufen von Betäubungsmitteln ebenfalls unter Strafe gestellt werden.[738]

Mit seinen detaillierten Umschreibungen wurde in diesem Abkommen zum ersten Mal eine verbindliche Mindestausstattung des nationalen Rechts zur Abwehr der Geldwäsche vereinbart.[739] Dieses Abkommen wurde am 22.07.1993 um einige Definitionen erweitert und von der Bundesrepublik am 28.02.1994 in innerstaatliches Recht umgesetzt. Unter Strafe gestellt wissen will dieses Abkommen eine Reihe von konkreten Handlungen, die jedoch alle ausdrücklich die Kenntnis von der Geldwäschevortat voraussetzen.

### 3. Übereinkommen des Europarates über Geldwäsche

Der Europarat hat am 08.11.1990 das *Übereinkommen über Geldwäsche sowie Ermittlung, Beschlagnahme und Einziehung von Erträgen aus Straftaten*[740] verabschiedet. Dieses Übereinkommen sollte umfassende Grundlagen zur Zusammenarbeit auf den genannten Gebieten schaffen. Wichtigster Aspekt dieser Vereinbarung ist in unserem Zusammenhang die Verpflichtung der Mitgliedsstaaten, die Geldwäsche unter Strafe zu stellen. Zwar folgt das Übereinkommen im Grunde der UN-Drogenkonvention, doch die Einigung des Europarates bezieht

---

[736] Abgedruckt bei *Hoyer/Klos* im Anhang.
[737] *Remmers*, S. 20.
[738] *Hoyer/Klos*, S. 37.
[739] *Pieth*, S.559.
[740] *„Convention on Laundering, Search, Seizure and Confiscation of the Proceeds of crime"*.

sich nicht nur auf Drogendelikte, sondern auf einen weiten Bereich der Schwerstkriminalität. Des weiteren sind auch im Ausland begangene Straftaten nach dem Beschluß des Europarates taugliche Vortaten der strafbaren Geldwäsche im jeweiligen Inland. Darüber hinaus verpflichtet die Konvention die Unterzeichner dazu, Maßnahmen zu treffen, die es ermöglichen sollen, Vermögenswerte zu ermitteln, die aus Straftaten stammen. Diese Vermögenswerte sollen durch den umfassenden Maßnahmenkatalog ermittelt und eingezogen werden. Die Konvention gibt Leitlinien für alle Verfahrensstufen.[741]

Von den meisten Mitgliedstaaten der Union wurde das Abkommen umgesetzt. Von Deutschland, Luxemburg, Griechenland, Portugal und Spanien wurde es jedoch noch nicht ratifiziert. Am 05.03.1997 hat zwar die *Bundesregierung* einen Gesetzesentwurf zur Ratifizierung dieses Europaratsübereinkommens fertiggestellt, andererseits hat aber das Bundesministerium der Justiz darauf hingewiesen, daß die in der Konvention enthaltenen Anforderungen vom nationalen Recht längst umgesetzt seien.[742]

### 4. Erste EG-Geldwäscherichtlinie

Der Rat der Europäischen Gemeinschaften verabschiedete am 10.07.1991 die *Richtlinie zur Verhinderung der Nutzung des Finanzsystems zum Zwecke der Geldwäsche*[743], die die Mitgliedsstaaten zur Schaffung von Geldwäschegesetzen mit bestimmten Mindestbedingungen verpflichtete. Für diese Richtlinie stand das UN-Abkommen *„zumindest ansatzweise"* Pate.[744]

Jene Richtlinie war durch die Sorge um die Stabilität und Funktionsfähigkeit des Bankensystems der Mitgliedstaaten motiviert. Sie wurde namentlich damit begründet, daß das Waschen der Erlöse aus illegalen Tätigkeiten einen offenkundigen Einfluß auf die Zunahme der Organisierten Kriminalität im allgemeinen und den Rauschgifthandel im besonderen habe. Daher müsse die Geldwäsche durch Strafgesetze europäisch einheitlich bekämpft würden. Eine solche einheitliche Regelung sei aber nur dann zu erwarten, wenn diese Normierung auch europäisch koordiniert werde. Darüber hinaus müsse dafür gesorgt werden, daß die Kreditinstitute, die eine so wichtige Rolle bei der Durchführung der Geldwäsche spielen, in die Pflicht genommen werden. Denn nur so könne der Geldwäsche, die auch für das internationale organisierte Verbrechen so entscheidend sei und Einfluß auf die Kriminalität als solche habe, effizient begegnet werden. Daher wird auch in dieser Richtlinie, über die Bekämpfung der

---

[741] *Hoyer/Klos*, S. 38.

[742] Nach der Pressemitteilung, 9/97 des Bundesministers des Justiz vom 05.03.1997, sei die Ratifizierung notwendig, um nicht mit anderen Staaten jeweils einzelne völkerrechtliche Verträge zur Verbesserung der Zusammenarbeit auf diesem Gebiet abschließen zu müssen.

[743] 91/308/EWG, AblEG L166, S.77.

[744] *Remmers*, S. 23.

Geldwäsche aus Drogendelikten hinaus, auf alle Gewinne aus bestimmten Straftaten Bezug genommen.

Insbesondere Geschäfte mit Drittländern, die in der Geldwäschebekämpfung weniger aktiv seien, sollten danach mit besonderer Vorsicht betrachtet werden. In allen Fällen der Geldwäsche sollte auf Grund des überaus hohen Stellenwertes der Geldwäschebekämpfung das Bankgeheimnis zurückstehen.

Im Kern zielt auch diese Richtlinie auf die Kriminalisierung der Geldwäsche und verpflichtet die Mitgliedstaaten zur Aufnahme eines Geldwäschetatbestandes in die nationalen Strafvorschriften.[745] Diese Maßnahme war jedoch nicht Ausfluß des Gedankens der Strafwürdigkeit der Geldwäschehandlungen, sondern das Ergebnis reinen Zweckdenkens. Denn nur die Strafbarkeit der Handlung bewirkt in einigen EU-Staaten die Aufhebung des Bankgeheimnisses.[746] Somit wurde ein Weg geschaffen, über den es möglich ist, im Wege der Rechts- und Amtshilfe Informationen trotz des Bankgeheimnisses auch aus diesen Staaten zu erhalten.

Dennoch konnte man sich im Ergebnis nur darauf einigen, die Einzelstaaten zu verpflichten, die Geldwäsche zu untersagen (Art. 2). Art. 14 verlangt darüber hinaus von den Mitgliedstaaten auch die Sicherstellung einer Sanktion gegenüber Geldwäschehandlungen. Es bleibt aber dabei, daß im nationalen Recht ein Vorrang des Bankgeheimnisses vor den Richtlinienregelungen weiterhin möglich ist.

Des weiteren sollen den Geldinstituten als Nahtstelle zwischen „schmutzigem" und „sauberem" Geld einige Pflichten auferlegt werden. Die Richtlinie schreibt Aufzeichnungs- und Identifizierungspflichten ebenso vor wie in einigen Fällen eine Pflicht **Privater** zur Anzeigeerstattung. Zwar soll das Bankgeheimnis im Regelfall nicht angetastet werden und sich weiterhin an den nationalen Vorschriften orientieren, jedoch müsse auch das Bankgeheimnis in gewissen Fällen zurückstehen. Ob die Einzelstaaten die Informationen für weitere behördliche Maßnahmen nutzen lassen, ist ihnen anheim gestellt.

Die Mitgliedstaaten hatten diese Richtlinie bis zum 1.1.1993 umzusetzen und entsprechende nationale Gesetze zu schaffen. Nach Art. 15 steht es jedem der Mitgliedstaaten frei, darüber hinaus gehende Regelungen zu schaffen, die einen höheren Schutz gegen die Geldwäsche gewährleisten.

Die Richtlinie hat als Adressaten eines nationalen Gesetzes vor allem Kredit- und Finanzinstitute im Sinne der Bankkoordinierungsrichtlinien und deren Zweigniederlassungen im Auge und erfaßt auch bestimmte Versicherungsunter-

[745] Es war sogar eine Klassifizierung als Verbrechen beabsichtigt worden. Dagegen wehrten sich einige Mitgliedsstaaten jedoch erfolgreich, so *Hoyer/Klos*, S. 66.
[746] *Hoyer/Klos*, S. 65 f.

nehmen. Inoffizielle Finanzinstitute, wie etwa Spielbanken[747] und Geldwechselstuben werden nicht unmittelbar von der Richtlinie betroffen. Die Richtlinie verpflichtet den nationalen Gesetzgeber jedoch auch jene Unternehmen und Berufe in den Anwendungsbereich des Gesetzes mit einzubeziehen, die einer ähnlich hohen Gefährdung durch Geldwäschedelikte ausgesetzt sind, wie Kredit- und Finanzinstitute.[748]

Die Richtlinie hält eine Definition der Geldwäsche bereit, die gegenüber dem ursprünglichen Richtlinienentwurf erweitert wurde.[749] Es sind danach vor allem auch der Erwerb, Besitz und die Verwendung der inkriminierten Gegenstände als Geldwäschehandlungen umfaßt. Gemäß der Geldwäscherichtlinie der EU werden alle Handlungen in den Begriff der Geldwäsche einbezogen, die einen vorsätzlichen Kontakt mit den inkriminierten Vermögensgegenständen beinhalten.[750]

### 5. Zweite europäische Geldwäscherichtlinie

Aufgrund der weiteren Entwicklung des internationalen Verbrechens und auch terroristischer Aktivitäten fühlten sich die europäischen Staaten zu weiterem Handeln genötigt. Diese erneute europäische Beschlußfassung des Europäischen Parlaments und des Europäischen Rates[751] hatte vor allem Ausweitungen von Melde- und Auszeichnungspflichten auf beratende und vermögensverwaltende Berufe wie Rechtsanwälte, Steuerberater oder Notare zum Gegenstand.

Es sollte eine Möglichkeit geschaffen werden, der Geldwäsche durch die Inpflichtnahme von Berufsgruppen auch außerhalb des originären Finanzsektors wirksam zu begegnen. Es sollen hiermit besonders gefährdete Bereiche kontrolliert werden. Dazu zählen nach Ansicht der Verfasser dieser Richtlinie Immobilien- und Betriebsverkäufe, die Verwaltung von Vermögensgegenständen und Mitteln zur Gründung von Gesellschaften oder Betrieben. Damit sind also vor allem die Angehörigen von rechtsberatenden Berufen von den Pflichterweiterungen betroffen, wenn sie mit Mandantengeldern in fremder Sache agieren (Art. 2a). Den Rechtsberatern sollen nun nach Art. 3 der Richtlinie auch ähnliche Identifizierungspflichten wie den Finanzinstituten obliegen.[752]

---

747 Insbesondere weil diese nicht von § 93a AO betroffen sind.
748 Beispiele dazu in einem Bericht der FAZ vom 24.09.01, S. 17.
749 So *Hoyer/Klos*, S. 64.
750 Dazu die Aufzählung bei *Hoyer/Klos*, S. 65.
751 Richtlinie 2001/97/EG des Europäischen Parlaments und des *Europäischen Rates* vom 04.12.2001 zur Änderung der Richtlinie 91/308/EWG des Rates zur Verhinderung der Nutzung des Finanzsystems zum Zwecke der Geldwäsche, veröffentlicht in ABlEG L 344 v. 28.12.2001, S.76, NJW 2002, 804 ff; im folgenden zweite europäische Geldwäscherichtlinie.
752 Für Spielkasinos ist eine Identitätsprüfung schon bei 1000 Euro Umsatz vorgesehen.

Eine Einschränkung jener Pflichten soll jedoch im Kernbereich der Rechtsberatung oder Steuerberatung stattfinden, nämlich dann, wenn der Rechtsberater von dem oder über den Mandanten im Rahmen einer reinen Rechtsberatung[753], im Zusammenhang mit einem gerichtlichen Verfahren oder im Zusammenhang mit dessen Vermeidung, Informationen erhält, die für ein Verfahren wegen Geldwäsche relevant sein könnten.

In der Richtlinie wird aber auch der Begriff der Geldwäsche neu definiert und endgültig Abschied von der alleinigen Bekämpfung des Drogenhandels genommen. Damit wird die Zahl der Vortaten stark ausgedehnt. Diese Richtlinie hat die Bundesrepublik im *Geldwäschebekämpfungsgesetz*[754] umgesetzt.

Dennoch scheint aber aus Sicht der EG Kommission weiterer erheblicher Handlungsbedarf im Bereich europäischer Geldwäsche zu bestehen.[755] Eine weitere Änderung der Geldwäscherichtlinien im Europäischen Rahmen wird zur Zeit diskutiert. Einen entsprechenden Vorschlag hat die Europäische Kommission im Sommer 2004 vorgelegt.[756] Dieser Vorschlag sieht insbesondere die Erweiterung des Vortatenkatalogs und die Verschärfung der Meldepflichten für Private vor.

## II. Nationale Maßnahmen

### 1. Gesetz zur Bekämpfung des illegalen Rauschgifthandels und anderer Erscheinungsformen der Organisierten Kriminalität

Auf die Problematik der Geldwäsche reagierte der deutsche Gesetzgeber 15.07.1992 mit dem *Gesetz zur Bekämpfung des illegalen Rauschgifthandels und anderer Erscheinungsformen der Organisierten Kriminalität.*[757] Dieses Gesetz[758] brachte u.a. den neuen Geldwäschetatbestand des § 261 StGB mit sich[759],

---

[753] Der Begriff Rechtsberatung ist hier nach der Gesetzesbegründung in BT-Drs. 14/8739, S.15 weit auszulegen.

[754] BGBl. 2002 I, 3105 ff.

[755] Dazu der Bericht der Kommission zusammengefaßt in: EuZW 2003, 3 ff.

[756] Vorschlag für eine Richtlinie des Europäischen Parlaments und des Rates zur Verhinderung der Nutzung des Finanzsystems zum Zwecke der Geldwäsche einschließlich der Finanzierung des Terrorismus, dazu unter www.europa.eu.int.

[757] BGBl. 1992 I, 1302 ff.

[758] Es basiert auf dem *Wiener Übereinkommen der Vereinten Nationen vom 20.12.1988 gegen den unerlaubten Verkehr mit Suchtstoffen und psychotropen Stoffen*, das eine Verpflichtung zum Kampf gegen die Geldwäsche durch die nationale Gesetzgebung der Unterzeichner vorsah, abgedruckt bei *Körner*, Anh. B 3.

[759] Darüber hinaus läßt sich nach *Sánchez*, S. 122 m.Nw. in diesem Gesetz und dem nachfolgenden VBG eine

> *„deutliche Tendenz erkennen in der die Umwandlung der StPO zum Werkzeug der Kriminalitätsbekämpfung die zentrale Rolle spielt. Äußerst großzügig hat der Gesetzgeber*

der die Einschleusung von Vermögensgegenständen aus der Organisierten Kriminalität in den legalen Finanz- und Wirtschaftskreislauf unter Strafe stellen sollte.[760]

Jedoch schon in dieser ursprünglichen Norm waren alle Verbrechen und damit eindeutig auch Straftaten ohne jeden Bezug[761] zur Organisierten Kriminalität oder zum Terrorismus erfaßt. Insoweit ist der Gesetzgeber also schon von Beginn an über das gesetzte Ziel – Bekämpfung der Organisierten Kriminalität – hinausgeschossen.

Des weiteren sollte dieses Gesetzespaket eine effektivere Abschöpfung der Gewinne aus der Organisierten Kriminalität ermöglichen und durch schärfere Strafen die Abschreckungswirkung erhöhen.[762] Der Kampf gegen die Geldwäsche bilde im Kampf gegen die Organisierte Kriminalität den richtigen Ansatzpunkt, denn am Schnittpunkt zwischen illegalem und legalem Finanzkreislauf liege ihr „wunder Punkt".[763] Der Organisierten Kriminalität müsse durch den staatlichen Zugriff auf die Gewinne aus den Delikten das Investitionskapital für weitere Unternehmungen entzogen werden.[764]

Im Rahmen des Strafverfahrensrechts wurde das „Ermittlungsinstrumentarium der Strafverfolgungsbehörden verbessert"[765], um auch Informationen aus dem „inneren Zirkel" der Organisierten Kriminalität erlangen zu können, die mit den sonstigen Zugriffsmethoden nicht zu erringen gewesen wären.

## 2. Das Gesetz über das Aufspüren von Gewinnen aus schweren Straftaten

Ergänzt wurde die Strafnorm des § 261 StGB durch das *Gesetz über das Aufspüren von Gewinnen aus schweren Straftaten*[766] vom 25.10.1993 (GwG). Damit wurde die Richtlinie des Rates der Europäischen Gemeinschaften zur Verhinderung der Nutzung des Finanzsystems zum Zwecke der Geldwäsche vom 10.05.1991[767] national umgesetzt.

---

*der Polizei und der Staatsanwaltschaft neue und zusätzliche Eingriffsbefugnisse eingeräumt."*

[760] Änderungen erfolgten durch: BGBl. 1994 I, 2835, 3186; BGBl. 1998 I, 845; Abl. EG C 211, S. 11.

[761] Man denke etwa an §§ 212, 226, 227, 306a ff StGB, die als solche keinerlei Bezug zur Organisierten Kriminalität aufweisen.

[762] *Hoyer/Klos*, S. 177.

[763] Vgl. BT-Drs. 12/989, 26.

[764] Dazu wurden insbesondere die Vermögensstrafe (§ 43a StGB) und der erweiterte Verfall (§ 73d StGB) eingeführt. Durch Gesetz vom 28.02.1992 (BGBl. 1992 I, 372) wurde schon das Netto- vom Bruttoprinzip abgelöst.

[765] *Hoyer/Klos*, S. 178.

[766] BGBl. 1993 I, 1770.

[767] EU Amatsblatt vom 28.6.1991 - Nr. L166/77; Richtlinie 91/308/EWG.

Das GwG zielt auf eine massive Erschwerung der Geldwäsche schon im Stadium des *placements*, sie soll aber auch die integration erschweren. Es enthält vor allem Pflichten für den Privaten – insbesondere für Banken und andere Finanzinstitute –, die eine frühe Aufdeckung der Verdachtsfälle ermöglichen und das Verwischen der Papierspur verhindern sollen. Diesem Gesetz wird von vielen, insbesondere wegen der hohen Zahl der aufgrund von privaten Verdachtsanzeigen eingeleiteten Strafverfahren, wesentliche Bedeutung bei der Geldwäschebekämpfung beigemessen.[768] Darüber hinaus soll es auch eine wichtige präventive Funktion im Kampf gegen die Geldwäsche wahrnehmen.

### 3. Das Verbrechensbekämpfungsgesetz (VBG)

Die Praxiserfahrungen ließen aber eine Novellierung des GwG durch das Verbrechensbekämpfungsgesetz vom 28.10.1994[769] notwendig erscheinen. Diese Änderung brachte, neben einer Verbesserung der Gewinnabschöpfung bei Schutzgelderpressungen und einer erweiterten Einsatzbefugnis des Bundesnachrichtendienstes, insbesondere eine Ausweitung des Vortatenkatalogs des § 261 I 2 StGB mit sich. Dieser wurde „aufgebläht". Es wurde die Variante der Nr. 2 auch auf bestimmte Verstöße gegen Grundstoffüberwachungsgesetz erstreckt und die Bildung einer kriminellen Vereinigung nun in Nr. 4 behandelt. Inhaltlich wurde eine neue Nr. 3 integriert, die eine ganze Reihe von Vergehen in den Fällen der gewerbsmäßig[770] begangenen Bandendelikten enthielt.

### 4. Das Gesetz zur Verbesserung der Bekämpfung der Organisierten Kriminalität

Die noch immer lediglich *„marginalen Verurteilungszahlen"*[771] dürfen nicht über die wachsende Bedeutung der Geldwäsche für die Organisierte Kriminalität hinwegtäuschen.[772] So wurde die Forderung nach einer erneuten Änderung des GwG laut, und daher wurde das Gesetz zur Verbesserung der Bekämpfung der Organisierten Kriminalität auf den Weg gebracht.

Der Regierungsentwurf eines Gesetzes zur Verbesserung der Geldwäschebekämpfung[773] griff entsprechende Regelungsvorschläge auf. Die Stellungnahme des *Bundesrates*[774] ließ insbesondere bezüglich der Änderung des § 261 StGB Gemeinsamkeiten erkennen.

---

[768] Mit Zahlen und Daten diesbezüglich: *Hoyer/Klos, S.* 179.

[769] BGBl. 1994 I, 3186.

[770] Zum Begriff der *„Gewerbsmäßigkeit"* i.R.d. § 370a AO eingehend, vgl. S. 214 ff.

[771] Nachweise bei *Kreß*, wistra 1998, 121f.

[772] Anders - wie erwähnt - *Hoyer/Klos, S.* 179.

[773] BT-Drs. 13/6620, Anlage 1 = BR-Drs. 554/96.

[774] vom 18.10.1996 BT-Drs. 13/6620, Anlage 1 = BR-Drs. 554/96 (Beschluß).

Über die Vorschläge der *Bundesregierung* ging jedoch vor allem die Empfehlung des *Bundesrat*es hinaus, die Verwendung von Schwellenwertaufzeichnungen nach dem GwG für Zwecke des Besteuerungsverfahrens und Steuerstrafverfahrens zuzulassen.[775] Die Äußerung der *Bundesregierung* zu diesen Vorschlägen[776] fiel zustimmend aus.[777] Im Laufe des Jahres 1997 kam es dann zu einer sehr heftigen Debatte über die Zulässigkeit von Wohnraumüberwachungen im Bereich der Geldwäschekriminalität.[778] Der *BGH* leistete dazu mit einigen wichtigen Entscheidungen einen Beitrag.[779]

Aufgrund interfraktioneller Gespräche wurde ein geänderter Entwurf eines Gesetzes zur Verbesserung der Bekämpfung der Organisierten Kriminalität (im folgenden OKVBG genannt) vorgelegt und beraten.[780] Der dann nochmals geänderte Entwurf, wurde schließlich vom *Bundestag* beschlossen.[781] Der Streit um die akustische Wohnraumüberwachung hielt an und mündete nach einer Gesetzesinitiative vom 01.10.1997 der Fraktionen der CDU/CSU, SPD und FDP[782] in die Anrufung des Vermittlungsausschusses durch den *Bundesrat*.[783]

Der Gesetzesentwurf sah eine (subsidiäre) Strafbarkeit aus § 261 StGB auch für den Vortäters[784] vor. Weiterhin ermöglichte es die Wohnraumüberwachung durch eine Ergänzung des § 100c StPO und Änderungen in §§ 100d und 101 StPO. Insbesondere wurde auch § 10 II GwG geändert, der fortan nicht eine rechtskräftige Verurteilung, sondern nur die Einleitung des Strafverfahrens erforderlich machte. Ebenso wurde der § 11 VII GwG geändert, der die Verwertbarkeit der Daten aus einem Geldwäscheverfahren für andere Verfahren regelt.

---

[775] Einen entsprechenden Vorschlag hatte der *Bundesrat* bereits in einer Stellungnahme zum Entwurf eines Gesetzes über das Aufspüren von Gewinnen aus schweren Straftaten (Gewinnaufspürungsgesetz) gemacht.

[776] Es sollte weiterhin § 261 StGB dahingehen geändert werden, daß eine vierte Variante (als Nr.3) der Vortaten eingeführt wurde, die sich auf §§ 242, 263, 264, 266, 267, 332 I bei bandenmäßiger Begehung bezog.

[777] BT-Drs. 13/6620, Anlage 3, S.1 5.

[778] Insbesondere auf Betreiben der SPD, dazu *Meyer/Hetzer*, Kriminalistik 1997, 31 ff.; ZRP 1997, 13 ff.

[779] *BGH*, NStZ 1998, 42; wistra 1998, 26; wistra 1998, 25.

[780] BT-Drs. 13/8651; Plenarprotokoll 13/197, 17677.

[781] BT-Drs. 13/9644, zum Bericht vgl. BT-Drs. 13/9661

[782] BT-Drs. 13/8651, deren Anliegen es war, den Anwendungsbereich der Strafvorschriften gegen die Geldwäsche zu erweitern, das strafprozessuale Ermittlungsinstrumentarium zu verbessern, die effektive frühzeitige Informationsgewinnung zu ermöglichen und die Umgehung der Geldwäschevorschriften durch körperliches Außerlandesschaffen von erlangten Gegenständen zu verhindern. Dazu BT-Drs. 13/8651, S. 1.

[783] BR-Drs. 9/98.

[784] Zuvor war der Vortäter, wie im Hehlereitatbestand, vom Tatbestand des § 261 StGB ausgenommen.

Die Zustimmung zum Vermittlungsergebnis erfolgte am 02.03.1998. Das OKVBG trat am 05.05.1998 in Kraft.[785]

In jenem Gesetz wurde der Vortatenkatalog des § 261 StGB, der sich nach Auffassung der Beteiligten in der Praxis als „zu eng“ erwiesen hatte[786] und dessen Änderung einen Kernbereich des ganzen Gesetzesvorhabens bildete, erweitert. Es waren damit auch nicht gewerbsmäßig oder bandenmäßig begangene Amtsdelikte erfaßt, ebenso eine ganze Reihe weiterer Vergehen, die entweder gewerbsmäßig oder bandenmäßig begangen zur Geldwäschevortat qualifiziert wurden. Außerdem wurden einige Fiskaldelikte erfaßt, so der gewerbsmäßige, gewaltsame und der bandenmäßige Schmuggel und die schwere Steuerhehlerei. Zuletzt waren nun auch ausgewählte Delikte gegen ausländerrechtliche Bestimmungen (§ 92a AuslG) und gegen das Asylverfahrensgesetz (§ 82 AsylVfG) zu Vortaten der Geldwäsche geworden.

Des weiteren wurde in allen Katalogvergehen auf die vorher kumulativ geforderte bandenmäßige und gewerbsmäßige Begehung verzichtet. Diese Voraussetzungen müssen seitdem nur noch alternativ vorliegen.

Es wurden in diesem Änderungsgesetz die Worte *„eines anderen“* in den Beschreibungen der Katalogtaten gestrichen, um Strafbarkeitslücken zu schließen. Solche Lücken konnten nämlich entstehen, wenn dem Beschuldigten weder eindeutig nachzuweisen war, daß der Gegenstand aus der Tat eines anderen stammte[787], noch daß er ihn selbst durch eine Straftat erlangt hatte, eine Wahlfeststellung zwischen der Vortat und der Geldwäsche aber an der fehlenden Vergleichbarkeit der Taten scheiterte.[788]

Weiterhin enthält das Gesetz Regelungen zur Gewinnabschöpfung (§§ 111b und 111p StPO)[789] und zur Wohnraumüberwachung (§§ 100a, 100c StPO). Zentrale Punkte des Änderungsgesetzes sind zudem die Erweiterung der Befugnisse aus den Normen des GwG, z.B. die Befugnisse zur Datenverwendung aus Art. 11 GwG. Diese Neuerungen sollen jedoch im Zusammenhang mit den einzelnen Regelungen des GwG dargestellt werden.

### 5. Das Steuerverkürzungsbekämpfungsgesetz (StVBG)[790]

Durch das StVBG hat § 261 StGB eine weitere, zwar im Kern nur mittelbare aber um so umfassendere, Änderung erfahren. Es wurde mit Art. 2 Nr. 5 StVBG

---

785 Veröffentlicht in BGBl. 1998 I, 845 ff.

786 BT-Drs. 12/6853, 27 f.

787 *Arzt* spricht in *Arzt/Weber*, 29/31 von einem „Auffangtatbestand für Verdachtsfälle“.

788 Beispiel bei *Hoyer/Klos*, S. 184, dazu auch *Altenhain* in: NK-StGB, § 261/20.

789 Hier wurde die Verdachtsschwelle, die bei einem dringenden Tatverdacht lag, abgesenkt; dazu *Hoyer/Klos*, S. 184 f.

790 Gesetz vom 19.12.2001, BGBl. 2001 I, 3922 ff.

eine Änderung der AO in Form der Einführung des § 370a AO als Tatbestand der gewerbsmäßigen Steuerverkürzung (Verbrechen) beschlossen.[791] § 261 I 3 StGB wurde in der Absicht angepaßt, dieser Änderung des Kataloges auch in praktischer Hinsicht gerecht zu werden.

Schon der Weg dieser, im vorliegenden Zusammenhang besonders interessanten, Änderung im Gesetzgebungsverfahren ist der Erwähnung wert. Zunächst wurde am 10.09.2001 ein Gesetzesentwurf der *Bundesregierung* dem *Bundestag* vorgelegt, dessen Ziel es war, den Umsatzsteuerbetrug, insbesondere die schadensintensiven *Karussellgeschäfte*[792], effektiver zu verfolgen. Dadurch sollten das Steueraufkommen gesichert und legale Arbeitsplätze sowie die steuerehrlichen Unternehmer vor Wettbewerbsverzerrungen geschützt werden.[793] Zu diesem Zwecke wollte die *Bundesregierung* umsatzsteuerliche Kontrollsysteme installieren bzw. verbessern. Alle dort vorgeschlagenen Maßnahmen richteten sich nach der Begründung des Gesetzgebers auf die Bekämpfung des Umsatzsteuermißbrauchs, vor allem des Vorsteuerabzugsmißbrauchs.

Die Angst der *Bundesregierung* vor dieser Art der Kriminalität war verständlich und wohl auch berechtigt. Denn der Betrug im Bereich des Vorsteuerabzugs führt oft schon in einzelnen Fällen zu einem Schaden von vielen Millionen Euro. Darüber hinaus können die Täter solcher Betrugsdelikte ihre Waren zweifellos billiger anbieten als der steuerehrliche Unternehmer und somit eine Schieflage im Wettbewerb erzeugen.

Die Stellungnahme des *Bundesrates*[794] begrüßte den Vorstoß der *Bundesregierung* grundsätzlich, machte aber deutlich, daß er die Änderungen wegen des drohenden finanziellen Schadens durch Umsatzsteuerbetrug für nicht weitgehend genug hielt. Er hielt innerhalb der EU sogar eine Abschaffung der Umsatzsteuer im zwischenunternnehmerischen Geschäftsbereich für sinnvoll. Es wurde angeregt, das vorsätzliche Nichtentrichten einer, in einer Rechnung ausgewiesenen Umsatzsteuer bzw. das leichtfertige oder vorsätzliche Außerstandsetzen, eine solche Steuer zu entrichten, mit Strafe zu bedrohen.[795]

Die Gegenäußerung der *Bundesregierung*[796] deutete nicht auf eine Einigung hin. Der Finanzausschuß des *Bundestages* gab dann am 20.11.2001 seine Be-

---

[791] Diese Änderung der AO wurde durch das *Fünfte Gesetz zur Änderung des Steuerbeamten-Ausbildungsgestzes und zur Änderung von Steuergesetzen*, Gesetz vom 26.07.2002, BGBl I 2002, 2715 ff., nominell z.T. wieder zurückgenommen.

[792] Zur Struktur und Funktionsweise solcher Karussellgeschäfte, etwa *BGH*, NStZ 2002, 550, *BGH*, NStZ 2003, 268. Mit Beispielen: *Kohlmann,* Steuerstrafrecht, § 370a/19; kritisch zum Begriff *„Umsatzsteuerkarussell"*, *Kemper* in: Steuerverfehlungen, § 370a/14.

[793] BT-Drs. 14/6883, S. 1.

[794] BT-Drs. 14/7085.

[795] BT-Drs. 14/7085, S.3.

[796] BT-Drs. 14/7085, S.4.

schlußempfehlung ab.[797] Es wurden hierin grundlegende Änderungen des Gesetzesentwurfs empfohlen.[798] Die Nichtzahlung der Umsatzsteuer sollte als Ordnungswidrigkeit ausgestaltet werden, bei bandenmäßiger und gewerbsmäßiger Begehung sollte Kriminalstrafe von bis zu fünf Jahren Freiheitsstrafe angedroht werden.

In dieser Beschlußempfehlung vom 20.11.2001 tauchten dann „aus heiterem Himmel" und ohne Begründung eine Änderung des Geldwäschetatbestandes und der erwähnte Verbrechenstatbestand § 370a AO auf. Es wurde vorgeschlagen, einen Verbrechenstatbestand der gewerbsmäßigen und der bandenmäßigen Steuerhinterziehung zu schaffen und § 261 StGB weiterhin dahingehend zu ändern, daß *„die 'Ersparnis' des Steuerhinterziehers als 'Gegenstand' des § 261 StGB (Geldwäsche) behandelt werden"* könne.[799] Erst in der zweiten und dritten Lesung des Gesetzes wurde im *Bundestag* dann am 29.11.2001 über jenen Vorschlag beraten. Der *Bundesrat* stimmte am 30.11.2001 zu.[800]

Die für unseren Zusammenhang entscheidenden Normen wurden also erst sehr spät in das Gesetzgebungsverfahren eingebracht und zwar völlig außerhalb des vorgesehenen Zusammenhangs der Bekämpfung der organisierten Umsatzsteuerkriminalität, obwohl dieser Zweck der Umsatzsteuermißbrauchsbekämpfung als Hauptanliegen immer wieder betont wurde.[801] Ein Begründungversuch für die Neuformulierungen findet sich im Bericht der Abgeordneten *Westrich*, *Hauser*, *Schüßler* und *Ehlert*, der besagt:

> *„Systematisch d.h. gewerbsmäßig oder bandenmäßig betriebene Steuerhinterziehung gehört schon wegen des Entdeckungsrisikos bei kriminellen Aktivitäten zum Funktionsmodus der Organisierten Kriminalität. Steuerhinterziehung ist auch Konsequenz des besonders hemmungslosen Bereicherungsstrebens im Bereich der Organisierten Kriminalität"*[802]

Das StVBG wurde dann gegen den Widerstand der *CDU/CSU-Fraktion* und der *FDP-Fraktion* mit den Stimmen der Fraktionen von *SPD* und *Bündnis 90/Die Grünen* und der *PDS-Fraktion* im *Bundestag* verabschiedet.[803] Mit diesen Änderungen hatte der Weg des Geldwäscheparagraphen seinen vorläufigen Höhe-

---

[797] BT-Drs. 14/7470.

[798] BT-Drs. 14/7470, S. 2 ff.

[799] BT-Drs. 14/7470, S. 2 ff.

[800] Mit erheblichen Zweifeln an der formellen Verfassungsmäßigkeit des § 370a AO wegen eines Verstoßes gegen Art. 77 GG etwa *Gast-de Haan* in: *Klein, §* 370a/4; ebenso *Harms* in Festschrift für *Kohlmann*, S. 419, wohl auch *Kemper* in: Steuerverfehlungen, § 370a/17a ff, a.A. *Wisser*, DStR 2003, 1193 ff.

[801] So etwa im Bericht des Finanzausschusses, BT-Drs. 14/7471, S. 4 f., so auch *A. Klein, StV 2005*, 459.

[802] BT-Drs. 14/7471, 7 ff.

[803] BT-Drs. 14/7471, S. 6; BR-Drs. 892/01; dazu auch *Rüping*, DStR 2002, 1417 ff, m.Nw.

punkt gefunden. Doch im Rahmen der Anpassung der deutschen Gesetz an die zweite europäische Geldwäscherichtlinie wurden weitere Änderungen in den Normen des GwG beschlossen.

### 6. Das 5. Steuerbeamten-Ausbildungsgesetz

Nominell wurde die scharfe Fassung des § 370a AO durch das Fünfte Gesetz zur Änderung des Steuerbeamten-Ausbildungsgesetzes und zur Änderung von Steuergesetzen (5. StBAÄG)[804] entschärft und der § 261 I 3 StGB nachgebessert. Es wurde jedoch nicht, wie vielfach gefordert worden war[805], die Einführung des § 370a AO rückgängig gemacht. Im Kern seiner Wirkungen blieb § 370a AO ebenso wie der neue § 261 I StGB unverändert.

### 7. Geldwäschebekämpfungsgesetz

Das *Gesetz zur Verbesserung der Bekämpfung der Geldwäsche und der Bekämpfung des Terrorismus* setzte die Richtlinie 2001/97/EG des Europäischen Parlaments und des Europäischen Rats um und brachte eine Reihe von Änderungen im Geldwäschegesetz mit sich. Durch das Gesetz sollten die Vorgaben der *Financial Action Task Force* (FATF), des führenden internationalen Gremiums auf dem Gebiet der Geldwäschebekämpfung, vom Oktober 2001 realisiert werden.[806]

Nahezu alle Normen des Gesetzes wurden geändert und das Gesetz im Ganzen vor dem Hintergrund der Terroranschläge des 11.09.2001 in New York auch an der Verhinderung terroristischer Taten orientiert. Die §§ 129a, 129b StGB treten als Zielgebiet neben § 261 StGB, auch sie sind nun taugliche „Vortaten" des GwG. Es fand damit eine nicht unerhebliche Umorientierung in der Zielrichtung statt. Die Vernichtung der Finanzierungsmöglichkeiten des internationalen Terrorismus trat stärker in den Vordergrund.

Das *Gesetz über das Aufspüren von Gewinnen aus schweren Straftaten*[807] wurde durch die Neuregelung auch offiziell in Geldwäschegesetz (GwG) umbenannt.

Inhaltlich sollte das Gesetz der Anpassung des Geldwäschegesetzes an die Bedrohungslage durch den Terrorismus dienen. Die Finanzierung terroristischer Aktionen sollte entscheidend erschwert werden. Alle im Finanzsektor tätigen Institute sind nun verpflichtet, Daten über die eventuell geldwäsche- oder terrorismusrelevante Finanzstransaktionen zu sammeln. Die Pflichtigen sollen etwa durch die Verbesserung der bankinternen Sicherheitsmaßnahmen und der Zusammenarbeit zwischen Behörden und Privaten effektiver zu der Aufdeckung

---

[804] BGBl 2002 I, 2715 ff.
[805] So etwa die Kritik der *FDP-Fraktion*, BT-Drs. 14/8286.
[806] Dazu BR-Drs. 217/02, S. 15.
[807] Gesetz vom 25.10.1993 (GwG), BGBl. 1993 I, 1770.

relevanter Vorgänge beitragen. Von Bedeutung sind in diesem Zusammenhang vor allem die folgenden Neuerungen:

Elektronisches Geld im Sinne des § 1 XIV des Gesetzes über das Kreditwesen ist nun nach § 1 VII GwG und auch im Zollverwaltungsgesetz wie Bargeld zu behandeln, um der zunehmenden Nutzung dieses Zahlungsmittels gerecht zu werden.[808]

Die Gruppe der Pflichtigen wurde entscheidend erweitert. Insbesondere wurden einige Berufsgruppen, die bislang von Pflichten aus dem GwG verschont geblieben waren, zu Aufzeichnungs- und Anzeigepflichtigen. Es treffen nun etwa auch Rechtsanwälte, Notare und Steuerberater, insbesondere im Rahmen vermögensverwaltender Tätigkeiten, Pflichten zur Anzeige bzw. Aufzeichnung nach dem GwG. Nur soweit diese Personen ausschließlich rechtberatenen oder gerichtlich vertretend tätig werden und kein positives Wissen über eine künftige Geldwäschehandlung haben (§ 11 III 2 GwG), sind sie von dieser Verpflichtung frei. Jene Verpflichtung von Rechtsanwälten und anderen Angehörigen freier Berufe wurde schon im Vorfeld heftig kritisiert und wird wegen des besonderen Vertrauensverhältnisses zwischen Mandant und Freiberufler von einigen Autoren als verfassungswidrig betrachtet.[809]

Das Bundeskriminalamt (BKA) ist nun nach § 5 GwG zuständig für die Sammlung und Verwaltung der Verdachtsanzeigen. Die bei dieser Behörde bestehende Zentralstelle für Geldwäscheverdachtsanzeigen (FIU) soll ausgebaut werden. Sie soll weiterhin Informationen für diejenigen, auch ausländischen, Behörden bereitstellen, die Strafverfolgung betreiben. Dadurch soll der Informationsfluß zwischen den Behörden beschleunigt werden, um Geldwäsche und Terrorismus effektiver zu bekämpfen und zu verhindern.

## C. Anwendungsbereich und Zielsetzung des Geldwäschetatbestandes (§ 261 StGB)

Nach dieser eher historischen Betrachtung rückt nun zunächst der geltende Geldwäschetatbestand des StGB in den Mittelpunkt. Hier ist zu erörtern, was dieser unter Geldwäsche versteht und welche Handlungen er unter Strafe stellt.

Inhaltlich ist § 261 StGB eine Norm mit einem im Strafgesetzbuch ungewöhnlich weiten Anwendungsbereich. Er sollte nach der Intention des Gesetzgebers zum Kernpunkt der Gesetzeswerke werden, die der Bekämpfung der Organisierten Kriminalität dienen.

---

[808] Dazu BR-Drs. 217/02, S. 15.

[809] So z.B. *Zuck*, NJW 2002, 1397 f.

## I. Notwendigkeit und Schutzzweck des § 261 StGB

In der Gesetzesbegründung, die die Einführung dieser Norm rechtfertigen soll, heißt es:

> *„Eines der Hauptziele des Gesetzes war es, die rechtlichen Möglichkeiten zur Abschöpfung von Gewinnen aus Straftaten zu verbessern, um dem organisierten Verbrechen, die finanziellen Ressourcen zu entziehen."*[810]

### 1. Notwendigkeit des § 261 StGB zur Schließung von Strafbarkeitslücken

Problematisch war vor der Einführung des § 261 StGB die Strafbarkeit der Geldwäschehandlung als solcher. Hehlerei (§ 259 StGB) oder Strafvereitelung (§ 258 StGB) stellen die Handlungen, die unter dem Begriff der Geldwäsche zusammengefaßt werden, nicht umfassend unter Strafe. Denn bei Drogengeschäften oder Gewinnen aus Zuhälterei, Menschenhandel und Waffengeschäften sind die Tatbestände §§ 259, 258 StGB schon im Ansatz gegenstandslos.[811] Es werden hier weder Straftaten gegen fremdes Vermögen begangen noch geht es den Tätern um die Vermeidung von Strafe. Die Handlungen sind auf die weitergehende Nutzung der aus den Taten erlangten Gegenstände gerichtet.

Eine strafbare Verfallsvereitelung nach den §§ 258, 11 I Nr. 8, 73 StGB wäre in manchem Fall zwar denkbar. § 258 StGB bewirkt jedoch nur dann eine Strafbarkeit, wenn der Verfall auch bei dem betreffenden anderen Delikt angeordnet werden darf und angeordnet worden ist.[812] Daher hat auch diese Norm in der Praxis keine Strafbarkeitswirkung im Bereich der Geldwäschetaten.[813]

Ein weiterer Tatbestand, der in diesem Zusammenhang zu einer Strafbarkeit führen konnte, ist § 129 StGB. Denn bei nicht an der Vortat Beteiligten kann das Unterstützen einer kriminellen Vereinigung vorliegen. Doch zumeist wird es an der Unterstützungshandlung im Sinne des § 129 StGB oder aber am Vorsatz fehlen. Zumindest werden hier aber weitreichende Beweisprobleme entstehen.[814]

Denkbar wäre allenfalls eine Beihilfe zur Vortat. Jedoch wird diese Vortat in typischen Geldwäschekonstellationen in der Regel abgeschlossen, d.h. beendet sein. Beihilfe zur beendeten Vortat ist nach zutreffender Auffassung aber nicht möglich.[815] Die psychische Beihilfe zu weiteren Straftaten durch Waschen der Gelder der Vortat scheitert daran, daß der „Gehilfe" nicht um die wesentlichen Dimensionen des Unrechts der weiteren Tat wissen wird. Mit der faktischen

---

[810] BT-Drs. 13/6620, S. 6.
[811] Dazu *Flatten*, S. 20 ff.
[812] Ausführlich dazu *Flatten, S.* 27 ff.
[813] So auch *Krey/Dierlamm*, JR 1992, 355.
[814] So *Flatten*, S. 49.
[815] Streitig, aber h.M.; Nachweise bei *Flatten*, Fn. 173.

Verwerfung des Fortsetzungszusammenhangs durch den *BGH*[816] scheitert auch eine Strafbarkeit wegen Beihilfe in diesem Rahmen.[817] Eine Strafbarkeit des Außenstehenden, der nur mit dem Geld in Kontakt kommt, wäre zwar nach § 29 BtmG zu erwägen.[818] Diese Norm wird aber nur in den Fällen, in denen es um Betäubungsmittelkriminalität geht, zu einer Strafbarkeit führen. Auch § 257 StGB erfaßt nur einen kleinen Teil der Geldwäsche-Fallkonstellationen, da er eine Absicht im technischen Sinne fordert, die auf die Sicherung des Tatvorteils für den Vortäter gerichtet sein muß.

Es bleibt damit festzuhalten, daß § 261 StGB notwendig war, um die bei der Geldwäsche bestehenden Strafbarkeitslücken zu schließen.[819] § 261 StGB ergänzt also die Normen, insbesondere § 259 StGB, die den bewußten Kontakt und die Verwendung von Gegenständen und Gewinnen unter Strafe stellen, die aus bestimmten Straftaten stammen.

Der Tatbestand des § 261 geht aber dabei – wie erörtert – erheblich über den Bereich der traditionellen Anschlußtaten der §§ 257 ff. StGB hinaus. Beispielsweise erfaßt § 261 StGB auch die Ersatzhehlerei mit tauglichen Tatobjekten.[820] Des weiteren bleibt § 261 StGB ohne ein gesteigertes Vorsatzerfordernis und mit der Möglichkeit der leichtfertigen Begehung nach § 261 V StGB in seinen Anforderungen an den subjektiven Tatbestand weit hinter §§ 257 ff. StGB zurück.

**2. Schutzgut des § 261 StGB**

Trotz der klaren gesetzgeberischen Vorgaben hinsichtlich der Bekämpfung der Organisierten Kriminalität durch § 261 StGB ist die Frage, welchem Schutzgut die Norm dienen soll, heftig umstritten.[821]

Neben dem Schutz des legalen Finanz- und Wirtschaftskreislauf vor einer Durchmischung mit illegal erworbenen Vermögensgegenständen[822] soll § 261 weiterhin die Strafverfolgung darin unterstützen, die Vorteile aus Straftaten für den Täter zu beseitigen, indem der erlangte Gegenstand verkehrsunfähig

---

[816] BGHSt 40, 138 ff.

[817] Noch erörtert bei *Flatten*, S. 51.

[818] *Flatten*, S. 55 ff.

[819] So auch *Häde*, EuZW 1991, 554.

[820] Dazu *Burr*, S. 33 f.

[821] Offen gelassen von *BVerfG*, NJW 2004, 1305 (1307); ebenso der *BGH*, NStZ 1998, 42 (44), der lediglich von einem Tatbestand mit „*eigenständigem Unrechtgehalt*" spricht.

[822] *Lampe*, JZ 1994, 125 f.; ähnlich *Forthauser*, S. 148 ff., 159; anders *Burr*, S. 27, der dagegenhält, es ergebe sich kein solcher Aspekt aus den Gesetzesmaterialien und es ergeben sich durch die Geldwäsche für den Finanzkreislauf sowohl positive als auch negative Folgen.

wird.[823] Damit soll die Strafvorschrift der Effektivität der Strafverfolgung in einem bestimmten Bereich dienen.[824]

Die Vorschrift sollte auf lange Sicht, neben den Rechtsfiguren der - mittlerweile für verfassungswidrig erklärten[825] – Vermögensstrafe (§ 43a StGB) und dem erweiterten Verfall (§ 73d StGB)[826], der Organisierten Kriminalität den finanzielle Boden entziehen und solchen Unternehmungen die Profitabilität nehmen.[827]

Andere Meinungen sehen jedoch nur die Rechtspflege als Schutzgut des § 261 StGB an.[828] Die Strafnorm soll danach den Täter isolieren und so die Verwendung des inkriminierten Gegenstandes verhindern.[829] *Otto* begründet diese Auffassung damit, daß § 261 StGB in Schutz- und Angriffsrichtung „farblos" werde, wenn er auch das Schutzgut der Vortat umfassen sollte. Es handele sich um eine „überflüssige Rechtsschutzverdoppelung".[830]

Dennoch sieht *Salditt*[831] nicht die Rechtspflege allein als Schutzgut des Geldwäschetatbestandes an. Nach seiner Auffassung ist auch das schon durch die Vortat geschützte Rechtsgut vom Schutzzweck des § 261 StGB erfaßt.[832] Auch *Burr* geht davon aus, der § 261 StGB diene nicht dem Schutz eines einzelnen Rechtsgutes, sondern *„allein der Intensivierung des durch die Katalogtatbestände angestrebten Rechtsgüterschutzes"*.[833]

*Hoyer* ist dagegen der Auffassung, es sei neben dem staatlichen Verfallanspruch der §§ 73 ff. StGB auch die Prävention gegenüber neuen Straftaten der Organisierten Kriminalität Schutzgut des § 261 StGB.[834]

---

[823] BT-Drs. 12/989, S. 27.

[824] BT-Drs. 12/2720, S. 43.

[825] Der Vermögensstrafe des § 43a StGB wurde durch das Urteil des *BVerfG* vom 20.03.2002 (NJW 2002, 1779 ff.) der Boden entzogen Die Verfassungsrichter befanden die Norm für zu unbestimmt und mit dem Schuldprinzip nicht vereinbar. Sie sei daher nicht verfassungskonform. Der Gesetzgeber hätte die Strafrichter nach dem Karlsruher Urteilsspruch *„für die gesicherte Anwendung eines solchen neuen und 'grundrechtsgefährlichen' Instruments mit besonders präzisen, verläßlichen und kontrollierbaren Strafzumessungsregeln"* auszustatten müssen.

[826] Dazu *J. Meyer*, ZRP 1990, 87, *Krey/Dierlamm*, JZ 1992, 353; *Suendorf*, S. 273 f.

[827] So die Vorstellung in BT-Drs. 12/3533, S. 11.

[828] Etwa *Neuheuser* in: MüKo-StGB, § 261/7, wohl auch *OLG Hamburg*, NJW 2000, 673 (674) und *Altenhain* in: NK-StGB, § 261/12, wobei er jedoch grundsätzlich nach den einzelnen Tatmodalitäten trennt.

[829] Dies nennt auch der Gesetzgeber als einen der Gesetzeszwecke in BT-Drs. 12/989, S. 27; 12/3533, S. 11

[830] So *Otto*, Jura 1993, 331.

[831] In StraFO 1992, 122; ähnlich *Barton*, StV 1993, 160.

[832] Diese Ansicht bezeichnet *Altenhain* in: NK-StGB, § 261/10 mit Nw. als die h.M.

[833] S. 27, 44.

[834] *Hoyer* in: SK-StGB § 261/1 f.

Diese Auffassungen sind jedoch nur zum Teil zutreffend. Denn eine Norm die im Rahmen einer Gesetzgebung gegen die Organisierte Kriminalität eingefügt wurde, muß deren Bekämpfung dienen. Die Norm ist zweckgebunden. Aus diesem fest umrissenen Zweck ergibt sich, daß der § 261 StGB sich nur auf solche Handlungen beziehen kann, die die Organisierte Kriminalität in irgendeiner Weise fördern, nicht aber auf Handlungen, die ihr neutral gegenüberstehen.[835] Es kann daher nicht das aus dem Zusammenhang mit der Organisierten Kriminalität gelöste Schutzgut der Vortat auch Schutzgut des § 261 StGB sein. Auf der anderen Seite kann aber auch der Anspruch des Staates auf Erhalt des Umsatzes aus der Organisierte Kriminalität nicht Schutzgut des § 261 StGB sein, denn es darf jedenfalls nicht primäres Ziel des Strafrechts sein, die staatlichen Ansprüche zu sichern, sondern die weitere Verwendung der Gelder aus der Organisierten Kriminalität zu unterbinden, also den Rückfluß dieser Gelder in den Finanzkreislauf zu verhindern.

Demnach können vom Schutzbereich nur der legale Finanz- und Wirtschaftskreislauf sowie die Funktionsfähigkeit der Rechtspflege umfaßt werden, sie sollen vor einem Angriff durch die Organisierte Kriminalität bewahrt werden.[836] Geschützt werden soll also ein Gemeinschaftsgut und nicht das Rechtsgut des Einzelnen, das schon der Straftatbestand schützen sollte, den die Vortat verletzte. Die Prävention vor weiteren Straftaten der Organisierten Kriminalität ist lediglich ein Reflex aus der effektiven Gewinnabschöpfung, nicht aber ihr unmittelbares Ziel.[837]

### II. Anwendungsbereich des Geldwäschestraftatbestandes

Unabhängig von seiner Schutzrichtung hat der § 261 StGB einen sehr breiten Anwendungsbereich. Nach § 261 I StGB muß das Tatobjekt ein Gegenstand sein, der aus einer rechtswidrig begangenen Tat des abschließenden[838] Katalogs des § 261 I Nr. 1-5 StGB herrührt.

#### 1. Der Gegenstand des § 261 I StGB

Taugliches Tatobjekt des § 261 StGB ist jeder *„Gegenstand“*[839], der aus einer in Abs. 1 Satz 2 genannten Tat *„herrührt“.*[840] Nach der Begründung des Ge-

---

[835] *Burr*, S. 36, insofern widerspricht sich *Burr* hier (S. 27, 44) selbst.

[836] A.A. *Neuheuser* in: MüKo-StGB, § 261/8, der der Meinung ist, diese Rechtsgüter seien nur mittelbar geschützt.

[837] Anders *Barton* StV, 1993, 159 ff.; er sieht die Verhinderung weiterer Straftaten als entscheidenden Aspekt an und meint nur die Vereitelung- und Gefährdungsalternative schütze die Rechtspflege.

[838] Dazu klarstellend *LG Koblenz*, NStZ 1997, 549 (550).

[839] Gegenstand ist alles, was Objekt von Rechten sein kann, so *Heinrichs* in: *Palandt*, Überl. vor § 90/2; § 292/2. Zur Erweiterung des Gegenstandsbegriffes durch § 261 I 2 StGB, S. 185 ff.

setzgebers sei unter *„Gegenstand"* jeder Vermögensgegenstand im weiteren Sinne, also auch Rechte und Forderungen zu verstehen[841], so daß etwa auch der Anspruch des Fiskus auf Entrichtung der Steuer Gegenstand sein könne. Dies ist auch dogmatisch nicht problematisch, da das Gesetz, wenn es lediglich Sachgegenstände erfaßt sehen will, auch im Gesetzestext von Sache und nicht von Gegenstand spricht, wie etwa in den §§ 259, 242 StGB und besonders deutlich im § 90 BGB.[842]

## 2. Das Herrühren

Der Begriff des *„Herrührens"* ist im Gesetzgebungsverfahren nicht hinreichend begrenzt worden.[843] Der Gesetzgeber hat diesen Begriff weit gefaßt, um damit dem Umstand Rechnung zu tragen, daß die Geldwäsche durch eine Vielzahl von Handlungen begangen werden kann. Denn es besteht ein Interesse daran, auch eine Kette von Verwertungshandlungen zu erfassen, bei welcher der Gegenstand durch andere Gegenstände ersetzt wird.[844]

Eindeutig erfaßt sind das aus der Straftat unmittelbar Erlangte, sowie das productum sceleris, das durch die Tat selbst Hervorgebrachte. Bei der Tat gebrauchte Gegenstände – instrumenta sceleris – werden nicht erfaßt. Denn diese Gegenstände rühren auch bei weiter Auslegung des Wortlauts nicht aus der Tat her.[845] Erforderlich ist jedoch nicht, daß der Gegenstand – wie etwa die Begünstigung es verlangt – unmittelbar aus der Vortat stammt. Es reicht nach der Ge-

---

840 Hier ist der konkrete Nachweis der Tat unerläßlich, *Bernsmann*, StV 1998, 46.

841 So schon in BT-Drs. 12/989, S. 27, diesbezüglich nicht verständlich der Hinweis von *Neuheuser* in: MüKo-StGB, § 261/29 auf § 90 BGB, umfassender *Altenhain* in: NK-StGB, § 261/26 f.

842 Diesen Begriff des Gegenstandes auch auf Leichenteile auszuweiten, ist sicherlich sehr problematisch, aber wenn man an organisierten Organhandel denkt, ist dies wohl doch nicht so abwegig, wie es zunächst klingen mag; daher bejahend *Lampe*, JZ 1994, 126, verneinend aber *Flatten, S.* 62, der auf die Stellungnahme des *Bundesrats* (BT-Drs. 12/989, S. 53) verweist, der das Wort Vermögensgegenstand enthielt. Der Begriff wurde aber aufgrund der Stellungnahme der *Bundesregierung* in Gegenstand umgewandelt, da die Begriffe nach der Vorstellung die im Gesetzgebungsverfahren herrschte einheitlich zu verwenden seien.
Besonders schwierig wird es im Bereich Daten. Es kann hier die Frage relevant werden, ob eine etwa aus einer Straftat nach § 180 StGB herrührende Datei (etwa eine visuelle Aufzeichnung der Straftat) überhaupt Gegenstand i.S.d. § 261 StGB sein kann, wenn sie nur in Form von Daten durch das Internet geschickt wird.

843 So *Tröndle/Fischer*, § 261/7 f.; *Burr*, S. 66; *Flatten*, S. 71 stellt die Frage, ob § 261 StGB mit dem Begriff des *„Herrührens"* das Bestimmtheitsgebot des § 103 II GG ausreichend erfüllt. Die *Bundesrechtsanwaltskammer* bezeichnet diesen Begriff in einer Stellungnahme zum § 370a AO vom November Nr. 56/2001 als mißglückt. Dagegen sehen *Krey/Dierlamm*, JR 1992, 359 den Begriff als tolerabel an.

844 BT-Drs. 12/989, S. 27; 12/3533, S.12.

845 *Burr*, S. 68.

setzesbegründung aus, wenn der Gegenstand im engen Zusammenhang mit der Tat entsteht oder erlangt wird.[846]

Problematisch erscheint in diesem Zusammenhang jedoch, ob bei einer Verwertungskette die Bemakelung an allen Sachen oder nur an der letzten „haftet".[847] *Burr* nimmt eine Vervielfachung der Bemakelung durch Infektion aller Substitute an. Er begründet dies mit der Überlegung, daß § 261 VI StGB, der den Wegfall des Makels im Falle eines straflosen Vorerwerbs normiert, sonst keinerlei Bedeutung mehr hätte.[848] Dem ist aus eben diesem systematischen Grund zuzustimmen.

Streitig ist ebenfalls, ob auch der mittelbare Gewinn taugliches Tatobjekt des § 261 StGB sein können.[849] Wendet man den Begriff des *„Herrührens"* aus § 73 StGB an, so muß man dies verneinen, denn der Verfall erfaßt keine mittelbaren Gewinne.[850] Auch der Gesetzgeber wollte eine solch weitgehende Regelung nicht schaffen. Er ging davon aus, daß etwa die mit inkriminierten Geldern erworbene Unternehmensbeteiligung nicht die vom Unternehmen produzierten Gegenstände „infiziert".[851] Nach der Begründung im Gesetzesentwurf ist jedoch ein auch mit inkriminierten Mitteln erstandener Gegenstand als insoweit aus der Vortat erlangt zu betrachten.[852] Daß der § 261 StGB nur bezüglich des mit inkriminiertem Geld erworbenen Anteils anwendbar sein kann, ergibt sich auch aus dem Schutzzweck der Norm. Nur insoweit wie illegal erworbenes Vermögen aufgewandt wird, wird die Bestimmung der Herkunft bzw. der Verfall vereitelt.[853]

Bei diesen mit inkriminierten und legalen Geldern erworbenen Gegenständen stellt sich daher das Problem der sog. Verdünnung.[854] Im Bereich des Verfalls gilt die Regel, daß auch bei Vermischung, Verbindung, Vermengung und Verarbeitung nach §§ 73 ff StGB eine Verfallsanordnung auszusprechen ist.[855] Geht man demnach im Fall des § 261 StGB nach den Regeln des Verfalls vor, so ist

---

[846] BT-Drs. 11/7663, S. 25; BT-Drs. 12/989, 27.

[847] Beispiel bei *Burr*, S. 68 f.; *Barton* NStZ 1993, 161 ff., *Haurand*, DuD 1994, 205; a.A. *Salditt*, StraFO 1992, 123 f.

[848] *Burr*, S. 71.

[849] Dazu *Burr*, S. 72.

[850] *Burr*, S. 72.

[851] BT-Drs. 12/3533, S. 12, 1. Sp.; ähnlich BT-Drs. 11/7663, S. 26; i.E. genauso *Barton* NStZ 1993, 161 und *Neuheuser* in: MüKO-StGB § 261/49; sehr eindrückliches Beispiel bei *Krey/Dierlamm*, JZ 1992, 359.

[852] BT-Drs. 12/3533, S. 12.

[853] *Burr*, S. 76.; dagegen *Lampe*, JZ 1994, 127.

[854] Dazu *Burr*, S. 75.

[855] Zu den Einzelfällen der Vermischung und Verbindung im § 261 StGB, *Neuheuser* in: MüKO-StGB, § 261/51 ff.

auch die Sache bemakelt, die sowohl mit legalen als auch illegalen Mitteln erworben wurde.[856]

Das Herrühren endet nach der Auffassung des Gesetzgebers aber dort, wo der Wert des Gegenstandes sich aus einer erheblichen Arbeit eines Dritten ergibt, die von der Vortat unabhängig ist.[857] *Barton* wendet hier die Merkmale der objektiven Zurechnung an und kommt damit zu einem nicht bemakelten Gegenstand, wenn die *„Ursächlichkeit der Katalogtat"* sich als *„rechtlich nicht signifikant"* für den Gegenstand darstellt.[858]

Noch problematischer wird die Situation indessen, wenn inkriminierte Gewinne nicht versteuert werden und es die Frage zu beantworten gilt, ob dieser Gewinn in Form der Steuerersparnis auch als bemakelt zu betrachten ist. Doch hier wird man wohl einen Vermögensgegenstand und damit die Bemakelung verneinen müssen, da es sich bei nicht bezahlten Steuern nur um einen staatlichen Anspruch, also eine abstrakte Buchposition ohne konkrete Gestalt handelt. In diesen Fällen muß mit Lackner davon ausgegangen werden, daß der Gegenstand im Vermögen noch identifizierbar sein muß, denn sonst kann man nicht von einem „Gegenstand" sprechen.[859] Die abstrakte Steuerersparnis kann schon rein begrifflich kein Gegenstand der Geldwäsche sein.

Festzuhalten bleibt also, daß ein tauglicher Gegenstand der Geldwäsche grundsätzlich nur eine im Vermögen des Betreffenden einwandfrei identifizierbare Vermögensposition sein kann. Im Falle einer Fortsetzung der Bemakelung an einem Gegenstand, der durch Einsatz infizierten Vermögens erworben wurde, darf dieser Einsatz nicht vollkommen nebensächlich sein.

Einen Sonderfall stellt hier jedoch der Fall des § 261 I 3 StGB i.V.m. § 370a AO dar, der an späterer Stelle erörtert werden wird.[860]

### 3. Rechtsanwalt als tauglicher Täter der Geldwäsche

In der Literatur wurde die Frage, ob auch der Rechtsanwalt sich als Verteidiger wegen Geldwäsche strafbar machen, er also in seiner Eigenschaft als Verteidiger tauglicher Täter des § 261 V StGB sein kann, heftig diskutiert. Diese Frage, die hier nicht umfassend Gegenstand der Betrachtung ist, soll nur entlang der Argumente der Geldwäscheentscheidungen des *BGH*[861] und des *BVerfG*[862] kurz

[856] *Burr*, S. 75.

[857] BT-Drs. 12/989, S. 28; 12/3533, S.15 l. Sp., *Salditt*, StraFO 1992, 123, *Barton*, NStZ 1993, 160, *Salditt*, StraFo 1992, 124 spricht von einem weit überwiegenden Finanzieren durch legale Gelder.

[858] *Barton*, NStZ 1993, 162 ff..

[859] *Lackner/Kühl*, § 261/5 unter Hinweis auf BGHSt 38, 23.

[860] Vgl. dazu S. 211 ff.

[861] *BGH*, NJW 2001, 2891 ff.

[862] *BVerfG*, NJW 2004, 1305 ff.

dargestellt werden; denn diese Problematik hat sich durch letztere Entscheidungen wegen der Bindungswirkung gemäß § 31 I BVerfGG praktisch erledigt, wenn auch noch einige bedenkliche Aspekte bleiben.

### a) Entscheidung des 2. Senats des *Bundesgerichtshofs* vom 04.07.2001[863]

Das Urteil ist zwar durch die unter, b), darzulegende Entscheidung des *BVerfG* v. 30.03.2004 überholt, soll aber im folgenden zum besseren Verständnis der Problematik und der letzteren Entscheidung analysiert werden.

In seiner Entscheidung vom 4. Juli 2001 hat der Senat zu der Frage Stellung nehmen müssen, ob der Rechtsanwalt, der in seiner Funktion als Strafverteidiger einen Vermögensgegenstand annimmt, tauglicher Täter einer Geldwäsche sein kann. Die Vorinstanz des *LG Frankfurt am Main*, hatte dies bejaht.

Die Begründung der Revision des Angeklagten zum *BGH*[864] trug vor, der Verteidiger müsse insoweit von der Anwendung des § 261 StGB ausgenommen werden, als bzgl. des als Honorar hingegebenen Vermögensgegenstandes nicht ein sicheres und objektiv bestätigtes Wissen des Verteidigers bestehe, daß jener Gegenstand aus einer Katalogtat stamme. Der Verteidiger müsse die Schilderungen des Mandanten so lange als wahr behandeln und damit auch Honorar annehmen dürfen, wie der Beschuldigte selbst sie nicht als unwahr bezeichne oder die Wahrheit seine Angaben durch rechtskräftiges Urteil (über die Vortat) widerlegt sei.

Damit sollte also eine neue, gemischt objektiv-subjektive Komponente in den Tatbestand des § 261 I StGB hineingelesen werden. Der Strafverteidiger begehe nur dann eine Geldwäsche durch die Honorarannahme, wenn er objektiv eine Bestätigung der Herkunft aus der Katalogtat erhalten habe und er damit subjektiv sicher wisse, daß es sich um bemakelte Vermögensgegenstände handele. Die Revision war der Auffassung, der Tatbestand des § 261 StGB müsse stark eingeschränkt zugunsten des Strafverteidigers ausgelegt werden.

Die Literatur[865] hat zum Teil eine noch weiter gehende Restriktion des § 261 StGB gefordert und angenommen, daß er im Weg der restriktiven Auslegung bzw. der teleologischen Reduktion dahingehend einzuengen sei, daß der Rechtsanwalt, wenn er in seiner Funktion als Verteidiger Vermögenswerte annehme, schon den objektiven Tatbestand nicht erfüllen könne. Es wurde hier zum Teil auf die Sozialadäquanz des Verteidigerverhaltens abgestellt und angenommen, daß eine Tatbestandserfüllung nicht in Betracht komme, wenn es sich um ein für einen Verteidiger übliches Verhalten handele.[866] In der Rechtspre-

---

[863] In NJW 2001, 2891 ff.

[864] Dazu die Ausführungen des *BGH*, NJW 2001, 2891 (2892).

[865] Nachweise: *BGH*, NJW 2001, 2891 (2892).

[866] Ausführlich zur Sozialadäquanz: *OLG Hamburg*, NJW 2000, 673 (675).

chung verfolgte das *OLG Hamburg*[867] eine einschränkende verfassungskonforme Auslegung und lehnte daher die Strafbarkeit sogar der wissentlichen Geldwäsche ab, soweit es § 261 II Nr.1 StGB betraf.[868] Barton[869] und *Salditt*[870] befürworteten eine teleologische Reduktion, um den Strafverteidiger aufgrund seiner Verfahrensbeteiligung schon vom objektiven Tatbestand – zumindest des praxisrelevanten § 261 II StGB – auszunehmen.

Andere[871] vertraten eine Reduktion des subjektiven Tatbestandes oder die Annahme eines Rechtfertigungsgrundes in Bezug auf den Strafverteidiger, wobei überwiegend gefordert wurde, die Strafbarkeit auch dann abzulehnen, wenn der Strafverteidiger positive Kenntnis von der Herkunft aus einer Katalogtat des Honorars habe.

Diesen restriktiven Auffassungen, insbesondere der Einschränkung des objektiven Tatbestandes vermochte der *BGH* nicht zu folgen. Er stellte zunächst fest, nach dem Wortlaut des § 261 I StGB seien keine Anhaltspunkte für eine Auslegung erkennbar, die den Strafverteidiger von der Täterqualität ausschlössen. Auch im Gesetzgebungsverfahren seien Bedenken zwar gegen die Anwendung des Geldwäschetatbestandes auf den Strafverteidiger geäußert worden, doch habe dies nicht zu einer Änderung im Gesetzesentwurf geführt. Daraus lasse sich folgern, daß der Gesetzestext eine restriktive Auslegung, die den Strafverteidiger ausschließt, nicht trage. Es sei auch nicht erkennbar, daß § 261 StGB bei grundsätzlicher Anwendung auch auf den Verteidiger gegen Art. 12 I GG oder Art. 6 MRK verstoße.

Zunächst sei der Schutzbereich des Art. 12 I GG nicht einmal berührt, da § 261 StGB keine berufsregelende Tendenz erkennbar sei. Denn es entspreche dem Berufsbild des Strafverteidigers nicht, Honorar entgegenzunehmen, von dem er wisse, daß es aus einer schwerwiegenden Straftat stamme. Damit greife der Einwand, mit der Erfassung dieser Fälle werde dem Rechtsanwalt die Möglichkeit der Wahlverteidigung genommen und die wirtschaftliche Basis der Berufsausübung abgeschnitten, nicht durch. Aus einer unzureichenden Honorierung der Pflichtverteidigung könne ein *„Recht des Verteidigers auf Honorierung aus illegalen Mitteln nicht abgeleitet werden."*[872]

Das Verbot, keine inkriminierten Mittel als Honorar anzunehmen gelte schließlich für jeden Berufszweig und treffe daher den Strafverteidiger nicht anders als

---

[867] In NJW 2000, 673 ff.

[868] Das Gericht nahm eine Strafbarkeit nur insoweit an, als ein Anspruch eines Geschädigten aus der Straftat vereitelt werde und dieser einen Strafantrag gestellt habe, NJW 2000, 673 (676)

[869] In StV 1993, 156.

[870] In StraFO 1992, 132.

[871] *Lüderssen*, StV 2000, 207; weitere Nachweise: *OLG Hamburg*, NJW 2000, 673 (675).

[872] *BGH*, NJW 2001, 2891 (2893).

jeden anderen Berufstätigen. Letztlich bestehe auch bei vielen Katalogtaten das Risiko einer Annahme illegal erworbenen Vermögens nicht. Überdies sei auch nicht die **Verteidigung** wegen einer Katalogtat vom § 261 StGB betroffen sondern nur die **Annahme eines Honorars**, das aus einer solchen stamme.

Darüber hinaus komme es auch nicht zu einer Rechtsschutzverkürzung für den Beschuldigten, denn ebenso wie für den Rechtsanwalt kein Recht auf Entlohnung mit inkriminierten Vermögenswerten gebe, so gebe es *„kein Recht des Beschuldigten auf Wahlverteidigung unter Einsatz illegal erworbener Mittel."* Zwar habe jeder Beschuldigte das Recht, sich eines Verteidigers seiner Wahl zu bedienen, jedoch könne ein Wahlverteidiger nur demjenigen beistehen, der über ausreichende Mittel verfüge. Daher sei ein Beschuldigter einer Katalogtat, der nicht über legales Vermögen verfüge, einem mittellosen Verteidigten gleichzustellen. Seine Rechte seien damit ausreichend gewahrt, es handele sich bei der Pflichtverteidigung nicht um eine Verteidigung minderer Güte.

Der *BGH* sieht damit im Ergebnis nicht die Gefahr, der Verteidiger könne deswegen eine bestmögliche Verteidigung nicht mehr leisten. Es sei unwahrscheinlich, daß der Rechtsanwalt versuche, möglichst wenig über die Herkunft des Honorars zu erfahren. Auch drohe dem Vertrauensverhältnis dadurch kein relevanter Schaden, daß der Mandant in einem Strafverfahren gegen den Verteidiger zum Zeugen werden könne.

> *„Ein solches Verhalten würde voraussetzen, daß er mit der illegalen Herkunft des Honorars rechnet, und widerspräche ersichtlich dem Selbstbildnis des Berufs."*[873]

Der standesgerecht handelnde Rechtsanwalt sei damit in der Berufsausübung nicht beschränkt. Zwar seien Einschränkungen im Verhältnis zu seinem Mandanten nicht *„von der Hand zu weisen"*, wenn während des gegen den Mandanten geführten Strafverfahrens auch gegen den verteidigenden Rechtsanwalt strafrechtliche Ermittlungsmaßnahmen ergriffen würden. Diese Maßnahmen und deren Folgen seien jedoch sowohl dem Mandanten als auch dem in Verdacht geratenen Verteidiger zuzumuten.

Eine Ermittlungsimmunität für das laufende Verfahren gegen den Mandanten gebe es nicht und es bedürfe ihrer auch nicht. Der Verteidiger habe es in der Hand, den bestehenden Gefahren durch den Beiordnungsantrag entgegenzuwirken. Letztlich könne eine solche Immunität auch dazu führen, daß der Verteidiger aus Eigeninteresse das Strafverfahren gegen den Mandanten verzögere.

Auch die von der Revision gerügte Verletzung der Unschuldsvermutung sieht der *BGH* nicht als gegeben an. Er führt aus, eine Unschuldsvermutung dahingehend, daß der Rechtsanwalt bis zum rechtskräftigen Urteil gegen den Mandanten oder dessen ausdrücklicher Aussage, der Vermögenswert stamme aus einer

---

[873] *BGH*, NJW 2001, 2891 (2893).

Katalogtat, so behandelt werden müsse, als stamme der Vermögenswert nicht aus einer tauglichen Vortat, gebe es nicht. Art. 6 II EMRK gebe dies nicht her.

### b) Geldwäscheurteil des Bundesverfassungsgerichts vom 30.03.2004[874]

#### aa) Grundsätzliche Anwendbarkeit des § 261 StGB auf den Strafverteidigers

Das Revisionsurteil des zweiten Senats des *BGH* gelangte schließlich im Rahmen einer Verfassungsbeschwerde vor das *BVerfG*, dessen zweiter Senat sich mit der Frage der Strafbarkeit des Strafverteidigers als Täter der Geldwäsche sehr grundlegend auseinandersetzte und einige verfassungsrechtlich höchst bedenkliche Ausführungen des *BGH* korrigierte.

Das *BVerfG* hielt zunächst in Übereinstimmung mit dem *BGH* fest, daß es sich nach der herrschenden Ansicht in der Literatur bei § 261 StGB um ein Allgemeindelikt handelt, das von jedermann begangen werden könne, daher auch von einem Strafverteidiger im Rahmen seines Verteidigungsmandats.[875] Aus der grammatikalischen Auslegung – der im Strafrecht eine besondere Bedeutung zukomme – lasse sich ebenso wenig eine Restriktion des Tatbestandes herauslesen, wie sich diese aus der systematischen Auslegung ergebe. Es handele sich um ein Anschlußdelikt, das auch der Rechtsanwalt begehen könne. Dennoch traten die Verfassungsrichter dem Zweiten Senat des *BGH* in einigen für die Beratungspraxis entscheidenden Punkten entgegen.

#### bb) Eingriff in das Berufsrecht und die Beschuldigtenrechte

Zunächst bestätigte das *BVerfG* die Auffassung der Revision des Beschuldigten dahingehend, daß es sich bei der Anwendung des § 261 StGB auf den Strafverteidiger um einen Eingriff in das durch Art. 12 I GG geschützte Recht auf die Freiheit der Berufsausübung handele.[876] Das Verbot, einen inkriminierten Vermögensgegenstand anzunehmen, stelle einen Eingriff in das Recht auf die freie Advokatur dar.[877] Der Gesetzgeber habe das Vertrauensverhältnis zwischen dem Rechtsanwalt und dem Mandanten anerkannt und es in Art. 11 III GwG auch in Rechnung gestellt, wenn er hier von der Meldepflicht zugunsten des Rechtsberaters eine Ausnahme mache.[878] Der freien Advokatur komme gerade im Bereich des Strafrechts eine besondere Bedeutung zu, da hier die Waffengleichheit zwischen Beschuldigtem und den Strafverfolgungsbehörden von zentraler Be-

---

[874] In NJW 2004, 1305 ff.
[875] *BVerfG*, NJW 2004, 1305 (1306).
[876] So auch schon vorher: *LG Berlin* mit Urteil vom 24.07.2003, NStZ 2004, 103 (104). Das *OLG Hamburg* bemerkte dazu, daß dieser Umstand sogar keiner weiteren Erwähnung wert sei, weil die Einschränkung so offen auf der Hand liege, NJW 2000, 673 (677).
[877] *BVerfG*, NJW 2004, 1305 (1307).
[878] *BVerfG*, NJW 2004, 1305, (1306 f.)

deutung sei.[879] Des weiteren stellt das Gericht ausdrücklich fest, daß das Verbot der Geldwäsche durch Annahme kriminell bemakelter Gelder als Honorar für die Übernahme der Strafverteidigung den als Strafverteidiger tätigen Rechtsanwalt in seiner Berufsausübung spezifischer trifft als andere Berufsgruppen, da der Verteidiger durch jenes Verbot wegen der „*Eigenart seiner beruflichen Tätigkeit in seiner Entschließungsfreiheit bei der Übernahme eines Mandats*“[880] besonders beeinträchtigt sei. Das ergebe sich allein aus der Mandantschaft des strafrechtlich tätigen Anwalts:

> „*Zum Mandantenkreis eines forensisch tätigen Strafverteidigers zählen typischerweise Personen, die in den Verdacht einer Katalogtat der Geldwäsche geraten sind und gegen die deshalb ein Ermittlungsverfahren geführt wird.*“[881]

Der Senat weist im Hinblick darauf auch auf die Problematik hin, die sich für den Rechtsanwalt im Rahmen des Beratungs- und Vertrauensverhältnisses entsteht.[882] Er müsse wegen der Gefahr der Strafbarkeit der Geldwäsche eine besondere Risikoeinschätzung vornehmen:

> „*Übernimmt der Strafverteidiger ein mit dem Risiko eigener Strafverfolgung behaftetes Wahlmandat, so wird er nach Einführung des Tatbestands der Geldwäsche nicht allein die Interessen seines Mandanten in den Blick nehmen, sondern zum Schutz vor eigener Strafverfolgung auch seine eigenen Belange berücksichtigen müssen. Neben der Verteidigung seines Mandanten wird er auch darum besorgt sein, eigene Strafverfolgung wegen eines Verdachts der Geldwäsche nach Möglichkeit zu vermeiden. Beide Interessen liegen typischerweise im Konflikt miteinander.*“[883]

Insbesondere weist der Senat auf die Unsicherheiten hin, die dadurch entsteht, daß in Rechtsprechung und Lehre noch nicht geklärt ist, welche Sorgfaltspflichten dem Rechtsanwalt im Hinblick auf die Herkunft des Honorars auferlegt sind.

> „*Die Gefahr eigener strafrechtlicher Verstrickung in das seinem Mandanten zur Last gelegte Geschehen muss typischerweise seine professionelle Distanz zur Tat und zum Tatverdacht gegen den Mandanten mit der Folge schmälern, dass er nicht mehr wie herkömmlich und wie sonst in der Lage ist, die Verteidigung seines Mandanten adäquat und regelgerecht zu führen.*“[884]

Damit wird deutlich, daß das *BVerfG* die entstehenden Probleme im Beratungsverhältnis anders einschätzt als der *BGH*. Die drohende Strafbarkeit führe im Ergebnis zu einer erhöhten „*Wachsamkeit*“, sogar zu Mißtrauen des Verteidigers gegenüber seinem Mandanten und damit zu einer Beeinträchtigung sowohl

---

879 *BVerfG*, NJW 2004, 1305 (1307 f.).
880 *BVerfG*, NJW 2004, 1305 (1307).
881 *BVerfG*, NJW 2004, 1305 (1307).
882 Zu diesen praktischen Auswirkungen, *E. Müller*, StraFo 2004, 3 ff.
883 *BVerfG*, NJW 2004, 1305 (1310).
884 *BVerfG*, NJW 2004, 1305 (1307).

der Berufausübung als auch der Verteidigungsmöglichkeiten durch den Wahlverteidiger.[885]

Der Auffassung des *BGH*, eine solche Beeinträchtigung sei schon deshalb nicht relevant, weil der Beschuldigte kein Recht auf eine Wahlverteidigung habe und aufgrund seines illegal erworbenen Vermögens einem mittellosen Beschuldigten gleichzustellen sei, traten die Verfassungsrichter ausdrücklich entgegen:

> *„Vor rechtskräftiger Verurteilung darf ein Beschuldigter, der - mutmaßlich - nur über bemakelte Geldwerte verfügt, mit einem Unbemittelten nicht ohne weiteres gleichbehandelt werden."*[886]

In dieser Hinsicht – also bezüglich des Beschuldigten – nimmt das Gericht also einen Verstoß gegen die Unschuldsvermutung aus Art. 6 II EMRK an, wenn der *BGH* den angeblich nur über bemakeltes Vermögen verfügenden als mittellos behandeln will.

Inwieweit vom Strafverteidiger erwartet werden kann, das Wahlmandat niederzulegen, ermittelte das *BVerfG* über eine verfassungsrechtliche Güterabwägung zwischen den Rechten des Anwalts auf freie Berufsausübung und des Beschuldigten auf die bestmögliche Verteidigung einerseits und des Gesetzeszwecks des § 261 StGB, der Bekämpfung der organisierten Kriminalität, andererseits. Es betont die Besonderheit der Strafnormen als ultima ratio, deren Anwendung nur dann gerechtfertigt sein kann, wenn der Gesetzgeber kein anderes gleich wirksames Mittel wählen kann, das die durch die Strafnorm beeinträchtigten Interessen nicht oder milder beeinträchtigt hätte.

Darüber hinaus sieht das *BVerfG* auch die Rechte des Beschuldigten als erheblich eingeschränkt. Die Richter erwogen, ob ein Beschuldigter sich dem Verteidiger überhaupt noch uneingeschränkt anvertrauen könne, wenn er jederzeit damit rechnen muß, daß dieser aufgrund einer dargebotenen Information das Mandat niederlegen müsse, um sich nicht durch die Honorarannahme strafbar zu machen. Daher kam das Gericht zu der Auffassung, eine „offene, rückhaltlose und vertrauensvolle Kommunikation"[887] zwischen Mandant und Wahlverteidiger sei auch von Seiten des Mandanten gefährdet. Es kommt zu dem Schluß:

> *„Dem Verteidiger kann nicht uneingeschränkt angesonnen werden, einer durch den Strafgesetzgeber geschaffenen Gefahrenlage mit Niederlegung des Wahlmandats und Pflichtverteidigerbeiordnung zu begegnen."*

Die Richter stellen in die Abwägung ein, daß § 261 StGB mit seinem Schutzzweck einem besonders wichtigen Gemeinschaftsgut dienen soll und die Straf-

---

[885] *BVerfG*, NJW 2004, 1305 (1310).
[886] *BVerfG*, NJW 2004, 1305 (1310).
[887] *BVerfG*, NJW 2004, 1305 (1310).

drohung in dieser Hinsicht insbesondere mit Rücksicht auf die Einschätzungsprärogative des Gesetzgebers auch geeignet und erforderlich ist, das Ziel zu Erreichen. Ein milderes gleich geeignetes Mittel komme nicht in Betracht. Dennoch verstoße eine uneingeschränkte Anwendung des Geldwäscheparagraphen auf den Strafverteidiger gegen den Verhältnismäßigkeitsgrundsatz, da das Verbot bemakelte Vermögenswerte anzunehmen,

> *„für den Adressatenkreis des Strafverteidiger nur wenig geeignet ist, den vom Gesetzgeber mit der Einführung der Strafvorschrift der Geldwäsche erstrebten Erfolg spürbar zu fördern."*[888]

Selten nur werde von Tätern der Organisierten Kriminalität der Weg der Geldwäsche über einen Strafverteidiger gewählt, da gerade der Rechtsanwalt wegen der Anforderungen des Berufsrechts eine besondere Gewähr biete, daß er sich rechtstreu verhalte. Diesem geringen kriminalpolitischen Nutzen stehen nach Auffassung des Senats die oben erörterten schwerwiegenden Einschränkungen des Instituts der Wahlverteidigung gegenüber.

Über diese rechtlichen Folgen hinaus – so das *BVerfG* – ergäbe sich aus einem Ermittlungsverfahren wegen Geldwäsche für den Rechtsanwalt auch ein nicht zu unterschätzender Reputationsverlust und damit langfristig eine Minderung der Erwerbschancen. Diese Nachteile überwiegen nach dem *BVerfG* die Vorteile bei der Verbrechensbekämpfung in einer großen Zahl der gesetzlichen Fälle.

Dennoch war das *BVerfG* nicht der Ansicht, § 261 StGB dürfe für den Strafverteidiger überhaupt nicht zur Anwendung kommen. Der Strafverteidiger, der den Tatbestand subjektive mit dolus directus erfülle, könne sich strafbar machen:

> *„Eine völlige Freistellung des Strafverteidigers von der Strafdrohung des § 261 II Nr. 1 StGB wird vom Prinzip der Verhältnismäßigkeit freilich nicht gefordert"*[889]

Der Verteidiger, der in dem sicheren Wissen um die Herkunft aus einer Katalogtat des § 261 StGB einen Vermögensgegenstand annehme, könne auch im Hinblick auf diese Nachteile nicht von der Strafbarkeit freigestellt werden.

> *„Die bewusste Übertragung bemakelter Vermögenswerte unter dem Schirm des verfassungsrechtlich geschützten Vertrauensverhältnisses ist ein Missbrauch der privilegierten Verteidigerstellung, der vor der Verfassung keinen Schutz verdient. Weiß der Strafverteidiger im Zeitpunkt der Annahme des Verteidigerhonorars sicher, dass die erhaltenen Mittel aus einer Katalogtat herrühren, so tritt er aus seiner Rolle als Organ der Rechtspflege heraus."*[890]

Mit der Strafbarkeit der Annahme des Honorars im sicheren Wissen der Katalogtatenherkunft ergebe sich ein handhabbares Abgrenzungskriterium für die Praxis, das vor allem den Strafverteidiger der Pflicht enthebe, sich über die

---

[888] *BVerfG*, NJW 2004, 1305 (1311).
[889] *BVerfG*, NJW 2004, 1305 (1311).
[890] *BVerfG*, NJW 2004, 1305 (1311).

Herkunft des Honorars zu erkundigen. Solange er im Zeitpunkt der Annahme des Vermögenswertes kein sicheres Wissen bzgl. der illegalen Herkunft hat, könne er sich nicht strafbar machen.[891]

Daher sei die Strafbarkeit der direkt vorsätzlichen Geldwäsche durch den Strafverteidiger keine verfassungswidrige Beeinträchtigung des Berufsausübungsrechts. Das Mittel des Strafrechts sei zwar nur ultima ratio zur Herbeiführung eines überaus wichtigen Erfolges, doch sei eine Strafbarkeit im vorliegenden zwingend erforderlich, um dem Ziel der Bekämpfung der Organisierten Kriminalität gerecht zu werden. Damit diene § 261 StGB wichtigen Gemeinschaftsbelangen und diese überwögen im vorliegenden Fall das Recht des Strafverteidigers aus Art. 12 I GG.[892]

Dabei schränkt der Senat das Ergebnis dieser Güterabwägung jedoch in einem sehr wichtigen Punkt ein: Das Recht auf Berufsfreiheit des Rechtsanwalts und die Verteidigungsrechte des Beschuldigten könnten nur dann wie erörtert – durch Annahme von Strafbarkeit aus § 261 StGB – eingeschränkt werden, wenn es um eine Annahme von bemakelten Vermögensgegenständen gehe, bei der ein Strafverteidiger in dem sicheren Wissen handele, daß diese aus einer Katalogtat stammten. Denn sei es kaum denkbar, daß sich Täter aus dem Bereich der Organisierten Kriminalität eines Rechtsanwalts zur Geldwäsche bedienten, da diesem weit über die generelle Pflicht zur Rechtstreue hinausgehende Berufspflichten oblägen. Daher könne eine bedingt vorsätzliche oder leichtfertige Geldwäsche durch den Strafverteidiger nicht strafbar sein.

Damit stellt sich das *BVerfG* eindeutig der Ansicht des BGH[893] entgegen, die Honorarannahme sei strafbar, wenn der Rechtsanwalt nur ernstlich damit rechne, daß es sich um einen bemakelten Vermögenswert handele.

Nur im Falle eines sicheren Wissens um die Vortat könne § 261 StGB zur Anwendung kommen. Die vollkommene Freistellung von der Strafbarkeit sei aber andererseits nicht angemessen, da es sich dann um einen Mißbrauch der Verteidigerstellung durch den Rechtsanwalt handele, wenn dieser Vermögensgegenstände annehme, von der er sicher wisse, daß es sich um eine Katalogtat handele.

Diese Restriktion verstoße auch nicht gegen die Wortlautgrenze, da das Gesetz es vielfach der Rechtsprechung überlassen habe, zu konkretisieren, was unter vorsätzlichem Handeln zu verstehen sei, zumal die Gericht gehalten seien, sich um eine verfassungskonforme Auslegung der Gesetze zu bemühen und eine sol-

---

891 Anders wohl noch der *BGH*, wenn er meinte, die Honorarannahme trotz Für-Möglich-Halten der illegalen Herkunft entspreche nicht dem Berufsbild des Rechtsanwalts, *BGH*, NJW 2001, 2891 (2893).

892 *BVerfG*, NJW 2004, 1305 (1310).

893 *BGH*, NJW 2001, 2891 (2893).

che Auslegung erst dort ende, wo sie mit dem möglichen Wortlaut der Norm und dem erkennbaren Willen des Gesetzgebers in Widerspruch trete.[894]

Auch stehe die Entstehungsgeschichte einer solchen einschränkenden Auslegung nicht entgegen. Der Gesetzgeber habe zwar einen weiten Anwendungsbereich der Norm schaffen wollen und eine Ausnahme für Bagatellfälle bewußt nicht aufgenommen, jedoch habe er das Spannungsfeld der Wahlverteidigung nicht hinreichend bedacht: Zu einer ausführlichen Erörterung dieses Themas sei es im Rechtsausschuß des *Bundestages* nicht mehr gekommen.[895] Das Gericht nimmt an, der Gesetzgeber hätte eine Einschränkung des Tatbestandes bzgl. des Verteidigers vorgenommen, wenn er sich der Gefahrenlage hinreichend bewußt gewesen wäre.

Daher sei eine Beschränkung auf Wissentlichkeit im subjektiven Tatbestand des § 261 StGB möglich und geboten, soweit es den Verteidiger betrifft. Damit erfülle der Rechtsanwalt, der als Verteidiger Geld als Honorar annehme, das bemakelt sei, den subjektiven Tatbestand des § 261 StGB nicht, wenn er lediglich mit dolus eventualis oder gar nur leichtfertig (§ 261 V StGB) hinsichtlich der Herkunft aus einer Katalogtat handele. Im Ergebnis sei die Vorschrift damit unter dieser Prämisse verfassungsgemäß.

Jedoch haben nach dem *BVerfG* die Verfolgungsbehörden bei der Einleitung eines Ermittlungsverfahrens gegen einen Verteidiger zu bedenken, daß durch ein Einschreiten auch die Rechte des der Vortat Beschuldigten beeinträchtigt werden und deswegen besondere Zurückhaltung zu üben *„und von den ihr zustehenden Eingriffsbefugnissen nun schonenden Gebrauch"* zu machen.[896]

### c) Ergebnis der neueren Rechtsprechung

In rechtspolitischer Hinsicht erweist sich das Urteil des *BVerfG* als Aufforderung an den BGH, seinem Auftrag der Rechtsfortbildung und Funktion als Leitbild der Instanzgerichte in Zukunft besser, d.h. verfassungskonform gerecht zu werden. Nur vor diesem Hintergrund sind sowohl die Güterabwägung in dieser Ausführlichkeit als die Schlußbemerkung des Senats verständlich, der *BGH* habe

> *„durch seine isolierende Betrachtung der materiellen Rechtslage die mit der Einführung des Straftatbestandes der Geldwäsche geschaffene Gefahrenlage für die*

---

[894] *BVerfG*, NJW 2004, 1305 (1311 f.).

[895] *BVerfG*, NJW 2004, 1305 (1312) mit Nachweisen aus dem Gesetzgebungsverfahren. Ebenso wohl *Kreß*, wistra 1998, 126. Diese Auffassung ist insofern zweifelhaft als die *Bundesregierung* einer Begrenzung des § 261 StGB für Fälle von Bagatellkriminalität entgegengetreten war, BT-Drs. 11/7663, S. 50.

[896] *BVerfG*, NJW 2004, 1305 (1312).

*Berufsausübung des Strafverteidigers und das Institut der Wahlverteidigung nicht hinreichend berücksichtigt.“*[897]

Die verfassungskonforme Auslegung des § 261 StGB mit ihrem Strafverteidigerprivileg dürfte gemäß § 31 I BVerfGG Bindungswirkung besitzen. Doch auch unabhängig davon wird sie die Praxis prägen. Denn kein Strafgericht wird nun § 261 StGB auf einen Rechtsanwalt der als Strafverteidiger bemakeltes Honorar annimmt, anwenden, soweit diesem nicht das sichere Wissen hinsichtlich der Herkunft des angenommenen Vermögenswertes im Zeitpunkt des Erhalts des Gegenstandes nachgewiesen werden kann.

Wegen dieser Folgen haben *Dahs/Krause/Widmaier*[898] das Urteil auch als juristischen Paukenschlag bezeichnet, dessen Bedeutung über den Bereich der Geldwäsche weit hinausgehe und für die verfassungsrechtliche Berufsfreiheit des Strafverteidigers besondere Bedeutung habe. Das Gericht habe *„mit aller wünschenswerten Deutlichkeit“*[899] hervorgehoben, daß die Tätigkeit des Strafverteidigers allein auf die Wahrnehmung der Interessen des Mandanten ausgerichtet sei.

Im Ergebnis bedeutet jenes Urteil des *BVerfG* für den Strafverteidiger, daß ein Strafverfahren nur noch dann zu erwarten sein wird, wenn auf Tatsachen beruhende, greifbare Anhaltspunkte für die Annahme vorliegen, daß der Strafverteidiger zum Zeitpunkt der Honorarannahme im engen Sinne bösgläubig war. Ein Ermittlungsverfahren wird aller Voraussicht nach eingeleitet werden, wenn wegen gegebener deutlicher Indizien für das sichere Wissen – etwa die außergewöhnliche Höhe des Honorars oder die besondere Art und Weise der Erfüllung der Honorarforderung – ein Anfangsverdacht vorliegt.[900]

## III. Die taugliche Vortat[901]

Der Gesetzgeber hat sich nach einiger Diskussion dafür entschieden, einen Vortatenkatalog in den § 261 I 2 StGB zu integrieren, um damit den Anwendungsbereich der Norm zu begrenzen. Damit wurde dem Vorschlag der *SPD-Fraktion*[902], der dahin ging, jeden aus einer rechtswidrigen Tat stammenden Gegenstand zu erfassen, Widerstand entgegen gesetzt und dem *all-crime-*

---

[897] *BVerfG*, NJW 2004, 1305 (1312 f.).

[898] NStZ, 2004, 261.

[899] *Dahs/Krause/Widmaier*, NStZ 2004, 261.

[900] *BVerfG*, NJW 2004, 1305 (1312).

[901] Da sich die hiesige Darstellung aus systematischen Gründen zunächst der tauglichen Vortat zuwendet, ist ein teilweiser Vorgriff auf Fragen der leichfertigen Geldwäsche im Bereich des § 370a AO als Vortat kaum zu vermeiden. Eine nähere Erörterung des Leichtfertigkeitstatbestandes erfolgt im späteren Verlauf, S. 256 ff.

[902] BT-Drs. 11/5313 v. 04.10.1989, S. 3; BT-Drs. 12/731; dazu auch *Häde*, EuZW 1991, 556.

*Ansatz*, der vereinzelt vertreten wird[903], eine Absage erteilt. Denn nur über einen Vortatenkatalog werden Sinn und Zweck des Gesetzes deutlich.

Nach der Gesetzesbegründung wurde ein Vortatenkatalog eingefügt, der nur schwerwiegende Kriminalität erfassen sollte, da die Schaffung des § 261 StGB der Bekämpfung der Organisierten Kriminalität dienen sollte.[904] Das OrgKG sollte den Organen, die für die Bekämpfung der Organisierten Kriminalität zuständig sind, ein effektiveres Instrument hierfür in die Hand geben.[905] Daher muß dieser Vortatenkatalog auch an typischen Taten der Organisierten Kriminalität orientiert sein.

Dieser Bezug zur Bekämpfung der Organisierten Kriminalität ist für die Auslegung des § 261 StGB entscheidend.[906] Denn die Geldwäsche ist mit der Erzielung der Gewinne aus organisierter Kriminalität begriffsnotwendig verbunden. Auch wenn der Text der eigentlichen Strafnorm keinen ausdrücklichen Bezug zur Organisierten Kriminalität nimmt[907] und das *BVerfG*[908] Gesetzesmaterialien nur dann zur Auslegung herangezogen wissen will, wenn sie im Gesetzestext Ausdruck finden, kann der Zusammenhang dennoch hergestellt werden.

Die Überschrift des Artikelgesetzes *„zur Bekämpfung ... der organisierten Kriminalität"* muß zum Anlaß genommen werden, das Gesetz im Hinblick auf seinen Sinn und Zweck auszulegen.[909] *Burr* ist daher zuzustimmen, wenn er sagt:

> *„Eine an der Bekämpfung der Organisierten Kriminalität orientierte Auslegung ist daher auch in Ansehung der durch § 261 StGB Abs. 7 eröffneten Einziehungsmöglichkeiten geboten. Die Notwendigkeit einer solchen Einschränkung ergibt sich schließlich auch aus den zahlreichen, inzwischen zum Teil erfolgreichen Bemühungen, den Anwendungsbereich des § 261 StGB zu erweitern."*[910]

---

[903] So vor allem *Hetzer*, NJW 1993, 3299; ders., Kriminalistik 1999, 218; ders. DStZ 2002, 177; ähnlich auch *Burger*, wistra 2002, 2.

[904] BT-Drs. 12/989, S. 26 f.

[905] So BT-Drs. 11/7663, S. 1; 12/989, S. 1, 26 f.

[906] So *Remmers*, S. 16.

[907] Nach *Kern*, S. 158 stand der Aufnahme des Begriffes der Organisierten Kriminalität ins Gesetz die fehlende Bestimmtheit entgegen.

[908] BVerfGE 1, 299 (312); 11 126 (130); 13, 261 (268); 64, 261 (275); ebenso BGHSt 8, 294 (298); in BGHSt 12, 166 (172) stellt das Gericht fest, dem historischen Willen des Gesetzgebers könne keine Bedeutung für die Auslegung beigemessen werden, wenn er dem Wortlaut der Norm widerspreche.

[909] *Burr*, S. 38.

[910] *Burr*, S. 40.

### 1. Unstimmigkeiten im derzeitigen Vortatenkatalog

§ 261 StGB erfaßt über den Vortatenkatalog seiner heutigen Fassung[911] **alle Verbrechen** im Sinne des § 12 I StGB zudem eine Reihe von Vergehen. Damit hat sich der Tatbestand von der ratio des Gesetzes entfernt:

#### a) Verbrechen

Schon mit der Erfassung eines jeden Verbrechens geht der Gesetzgeber über den Zweck der Bekämpfung der Organisierten Kriminalität weit hinaus.[912] Denn hier ist zu fragen, welcher Zusammenhang beispielsweise zwischen der Organisierten Kriminalität und einer schweren Körperverletzung besteht, die ein „betrogener" Ehemann gegen seinen Nebenbuhler in Auftrag gibt. Verletzt der Beauftragte das Opfer i.S.d. § 226 StGB schwer oder versucht er dies auch nur und erhält er dafür ein Entgelt, so ist der Anwendungsbereich des § 261 StGB schon eröffnet. Es kann sich jedoch durchaus um eine Straftat ohne jeden Bezug zum Bereich der Organisierten Kriminalität handeln.

Diese sehr weite Fassung der Nr. 1 des Kataloges im Abs. 1 des § 261 StGB wird damit schon dem eigenen Anspruch der Orientierung an der Bekämpfung der Organisierten Kriminalität nicht gerecht.[913]

Die nun durch den Gesetzgeber mit dem StVBG in die AO als Verbrechen eingeführt gewerbsmäßige oder bandenmäßige Steuerhinterziehung soll als Sonderfall an späterer Stelle näher beleuchtet werden.[914]

#### b) Vergehen gegen das Betäubungsmittelgesetz

Über Verbrechen hinaus sind im Vortatenkatalog des § 261 I 2 StGB hauptsächlich bandenmäßig oder gewerbsmäßig begangene Vermögensdelikte und einige Delikte[915] gegen das Betäubungsmittelgesetz genannt.

§ 261 I Nr. 2b StGB geht dabei jedoch so weit, daß er alle Begehungsweisen des § 29 I 1 Nr.1 BtmG ausnahmslos in den Katalog aufnimmt. Dieser Straftatbestand setzt aber weder in allen Tatmodalitäten das Handeltreiben noch die

---

[911] Fassung durch das StVBG vom 19.12.2001, BGBl. 2001 I, 3922 ff.

[912] Dazu *Flatten*, S. 63., ebenso zweifelnd: *Schoreit*, StV 1991, 539; *Löwe-Krahl*, wistra 1993, 124.

[913] *Körner*, NJW 1993, 235; Österreichische Fachleute kritisieren diese Weitläufigkeit des Geldwäschetatbestandes in Österreich als verfahrensverschleppend; dazu *Hoyer/Klos, S.* 174.

[914] Vgl. S. 211 ff.

[915] Wobei der § 261 I Nr. 4a auch z.T. weit über das Ziel hinausgeht, ebenso *Flatten*, S. 64; *Dahs/Krause/Widmaier*, NJW 1995, 555.

gewerbsmäßige Begehung voraus.[916] Daher ist hier ein Bezug zur Organisierten Kriminalität nicht mehr zu erkennen.

Jener Auffassung, der Katalog sei im Bereich der Betäubungsmittelkriminalität zu weitgehend, hat der Gesetzesentwurf zwar insofern ein Argument geliefert, als er feststellt, daß die Notwendigkeit einer Begrenzungdes Geldwäschetatebstandes auf schwerwiegende Kriminalität bestehe.[917] Jedoch hielt der Gesetzgeber es zur effektiven Bekämpfung der Betäubungsmittelkriminalität wohl dennoch für erforderlich, daß schon Kleinabgaben von Betäubungsmitteln als Vortaten für Geldwäschehandlungen erfaßt werden.

Ein Blick auf § 29 V BtmG zeigt jedoch, wie widersprüchlich die gesetzliche Regelungen zur Bekämpfung der Betäubungsmittelstraftaten auf diese Weise geworden ist. Denn über § 261 I Nr. 2b wird eine Norm sinnlos, die Fälle bloßer selbstschädigender Bagatellkriminalität[918] berücksichtigen sollte. Der Täter, der im Inland geringe Mengen Betäubungsmittel für den Eigenbedarf erwirbt, könnte jetzt zwar gem. § 29 I Nr. 1 i.V.m. § 29 V BtmG straffrei bleiben. § 261 I Nr. 2b StGB müßte aber dennoch zu einer Strafe führen.[919] Jeder Käufer von Betäubungsmitteln, auch in geringen Mengen, müßte nach § 261 I Nr. 2b bestraft werden, da er nach der Änderung des § 261 I 1 StGB auch als Vortäter nicht mehr wegen der Nachtat straffrei bleibt.

Hier wird offensichtlich, daß der Gesetzgeber mit dieser Normierung der Geldwäschestrafbarkeit im Rahmen des § 29 I Nr.1 BtmG lediglich Beweisschwierigkeiten aus dem Weg gehen wollte. § 261 I Nr. 2b StGB erfaßt in diesem Fall keine schwere Drogenkriminalität, sondern soll nur die Möglichkeit der Bestrafung in den Fällen offen halten, in denen der Nachweis des qualifizierten organisierten Handeltreibens mit den Betäubungsmitteln scheitert und nur der reine Besitz oder einmalige Verkauf nachweisbar ist.

### c) Bandenmäßigkeit und Gewerbsmäßigkeit der Tatbegehung in einzelnen Tatbeständen des Vortatenkatalogs

Auch bezüglich der Voraussetzungen des § 261 I Nr. 4 StGB ist der Gesetzgeber in der Auswahl der tauglichen Vortaten der Geldwäsche – trotz der Zielset-

---

[916] Alle Straftaten nach § 29 I 1 Nr. 1 sind vom Vortatenkatalog erfaßt; daher also nicht nur das Handeltreiben sondern auch jedes Erwerben, veräußern oder unerlaubte Anbauen von Betäubungsmitteln. Damit trifft § 261 I Nr. 1b StGB nicht gezielt die Organisierte Kriminalität sondern auch den einzelnen Drogenkonsumenten. Soweit also ein Konsument dem anderen eine Dosis verkauft, so macht letzterer sich wegen § 261 I Nr. 1 strafbar, denn er nimmt einen inkriminierten Gegenstand an.

[917] BT-Drs. 12/989, S 27.

[918] *Körner*, § 29/1639.

[919] Zwar wäre hier sicherlich noch eine Einstellung des Verfahrens nach §§ 153 ff StPO möglich, aber der Anwendungsbereich des § 29 V BtmG wäre völlig versperrt.

zung in den Gesetzesentwürfen des *Bundesrates*[920] und der *Bundesregierung*, der die Bekämpfung der Organisierten Kriminalität in den Mittelpunkt rückt[921] – nicht konsequent auf die Organisierte Kriminalität gerichtet vorgegangen. Dort heißt es: *„Vergehen [...] die gewerbsmäßig oder von einem Mitglied einer Bande [...] begangen werden."* Erfaßt sind hier insbesondere §§ 242, 246, 253, 259, 263 bis 264 StGB.[922]

Orientiert man sich an der vom Gesetzgeber zugrundegelegte Definition der Organisierten Kriminalität[923], so müßte der Vortatenkatalog des Geldwäschetatbestandes in jedem Fall kumulativ die banden- und gewerbsmäßige Begehung der Vortat fordern.[924] Denn Organisierte Kriminalität verlangt zumindest die Begehung einer Tat von mehr als zwei Beteiligten, die sich aus Gewinnstreben und auf Dauer zusammengeschlossen haben.[925] Der *Bundesrat* hat es in seiner Stellungnahme jedoch bei der Feststellung belassen, der Bezug der Taten zur Organisierten Kriminalität werde durch die alternative Notwendigkeit des gewerbsmäßigen oder bandenmäßigen Handelns hergestellt.[926]

Dies ist jedoch schlicht unzutreffend. Denn wird allein eine bandenmäßige Begehung verlangt, so verzichtet man auf die Voraussetzung des Gewinnstrebens. Dieses ist indes für die Organisierte Kriminalität nach der zugrundegelegten Definition charakteristisch. Gleiches gilt für die allein gewerbsmäßige Begehung. Unter Gewerbsmäßigkeit versteht man eine Tätigkeit, die in der Absicht ausgeübt wird, sich aus der wiederholten Begehung eine Einnahmequelle von gewisser Dauer und Erheblichkeit zu schaffen.[927] Gewerbsmäßig kann also auch ein Einzeltäter handeln. Ein Einzeltäter, der unabhängig von anderen an der Straftat Beteiligten gewerblich handelt, kann jedoch schon begrifflich nicht als Teil der Organisierten Kriminalität zu betrachten sein. Der Bezug zur Organisierten Kriminalität kann also nur herstellt werden, indem sowohl die Gewerbsmäßigkeit als auch bandenmäßige Begehung gefordert wird. Das Alterna-

---

[920] BT-Drs. 12/989.

[921] BT-Drs. 11/7663, S. 1; BT-Drs. 13/8651, S. 1.; BR-Drs. 554/96, S. 1

[922] Obwohl es in der Gesetzesbegründung, BT-Drs. 13/9661, 10 f., heißt es, sollten keine Taten in den Katalogaufgenommen werden, die neben einer Freiheitsstrafe auch eine Geldstrafe androhen.

[923] BT-Drs. 13/4942, S. 3 f.

[924] So auch die Fassung vor der Änderung durch das Gesetz zur Verbesserung der Bekämpfung der Organisierten Kriminalität vom 04.05.1998, BGBl I 1998, 845 ff, zur damaligen Begründung BT-Drs. 11/7663, 23, die die Kumulativlösung noch als strukturell notwendig erscheinen läßt.

[925] BT-Drs. 13/4942, S. 3.; dazu auch *Keidel*, Kriminalistik 1996, 406.

[926] BT-Drs. 13/6620, S.11.

[927] So etwa *Eser* in: *Schönke/Schröder*, § 243/31.

tiverfordernis von Gewerbsmäßigkeit **oder** Bandenbegehung läßt damit den Bezug zur Bekämpfung der Organisierten Kriminalität verloren gehen.[928]

Der Gedanke, mit der Formulierung des § 261 I Nr. 4 StGB solle dem Umstand Rechnung getragen werden, daß bestimmte Delikte, wie etwa Untreue oder Betrug selten bandenmäßig begangen werden[929], ist darüber hinaus auch nicht einsichtig. Zum einen erfordert die bandenmäßige Begehung nicht, daß mehrere Personen am Tatort anwesend sind. Insbesondere im Hinblick auf die neuere Rechtsprechung des *BGH* zum Bandendiebstahl[930] leuchten die geringen Voraussetzungen, die der Gesetzgeber im § 261 I Nr. 4a StGB aufgestellt hat, nicht ein. Zum anderen wäre es selbst unter der zweifelhaften Prämisse, daß einige der dort genannten Delikte selten von Banden begangen werden, konsequent gewesen, wenigstens die Gewerbsmäßigkeit zwingend vorauszusetzen und allenfalls auf das kumulative Merkmal der Bandenmäßigkeit zu verzichten, weil die Organisierte Kriminalität ein Gewinnstreben erfordert, das nur im Merkmal der Gewerbsmäßigkeit nicht aber in dem der Bandenbegehung vorausgesetzt wird. Die Alternativlösung, die der Gesetzgeber hier wählte, ist daher in jeder Weise inkonsequent.

Daher war die Änderung des § 261 I StGB dahingehend, daß nun nicht mehr beide Tatbestandsmerkmale, bandenmäßige und gewerbsmäßige Begehung, kumulativ gefordert werden, dem Zweck des Geldwäschetatbestandes in keiner Weise förderlich. Die Änderung ist offensichtlich ein Mittel gewesen, um Schwierigkeiten in den Fällen zu beseitigen, in denen dem Täter die Mitgliedschaft in einer Bande oder die Gewerbsmäßigkeit nicht nachgewiesen werden kann.[931]

Darüber hinaus ist kaum erklärbar, warum etwa in den Vortatenkatalog des § 261 I Nr. 3 StGB die Urkundenfälschung des § 267 StGB aufgenommen wurde, nicht aber § 268 StGB. Der Sinn des Tatbestandes der Fälschung technischer Aufzeichnungen war es, eine Strafbarkeitslücke zu schließen, die durch den technischen Fortschritt im § 267 StGB entstanden war.[932] § 268 StGB sollte technische Aufzeichnungen, die keine Urkundenqualität besitzen, aber dennoch erhebliche Bedeutung im Beweisverkehr haben, den Urkunden gleichstellen. Diese Gleichstellung hat § 261 I Nr. 3 StGB für den Bereich der Geldwäsche wieder beseitigt.

Im Ganzen ist festzustellen, daß der Vortatenkatalog und der Bezug zur Organisierten Kriminalität durch die Änderungen *„scheibchenweise aufgelöst"* wer-

---

[928] So auch *Schröder/Textor* in: *Fülbier/Aepfelbach*, Vor § 261 StGB/9.

[929] So *Hoyer/Klos*, S. 183.

[930] Beschluß vom 22.03.2001, StV 2001, 399 ff.

[931] So auch *Schröder/Textor* in: *Fülbier/Aepfelbach*, Vor § 261 StGB/9.

[932] Vgl. *Lackner/Kühl*, § 268/1.

den.[933] Außerdem kommt es zu einer Verschiebung des klassischen Delikts der Hehlerei in die „zweite Reihe".

### d) Ausklammerung typischer Delikte der Organisierten Kriminalität

Die Inkonsequenz des Katalogs setzt sich weiter fort. Ein Blick auf die typischen Delikte der Organisierten Kriminalität zeigt dies deutlich. Eine Reihe von Vergehen, die typischerweise in den Bereich der Organisierten Kriminalität einzuordnen sind, sind im § 261 StGB nicht erfaßt.

Dazu gehört etwa das gewerbsmäßige Vornehmen verbotener Tiertransporte genauso (i.S.d. § 42 Verordnung zum Schutz von Tieren beim Transport) wie der bandenmäßige und gewerbliche Handel mit Raubkopien (Verstoß gegen § 108a UrhG) oder die gewerbliche Warenzeichenfälschung[934] (i.S.d. § 142 MarkenG). Auch das gewerbliche und bandenmäßige Verbreiten von pornographischer Schriften i.S.d. § 184 IV StGB ist nicht Katalogtat des § 261 I StGB. All dies sind Delikte, die der Organisierten Kriminalität zuzurechnen sind. Der Gesetzgeber hat sie dennoch nicht in den Wirkungsbereich des § 261 I StGB einbezogen.

Eine solche strukturelle Nähe zur Organisierten Kriminalität weisen im übrigen auch einige Handlungen im Zusammenhang mit Parteienfinanzierung auf, die zwar gegen das geltende Parteiengesetz verstoßen, aber bislang nicht einmal in Straftatbeständen erfaßt sind. Hier haben die unterschiedlichen Vorstellungen der beteiligten Parteien es bisher nicht ermöglicht, einen entsprechenden Konsens zu finden. Die Neufassung des Parteiengesetzes mit einer strafrechtlichen Berücksichtigung der betrügerischen Verhaltensweisen im Bereich der Parteienfinanzierung ist trotz langer Erörterung und Forderung von Verschärfungen noch nicht erfolgt.

### e) Einbeziehung der §§ 373, 374 AO

Beachtenswert ist auch § 261 I Nr. 3 StGB, der Verstöße gegen § 373 AO und gewisse Zuwiderhandlungen gegen § 374 AO erfaßt und die daraus herrührenden Gegenstände zu tauglichen Tatobjekten der Geldwäsche qualifiziert.

Der Täter erlangt im Rahmen einer Steuerhinterziehung grundsätzlich nur eine praktische Befreiung von einer Verbindlichkeit. Der Fiskus ist aufgrund der Handlungen des Steuerpflichtigen nicht in der Lage, seinen Anspruch geltend zu machen. Daher kann nicht ohne weiteres davon ausgegangen werden, daß hier Vermögensgegenstände aus einer Tat herrühren. Es wurde daher gegen die

---

[933] So schon *Fülbier*, ZBB 1996, 72, kritisch auch *Fromm*, Kriminalistik 1998, 468.

[934] Dazu *Bockelmann*, StbGwG01, 127; *Schwind*, § 29/22. *Cramer/Schuster* in: Anwalts-Handbuch Strafrecht, Kap. N/2 nennen die Warenzeichenfälschung (Markenpiraterie) als typischen Bereich der Organisierten Kriminalität.

Aufnahme der §§ 373, 374 AO in den Vortatenkatalog angeführt, der Steuerpflichtige vermeide durch die Tat lediglich, ärmer zu werden. Er erhalte keinen Vermögensgegenstand.[935]

Dagegen wendet *Suendorf* ein, die Steuer- oder Zollschuld hafte der Sache dinglich an, so daß der aus der Vortat erlangte Gegenstand die zum weiteren Handel bestimmte Sache selbst sei. Es rühre damit die Sache selbst aus der Straftat her. Das gelte auch für den Erlös, der als Surrogat an die Stelle der Sache selbst tritt. Daher seien die §§ 373, 374 AO auch dogmatisch angemessen in den § 261 I StGB eingepaßt.[936] Zur Unterstützung dieser Auffassung läßt sich die Begründung des Gesetzgebers heranziehen. Danach ist ein auch mit inkriminierten Mitteln erstandener Gegenstand als insoweit aus der Vortat erlangt zu betrachten.[937] Der Erlös aus der Veräußerung einer entgegen §§ 373, 374 AO nicht versteuerten Sache rührt damit, soweit sich der Gewinn aus der Nichtversteuerung ergibt, auch aus dieser Vortat her und ist damit Gegenstand i.S.d. § 261 I StGB.[938] Dem ist insofern zuzustimmen, als in den Fällen der §§ 373, 374 AO Steuern erspart werden, die unlösbar mit dem besteuerten Gegenstand verbunden sind.

Dogmatisch spricht also das von § 261 I StGB bestimmte Tatobjekt nicht gegen die Einbeziehung dieser Formen der Steuerhinterziehung in den Katalog des § 261 I 2 StGB.

### f) Diskutierte Ausnahmen für Bagatellkriminalität

Insbesondere im Hinblick auf das oben genannte Beispiel des § 29 I Nr. 1 BtmG und die Bagatelldelikte im Bereich der Betäubungsmittelkriminalität wird diskutiert, ob weniger schwere Delikte schon per se aus dem Anwendungsbereich des Geldwäschetatbestandes herausfallen.[939] Es wird aus kriminalistischer Sicht darauf hingewiesen, daß die Organisierte Kriminalität durch eine Konzentration der Gegenmaßnahmen auf die Schwerstkriminalität unter Vernachlässigung der Bagatellfälle wirksamer bekämpft werden könne.[940] Bagatellkriminalität sei auch nicht dazu geeignet, die Art der Schwerstkriminalität zu fördern, deren Bekämpfung das Gesetz im Auge habe.[941] Ein solcher Ausschluß von Bagatell-

---

[935] So das Schreiben des Bundesverbandes deutscher Banken an den Rechtsausschuß vom 27.12.1996, N 2.3/R 1.6 – Ha/sä. *Fülbier*, ZBB 1996, 73

[936] *Suendorf*, S. 255.

[937] BT-Drs. 12/3533, S. 12.

[938] So i.E. auch *Suendorf*, S. 255.

[939] *Burr*, S. 45 ff.

[940] *Körner*, Kriminalistik 1994, 196.

[941] *Salditt*, StraFO 1992, 122; a.A. *Burr*, S. 46.

unrecht – für den sich aus den Gesetzesmaterialien kein Anhaltspunkt entnehmen läßt[942] – wird von einigen Stimmen für wünschenswert gehalten.[943]

Dagegen gibt jedoch *Burr* zu bedenken, daß nicht jede geringfügige Straftat schon als solche aus dem Bereich der Organisierten Kriminalität auszuschließen sei:

> *„Durch den Geldwäschetatbestand wird die Erhöhung des von der Organisierten Kriminalität ausgehenden Risikos für die durch die Katalogtatbestände geschützten Rechtsgüter unter Strafe gestellt. Unter § 261 StGB fallen daher nur solche Verhaltensweisen, die geeignet sind, die Entstehung oder Festigung krimineller Organisationsstrukturen zu fördern. Eine Verletzung des auf diese Weise konkretisierten Schutzbereichs der Vorschrift ist grundsätzlich auch durch geringfügige Rechtsgutsbeeinträchtigungen möglich, sofern ein vernünftiges Interesse an ihrer Ermittlung besteht."*[944]

Das bedeutet aber auch, daß eine Straftat immer nur dann Vortat sein darf, wenn sie mit einer kriminellen Organisation in Zusammenhang steht und geeignet ist, diese Form der Kriminalität zu fördern.[945] Ein gesetzlich fixierter Ausschluß geringfügiger Straftaten bietet sich damit entgegen der von *Burr* geäußerten Bedenken an.

### 2. Behandlung von Auslandstaten

Problematisiert wurde in der Vergangenheit auch die Frage, ob eine nicht vom Vortatenkatalog des § 261 I 2 StGB erfaßte, aber im Ausland begangene Straftat eine Vortat der in Deutschland strafbaren Geldwäsche sein könne.[946] Dieses Problem hat der Gesetzgeber durch die ausdrückliche Regelung in § 261 VIII StGB n.F. angesichts der ansonsten grotesken Ergebnisse beseitigt.[947] Wollte man nämlich – wie vormals das *LG Stuttgart*[948] – einen ausländischen nicht qualifizierten Betrug als Vortat ausreichen lassen, nicht aber einen inländischen, so käme man zu dem Ergebnis, daß ein inländisches Rechtsgut weniger rechtlichen Schutz erhielte als ein ausländisches. Zur Klarstellung hat der Gesetzgeber nunmehr Auslandstaten als taugliche Vortaten ausdrücklich einbezogen, soweit

---

942 So *Burr*, S. 36; ebenso *Neuheuser* in: MüKo-StGB, § 261/72.

943 So etwa *Flatten*, S. 174 f.; weitergehend noch *Barton*, StV 1993, 161 f, der von einer Tatbestandsreduktion ausgeht.

944 *Burr*, S. 54.

945 *Burr*, S. 44 f., ähnlich *Lampe*, JZ 1994, 127.

946 Dazu etwa *Flatten, S.* 67, *Ungnade*, WM 1993, 2069, 2071.

947 Vgl. *Schröder/Textor* in: *Fülbier/Aepfelbach*, § 261 StGB/4.

948 So wie in dem Fall, den das *LG Stuttgart* (NJW 1995, 670) zu entscheiden hatte: Dort heißt es im redaktionellen Leitsatz: *„Bei durch eine Auslandsstraftat erlangtem Geld ist es für die Strafbarkeit der Geldwäsche nicht erforderlich, daß die straftat- oder täterbezogenen Einschränkungen des § 261 I StGB vorliegen."* Ablehnend *Flatten*, S. 67.

es sich um Taten der im Vortatenkatalog des § 261 I 1 StGB bezeichneten Art handelt und die Tat auch am Tatort mit Strafe bedroht ist (§ 261 VIII StGB).

### 3. Streichung des Vortatenkataloges

Trotz der offensichtlichen Notwendigkeit einer näheren Bestimmung der Straftaten, die als Taten der Organisierten Kriminalität Vortaten zur Geldwäsche sein können, wird diskutiert, den Katalog des § 261 StGB zu streichen und alle Straftaten als Geldwäschevortaten zu erfassen.[949] Damit würden eine Gleichbehandlung aller Vermögensdelikte und die vereinzelt gewünschte Beweiserleichterung erreicht.[950] Denn es müßte nur noch nachgewiesen werden, daß der Vermögensgegenstand aus einer Straftat stammt, nicht aber, aus welcher Straftat er konkret erlangt ist.[951]

Gegen diesen Vorschlag sprechen jedoch schwerwiegende Argumente. Erstens kann eine Gleichbehandlung aller Straftaten in einem Maßnahmenpaket, das sich gegen die Organisierte Kriminalität richtet, nicht gewollt sein. Denn es sollten in einem solchen Paket gerade nur Straftaten erfaßt werden, die zum Feld der Organisierten Kriminalität gehören.[952] Durch den Wegfall des Katalogs würden sich die Unstimmigkeiten zwischen Ziel und Maßnahme weiter vervielfachen. Letztlich würde § 259 StGB überflüssig. Es wäre dann nur konsequent, diese Norm zu streichen.

Zweitens würde über diese Erweiterung des § 261 I StGB auch der Bereich des GwG viel zu weit gefaßt. Entweder müßte das GwG grundlegend geändert werden oder dieses Gesetz verlöre seine praktische Umsetzbarkeit.[953] Die Streichung des Vortatenkatalogs hätte nämlich zur praktischen Konsequenz, daß die zuständigen Behörden der Flut der Anzeigen überhaupt nicht mehr Herr werden könnten. Nach einem Bericht des Handelsblatts vom 07.04.2002 sind schon jetzt manche Bundesländer zur Bearbeitung der Geldwäscheverdachtsmeldungen überhaupt nicht mehr in der Lage. Aus Hamburg sind aufgrund *„personel-*

---

[949] *Hetzer* bezeichnet den Katalog sehr beharrlich (NJW 1993, 3299; Kriminalistik 1999, 218; DStZ 2002, 177, Kriminalistik 2002, 642) als *„schwerwiegenden Strukturmangel"* im § 261 StGB. Ebenfalls für eine Streichung spricht sich *Remmers*, S. 153 aus.

[950] So etwa *Hetzer*, Kriminalistik, 1998, 236.

[951] So *Remmers*, S. 153 f.

[952] Dazu die Definition des Gesetzgebers in BT-Drs. 12/989, S. 26. Auch *Meyer/Hetzer*, Kriminalistik 1997, 34, definieren Geldwäsche als Verschleierung von Gewinnen aus der Organisierten Kriminalität. Sie müßten sich also zumindest Inkonsequenz vorwerfen lassen, wenn sie sich jetzt von der eigenen Definition lösen und den Vortaten Katalog streichen wollen.

[953] Die Folgen einer solchen Ausweitung bei gleichzeitiger Beibehaltung des jetzigen GwG lassen sich bei Betrachtung des § 11 GwG erkennen, dazu vgl. S. 279 ff.

*ler Engpässe"* seit Oktober 2001 keine Zahlen mehr an die Bundeszentrale für die Verdachtsmeldungen beim BKA weitergegeben worden.[954]

### 4. Die Steuerhinterziehung als Vortat der Geldwäsche

In der Literatur[955] wurde vorgeschlagen, wenigstens die Steuerhinterziehung als Vortat in den Katalog des § 261 I 2 StGB aufzunehmen, wenn schon nicht der gesamte Katalog gestrichen werde. Zum Teil war eine Erfassung von Steuerstraftaten allerdings schon mit der Erfassung der §§ 373, 374 AO in § 261 I Nr. 3 StGB erfolgt. Jedoch sollte nach einer Ansicht in der Literatur und vor allem auch in politischen Kreisen insbesondere die „einfache" Steuerhinterziehung des § 370 AO Vortat des § 261 StGB werden. So vertritt zum Beispiel *Hetzer* die Ansicht, es sei unbedingt notwendig, die Steuerhinterziehung als die *„am weitesten verbreitete Form"* der Geldwäsche auch der Strafe nach § 261 StGB zu unterstellen.[956]

In diesem Bereich ergibt sich jedoch ein rein strukturell-tatbestandliches Problem, das eine Unvereinbarkeit des Steuerhinterziehungstatbestandes mit dem der Geldwäsche vorzeichnet.[957] Die Steuerhinterziehung des § 370 AO ist im Gegensatz zur Tat nach den §§ 373, 374 AO eine Handlung, deren Ergebnis auf Seiten des Täters vielfach nur eine praktische Befreiung von einer Verbindlichkeit darstellt. Der Täter erwirbt durch die Begehung der Steuerverkürzung im Regelfall lediglich eine abstrakte Buchposition. Er mehrt lediglich faktisch sein Vermögen, ohne das diese Mehrung sich auf einen bestimmten Gegenstand bezieht. Diese Fälle, in denen sich der Gegenstand der Tat lediglich in einem Vermögensvergleich feststellen läßt und nicht mehr eindeutig identifizierbar ist, sollte jedoch § 261 StGB schon von seiner Struktur her nicht erfassen.[958]

Bei dem klassischen Fall der Steuerhinterziehung läßt sich jedoch der Vermögensgegenstand, der aus der Tat stammt, gerade nur durch einen Vermögensvergleich auffinden. Von einem Vermögensgegenstand kann also bei dieser abstrakten Buchposition der nicht gezahlten Steuern nicht gesprochen werden.

§ 370 AO kann damit schon von seiner Grundkonzeption her nicht Vortat des § 261 I StGB sein. § 261 StGB muß zwingend ein in gewisser Weise gegenständliches Tatobjekt haben, denn er erfordert schließlich einen übertragbaren Ver-

---

[954] Handelsblatt-Online, vom 07.04.2002, aus Nordrhein-Westfalen berichtete das Handelsblatt in seiner Ausgabe vom 12.11.2001 (S.1 und S. 2) Ähnliches.

[955] *Körner*, Kriminalistik 1994, 195; *Hetzer*, NJW 1993, 3299; ders. Kriminalistik, 1999, 218; *Körner/Dach*, S. 17, zurückhaltend bejahend, *Neuheuser* in: MüKo-StGB, § 261/21.

[956] *Hetzer*, Kriminalistik 1999, 220.

[957] Dazu näher auch im Zusammenhang mit dem § 370a AO und § 261 I 3 StGB n.F., S. 211 ff.

[958] So i.E. auch BT-Drs. 12/989 S. 27, S. 53; *Lackner/Kühl*, § 261/5; *J. Vogel*, ZStW 109, 354 und *Spatscheck/Wulf*, DB 2002, 2571; anders nur *Hetzer*, Kriminalistik 1999, 222.

mögensgegenstand. Dieser wird durch die Vortat inkriminiert und auf diese Weise verkehrsunfähig. Die Inkriminierung ist jedoch unmöglich, soweit es sich lediglich um einen im Vermögen des Täters nicht weiter bestimmbaren abstrakten Betrag handelt.[959]

Daher müßte der Gesetzgeber die gesamte Struktur des § 261 I StGB ändern, um nicht nach einer Einbeziehung der Steuerhinterziehung gemäß § 370 AO in den Vortatenkatalog festzustellen, daß diese Straftat grundsätzlich erfaßt ist, aber § 261 I StGB niemals zur Anwendung kommen kann, weil es am tauglichen Tatobjekt fehlt.[960] Eine rein nominelle Erweiterung auf den praxisrelevanten § 370 AO liefe leer. Eine Einbeziehung der Steuerhinterziehung in den Bereich der Geldwäschevortaten kommt also schon aus Gründen der Struktur des § 261 StGB nicht in Betracht.[961]

Diese fehlende Einbeziehung des § 370 AO in den Bereich des § 261 I StGB betrachtet *Hetzer*[962] als „planwidrige Regelungslücke“, obwohl der Gesetzgeber sich offensichtlich bewußt gegen die Steuerhinterziehung als Vortat entschieden hatte. Mit dieser Behauptung widerspricht *Hetzer* sich jedoch offensichtlich selbst. Er stellt einerseits fest, daß die Steuerhinterziehung als solche nicht in den Bereich der Organisierten Kriminalität gehört.[963] Andererseits ist nach seiner Definition Geldwäsche die Verschleierung von solchen Vermögenswerten, die aus Gewinnen der Organisierten Kriminalität stammen.[964] Damit kann die Steuerhinterziehung als solche logisch zwingend nicht Vortat zur Geldwäsche sein.

Über diese dogmatischen und logischen Unstimmigkeiten hinaus bestehen gegen die Aufnahme der §§ 370 ff. AO in den Vortatenkatalog verfassungsrechtliche Bedenken. Auch in Rahmen der Steuerhinterziehung darf das Ziel der Bekämpfung der Organisierten Kriminalität nicht aus den Augen verloren werden.[965]

Erstens ist die Steuerhinterziehung grundsätzlich kein so schwerwiegender Gesetzesverstoß, daß sie mit den anderen Taten, die in den Geldwäschetatbestand einbezogen sind, vergleichbar wäre. Zweitens sind Steuerhinterziehungen in der Mehrzahl Delikte einzelner Personen, nicht strukturell Taten von Personengruppen. Organisierte Kriminalität liegt also bei der Steuerhinterziehung, die miteinbezogen werden soll, zumeist fern. Die weitgehenden Maßnahmen, die

---

[959] In diesem Sinne zweifelnd auch *Kreß*, wistra 1998, 124 (Fn. 40).
[960] Das bezweifelt *Hetzer*, Kriminalistik 1999, 221 ohne jede Begründung.
[961] So auch *Spatscheck/Wulf*, DB 2001, 2573.
[962] In Kriminalistik 1999, 221.
[963] *Hetzer*, ZPR 1999, 251.
[964] *Meyer/Hetzer*, Kriminalistik 1997, 34.
[965] Dazu *Flatten*, S. 167; die Verbindung des § 261 I StGB zur Organisierten Kriminalität mahnt auch *Schiffer*, BB 2002, 1176 f. an.

das GwG ermöglicht, wären daher damit im Hinblick auf die Steuerhinterziehung unverhältnismäßig.[966]

Selbst die Reduktion des Vorschlags auf die Steuerhinterziehung im besonders schweren Fall i.S.d. § 370 III AO ergäbe keine Änderung der Situation.[967] Die gesetzlich normierten Fälle der besonders schweren Steuerhinterziehung weisen nämlich ebenfalls nicht die Merkmale der Begehung im Rahmen der Organisierten Kriminalität auf. Daher ist eine Tat nach § 370 III AO keine Tat, die typischerweise zur Organisierten Kriminalität gehört. Sie ist deshalb auch nicht in den Vortatenkatalog aufzunehmen. Es muß also auch hier gelten, daß eine Tat nur dann Vortat zur Geldwäsche sein kann, wenn sie durch Täter aus dem Bereich der Organisierten Kriminalität verübt wurde oder zumindest mit solchen Taten in engem Zusammenhang steht.

Eine Aufnahme der Steuerhinterziehung in den Vortatenkatalog scheidet aus diesen Gründen genauso aus wie die Streichung des Katalogs an sich. Wenn *Hetzer*[968] fordert, der Vortatenkatalog müsse gestrichen oder zumindest die einfache Steuerhinterziehung in den Bereich der tauglichen Vortaten einbezogen werden, dann ist dies nicht nur dogmatisch sinnlos sondern auch ein Zeichen von verfassungsrechtlicher Kurzsichtigkeit. Der radikale Kahlschlag rechtsstaatlicher Instrumente wäre bei einer ersatzlosen Abschaffung des Vortatenkatalogs vorprogrammiert;[969] es würde sich bei ihr keineswegs um eine *„Errungenschaft des Rechtsstaates und seiner Strafverfolgung"* handeln.[970] Schon die heutige in Relation dazu enge Ausgestaltung des § 261 I 2 StGB stellt sich als Loslösung vom Zweck der Bekämpfung der Organisierten Kriminalität im Hinblick auf die Grundrechte als verfassungsrechtlich zweifelhaft dar.[971]

---

966 So auch *Flatten*, S. 168.

967 So aber vorgeschlagen von *Hetzer*, Kriminalistik 1998, 236.

968 In Kriminalistik, 1999, S. 218, 220 ff.

969 Etwas anderes würde natürlich gelten, wenn das Erfordernis eines Zusammenhangs mit der Organisierten Kriminalität in den Tatbestand des § 261 StGB aufgenommen würde. Hier müßte eine prägnante Definition der Organisierten Kriminalität es ermöglichen, die Fälle in denen Geld aus diesem Bereich der Kriminalität gewaschen wird, unkompliziert zu bestimmen.

970 So aber *Meyer/Hetzer*, Kriminalistik 1997, 698.

971 So auch *Werner*, S. 225.

## IV. Die besondere Problematik der gewerbsmäßigen oder bandenmäßigen Steuerhinterziehung als Vortat zur Geldwäsche

### 1. Einführung des Tatbestandes des § 370a AO

Trotz der dargestellten Problematik hat der Gesetzgeber mit dem StVBG zum Ende des Jahres 2001 einen § 370a in die AO eingefügt[972], der den Verbrechenstatbestand der gewerbsmäßigen bzw. bandenmäßigen Steuerhinterziehung enthält und in der Praxis weitreichende Folgen hat.

#### a) Strafbefreiende Selbstanzeige, § 371 AO

Zunächst besteht nach überwiegender Meinung[973] im Rahmen des § 370a AO keine Möglichkeit der im Bereich des § 370 AO so praxisrelevanten straf**befreienden** Selbstanzeige.

Dies wird daraus hergeleitet, daß § 371 AO, der die strafbefreiende Selbstanzeige normiert, lediglich auf § 370, nicht aber auf § 370a AO verweist und daraus zwingend zu folgern sei, daß eine wirksame Selbstanzeige im neu geschaffenen Verbrechendstatbestand nicht in Betracht komme. In diesem Zusammenhang wird auf die Rechtsprechung und die Literatur zum § 373 AO verwiesen. Hier sei anerkannt, daß die strafbefreiende Selbstanzeige wegen der engen Fassung des § 371 AO nicht auf § 373 AO anwendbar sei.[974] Für diese Auffassung spricht auch, daß nach der Neufassung des § 370a AO im Satz 3 die Fälle der Selbstanzeige als benannte minder schwere Fälle der qualifizierten Steuerhinterziehung angesehen werden sollen. Dies hätte keinerlei Sinn, wollte man bei erstatteter Selbstanzeige Straffreiheit annehmen.

*Hellmann* ist jedoch anderer Auffassung.[975] Er meint die Aufnahme dieses Satzes 3 in § 370a AO könne nur mit einem fehlerhaften Verständnis des *Bundesrates* erklärt werden, der offenbar, ebenso wie die herrschende Meinung eine Unanwendbarkeit des § 371 AO angenommen habe. Der von dieser Auffassung geforderte Verweis auch auf § 370a AO sei jedoch nicht notwendig, um eine Selbstanzeige zuzulassen. § 370a AO sei eine Qualifikation des § 370 AO und könne daher als Qualifikationstatbestand nicht fortbestehen, sobald der Grundtatbestand im Rahmen der Selbstanzeige weggefallen sei. Diese Argumentation

---

972 Diese Norm sollte sich nach dem Vorschlag des *Bundesrates* vom 26.09.2001 nur auf die Umsatzsteuergefährdung beziehen und diese der Steuerhinterziehung gleichstellen; dazu BR-Drs. 637/4/01.

973 *Burger*, wistra 2002, 3; *Henschel*, NJW 2002, 1703; zu § 370a AO n.F. auch *Kemper* in: Steuerverfehlungen, § 370a/79a; offen gelassen von *Salditt*, StV 2002, 216; *Ott*, PStR 2002, 46

974 Nw. bei *Hellmann* in: *Hübschmann/Hepp/Spitaler*, § 370a/34.

975 *Hellmann* in: *Hübschmann/Hepp/Spitaler*, § 370a/34 ff.

ist sicherlich insbesondere im Hinblick auf die Rechtsprechung des *BGH*[976] zum Rücktritts vom Versuch der Erfolgsqualifikation naheliegend: Auch dort wird argumentiert, daß der Rücktritt vom Grunddelikt einer Strafbarkeit aus der Qualifikation zwingend den Boden entziehe. Dies gilt nach dem *BGH* sogar dann, wenn bei einem erfolgsqualifizierten Delikt die schwere Folge schon eingetreten sei.

Gegen eine Anwendung des § 371 AO auch auf die Fälle des § 370a AO spricht jedoch neben § 370a Satz 3 AO, der bei Anwendung der straf**befreienden** Selbstanzeige leerliefe, auch der Gesetzeswortlaut des § 371 AO selbst. Es heißt dort in Abs. 1 *„wer in den Fällen des § 370 [...] berichtigt oder ergänzt [...] wird insofern straffrei"*. Der Bezug des § 371 AO allein auf § 370 AO, nicht aber auf § 370a AO kommt damit deutlich zum Ausdruck.

Der Unterschied zur Rechtsprechung zum Rücktritt vom erfolgsqualifizierten Versuch liegt also darin, daß dort § 24 StGB auf alle strafbaren Versuchstaten anwendbar ist und somit die Strafbarkeit des Versuchs des Grunddelikts noch zu beseitigen vermag; im Bereich des § 371 AO sperrt aber die Verwirklichung der Qualifikation den Zugang zur Selbstanzeige. Der Wegfall des Grunddeliktes kann also in diesen Fällen gar nicht eintreten.

Die dennoch erstattete Selbstanzeige wirkt daher aufgrund des erklärten Willens des Gesetzgebers nicht strafbefreiend. Sie hat nur strafmildernde Wirkung und ist damit nicht als persönlicher Strafaufhebungsgrund, sondern nur im Rahmen des § 46 StGB zu berücksichtigen. § 370a AO verhindert damit in vielen Fällen der Steuerhinterziehung die Selbstanzeige.

### b) Verbrechenstatbestand

Als weiterer Aspekt der Einführung des § 370a AO ist der Charakter als Verbrechenstatbestand (§ 12 I StGB) besonders bemerkenswert, denn dadurch wurde diese besonders schwere Steuerhinterziehung zur Vortat im Katalog des § 261 I Nr.1 StGB. Der Anwendungsbereich des Geldwäschetatbestandes wurde auf diese Weise stark erweitert und der Norm der bisher noch in Ansätzen erkennbare hehlereiähnliche Deliktscharakter gänzlich genommen.

### c) *„Besondere Eilbedürftigkeit"* der Einführung des § 370a AO

Wohl aufgrund der vorgenannten[977] Kritikpunkte an der Aufnahme der Steuerhinterziehung in den Vortatenkatalog des § 261 I 2 StGB wurde das Gesetzesvorhaben nahezu heimlich[978] und mit dem Stempel der höchsten Eilbedürftig-

---

976 Dazu etwa BGHSt 42, 158 (160).

977 Vgl. S. 208 ff.

978 In der Stellungnahme der *Bundesrechtsanwaltskammer* vom 29.11.2001 heißt es:

keit[979] durchgeführt. Daher drängt sich hier der Verdacht auf, daß Grund für diese Vorgehensweise nicht der dringende sofortige Handlungsbedarf war, sondern das Interesse der Urheber, die von der Regelung Betroffenen vor vollendete Tatsachen zu stellen. Nur so konnte man die vielen Problemfelder, die diese neue Norm beinhaltet, auf der für die Befürworter politisch günstigeren Basis des **geltenden Rechts** diskutieren.

### d) Qualifizierende Tatbestandsmerkmale des § 370a AO

§ 370a AO erhielt durch das StVBG zunächst folgende Fassung:

> *„Mit Freiheitsstrafe von einem bis zu zehn Jahren wird bestraft, wer gewerbsmäßig oder als Mitglied einer Bande, die sich zur fortgesetzten Begehung solcher Taten verbunden hat, Steuern verkürzt oder für sich oder einen anderen nicht gerechtfertigte Steuervorteile erlangt."*

Der neue Tatbestand stellt die Regelung mit der gewählten Alternativlösung, die entweder Gewerbsmäßigkeit oder eine bandenmäßige Begehung fordert, außer Zusammenhang mit dem ausgewiesenen Gesetzeszweck[980] der Verfolgung der Organisierten Kriminalität.[981]

Zwar meint *Hetzer,* durch den Begriff der Gewerbs- bzw. Bandenmäßigkeit habe der Gesetzgeber einen ausreichenden Bezug zur Organisierten Kriminalität geschaffen:

> *„Diese Regelung berücksichtigt, dass nicht jede Form der Steuerhinterziehung Teil der Organisierten Kriminalität ist. Die Ergänzung* [durch die Gewerbsmäßigkeit oder bandenmäßige Begehung] *soll der Tatsache Rechnung tragen, dass Verdächtige und Täter, die der Organisierten Kriminalität zuzurechnen sind, in der Regel ihre steuerlichen Verpflichtungen nicht ordnungsgemäß erfüllen."*[982]

---

*"Es ist ein Unding, dass eine Regelung mit derart weitreichenden Folgen für die gesamte Bevölkerung erst ganz spät im Gesetzgebungsverfahren, nämlich durch den Finanzausschuss, eingebracht wird und auf die Schnelle durchberaten werden soll. Eine sachgerechte Diskussion über die Vor- und Nachteile derart tiefreichender Eingriffe wird damit bewusst verhindert."*.

979 BT-Drs. 14/6883; dazu *Schiffer*, BB 2002, 1176, der von einem *„mit der heißen Nadel gestrickten"* Gesetz spricht, ebenso *Seer*, BB 2002, 1677; *Samson* in Festschrift für *Kohlmann*, S. 266 spricht von einer *„Eilaktion"*; ähnlich *Kemper* in: Steuerverfehlungen, § 370a/5; *Kohlmann*, Steuerstrafrecht, § 370a/4 nennt die Norm sogar: *„quasi über's Knie gebrochen, [...] ohne die potentiellen Folgen zu bedenken."*

980 So auch *Kemper* in: Steuerverfehlungen, § 370a/9 unter Bezugnahme auf die Gesetzesbegründung in BT-Drs. 14/7471, S. 9.

981 So auch *Harms* in Festschrift für *Kohlmann*, S. 420; i.E. auch *Kohlmann*, Steuerstrafrecht, § 370a/13, der eine Rückführung auf diesen Zweck fordert.

982 DStZ 2002, 176.

Doch ist diese Argumentationsweise schon im Ansatz sehr zweifelhaft. *Hetzer*[983] rechtfertigt vorliegend die Erfassung einer Handlung, die Folge einer Straftat aus dem Bereich der Organisierten Kriminalität sein könnte, durch einen Verbrechenstatbestand allein damit, daß die Möglichkeit der Verbindung mit der Organisierten Kriminalität bestehe und angeblich auch Täter von Steuerhinterziehungen typische Techniken der Geldwäsche benutzen.

Insbesondere hat § 370a S. 1 Nr. 1 AO nach der weiten Auslegung des Begriffes *„gewerbsmäßig"* durch die Rechtsprechung des *BGH* einen bedenklich weiten Anwendungsbereich, der die kritische Betrachtung dieser Novellierung durch das StVBG besonders notwendig erscheinen läßt. Unter anderem aus diesem Grunde wurde schon vor Erlaß des Änderungsgesetzes starke Kritik vor allem aus der Beratungspraxis laut, die eine Nachbesserung des Gesetzesentwurfs forderte.[984] Aufgrund dieses Drucks wurde im Frühjahr 2002 eine Einschränkung der neuen Norm des § 370a AO auch parlamentarisch erörtert.[985] In den Beratungen über das 5. StBAÄG empfahl der Vermittlungsausschuß eine teilweise Entschärfung des § 370a AO und des § 261 StGB.[986] Schließlich entschied sich dann der Gesetzgeber endgültig für eine nominelle Einschränkung des § 370a AO auf Fälle der qualifizierten Steuerhinterziehung von *„großem Ausmaß"*.[987]

Zunächst soll hier die ursprüngliche Fassung des neuen Tatbestandes vom 27.12.2001 durch das StVBG Gegenstand der Erörterung sein. Anschließend ist in einer erweiterten Betrachtung auf die Änderung durch das 5.StBAÄG von 2002 einzugehen.

### 2. Gewerbsmäßigkeit der Steuerhinterziehung (§ 370a S. 1 Nr. 1 AO)

Im vorliegenden Zusammenhang soll vor allem die Gewerbsmäßigkeitsalternative (§ 370a S. 1 Nr. 1 AO) untersucht werden, da hier mehr als im Bereich der Bandenbegehung die rechtsstaatliche Brisanz der Vorschrift liegt, denn die Fälle der bandenmäßigen Begehung, in denen die Bandenmitglieder tätig werden, ohne gewerbsmäßig zu handeln, dürften sehr selten auftreten.[988]

---

[983] In Kriminalistik 2002, 653.

[984] Dazu schon *Spatscheck/Wulf*, DB 2001, 2575 ff; ebenso die Stellungnahme der *Deutschen Steuerberaterkammer* im Beihefter zu DStR 9/2002, 11; *Hillmann-Stadtfeld*, NStZ 2002, 243 und *Streck* im Handelsblatt-online vom 03.04.2002.

[985] Die *FDP-Fraktion* hatte gar in einem Antrag im Finanzausschuß BT-Drs. 14/8286, S.2 eine Streichung des § 370a AO verlangt.

[986] Zur parlamentarischen Entwicklung, BT-Drs. 14/8286, 14/8887; 14/9343; 14/9631.

[987] Gesetz vom 26.07.2002; BGBl I 2002, 2715 (2722).

[988] Zum Begriff der bandenmäßigen Begehung im Rahmen des § 370a AO, *Kemper* in: Steuerverfehlungen, § 370a/37 ff.

### a) Die Gewerbsmäßigkeit in der Rechtsprechung zu anderen Tatbeständen

Nach der üblichen Definition handelt gewerbsmäßig, wer sich aus der wiederholten Tatbegehung eine fortlaufende Einnahmequelle von einigem Umfang und einer gewissen Dauer schaffen will.[989] Dies kann schon bei der ersten Tat der Fall sein, wenn der Täter die Absicht hat, die Einnahmequelle durch weitere Taten aufrecht zu erhalten.[990] Es kommt nicht darauf an, daß er ein *„kriminelles Gewerbe"* durch die Tatbegehung betreibt.[991] Will der Täter sich auch nur Nebeneinkünfte schaffen, so reicht diese Zielrichtung bereits aus.[992] Das Vorliegen einer Einnahmequelle in diesem Sinne nimmt die h.M. im Steuerstrafrecht schon dann an, wenn der Täter nur notwendige Ausgaben erspart, ihm aber kein Vermögenswert im engen Sinne des § 8 EStG zufließt.[993] Die Rechtsprechung stellt damit sehr geringe Anforderungen an dieses Tatbestandsmerkmal. Der *BGH* hat im übrigen für Betäubungsmitteldelikte schon das gelegentliche Verkaufen mit nur unerheblichen Gewinnen ausreichen lassen, um Gewerbsmäßigkeit anzunehmen.[994]

Diese Auslegung des Wortes *„Gewerbsmäßigkeit"* bewegt sich daher bereits im Grenzbereich des möglichen Wortsinns und ist nicht unproblematisch. Sie stellt aber dennoch die in der Rechtsprechung gängige Definition dar und ist damit für die praktischen Folgen der Neuregelung im § 370a AO maßgebend.[995] Von einer Definition mit höheren Anforderungen soll daher in der folgenden Betrachtung nicht ausgegangen werden, da nur auf Grundlage der Begriffsbestimmungen der Rechtsprechung die Folgen der Neuregelungen sinnvoll abzuschät-

---

989 So die Ständige Rechtsprechung: BGHSt 3, 383; 42, 219 (225); *BGH*, StV 1983, 281 (282), *BGH*, NJW 1992, 381 (382); *BGH*, NStZ 1995, 85; *BGH*, NJW 1996, 1069; *OLG Bremen*, wistra 1993, 34 (35); *Lackner/Kühl*, vor § 52/20; *Ruß* in: *LK* § 243/21; *Eser* in: *Schönke/Schröder*, § 243/31; *Stree* in: *Schönke/Schröder*, vor § 52 ff./95.

990 So *Ruß* in: LK § 243/21; *Hoyer* in: SK-StGB § 243/32 jeweils mit Nachweisen; dazu auch *BGH*, NStZ 1995, 85.

991 So schon BGHSt 1, 383 f; *Stree* in: *Schönke/Schröder*, vor § 52 ff/95, m.w.Nw.

992 BGHSt 42, 219 (255).

993 Dazu *Wisser* in *Klein*, § 373/5; *Joecks* in: *Franzen/Gast/Joecks*, § 373/12, jew. m.w.Nw.

994 in StV 1983, 281 (282). In einem Bericht des Handelsblatts vom 03.04.2002 heißt es daher überspitzt: „Denn *„gewerbsmäßig' bedeutet nach herrschender Rechtsauffassung lediglich 'öfter als einmal'"*. Demnach geht auch der derzeitige Präsident des Deutschen Anwaltsvereins *Michael Streck* nach einem Bericht des Handelsblatts vom 03.04.2002 davon aus, daß durch diesen § 370a AO ca. 75% aller Fälle von Steuerhinterziehung erfaßt sind. Mit ähnlichen Bedenken *Kohlmann*, Steuerstrafrecht, § 370a/11.

995 So auch *Jäger/Birke*, PStR 2004, 205; mit Zweifeln an diesem weiten Gewerbsmäßigkeitsbegriff für das Steuerstrafrecht, *Kohlmann*, Steuerstrafrecht, § 373/14; *Kemper* in: Steuerverfehlungen, §370a/30.

zen sind. Außerdem wird auch im Bereich der §§ 373, 374 AO von dieser Definition Gebrauch gemacht.[996]

Diese extensiv ausgelegte gewerbsmäßig begangene Steuerhinterziehung stellt jedoch nunmehr nach der Einführung des § 370a AO ein Verbrechen dar und bringt damit eine empfindliche Strafdrohung mit sich.

**b) Einschränkungsbemühungen**

Wegen dieser weitreichenden Folgen wurden Anstrengungen unternommen, den Tatbestand der Gewerbsmäßigkeit einschränkend auszulegen. Von *Hillmann-Stadtfeld*[997] wurde eine *„negative Abgrenzung der Gewerbsmäßigkeit zur gewohnheitsmäßigen Begehung"* vorgeschlagen, um den Anwendungsbereich des § 370a S. 1 Nr. 1 AO zu beschränken. Danach soll nur derjenige den Tatbestand erfüllen, der nicht nur gewerbsmäßig sondern auch gewohnheitsmäßig handelt.

Diese Vorgehensweise bringt jedoch keinen Gewinn, da nicht deutlich wird, wie hier eine solche Abgrenzung im Exklusivitätsverhältnis zwischen den beiden Merkmalen vorgenommen werden soll.

Für die gewohnheitsmäßige Begehung ist nach der Rechtsprechung ein durch *„wiederholte Begehung erzeugter, eingewurzelter und selbständig wirkender Hang"* kennzeichnend.[998] Der Täter muß sich durch die Wiederholung so an die Tatbegehung gewöhnt haben, daß sich keine sittlichen Bedenken mehr der weiteren Ausführung entgegenstellen. Abgesehen von der Zweifelhaftigkeit der Begründung dieses „Tatbestandsmerkmals" der gewohnheitsmäßigen Begehung[999] werden sich die Gewerbsmäßigkeit und die Gewohnheitsmäßigkeit nicht klar voneinander abgrenzen lassen, weil beide kumulativ oder unabhängig voneinander vorliegen können. Außerdem ist die Gewohnheitsmäßigkeit eher ein Schuld- als ein Tatbestandsmerkmal[1000] und daher zur weiteren Bestimmung des tatbestandlichen Merkmals der Gewerbsmäßigkeit wenig brauchbar.

*Spatscheck/Wulf* hatten für die ursprüngliche Fassung der Norm vorgeschlagen, den Anwendungsbereich des § 370a S. 1 Nr. 1 AO insofern beschränken, als sie unter *„Einnahmequelle"* im Sinne der oben genannten Gewerbsmäßigkeitsdefinition nur die Konstellationen verstehen wollten, in denen der Täter durch die Handlung regelmäßige Vermögenszuflüsse erreichen will.[1001] Der Täter, der lediglich die Vermeidung von Steuerzahlungen im Auge hat, sollte danach nicht

---

[996] Dazu *Harms* in Festschrift für Kohlmann, S. 421 f.

[997] *Hillmann-Stadtfeld*, NStZ 2002, 243.

[998] So RGSt 32, 394 (397), ähnlich BGHSt 15, 377 (379 f.).

[999] Der Strafgrund ist weitgehend ungeklärt, so *Stree* in: *Schönke/Schröder*, Vorbem. §§ 52 ff/98/99.

[1000] So auch *Tröndle/Fischer*, § 16/15 m.Nw.

[1001] *Spatscheck/Wulf*, DB 2002, 393 f.

erfaßt sein.[1002] Es wäre auf diese Weise in der Praxis zu einer Konzentration des Anwendungsgebietes auf die Fälle der Vorsteuererschleichung durch Scheinfirmen.[1003]

Die Rechtsprechung zu dem Merkmal der Gewerbsmäßigkeit läßt jedoch jeden in diesem Zusammenhang durch die Tat erlangten Vermögensvorteil ausreichen. Es ist danach unbeachtlich, ob die Tat eine Aufwendung erspart oder dem Täter ein Vermögensvorteil zufließt.[1004] Die Beschränkung des Begriffes der Gewerbsmäßigkeit durch *Spatscheck/Wulf* steht damit nicht im Einklang mit der allgemeinen Auslegung des Tatbestandsmerkmals durch die Gerichte.

Darüber hinaus war die Beschränkung auf positive Vermögenszuflüsse schon mit der Formulierung des § 370a AO a.F. im StVBG nicht in Einklang zu bringen. Dort hieß es: *„...Steuern verkürzt oder für sich oder einen anderen nicht gerechtfertigte Steuervorteile erlangt."* Der Gesetzgeber gab damit schon zu erkennen, daß es ihm um die Erfassung sowohl von reinen Steuerverkürzungen als auch des Erschleichens von Steuererstattungen ging. Der Gesetzestext nannte ausdrücklich neben Steuerverkürzung auch die ungerechtfertigte Erlangung von Steuervorteilen. Es sollten damit alle Steuervorteile, gleichgültig ob sie in ersparten Aufwendungen oder erlangten Zuflüssen liegen, vom Wortlaut umfaßt sein. Wenn das Gesetz nur die positiven Zuflüsse hätte erfassen sollen, wäre eine ausdrückliche Nennung der Steuerverkürzung sinnlos. Dann würde der Wortlaut die Steuerverkürzung nicht enthalten oder zumindest auf den Bereich der Bandendelikte beschränkt haben. Doch im § 370a AO a.F. machte das Gesetz gerade keinen Unterschied zwischen der Bandenbegehung und der Gewerbsmäßigkeit: Wer gewerbsmäßig oder als Mitglied der Bande Steuerhinterziehungen, gleichgültig in welcher Begehungsweise vornahm, sollte aus § 370a AO bestraft werden.

Die von *Spatscheck/Wulf* vertretene Auffassung hätte damit zwar eine wünschenswerte Beschränkung vor allem auf die schweren Fälle der Umsatzsteuer bewirken können, war und ist aber mit dem Wortlaut des Gesetzes nicht vereinbar und daher abzulehnen.[1005]

Durch die Neufassung im 5. StBAÄG hat der Gesetzgeber die hiesige Auslegung bestätigt. Dort heißt es im Art. 7, der als Art. $1f_1$ durch den Vorschlag des Vermittlungsausschusses neu in dieses Gesetz eingefügt wurde:

---

[1002] So auch *Kemper* in: Steuerverfehlungen, § 370a/30.

[1003] *Spatscheck/Wulf*, DB 2002, 394; für eine i.E. ähnliche Beschränkung auch *Schiffer*, BB 2002, 1176.

[1004] RGSt 54, 184 f.; so auch *Joecks* in: *Franzen/Gast/Joecks*, § 373/12.

[1005] Dennoch hält *Kemper* in: Steuerverfehlungen, § 370a/30 an dieser Einschränkung auf Vermögenszuflüsse aus Verhältnismäßigkeitserwägungen entgegen dem Wortlaut fest.

*„Satz 1* [des § 261 I StGB] *gilt in den Fällen der gewerbsmäßigen oder bandenmäßigen Steuerhinterziehung nach § 370a AO für die durch die Steuerhinterziehung ersparten Aufwendungen und unrechtmäßig erlangten Steuererstattungen..."*

Hiermit stellt der Gesetzgeber klar, daß § 370a AO auch für Fälle gilt, in denen lediglich Steueraufwendungen erspart wurden.

Die gewerbsmäßige Steuerhinterziehung liegt demnach vor, wenn der Täter versucht, sich unter wiederholter Begehung von Steuerhinterziehungen eine Einnahmequelle zu verschaffen, indem er durch Erfüllung des Tatbestandes des § 370 AO Steuererstattungen erlangt oder materiell entstandene Steueransprüche des Staates in nicht unerheblicher Höhe wegen einer tatbestandlicher Handlungen nicht bedienen muß. Eine Möglichkeit für eine Reduktion des Tatbestandes ist weder aufgrund des Normtextes noch der Gesetzesbegründung ersichtlich.[1006]

### 3. Begrenzung des Tatbestandes auf die Umsatzsteuerverkürzung

Wegen des weitreichenden Anwendungsbereichs und der grundlegenden Ausrichtung des Gesetzes zur Bekämpfung des Umsatzsteuerbetrugs wollen *Gotzens/Wegner* eine Beschränkung des Straftatbestandes auf den Bereich der Umsatzsteuerhinterziehung mit hohem Schadensausmaß erwägen.[1007] Dafür spricht auch der vielfach genannte Gesetzeszweck, der vor allem auf die Bekämpfung von Karussellgeschäften abzielt.[1008] Der Tatbestand soll nach *Gotzens/Wegner* daher auf den Bereich der Umsatzsteuerdelikte reduziert werden.

Diesem Vorschlag wird entgegengehalten, der Gesetzgeber habe für den Bereich der Umsatzsteuer eine eigene Strafnorm in § 26c UStG vorgesehen, die die banden- und gewerbsmäßige Steuerhinterziehung mit Strafe bedroht. Daher sei eine Beschränkung auf die Umsatzsteuer unsinnig, denn die Normen des UStG seien hier insofern maßgebend, als eine speziell umsatzsteuerrechtliche Strafnorm dem allgemeinen Steuerstrafrecht vorgehen müsse.[1009] Dieses Argument ist jedoch keineswegs zwingend, zumal es sich bei den Fällen des § 26c UStG nicht um einen echten Abgabenbetrug handelt, sondern um eine Nicht- oder Zuspätentrichtung der Steuer, die andere Anforderungen stellt als der § 370a AO. § 370a AO erfaßt damit auch die Fälle von gewerbs- und bandenmä-

---

[1006] Ebenso kritisch zu tatbestandlichen Eingrenzungsversuchen, *BGH*, NJW 2004, 2290 (2291), ebenso *Harms* in Festschrift für *Kohlmann*, S. 421 f.; *Jäger/Birke*, PStR 2004, 205.

[1007] *Gotzens/Wegner*, PStR 2002, 36

[1008] BT-Drs. 14/6883, 1; so auch die Begründung des Finanzausschusses, BT-Drs. 14/7471. Deswegen will *Hentschel*, NJW 2002, 1703 dieses Gesetz auch *„Umsatzsteuerbetrugsbekämpfungsgesetz"* nennen.

[1009] So *Ott*, PStR 2002, 41 f.

ßiger Umsatzsteuerhinterziehung. Die in § 26c UStG enthaltene eigene Strafnorm hat zum Teil einen anderen, eigenen Anwendungsbereich.[1010]

Eine tatbestandliche Beschränkung auf die Umsatzsteuer liegt dennoch fern.[1011] Der Wortlaut des § 370a AO gibt hierzu nämlich genauso wenig Anhaltspunkte wie die Gesetzesbegründung.[1012] Daher ist zunächst von einem grundsätzlich umfassenden Anwendungsbereich auszugehen. Für eine teleologische Reduktion fehlen schlicht die notwendigen Anhaltspunkte in der Gesetzesbegründung oder der Gesetzessystematik. Der Gesetzgeber wollte eine umfassende Anwendung des neuen Strafgesetzes. Auch hier wird man wohl die Formulierung des 5. StBAÄG in Art. 7 zur Änderung des § 261 I 3 StGB als eindeutigen Hinweis gegen eine Beschränkung auf die Umsatzsteuer auffassen müssen. Des weiteren ergibt sich gerade aus § 26c UStG, der ausgereicht hätte, um den Umsatzsteuerbetrug zu erfassen[1013], daß der Gesetzgeber, der § 370a AO schuf, mehr wollte als nur die Erfassung der Umsatzsteuerhinterziehung. § 370a AO sollte gerade nicht nur das Erschleichen ungerechtfertigter (Umsatz-) Steuererstattungen erfassen.

### 4. Beschränkung des § 370a auf Verkürzungen „in großem Ausmaß"

#### a) Einfügung des Begriffs des „großen Ausmaßes"

Die Strafandrohung, die § 370a AO in der ersten Fassung[1014] enthielt, war mit ihrer Mindestfreiheitsstrafe von einem Jahr außergewöhnlich hoch.[1015] Dieses Problem einer unverhältnismäßigen Strafdrohung wurde durch die Neufassung des § 370a AO[1016] im Wege des Art. 7 Nr. 4 des *5.StBAÄG* angegangen, aber nur scheinbar entschärft.[1017]

---

[1010] Nach *Leonard* in: *Bunjes/Geist*, § 26c/2 soll § 26c UStG eine Strafbarkeitslücke des § 370 AO schließen; dazu auch BT-Drs. 14/7471, S. 6.

[1011] *Salditt*, StV 2002, 215 bezeichnet eine solche Einschränkung als falsch. Ähnlich *Bittmann*, wistra 2003, 163.

[1012] So auch *Kemper* in: Steuerverfehlungen, § 370a/9.

[1013] So *Kohlmann*, Steuerstrafrecht, § 370a/4.

[1014] Vgl. S. 213.

[1015] *Wessing*, NJW 2003, 2268 nennt sie *„exorbitant hoch"*.

[1016] Die durch das 5.StBAÄG geänderte Fassung des § 370a AO lautet nunmehr:

*„Mit Freiheitsstrafe von einem Jahr bis zu zehn Jahren wird bestraft, wer in den Fällen des § 370*

*1. gewerbsmäßig oder*

*2. als Mitglied einer Bande, die sich zur fortgesetzten Begehung solcher Taten verbunden hat, in großem Ausmaß Steuern verkürzt oder für sich oder einen anderen nicht gerechtfertigte Steuervorteile erlangt.*

Die ursprüngliche Version des § 370a AO erfaßte eine große Zahl solcher Fälle von Steuerhinterziehung, die man wohl als steuerstrafrechtliche „Bagatellkriminalität" oder „Alltagskriminalität" betrachten muß. Die *FDP-Fraktion* fürchtete daher eine „unangemessene Kriminalisierung einer Vielzahl von Steuerpflichtigen" durch § 370a AO.[1018]

Im Finanzausschuß war man, insbesondere auf Seiten der *SPD-Fraktion*, dennoch nicht bereit, dieser Gefahr durch klare Gesetzesvorgaben entgegenzuwirken. Trotz bestehender Einigkeit dahingehend, daß eine Verfolgung von Bagatelltaten nicht erwünscht sei, wurde § 370a AO in seinem Anwendungsbereich nicht beschränkt, sondern nur versichert, die Vorschrift solle *„äußerst restriktiv"* anzuwenden sein.[1019]

Trotzdem wurde unmittelbar nach dem Erlaß des StVBG schon eine erneute Änderung des § 370a AO in die Wege geleitet. Aufgrund des allseitigen Drucks[1020] sollte die Norm auf den Bereich der Schwerkriminalität beschränkt werden. Im 5.StBAÄG wird daher nun für die Erfüllung des Verbrechenstatbestandes eine Steuerverkürzung *„in großem Ausmaß"* gefordert.[1021]

Doch durch dieses neue Tatbestandsmerkmal und die Kombination der Begriffe *„in großem Ausmaß"* und *„gewerbsmäßig"* ist die neue Norm jedoch in verfassungswidriger Weise unbestimmt geworden.

### b) Verfassungsmäßigkeit des Tatbestandsmerkmal „in großem Ausmaß"

Schon der Begriff des *„großen Ausmaßes"* ist nicht hinreichend konkretisiert, um den Anforderungen des verfassungsrechtlichen Bestimmtheitsgebots gerecht werden zu können.[1022]

---

*In minder schweren Fällen ist die Strafe Freiheitsstrafe von drei Monaten bis zu fünf Jahren. Ein minder schwerer Fall liegt insbesondere vor, wenn die Voraussetzungen des § 371 erfüllt sind."*

1017 Ebenso *Kohlmann*, Steuerstrafrecht, § 370a/2; a.A. *Senge* in: *Erbs/Kohlhaas*, AO, § 370a/1; mit Zweifeln an der Neuregelung auch *Kemper* in: Steuerverfehlungen, § 370a/6; *Meyer* in: *Gosch/Beermann*, § 370a/9 ff.

1018 BT-Drs. 14/8286. Auch *Weyand* (INF 2003, 118) spricht von einem Hineinwachsen vieler Fälle der normalen Steuerhinterziehung in den Bereich des § 370a AO; in diesem Sinne auch *Wessing*, NJW 2003, 2268.

1019 BT-Drs. 14/8887, S. 24; ähnlich äußert sich auch *J. Meyer*, in dem Interview in DStR 2002, 881; hinsichtlich dieses Vorschlags mit schon grundsätzlichen verfassungsrechtlichen Bedenken, *Kohlmann*, Steuerstrafrecht, § 370a/13.

1020 Mit einem Überblick zur Kritik in der Literatur *Senge* in: *Erbs/Kohlhaas*, AO, § 370a/1.

1021 Im Gespräch war nach einem Bericht der Financial Times Deutschland vom 13.06.2002 eine Beschränkung auf Fälle ab 500.000 €. Dazu auch *Rüping*, DStR 2002, 1418. *J. Meyer* hatte dagegen eher an eine Größenordnung von etwa 50.000 € gedacht, DStR 2002, 881.

1022 So eindeutig *BGH*, StV 2004, 360 ff; *Jäger/Birke*, PStR 2004, 206 ff., *Gast-de Haan* in: *Klein*, § 370a/15, zweifelnd auch *Kemper* in: Steuerverfehlungen, § 370a/41b; a.A. *Senge* in:

## aa) Bestimmung des Begriffs über die bisherige Rechtsprechung

In diesem Zusammenhang stellt sich zunächst die Frage, ob der Begriff des *„großen Ausmaßes"* überhaupt quantitativ, betragsmäßig zu bestimmten ist, da die Rechtsprechung des *BGH*[1023] zu § 370 III Nr. 1 AO, der diese Begrifflichkeit ebenfalls verwendet, nicht nur darauf abgestellt hat, daß sich das Ausmaß der Verkürzung deutlich aus dem durchschnittlich häufig vorkommenden Hinterziehungsrahmen heraushebt, sondern darauf, daß ein *„Täuschungsgebäude großen Ausmaßes"* vorliegt.

*Kohlmann*[1024] folgert aus der Rechtsprechung des *BGH* zu § 370 III Nr. 1, die betone, daß die Begrifflichkeit des *„großen Ausmaßes"* nicht anhand eines allgemeinen Grenzwertes beurteilt werden könne, sondern eine Gesamtwürdigung vorzunehmen sei, es komme im § 370a AO nicht eine allein betragsmäßige Bestimmung des *„großen Ausmaßes"* in Betracht.

Die steuerstrafrechtliche Kommentarliteratur zu § 370 III Nr. 1 AO[1025] geht jedoch für das Regelbeispiel, das ebenfalls den Begriff des *„großen Ausmaßes"* verwendet von einer allein betragmäßigen Bestimmbarkeit aus. Dieser Auslegung des Wortes Ausmaß steht auch der Wortsinn nicht entgegen, denn auch ein *„Täuschungsgebäude großen Ausmaßes"* kann durchaus nur auf die Höhe des Verkürzungsbetrages bezogen verstanden werden.[1026]

Die Bestimmung des Betrages bereitet jedoch auch unter Berücksichtigung der vor allem zu § 370 III Nr. 1 AO und § 263 III Nr. 2 StGB ergangenen Rechtsprechung erhebliche Schwierigkeiten.

### (1) Konkretisierung über die Rechtsprechung zu § 370 III Nr. 1 AO

Denn § 370a AO unterscheidet sich schon im Hinblick auf die Betragsbestimmung in einem wesentlichen Punkt, der einer Übertragbarkeit der Rechtsprechung entgegensteht, von § 370 III Nr. 1 AO.

§ 370 III Nr. 1 AO erfordert neben der Steuerverkürzung im *„großen Ausmaß"* auch ein subjektives Element, das Handeln aus *„grobem Eigennutz"*.[1027] Unter

---

*Erbs/Kohlhaas*, AO, § 370a/8, *Weyand*, INF 2003, 116; offengelassen bei *Kohlmann*, Steuerstrafrecht, § 370a AO/12.

[1023] Etwa *BGH*, wistra 1987, 71 (72).

[1024] In, Steuerstrafrecht, § 370a/12 f m.Nw.

[1025] Etwa *Joecks* in: *Franzen/Gast/Joecks*, § 370/270 geht von einer allein betragsmäßigen Bestimmbarkeit aus, dem folgend etwa *Kemper*, Steuerverfehlungen, § 370a/41b und *Senge* in: *Erbs/Kohlhaas*, AO, § 370/9.

[1026] Hinsichtlich des Begriffs *„großes Ausmaß"* hat der *BGH* (in StV 2004, 20) sich in seiner Rechtsprechung zu § 263 III Nr. 2 StGB dahingehend geäußert, daß mit Rücksicht auf das Bestimmtheitsgebot nur eine *„objektive Bestimmung"* des Begriffes in Betracht komme und bemüht sich dann um eine nur betragsmäßige Konkretisierung der Begrifflichkeit.

[1027] Dazu auch *Rüping*, DStR 2002, 1418.

anderem dieser Unterschied führt dazu, daß die Anwendung der Strafzumessungsregel[1028] dann ausscheidet, wenn die verkürzte Summe zwar so erheblich ist, daß sie das große Ausmaß nach Auffassung des Gerichts übersteigt, aber das Gericht nicht feststellen kann, daß auch aus *„grobem Eigennutz"* gehandelt wurde.[1029] Der *BGH* nimmt in seiner Rechtsprechung zu § 370 III Nr. 1 AO daher keine Einzelbewertung des Merkmal *„großes Ausmaß"* vor, sondern würdigt die Fallkonstellation in einer Gesamtschau und lehnt das Regelbeispiel ab, ohne auf das Vorliegen des großen Ausmaßes im konkreten Fall einzugehen, wenn der *„grobe Eigennutz"* nicht vorliegt.[1030]

Die Kombination der Merkmale im Regelbeispiel des § 370 III Nr. 1 AO ermöglich daher aufgrund der bisherigen Rechtsprechung keine Aussage zu einer quantitativen Untergrenze des *„großen Ausmaßes"*. Eine Konkretisierung unter Bezugnahme auf die bisherige steuerstrafrechtlichen Rechtsprechung ist damit nicht zu erwarten und muß daher im § 370a AO neu und selbständig erfolgen.[1031]

**(2) Konkretisierung über die Rechtsprechung zu § 263 III Nr. 2 StGB**

Auch über die Rechtsprechung zum Begriff des *„großen Ausmaßes"* zum Regelbeispiel des § 263 III Nr. 2 StGB ist keine Bestimmung des Begriffes zu erwarten.

Zwar verwendet § 263 III Nr. 2 StGB, ebenso wie § 370a AO den Begriff *„großen Ausmaßes"* isoliert, und hält im Rahmen der Strafzumessung einen erhöhten Strafrahmen für die Verursachung eines entsprechenden Vermögensschadens durch die Begehung eines Betrug bereit. Die Frage, wann dieses *„großes Ausmaß"* erreicht ist, hat die Rechtsprechung jedoch auch hier noch nicht geklärt.

Die Kommentierung von *Tröndle/Fischer*[1032] nennt hierzu auch einen Betrag von „etwa 50.000 €" und nimmt hierbei Bezug auf die Entscheidung des *BGH* vom 07.10.2003[1033] und die Begründung des Regierungsentwurfs zum 6. StRÄG.[1034] Jedoch ist in diesem Zusammenhang anzumerken, daß der zuständi-

---

[1028] Hierin liegt ein weiterer sehr wichtiger Unterschied zwischen § 370a AO und § 370 III AO, dazu vgl. S. 225 f.

[1029] Dazu *Kohlmann*, Steuerstrafrecht, § 370/330.

[1030] Wistra 1985, 228; wistra 1994, 228; darauf weist auch *Park*, wistra 2003, 230 ausdrücklich hin, der dort auch Zweifel an der Verfassungsmäßigkeit des § 370 III Nr. 1 AO geltend macht.

[1031] So auch *BGH*, NJW 2004, 2990 (2991).

[1032] Hier § 263/124.

[1033] in StV 2004, 20 f.

[1034] BT-Drs. 13/8587, S. 43

ge erste Senat des *BGH*[1035] keine zwingende Entscheidung darüber getroffen hat, welcher Betrag als Untergrenze des *„großen Ausmaßes"* anzusehen ist, sondern vornehmlich feststellte, ein Vermögensverlust großen Ausmaßes liege *„jedenfalls dann nicht vor, wenn der Vermögensverlust wertmäßig den Betrag von 50.000 € nicht erreicht"*.[1036]

Darüber hinaus hat das Gericht in den das Urteil tragenden Gründen jedoch lediglich ausgeführt, daß die von der Vorinstanz zugrunde gelegte Wertgrenze von 10.000 € unangemessen niedrig lag, auch wenn es abschließend feststellt, daß sich die Abgrenzung des Merkmals des großen Ausmaßes *„wertmäßig an einem Vermögensverlust in Höhe von 50.000 € ausrichtet"*.[1037]

Aber selbst wenn man aus dieser Entscheidung – wohl für die Praxis zutreffend – folgert, daß eine gefestigte Rechtsprechung nunmehr von einem Grenzbetrag von 50.000 € ausgeht[1038], so steht einer unmittelbaren Übertragung dieses Grenzwertes auf § 370a AO[1039] doch die Rechtsprechung des *BGH* in eben jener Entscheidung vom 07.10.2003 entgegen. Der *BGH* führt diesbezüglich mit ausdrücklichem Hinweis auf das Steuerstrafrecht aus, die Auslegung des Begriffes des *„großen Ausmaßes"* habe *„tatbestandsspezifisch"* zu erfolgen, wenn auch bei Verweisungen oder innerhalb bestimmter Deliktsabschnitte eine einheitliche Grenzziehung zu *„bevorzugen sei."*[1040]

#### (3) Übertragbarkeit von Rechtsprechungsansätzen

Damit scheidet ein unmittelbarer Transfer der Betragsgrenze sowohl aus dem Steuerstrafrecht als aus dem Bereich des Vermögensstrafrechts des StGB aus, da keine eindeutigen Wertbestimmungen der bisherigen Rechtsprechung existieren.

### bb) Verstoß gegen das Bestimmtheitsgebot durch Verwendung des Begriffs *„großes Ausmaß"* in einem strafrechtlichen Tatbestand

Unabhängig von der erörterten Transferproblematik, stellt sich vorliegend die noch grundlegendere Frage, ob nicht schon allein die fehlende Bestimmung eines konkreten Betrages durch den Gesetzgeber zur Verletzung des Bestimmtheitsgrundsatzes und damit zur Verfassungswidrigkeit des § 370a AO führt.

---

[1035] in StV 2004, 20 f.

[1036] *BGH*, StV 2004, 20.

[1037] StV 2004, 20 (21).

[1038] Diesen Betrag setzt auch das *OLG Saarbrücken* in wistra 2006, 117 f. unter ausdrücklichem Hinweis auf die Rechtsprechung des *BGH* zu § 263 III Nr. 2 StGB an.

[1039] Diese will *Weyand*, INF 2003, 117 im Hinblick auf die Einheit der Strafrechtsordnung vornehmen.

[1040] *BGH*, StV 2004, 20 (21).

### (1) Das Bestimmtheitsgebot als Grenze für die Rechtsfolge

Das Bestimmtheitsgebot des Art. 103 II GG stellt sich als grundgesetzliche Ausprägung des vom *BVerfG* in seiner Rechtsprechung stets hervorgehobenen Wesentlichkeitsgrundsatzes[1040] dar, der besagt, daß der Gesetzgeber die wesentlichen Entscheidungen über Eingriffe in Rechte des Einzelnen durch Gesetz treffen muß. Art. 103 GG II hat damit zur Folge, daß der Gesetzgeber bei Normierung eines Straftatbestandes nicht nur die Straf**barkeit** sondern auch die Straf**drohung** formellgesetzlich in einer Weise zu bestimmen hat, die den Bürger grundsätzlich in die Lage versetzen die strafrechtlichen Folgen seines Handeln abzusehen.[1041]

Ferner ergibt sich aus dieser Wesentlichkeitsrechtsprechung, die ein Ausdruck des Verhältnismäßigkeits- und des Rechtsstaatsprinzips ist, daß je intensiver der Eingriff in die grundrechtlich geschützte Sphäre des Bürgers ist, desto genauer muß die gesetzliche Grundlage die Voraussetzungen und die Reichweite des staatlichen Eingriffs umschreiben.[1042]

Da es sich bei der in § 370a AO angedrohten Rechtsfolge mit einer obligatorischen Freiheitsstrafe um den schwersten Grundrechtseingriff handelt, den der Rechtsstaat kennt, müssen die Voraussetzungen der Strafe auch so genau bestimmt, wie es trotz der notwendigen Abstraktheit eines Straftatbestandes möglich ist.[1043] Zwar darf der Gesetzgeber grundsätzlich auch im Strafrecht unbestimmte Rechtsbegriffe verwenden, jedoch nur soweit dies zur Erreichung des Normzwecks zwingend erforderlich ist.[1044]

### (2) Möglichkeit der betraglichen Festlegung im § 370a AO

Im vorliegenden Fall hat der Gesetzgeber es unterlassen, einen Betrag anzugeben, der das *„große Ausmaß"* konkretisiert. Es fragt sich, ob diese betragsmäßige Bestimmung möglich gewesen wäre, ohne der Erreichung des gesetzlichen Zwecks im Wege zu stehen. In diesem Fall wäre von einer unnötig erzeugten Rechtsunsicherheit durch den Gesetzgeber auszugehen, die gegen das Bestimmtheitsgebot und den Verhältnismäßigkeitsgrundsatz verstieße.

Es ist nicht ersichtlich, warum in den § 370a AO nicht unter Zuhilfenahme der zu § 370 III Nr. 1 AO entwickelten Beträge möglich gewesen sein sollte, einen eindeutigen Betrag zu nennen. Der *BGH* hat den Begriff für § 370 III Nr. 1 AO

---

[1040] Dazu etwa BVerfGE 8, 274 (325); 20, 150 (157 ff.); 21, 73 (79 f.); 34 165 (192 f.); 41, 251 (262 f.); 45, 393 (399); 49, 89 (145); 52, 1 (41); 62, 169 (182 f.); 83, 130 (152); *Pieroth/Schlink*, Rn. 266; *Hesse*, Rn. 509.

[1041] So *BVerfG*, NJW 2002, 1779 (1780); dazu grundlegend *Krey*, Keine Strafe ohne Gesetz, Rn. 98.

[1042] BVerfGE 86, 288 (311); *BVerfG*, NJW 2002, 1779 (1780).

[1043] So auch *Jäger/Birke*, PStR 2004, 205, 207.

[1044] So *BVerfG*, NJW 2002, 1779 (1784).

dahingehend ausgefüllt, daß es sich um ein Hinterziehungsausmaß handeln muß, daß sich erheblich von dem durchschnittlichen Fall der Steuerhinterziehung abhebt und ein *„Täuschungsgebäude großen Ausmaßes"* vorliegt.[1045] Einen solchen durchschnittlichen Fall hätte der Gesetzgeber durchaus bestimmen und in das Gesetz einen deutlich darüber liegenden Betrag einfügen können.[1046]

### (3) Erforderlichkeit der betraglichen Festlegung im § 370a AO

Soweit der Gesetzgeber sich bei Schaffung des § 370a AO an der Formulierung des § 370 III Nr. 1 AO orientiert hat[1047] und eine Gesamtwürdigung des Einzelfalles dem erkennenden Gericht überlassen wollte[1048] und aus diesem Grund auf eine Festlegung eines absoluten Betrag verzichtet hat, wurde vernachlässigt, daß § 370 III Nr. 1 AO[1049] anders als § 370a AO keinen Tatbestand, sondern eine strukturell gesamtwertungsoffene Strafzumessungsregel enthält.[1050]

Im Fall eines Regelbeispiels ist eine solche Offenheit der gesetzlichen Merkmale zwar ausnahmsweise möglich und zulässig, weil eine genauere Beschreibung dem Normzweck der gerichtlichen Würdigung des Einzelfalles widersprechen würde. Dies ergibt sich aber gerade daraus, daß ein *„Regelbeispiel"* schon dem Begriff nach für den Richter lediglich Indizwirkung dahingehend haben soll, daß üblicherweise bei der Erfüllung seiner Voraussetzungen der veränderte Strafrahmen Anwendung finden soll.

Dem Tatbestand einer Qualifikation ist es jedoch eigen, jenseits der Auslegung gerade keine offene Wertung des Gerichts hinsichtlich der Anwendung der Norm im Einzelfall zuzulassen. Die Qualifikation schreibt zwingend einen anderen Strafrahmen – mag er auch einen minder schweren Fall noch zulassen – vor, wenn die erforderlichen Tatbestandsmerkmale erfüllt sind.

---

[1045] *BGH*, wistra 1987, 71 (72).

[1046] Auch wenn *Langrock*, wistra 2004, 244 f. diese Bestimmung offensichtlich für schwierig oder gar unmöglich hält, hat dies die Rechtsprechung zu anderen Straftatbeständen nicht davon abgehalten eine betragsmäßige Bestimmung des *„großen Ausmaßes"* vorzunehmen, dazu etwa *BGH*, StV 2004, 20 f. Im übrigen schwebte den Initiatoren offensichtlich ein Betrag von 50.000 € vor, vgl. das Interview mit *J. Meyer* in DStR 2002, 882.

[1047] *Meyer* spricht in: *Gosch/Beermann*, § 370a/19 von einer Anlehnung an § 263 III Nr. 2, die im Hinblick auf die Formulierung ebenfalls durchaus naheliegt, aber in der Sache gleichbedeutend wäre.

[1048] Schon diese Vorgehensweise ist zweifelhaft, da das *BVerfG* in NJW 2002, 1779 (1784) ausführt, der Gesetzgeber dürfe sich nicht darauf verlassen, die Praxis werde die dem Gesetzgeber übertragene Aufgabe mit den Mitteln der Rechtsprechung wahrnehmen.

[1049] So auch alle anderen Normen, die diesen Begriff bislang enthielten, z.B.: §§ 264 II Nr. 1, 263 III Nr. 2, 267 III Nr. 2, 267 III Nr. 2, 335 II Nr. 1, 300 S. 2, Nr. 2 StGB.

[1050] *Kohlmann* hält daher den Versuch, auf das Regelbeispiel des § 370 III zum Zwecke der Ausfüllung § 370a AO zurückzugreifen auch für zum Scheitern verurteilt, Steuerstrafrecht, § 370a/12.

Der Gesetzgeber handelt insofern widersprüchlich und verstößt gegen den Bestimmtheitsgrundsatz, wenn er eine bei Erfüllung der Tatbestandsvoraussetzungen zwingend anzuwendende Norm so offen formuliert, daß das „Ob“ der Anwendbarkeit von der freien Gesamtwürdigung des Gerichts abhängt.[1051]

Das Gesetz hätte daher § 370a AO entweder als Regelbeispiel formulieren oder einen genauen Betrag nennen müssen, der das *„große Ausmaß“* konkretisiert.[1052] Damit liegt hier eine nicht erforderliche und daher gegen das Verhältnismäßigkeits- und Bestimmtheitsprinzip verstoßende Unbestimmtheit des Tatbestandes vor, die unnötige Rechtsunsicherheit schafft. Soweit der Gesetzgeber mit dem offenen Begriff bezweckt hatte, der Rechtsprechung die „Entwicklung“ des Betrages zu überlassen[1053], verstößt die Verwendung des Begriffes *„großes Ausmaß“* in einem Straftatbestand gegen den Bestimmtheitsgrundsatz.

### c) Kombination des *„großen Ausmaßes“* mit der Gewerbsmäßigkeit

Führt man sich vor diesem Hintergrund und dem oben[1054] zur Gewerbsmäßigkeit Gesagten die Begriffskombination von *„großes Ausmaß“* und *„Gewerbsmäßigkeit“* vor Augen, so wird rasch deutlich, weshalb sich die Hoffnung auf Rechtssicherheit durch die Neufassung des § 370a AO schon wegen der erörterten Probleme nicht erfüllen wird.

Doch ergibt sich aus Verwendung der beiden Begrifflichkeiten innerhalb dieses Tatbestandes eine weitere Schwierigkeit. Der Tatbestand bestimmt das Bezugsobjekt des Merkmals *„großes Ausmaßes“* nicht hinreichend,[1055] da offen bleibt, ob die tatbestandliche Grenze der Steuerverkürzung durch eine Einzeltat i.S.d. § 52 StGB oder durch alle vom Täter begangenen und durch die Gewerbsmäßigkeit verbundenen Taten erreicht werden muß.[1056]

---

[1051] So auch *BGH*, NJW 2004, 2990 (2991); a.A. *Senge* in: *Erbs/Kohlhaas*, AO, § 370a/8, der auf andere Tatbestände wie etwa § 29a I Nr. 2 BtmG verweist, die ebenfalls unbestimmte Begriffe wie *„nicht geringe Menge“* enthalten. Dabei berücksichtigt er jedoch nicht, daß sich hier der Widerspruch zwischen freier Gesamtwürdigung und zwingender Tatbestandsanwendung nicht entsteht.

[1052] So i.E. auch *Jäger/Birke*, PStR 2004, 205.

[1053] So muß *J. Meyer* in DStR 2002, 884, als Initiator dieser Gesetzgebung wohl verstanden werden.

[1054] Vgl. S. 214 ff.

[1055] Zwar gibt *Weyand*, INF 2003, 116 zu bedenken, daß es auch andere Straftatbestände gebe, die unbestimmte Rechtsbegriffe verwenden und diese seien schließlich auch nicht verfassungswidrig. Jedoch wird hierbei übersehen, daß sich vorliegend durch zwei unbestimmte bzw. sehr weite Begriffe die Unbestimmtheiten potenzieren.

[1056] I.E. ebenso *Kohlmann*, Steuerstrafrecht, § 370a/13.

### aa) Gesamtheit aller gewerblichen Taten als Bezugsobjekt

Gewerbsmäßiges Handeln erfordert den Willen, durch wiederholte Tatbegehung eine nicht unerheblich Einnahmequelle zu schaffen.[1057] Der Beurteilung dieses Tatbestandsmerkmals ist also die Vorstellung des Täters von der Begehung mehrerer Taten zugrunde zu legen. Wollte er mehrere Taten begehen, die in der Gesamtbetrachtung eine nicht nur vorübergehende Erwerbsquelle ergeben sollten, so ist eine gewerbsmäßige Begehung anzunehmen. Das Tatbestandsmerkmal der Gewerbsmäßigkeit erforderte damit eine Betrachtung über den einzelnen Besteuerungszeitraum hinaus.[1058]

Daher liegt es nahe im § 370a AO auch die tatbestandliche Beschränkung durch die Steuerverkürzung *„in großem Ausmaß"* auf den Gesamtplan des Täters zu beziehen. Wenn dieser in der gesamten Zeit, in der die Einnahmequelle „sprudeln" sollte, Steuern in großem Ausmaß verkürzen wollte, so wäre ein Fall des § 370a AO anzunehmen. Unter dieser Prämisse wäre in einem Verfahren wegen § 370a AO immer der Gesamtplan des Täters zu werten.

Eine solche Auslegung würde zu einem sehr weiten Anwendungsbereich der Norm führen, da es bei einer solchen Auslegung darauf ankäme, ob der Täter mit der Gesamtheit der begangenen Taten die Wertgrenze überschritten hat. Dies würde dazu führen, daß die durch den Gesetzgeber gewollte Einschränkung des Anwendungsbereichs nahezu wirkungslos würde, da die Grenze von 50.000 €, die der Gesetzgeber offensichtlich für angemessen hielt, in einer so großen Vielzahl von Fällen, die durch die wiederholte Tatbegehung überschritten würde, daß im Hinblick auf den Zeitablauf nicht mehr von einer erheblich über dem Durchschnitt liegenden Steuerverkürzung gesprochen werden könnte. Außerdem würde dies dazu führen, daß eine einzelne Steuerhinterziehung, die für sich betrachtet den Grenzwert nicht übersteigt und damit als Vergehen zu ahnden wäre, rückwirkend zum Verbrechen *„hochgestuft werden"* könnte, *„ohne das von vornherein sicher wäre, wann diese Grenze überschritten wird."*[1059]

### bb) Einzeltat als Bezugsobjekt

Soweit man dagegen in restriktiver Auslegung des Wortlauts des § 370a AO *„in den Fällen des § 370 AO"* annimmt, der Tatbestand erfordere es, daß das *„große Ausmaß"* jeweils bezogen auf eine Tat im Sinne des § 52 StGB erfüllt werden muß, also eine Steuerhinterziehung nur Tat i.S.d. § 370a AO sein kann, wenn diese einzelne Tat das *„große Ausmaß"* erreicht, so ergibt sich zwar grundsätzlich eine deutliche Verringerung des Anwendungsbereichs des § 370a

---

[1057] Vgl. S. 215

[1058] So *Bittmann*, wistra 2003, 164.

[1059] So *Harms* in Festschrift für *Kohlmann*, S. 424.

AO[1060], jedoch entsteht im Gegenzug eine weitere Unbestimmtheit des Tatbestandes:

Denn in der Literatur[1061] ist umstritten, ob es zur Verwirklichung des Verbrechenstatbestandes ausreicht, wenn der Täter durch Abgabe mehrerer Erklärungen hinsichtlich verschiedener Steuerarten durch dieselbe Handlung i.S.d. § 52 StGB[1062] eine Steuerverkürzung herbeiführt, die in der Summe das große Ausmaß zwar erreicht, deren Einzelbeträge hinsichtlich der Einzelsteuern jedoch die Betragsgrenze des Tatbestandes nicht überschreiten.

Vom Wortlaut ist es gedeckt in diesem Fall anzunehmen, daß allein die Summe der durch die einheitliche Tat verkürzten Steuern entscheidend sei, unabhängig davon, ob eine oder verschiedene Steuern verkürzt werden. Gegen diese Auslegung spricht jedoch nach *Joecks*[1063] der ausdrückliche Zweck des § 370a AO. Denn der Verbrechenstatbestand soll ausweislich der Gesetzesbegründung[1064] der Bekämpfung der Organisierten Kriminalität und damit Schwerstkriminalität dienen. Daher sei es nicht angemessen, eine Verkürzung *„großen Ausmaßes"* anzunehmen, wenn lediglich in der Summe der Verkürzungen der jeweiligen Steuerarten der Grenzbetrag überschritten werde.

Diese Argumentation dient mit Ihrer Restriktionswirkung vorliegend zwar dem rechtsstaatlich richtigen Ziel, die Anwendbarkeit des Verbrechenstatbestandes einzuschränken, indem die Anforderungen an das Tatbestandsmerkmal des *„großen Ausmaßes"* erhöht werden. Jedoch ist für diese Auffassung keine systematische Begründung erkennbar. Für eine Aufspaltung des Betrages nach Steuerarten ergibt sich weder aus dem Gesetzestext noch aus dem Gesetzeszweck ein Argument. Außerdem stehen einer solchen Aufspaltung die allgemeinen Strafzumessungsregeln entgegen, die eine Gesamtwürdigung der Tat (§ 46 II StGB) i.S.d. § 11 I Nr. 5 StGB vorsehen.[1065]

Der Gesetzgeber hat offensichtlich auch nicht beabsichtigt, eine Trennung zwischen den Steuerarten vorzunehmen. Denn ein entsprechender Hinweis findet sich in den Gesetzgebungsmaterialien nicht. Ebensowenig ergibt sich aus dem

---

[1060] Auch wenn *Kohlmann, Steuerstrafrecht*, § 370a/13 zutreffend darauf hinweist, daß es auch bei dieser Auslegung vom Zufall abhängen kann, ob der Täter durch einheitliche Begehung ein Verbrechen begeht oder weil er mehrere Erklärungen abgibt nur ein Vergehen verwirklicht.

[1061] Vgl. *Joecks* in: *Franzen/Gast/Joecks*, § 370a/20; *Langrock*, wistra 2004, 243; *Harms* in Festschrift für *Kohlmann*, S. 424; *Park*, wistra 2003, 331.

[1062] Zu Tateinheit in diesem Fall etwa *BGH*, wistra 2005, 30 f.

[1063] *Joecks* in: *Franzen/Gast/Joecks*, Steuerstrafrecht, § 370a/20

[1064] BT-Drs. 14/7471, S. 6

[1065] So auch *Meyer* in: *Gosch/Beermann*, § 370a/43.2

objektivierten Willen des Gesetzgebers[1066], der die Organisation der Tat (Gewerblichkeit oder Bandenbegehung) und Schadenshöhe für maßgeblich erklärt, ein Anhaltspunkt für die Trennung nach Steuerarten.

Es entspricht daher dem Telos des Gesetzes – soweit er objektivierbar ist – die Grenze zum Verbrechen allein an diesen beiden Merkmalen, nicht an der Steuerart zu messen. Es wäre ferner auch nicht verständlich, warum ein Steuerpflichtiger, der die Verkürzungsbeträge *„besser auf die Steuerarten verteilt"* in geringerer Weise strafwürdiges Unrecht verwirklichen sollte.

Doch wird man diese Frage in Literatur und Rechtsprechung als bislang ungeklärt betrachten müssen, so daß sich für den Steuerbürger insofern der Bedeutungsgehalt des Begriffs des *„großen Ausmaßes"* nicht erschließt[1067] und damit der Tatbestand des § 370a AO auch insofern dem Bestimmtheitsgebot nicht gerecht wird.

### d) Verfassungswidrigkeit des § 370a AO wegen Verstoßes gegen das Bestimmtheitsgebot

Sowohl die Benutzung des Begriffes der Verkürzung von Steuern in *„großem Ausmaß"* als auch die Kombination dieses Tatbestandsmerkmals mit dem der Gewerbsmäßigkeit läßt den Straftatbestand zu unbestimmt werden. Die neue Fassung des § 370a AO ermöglicht es dem Steuerpflichtigen nicht mehr, abzusehen, wann er mit einer Strafe nach § 370 AO und wann nach § 370a AO rechnen muß. Der Bürger kann nicht erkennen, welcher Betrag für die Grenze des § 370a AO anzusetzen ist und ob dieser Verkürzungsbetrag durch eine Tat evtl. sogar hinsichtlich nur einer Steuerart herbeigeführt werden muß.

Die Neuregelung des § 370a durch das 5.StBAÄG ändert also nur den Wortlaut der Norm, nicht jedoch deren Fehlerhaftigkeit. Sie ist lediglich noch unbestimmter geworden.[1068] Die Norm verstößt damit gegen das Bestimmtheitsgebot des Art 103 II GG und ist mithin verfassungswidrig.[1069]

---

[1066] Dieser objektivierte Wille des Gesetzgebers ist – soweit der Wortlaut nicht eindeutig ist – nach der st. Rspr. des *BVerfG* und des *BGH* maßgebend für die Auslegung von Gesetzen, vgl. BVerfGE 79, 106 (121) m.w.Nw., BGHSt 17, 22 (23); 22, 104 (107); 31, 128 (130); 44, 13 (18).

[1067] So auch *A. Klein*, StV 2005, 460.

[1068] Mit ähnlichen Bedenken *Harms* in Festschrift für *Kohlmann*, S. 424.

[1069] Zu diesem Ergebnis kommt auch der fünfte Senat des *BGH* in seinem Beschluß StV 2004, 360 ff., in dessen letzten Satz es heißt:

> *„Zu § 370a AO verweist der Senat auf die bestehenden Bedenken gegen die Verfassungsmäßigkeit der Vorschrift (vgl. Harms in Festschrift für Günter Kohlmann, 2003, S. 413; Park, wistra 2003, 328 m.w.Nw.)."*

Ähnlich auch *BGH*, NJW 2004, 2990 (2991). Zu diesem Ergebnis kommen etwa auch: *Park*, wistra 2003, 330; *Langrock*, wistra 2004, 241 ff. *Harms* in Festschrift für Kohlmann, S. 426;

## 5. Gegenstand der Neuregelung im Rahmen des § 261 StGB

Neben dieser Problematik der Erfassung auch solcher Handlungen als Verbrechen, die mit verhältnismäßig wenig krimineller Energie verbunden sind, ergeben sich aus dem neuen § 370a AO selbst in der *„gemilderten Fassung"* immer noch deutliche dogmatische und auch praktische Schwierigkeiten im Bereich des Geldwäschetatbestandes.

Als Verbrechen ist die gewerbs- oder bandenmäßige Steuerhinterziehung Vortat zur Geldwäsche des § 261 I Nr. 1 StGB geworden. Es ist sogar anzunehmen, daß § 370a AO vorrangig eingeführt wurde, um die Aufnahme eines großen Teils der Steuerhinterziehungen in den Bereich der Geldwäschetaten zu erreichen.[1070] Damit sind nämlich auch alle Maßnahmen zur Verfolgung von Geldwäschetaten gegen den einer gewerbsmäßigen Steuerhinterziehung verdächtigen Betroffenen denkbar. Das schließt grundsätzlich auch eventuelle Abhörmöglichkeiten nach § 100c I Nr. 3a StPO a.F. – jetzt 100c II Nr. 11 StPO n.F. – ein.[1071] Vor allem aber eröffnen sich durch die speziellen Gesetze zur Geldwäschebekämpfung weitere Möglichkeiten zur Gewinnabschöpfung.

Die Einführung des § 370a AO als Vortat der Geldwäsche machte wegen der oben im Zusammenhang mit der „einfachen" Steuerhinterziehung beschriebenen Problematik der Tauglichkeit des Tatobjektes „Steuerforderung" als Geldwäscheobjekt eine Änderung des § 261 I StGB notwendig, da sich ein aus der Tat stammender konkreter Gegenstand im Vermögen nach einer Steuerhinterziehung nicht ermitteln läßt. Man kann lediglich im Wege des Vermögensvergleichs eine Differenz feststellen.

### a) Änderung des Geldwäschetatbestandes durch das StVBG

Diese Problematik sah der Gesetzgeber durch die Änderung des § 261 I 3 StGB im StVBG beseitigt. Abs. 1 Satz 3 wurde zunächst so verändert, daß im Falle des § 370a AO künftig auch unbestimmte Vermögensmehrungen durch ersparte Aufwendungen erfaßt sein sollten.

> *„In den Fällen des Satzes 2 Nr. 3 [d.h. § 373 AO und bei gewerbsmäßiger Begehung des § 374 AO] sowie im Falle des § 370a der Abgabenordnung gilt Satz 1 auch für un-*

---

*Gast-de Haan* in: *Klein*, § 370a/17; *Meyer* in: *Gosch/Beermann*, § 370a/45.1; *Jäger/Birke*, PStR 2004, 204; i.E. wohl auch Kemper in Steuerverfehlungen, § 370a/42; a.A. lediglich *Senge* in: *Erbs/Kohlhaas*, AO, § 370a/8.

1070 So auch *Spatscheck/Wulf*, DB 2002, 392 und *Hellmann* in: *Hübschmann/Hepp/Spitaler*, § 370a/7; Diese Auffassung wird auch durch die Aussage *J. Meyer*s, in DStR 2002, 881 bestätigt. Daß diese Folge seitens des Finanzausschusses des *Bundestages* beabsichtigt war, ergibt sich schon aus BT-Drs. 14/7471, S. 6.

1071 Die Zahl der Abhöraktionen ist nach Angaben des Bundes-Datenschutzbeauftragten, *Joachim Jakob*, Interview im Westdeutschen Rundfunk, WDR 2, vom 06.09.2002, in den letzten Jahren *„sprunghaft angestiegen"*, so daß ein Zusammenhang nicht abwegig ist.

*rechtmäßig erlangte Steuervergütungen, sowie für Vermögensbestandteile hinsichtlich deren Abgaben hinterzogen worden sind."*

In die Norm wurde damit im wesentlichen ein Bezug zu § 370a AO eingefügt; zudem wurden Steuervergütungen zu tauglichen Tatobjekten erklärt und der Begriff des Gegenstandes durch den des Vermögensbestandteils ersetzt. Damit sollte das dogmatische Problem der Tauglichkeit einer rein abstrakten Vermögensposition als Tatobjekt der Geldwäsche beseitigt werden. Das Gesetz sollte über eine Fiktion die Gleichheit von Gegenständen und unbestimmbaren Teilmengen erreichen. Es wurde auf diese Weise legales Vermögen zumindest teilweise in illegales verwandelt.[1072]

Jedoch erfüllte die Änderung die an sie gestellten Anforderungen nicht. Nach dem modifizierten § 261 I 3 StGB war nun Tatobjekt jeder Vermögensbestandteil, hinsichtlich dessen die Abgabe hinterzogen wurde. Wendete man diese Vorschrift wörtlich an, so wäre dem Gegenstand des § 261 I 1 StGB nur das konkrete Steuerobjekt gleichgestellt, also der Vermögensbestandteil, auf den sich die Steuer bezieht. Da aber keine der zur Zeit erhobenen Steuern[1073] an das Vermögen als solches anknüpft, konnte eine wortwörtliche Auslegung nur zur Unanwendbarkeit der neuen Regelung führen. Lediglich im Rahmen der Kapitalsteuern, die die reine Verfügungsgewalt über eine Vermögensmasse besteuern, gab es Vermögensbestandteile, hinsichtlich derer Abgaben hinterzogen werden können.[1074] Daher kam eine Anwendung des § 261 I 3 StGB in dieser Fassung streng nach dem Wortlaut nicht in Betracht.

*Spatscheck/Wulf*[1075] erwogen aus diesem Grunde eine Umdeutung der Formulierung in Bezug auf die Vermögensbestandteile, hinsichtlich deren Entstehung die Abgaben nicht entrichtet wurden. Es sollte damit der Vermögensbestandteil Tatobjekt der Geldwäsche werden, der sich durch die Hinterziehung der Steuer im Vermögen des Steuerpflichtigen bildete. Die **Steuerersparnis** würde zum Tatobjekt. So war es vom Finanzausschuß auch beabsichtigt, der in der Begründung des § 370a AO davon spricht, daß die Änderung des § 261 I 3 StGB notwendig sei,

*„damit im Fall der Steuerhinterziehung die 'Ersparnis' des Steuerhinterziehers als 'Gegenstand' im Sinne des § 261 StGB (Geldwäsche) behandelt werden kann."*[1076]

Diese Auslegung mag zwar die vom Gesetzgeber gewollte Lesart gewesen sein. Dennoch verstieß sie gegen das Verbot strafbegründender Analogie. Es wurde

---

[1072] So *Salditt*, StV 2002, 216.
[1073] Die Vermögensteuer wird aus verfassungsrechtlichen Gründen nicht mehr erhoben; dazu BVerfGE 93, 121 ff.
[1074] So auch *Spatscheck/Wulf*, DB 2001, 2573.
[1075] *Spatscheck/Wulf*, DB 2001, 2573.
[1076] BT-Drs. 14/7470, S. 2.

auf diese Weise der Wortlaut des Gesetzes schlicht ignoriert, um zu einem praktikablen Ergebnis zu kommen. Es ist semantisch ein Unterschied, ob der Vermögensgegenstand, hinsichtlich dessen die Steuer hinterzogen wurde, Tatobjekt wird oder ob die Norm auf die Entstehung des Vermögensgegenstandes abstellt. Die Erwerbssteuern erfassen nicht den Vermögensbestand – den Stamm –, sondern die Vermögensentwicklung – die Frucht – wird besteuert.

Abgesehen von diesem Gesichtspunkt der unzulässigen Analogie ergaben sich durch § 261 I 3 StGB dogmatische und kriminalpolitische Ungereimtheiten. Die Norm erfaßte nämlich auch nach dieser, über den Wortlaut hinaus erweiterten, Auslegung nicht die gewerbsmäßige Hinterziehung von Verkehrssteuern, wie etwa der praktisch so wichtigen Umsatzsteuer, deren Hinterziehung, ausweislich des Gesetzestitels, Zielgebiet der Änderung war. Es werden durch die Analogie nur Verkürzungen der Ertragssteuern erfaßt, denn nur durch diese Steuerart wird die Vermögensentstehung besteuert[1077] und die in § 261 I Nr. 3 StGB genannten Taten decken als Steuerstraftaten den Bereich der gewerbsmäßigen Umsatzsteuer nicht annähernd lückenlos ab. Eine solche Ungleichbehandlung war ein Verstoß gegen den Gleichheitsgrundsatz des Art. 3 I GG und vor allem mit dem ausgewiesenen Gesetzeszweck nicht vereinbar.

Letztlich war die Regelung des § 261 I 3 StGB schon in der ursprünglichen Fassung hinsichtlich der Tauglichkeit des Tatobjektes kriminalpolitisch überzogen. Durch die oben beschriebene Auslegung sollte nicht nur das Ergebnis der Straftat, der ersparte Betrag, d.h. die Steuern, die nicht entrichtet wurden zum Tatobjekt werden, sondern auch das Steuerobjekt – etwa die Einkünfte i.S.d des § 2 EStG – hinsichtlich deren Entstehung keine Steuer entrichtet wurde. Tatobjekt wurde damit das instrumentum sceleris. Es trat eine Änderung der Zielrichtung des § 261 StGB ein. Das Tatobjekt verschob sich vom unmittelbar aus der Tat Erlangten, auf den Gegenstand der Tat. Taugliches Tatobjekt war nun nicht mehr der unrechtmäßig erworbene Vermögensgegenstand, der Ertrag der Steuerhinterziehung, sondern die Einkunft als solche. Es wurde demnach die Strafbarkeit von der Frucht auf den Stamm verlagert.

Darüber hinaus ist nicht davon auszugehen, daß der Gesetzgeber es allein bei einer Verschiebung des Tatobjekts belassen wollte.[1078] Es sollte sowohl das Steuerobjekt als auch die nicht entrichtete Steuer zum Gegenstand des § 261 I StGB werden. Denn es kann kaum eine unrechtmäßig erworbene Frucht von der Anwendung des Geldwäschetatbestandes verschont bleiben, während der rechtmäßig erworbene Stamm dieser Norm unterfällt.

---

[1077] *Spatscheck/Wulf*, DB 2001, 2574.

[1078] So ist wohl die Begründung des Finanzausschusses im Bericht vom 23.11.2001, BT-Drs. 14/7471, S. 9 zu verstehen.

### b) Änderungen durch das 5.StBAÄG

#### aa) Abhilfe durch Erweiterung auf ersparte Aufwendungen

Wegen der massiven Kritik gegenüber der Gesetzesfassung hat der Gesetzgeber „nachgebessert". Durch Art. 8 des 5.StBAÄG wurde § 261 I 3 StGB wie folgt geändert:

> *„Satz 1 gilt in den Fällen der gewerbsmäßigen oder bandenmäßigen Steuerhinterziehung nach § 370a der Abgabenordnung für die durch die Steuerhinterziehung ersparten Aufwendungen und unrechtmäßig erlangten Steuererstattungen und -vergütungen sowie in den Fällen des Satzes 2 Nr. 3 auch für einen Gegenstand, hinsichtlich dessen Abgaben hinterzogen worden sind."*

Damit sind nun die durch Steuerhinterziehung ersparten Aufwendungen ausdrücklich und nach dem Wortlaut des Gesetzes Gegenstand des § 261 I 1 StGB geworden. Der Verstoß gegen das Analogieverbot ist damit durch die Neufassung beseitigt worden.[1079]

Durch die grammatikalische Trennung des § 370a AO als Fall des § 261 I 2 Nr. 1 von den Fällen des § 261 I 2 Nr. 3 StGB wurde also auch die Problematik der Ausdehnung des Tatobjektes scheinbar entschärft. Nun ist Tatobjekt der Geldwäsche, die sich aus einer gewerbsmäßigen Steuerhinterziehung ergibt, ausdrücklich nur noch die ersparte Aufwendung oder unrechtmäßig erlangte Steuererstattung und nicht mehr der Vermögenszuwachs, auf den die Steuer erhoben wurde.

#### bb) Die *Steuerersparnis* als Gegenstand des § 370a AO n.F.

*Samson* hält die Formulierung in der neuen Fassung dennoch weiterhin wegen eines Verstoßes gegen die Wortlautgrenze und damit gegen das Analogieverbot für verfassungswidrig.[1080]

Dies ergebe sich aus einem Überschreiten des Begriffes *„Gegenstand"* im § 261 I 1 StGB durch die Anwendung auch auf ersparte Aufwendungen. § 261 I 2 StGB erfaßt ausweislich des Wortlautes auch ersparte Aufwendungen. Diese tatsächlich ersparten Aufwendungen sind unterlassene Mittelverwendung auf-

---

[1079] Interessant bleibt diese Verletzung grundlegender strafrechtlicher Regeln natürlich für alle Taten, die in der Zeit nach Wirksamwerden des StVBG und vor Inkrafttreten der Neuregelung begangen wurden. In diesen Fällen wäre dann davon auszugehen, daß eine verfassungswidrige Regelung keine Wirkung hat und damit als nichtig zu gelten hat. Eine ausschließliche Strafbarkeit nach § 370 AO in den von der Nichtigkeit betroffenen Fallkonstellationen wäre nach § 2 III StGB die Folge, nicht etwa die rückwirkende Anwendung der Neuregelung. Die praktische Relevanz dieser Frage für Fälle der Gewerbsmäßigkeit ist jedoch wegen der typischen zeitlichen Ausdehnung der Taten sicherlich gering.

[1080] *Samson* in Festschrift für *Kohlmann*, S. 269, so offensichtlich auch *Altenhain* in: NK-StGB, § 261/83.

grund der Vorspiegelung des Täters gegenüber dem Finanzamt, ein Steueranspruch sei nicht entstanden. Zum „*Gegenstand*" des § 261 I 1 StGB wird durch § 261 I 2 StGB damit ein tatsächliches Handeln in Form des Unterlassens, also das Nichtherbeiführen eines Erfolges und damit – wie Samson es formuliert – ein „*Nichts*"[1081]. Wenn nun § 261 I 1 StGB von einem „Gegenstand" spricht, der aus einer Katalogtat herrührt und vom Täter verborgen oder verschleiert wird, so bedeutet das, daß aus dem „*Nichts*" durch § 261 I 2 StGB ein Gegenstand im Sinne des Gesetzes werden soll.

Diese Auslegung widerspricht zwar eindeutig dem natürlichen Sprachgefühl, denn mit der Anwendung des Begriffes „*Gegenstand*" auf ein „*Nichts*" ist die Wortlautgrenze des § 261 I 1 StGB überschritten. Diese Überschreitung der Wortlautgrenze im § 261 I 1 StGB bedeutet aber keinen Verstoß gegen das Analogieverbot, sondern verdeutlich lediglich das oben genannte strukturelle Problem der Einbeziehung der Steuerhinterziehung in den Geldwäschetatenkatalog.[1082] Soweit eine Gesetzesnorm eine eigene Definition für einen bestimmten Begriff geschaffen hat – hier für den Begriff „*Gegenstand*" – so ist dieser Begriff dann auch auf Konstellationen anzuwenden, die nach dem natürlichen Sprachgebrauch vom auszulegenden Begriff nicht erfaßt wären. Es wird hier also zwar die natürliche Grenze des Wortes „Gegenstand" überschritten. Jedoch stellt dies keine unzulässige Analogie dar, da der Gesetzeswortlaut diese Überschreitung gerade vorsieht.

### 6. Verstoß gegen das Bestimmtheitsgebot, das Analogieverbot und die Folgen

Dennoch beseitigt die Neufassung des Geldwäschetatbestandes durch Art. 8 des 5.StBAÄG die entscheidenden Schwierigkeiten verfassungsrechtlicher Art nicht, die sich aus dem Zusammenwirken von Steuerhinterziehungs- und Geldwäschetatbestand ergeben.

#### a) Verstoß gegen das Bestimmtheitsgebot

Durch § 261 I 3 StGB werden nämlich immer noch unbestimmte und unbestimmbare Vermögenspositionen zum Gegenstand einer Geldwäsche und damit inkriminiertes Vermögen. Die Folge sind erhebliche Abgrenzungsdefizite.

Eine Unterscheidung der infizierten Vermögensteile von dem nicht betroffenen Restvermögen des Täters bleibt unmöglich.[1083] Es kann nach der Überweisung der Einkünfte auf ein Konto des Täters nicht mehr herausgefunden werden, welcher Teil des dort vorhandenen Giralgeldes Tatobjekt ist. Mit der Vermischung auf dem Konto ist das Tatobjekt nicht mehr identifizierbar. Deutlich

---

1081 Davon spricht auch *Bittmann*, wistra 2003, 162 ff.
1082 Vgl. S. 208 ff.
1083 So die Stellungnahme der *Bundesrechtsanwaltkammer* von November 2001 Nr. 56/2001.

wird dies am folgenden Beispiel, das sich durch Erbfälle oder Gesellschaftsbeteiligungen noch beliebig verkomplizieren ließe:

> *Wenn der Täter Steuerzahlungen in „großem Ausmaß" erspart, ist nicht bestimmbar, ob er diese von Konto 1 oder von Konto 2 bezahlt hätte. Verwendet er nun das Geld von Konto 1 für die Renovierung eines Mietshauses, so ist vollkommen unbestimmt, ob diese Zahlung nun mit inkriminierten Mitteln erfolgt oder ob legale Gelder eingesetzt werden.*

Nur ein ungewisser, lediglich der Höhe nach bezifferbarer, Teil des Vermögens rührt aus der Vortat her. Dieser Teil ist im Regelfall nicht zweifellos bestimmbar. Der taugliche Tatgegenstand geht im Gesamtvermögen des Täters auf und wird untauglich, weil nicht mehr eindeutig bestimmbar. Das inkriminierte ist so nicht von dem makellosen Vermögen zu trennen.

Somit bringt es also keinen Nutzen mehr festzustellen, das Vermögen sei in Höhe der hinterzogenen Steuern kontaminiert.[1084] Das Tatobjekt wird durch diese Auslegung in unzulässiger Weise unbestimmt. Die Norm verletzt daher auch insoweit den Bestimmtheitsgrundsatz und ist damit verfassungswidrig.

### b) Verstoß gegen das Analogieverbot durch die Rechtsprechung des *BGH*

Der zwingenden Folge der Unbestimmtheit des gesetzlichen Tatobjektes und damit der Verfassungswidrigkeit der fraglichen Strafnorm, könnte durch Bezugnahme auf die Rechtsprechung des *BGH*[1085] zu § 370 AO und § 257 StGB vermieden werden. Denn danach gilt das gesamte Vermögen des Täters in Höhe der Steuerersparnis als Vorteil aus der Steuerhinterziehung, wenn sich darin, nicht weiter identifizierbar, die nicht abgeführte Steuerlast befindet. Von einer noch weitergehenden Auffassung ging der *Finanzausschuß* aus, als er seinen Gesetzesvorschlag wie folgt begründete:

> *„Da sich die eigentliche Steuerforderung gegen das gesamte Vermögen des Täter richtet, ist korrespondierend die Ersparnis des Täters ein integraler Bestandteil seines Vermögens und lässt sich von diesem nicht trennen."*[1086]

Der Gesetzgeber hat demnach als Konsequenz aus dieser Unbestimmbarkeit „die Flucht nach vorn angetreten". Jedoch rechtfertigt eine solche Auslegung im § 261 I StGB nicht die Tauglichkeit des gesamten Vermögens des Täters als Tatbestandsobjekt der Geldwäsche, auch wenn dies vom Gesetzgeber so beabsichtigt sein sollte.

Der Gegenstand der Geldwäsche muß auch nach der Änderung von § 261 I S. 3 StGB nach dem Wortlaut der Norm eine aus der Vortat *„herrührende"* Steuervergütung oder ein Vermögensbestandteil sein, hinsichtlich dessen die Steuer

---

1084 So auch *Stahl*, KÖSDI 2002, 13211.
1085 *BGH*, StV 2000, 474 (475).
1086 BT-Drs. 14/7471, S. 9.

nicht entrichtet wurde.[1087] Es rührt aber schlicht nicht das gesamte Vermögen des Täters einer Steuerhinterziehung nach § 370a AO aus der Tat her. Es ist schon begrifflich nicht nachvollziehbar, wie ein unrechtmäßig erlangter Vermögensbestandteil mit dem gesamten Vermögen des Täters deckungsgleich sein soll. Hier wird das Ganze als mit einem Teil dieses Ganzen identisch erklärt. Jedoch wurde keineswegs, wie § 261 I 3 StGB begrifflich fordert, wenn er von herrühren spricht, hinsichtlich des gesamten Vermögens die Steuer hinterzogen. Insofern ist also eine Anwendung des Geldwäschetatbestandes auf das gesamte Tätervermögen nicht mit dem Wortlaut des § 261 StGB vereinbar.

Die praktischen Folgen dieser gezielten Kontaminierung, genauer: krimineller Bemakelung des gesamten Vermögens durch den Gesetzgeber wären auch unübersehbar. Im obigen Mietshausrenovierungsbeispiel wäre zu fragen, ob eine Vermögensinfizierung sich auf das Vermögen des Handwerkers auswirkt oder ob das Haus und das Grundstück als Sache betroffen sind. Gänzlich unbestimmt ist, ob das Mietshaus dann für den Mieter taugliches Tatobjekt des § 261 StGB wird. Der Mieter, der leichtfertig nicht weiß, daß sein Vermieter die in sein eigenes Wohnhaus investierten Beträge regelmäßig als Werbungskosten für das Mietshaus geltend macht und so auf Dauer einen Steuerschaden großen Ausmaßes anrichtet, würde so eventuell zum leichfertigen Geldwäscher, wenn er nicht sofort auszieht. Es könnte sich damit eine maßlose Ausweitung der Geldwäschestrafbarkeit ergeben.[1088]

Gegenstand der Geldwäsche kann daher aus praktischen sowie dogmatischen diesen Gründen unmöglich das gesamte Vermögen des Täters werden. Daher ist zwischen einem unrechtmäßig erlangten Vermögensvorteil und dem rechtmäßig erlangten Vermögen des Täters streng abzugrenzen, um die Weitläufigkeit der Strafbarkeit nicht ins Groteske ausufern zu lassen. Die Auslegung des *BGH* im Bereich des § 257 StGB und die Auffassung des Finanzausschusses im Bezug auf § 261 I 3 StGB sind demnach aus verfassungsrechtlichen Gründen unhaltbar.[1089] Das Gesamtvermögen des Täters einer gewerbsmäßigen Steuerhinterziehung rührt auch bei weitester Auslegung des Wortlautes nicht aus dieser Steuerhinterziehung her.

Zwar meint *Rüping*, es habe sich das Problem der Kontaminierung des Gesamtvermögens des Täters dadurch gelöst, daß die Auswirkungen des § 261 I 3 StGB auf die ersparten Aufwendungen und die unrechtmäßig erlangten Steuer-

---

[1087] In diesem Sinne auch *Ott*, PStR 2002, 44 f.

[1088] *Altenhain* kommt in NK-StGB, § 261/83 zu der Bewertung der Totalkontamination in diesem Zusammenhang als „*willkürlich und unverhältnismäßig*".

[1089] Zu einer verfassungskonformen Auslegung kommt *Bittmann*, wistra 2003, 168 hier. Er geht davon aus, daß eine „*nennenswerte Erweiterung strafbaren Verhaltens*" mit der „*Neufassung des § 261 Abs.1 S.3 nicht verbunden*" ist.

erstattungen beschränkt wurden.[1090] Diese Folgerung ist jedoch nicht nachvollziehbar. Denn es bleibt auch nach der Neuregelung dabei, daß unbestimmte Forderungen zum Tatobjekt eines Deliktes werden sollen, das einen realen, bestimmten Gegenstand erfordert. Insofern hat also auch die Neuerung durch das 5.StBAÄG keinen verfassungsrechtlichen Fortschritt gebracht.

#### c) Folgen der entstandenen Konfliktsituation

Daher ergibt sich eine Situation, in der eine dem Wortsinn des § 261 I 3 StGB gerecht werdende Auslegung dem Bestimmtheitsgebot und damit Art. 103 II GG widerspricht, weil das Tatobjekt zu unbestimmt ist.[1091] Die andere mögliche Anwendung der Norm auf das gesamte Vermögen des Täters ließe eine Bestimmbarkeit des Tatobjektes zu, verstieße aber ebenfalls gegen Art. 103 II, weil sie eine verbotene Analogie zu Lasten des Täters voraussetzte.

### 7. Verfassungsmäßigkeit des § 261 I 3 StGB durch verfassungskonforme Auslegung?

Es käme vorliegend allenfalls der Ausweg einer geltungserhaltenden verfassungskonformen Auslegung in Betracht.[1092] Dies wäre insofern möglich, als § 261 I 3 StGB dann nur auf die Fälle anzuwenden wäre, in denen die eindeutige Bestimmung des tauglichen Tatobjekts möglich ist. Die Anwendung schiede damit in allen Fällen aus, in denen es sich bei dem erlangten Vermögensbestandteil um eine abstrakte, im Vermögen nicht konkretisierbare Steuerforderung handelt. Wenn der Täter jedoch lediglich Steuerzahlungen durch die Erfüllung des § 370a AO verhindert, ist ein Tatgegenstand grundsätzlich nicht bestimmbar.

Aber auch diese höchst restriktive Auslegung widerspricht klar dem Willen des Gesetzgebers, der die ersparten Aufwendungen in § 370a AO ausdrücklich genannt hat. Der einzige Fall, der hier einen relevanten Anwendungsbereich eröffnen könnte, ist die unrealistische Konstellation des Täters, der den Betrag für die zu leistende Steuerzahlung, die er „erspart" hat in bar oder auf einem ansonsten nicht genutzten Konto bereithält. Denn in allen anderen Fällen tritt wieder-

---

[1090] *Rüping*, DStR 2002, 1418.

[1091] I.E. auch *Burger*, wistra 2002, 5.

[1092] So *Bittmann*, wistra 2003, 168 f. Auch *Schiffer*, BB 2002, 1177 will in vielen Punkten eine geltungserhaltende Reduktion der §§ 261 StGB und § 370a AO vornehmen, um zu einer Verfassungsmäßigkeit zu kommen. Diese Reduktionen, die *Schiffer* vorschlägt sind aber nach Änderung des § 370a AO durch das StBAÄG nicht mehr haltbar.

um eine Vermischung mit anderen Vermögensbestandteilen ein, die eine Bestimmbarkeit ausschließen.[1093]

Dieser wohl nur theoretische „verfassungskonforme“ Anwendungsfall des neuen § 261 I 3 2. Hs. StGB ist praktisch unbeachtlich. Der Norm fehlt damit bei reduzierter verfassungskonformer Auslegung jeder Anwendungsbereich. § 261 I 3 StGB ist damit in seiner jetzigen Fassung schon ohne Rücksicht auf das Verhältnismäßigkeitsprinzip nicht mit dem Grundgesetz vereinbar, da er einen Verstoß gegen den Bestimmtheitsgrundsatz oder gegen das Analogieverbot beinhaltet.

### 8. Folgen der Neuregelung

Wendet man die §§ 370a AO und 261 I 3 StGB dennoch in der wohl vorgesehenen Weise[1094] an, so sind die Folgen der Schaffung des Verbrechenstatbestandes in § 370a AO, der damit auch Vortat zur Geldwäsche ist, in der Praxis unüberschaubar. Einige der bis jetzt schon ersichtlichen Folgen sind jedoch alarmierend und sprechen dafür, daß die Verfolgung der „echten“ Organisierten Kriminalität durch das StVBG und das 5.StBAÄG eher behindert als vorangetrieben werden könnte:

#### a) Praktische Folgen

Durch die zahlenmäßig massive Erhöhung der Straftaten, die als Vortaten zum § 261 StGB zu behandeln sind, wird die Zahl der Geldwäscheverdachtsmeldungen[1095] zwangsläufig in die Höhe schnellen.

#### aa) Zusammenbruch des Meldesystems

Ein vollkommener Zusammenbruch der privaten Meldepflichtigen unter der Last der zu fertigenden Anzeigen sowie der die Anzeigen verarbeitenden staatlichen Stellen wäre nahezu unausweichlich. Schon jetzt kommen die Meldepflichtigen kaum mit den anzuzeigenden Vorfällen nach. Auch die Verarbeitung neuer Anzeigen durch die zuständigen staatlichen Stellen ist vielerorts, bis auf weiteres, wegen der dünnen Personaldecke nicht möglich.[1096] Wären also aufgrund des § 370a AO i.V.m. § 261 StGB noch eine ganze Anzahl zusätzlicher Fälle meldepflichtig, so wäre das Ausmaß der nicht bearbeiteten Anzeigen kaum vorstellbar. Die öffentliche Hand müßte hier also eine hohe Summe aufbringen, um die erforderlichen Kräfte für die Bewältigung dieser Aufgabe auf-

---

[1093] Diesen Fall scheint *J. Meyer* Interview in DStR 2002, 882, jedoch für sehr typisch zu halten, denn der Steuerhinterzieher, der sein Geld hin und her verschiebe sei *„höchst unintelligent“*, wenn er sein gesamtes Vermögen so dem Zugriff der Steuerfahndung aussetze.

[1094] Mit der Folge der Kontaminierung des gesamten Vermögens des Täters.

[1095] Zu dieser Anzeigepflicht, vgl. 298 ff.

[1096] Vgl. Fn. 954.

zubringen. Der Gesetzgeber hat daher eine Regelung geschaffen, die nicht nur gegen grundlegende strafrechtliche Verfassungsgarantien verstößt, sondern auch in der Praxis schlicht nicht umgesetzt werden kann.[1097]

Durch die fehlende Möglichkeit der Strafverfolgungsbehörden, diesen Anzeigen angemessen nachzugehen, droht weiterhin eine Verletzung des Legalitätsprinzips. Denn trotz der Vervielfachung der Meldungen und der praktischen Unmöglichkeit einer umfassenden Aufklärung bleibt die gesetzliche Pflicht bestehen, jeder Anzeige angemessene Aufmerksamkeit zu schenken und ihr nachzugehen. Die Neuregelung fordert damit von den zuständigen Stellen einen unmöglichen Spagat zwischen Legalitätsprinzip und praktischer Durchführbarkeit.

**bb) Isolation des Beschuldigten und Bruch mit dem Schuldprinzip**

Darüber hinaus betont der *Deutsche Anwaltsverein* in seiner Stellungnahme zu § 370a AO, der Gesetzgeber habe bei konsequenter Anwendung des neuen Geldwäscheparagraphen die Isolierung des Vortäters perfektioniert. Es werde bei tatsächlicher Anwendung des § 370a AO und des § 261 I 3 StGB eine „abstruse“ Konstellation entstehen:[1098]

> *„Sobald öffentlich bekannt ist, dass gegen bestimmte Personen ... ein steuerstrafrechtliches Ermittlungsverfahren geführt wird, wäre die Allgemeinheit im Sinne des § 261 StGB bösgläubig. Die betroffenen Beschuldigten könnten noch nicht einmal Alltagsgeschäfte tätigen, ohne dass ihre Geschäftspartner der Gefahr ausgesetzt wären, wegen einer Straftat nach § 261 StGB verfolgt zu werden. Ein Unternehmen, hinsichtlich dessen [Organ] bekannt wird, dass der Vorwurf der Steuerhinterziehung erhoben wird, müsste den Geschäftsbetrieb einstellen. Denn fortan dürften die Lieferanten kein Geld mehr annehmen und die Arbeitnehmer keinen Lohn mehr empfangen - schließlich wäre jede Bezahlung, wenn sich die Vorwürfe als richtig herausstellen, ein taugliches Geldwäscheobjekt.“*[1099]

Der Gesetzgeber gäbe damit den Strafverfolgungsbehörden ein Instrument an die Hand, das sehr an die proscription im spätrepublikanischen Rom erinnert und zum Mißbrauch geradezu einladen könnte.[1100]

Durch diese Folgen der Änderung der §§ 370a AO, 261 I 3 StGB ist das – mit Verfassungsrang ausgestattete[1101] – Schuldprinzip verletzt. Denn durch die Infi-

---

[1097] Im Entwurf wurden die Kosten des Vollzugsaufwandes zutreffend mit nicht bezifferbar angegeben, BT-Drs. 14/6883, S.2.

[1098] Stellungnahme des *Deutschen Anwaltsvereins* zum § 370a AO vom November Nr. 56/2001.

[1099] *Spatscheck/Wulf*, DB 2001, 2574.

[1100] Geradezu zynisch klingt hier die Aussage von *Hetzer*, DStZ 2002, 177, man könne durch die Aufnahme der Steuerhinterziehung in den Vortatenkatalog die Isolation des Vortäters perfektionieren.

[1101] Dazu etwa BVerfGE 9, 167 (169); 20, 323 (331); 23, 127 (132); 25, 269 (285); 41, 121 (125); 45, 187 (259); 54, 100 (108); 80, 367 (377).

zierung des gesamten Vermögens des Täters kann eine Verjährung der Tat nicht stattfinden und selbst nach Verbüßung einer Strafe wegen der Tat ist die Isolation des Täters, die sich über die dargelegte Bemakelung seines Vermögens fortsetzt, nicht beseitigt. Die faktische Strafe der finanziellen Verbannung ist also nicht zeitlich begrenzt. Der Täter müßte sein gesamtes Vermögen verlieren, wenn er wieder in die Gesellschaft „zurückfinden" will. Die Regelung des § 261 I 3 StGB spottet damit auch jedem Gedanken an Resozialisierung.[1102]

Eine solche Total-Kontamination[1103] des Vermögens stellt weiterhin eine Verletzung der Eigentumsgarantie aus Art. 14 GG dar, da sie den Betroffenen in seiner – mit der Straftat in keiner Verbindung stehenden – Lebensgrundlage bedroht.[1104]

Darüber hinaus mutet diese Totalkontamination wie ein Versuch an, die vom *BVerfG*[1105] für verfassungswidrig erklärte Vermögensstrafe *„durch die Hintertür"* doch noch durchzusetzen.[1106]

### cc) Fiskalische und verfahrenstechnische Folgen

Eine weitere Folge ist der durch die fehlende Möglichkeit der Selbstanzeige hervorgerufene finanzielle Ausfall.[1107] Daher ist diese rigide Strafandrohung auch gegenüber Fällen ohne jeden Zusammenhang mit der Organisierten Kriminalität aus fiskalischer Sicht unklug. Dem Staat gehen durch dieses Gesetz jährlich erhebliche Einnahmen verloren, da dem Steuerunehrlichen der in der Vergangenheit in vielen Fällen genutzte Weg in die Legalität versperrt bleibt.[1108] Zusätzlich fallen die Personen, die durch den § 261 StGB sozial und geschäftlich blockiert werden, als Steuerzahler aus.

Verfahrenstechnisch ergibt sich weiterhin die Konsequenz, daß auch die Finanzbehörde gemäß § 386 AO i.V.m. §§ 140 I Nr. 2, 141 StPO unter Umständen schon im Vorverfahren einen Pflichtverteidiger bestellen müßte, wenn § 370a AO im Raume steht und sie das Verfahren eigenständig betreiben soll-

---

1102 Auf die Folgen für die Angehörigen des Verdächtigen macht *Eser* in Festschrift für *Stree* und *Wessels*, S. 836 ff. im Rahmen der Vermögensstrafe aufmerksam, doch die Folgen sind im Bereich der Kontamination sehr ähnlich.

1103 Zum Begriff der Totalkontamination auch *Altenhain* in: NK-StGB, § 261/77.

1104 So auch *Burger*, wistra 2002, 5; ebenso *Salditt*, StV 2002, 216.

1105 *BVerfG*, NJW 2002, 1179 ff.

1106 Die Ähnlichkeiten in dieser Problematik werden sehr deutlich in der Beschreibung der Vermögensstrafe bei *Eser*, S. 836 ff.

1107 *Salditt*, StV 2002, 218 scheint das Fehlen der Selbstanzeige für ein Redaktionsversehen zu halten.

1108 So die Stellungnahme der *Deutschen Steuerberaterkammer*, Beihefter zu DStR 9/2002, 11.

te.[1109] Es droht darüber hinaus für jeden steuerlichen Berater eine gewisse Gefahr, wegen des Geldwäscheverdachts gem. § 97 II 4 StPO die Beschlagnahmefreiheit zu verlieren.[1110]

Letztlich wird durch die Einstufung des § 370a AO als Verbrechen auch eine Verlagerung der Strafverfahren von der Steuerbehörde zur Staatsanwaltschaft erreicht werden, denn in einem Verfahren wegen eines Steuerverbrechens ist eine eigenständige Ermittlung der Finanzbehörden kaum zu erwarten[1111] und wegen des mit der gewerbsmäßigen Steuerhinterziehung verbundenen Allgemeindelikts der Geldwäsche auch nicht möglich (§ 386 II AO). Durch eine Einleitung des Verfahrens wegen §§ 370a AO, 261 StGB verliert die Finanzbehörde die Ermittlungsbefugnis.[1112]

Wegen der fehlenden Möglichkeit der Straffreiheit durch Selbstanzeige ist auch seitens der betroffenen Steuerpflichtigen keinerlei Hilfe bei der Sachaufklärung mehr zu erwarten, so daß die Ermittlungen sich in der Zukunft deutlich schwieriger gestalten werden als in der Vergangenheit, in der betroffene Steuerpflichtige oftmals kooperativ waren.[1113]

An diesen Kritikpunkten ändert auch die Einführung des minder schweren Falles in § 370a Satz 3 AO nichts, den das 5.StBAÄG geschaffen hat.[1114] Danach soll zwar unter den Voraussetzungen der Selbstanzeige ein minder schwerer Fall vorliegen. Die Selbstanzeige bewirkt hier aber keine Strafbefreiung, sondern nur eine Strafmilderung und damit wird diese Art Selbstanzeige im Bereich des § 370a AO deutlich weniger Wirkung haben; sie wird zur Selbstanzeige *„zweiter Klasse"*.[1115] Weiterhin ist zu befürchten, daß die Steuerpflichtigen auch in den Konstellationen des § 370 AO, wenn eine Verfolgung wegen § 370a AO nicht auszuschließen ist, von der Möglichkeit der Selbstanzeige keinen Gebrauch machen werden und auf diese Weise *„unter Umständen ohne Not ein Geständnis ablegt"*.[1116]

Auch die Gerichte werden die Änderung der Strafdrohung insofern zu spüren bekommen, als eine Verurteilung nicht mehr im Strafbefehlsverfahren stattfin-

---

[1109] *Hentschel*, NJW 2002, 1704, kommt sogar zu dem Ergebnis, daß eine Finanzbehörde ein Verfahren wegen einer Steuerstraftat die Verbrechenscharakter hat, gem. § 400 2. Halbs. gar nicht betreiben darf.

[1110] So *Ott*, PStR 2002, 45. Einschränkend dazu nun aber *BVerfG*, NJW 2004, 1305 ff.

[1111] So *Ott*, PStR 2002, 46.

[1112] Vgl. *Hentschel*, NJW 2002, 1704.

[1113] So etwa auch *Hentschel*, NJW 2002, 1704, i.E. auch *Weyand*, INF 2003, 118, a.A. *Hellmann* in *Hübschmann/Hepp/Spitaler*, § 370a/34, der die Anwendbarkeit des § 371 AO auch im Falle des § 370a AO annimmt.

[1114] *Wessing*, NJW 2003, 2268 nennt die Korrektur zu Recht *„scheinheilig"*.

[1115] So *Rüping*, DStR 2002, 1419.

[1116] So auch *Kemper* in: Steuerverfehlungen, § 370a/80.

den kann. Dies Verfahren ist nur bei Vergehen erlaubt (§ 407 I StPO); § 370a AO aber ist ein Verbrechen.

Diese absehbaren Folgen der Anwendung der Regelung wären damit für die hoheitliche Seite eine Lähmung des Geldwäsche-Meldesystems und eine Überlastung der Staatsanwaltschaften und Gerichte sowie ein finanzieller Ausfall in großem Umfang.

**b) Mißbrauch tatbestandlicher Instrumente im § 370a AO**

Neben diesen praktischen Folgen ergeben sich weiterhin auch verfassungsrechtlich bedenkliche Auswirkungen für den Beschuldigten in einem Steuerstrafverfahren wegen des Verstoßes gegen § 370a AO.

**aa) Ursprüngliche Fassung des § 370a AO**

Der Gesetzgeber hatte vor Nachbesserung durch das 5.StBAÄG die Strafdrohung des § 370a AO nicht nur zum Verbrechen[1117] ausgestaltet, sondern auch noch die Strafdrohung unabhängig von Schaden, Ausmaß und Häufigkeit der Tatbegehung mit einer Mindeststrafe von einem Jahr angesetzt.[1118] Es fehlte die Normierung eines minder schweren Falls.[1119] Diese absolute Mindeststrafdrohung stand zum Schuldprinzip in deutlichem Widerspruch.

Begeht der Täter beispielsweise eine schwere Körperverletzung, die in ihrem Unrechtsgehalt am unteren Ende der Strafskala anzusiedeln ist, so kommt ihm § 226 I 2.Hs. StGB zugute.[1120] Er wird mit einer Freiheitsstrafe von sechs Monaten bis zu fünf Jahren bestraft.[1121] So „glimpflich" wäre der gewerbsmäßige Steuerhinterzieher, der etwa Zinserträge wiederholt nicht angegeben hat, nicht „davongekommen".[1122] Für ihn hielt das Gesetz eine Freiheitsstrafe zwischen einem und zehn Jahren bereit und das ohne eine Möglichkeit der Milderung unter diese Grenze von einem Jahr Freiheitsentzug.[1123] Der Täter, der also einem

---

[1117] Dieser Verbrechenscharakter bringt natürlich auch im Bereich des materiellen Strafrechts, etwa im Bereich der Teilnahme Änderungen mit sich.

[1118] Eine Einstellung des Verfahrens wegen geringer Schuld nach §§ 153 ff. StPO scheidet hier wegen des Verbrechenscharakters ohnehin aus.

[1119] Darauf weist die *Deutsche Steuerberaterkammer* in ihrer Stellungnahme (in Beihefter zu DStR 9/2002) explizit hin.

[1120] Mit diesem Beispiel argumentiert auch ein Antrag der *FDP-Fraktion* im Finanzausschuß, BT-Drs. 14/8286, S. 3.

[1121] Darüber hinaus erscheint bemerkenswert, daß der Abgabenbetrug des § 370a AO durch die Gewerbsmäßigkeit oder Bandenbegehung zum Verbrechen wird, während die banden- und gewerbsmäßige Begehung von Betrugstaten nur einen Vergehenstatbestand erfüllt. Auf dieses Mißverhältnis weist *Salditt*, StV 2002, 214 hin. Er spricht von einer *„drakonischen"* Strafe im § 370a AO.

[1122] Darauf macht auch *Kemper* in: Steuerverfehlungen, § 370a/4 aufmerksam.

[1123] Mit Hinweis darauf etwa *Salditt*, StV 2002, 214.

Menschen schwere und bleibende körperliche Schäden zufügt, konnte eventuell auf die Annahme einer minder schweren Falls des § 49 StGB hoffen, während derjenige, der qualifiziert Steuern verkürzte, zwingend mit mindestens einem Jahr Freiheitsentzug zu bestrafen war.

**bb) Änderung durch Art. 7 des 5.StBAÄG**

Der Gesetzgeber hat diese Unverhältnismäßigkeit anscheinend eingesehen und durch die Novellierung einen teilweise unbestimmten minder schweren Fall in § 370a S.2 AO ausräumen wollen. Danach wird insbesondere dann aber eine geminderte Freiheitsstrafe von drei Monaten bis zu fünf Jahren angedroht, wenn die Voraussetzungen des § 371 AO vorliegen. Die im § 370 AO strafbefreiende Selbstanzeige wird hier vom Strafaufhebungs- zum Strafmilderungsgrund.

Die Strafdrohung des § 370a AO ist jedoch trotz der Minderungsmöglichkeit als unverhältnismäßig zu bezeichnen. Sie ist weder schuld- noch unrechtsangemessen.[1124]

Der Vergleich der Strafdrohung des § 370a AO z.B. mit der für den gewaltsamen oder bandenmäßigen Schmuggel (§ 373 AO) läßt trotz der Einführung des minder schweren Falles (§ 370a S. 2, 3 AO) erstere als nach Unrechts- und Schuldgehalt exzessiv erscheinen.[1125] Denn jener Schmuggel wird lediglich als Vergehen mit einer Freiheitsstrafe von drei Monaten bis zu fünf Jahren bestraft.

Die Hochstufung einer Tat, die einen in der Praxis vielfach begangenen Abgabenbetrug darstellt, zum Verbrechenstatbestand (§ 370a AO) läßt befürchten, daß *„künftig eine Vielzahl von Steuerpflichtigen in einem erheblichen Umfang unangemessen kriminalisiert"*[1126] wird. Damit verletzt die Regelung des § 370a AO das Schuldprinzip.

Auch wenn *Hentschel* – zu Recht – meint, die Befürchtung, die Finanzbehörden würden nunmehr auch Bagatellkriminalität im Hinblick auf § 370a AO verfolgen, sei unbegründet[1127], so ist festzuhalten, daß das Legalitätsprinzip die Verfolgungsbehörden zur grundsätzlichen Anwendung der Norm zwingt. Eine *„äußerst restriktive Anwendung"* der Norm, wie sie vom Deutschen *Bundestag* in Aussicht gestellt[1128] wurde und per Verwaltungsvorschrift werden sollte[1129], erscheint im Hinblick auf das Legalitätsprinzip bedenklich.[1130] Die Strafverfol-

---

[1124] So i.E. auch die Stellungnahme der *Deutschen Steuerberaterkammer*, Beihefter zu DStR 9/2002, S. 11, ebenfalls mit Zweifeln an der Verhältnismäßigkeit *Ott*, PStR 2002, 45.

[1125] Auf dieses Mißverhältnis weist auch *Burger*, wistra 2002, 2 hin,

[1126] So *Burger*, wistra 2002, 2.

[1127] *Hentschel*, NJW 2002, 1704.

[1128] BT-Drs. 14/8887, S. 24.

[1129] Dazu *Kemper* in: Steuerverfehlungen, § 370a/17 m.Nw.

[1130] Mit ähnlichen Bedenken, *Kohlmann*, Steuerstrafrecht, § 370a/13.; *A. Klein, StV 2005*, 461 nennt einen solchen Hinweis *„unbrauchbar"*.

gungsbehörden sind verpflichtet zu ermitteln, wenn sich ein Verdachtsfall ergibt, sie können nicht nach ihrem Gutdünken entscheiden, wann eine Verfolgung angemessen ist.

Ebenso unangemessen sind die Folgen der Normierung des neuen Verbrechenstatbestandes für §§ 110a ff StPO. In allen Fällen des Anfangsverdachts hinsichtlich § 370a AO dürfen nun nach § 110a S. 2 StPO verdeckte Ermittler eingesetzt werden.[1131]

Es scheint als sei es dem Gesetzgeber nicht darum gegangen, eine schuldangemessene Strafe zu normieren, sondern die Gerichte zu einem schärferen Vorgehen gegen Steuerstraftaten zu bewegen und den Verfolgungsbehörden stärkere Ermittlungsinstrumente an die Hand zu geben.[1132] Dieser Eindruck wird auch durch die standhafte Weigerung bestärkt, den Inhalt des § 370a AO als einen „schweren Fall" in den § 370 AO einzugliedern.[1133] Es hätte grundsätzlich nahe gelegen die gewerbsmäßige Steuerhinterziehung als Regelbeispiel in den Tatbestand der unqualifizierten Steuerhinterziehung gem. § 370 AO einzubeziehen. Jedoch wurde dieser Weg nicht beschritten. Denn dadurch wären die strafprozessualen „Vorteile" des Verbrechenscharakters entfallen.

Um dem Vorwurf der unverhältnismäßigen Strafe zu entgehen, hat der Gesetzgeber daher in § 370a AO einen minder schweren Fall eingefügt. Das dürfte zu einer Umkehrung des Regel-Ausnahmeverhältnisses im Strafrahmen des § 370a AO führen: In der Praxis ist allerdings zu erwarten, daß von der Milderungsmöglichkeit des § 370a S. 3 AO reger Gebrauch gemacht werden und damit aus diesem Satz 3 die Regelstrafe entnommen werden wird. Damit würde dann die Mindeststrafe des § 370a Satz 1 AO faktisch zum „besonders schweren Fall". Der Gesetzgeber hätte damit die Qualifizierung zum Verbrechen erreicht, ohne auf die hohe Mindeststrafe von einem Jahr festgelegt zu sein.

Dem Vorwurf der unverhältnismäßig hohen Strafe kann vielleicht so begegnet werden. Eine solche Vorgehensweise ist jedoch unehrlich und stellt einen Mißbrauch strafrechtlicher Instrumente für (rechts)politische Zwecke dar.[1134] Der Verbrechenscharakter eines Straftatbestandes wird hier gezielt instrumentalisiert, um daraus Ermittlungsvorteile für die Verfolgungsbehörden entstehen zu

---

1131 Zur Überwachung des Telekommunikation bei Geldwäscheverdacht, *BGH*, NStZ 2003, 499 ff.

1132 Das bestätigen auch Aussagen *J. Meyer*s in DStR 2002, 881. *Seer*, BB 2002, 1678 f. spricht in diesem Zusammenhang von einem „Formenmißbrauch"

1133 So der Vorschlag der *FDP-Fraktion*, BT-Drs. 14/8286, S. 2.

1134 Diesen Mißbrauch gibt *J. Meyer* Interview in DStR 2002, 880, sogar offen zu und faßt die Strafdrohung als *„Warnschuß"* auf, der die *„Direktoren"* von Finanzinstituten mit der Drohung der Geldwäschestrafbarkeit und ihrer Folgen zur Steuerehrlichkeit anhalten soll. Hier wird das Strafrecht offen mißbraucht.

lassen. Es werden damit außerdem strafrechtliche Privilegierungen[1135] umgangen.

Diese Unehrlichkeit in der Tatbestandsgestaltung zeigt sich auch an Äußerungen *J. Meyers* die deutlich machen, daß die Norm des § 370a AO von Beginn an zur Verfolgung von „*Alltagskriminalität*" gedacht war, die Urheber des Tatbestandes jedoch alles daran setzten, dies zu verschleiern. Bei *J. Meyer* heißt es:

> *„Wir wollen, um das ganz klar zu sagen, nicht die kleinen Steuersünder jagen, meinen aber, dass bei Gewerbsmäßigkeit der Bereich [der Bagatelle] schon überschritten ist."*[1136]

Er will also dem Vorwurf der Maßlosigkeit der Strafandrohung entgehen, indem er durch den Einsatz eines durch die Rechtsprechung viel zu weit ausgelegten Gewerbsmäßigkeitsbegriff auch die alltäglichen Steuerverkürzungen in den Tatbestand hineinnimmt und dann die Gewerbsmäßigkeit als typisches Kennzeichen solcher Steuerkriminalität bezeichnet, die nicht mehr in den Bereich der leichteren Kriminalität fällt. Es werden damit durch die Verwendung bestimmter Begrifflichkeiten Straftaten hochstilisiert. Darüber hinaus will er es der Rechtssprechung überlassen, den Tatbestand angemessen einschränkend auszufüllen.[1137] Das ist ein offener Verstoß gegen den Bestimmtheitsgrundsatz. Denn die erforderlichen Einschränkungen muß der Gesetzgeber vornehmen, wenn er kann. Hier wäre dies auch problemlos möglich gewesen.[1138]

Daher ist es zwingend notwendig, das Verhältnis auch im gesetzlichen Tatbestand umzukehren. Die gewerbsmäßige Steuerhinterziehung muß als Regelstrafrahmen den des jetzigen minder schweren Falls erhalten und damit zum Vergehen werden. In Fällen der besonders schweren Steuerhinterziehung, etwa bei Bandenbegehung kumuliert mit Gewerbsmäßigkeit und einem besonders hohen Schaden kann man ein Regelbeispiel oder einen Qualifikationstatbestand mit höherem Strafrahmen schaffen. So wäre der Bezug zur Organisierten Kriminalität[1139] geschaffen. Eine Anwendung des § 261 I StGB auf Fälle der Steuerhinterziehung kommt jedoch aus den oben genannten Gründen auch bei einer solchen Umgestaltung nicht in Betracht.

### c) Verstoß gegen den Grundsatz des fair trial durch die Neuregelung

Die Eigenheiten des § 370a AO führen dazu, daß der Beschuldigte, der Tatsachen eingestanden hat, die eine Strafbarkeit nach § 370a AO nach dieser Vorschrift begründen, sich keines Wahlverteidigers – etwa für eine Strafmaßvertei-

---

[1135] Etwa die Straffreiheit der versuchten Anstiftung zum Vergehen, vgl. § 30 I StGB.

[1136] *J. Meyer* in dem Interview in DStR 2002, 881.

[1137] *J. Meyer* erklärt in DStR 2002, 884, er „*hoffe*" auf eine „*vernünftige Rechtsprechung*".

[1138] So auch *Park*, wistra 2003, 332.

[1139] Deren Bekämpfung der ausgewiesene Gesetzeszweck sein soll; dazu *Kemper* in: Steuerverfehlungen, § 370a/9, 12.

digung – in diesem Verfahren oder auch einem anderen Verfahren ohne Geldwäschebezug bedienen kann. Ähnliches gilt, wenn die Ermittlungsbehörden objektiv überzeugende Beweise für eine Geldwäschestrafbarkeit des Beschuldigten vorweisen können.

Das Problem ergibt sich hier aus der Lehre von der Totalkontamination, der der Gesetzgeber in seiner Normbegründung gefolgt ist. Das *BVerfG* hatte in seiner Entscheidung dargestellt, daß gegen eine Strafbarkeit des Wahlverteidigers wegen wissentlicher Geldwäsche keine verfassungsrechtlichen Bedenken bestehen und auch eine europarechtliche Verpflichtung zur strafrechtlichen Sanktionierung solcher Verhaltensweisen existiere. Die Norm des § 261 StGB diene mit der Bekämpfung der Organisierten Kriminalität wichtigen Gemeinschaftsbelangen und überwiege daher entgegenstehende Interessen des Rechtsanwalts und des Vortäters, soweit jener mit sicherem Wissen um die Vortat handele.[1140] Grundsätzlich ist dem nichts entgegenzusetzen. Der Strafverteidiger, der bewußt Honorare annimmt, die aus einer Straftat *„herrühren"*, die dem Bereich dieser Schwerkriminalität zuzurechnen ist, mißbraucht die ihm von der Rechtsordnung eingeräumten Befugnisse und Freiheiten eines unabhängigen Organs der Rechtspflege (§ 1 BRAO).

Jedoch ergibt sich im Rahmen des § 370a AO eine besondere Konstellation, die die schlichte Unterscheidung zweier Vermögenssphären des Täters unmöglich machen kann. Selbst wenn man § 370a AO in seiner jetzigen Form dem Bereich der Organisierten Kriminalität zuordnen wollte oder einen eindeutigen Fall des Umsatzsteuerkarussells bemüht, bedeutet das Prinzip der Totalkontamination[1141], daß auch solche Vermögensgegenstände zum Geldwäschegegenstand werden, die mit der Katalogtat in keinem Zusammenhang stehen. Betreibt der Täter etwa innerhalb seines Unternehmens sowohl legale als auch „illegale" Geschäfte und vermischt er die Gewinne auf den Geschäftskonten, so werden die legalen Gewinne infiziert und können nicht mehr der Honorarzahlung dienen. Dies gilt, obwohl nach dem semantischen Wert des Wortes „Herrühren" die Gewinne aus der legalen Tätigkeit, nicht aber aus der Straftat herrühren. Die „Totalkontamination" führt also zu einer Verkehrsunfähigkeit auch des nicht illegal erworbenen Vermögens. Damit verbleibt dem Beschuldigten kein Vermögen für eine Honorarzahlung an den Wahlverteidiger mehr.

Wenn der Strafverteidiger kein Honorar mehr vom Mandanten annehmen kann, ohne sich nach § 261 StGB strafbar zu machen, so ergibt sich für den Beschuldigten in einem solchen Steuerstrafverfahren, eine dem Art. 103 I GG widersprechende Situation.[1142] Der Betroffene hat damit keine Möglichkeit, sich fach-

---

[1140] *BVerfG*, NJW 2004, 1305 (1310)
[1141] Vgl. S. 239 ff.
[1142] Mit ähnlichen Bedenken auch *Zuck*, NJW 2002, 1398.

lich angemessen und aussichtsreich rechtliches Gehör zu verschaffen. Für den Beschuldigten müßte zwar ein Pflichtverteidiger nach §§ 140 I Nr. 2 StPO i.V.m. § 12 StGB und § 370a AO bestellt werden, doch tatsächlich ist es so, daß die Pflichtverteidigung in den oft hochkomplexen Wirtschaftsstrafsachen vielfach eine adäquate Verteidigung schon wirtschaftlich nicht zu leisten vermag.[1143]

Die Anwendbarkeit des § 261 I StGB auf das Vermögen des Steuerstraftäters nimmt also dem geständigen oder mit an Sicherheit grenzender Wahrscheinlichkeit überführbaren Beschuldigten einer solchen Steuerstraftat nach § 370a AO die Möglichkeit, sich bei der Geltendmachung seiner Rechte in einem Verfahren eines Anwalts seiner Wahl zu bedienen. Es wäre damit der Grundsatz des fair trial und des Rechts auf rechtliches und gerichtliches Gehör verletzt. Der Betroffene wird in der Praxis kaum mehr einen Rechtsanwalt finden können, der ein solches Mandat übernimmt.

Man mag hier einwenden können, daß aufgrund des Schutzzweckes des § 261 StGB ein solcher Eingriff in Grundrechte des Beschuldigten (und des Wahlverteidigers) hinzunehmen sei. Schließlich diene der Geldwäschetatbestand einem wichtigen Ziel der Allgemeinheit, der Bekämpfung der Organisierten Kriminalität. Mit dieser Argumentation befindet man sich oberflächlich betrachtet auf der Linie des *BVerfG*.[1144] Doch selbst wenn man § 370a AO in allen seinen Konstellationen dieser Schwerstkriminalität zurechnen könnte - was nicht der Fall ist – bliebe das oben dargelegte Ergebnis, daß das gesamte Vermögen des Täters damit als aus Taten der Organisierten Kriminalität stammend behandelt wird, schlicht sachwidrig und unangemessen. Die Infektion legalen Vermögens führte hier zu der Fiktion einer Herkunft aus der Organisierten Kriminalität. Die Kontaminierung des weiteren Vermögens dient damit einerseits der Vereinfachung der Ermittlungen und nimmt andererseits auch Strafcharakter an. Denn es dient nicht dem Schutz des legalen Finanzkreislaufs oder der Strafrechtspflege, daß vormals legales Vermögen nicht auf den öffentlichen Markt zurückfließen kann.

### d) Beschränkung der Wahlverteidigung

Auch für den Rechtsanwalt bedeutet die gesetzliche Regelung einen Grundrechtseingriff.[1145] Der Strafverteidiger hat in der Situation, in der ihm ein oben beschriebenes Mandat angetragen wird, die Wahl zwischen Strafe oder Nicht-

---

[1143] Dies verkennt der *BGH*, NJW 2001, 2983, wenn er meint, eine vermehrte Anordnung der Pflichtverteidigung grenze die Rechte der Rechtsanwälte nicht ein und die Pflichtverteidigung sei keine Verteidigung *„minderer Güte"*.

[1144] So auch *BVerfG*, NJW 2004, 1305 (1310).

[1145] Bestätigt nun durch *BVerfG*, NJW 2004, 1305 ff. Zu den negativen Folgen für das Vertrauensverhältnis zwischen Mandant und Rechtsanwalt, *v. Galen*, NJW 2003, 117 f.

ausübung des Berufs.[1146] Der auf die Steuerstrafverteidigung spezialisierte Rechtsanwalt kann seinen Beruf nur noch sehr beschränkt ausüben. Eine Strafmaßverteidigung wird im Bereich des Steuerstrafverfahrens in vielen Fällen der Wahlverteidigung unmöglich sein.

Sobald der Verteidiger ein Mandat übernimmt, bei dem die hohe Wahrscheinlichkeit einer Verurteilung besteht und er einen Mandanten weiter vertritt, kann er von dieser Person kein Honorar annehmen, ohne sich der Gefahr von Ermittlungen wegen der Begehung einer Geldwäsche auszusetzen.[1147] Denn wegen der Infektion des Gesamtvermögens wird er sich vorwerfen lassen müssen, er habe um die Infizierung auch des angenommenen Vermögensgegenstandes gewußt. Daher riet etwa *Ott*[1148] dem Steuerstrafverteidiger – noch bevor der *BGH seine* Auffassung zu § 261 V StGB geäußert hatte und die Entscheidung des *BVerfG* ergangen war –, *„sorgfältig zu prüfen, ob nicht eine Mandatsniederlegung angezeigt ist"*, sobald über mehrere Veranlagungszeiträume Steuern hinterzogen worden sein könnten.[1149]

Der Steuerstrafverteidiger wird also in einer Reihe von Konstellationen gut daran tun, ein Mandat nicht als Wahlverteidiger fortzuführen, will er keine Ermittlungen wegen des Verdachts der Geldwäsche gegen seine Person riskieren und damit Gefahr laufen, einen erheblichen Reputationsverlust, vor allem gegenüber den Staatsanwaltschaften, zu erleiden.

Damit wird § 261 I StGB i.V.m. § 370a AO zu einer berufsbeschränkenden Regelung für den Rechtsanwalt im Allgemeinen und einem teilweisen mittelbaren Berufsverbot für den Steuerstrafverteidiger im Besonderen. Durch das strafbewehrte Verbot der Entgegennahme von Honorar vom Beschuldigten einerseits und die oftmals faktische Unmöglichkeit, eine angemessene Verteidigung für das gesetzliche Honorar der Pflichtverteidigung zu leisten, andererseits wird ihm der Weg zur Übernahme des Mandats gänzlich versperrt. Damit wird ein erheblicher Teil der Tätigkeit eines Steuerstrafverteidigers schlicht unmöglich gemacht oder zumindest beträchtlich erschwert. Eine Strafmaßverteidigung wird im Bereich des § 370a AO für den Wahlverteidiger faktisch verboten. Eine einschneidende Einschränkung der Berufsausübungsmöglichkeit des Verteidigers ist damit gegeben und wurde auch vom *BVerfG* gesehen.

Es handelt sich bei diesem faktischen Verbot insofern um eine objektive Berufswahlregelung im Sinne der Dreistufentheorie der Rechtsprechung des

---

[1146] Für den Steuerberater stellt sich dieses Problem in ähnlicher Dringlichkeit, dazu *Stahl*, KÖSDI 2002, 13211 f.

[1147] So hat auch schon die *CDU/CSU-Fraktion* im Finanzausschuß argumentiert, BT-Drs. 14/7471, S. 6.

[1148] In PStR 2002, 43.

[1149] *Wessing*, NJW 2003, 2270 spricht von einem bedrohlichen Strafpotential für Berater.

*BVerfGs.*[1150] Denn hier wird dem Strafverteidiger nicht lediglich das „Wie" seiner Berufsausübung vorgeschrieben, sondern es wird ihm bei bestimmten Konstellationen die Übernahme einer Verteidigung faktisch ganz verwehrt, also die Berufswahl in diesen Fällen beschränkt.

Auch eine solche nicht gezielte, sondern nur faktische Beeinträchtigung der Berufsfreiheit ist als Eingriff in Art. 12 GG unter dem Gesichtspunkt der Verhältnismäßigkeit zu bewerten, soweit – wie hier – ein enger Sachzusammenhang gegeben ist.[1151] In seiner Rechtsprechung zur Verhältnismäßigkeit berufsregelnder Maßnahmen hat das *BVerfG* in einzelnen Fällen besonders hohe Anforderungen für einen solchen Eingriff in die Berufswahlfreiheit gestellt. Werden nämlich für die Berufsauübung objektive, vom an der besonderen beruflichen Betätigung Interessierten unabhängige Bedingungen vorausgesetzt oder gar eine Tätigkeit ganz untersagt, so ist dies ein besonders schwerer Eingriff in das Freiheitsgrundrecht des Betroffenen.

Wegen dieser besonders einschneidenden Wirkung einer solcher objektiven Berufsausübungsregelung ist die Maßnahme nur dann verfassungsgemäß, wenn dieser Eingriff in die freie Berufswahl

> *„zur Abwehr nachweisbarer oder zumindest höchstwahrscheinlicher schwerer Gefahren für ein überragend wichtiges Gemeinschaftsgut zwingend notwendig ist."*[1152]

Der Gesetzgeber muß im Einzelnen dartun, welche besonders schweren Gefahren für das Gemeinschaftsgut drohen.[1153]

Eine solche Darstellung ist für § 261 StGB, § 370a AO jedoch nicht erfolgt. Es war auch für den Gesetzgeber nicht möglich, solche Beweggründe darzutun. In der Begründung heißt es lapidar, die gewerbsmäßige und bandenmäßige Steuerhinterziehung sei dem Bereich der Organisierten Kriminalität zuzurechnen.[1154]

Diese Begründung ist vor dem Hintergrund der Reichweite der Norm des § 370a AO schlicht falsch. § 370a AO erfaßt jeden Steuerpflichtigen, der in gewisser Regelmäßigkeit und in *„großem Ausmaß"* Steuerhinterziehungen begeht.[1155] Es fehlt an den wichtigsten Merkmalen der Organisierten Kriminalität. Der Gesetzgeber ist hier seiner eigenen Definition der Organisierten Kriminalität aus dem Gesetz zur Verbesserung der Bekämpfung der Organisierten Kriminalität untreu geworden. Dort heißt es:

---

[1150] Dazu wegweisend das Apothekenurteil in BVerfGE 7, 377 (405 ff.).

[1151] BVerfGE 47, 1 (21); auch *BVerwG*, NVwZ-RR 2001, 519.

[1152] BVerfGE 7, 377 (407); ebenso BVerfGE 11, 168 (183); 21, 245 (251); 25, 1 (11); 31, 8 (29).

[1153] BVerfGE 11, 169 (185).

[1154] BT-Drs. 14/7471, S. 6.

[1155] Das gibt *J. Meyer* in DStR 2002, 881 auch zu.

*„...die von Gewinn und Machtstreben bestimmte planmäßige Begehung von Straftaten, die einzeln oder in ihrer Gesamtheit von erheblicher Bedeutung sind, wenn mehr als zwei Beteiligte auf längere oder bestimmte Dauer arbeitsteilig*

*a) unter Verwendung gewerblicher oder geschäftsähnlicher Strukturen,*

*b) unter Anwendung von Gewalt oder anderer zur Einschüchterung geeigneter Mittel oder*

*c) unter Einflußnahme auf Politiker, Medien, öffentliche Verwaltung, Justiz und Wirtschaft zusammenwirken".*[1156]

Diesen Anforderungen entspricht ein Großteil der vom § 370a AO erfaßten Straftaten nicht. Keine der drei definierten Alternativen ist bei Erfüllung des § 370a AO zwingend gegeben, denn eine Begehung durch mehrere Personen sieht die Norm nicht notwendig vor.

Eine drohende Gefahr für überragend wichtige Gemeinschaftsgüter kann der Gesetzgeber aufgrund seiner Einschätzungsprärogative in der Organisierten Kriminalität zwar durchaus sehen; dies hat das *BVerfG* auch bestätigt.[1157] Jedoch ist die Neuerung der AO nicht geeignet, dieser Bedrohung verhältnismäßig entgegenzutreten. Denn § 370a AO greift weit über den Bereich des verfolgten Ziels hinaus. Soweit tatsächlich nur der Bereich der Organisierten Kriminalität betroffen würde, wäre gegen eine Strafbarkeit wegen Geldwäsche nichts einzuwenden. Eine Reduzierung des Tatbestandes des § 370a AO ist damit auch vor dem Hintergrund des Art. 12 GG verfassungsrechtlich zwingend geboten.

### e) Abschließende Bewertung des § 370a AO

Letztlich ist § 370a AO schon bei isolierter Betrachtung, vor allem aber in Verbindung mit § 261 I StGB, mit den Grundrechten und einer Reihe von rechtsstaatlichen Maximen nicht in Einklang zu bringen.

Schon bei isolierter Betrachtung des Straftatbestandes der gewerbsmäßigen bzw. bandenmäßigen Steuerhinterziehung ist ein Verstoß gegen das Schuldprinzip erkennbar, weil die angedrohte Strafe unangemessen hoch gewählt ist. Die prozessualen und finanziellen Folgen sind ebenfalls beachtlich.

Die Wirkung von § 370a AO über § 261 StGB ist allerdings deutlich verheerender. Eine Verletzung des Bestimmtheitsgrundsatzes ergibt sich schon aus dem zu unbestimmten Tatgegenstand des § 261 StGB.[1158] Die Kombination von § 370a AO und § 261 StGB jedoch stellt einen Verstoß gegen den Grundsatz des *fair trial* und gegen die Menschenwürde dar. Dem Beschuldigten wird die ef-

---

[1156] BT-Drs. 11/7663, S. 23; 13/4942, S.3 f., auch abgedruckt bei *Meyer-Goßner*, als Anlage E Nr. 2.1. zu RiStBV (A 15); ähnlich die Definition des Europäischen Rats vom 26.11.1996, Nw. bei *Suendorf*, S. 25.

[1157] Dazu *BVerfG*, NJW 2004, 1305 (1310).

[1158] Dazu S. 234 f.

fektive Strafverteidigung verwehrt, wenn der Verteidiger aus Angst vor einer Strafbarkeit gem. § 261 StGB kein Honorar mehr annehmen darf und damit nicht mehr effektiv arbeiten kann.

Dieses Honorarannahmeverbot stellt darüber hinaus für den Rechtsanwalt, der sich auf die Steuerstrafverteidigung spezialisiert hat, ein faktisches Verbot zumindest der Strafmaßverteidigung dar und verstößt daher gegen Art. 12 I GG.[1159]

Die Versuche *Hetzers*[1160], die Notwendigkeit des neuen § 370a AO und seiner Verbrechensqualifikation zu rechtfertigen, gehen dabei in politisch gefärbten, wenig sachlichen Aussagen unter. Seine Bemerkung, es bleibe den Rechtsanwälten und Steuerberatern unbelassen, *„durch Arbeit den in der Marktwirtschaft üblichen (wenn auch langwierigen) Königsweg zum Reichtum zu gehen“*[1161], spricht für sich.

Jedoch erschöpfen sich die in den Geldwäschebekämpfungsnormen auftretenden Probleme nicht in den dargelegten monita. Denn auch die weiteren Merkmale des § 261 StGB und das Geldwäschegesetz bieten eine Reihe zusätzlicher Problempunkte.

## V. Tathandlungen des § 261 StGB

Neben dem schon uferlosen Vortatenkatalog hält der § 261 StGB auch eine Fülle Reihe von vagen Tatmodalitäten bereit und geht damit bei der Bestimmung der Tathandlungen ebenfalls zu weit:

### 1. Verbergen und Verschleiern

Als taugliche Tathandlungen nennt § 261 I StGB einerseits das Verbergen und das Verschleiern der Herkunft eines inkriminierten Gegenstandes.[1162] Das Merkmal des Verbergens erfaßt *„körperlich-gegenständliche“* Handlungen, zielgerichtete Vorkehrungen, um durch die örtliche Unterbringung[1163] den Zugriff der Strafverfolgung auf den Gegenstand zu erschweren[1164], während unter dem Verschleiern der Herkunft mehr Einwirkungen auf die Vorstellungswelt

---

[1159] *V. Galen*, NJW 2003, 117 weist darüber hinaus auf die strafrechtlich nicht so versierten Rechtsanwälte hin, die auf das Zivilrecht spezialisiert sind, die Schwierigkeiten haben werden, die strafrechtliche Beurteilung richtig vorzunehmen.

[1160] *Hetzer*, ZfZ 2002, 43 f.

[1161] In DStZ 2002, 179. Ähnlich äußert er sich auch über die *„rechtstreue Wirtschaft“*, die er mit *„der Mafia“* vergleicht, Kriminalistik 2002, 654.

[1162] Diese Tathandlungsbeschreibungen verwendet auch der Art. 3 I (b) (ii) des UN-Übereinkommens.

[1163] Vor allem Ortsveränderungen, dazu *Flatten*, S. 78.

[1164] *Lackner/Kühl*, § 261/7.

eines anderen, also Täuschungshandlungen, zu fassen sind.[1165] Diese beiden Begehungsweisen sind in der Praxis jedoch nicht immer klar zu trennen.[1166]

## 2. Vereiteln und Gefährden

Das „Vereiteln"[1167] oder *„Gefährden des Auffindens, des Verfalls, der Einziehung oder Sicherstellung"* werden von § 261 I 1 StGB als zweite Gruppe genannt. Diese Begehungsweisen lehnen sich in Funktion und Auslegung an die §§ 258, 257 StGB an.[1168]

Es sind nach h.M. alle Handlungen erfaßt, die geeignet sind und darauf abzielen, den behördlichen Zugriff oder den Nachweis der illegalen Herkunft der betroffenen Vermögenswerte zu gefährden.[1169] *Krey/Dierlamm*[1170] stellen dagegen eher auf die Rückführung in den Wirtschafts- und Finanzkreislauf als kriminelle Motivation der Tathandlung und Schwerpunkt der Vorwerfbarkeit ab. Danach sind entsprechende Tathandlungen begangen, wenn durch die Rückführung in den legalen Finanzkreislauf eine Vereitelung oder Gefährdung der Maßnahmen der Strafverfolgung eintritt. Diese engere Auslegung ist sicherlich mit Rücksicht auf alle oben in Erwägung gezogenen Schutzgüter die angemessene Betrachtungsweise.

## 3. Der „Erwerbs-, Besitz- und Verwendungstatbestand"[1171] oder „Isolierungstatbestand"[1172] des § 261 II StGB

Des weiteren nennt § 261 II StGB als Tathandlungen das *„Sich oder einem Dritten Verschaffen*, das *Verwahren* oder *Verwenden"* unter Kenntnis der illegalen Herkunft. Damit sind alle Handlungen erfaßt, die einen näheren Kontakt mit dem inkriminierten Gegenstand erfordern.[1173] § 261 II StGB wurde geschaffen, um die Nahtstelle zwischen legalem und illegalem Finanzkreislauf über Abs. 1 hinaus „flächendeckend" zu erfassen.[1174] Der *Bundesrat* hat Absatz 2 des § 261 StGB als Auffangtatbestand betrachtet.[1175]

---

[1165] vgl. *Burr*, S. 79; dieser Begriff ist nach BR-Drs. 507/92 genauso zu verstehen, wie im § 283 I Nr. 8 StGB.
[1166] Vgl. *Lampe*, JZ 1994, 128; *Bottke*, wistra 1995, 121; Beispiele bei *Neuheuser* in: MüKo-StGB, § 261/61.
[1167] Der Begriff des Vereitelns ist § 258 StGB entlehnt und erfolgsbezogen, so *Schröder/Textor* in: *Fülbier/Aepfelbach*, § 261 StGB/32.
[1168] *Flatten*, S. 79.
[1169] So *Burr*, S. 79 m.w.Nw.
[1170] Vgl. *Krey/Dierlamm*, JR 1992, 354.
[1171] so BT-Drs. 12/3533, S. 11.
[1172] *Barton* StV 1993, 159.
[1173] Kritisch zu dieser weiten Auslegung, *Burr*, S. 32.
[1174] BT-Drs. 12/989, 27.
[1175] BT-Drs. 12/989, S. 27.

Die für § 259 StGB entwickelte Rechtsprechung und Literatur wollte der Gesetzgeber nach der Begründung des Gesetzesentwurfes auf § 261 StGB angewendet wissen.[1176] Das Verschaffen erfordert damit nach h.M. die Erlangung eigener, vom Vortäter unabhängiger Verfügungsgewalt im einverständlichen Zusammenwirken mit dem Vorbesitzer.[1177] Damit scheidet ein Sich-Verschaffen aus, wenn der Handelnde den Gegenstand stiehlt[1178] oder zwecks Vernichtung bzw. Rückgabe an den Berechtigten[1179] oder Abgabe an die zuständigen Behörden[1180] in seinen Besitz bringt. *Lackner*[1181] reduziert das Besitzen daher auf das Innehaben des Gewahrsams, um den Gegenstand zur Verwendung zu halten. Das *„Verwahren"* soll so alle Fälle des Besitzes des inkriminierten Gegenstandes erfassen.[1182] Das Merkmal *„Verwenden"* erfaßt jede wirtschaftliche Betätigung mittels des Gegenstandes zu eigenen Zwecken.[1183]

Auf diese Weise ist nahezu jeder Kontakt mit einem inkriminierten Gegenstand taugliche Tathandlung des § 261 II StGB.

**4. Anwendbarkeit jener Tathandlungsvarianten auf den Fall der Steuerhinterziehung**

Nach der Neufassung des § 261 I 3 StGB ist es strafbar, eine Tathandlung i.S. des § 261 I, II StGB, bezogen auf einen aus einer gewerbsmäßigen Steuerhinterziehung stammenden Vermögensbestandteil, vorzunehmen.

Jedoch erweisen sich § 261 I und II StGB bei genauerer Betrachtung als nicht auf den Fall des § 370a AO anwendbar. § 261 II StGB scheidet schon wegen der Notwendigkeit eines körperlichen Gegenstandes, den die Begriffe des Sich-Verschaffens und Verwahrens erfordern, aus. *„Sich-Verschaffen"* fordert begrifflich die Erlangung sachlicher Verfügungsgewalt über einen Gegenstand. Verwahren verlangt mit dem Besitz die tatsächliche Herrschaft über eine Sache. Daher ist eine Verwirklichung des § 261 II i.V.m. I Nr. 1 StGB und § 370a AO schon rein technisch nicht möglich, wenn Tatgegenstand nur eine unbestimmte

---

[1176] BT-Drs. 12/3533, S. 13.

[1177] So *BVerfG*, NJW 2004, 1305 (1306), Hoyer in SK-StGB, § 261/18; *Stree* in: *Schönke/Schröder*, § 261/13; *Tröndle/Fischer*, § 261/24; a.A. *Roth*, JA 1988, 207, der dies schon bei der Hehlerei ablehnt und *Altenhain* in: NK-StGB, § 261/114. Soweit *Altenhain* dort *BVerfG* a.a.O. für sich geltend macht, so ist dies nicht zutreffend, da es in der genannten Entscheidung lediglich heißt, es müsse kein „kollusives Zusammenwirken" vorliegen. Der zweite Senat fordert jedoch a.a.O. ausdrücklich einen Erwerb *„im Einvernehmen mit dem Vortäter"*.

[1178] *Rudolphi*, JA 1981, 6.

[1179] BGHSt 5, 47 (51).

[1180] BayOblGSt, 1959, 78 (80).

[1181] *Lackner/Kühl*[22], § 261/8.

[1182] So die Begründung des Gesetzesentwurfs, BT-Drs. 12/3533, S. 13; auch *BGH* bei Holtz MDR 1991, 1022.

[1183] Dazu BT-Drs. 12/3533, S. 13.

Steuer**forderung** sein soll. Auch das „*Verbergen*" als Tathandlung des § 261 I 1 StGB erfordert eine gegenständliche Handlung und kann daher an einer reinen Vermögensposition nicht vorgenommen werden.

Als Möglichkeit der Anwendung des § 261 I StGB auf den oben eingehend erörterten § 370a AO verbleibt also nur ein Teil der Tathandlungen des § 261 I 1 StGB. Der Täter muß die Herkunft des Vermögensbestandteils, hinsichtlich dessen Abgaben hinterzogen worden sind, verschleiern bzw. das Auffinden, den Verfall, die Sicherstellung oder die Einziehung gefährden oder vereiteln.

### 5. Einschränkung des § 261 II durch § 261 VI StGB

Eine Einschränkung erfährt § 261 II durch § 261 VI StGB, der den Tatbestand dann ausschließt, wenn ein anderer die Sache zwischenzeitlich ohne Begehung einer Straftat erlangt hat. Dieser § 261 VI StGB soll die Bildung „*unangemessen langer Ketten*"[1184] verhindern, die nicht mehr zurückverfolgbar wären. Er soll weiterhin dem Schutz des allgemeinen Rechtsverkehrs in der Weise dienen, daß er das Vertrauen des redlichen Wirtschaftsverkehrs schützt, der mit inkriminierten Gütern in Kontakt kommt. Daher ist auch eine zivilrechtliche Unwirksamkeit der Übereignung nach § 935 I BGB im Rahmen der Strafbarkeit nicht beachtlich, soweit der Erwerber nicht wenigstens leichtfertig handelt.[1185]

Wegen dieser Einschränkung ist die Abgrenzung der einzelnen Tatbestandsalternativen wichtig. Denn § 261 VI gilt für § 261 I StGB nicht. Da aber ein „*Verbergen*" oder „*Verschleiern der Herkunft*" final auszulegen ist[1186], scheinen sich die praktischen Abgrenzungsschwierigkeiten hier in Grenzen zu halten, denn es ist im Falle dieser Tatvarianten dolus directus 1. Grades zu fordern. § 261 II StGB ist ein bloßer Auffangtatbestand. Nur wenn die Subsumtion unter § 261 I StGB scheitert, kommt eine Strafbarkeit gem. § 261 II StGB in Betracht.

## VI. Subjektiver Tatbestand der §§ 261 I, II StGB

§ 261 I StGB erfordert im subjektiven Tatbestand die vorsätzliche Begehung (§ 15 StGB). Der Handelnde muß daher Vorsatz bezüglich der Herkunft des Vermögensgegenstandes und Vorsatz bezüglich der Tathandlung aufweisen. Im Hinblick auf die Tathandlungen des Verbergens und des Verschleierns ist jedoch, aufgrund der finalen begrifflichen Ausrichtung des Wortlauts in Bezug auf den durch die Tat angestrebten Erfolg des Verbergens und Verschleierns, dolus directus 1. Grades zu fordern. Denn diese beiden Handlungen erfordern

[1184] *Flatten*, S. 82.
[1185] *Flatten*, S. 82.
[1186] So *Flatten*, S. 84.

zielgerichtetes Handeln.[1187] Für die weiteren Tathandlungsvarianten wird jedoch lediglich dolus eventualis verlangt.

Es ist systematisch überraschend, daß § 261 StGB in diesen Tathandlungsvarianten, im Gegensatz zu den anderen Straftatbeständen im 21. Abschnitt, nur so geringe subjektive Anforderungen stellt. Denn das ist in diesem Abschnitt vollkommen untypisch. Alle anderen Delikte erfordern über den dolus eventualis hinaus dolus directus (§ 258 StGB) oder eine weitergehende Absicht (§§ 257[1188], 259 f.[1189] StGB).[1190] Insofern ist § 261 StGB mit seinen geringen Anforderungen sogar in diesem uneinheitlichen Abschnitt ein Fremdkörper, auch wenn zuzugeben ist, daß der 21. Abschnitt des StGB als solcher schon keinen einheitlichen Funktionszweck hat.

Doch der Gesetzgeber hat auf höhere Vorsatzanforderungen im Hinblick auf die Beschränkung auf „schwerwiegende Vortaten" bewußt verzichtet.[1191]

### VII. Gewerbsmäßige Geldwäsche gem. § 261 IV StGB

Die gewerbsmäßige Geldwäsche stellt ein Kuriosum im Rahmen des Straftatbestandes dar. Dieses strafschärfende Regelbeispiel zeigt sehr deutlich, daß der Gesetzgeber sich von seinem eigentlichen Ziel, Bekämpfung der Organisierten Kriminalität gelöst hat. Es wird hier ein Umstand zur Begründung einer Strafschärfung herangezogen, der bei konsequenter Anwendung der Zielsetzung eigentlich schon strafbegründend sein sollte, denn das gewerbs- und bandenmäßige handeln stellt ein strukturelles Element der Organisierten Kriminalität dar.[1192] Nur die Organisierte Kriminalität sollte mit dem Tatbestand des § 261 StGB bekämpft werden.

In § 261 IV StGB wird die Strafdrohung auf eine Mindeststrafe von 6 Monaten angehoben. Überraschen ist, daß eine Strafschärfung mit einem typischen Merkmal dieser Kriminalitätsform verbunden worden ist.

Stellt man sich also einen Fall vor, in dem eine Bande eine Reihe von Diebstählen begeht und die erlangten Sachen dann gemeinsam irgendwo verwahrt, um sie später zu veräußern, dann liegt ein Fall des § 261 I, II Nr. 2, IV StGB vor. Die Täter, die in einer Bande organisiert stehlen und die Sachen dann gemeinsam verstecken, verwirklichen auch den § 261 I, II Nr. 2 StGB als Mitglieder einer Bande, die sich zumindest auch zur fortgesetzten Begehung solche Taten

---

[1187] So *Lackner/Kühl*, § 261/7.

[1188] Es ist hier zielgerichtetes Handeln bezüglich des Taterfolges, Sicherung der Vorteile notwendig, *Lackner/Kühl*, § 257/5.

[1189] § 259 erfordert Bereicherungsabsicht und nur § 148 b GewO stellt für gewerbsmäßig handelnde Personen die fahrlässige Hehlerei von Edelmetallen und Edelsteinen unter Strafe.

[1190] Dazu *Flatten*, S. 112.

[1191] BT-Drs. 12/3533, S. 13.

[1192] Zur Definition der Organisierten Kriminalität, vgl. S. 163 f.

verbunden hat. Denn wenn sie die „Beute" verwahren, dann erfüllen sie auch zwangsläufig den Tatbestand des § 261 I, II Nr. 2 StGB und, da sie die Verwahrung der Sachen auch in der Bande vornehmen, kommt § 261 IV StGB hinzu, da die Bande, die in der Regel auch Absatzabsichten hegen wird, sich dann auch zur Begehung von Geldwäschetaten verbunden hat.

Jedes gewerbs- oder bandenmäßige Stehlen wird nahezu zwangsläufig zu einem Fall des § 261 IV StGB.

## VIII. Leichtfertige Geldwäsche gem. § 261 V StGB

Der Gesetzgeber hat – wie oben angesprochen – in den Geldwäschetatbestand auch eine leichtfertige Begehungsmodalität aufgenommen.[1193] Wer also die sich ihm aufdrängende Möglichkeit außer Acht läßt, daß der betreffende Vermögensgegenstand aus einer Katalogtat stammt oder wer besondere Schutzpflichten verletzt und deswegen die besondere kriminelle Herkunft nicht erkennt[1194], macht sich nach § 261 V StGB strafbar, wenn er eine der Tathandlungen vorsätzlich vornimmt.

### 1. Gesetzgeberische Intention

Durch diesen Auffangtatbestand[1195] sollen die Fälle erfaßt werden, in denen der Vorsatz bezüglich der Katalogtat des Abs.1 nicht nachweisbar ist.[1196]

Über diese leichtfertige Tatmodalität hinaus wurde im Rahmen des Gesetzgebungsverfahrens auch eine Einbeziehung der „einfachen" Fahrlässigkeit in den § 261 V StGB erörtert, um eine umfassende Gewinnabschöpfung im Bereich der Organisierten Kriminalität zu ermöglichen.[1197] Damit wäre es jedoch zu einer noch stärkeren Kriminalisierung des „allgemeinen Geschäftsverkehrs" gekommen.[1198] Daher wurde diese Einbeziehung der Fahrlässigkeit in den Tatbestand im Rechtsausschuß abgelehnt.[1199]

---

[1193] Damit hat der deutsche Gesetzgeber die Forderung der EG-Richtlinie nach Strafe für vorsätzliche Begehung übertroffen. Dazu auch *Flatten*, S. 113 und *Altenhain* in: NK-StGB, § 261/37.

[1194] Vgl. BT-Drs. 12/989, S. 28; *BGH*, NJW 1997, 3323 (3325); LG Berlin, NStZ 2004, 103 (104); *Hoyer* in: SK-StGB § 261/27, *Altenhain* in: NK-StGB, § 261/139; *Tröndle/Fischer*, § 261/42 m.w.Nw.; ebenso *Burr*, S. 84, der die Pflichten zur internen Sicherung aus § 14 GwG nennt.

[1195] Zum Charakter als Auffangtatbestand BT-Drs. 12/989, S. 27.; 12/3533, S. 14, ebenso *Lackner/Kühl*, § 261/19.

[1196] BT-Drs. 12/989, S.27. Obwohl der Vorsatz im Bereich der gerade im Bereich der Kriminalität durch Berater schon recht weit ausgedehnt wird, dazu *BGH* NStZ 2000, 34.

[1197] Die *SPD-Fraktion* (BT-Drs. 12/6784) und der *Bundesrat* haben diese Ausweitung gefordert (BR-Drs. 672/93); ebenso auch *Hetzer*, NJW 1993, 3299.

[1198] So *Flatten*, S. 169

[1199] BT-Drs. 12/2720, S. 43 f.

Eine effektivere Bekämpfung der Geldwäsche wäre auch mit einer solchen Ausweitung nicht möglich, denn an dem Nachweis des leichtfertigen Nichterkennens scheitert die Strafbarkeit wohl nur in den seltensten Fällen. Es müßte mit einer Flut von Anzeigen durch die Bankmitarbeiter gerechnet werden, die sich selbst vor der Strafbarkeit schützen wollen.[1200] Daher hat der Gesetzgeber (zunächst) von einer weiteren Verschärfung des § 261 StGB abgesehen.

### 2. Kritik

Doch schon gegen den Leichtfertigkeitstatbestand wurde weitreichende Kritik geäußert. *Flatten*[1201] kritisiert den Gesetzgeber schon im Ansatz dahingehend, daß er hier den Grundsatz des nur vorsätzlich begehbaren Vermögensdeliktes durchbrochen habe. Jedoch übersieht er dabei, daß es sich bei § 261 StGB nicht um ein echtes Vermögensdelikt handelt.[1202]

Weiterhin konzentriert sich die Strafbarkeit nach seiner Auffassung im Bereich der leichtfertigen Begehungsweise auf den falschen Täterkreis, nämlich auf das Werkzeug des handelnden Hintermanns und nicht auf diesen selbst.[1203] Es werde hier vornehmlich der Bankangestellte getroffen, nicht aber der Vortäter, auf den das Gesetz nach seiner Konzeption zielt.

Entscheidend sind aber in diesem Zusammenhang weniger die systematischen als mehr die verfassungsrechtlichen Bedenken gegen die geringen Anforderungen des § 261 V StGB. Es ist zweifelhaft, ob wegen des weiten Rahmens des objektiven Tatbestandes das Prinzip des Strafrechts als ultima ratio noch gewahrt sein kann. Denn im Hinblick auf die Vielzahl der Begehungsmodalitäten in § 261 II StGB erscheint auch der Anwendungsbereich der leichtfertigen Begehungsweise unangemessen weit.[1204]

#### a) Verstoß gegen den Zweifelsgrundsatz

Doch auch in anderer Hinsicht sind gegen den Leichtfertigkeitstatbestand Einwände zu erheben. Die Begründung, die Strafbarkeit der leichtfertigen Geldwäsche ermögliche eine effektivere Bekämpfung der Geldwäsche, ist nach *Burr*[1205] eine reine Tautologie.

Genaugenommen ist sie jedoch ein Paradoxon. Wer die Strafbarkeit der Geldwäsche weiter definiert, um eine effektivere Bekämpfung der dadurch stark steigenden Zahl der Straftaten zu gewährleisten, handelt contraproduktiv. Durch

---

[1200] Ähnlich *Flatten*, S. 171.
[1201] *Flatten*, S.111, ähnlich auch *Keidel*, Kriminalistik 1996, 406.
[1202] Vgl. S. 183 ff.
[1203] *Flatten*, S. 172.
[1204] Mit deutlichen Zweifeln an der Rechtmäßigkeit dieses Tatbestandes auch *Fülbier*, ZBB 1996, 72.
[1205] *Burr*, S. 83.

die steigende Anzahl der Geldwäschestraftaten wird gerade keine effektive Bekämpfung der Geldwäsche gewährleistet. Allenfalls wird es möglich sein, in absoluten Zahlen mehr Täter zu ermitteln und zu verurteilen. Dies sind jedoch zum Teil solche Personen, die vor der Gesetzesänderung straffrei gewesen wären. Daher ist der, trotz seiner Kritik dem Tatbestand grundsätzlich zustimmenden Auffassung *Burrs*, die

> „*Ausdehnung der Strafbarkeit der Geldwäsche auf Fälle der leichtfertigen Unkenntnis der bemakelten Herkunft*" sei „*dennoch legitim*", denn „*der Schwerpunkt des tatbestandsmäßigen Unrechts liegt in der Verwirklichung des objektiven Tatbestandes, der gerade wegen der Weite des subjektiven Tatbestandes durch den Vortatenkatalog begrenzt wurde*"[1206],

entschieden entgegenzutreten.

Der „begrenzende" Vortatenkatalog ist im Laufe des Gesetzgebungsverfahrens in einer Weise aufgebläht worden, die ihn seinem eigentlichen Zweck, der Eingrenzung des Geldwäschetatbestandes auf Vortaten aus dem Bereich der Organisierten Kriminalität, nicht mehr effektiv gerecht werden läßt.[1207] Damit findet eine Beschränkung des Anwendungsbereichs auf schwere Straftaten durch § 261 I StGB nicht mehr statt. Weitere Probleme ergeben sich aus der Gesetzesbegründung, die *Burr*[1208] trotz seiner grundsätzlichen Zustimmung zu Recht ebenfalls als bedenklich bezeichnet. In den entsprechenden Bundestags-Drucksachen heißt es:

> „*Um auftretende Beweisschwierigkeiten zu vermeiden und eine wirksame Strafverfolgung der Geldwäscher sicherzustellen, ist eine Ausdehnung des Straftatbestandes in den Bereich der Leichtfertigkeit unabdingbar.*"[1209]

Aus diesen Gründen wurde schon in § 261 I StGB der Vortäter in den Anwendungsbereich mit aufgenommen.[1210]

Unter rechtsstaatlichen Gesichtspunkten steht diese Regelung jedoch nur im Einklang mit schon lange überwunden geglaubten Rechtstraditionen. Denn schon das mittelalterliche Strafrecht kannte die sog. Verdachtsstrafe als *poena*

---

1206 *Burr*, S. 83.
1207 Vgl. S. 200 ff.
1208 *Burr*, S. 83.
1209 BT-Drs. 12/989, S.27; ähnlich auch BT-Drs. 12/3533, S. 14. Die Gesetzesvorschläge der *SPD-Fraktion*, BT-Drs. 11/5313, 12/731, im *Bundestag* sah schon früher einen § 257a StGB vor, der sogar jede fahrlässige Geldwäsche unter Strafe stellen; ohne verfassungsrechtliche Bedenken hinsichtlich der leichtfertigen Geldwäsche, *BGH*, NStZ 1998, 42 (44).
1210 BT-Drs. 13/8651, S. 10; *Meyer/Hetzer*, NJW 1998, 1020.

*extraordinaria*[1211], die verhängt wurde, wenn es nicht möglich war, den vollen Schuldbeweis zu erbringen.[1212]

Damit wird der Boden des Rechtsstaates verlassen und der Grundsatz in dubio pro reo grob mißachtet bzw. umgangen.[1213] Es kommt zu einer Vorsatzindizierung.[1214] Ein Gesetzgeber, der eine solche Begründung gibt, sollte über eine grundsätzliche Abschaffung der Erforderlichkeit des Vorsatzes nachdenken; denn hier entstehen sehr häufig Beweisprobleme, insbesondere, wenn wie etwa im Hehlerei oder Betrugstatbestand Absichten oder das sichere Wissen des Täters Tatbestandsmerkmale sind.

In § 261 V StGB wird der Straftatbestand von der streng rechtsstaatlichen Unrechtsfestlegung als ultima ratio zur unverhältnismäßigen und opportunistisch eingesetzten Lenkungsnorm.[1215]

Zwar könnte man hier materiell erwägen, die Strafbarkeit auf die Schuld und die Sozialwidrigkeit auch der leichtfertigen Geldwäsche zu stützen[1216], jedoch geht die Begründung des Gesetzgebers eindeutig in eine andere, kriminalpolitisch nicht vertretbare Richtung und die kriminalpolitische Notwendigkeit einer Leichtfertigkeitsstrafe hat der Gesetzgeber in der Begründung nicht einmal vorgetragen. Dem Prinzip der Strafe als ultima ratio wird diese Strafbarkeit, selbst mit der Begründung der Sozialwidrigkeit, nicht gerecht.

Insbesondere im Hinblick auf die sehr weite Ausdehnung des Eventualvorsatzes durch den *BGH* in Entscheidungen zum Gehilfenvorsatz[1217] ist diese Änderung nicht zu verstehen. Denn der *BGH* hatte in diesen Entscheidungen den Grundsatz aufgestellt, daß derjenige der als „Hilfeleistender" ein hohes Risiko eines strafbaren Verhaltens des Haupttäters erkenne, schon mit Vorsatz handele. Die Abgrenzung des Eventualvorsatzes von der bewußten Fahrlässigkeit bzw. zur Leichtfertigkeit droht hier schon ohne Korrektur des Tatbestandes zu zerfließen.

---

[1211] Zur Verdachtsstrafe, *Boldt*, S. 138; ausführlich dazu auch *Schaffstein*, ZStW 101, 503 ff.

[1212] Anders *Krey/Dierlamm*, JZ 1992, 359, die den Leichtfertigkeitstatbestand als notwendig ansehen und aufgrund der gegeben Sozialschädlichkeit des Verhaltens eine Verdachtsstrafe verneinen. Auch *Bottermann* (S. 133) verneint hier die Vergleichbarkeit mit einer Verdachtsstrafe. *Schröder/Textor* in: *Fülbier/Aepfelbach*, § 261 StGB/85 f., m.w.Nw erörtern in diesem Zusammenhang auch einen Verstoß gegen das Bestimmtheitsgebot.

[1213] Da nach der EU Richtlinie auch nur vorsätzliche Handlungen als Geldwäsche betrachtet werden (dazu *Hoyer/Klos*, S. 65), steht hier der Überprüfung des Leichtfertigkeitstatbestandes am deutschen Verfassungsrecht auch das Europarecht keinesfalls im Wege.

[1214] So auch *Feigen*, S. 157.

[1215] So i.E. auch *Feigen*, S. 156 m.w.Nw. In ähnlichem Zusammenhang spricht *Sánchez*, S. 125 von einem *„globalen Steuerungssystem"*.

[1216] So etwa *Krey/Dierlamm*, JR 1992, 359, i.E. anders *Bottermann*, S. 133 mit Literaturnachweisen zum § 264 StGB, der im Bereich des leichtfertigen Subventionsbetrug eine ähnliche Problemkonstellation eröffnet.

[1217] In NStZ 2000, 34.

### b) Verstoß gegen das Willkürverbot

Ein weiteres Argument führt hier zur Bewertung des § 261 V StGB als verfassungswidrig. Denn die Leichtfertigkeitsstrafbarkeit gibt den Strafverfolgungsbehörden einen großen, unerwünschten Beurteilungsspielraum in die Hand, der zu einer Ausweitung des Opportunitätsprinzips führt. Das kann jedoch im Strafrecht aufgrund der Geltung des Legalitätsprinzips nicht erwünscht sein.[1218] Im Rahmen der Leichtfertigkeitsprüfung hängt es nämlich noch mehr von der Auffassung des einzelnen Amtsträgers ab, ob er einfache Fahrlässigkeit und damit Straffreiheit annimmt oder schon auf grobe Fahrlässigkeit erkennt und damit ein Strafverfahren einleitet.

Die folgende Argumentation von *Suendorf*, die die Legitimität des § 261 V StGB stützen soll, führt die Beliebigkeit der Strafe in diesem Zusammenhang noch einmal vor Augen: Dem Gericht sei es nach § 261 IX, X StGB möglich, nach seinem Ermessen in bestimmten Fällen die Strafe zu mildern oder von Strafe abzusehen. Die Bestrafung aus § 261 V StGB sei damit der *„extreme Ausnahmefall"*.[1219]

Die Strafnorm des § 261 V StGB wird hiermit zum Instrument gerichtlicher Beliebigkeit. Strafbarkeit und Strafe werden ins Ermessen des Gerichts gestellt. Damit weicht das Gesetz vom Legalitätsprinzip des Strafrechts ab gibt und dem Opportunitätsgrundsatzes zu viel Raum.

### c) Verstoß gegen den Bestimmtheitsgrundsatz

Diese gesetzgeberische Praxis steht weiterhin im Widerspruch zur Rechtsprechung des *BVerfG* zum rechtsstaatlichen Bestimmtheitsgrundsatz.[1220] Es sind hier nämlich die Voraussetzungen der Strafbarkeit nicht so genau bestimmt, daß absehbar wäre, wann die Strafe verhängt werden darf oder wird. Die Anforderung, daß jedermann sein Verhalten so einrichten kann, daß er nicht gegen die Strafnorm verstößt[1221], hat der Gesetzgeber nicht erfüllt, wenn die Grenze zwischen Strafbarkeit und Straflosigkeit durch den Verzicht auf Vorsatzerfordernis auf diese Weise aufgeweicht wird.

---

[1218] Dieses Leichtfertigkeitserfordernis führte schon im Rahmen des § 264 IV StGB zu hitzigen Diskussionen über die Strafwürdigkeit fahrlässiger Vermögensverletzungen; Nw. bei *Tröndle/Fischer*, § 264/24.

[1219] *Suendorf*, S. 266. Damit drängt sich die Frage auf, warum eine Strafnorm geschaffen wird, die nur im *„absoluten Ausnahmefall"* zur Anwendung kommen soll. Wenn ein strafwürdiges Unrecht innerhalb des Tatbestandes die Ausnahme ist, dann wäre es unter Rücksicht auf das Verhältnismäßigkeitsprinzip nur konsequent die Handlung nicht strafbar zu stellen.

[1220] Dazu noch einmal eindrücklich zusammenfassend, *BVerfG*, NJW 2002, 1779 ff.

[1221] So die ständige Rechtsprechung des *BVerfG*, BVerfGE 73, 206 (234); 75, 329 (340); 78, 374 (381 f.) zum Bestimmtheitsprinzip.

### d) Gesamtwertung

Damit stellt § 261 V StGB mit seiner „Zufälligkeit" der Strafe auch einen Verstoß gegen Art. 103 II GG dar. Der Gesetzgeber hat die Strafbarkeit zu weitgehend in die Hand des Richters gelegt. Der Begriff der Leichtfertigkeit ist so weit gefaßt, daß es dem Richter im Ergebnis frei steht, ob er eine Strafbarkeit annimmt oder nicht. § 261 V StGB verletzt damit das Willkürverbot und das Verhältnismäßigkeitsprinzip ebenso wie es gegen den Schuldgrundsatz und das Bestimmtheitsgebot verstößt.

Der *BGH* hat sich in seiner Entscheidung zur Verfassungsmäßigkeit der Strafbarkeit der leichtfertigen Geldwäsche auf internationale Verpflichtungen des Bundesgesetzgebers berufen und damit die Strafbarkeit wegen leichtfertiger Geldwäsche begründet. Der Gesetzgeber sei gezwungen, auch die leichtfertige Geldwäsche unter Strafe zu stellen.[1222] Doch hier geht die Argumentation des *BGH* fehl. Die europäischen Geldwäsche-Richtlinien[1223] sehen eine Strafbarkeit der leichtfertigen Geldwäsche gerade nicht vor.[1224]

Auch nach der zweiten europäischen Richtlinie zur Stärkung der Geldwäschebekämpfung vom 24.12.2001 ist leichtfertige Handlung keinesfalls eine strafbare Geldwäschehandlung, denn es sind von der Definition der Geldwäsche explizit nur vorsätzliche Handlungen erfaßt.[1225] Daher kann der Gesetzgeber sich auch nicht auf die Umsetzung von Gemeinschaftsrecht berufen, um diesen Verfassungsbruch zu rechtfertigen.[1226]

## 4. Spezielle Problematik für Bankangestellte

Für Bankangestellte, die beruflich bedingt besonders häufig mit kontaminierten Vermögenswerten in Berührung kommen, ergeben sich durch die Fahrlässigkeitsstrafbarkeit besondere Probleme, z.B. wenn auf das Konto eines Kunden, der sonst über wenig Geld verfügte, eine hohe Einzahlung eingeht, die genauso gut aus einer Erbschaft wie aus dem Handel mit Betäubungsmittel stammen kann.

In diesen Fällen kann sich nach der Gesetzeslage für den Strafverfolgungsbeamten der Verdacht der leichtfertigen Geldwäsche ergeben, wenn der Angestellte die Einzahlung unbeanstandet annimmt. Der Bankangestellte muß also im

---

[1222] *BGH*, NStZ 1998, 42 (44) in eine ähnliche Richtung auch *BVerfG*, NJW 2004, 1305 (1310), wo es heißt, der Gesetzgeber sei mit der Schaffung des § 261 StGB einer internationalen Verpflichtung nachgekommen.

[1223] Dazu S. 170 ff.

[1224] Dazu auch *Flatten*, S. 113 m.w.Nw.

[1225] Nr. 91/308/EWG, Abl. EG Nr. L. 166/79.

[1226] Von der Bearbeitung der Frage, ob ein solcher Verfassungsbruch rechtmäßig wäre, wenn die Richtlinie eine Strafbarkeit leichtfertiger Geldwäsche vorschriebe soll hier abgesehen werden.

Zweifelsfall, wenn er sich vor strafrechtlichen Konsequenzen schützen will, eine entsprechende Anzeige erstatten. Der Bankgeschäftsverkehr wird dadurch einerseits erheblich behindert, andererseits entsteht eine erhebliche Rechtsunsicherheit.

### a) Fehlende strafrechtliche Ausbildung

*Flatten* macht auf die Probleme aufmerksam, die für den Bankangestellten dadurch entstehen, daß er würdigen muß – wenn er die „Vorgeschichte" des Vermögenswertes kennt –, ob das Geld aus einem Verbrechen (etwa § 249 StGB) oder einem Vergehen (§ 242 StGB) stammt.[1227] Denn eine solide strafrechtliche Ausbildung kann von keinem Bankangestellten erwartet werden. Die Erweiterung auf andere Berufsgruppen, wie etwa Rechtsanwälte, Notare, Wirtschaftsprüfer und Steuerberater sowie Immobilienmakler und Kunsthändler durch die Verschärfungen der europäischen Geldwäscherichtlinie verkompliziert das hier gegebene Problem zusätzlich.

Suendorf[1228] widerspricht der dargelegten Risikoeinschätzung mit dem Argument, es ergeben sich aus dem § 261 V StGB keine zu hohen Strafbarkeitsrisiken für die Bankangestellten, denn die Leichtfertigkeit beziehe sich nur auf die Vortat. Geld sehe man es nicht an, woher es komme. Daher könne es diesbezüglich auch keine Leichtfertigkeit geben und §§ 261 IX, X StGB begrenzten darüber hinaus das Risiko der Angestellten.

Aber diese Hinweise helfen nur wenig, da die Problematik der fehlenden strafrechtlichen Kenntnisse gerade im hier gefährlichen Bereich der Vortat entscheidend ist. Der Bankbedienstete kann die strafrechtliche Einordnung nicht vornehmen und läuft daher immer Gefahr, sich der Strafverfolgung wegen § 261 V StGB auszusetzen. Er wird sich immer der Gefahr des Vorwurfes aussetzen, daß er die Möglichkeit der Geldwäschetauglichkeit des angenommenen Vermögensgegenstandes hätte erkennen müssen. Dieses „Damoklesschwert" gibt den Strafverfolgungsbehörden in der Praxis ein hervorragendes Druckmittel in die Hand, um den einzelnen Bankangestellten in diesen und anderen Fragen zur Kooperation zu bewegen.

### b) Drucksituation durch Verpflichtung zur Geheimhaltung

Des weiteren entsteht nach *Otto* auch für den Bankangestellten im Zusammenspiel mit § 12 GwG evtl. eine schwierige Situation dadurch, daß die leichtfertige Verkennung der Vortat die Strafbarkeit begründen kann. Denn

> *„erstatte der Betroffene keine Anzeige. so mache er sich nach § 261 Abs. 5 StGB strafbar"*, zeige er aber an, *„so mache er sich zivilrechtlich schadenersatzpflichtig*

---

[1227] *Flatten*, S. 63.

[1228] *Suendorf*, S. 266.

*und strafbar wegen der Verletzung eines Privatgeheimnisses nach § 203 Abs. 2 Nr. 1 StGB".*[1229]

Dem entgegnet *Burr*[1230], daß zwar die Bankangestellten durch das GwG und den § 261 StGB mehr in die Pflicht genommen und dadurch insbesondere strafrechtlichen Risiken und Schadensersatzansprüchen ausgesetzt würden[1231]; jedoch sei dies nicht *„überzubewerten"*. Nach der Gesetzesbegründung[1232] und entgegen der Ansicht *Ottos* müsse sich das Verschulden des Bankangestellten im Sinne des § 12 GwG auf die Unwahrheit der Anzeige beziehen. Eine Verantwortlichkeit des Bankangestellten komme *„nicht in Betracht, solange die zu Grunde gelegten Tatsachen der Wahrheit entsprechen"*.[1233]

Des weiteren sei die fahrlässige Verletzung eines Privatgeheimnisses nicht strafbar, so daß nach der „h.M." auch bei nur irriger Annahme einer Offenbarungsbefugnis nach dem GwG eine Strafbarkeit nach § 203 StGB ausscheide.[1234]

Dem ist grundsätzlich zuzustimmen. Problematisch wird die Situation für den Bankangestellten aber dann, wenn er sich nicht sicher ist und es zwar für möglich hält, daß der Vermögensgegenstand aus einer Vortat stammt, es aber für genauso wahrscheinlich hält, daß der Gegenstand aus einer Handlung herrührt die keine Geldwäschevortat ist. Dann läge nämlich ein Alternativvorsatz bezüglich beider Möglichkeiten vor. Wenn der Bankangestellte dann eine unbefugte Meldung macht, greift § 203 StGB ein; meldet er nicht kommt § 261 StGB in Betracht. Hier käme ihm dann nur noch ein Verbotsirrtum zur Hilfe, der aufgrund der hohen Anforderungen der Rechtsprechung für die Annahme einer Straffreiheit aus § 17 StGB[1235] nur einen schwachen Trost darstellt.

Daher sollte eine Regelung im Rahmen des Bankrechtes enger an die Pflichten des einzelnen Bankmitarbeiters geknüpft werden und so nur dann eine Strafbarkeit entstehen, wenn dem Bankmitarbeiter eine vorsätzliche Vernachlässigung dieser Pflicht nachzuweisen ist.[1236] Denn auch eine Rufschädigung für den

---

[1229] In ZKred 1994, 63; ebenso *Obermüller*, Kriminalistik 1992, 362.

[1230] *Burr*, S. 85.

[1231] *Flatten*, S. 61 spricht von einem *„möglicherweise erhöhten Risiko"* für Bankangestellte.

[1232] BT-Drs. 12/2704, S. 19.

[1233] *Findeisen* beläßt es in wistra 1997, 122 bei dem Hinweis, § 11 GwG stelle den Anzeigenden *„von zivilrechtlicher bzw. strafrechtlicher Verantwortung frei"*.

[1234] *Burr, S.* 85. Zwar ist richtig, daß die fahrlässige Verletzung von Privatgeheimnissen nicht strafbar ist, aber hier sollte berücksichtigt werden, daß nach der Auffassung des *BGH* (BGHSt 1, 366 (368)), dazu auch *Tröndle/Fischer*, § 203/37 ff., die Befugnis zur Offenbarung einen Rechtfertigungsgrund darstellen kann und damit ein Irrtum über die Tatsachenlage einen Erlaubnistatbestandsirrtum und die falsche rechtliche Einschätzung einen Erlaubnisirrtum darstellt, der nur bei Unvermeidbarkeit die Strafbarkeit ausschließt.

[1235] Dazu BGHSt 2, 194 (201 f.); *OLG Frankfurt a.M.*, NStZ-RR 2003, 263.

[1236] Dazu *Flatten*, S. 118 ff.

Bankkunden, dessen Bankgeschäft wegen eines Geldwäscheverdachts überprüft wird, ist in der Praxis durchaus möglich.

### c) Wirkung des § 261 IX 1 StGB bei leichtfertiger Geldwäsche

Entgegen der Auffassung *Suendorfs*[1237] schützt die Regelung des § 261 IX 1 StGB den Bankmitarbeiter nicht vor dem hohen Risiko, sich strafbar zu machen. Eine nachträgliche Anzeige, die strafbefreiend wirkt, erfordert nämlich einen Verdacht der Geldwäsche auf Seiten des Angestellten. Diesen Verdacht hatte er jedoch im Falle einer leichtfertigen Begehung regelmäßig nicht, sonst hätte der Bankangestellte die Transaktion gerade nicht durchgeführt bzw. vorsätzlich gehandelt.[1238] *Flatten* betrachtet daher die Ausweitung des Tatbestandes auf die Leichtfertigkeit - ohne feste Kriterien der Fahrlässigkeit - als für Bankangestellte unerträglich, weil sie zwangsläufig mit „schmutzigem" Geld zu tun haben.[1239]

Die Regelung führt darüber hinaus zu einer Überspannung der Anforderungen an die zur Meldung Verpflichteten und zu einer Arbeitsüberlastung für die zuständigen Meldebehörden. Nur so konnte es zu einer Situation kommen, in der das Handelsblatt am 12.11.2001, S. 2 titelte: *„Anzeigenwelle überrollt Fahnder"*. In diesem Artikel wird dargestellt, daß die routinemäßige Meldung von Bartransaktionen von über 15.000 € zu einer Überlastung der Strafverfolgungsbehörden durch solche Anzeigen führt. Die Strafbarkeit wegen grob fahrlässiger Geldwäsche ist daher weder praktisch noch verfassungsrechtlich vertretbar, und § 261 V StGB sollte unverzüglich ersatzlos gestrichen werden.

## 5. Reduzierung des § 261 V durch das ungeschriebene Merkmal der Meldepflichtverletzung

Um diesem Problem die Schärfe zu nehmen, wird diskutiert, die Leichtfertigkeitsstrafbarkeit nur dann anzunehmen, wenn der Bankangestellte eine Geldwäschehandlung vornimmt und gegen seine Meldepflicht im Bezug auf einen Verdachtsfall verstößt.[1240] Damit würde eine Strafbarkeit begründet, die sich vor allem auf ein Unterlassen stützt. Eine solche Unterlassensstrafbarkeit kommt jedoch nach § 13 StGB nur bei Vorliegen einer Garantenpflicht in Betracht, die den einzelnen Unterlassenden rechtlich zur Erfolgsabwendung verpflichtet. Streitig ist jedoch, ob sich aus den §§ 11, 14 GwG eine solche Garantenpflicht herleiten läßt.[1241]

---

[1237] *Suendorf*, S. 266.
[1238] So auch *Flatten*, S. 113.
[1239] *Flatten*, S. 114.
[1240] Dazu *Flatten*, S. 117.
[1241] Zum Streitstand etwa *Burr*, S. 86 ff.; *Schröder/Textor* in: *Fülbier/Aepfelbach*, § 261 StGB/61 ff.; *Fülbier*, DStR 1994, 827.

Dies wäre dann der Fall, wenn die Rechtsordnung auf eine Meldepflicht angewiesen wäre, um eine effektive Strafverfolgung gewährleisten zu können. Der Gesetzgeber hat die Voraussetzung der partiellen Unfähigkeit des Staates zur eigenen Wahrnehmung des Rechtsgüterschutzes bejaht und damit den Weg für eine Garantenstellung der Pflichtigen aus des §§ 11, 14 GwG frei gemacht. Denn die Begründung des Gesetzesentwurfs geht von dieser Unfähigkeit aus. Es sei eine aktive Mithilfe der in den §§ 11, 14 GwG verpflichteten Personen notwendig.[1242]

Es ist jedoch nicht hinreichend geklärt, ob es sich um eine persönliche, dem einzelnen Bankangestellten obliegende Pflicht zur Anzeige handelt oder ob sie allein der Bank als Finanzinstitut auferlegt ist.[1243] Der Wortlaut der §§ 2, 6 und 11 GwG spricht dagegen, eine persönliche Pflicht des einzelnen Angestellten anzunehmen. Im GwG ist nämlich durchgängig von dem Institut die Rede. Das Institut i.S.d. § 1 IV GwG ist daher nach dem Gesetzestext alleiniger Träger der Pflichtenstellung.

Weiterhin begründen *Schröder/Textor*[1244] diese Auffassung damit, daß die Konstituierung einer persönlichen Pflicht des Bankangestellten über den Gesetzeszweck hinaus ginge. *Lisken* wendet sich sogar grundsätzlich wegen Verletzung des Art. 33 IV GG gegen eine Übertragung hoheitlicher Pflichten auf Private. Er hält die strafrechtliche Belastung des Privaten über eine durch das GwG auferlegte Inanspruchnahme für unzulässig.[1245]

Dagegen hält *Burr*[1246] die Meldepflicht für eine persönliche Verpflichtung des Einzelnen. Eine Pflicht, die einer juristischen Person auferlegt werde, müsse auch eine Pflicht der einzelnen, für die juristische Person handelnden, natürlichen Person sein. Das ergebe sich auch aus § 261 IX StGB, der allein auf natürliche Personen anwendbar sei. Außerdem handele es sich hier nicht um eine unzulässige Übertragung von Hoheitsbefugnissen; Art. 33 IV GG sei vorliegend nicht verletzt.

*Lisken* ist dahingehend zuzustimmen, daß Hoheitsrechte nur unter engen Bedingungen übertragbar sind.[1247] Es ist dennoch zunächst die Frage, ob hier überhaupt eine Übertragung vorliegt. Denn eine Melde- oder Anzeigepflicht bedeutet noch keine Pflicht, Strafverfolgung zu betreiben. Anzeigen heißt nur, einen Verdacht weiterzugeben. Die Banken sind nicht einmal ver-

---

[1242] BT-Drs. 12/2704, S. 19.

[1243] Verneinend *Schröder/Textor* in: *Fülbier/Aepfelbach*, § 261 StGB/63; *Altenhain* in: NK-StGB, § 261/93; a.A etwa *Burr*, S. 86 ff; *Hombrecher*, JA 2005, 71; *Lackner/Kühl*, § 261/7; *Neuheuser* in: MüKo-StGB, § 261/87; *Stree* in: *Schönke/Schröder*, § 261/10.

[1244] *Schröder/Textor* in: *Fülbier/Aepfelbach*, § 261 StGB/64 f.

[1245] *Lisken*, ZRP 1994, 270.

[1246] *Burr*, S. 89 f.

[1247] So auch *Maunz* in: *Maunz/Dürig*, Art. 33/42 m.w.Nw.

pflichtet, irgendwelche Ermittlungen durchzuführen. Sie müssen lediglich in einem verdächtigen Fall die zuständigen Stellen informieren. Eine solche Auflage als Übertragung der Strafverfolgung auf einen einzelnen Privatmann zu betrachten, ginge zu weit. Es besteht lediglich die Verpflichtung, in einer bestimmten Situation eine einzelne Handlung (Anzeige) vorzunehmen. Daß diese Situationen sehr zahlreich sein können, ändert nichts an der Qualifikation der konkreten Pflichtenstellung.

Der Bankmitarbeiter wird zum Helfer der Strafverfolgung, vielleicht auch zum Denunzianten, aber nicht zum Strafverfolgungsorgan. Es werden keine hoheitlichen Aufgaben oder gar Befugnisse übertragen. Die Strafverfolgung bleibt in staatlicher Hand.[1248] Insofern sind die Bedenken *Liskens* nicht begründet.

Dennoch ist die Pflichtenstellung der Finanzinstitute nicht – wie *Burr* meint – eine Verpflichtung des einzelnen Mitarbeiters.[1249] Es findet eine Pflichtbegründung nur für das Institut als solches statt. Der Wortlaut des GwG gibt dies eindeutig vor. Nicht der Bankangestellte ist genannt, sondern das Unternehmen. Die Argumentation, aus dem § 261 IX StGB lasse sich etwas anderes schließen, greift nicht durch. Wenn eine Norm von ihrem Wortlaut her auf den Fall der juristischen Person nicht anwendbar ist, dann ist die logische Folge nicht die Uminterpretation des Normtextes, damit die natürliche Person Pflichtenträgerin wird, sondern die Nichtanwendung der Norm auf den konkreten Fall. Der einzelne Angestellte ist nicht das Finanzinstitut, dem das Gesetz die Pflicht auferlegt hat.

Das Merkmal der Verletzung einer Meldepflicht ist damit strafrechtlich als Einschränkungskriterium des § 261 V StGB unbrauchbar. Daher ist § 261 StGB grundsätzlich auch durch Unterlassen begehbar, jedoch erlegen die Meldepflichten aus dem GwG dem Bankangestellten keine Garantenstellung eines Beschützers i.S.d. § 13 StGB für die Strafverfolgung auf.

Anderes gilt letztlich für die Fälle der neu einbezogenen Freiberufler. Diese sind als Einzelpersonen mit eigener strafrechtlicher Verantwortung Berater eines Mandanten. Wird hier ein Verdacht der Geldwäsche oder einer Vortat offenbar, so ergibt sich eine Garantenstellung aus § 3 GwG, der eine Anzeigepflicht des Einzelnen normiert. Damit wurde gegen den Rechtsanwalt und Steuerberater eine weitgehende Unterlassensstrafbarkeit geschaffen.

### 6. § 261 IX 1 StGB als Strafaufhebungsgrund im Geldwäschetatbestand

§ 261 IX 1 StGB hält – „als Ausgleich" für die außerordentliche Weite des § 261 I bis V StGB – einen Strafaufhebungsgrund bereit. Der Angestellte, der, nachdem er den § 261 V StGB verwirklicht hat, eine freiwillige Anzeige erstat-

---

[1248] *Burr*, S. 89

[1249] So auch *Altenhain* in: NK-StGB, § 261/93.

tet, wird nach § 261 IX 1 StGB nicht bestraft. Die Anzeige ist bis zur Entdeckung der Tat möglich. Damit hat der Gesetzgeber eine der steuerstrafrechtlichen Möglichkeit der Selbstanzeige ähnliche Möglichkeit der Strafbefreiung eröffnet, die jedoch auch hier wohl eher anderen Motiven als dem geringeren Strafinteresse bei dieser Form der Reue entspringt. Im Vordergrund steht die durch die *„Selbstanzeige"* geschaffene nachträgliche Möglichkeit der Strafverfolgung gegenüber dem Vortäter und vor allem die Sicherstellung der Tatobjekte, die ausdrückliche notwendige Voraussetzung für die Straffreiheit ist. § 261 IX 1 StGB stellt einen mit einer Selbstanzeige verbundenen Rücktritt von der vollendeten Tat dar. Jedoch hat eine solche Rücktrittsmöglichkeit im Rahmen eines Fahrlässigkeitsdeliktes, das dieser Strafbefreiungsgrund ausdrücklich erfaßt, wenig praktische Bedeutung. Einen vorsätzlichen Rücktritt von einem unvorsätzlich begangenen Delikt zu normieren, ist nicht sinnvoll. Der Täter wird in der Regel erst mit dem Beginn der Strafverfolgung von „seiner Tat" erfahren. Dann ist es aber für einen Rücktritt zu spät. Es bleibt hier nur § 261 X StGB als Strafmilderungsgrund.

### IX. Erhöhung der gesetzlichen Mindeststrafe im § 261 StGB

Ein weiteres Beispiel dafür, daß bei der Änderung des § 261 StGB durch das OKVBG[1250] vornehmlich Zweckerwägungen eine Rolle spielten und nicht die verfassungsrechtlichen Grundsätze des Strafrechts, ist die Erhöhung des Strafrahmens des Geldwäschetatbestandes von bis zu fünf Jahren oder Geldstrafe auf von drei Monaten bis zu fünf Jahren.

Bei dieser Regelung handelt es sich um Legislativunrecht bei der man untechnisch von *Legislativbetrug* sprechen kann: Der Gesetzgeber erhöht einen Strafrahmen; aber nicht weil er zu der kriminalpolitischen Erkenntnis gekommen ist, die höhere Strafe könnte unrechts- und schuldangemessen sein, sondern weil er diese Erhöhung der Mindeststrafe für notwendig hielt, um den Straftatbestand des § 261 StGB in den Katalog des § 100a I Nr. 2 bzw. 100c I Nr. 3a StPO aufnehmen zu können.[1251] Mit der entsprechenden Änderung der StPO ergibt sich nämlich die Möglichkeit, von den dort genannten besonderen Ermittlungsbefugnissen Gebrauch zu machen, wie etwa dem Abhören von Telephonleitungen (§ 100a StPO etc.).[1252]

Der Strafrahmen einer Norm wurde demnach aus rein ermittlungstechnischen Gründen angehoben. Damit hat der Gesetzgeber rein mittelbare Zweckerwägungen an die Stelle der kriminalpolitischen Argumentation gesetzt. Das ist ein klarer Verfassungsbruch, weil diese Vorgehensweise gegen das Schuldprinzip

---

[1250] BGBl. 1998 I, 845 ff.

[1251] So die Begründung des Rechtsausschusses in BT-Drs 13/9661, 6; dazu etwa auch der Bericht des Spiegels vom 25.03.2002, S. 70.

[1252] Dazu auch *Stahl*, KÖSDI 2002, 13211.

und das Verhältnismäßigkeitsprinzip verstößt. Die Strafe hat sich in ihrer Höhe am verwirklichten Unrecht und der Schuld des Täters zu orientieren und nicht an der Zweckmäßigkeit für das Strafverfahren und an der mittelbaren praktischen Wirkung.

Es ist in der Strafrechtslehre uneingeschränkt anerkannt, daß die Strafdrohung nicht über die wegen der Schuld angemessene Strafe hinausgehen darf.[1253]

### X. Geldwäsche als Katalogtat des § 100a StPO

#### 1. Grundsatz

Durch die Aufnahme des § 261 StGB in den Katalog des § 100a StPO wurde es den Ermittlungsbehörden ermöglicht, bei einem Geldwäscheverdacht eine Überwachung des Telekommunikationsverkehrs der Beschuldigten zu erreichen. Damit wurde dieser Überwachungsmöglichkeit zwar über den Vortatenkatalog sehr viel Raum gegeben, dennoch ist die diese Regelung ist vor dem Hintergrund der nachstehenden Rechtsprechung verfassungsrechtlich nicht bedenklich.

Denn nach *BGH*[1254] dürfen aus einer Telephonüberwachung gewonnenen Daten zwar auch in einem Verfahren wegen einer anderen Straftat, die nicht Gegenstand des gerichtlichen Beschlusses gewesen ist, verwertet werden, aber dies gilt nur dann wenn es sich bei der dort verfolgten Tat ebenfalls um eine (andere) Katalogtat des § 100a StPO handelt. Diese anderweitige Verwendung ist insofern verfassungsrechtlich nicht problematisch, als die Überwachung auch hinsichtlich des Verdachtes bezüglich der anderen Tat hätte angeordnet werden können. Damit wird die Anordnung der Überwachung der Vorgabe des Gesetzgebers hinsichtlich der Güterabwägung im Katalog des § 100a StPO im Ergebnis gerecht.

#### 2. Ausnahme durch die ehemalige Rechtsprechung

Von diesem Prinzip machte die ständige Rechtsprechung[1255] des *BGH* zwar dann eine Ausnahme, wenn die Nichtkatalogtat mit der Katalogtat in Tateinheit stand oder es sich auch nur um eine Tat im prozessualen Sinne handelte. In diesen Fällen sollten die im Verfahren wegen der Katalogtat erlangten Daten auch im Verfahren wegen der Nichtkatalogtat verwandt werden.

Damit drohte wegen der besonderen Struktur des § 261 I StGB ein Durchgriff aus dem Katalog des § 100a StPO auf den des § 261 I 2 StGB StPO. Ersterer wäre auf diese Weise in seiner Schutzfunktion durchlöchert worden. Denn sobald eine Tat Vortat der Geldwäsche war, wäre sie im Ergebnis auch zur Kata-

---

[1253] Vgl. S. 24 ff.

[1254] *BGH*, NStZ 1998, 426 ff.

[1255] So bezeichnet in *BGH*, NStZ 1998, 426 (427).

logtat des § 100a StPO geworden. Dies ergab sich vor allem daraus, daß der Täter der Vortat nach der Struktur des § 261 StGB auch tauglicher Täter einer Geldwäsche sein kann und bei jeder weiteren Verwendung seines strafbar erlangten Vermögenswertes auch sein wird. Damit hätte bei jeder Geldwäschevortat auch eine Telephonüberwachung angeordnet werden können.

### 3. Lösung durch die Entscheidung des *BGH* vom 26.03.2003

Dieser Gefahr ist der *BGH* jedoch mit Beschluß vom 26.02.2003[1256] in erfreulicher Bestimmtheit entgegengetreten. Dort stellte der fünfte Senat klar, daß eine Datenverwertung aus einer Telephonüberwachung dann nicht in Betracht kommt, wenn sie wegen eines Verdachts der Geldwäsche angeordnet wird, die tatbestandliche Handlung sich jedoch auf Vermögenswerte aus einer Tat bezieht, die nicht Katalogtat i.S.d. § 100a StPO ist und wenn eine Bestrafung aus § 261 StGB wegen des persönlichen Strafausschließungsgrundes in § 261 IX 2 StGB nicht in Betracht kommt. Der *BGH* begründete dies mit dem hohen Stellenwert, den das Grundrecht der Telekommunikationsfreiheit inne habe und der intensiven Eingriffsqualität durch § 100a StPO. Eine erweiternde „Auslegung" sei daher nicht möglich. Der *BGH* hielt damit fest, daß eine Datenverwendung nur dann in Betracht kommt, wenn auch eine Strafe – nicht lediglich die Tatbestandserfüllung – aus der Katalogtat in Betracht kommt.

Die normtheoretische Problematik des § 261 StGB als Katalogtat des § 100a StPO ist damit beseitigt. Geht man davon aus, daß die Strafverfolgungsbehörden sich bedingungslos an ihrem gesetzlichen Auftrag orientieren, so führt das Urteil des *BGH* zu einer angemessenen Lösung:

Es kann nur wegen einer Katalogtat abgehört und das Erfahrene nur in einem Verfahren wegen dieser oder einer anderen Katalogtat des § 100a StPO verwandt werden.

### 4. Ungelöste Problematik der Verbindung zweier Tatenkataloge

Jedoch ergibt sich in diesem Zusammenhang dennoch ein Problemfeld von praktischer Relevanz. Denn durch § 261 IX 2 StGB wird eine einmalige Konstellation geschaffen.

Die Katalogtat des § 100a StPO – hier § 261 StGB –, die naturgemäß die schwerwiegendere Tat sein sollte, da sie den erheblichen Eingriff des Abhörens erlaubt, kann durch die Nichtkatalogtat – etwa § 242, 243 I Nr. 3 StGB –, deren Unrechtsgehalt die Aufnahme mit Rücksicht auf den Verhältnismäßigkeitsgrundsatz nach der Auffassung des Gesetzgebers nicht erlaubte, im Ergebnis über § 261 IX 2 StGB faktisch verdrängt werden. Nur wenn dem Täter die Be-

---

[1256] *BGH*, NStZ 2003, 499 ff.

teiligung an der Nicht-Abhörkatalogtat nicht nachgewiesen werden kann, ist er aus der Abhörkatalogtat zu bestrafen.[1257]

Aus dieser Verbindung zweier Kataloge und der persönlichen Strafausschließung nach § 261 IX 2 StGB ergibt sich eine erhebliche Mißbrauchsgefahr, die insbesondere im Hinblick auf eine personell und materiell unzureichend ausgerüstete Polizei und Staatsanwaltschaft nicht zu unterschätzen ist. Das Urteil des *BGH* führt dazu, daß einem Strafverfolgungsorgan, dem es nicht gelingt, die Vortat nachzuweisen, die Möglichkeit einer Verfolgung allein nach § 261 StGB unter Verwendung von abgehörten Daten offen steht, während eine erfolgreiche Ermittlung den Weg über § 100a StPO versperrt. Diese Situation lädt die Strafverfolgungsbehörden geradezu ein, sich nicht selbst die Arbeit durch die Ermittlungen in Bezug auf die Geldwäschevortat, die aber nicht Katalogtat des § 100a StPO ist, zu erschweren, wenn sie ähnliche Daten durch eine gegebenenfalls viel weniger aufwendige Telekommunikationsüberwachung erlangen können.

Dies zeigt, daß die Aufnahme des § 261 I StGB in den § 100 Nr. 2 StPO zu bedenklichen Risiken für den Katalog des § 100a StPO führen kann, so daß im Extremfall doch jede Katalogtat des § 261 I StGB in der Praxis zur Katalogtat des § 100a StPO werden könnte. Dies könnte vor allem beim gewerbsmäßigen Diebstahl und Betrug sowie bei Betäubungsmitteldelikten, soweit sie nicht unter § 100a Nr. 4 StPO fallen zu Grundrechtsverkürzungen führen.

## XI. Gesamtbewertung des § 261 StGB

In der Gesamtwertung zeigt sich, daß sich aus dem aktuellen Geldwäschetatbestand eine ganze Reihe von verfassungsrechtlichen und praktischen Problemfeldern ergeben. Das beginnt mit dem viel zu breiten Vortatenkatalog, der mit der Einbeziehung aller Verbrechen mehr Taten ohne Bezug zur Organisierten Kriminalität erfaßt als solche, die einen Zusammenhang zu ihr aufweisen. Die Verbrechen gehen zum Teil viel zu weit in den Bereich der allgemeinen Kriminalität hinein, die ohne jeden Organisationshintergrund von Einzeltätern begangen werden.

Selbst die explizit genannten und deshalb eher sorgfältig ausgewählten Vergehen weisen nicht alle einen Bezug zur Organisierten Kriminalität auf. Denn nicht jeder gewerbsmäßig begangene Diebstahl ist ein solches Delikt. Auf der anderen Seite fehlen andere Delikte mit klarem Bezug zur Organisierten Kriminalität, wie etwa bestimmte Wirtschaftsdelikte. Der Gesetzgeber hat hier seine

---

[1257] Der gewerbsmäßige Dieb, dem nur der Handel mit seiner Beute nachgewiesen werden kann, nicht aber die Vortat, darf abgehört werden, da er aus § 261 StGB zu bestrafen ist. Kann ihm aber der Diebstahl nachgewiesen werden, dann dürfen Abhörergebnisse nicht verwertet werden.

eigene Definition der Organisierten Kriminalität[1258] über Bord geworfen. Der Geldwäschetatbestand löst sich also schon hier von seinem nominell verfolgten Zweck.

Insbesondere die neu geschaffene gewerbsmäßige oder bandenmäßige Steuerhinterziehung (§ 370a AO) als Geldwäschevortat zeigt diese Zweckentfremdung des § 261 I StGB deutlich. Jener § 370a AO fällt nicht allein wegen der oben erörterten unangemessen hohen Strafdrohung aus dem Rahmen, sondern es fehlt der Steuerhinterziehung auch in dieser Form sowohl ein prinzipieller Bezug zur Organisierten Kriminalität als auch eine originäre Verbindung zu Geldwäschehandlungen.

Sie ist als Vortat zur Geldwäsche schon strukturell untauglich. Ein inkriminierter Gegenstand ergibt sich aus dem Delikt nicht, denn die abstrakte Steuerforderung ist als Tatobjekt zu unbestimmt. Nur das gesamte Tätervermögen könnte Gegenstand des § 261 StGB werden. Eine so weitreichende Fassung des Tatobjekts widerspricht jedoch dem Grundsatz des Schuldprinzips und steht einer Resozialisierung des Täters praktisch auf Dauer im Weg. Außerdem widerspricht es dem Wortlaut des Gesetzes zu behaupten, wegen der Vermischung rühre das gesamte Vermögen des Täters aus der Steuerhinterziehung her.

Die Strafbarkeit der leichtfertigen Geldwäsche aus § 261 V StGB steht weiterhin im Widerspruch mit dem Legalitätsprinzip, da sie die Entscheidung über die Einleitung eines Strafverfahrens zu sehr in die Hände der Ermittlungsorgane legt.

Des weiteren stellt die Gesetzesbegründung, § 261 V StGB solle Beweisschwierigkeiten bezüglich des Tätervorsatzes durch Absenkung der Vorsatzerfordernisse vermeiden, einen Verstoß gegen das Prinzip ultima ratio und damit gegen einen Grundgedanken des Strafrechts dar. Es wird eine Strafbarkeit normiert, die auf eine Handlung geringeren Unrechts anwendbar ist, nur um Täter, die schwereres Unrecht verwirklichen, bestrafen zu können. Die Strafbarkeit der einen Handlung wird zum Mittel, um die Strafe für eine andere Handlung herbeizuführen. Die Strafe wird unzulässig instrumentalisiert und ist nicht mehr Extremreaktion des Staates auf schweres Unrecht.

Ähnliches gilt für die Erhöhung des Strafrahmens im § 261 StGB auf ein Mindestmaß von drei Monaten Freiheitsstrafe. Hier wurde die Strafe in der Höhe lediglich den praktischen Verfahrenszwecken angepaßt. Um bestimmte Ermittlungsmaßnahmen einsetzen zu dürfen und nicht, um ein bestimmtes erhöhtes Unrecht zu erfassen, wurde die Strafe angehoben. Man wollte damit lediglich eine Anpassung an den Katalog des § 100a StPO erreichen.

---

[1258] BT-Drs. 11/7663, S. 23; 13/4942, S.3 f.

Im ganzen erscheint § 261 StGB in seiner aktuellen Fassung also nicht nur verfassungsrechtlich bedenklich, sondern er ist aus einer ganzen Reihe von genannten Gründen grundgesetzwidrig.

## D. Pflichten nach dem Geldwäschegesetz (GwG) und deren Funktionen

Die weite Ausdehnung des Geldwäschetatbestandes auf eine fast unübersehbare Zahl von Straftaten bewirkt nicht nur eine unmittelbare Strafbarkeit zahlreicher Handlungen ohne Beziehung zur Organisierten Kriminalität. Vielmehr ergibt sich auch für Gesetze, die eine Geldwäschetat als Voraussetzung für Pflichten und Befugnisse normieren, mittelbar ein allzu umfassender Anwendungsbereich.

Die Gesetzgebung zur Bekämpfung der Organisierten Kriminalität brachte mit dem GwG weitreichende Identifizierungs-, Melde- und Aufzeichnungspflichten für bestimmte Bereiche der Privatwirtschaft mit sich. Diese Pflichten sollen der Bekämpfung der Organisierten Kriminalität dienen.

Ermittlungsverfahren bezüglich solcher Straftaten, die Vortaten zur Geldwäsche sein können, gewinnen auf diese Weise eine besondere Brisanz. Denn hier werden die besonderen Verpflichtungen Privater aus dem GwG relevant. Sobald ein Verdacht besteht, ein bestimmter Gegenstand könnte aus einer Geldwäschevortat herrühren, stehen die Personen, die Adressaten der Normen des GwG sind, in der Pflicht.

### I. Allgemeine Identifizierungspflichten §§ 2-4 GwG

Nach § 2 II GwG sind Institute i.S.d. § 1 IV GwG[1259] verpflichtet, bei einer Annahme oder Abgabe von Bargeld oder bestimmten anderen Wertgegenständen, ab einem Schwellenwert von 15.000 €[1260], eine Identifizierung der betreffenden Person vorzunehmen. D.h. bei Bartransaktionen im weitesten Sinne[1261] jenseits des Schwellenbetrages besteht eine Identifizierungsverpflichtung.[1262]

Eine Indentifizierungspflicht besteht auch in den Fällen, in denen mehrere Finanztransaktionen durchgeführt werden, deren Gesamtvolumen den Schwellenwert erreichen, soweit Anhaltspunkte dafür bestehen, daß die Transaktionen

---

1259 Unter Institute sind nach der Neufassung der § 1 GwG vom 15.12.2003 nun alle Kreditinstitute, Finanzdienstleistungsinstitute, Finanzdienstleistungsunternehmen, bestimmte Investmentaktiengesellschaften und Versicherungsgesellschaften zu verstehen.

1260 Alle DM-Beträge wurden durch Art. 22 *des Gesetzes zur Umstellung von Vorschriften des Dienst-, allgemeinen Verwaltungs-, Sicherheits-, Ausländer- und Staatsangehörigkeitsrechts auf Euro (Sechstes Euroeinführungsgesetz)* vom 03.12.2001, BGBl. 2001 I, 3306 (3308) zum 01.01.2002 auf Euro umgestellt.

1261 Darunter fällt nach der Änderung des 1 VII GwG durch das Geldwäschebekämpfungsgesetz nun auch elektronisches Bargeld nach § 1 XIV KreditWesG.

1262 Nach langen rechtspolitischen Diskussionen wurde dieser Wert, der zunächst mit 20.000 DM festgelegt worden war, durch das Gesetz zur verbesserten Bekämpfung der Organisierten Kriminalität vom 09.05.1998 auf den nunmehr geltenden Betrag von 30.000 DM bzw. 15.000 € festgesetzt, um den Verwaltungsaufwand bei den Verpflichteten und den Meldebehörden nicht übermäßig werden zu lassen, dazu *Fülbier* in: *Fülbier/Aepfelbach*, Einl./72.

im Zusammenhang miteinander erfolgen. Dies wird in der Regel zu bejahen sein,

„...*wenn sich eine signifikante Anzahl von Transaktionen innerhalb eines begrenzten Zeitraums durch ihre Gleichartigkeit im Hinblick auf den Geschäftsabschluß, den Geschäftsgegenstand oder die Geschäftsabwicklung auszeichnet.*"[1263]

§ 2 III GwG trifft damit eine Regelung für das sog. *Smurfing.*[1264] In diesen Situationen ist eine Gesamtschau der Umstände entscheidend, um festzustellen, ob ein Anhaltspunkt für einen inneren Zusammenhang zwischen den Transaktionen besteht.[1265] Es muß dabei eine künstliche Aufsplittung einer an sich einheitlichen Finanztransaktion sichtbar werden, die nur dem Ziel dienen soll, den Schwellenbetrag zu unterschreiten. Diese Smurfing-Technik wird aber von den Banken erst mit Abgleich der Einzahlungsbelege erkennbar und bleibt daher oft unentdeckt.[1266]

Nur in Fällen der Transaktionen zwischen Instituten bzw. bei bankbekannten Personen gelten die Normen des § 2 II, III GwG nicht. Für eine Identifizierung eines Kunden, der ein Konto neu eröffnen will, hielt § 2 GwG bis zur Novelle durch das *Geldwäschenbekämpfungsgesetz*[1267] keine weiteren Regelungen bereit. Diese waren auch nicht erforderlich, da § 154 AO eine entsprechende Regelung über die Kontenwahrheit enthält.[1268] Dort waren die Pflichten der Institute und der Kunden schon weitestgehend normiert. Dennoch wurde in den nun durch das Geldwäschebekämpfungsgesetz novellierten § 2 I GwG eine Pflicht zur Identifizierung eingefügt, die auch dann eingreift, wenn ein Finanzinstitut eine dauernde Geschäftsbeziehung zu beginnen beabsichtigt.[1269]

Auch andere Personen sind nach § 3 I GwG bei Annahme von Bargeld jenseits des Schwellenwertes zur Identifizierung der einzahlenden Person verpflichtet. Diese vormals nur für Gewerbetreibende geltende Pflicht wurde aufgrund des Art.2a der 2. Europäischen Geldwäscherichtlinie[1270] auch auf Tätigkeiten von Rechtsanwälten und Notaren sowie auf die Arbeitsbereiche von Wirtschaftsprüfern und Steuerberatern, Immobilienmaklern, Kunsthändlern, Anwälten und Spielkasinos erweitert. Art. 1 Nr. 4 des Geldwäschebekämpfungsgesetzes setzte jene Richtlinie um und änderte den § 3 GwG entsprechend. Weiterhin bestehen

---

[1263] *Langweg* in: *Fülbier/Aepfelbach*, § 2 GwG/116.

[1264] *Langweg* in: *Fülbier/Aepfelbach*, § 2 GwG/115.

[1265] So BT-Drs. 12/2704, S. 12

[1266] So *Keidel*, Kriminalistik 1996, 408.

[1267] BGBl. 2002 I, 3105 ff.

[1268] Zum Verhältnis der Kontenwahrheit aus § 154 AO zu § 2 I GwG *Langweg* in: *Fülbier/Aepfelbach*, § 2 GwG/14 ff., ähnlich auch *Eul*, RDV 1999, 199.

[1269] Dazu BT-Drs. 14/8739, 12.

[1270] 2001/97/EG vom 04.12.2001.

nunmehr Identifizierungspflichten nach § 4 GwG beim Abschluß bestimmter Varianten von Versicherungsverträgen.

Durch die Identifizierungen sollen Spuren „auf Vorrat“[1271] geschaffen werden, auf die die Strafverfolgungsbehörden bei Bedarf zurückgreifen können. Die Identifizierungen können daher im Ergebnis zu einer Vorverlagerung staatlicher Strafverfolgungstätigkeit in den privaten Bereich führen. Ob diese Technik verfassungsrechtlich zulässig ist, wie von der herrschenden Meinung angenommen, soll hier zunächst dahingestellt bleiben. Bei *Häberle* heißt es etwa:

> *„Verfassungsrechtlich ist die vom Gesetz geforderte beweissichernde Vorfeldtätigkeit der Kreditinstitute etc. von vornherein sicherlich nicht unbedenklich. Hinnehmbar ist sie letztlich deshalb, weil anders als durch die von den Kreditinstituten etc. zu fertigenden und aufzubewahrenden Aufzeichnungen der Geldwäsche dienende Finanztransaktionen im Ermittlungsfall nicht transparent gemacht werden können. Angesichts dessen müssen die aus dem Recht der informationellen Selbstbestimmung und darüber hinaus aus dem Grundsatz der Verhältnismäßigkeit abgeleiteten Bedenken zurücktreten.“*[1272]

## II. Identifizierung in Verdachtsfällen nach § 6 GwG

§ 6 GwG dient der Identifizierung in konkreten Verdachtsfällen, unabhängig von einer Betragsgrenze und lautet:

> *„Stellt ein Institut oder ein Unternehmen oder eine Person in den Fällen von § 3 Abs. 1 Tatsachen fest, die darauf schließen lassen, dass die vereinbarte Finanztransaktion einer Geldwäsche nach § 261 StGB oder der Finanzierung einer terroristischen Vereinigung nach § 129a des Strafgesetzbuches, auch in Verbindung mit § 129b des Strafgesetzbuches, dient oder im Fall ihrer Durchführung dienen würde, so besteht die Pflicht zur Identifizierung nach § 2 Abs. 2, auch in Verbindung mit Abs. 3, § 3 Abs. 1 Satz 1Nr. 4 und § 4 Abs. 1 und 3 auch, wenn die dort genannten Beträge unterschritten werden.*[1273]

Damit sieht diese Vorschrift *„eine Erweiterung der Identifizierungspflicht in bestimmten Verdachtsfällen vor.“*[1274] Sie erstreckt den Anwendungsbereich der §§ 2-4 GwG auch über bare Transaktionen hinaus auf jede unbare Transaktion ohne Rücksicht auf den Geldwert. Die Verpflichtung gilt auch nicht mehr – wie es vor der Umsetzung der zweiten Europäischen Geldwäscherichtlinie war – nur für Finanzinstitute und Gewerbetreibende, sondern für alle im § 3 GwG genannten Pflichtigen, zu denen nun auch rechtsberatende Berufe gehören.

---

[1271] Dies ergibt sich aus der Gesetzesbegründung in BT-Drs. 12/2704, S. 16.

[1272] In: *Erbs/Kohlhaas*, GwG, § 10/1.

[1273] Neufassung durch Art. 1 Nr. 7 Geldwäschebekämpfungsgesetz vom 08.08.2002; Art. 3 VIII der RL 2001/97/EG stellt eine ähnliche Pflicht auf.

[1274] *Häberle* in: *Erbs/Kohlhaas*, GWG, § 6/1.

Der Begriff *„Finanztransaktion"* ist nach herrschender Meinung sehr weit zu fassen.[1275] Hierunter wird jede Handlung verstanden, die zu einer Vermögensverschiebung führt.[1276] Jedoch muß diese Vermögensverschiebung schon vertraglich bindend vereinbart sein.[1277] Die Identifizierungspflicht entfällt, wenn das Institut - aus welchen Gründen auch immer - die Transaktion ablehnt. Es wäre auch nicht sinnvoll, die Bank trotz Ablehnung der Transaktion zu verpflichten, die Personalien festzustellen. Denn eine solche Maßnahme wäre im höchsten Maße verdächtig und diente damit nicht der Strafverfolgung, sondern würde den potentiellen Geldwäscher nur aufschrecken.

Es bleibt in diesem Fall jedoch die Pflicht aus § 11 I 1 GwG zur Meldung des Verdachtsfalles bestehen, auch wenn die Transaktion nicht durchgeführt wird.[1278]

In der Praxis bringt beinahe jeder Versuch, einen Geldwäscheverdachtsfall zu erkennen, erhebliche Probleme mit sich. Denn die Banken haben naturgemäß ein großes Interesse, kein Mißtrauen beim verdächtigen Kunden zu erregen, und die Bankangestellten sind weder kriminalistisch noch strafrechtlich ausreichend geschult. Es müssen daher schon außergewöhnliche Umstände erkennbar werden, um einen solchen Geldwäscheverdachtsfall anzunehmen und damit die Identifizierungspflicht auszulösen.

Des weiteren wird durch die Gesetzesformulierung klargestellt, daß sich die Pflicht nur auf solche Fälle beschränkt, in denen ein unmittelbarer Zusammenhang zwischen der konkret vereinbarten Finanztransaktion und der Geldwäsche besteht und nicht durch jene Verdachtsmomente ausgelöst wird, die lediglich bei Gelegenheit des jeweiligen Geschäftsbetriebes festgestellt werden.

Die erweiterte Pflicht setzt also die Feststellung verdachtsbegründender Tatsachen voraus, die jedoch weder im GwG selbst noch in der Gesetzesbegründung genannt sind.[1279] Unzureichend sind reine Vermutungen, die nicht von tatsächlichen Feststellungen gestützt werden, also solche Annahmen, die nicht auf objektiv erkennbaren Anzeichen beruhen.[1280] Es ist daher mehr notwendig, als der diffuse Eindruck des Bankmitarbeiters, daß *„etwas nicht stimmt"*. Es muß vielmehr konkrete tatsächliche Anhaltspunkte dafür geben, daß die Transaktion den objektiven Tatbestand der Geldwäsche erfüllen könnte.

---

[1275] *Körner/Dach*, S.105, *Häberle* in: *Erbs/Kohlhaas*, GWG, § 6/3.

[1276] *Fülbier* in *Fülbier/Aepfelbach*, § 1 GwG/94.

[1277] So die h.M., *Häberle* in: *Erbs/Kohlhaas*, GWG, § 6/3.

[1278] *Fülbier* in *Fülbier/Aepfelbach*, § 11 GwG/38.

[1279] Jedoch hat das *Bundesaufsichtsamt für das Kreditwesen* in seinen Verlautbarungen vom 30.12.1997 und 30.03.1998 Hinweise für die Identifizierung von Verdachtsfällen herausgegeben, die die Aufmerksamkeit der Pflichtigen wecken sollen, dazu *Fülbier* in: *Fülbier/Aepfelbach*, § 11 GwG/55, 99.

[1280] BT-Drs. 12/2704 S. 15.

Damit nähert sich der für § 6 GwG erforderliche Verdacht dem Anfangsverdacht an, den § 152 StPO fordert. Die Verdachtsbegriffe sind dennoch nicht identisch.[1281] Dies ergibt sich schon daraus, daß der hier verwandte Verdachtsbegriff nicht dem Strafverfahrensrecht, sondern dem Gewerberecht zuzurechnen ist.[1282]

Die Verdachtsschwelle ist beim Anfangsverdacht im § 152 StPO geringer anzusetzen, als es im § 6 GwG der Fall ist. Denn für letzteren reichen Gerüchte oder Behauptungen keinesfalls aus. Die Vermutung muß sich auf deutliche tatsächliche Anhaltspunkte gründen. § 152 II StPO dagegen läßt jedoch unter Umständen auch Behauptungen ohne Tatsachenhinweise genügen. Ein Absenken der Verdachtsschwelle des § 6 GwG auf das Niveau des § 152 II StPO ist vom Gesetzgeber nicht gewollt. Ansonsten würden die ohnehin schon mit der Verdachtsprüfung belasteten Institute übermäßig in die Pflicht genommen.[1283]

Dic Feststellung von Tatsachen i.S.d. § 6 I GwG erfordert, daß der Instituts- oder Spielbankangestellte im Einzelfall während der Anbahnung oder Durchführung der Transaktion konkrete Anhaltspunkte erkennt, die den Schluß auf die Möglichkeit nahe legen, das Geschäft könne darauf gerichtet sein, eine der im § 261 I StGB genannten Handlungen durchzuführen und damit im ganzen durch die Handlung des Finanzinstitutes den objektiven Tatbestand der Geldwäsche zu erfüllen. Es wird hier von einem notwendigen doppelten, weil auf Vortat und Handlung gerichteten, Tatverdacht gesprochen.[1284]

Die Anhaltspunkte – das Gesetz spricht von Tatsachen –, die zu der Überzeugung führen können, daß ein Tatverdacht vorliegt, können sehr unterschiedlich sein. Um den Regelungszweck zu erreichen, sei der Begriff „Tatsache" aber nicht zu eng auszulegen.[1285] Er soll alle Auffälligkeiten bei der Abwicklung von Finanztransaktionen genauso umfassen wie Unregelmäßigkeiten bei der Durchführung des Geschäfts, also Abweichungen vom üblichen Geschäftsablauf.[1286]

Von einem Verdachtsfall wird in der Praxis ausgegangen, wenn eine signifikante Häufung der vom *BKA* und der *Zollverwaltung* ausgearbeiteten *„Anhaltspunkte für Geldwäsche"* vorliegt.[1287] Damit obliegen den Finanzinstituten und Spielbanken und nach der Novellierung des Katalogs des § 3 GwG nun auch die vielen anderen dort genannten Personengruppen weitreichende Identifizierungspflichten in Routine- bzw. Verdachtsfällen.

---

[1281] Anders *Langweg* in: *Fülbier/Aepfelbach*, § 6 GwG/16, *Ungnade*, WM 1993, 2111.

[1282] So auch *Findeisen*, wistra 1997, 122

[1283] So *Häberle* in: *Erbs/Kohlhaas*, GWG, § 6/4; a.A. *Langweg* in: *Fülbier/Aepfelbach*, § 6 GwG/16.

[1284] *Häberle* in: *Erbs/Kohlhaas*, GWG, § 6/5.

[1285] *Häberle* in: *Erbs/Kohlhaas*, GWG, § 6/5.

[1286] BT-Drs. 12/2704 S.15.

[1287] BT-Drs. 12/2704 S.15; dazu auch *Häberle* in: *Erbs/Kohlhaas*, GWG, § 6/5.

### III. Feststellung des wirtschaftlich Berechtigten nach § 8 GwG

Die nach § 2 I, bzw. 2 II, 3 I, 4 I und 6 I GwG sowie nach § 154 AO feststellungspflichtigen Unternehmen sind aus § 8 GwG weiterhin verpflichtet, sich bei dem zu Identifizierenden zu erkundigen, ob dieser auf eigene Rechnung handelt. Im dem Fall, daß der zu Identifizierende nicht auf eigene Rechnung handelt, sind Name und Adresse des *„Vertretenen"* festzuhalten. Diese Norm soll Strohmanngeschäften entgegenwirken und denjenigen, in dessen Interesse die Handlung vorgenommen wird, ersichtlich machen.[1288] Anders als § 154 III AO sieht § 8 GwG eine Kontosperre nicht vor. Aus der Pflicht der Kreditinstitute, sich zu erkundigen, ergibt sich zwangsläufig die Pflicht des Kunden, wahrheitsgemäß zu antworten.[1289] Verweigert der Befragte die Auskunft, so darf die Transaktion nicht durchgeführt werden.[1290]

### IV. Aufzeichnungs- und Aufbewahrungspflicht, § 9 GwG

§ 9 GwG statuiert eine Aufzeichnungspflicht. Pflichtig sind die in § 2 I GwG genannten Geldinstitute, ebenso wie die Unternehmer in den Fällen des § 3 I GwG.

Streng nach dem Wortlaut bezieht sich diese Pflicht nur auf die in den §§ 2-8 GwG genannten Aspekte. Also sind die Personenfeststellungen aufzuzeichnen, nicht die genauen Begebenheiten des eigentlichen Finanzgeschäftes. Nach Häberle[1291] könne dem Gesetzgeber jedoch nicht unterstellt werden, er verlange nur die Aufzeichnung der Personalien, nicht aber der dazu gehörenden Geschäfte; denn eine solche Regelung sei im Kampf gegen die Organisierte Kriminalität nicht sinnvoll. Daher sei neben dem Namen und den sonstigen persönlichen Daten auch das getätigte Finanzgeschäft aufzuzeichnen, bei:

Annahme oder Abgabe von mehr als 15.000 € in bar oder in anderen Wertgegenständen (§ 2 I GwG),

- Verdacht des Smurfings (§ 2 II GwG),
- Geschäftsvorfällen i.S.d. § 3 I GwG
- Abschluß bestimmter Versicherungsverträge (§ 4 I GwG) und
- konkretem Verdacht der Geldwäsche gem. § 6 I GwG.[1292]

Die Aufzeichnung hat unmittelbar nach der Feststellung zu erfolgen. Sie muß neben Namen und Vornamen auch die Nummer sowie das Ausstellungsdatum

[1288] BT-Drs. 12/2704 S.16.
[1289] *Häberle* in: *Erbs/Kohlhaas*, GWG, § 8/7.
[1290] *Körner/Dach*, S. 119; OLG Hamburg, WM 1995, 1838.
[1291] In: *Erbs/Kohlhaas*, GWG, § 9/1.
[1292] *Körner/Dach*, S. 123.

des amtlichen Ausweises umfassen.[1293] Ebenso ist die ausstellende Behörde zu vermerken. Diese Aufzeichnungspflicht mag zwar in einigen wichtigen Punkten lückenhaft sein[1294], aber dies beschränkt die Betroffenen nicht in ihren Rechten und soll daher hier dahinstehen.

Die Daten können auch nach § 9 II GwG auf einem elektronischen Speichermedium festgehalten werden, solange sichergestellt ist, daß die Angaben unverändert bleiben (§ 9 II Nr.1 GwG) und während der Dauer der Aufbewahrungsfrist rasch wieder verfügbar sind (§ 9 II Nr. 2 GwG). Diese Aufbewahrungspflicht beträgt sechs Jahre und orientiert sich damit an der Frist des § 257 IV HGB.[1295] Dies ist insofern sinnvoll, als verschiedene Aufbewahrungsfristen und damit verbundene Belastungen der Unternehmen vermieden werden.

### V. Verdachtsanzeigepflicht, § 11 GwG

Den für die Strafverfolgung wichtigsten Bereich der Anzeigen nach dem Geldwäschegesetz bildet jedoch nicht die Identifizierungspflicht, sondern die Anzeigepflicht von Verdachtsfällen nach § 11 GwG.

Zur Anzeige verpflichtet sind hiernach gem. § 11 GwG die Institute und Unternehmer, die von § 3 I GwG erfaßt werden. Nach Auffassung des Gesetzgebers ist aufgrund des hohen Maßes an Liberalität, der weitgehenden Freiheit von staatlicher Kontrolle im deutschen Kredit- und Finanzsystem und der damit verbunden Begünstigung der Geldwäscheaktivitäten auf deutschem Boden eine erhöhte Mitwirkung der am Finanzverkehr Beteiligten notwendig.[1296]

In diesem Zusammenhang wurde zunächst die erste Europäische Geldwäscherichtlinie vom 10.07.1991 durch das *Gesetz über das Aufspüren von Gewinnen aus schweren Straftaten*[1297] umgesetzt. Art. 6 dieser Richtlinie hat in § 11 GwG seinen Niederschlag gefunden. Es wurde damit zunächst die Verdachtsmeldepflicht der Kreditinstitute normiert. Diese Verpflichtung aus § 11 GwG wurde über die 2. Europäische Geldwäscherichtlinie auch auf die freien Berufe ausgeweitet und durch das *Geldwäschebekämpfungsgesetz*[1298] auch innerstaatlich nor-

---

[1293] Dazu *BayObLG*, NStZ 1997, 550 (551).

[1294] *Bockelmann*, StbGwG01, 130 ff, zeichnet hier interessante Fallkonstellationen nach, in denen die Aufzeichnungspflicht fehl geht, weil wichtige Informationen nicht aufzunehmen sind.

[1295] Art. 4 EL 2001/97/EG sieht mindestens eine fünfjährige Aufbewahrungsfrist vor. Zwar treffen Freiberufler grundsätzlich keine handelsrechtliche Aufbewahrungspflicht sondern nur eine Aufbewahrungspflicht aus § 50 II BRAO, jedoch ist hier dennoch aus den genannten Gründen, von der Notwendigkeit und der Rechtmäßigkeit der Aufbewahrungsverpflichtung auszugehen.

[1296] So BT-Drs. 12/2704, S. 17 zum damals als § 12 geplanten heutigen § 11 GwG.

[1297] Gesetz vom 25.10.1993 (GwG), BGBl. 1993 I, 1770.

[1298] In BGBl. 2002 I, 3105 ff.

normiert. Besondere Bedeutung hat im vorliegenden Zusammenhang zunächst § 11 Abs. 1 Satz 1 GwG I:

„*Ein Institut oder Unternehmer oder eine Person in den Fällen von § 3 Abs. 1, auch wenn die Beträge im Sinne des § 6 Abs. 1 unterschritten werden, hat bei Feststellung von Tatsachen, die darauf schließen lassen, daß eine Finanztransaktion einer Geldwäsche nach § 261 StGB dient oder im Fall ihrer Durchführung dienen würde, diese unverzüglich mündlich, fernmündlich, fernschriftlich oder durch elektronische Datenübermittlung den zuständigen Strafverfolgungsbehörden und in Kopie dem Bundeskriminalamt - Zentralstelle für Verdachtsanzeigen - anzuzeigen.*“[1299]

Das BKA wird durch den neugefaßten § 5 I GwG zur Zentralen Datensammlungs- und Verwaltungsstelle. Es hat nationale und internationale Koordinationsaufgaben und die Pflicht der Datenverteilung und des Erstellens von Statistiken. Ebenso hat es nach § 5 I 2 Nr. 5 GwG die

„*Meldepflichtigen regelmäßig über Terminologie und Methoden der Geldwäsche zu informieren.*“

Anzuzeigen ist der Kunde demnach bei Feststellung solcher Tatsachen, die auf eine Geldwäsche im Sinne des § 261 I StGB schließen lassen.

Die „*Anzeigepflicht besteht, wenn bei verständiger Würdigung aller Umstände zureichende Anhaltspunkte für eine Geldwäsche oder die Planung einer solchen gegeben sind.*“[1300]

Die Verdachtsmeldung ist unverzüglich zu erstatten. Danach ist grundsätzlich abzuwarten, ob die Staatsanwaltschaft der Durchführung der Finanztransaktion zustimmt. Verdächtige, aber unaufschiebbare Transaktionen (Blitzgiro etc.) dürfen durchgeführt werden, ohne dies vorher anzuzeigen. Die Anzeige ist in diesen Fällen jedoch unverzüglich nachzuholen. § 11 III GwG verbietet es, anderen als den staatlichen Stellen Informationen über diese Meldung zu geben. Diese Sperrmaßnahme ist insofern logisch zwingend, als damit verhindert wird, daß der mutmaßliche Geldwäscher Vorkehrungen gegen die Entdeckung seiner Taten oder Finanzquellen treffen kann.

In der Frage, wann ein solcher Verdachtsfall vorliegt, ist auf die Auslegung des § 6 GwG, der die gleiche Formulierung benutzt, zurückzugreifen. Es muß keinesfalls Gewißheit über das Vorliegen einer Geldwäsche bestehen. Es müssen lediglich konkrete Anhaltspunkte vorliegen, die den Verdacht begründen, also Tatsachen festgestellt werden, die den Rückschluß auf die Herkunft der Vermögenswerte aus einer Geldwäschevortat mit einer gewissen Wahrscheinlichkeit zulassen.

---

[1299] Außerdem wurde die Anzeigepflicht durch die Anzeigepflicht durch Einführung eines § 11 I 2 GwG auch auf solche Transaktionen erweitert, die verdächtig sind mit terroristischen Aktivitäten in Verbindung zu stehen.

[1300] *Häberle* in: *Erbs/Kohlhaas*, GWG, § 11/3.

Für die pflichtigen freien Berufe macht jedoch § 11 III GwG eine partielle Ausnahme von der Anzeigepflicht. § 11 IV GwG normiert eine Modifikation der Übermittlungspflicht. Bei Verdacht einer Geldwäschehandlung haben die in § 3 I Nr. 1 und Nr. 2 GwG genannten Personen, wenn sie die Tatsachenkenntnis im Rahmen ihrer „*prozessualen oder rechtsberatenden*" Tätigkeit über den Mandanten erhalten haben, keine Anzeige zu erstatten (§ 11 III GwG). In allen anderen Fällen haben sie ihre Anzeige bei der zuständigen Berufskammer zu erstatten, die zu der Anzeige Stellung nehmen kann und sie dann an die Strafverfolgungsbehörden weiterleitet (§ 11 IV GwG).

## § 3 Verwendbarkeit der durch das Geldwäschegesetz (GwG) erlangten Daten

Damit ist zwar die grundsätzliche Verpflichtung des Adressatenkreises, aufzuzeichnen, aufzubewahren und anzuzeigen, umrissen, jedoch viel relevanter für die Strafverfolgung ist die Frage, zu welchen Zwecken die Aufzeichnungen über die Meldungen genutzt werden dürfen. Der Aspekt der Datenverwendung ist im vorliegenden Zusammenhang insofern besonders wichtig, als zu erörtern ist, ob die gesammelten Daten im Rahmen eines Steuerverfahrens und Steuerstrafverfahrens von den Hoheitsträgern genutzt werden dürfen.

### A. Grundrechtseingriffe durch Datenerhebung und Datenverwendung

#### I. Datenerhebung und -verwendung als Grundrechtseingriffe

Unter verfassungsrechtlichen Gesichtspunkten ist der entscheidende Aspekt jeder Informationssammlung die Befugnis zur Verwendung dieser Daten. Es ergibt sich dabei stets das Problem, zu welchen Zwecken Informationen, die staatliche Organe eigenständig sammelt oder durch Dritte sammeln läßt genutzt werden dürfen.[1301] Neben der Befugnis zur Datensammlung muß also hier zwingend auch eine Ermächtigung zur Datennutzung im Blickpunkt der Betrachtung stehen.

Zu der grundsätzlichen Fragestellung, wie mit staatlicherseits erhobenen Daten im Allgemeinen umzugehen ist, hält das Bundesdatenschutzgesetz (BDSG) zwar Regelungen bereit. Diese haben aber keine Gültigkeit für das Steuerrecht. Denn § 45 BDSG nennt ausdrücklich §§ 30, 102, 105 AO, die im Steuerrecht die Behandlung von Informationen regeln, als vorrangige Vorschriften. Das heißt insbesondere, daß das Steuergeheimnis den Anwendungsbereich für das BDSG sperrt.[1302]

##### 1. Datenerhebung als Grundrechtseingriff

Jede Zwangsmaßnahme des Staates gegenüber seinen Bürgern stellt einen Grundrechtseingriff dar; denn in einer Beschränkung der Freiheiten des Einzelnen liegt zwingend zumindest ein Eingriff in das Recht auf allgemeine Handlungsfreiheit des Betroffenen aus Art 2 I GG. Aus dem Rechtsstaatsprinzip (Art. 20 III, 28 I 1 GG) ergibt sich, daß für alle diese Grundrechtseingriffe das Prinzip des Vorbehalt des Gesetzes gilt.[1303] Danach dürfen staatliche Organe nur

---

[1301] Datenerhebung ist nach § 3 IV BDSG *„die Beschaffung von Daten über den Betroffenen"*.

[1302] *Bilsdorfer*, S. 112, so auch *BFH*, BStBl. II 1994, 552 (553f.).

[1303] BVerfGE 40, 237 (248 f); 49, 89 (126 f.); 58, 257 (278) auch wenn die genaue Verankerung nicht unstreitig sein mag, wird dennoch Art. 20 III GG herangezogen, so *Jarass* in: *Jarass/Pieroth*, Art. 20/29 m.w.Nw.

aufgrund besonderer gesetzlicher Grundlage in eine sich aus Grundrechten ergebende Rechtsposition eingreifen.[1304]

Das Erheben von Daten im Wege des gesetzlichen Zwangs oder ohne den Willen des Betroffenen stellt unzweifelhaft eine Beschränkung des allgemeinen Persönlichkeitsrechts aus Art. 2 I i.V.m. Art. 1 I GG und damit einen solchen Grundrechtseingriff dar, der verfassungsrechtlich gerechtfertigt sein muß, um nicht mit dem Grundgesetz zu in Widerspruch zu stehen. Das Grundrecht, das die Geheimhaltung der persönlichen Daten des Einzelnen schützt, ist das Recht auf informationelle Selbstbestimmung.[1305] Damit stellt jede, ohne den Willen der Bezugsperson, also zwangsweise oder heimlich erfolgende, Erhebung von Daten einen Eingriff in das Recht auf informationelle Selbstbestimmung und damit eine potentielle Verfassungsverletzung dar.[1306]

Ein Eingriff in dieses Recht liegt auch dann vor, wenn ein Dritter gezwungen wird, die Daten zu erheben und zu verwalten, wenn also die Angaben nicht direkt gegenüber öffentlichen Stellen gemacht werden müssen. Es macht also keinen Unterschied, ob die Daten unmittelbar durch hoheitliche Organe oder durch private Dritte mittels gesetzlicher Pflichtenstellungen erhoben werden, solange die Beeinträchtigung staatlichen Stellen zuzurechnen ist.[1307]

Ein gerechtfertigter Eingriff in dieses Recht der Selbstbestimmung ist nur aufgrund einer gesetzlichen Grundlage möglich. Eine reine Aufgabenzuweisungen reicht entgegen der früher vertretenen Schwellentheorie nicht aus, um eine Eingriffsbefugnis zu begründen.[1308]

### 2. Datenverwendung als Grundrechtseinschränkung

Vorliegend wird allerdings nicht nur die Frage relevant, ob die Informationen gesammelt, sondern auch in welcher Weise und in welchen Verfahren sie verwandt werden dürfen. Daher ist zunächst zu erörtern, ob die weitere Verwendung der Daten wiederum einen Grundrechtseingriff darstellt; denn dann ist auch für jene Verwendung eine gesetzliche Rechtfertigung notwendig.

Mit dieser Frage hat sich der erste Senat des *BVerfG* im Volkzählungsurteil[1309] grundlegend befaßt und festgestellt, daß der Einzelne nicht nur in seiner Entscheidung, welche Daten er zur Weitergabe an staatliche Stellen freigibt, grundsätzlich von Art. 2 I GG in Verbindung mit Art. 1 I GG geschützt ist, sondern

1304 *Maunz* in: *Maunz/Dürig*, VI/55.
1305 So BVerfGE 65, 1 im 1.Leitsatz; so auch etwa in *BVerfG*, NJW 2002, 2164. In der Landesverfassung Rheinland-Pfalz ist dieses Recht nun in Art. 4a normiert.
1306 Dazu *Sánchez*, S. 183, 190, ebenso *Wolter*, GA 1988, 60, 138.
1307 So *BVerfG*, NJW 1999, 3399.
1308 Dazu *Sánchez*, S. 189.
1309 BVerfGE 65, 1 ff.

auch darin, zu verfügen, wie diese Daten verwendet werden dürfen.[1310] Diese Entscheidungsfreiheit ist Teil seines allgemeinen Persönlichkeitsrechts.[1311] Damit ist also auch eine Verwendung der Daten, die über eine spezielle Eingriffsgrundlage ermittelt worden sind, ein Grundrechtseingriff, wenn die Bezugsperson dieser Daten der konkreten Datenverwendung nicht zustimmt. Damit ist ein Grundrechtseingriff auch dann zu bejahen, wenn etwa freiwillig angegebene Daten zu einem anderen Zweck als dem der Erhebung, der zugestimmt wurde, verwandt werden.[1312] Eine zweckfremde Datenverwendung benötigt demnach eine gesetzliche Ermächtigungsgrundlage, um den Anforderungen der Wesentlichkeitsrechtsprechung gerecht zu werden.[1313]

Auch der Gesetzgeber hat etwa im Sozialrecht eine Zweckbindung für Daten anerkannt. Hier bestimmt § 73 III SGB X einen strengen Richtervorbehalt auch im Bezug auf die Weitergabe von Daten zu Zwecken der Strafverfolgung. Diese Norm legt fest, daß die für ein Strafverfahren notwendigen Daten nur bei Vorliegen einer richterlichen Anordnung von den Sozialbehörden an die Strafverfolgungsbehörden übermittelt werden dürfen.[1314] Das Beispiel macht deutlich, daß der Gesetzgeber jede Datennutzung und Weitergabe als Grundrechtseingriff betrachtet.

## II. Die verfassungsrechtliche Rechtfertigung einer Datenerhebung und Verwendung

Eine Grundrechtsbeschränkung durch Datenverwendung ist folglich nur dann als verfassungskonform anzusehen, wenn eine entsprechende formal-gesetzliche Rechtfertigung gegeben ist, die dem Verwender die Nutzung erlaubt. Das *BVerfG* hat die Anforderungen an eine solche gesetzliche Rechtfertigung eines Eingriffs in die informationelle Selbstbestimmung im Volkszählungsurteil konkretisiert und darüber hinaus auch relativ hohe Bestimmtheitsanforderungen gestellt.[1315]

Der Senat betont in diesem Urteil die Notwendigkeit eines überwiegenden Allgemeininteresses[1316] als legitimer Zweck. Diesem müssen die Eingriffe in die

[1310] Im Leitsatz des Volkszählungsurteils BVerfGE 65, 1 heißt es unter Nr.1 Satz 2: *„Das Grundrecht gewährleistet insoweit die Befugnis des Einzelnen, grundsätzlich selbst über die Preisgabe und Verwendung persönlicher Daten zu bestimmen.“*

[1311] Dazu auch *BVerfG*, NJW 2001, 2320.

[1312] So auch *Sánchez*, S. 196.

[1313] Ebenso *Hamacher*, DB 1984, 2159.

[1314] Dazu auch *Simitis*, NJW 1997, 1902.

[1315] So auch die Beurteilung von *Gusy* in: *v.Mangoldt/Klein/Starck*, Art. 10/71.

[1316] Was unter diesem *„überwiegenden Allgemeininteresse“* zu verstehen ist, ist im weiteren noch zu erörtern. Der Begriff wird aber auch in späteren Entscheidungen von der Rechtsprechung verwandt, etwa *BVerfG*, NJW 2001, 2320; 2002, 2164. *VerfGH Rh-Pf*, NJW 1999,

informationelle Selbstbestimmung dienen, um sich auf eine verfassungsrechtliche Rechtfertigung stützen zu können.[1317] Damit verbietet sich eine ohne Zweckbindung erfolgende Datenerhebung.[1318] Es dürfen also niemals Daten *„auf Vorrat"* ohne bestimmte Zweckrichtung oder ohne die Einwilligung der Betroffenen erhoben werden.[1319] Das gilt für ausnahmslos alle Daten, denn nach der Rechtsprechung im Volkszählungsurteil gibt es *„kein belangloses Datum"* mehr.[1320]

Weiterhin forderten die Verfassungsrichter eine gesetzliche Grundlage für die Datenerhebung und -verwendung, die dem Gebot der Normenklarheit/Bestimmtheitsgebot[1321] und dem Verhältnismäßigkeitsgrundsatz gerecht werden müsse.

## 1. Normenklarheit/Bestimmtheitsgebot

Auch wenn dieser Aspekt der Normenklarheit ein eher formeller Gesichtspunkt der Frage der Verfassungsmäßigkeit einer einschränkenden Norm zu sein scheint, ist dennoch sehr viel materieller Gehalt in diesem Erfordernis enthalten. Denn wie der Senat im „Volkzählungsurteil"[1322] feststellte, kann die zu unpräzise Formulierung einer Rechtsnorm dazu führen, daß der Einzelne sich scheut, seine Grundrechte in Anspruch zu nehmen. Damit liegt auch im Falle einer zu unklar formulierten Norm ein Eingriff in das deshalb nicht ausgeübte Grundrecht vor. Denn es kann keinen Unterschied machen, ob der Bürger das Grundrecht bei Gültigkeit der gesetzlichen Regelung rechtlich nicht mehr ausüben darf oder praktisch nicht ausüben kann.

---

2264 spricht im Hinblick auf Art. 4a II LVerf Rh-Pf. vom Gemeinwohl bzw. überwiegende Interessen des Allgemeinwohls.

1317 Vgl. auch BVerfGE 65, 1 (43, 44):

> *„Dieses Recht auf "informationelle Selbstbestimmung" ist nicht schrankenlos gewährleistet. Der Einzelne hat nicht ein Recht im Sinne einer absoluten, uneinschränkbaren Herrschaft über "seine" Daten; er ist vielmehr eine sich innerhalb der sozialen Gemeinschaft entfaltende, auf Kommunikation angewiesene Persönlichkeit. Information, auch soweit sie personenbezogen ist, stellt ein Abbild sozialer Realität dar, das nicht ausschließlich dem Betroffenen allein zugeordnet werden kann. Das Grundgesetz hat, wie in der Rechtsprechung des BVerfGs mehrfach hervorgehoben ist, die Spannung Individuum - Gemeinschaft im Sinne der Gemeinschaftsbezogenheit und Gemeinschaftsgebundenheit der Person entschieden (BVerfGE 4, [7]; 8, 274 [329]; 27, 1 [7]; 27, 344 [351f]; 33, 303]; 50, 290]; 56, 37 [49]). Grundsätzlich muß daher der Einzelne Einschränkungen seines Rechts auf informationelle Selbstbestimmung im überwiegenden Allgemeininteresse hinnehmen."*

1318 Ebenso *Sánchez*, S. 110.

1319 Dazu BVerfGE 65, 1 (44 ff.); *BVerfG* JZ 1987, 1118 (1119), sowie Wolter, GA 1988, 59.

1320 BVerfGE 65, 1 (45).

1321 Dazu S. 27 ff.

1322 BVerfGE 65, 1 (43, 64).

Jedoch ist die verfassungsrechtlich erforderliche Präzision einer Norm insofern relativ, als häufig sehr unbestimmte oder gar generalklauselartige Normen notwendig sind, um alle relevanten Fälle erfassen, ohne sie im Einzelnen aufzählen zu können. Eine allgemein formulierte Norm, die erst nach komplexer Auslegung erkennen läßt, ob ein konkreter Fall erfaßt ist, ist dann verfassungskonform, wenn der zu verfolgende Zweck so wichtig ist, daß sein Erreichen den durch die Unklarheit geschaffenen Grundrechtseingriff überwiegt. Da also die Beurteilung, wie abstrakt eine Norm sein darf, ohne verfassungswidrig unklar zu werden, nur über das Verhältnis des Eingriffs zum verfolgten Zweck der Norm erfolgen kann, ist die Frage der Normklarheit im Rahmen des Eingriffs und seiner Rechtfertigung als materielles Element der Verfassungsmäßigkeit zu erörtern.

### 2. Verhältnismäßigkeitsgrundsatz

Der Verhältnismäßigkeitsgrundsatz in seiner mehrstufigen Ausprägung ist das entscheidende Kriterium für die verfassungsrechtliche Beurteilung einer Ermächtigungsgrundlage, die Eingriffe in die Rechte des Einzelnen erlaubt. Auch wenn der Eingriff in das Recht auf informationelle Selbstbestimmung aufgrund eines Gesetzes prinzipiell möglich ist, so bleibt dennoch der Grundsatz der Verhältnismäßigkeit Schranke einer jeden Eingriffsrechtfertigung. Diese Maxime ist dem Rechtsstaatsprinzip immanent.

Der Verhältnismäßigkeitsgrundsatz läßt nur solche Gesetze zu, die keine übermäßige Belastung des Bürgers mit staatlichen Zwangsmaßnahmen erlauben *(Übermaßverbot)*.[1323] Dieses Übermaßverbot verlangt demnach vom Gesetzgeber, daß er nur solche Normen erläßt, die erstens einem legitimen Zweck dienen (Eignung), zweitens einen erforderlichen Eingriff in Grundrechte (Erforderlichkeit als Prinzip des mildesten Mittels) normieren und drittens die Verhältnismäßigkeit (Angemessenheit) im engeren Sinne wahren.[1324]

Daraus ergibt sich, daß dem Bürger durch Gesetze nur jene Grundrechtseingriffe zugemutet werden können, die den Zielen des Gesetzes und der Rechtsordnung als Gesamtheit zu Gute kommen. Die rechtsbeschränkende Maßnahme muß demnach einen legitimen Zweck verfolgen und geeignet sein, diesem Zweck zu dienen, also ein zur Zweckerreichung taugliches Mittel sein. Daher folgt aus dem Telos einer Regelung neben der reinen Zielbestimmung der Maßnahme auch eine Zweckbindung für die erlaubten Eingriffe. Wenn ein Gesetz einen Eingriff in ein Rechtsgut des Einzelnen ermöglicht, so ist diese Einschränkung nur aus dem im Gesetz festgelegten Grund und nur zu diesem angestrebten Zweck möglich und zulässig.

---

[1323] Zur Terminologie statt vieler: *Krey*, Strafverfahrensrecht I, Rn. 89 m.Nw.

[1324] Zur Struktur des Übermaßverbots, *Ossenbühl*, Jura 1997, 618; des weiteren *Isensee* in: Handbuch des Staatsrechts, § 111/71.

Darüber hinaus begrenzt der durch den Gesetzgeber verfolgte Zweck auch die Wahl der Mittel, die den Zweck verwirklichen sollen. Denn nur ein geeignetes Mittel kann, wenn es Grundrechtseingriffe beinhaltet, überhaupt gerechtfertigt sein. Dient die Maßnahme nicht dem Gesetzeszweck und bedeutet sie für den Bürger eine Belastung, so kann sie durch das Gesetz nicht gerechtfertigt werden. Das Rechtsstaatsprinzip verbietet schon im Grundsatz die Anwendung solcher belastenden Maßnahmen, die zur Zweckerreichung völlig untauglich sind. Maßnahmen, deren Wirkung für den verfolgten Zweck zwar ungewiß ist, die aber einen gewissen Erfolg versprechen, sind dagegen nicht grundsätzlich unzulässig.

Ferner dürfen die gesetzlichen Zielsetzungen nicht durch einen weniger schwerwiegenden Eingriff genauso wirksam erreicht werden können und die erreichten Vorteile für den Gesetzeszweck müssen in einem angemessenen Verhältnis zu den Eingriffen in die Rechte des Einzelnen stehen.[1325] Bezüglich der Erforderlichkeit gilt jedoch eine *Einschätzungsprärogative* des Gesetzgebers.[1326] Solange keine mildere aber gleich effektive Methode, den Zweck zu verwirklichen ersichtlich ist und sich geradezu aufdrängt, ist diese Einschätzungsprärogative nicht überschritten. Die Maßnahme, die gewählt wurde, ist unter diesen Umständen als erforderlich zu betrachten.

Darüber hinaus muß die taugliche und erforderliche Maßnahme zu dem zu erwartenden Erfolg in einem angemessenen Verhältnis stehen. Der Bürger muß nur im Extremfall schwerwiegende Eingriffe dulden, auch wenn diese die einzig erfolgversprechende Möglichkeit der Zielerreichung darstellen. Schwerwiegende Grundrechtsbeschneidungen sind ausnahmsweise dann zulässig, wenn sie das einzige Mittel zur sind, das es möglich macht, ein überragend wichtiges Ziel mit Verfassungsrang zu verwirklichen. Der Staat darf auch dann nicht „mit Kanonen auf Spatzen schießen“, wenn er sie nur so treffen kann.

Die Konkretisierung dieser verfassungsrechtlichen Begrifflichkeiten soll im folgenden bezogen auf die konkreten Bestimmungen – hier insbesondere die Normen des GwG bzw. den Geldwäschetatbestand des StGB – erfolgen.

[1325] Dazu etwa BVerfGE 19, 342 (348); eingehend zur Erforderlichkeit im Datenschutzrecht: *Sánchez*, S. 108 ff.
[1326] *Hesse*, Rn. 320 m.Nw. zur st. Rspr. des BVerfG.

## B. Verfassungsrechtliche Betrachtung der Datenerhebung im Rahmen des GwG

Durch die vielfältigen Pflichten, die das GwG privaten Unternehmern auferlegt, steht den Strafverfolgungsbehörden ein Vielfaches der ohne den Einsatz Privater ermittelbaren Informationen zur Verfügung.[1327] Es gehen bei den zuständigen Stellen sehr viele Hinweise auf Tatsachen ein, die Verdachtsmomente bezüglich der in § 261 I 2 Nr. 1-5 StGB genannten Katalogtaten, aber auch bzgl. anderer Straftaten liefern können.[1328] Die Fragestellung, wie diese Informationen verwandt werden dürfen, ist nachfolgend zu betrachten. Sie wird besonders relevant, soweit eine Datenweitergabe an die Finanzämter und vor allem an die Buß- und Strafsachenstelle, sowie die Steuerfahndung in Betracht kommt.

Es ist daher zu prüfen, ob die gesetzlichen Bestimmungen über die Datenverwendung im Rahmen des GwG den Anforderungen in ausreichendem Umfang entsprechen, die das Rechtsstaatsprinzip, insbesondere in der Ausprägung als Verhältnismäßigkeitsgrundsatz stellt. Dabei soll hier die Datenaufzeichnungspflicht und die damit verbundene Grundrechtsbeschränkung der Meldepflichtigen[1329] in den Hintergrund treten, da im Rahmen des Steuer- und Steuerstrafrechts die Bewertung der Datenverwendung und damit die Grundrechtssphäre der Bezugspersonen der Information eine weitaus größere Rolle spielt. Für die Pflichtigen bedeuten die auferlegten Melde-, Anzeige- und Identifizierungspflichten erhebliche Beeinträchtigungen ihrer Berufsfreiheit, für die Bezugsperson der Daten geht es jedoch um mehr. Hier sind es oft Informationen über seine persönlichsten Umstände Gegenstand der Anzeige.

Obwohl die Datenverwendung für Ermittlungen der Finanzbehörden und Strafverfolgungsorgane im Vordergrund stehen soll, muß die Gewinnung der Daten als solche schon im Hinblick auf die Grundrechtseinschränkung derjenigen betrachtet werden, deren persönliche Daten aufgenommen und gespeichert werden sollen.

### I. Feststellungs- und Aufzeichnungspflichten im GwG

Die Pflichten, die das GwG normiert, wurden, soweit erforderlich, dargestellt.[1330] Die Erörterung ihrer Rechtfertigung soll sich hier zunächst auf die in

---

[1327] *Fülbier* in: *Fülbier/Aepfelbach*, § 11 GwG/9 spricht von einer Erhebung „von Informationen auf Vorrat zu unbestimmten oder im Einzelfall noch nicht bestimmbaren Zwecken“, um diese Informationen staatlichen Stellen zugänglich zu machen.

[1328] Der Dezernatsleiter für den Bereich Organisierte Kriminalität des bayrischen LKA, *Josef Geißdörfer*, sprach in einem Bericht des Handelsblatts v. 12.11.2001, S. 2; von bundesweit weit mehr als 10.000 Anzeigen.

[1329] Zur Verfassungsmäßigkeit einer Verpflichtung von Rechtsanwälten, *Zuck* NJW 2002, 1397 f.

[1330] Vgl. S. 273 ff.

der Praxis besonders relevanten Pflichten zur Feststellung und Aufzeichnung aus den §§ 2 I, II, 6, 8 GwG in Verbindung mit § 9 GwG beziehen.

### 1. Eingriffscharakter der Pflichten aus §§ 2-9 GwG

Zunächst ist die Frage zu behandeln, welche Rechte von der Datenerhebung betroffen werden und wie intensiv diese Eingriffe in die Rechtssphäre des Bürgers sind.

#### a) Eingriff in das Recht auf informationelle Selbstbestimmung durch Datenerhebung

Mit der Pflicht zur Feststellung der Daten greift der Gesetzgeber insbesondere in das Grundrecht auf informationelle Selbstbestimmung der Personen ein, deren Daten aufgenommen und festgehalten werden. Es werden Daten des Einzelnen ohne seinen Willen erhoben, zu deren Angabe gegenüber den Meldepflichtigen er durch die Notwendigkeit des heutigen Geschäftsverkehrs gezwungen ist; zumal sowohl Bargeldtransaktionen als auch solche mit elektronischem Bargeld betroffen sind. Der Gesetzgeber hat also einen faktischen Zwang zur Angabe der Daten geschaffen.

#### b) Eingriff in die Planungsfreiheit des Einzelnen als Folge

Die Folge eines Eingriffes in das Recht zur informationellen Selbstbestimmung ist ein Verlust an Planungssicherheit. Dazu hat das *BVerfG* festgestellt:

> „*Wer nicht mit hinreichender Sicherheit überschauen kann, welche ihn betreffenden Informationen in bestimmten Bereichen seiner sozialen Umwelt bekannt sind, und wer das Wissen möglicher Kommunikationspartner nicht einigermaßen abzuschätzen vermag, kann in seiner Freiheit wesentlich gehemmt werden, aus eigner Selbstbestimmung zu planen oder zu entscheiden. Mit dem Recht auf informationelle Selbstbestimmung wäre eine Gesellschaftsordnung und eine dies ermöglichende Rechtsordnung nicht vereinbar, in der die Bürger nicht mehr wissen können, wer was wann und bei welcher Gelegenheit über sie weiß. Wer unsicher ist, ob abweichende Verhaltensweisen jederzeit notiert und als Information dauerhaft gespeichert, verwendet oder weitergegeben werden, wird versuchen, nicht durch solche Verhaltensweisen aufzufallen.*“[1331]

Demnach befürchtet das *BVerfG*, der Einzelne könne gezwungen sein, wegen dieser Bedenken auf die Ausübung von Grundrechten zu verzichten.

Diese Befürchtung ist nicht fernliegend. Wer einen in irgendeiner Weise bedeutsamen Schritt planen will, kann dies nur verläßlich tun, wenn er eine genaue Datenbasis hat, auf der seine Entscheidung, etwas zu tun oder es zu unterlassen, fußt. Wenn diese Datengrundlage aber fehlt oder unsicher ist, verleitet das den besonnenen Menschen zu einer gewissen Vorsicht. Damit könnte in der

[1331] BVerfGE 65, 1 (43).

Datenerhebung ein Eingriff in das Recht auf freie Entfaltung der Persönlichkeit liegen.

Eine unerkannte Datenerhebung beeinträchtigt nach der Rechtsprechung des *BVerfG* daher die „individuellen Entwicklungschancen des Einzelnen“ und auch das Gemeinwohl, da

> *„die Selbstbestimmung eine elementare Funktionsbedingung eines auf Handlungs- und Mitwirkungsfähigkeit seiner Bürger begründeten freiheitlich demokratischen Gemeinwesens ist.“*[1332]

Neben den Eingriff durch die Datenerhebung tritt daher als faktisch zwingende Folge eine Einschränkung der Selbstbestimmung bzw. der Persönlichkeitsentfaltung des Einzelnen durch die Unsicherheit, sofern nicht offensichtlich ist, wann und in welchem Umfang seine Daten aufgenommen werden.[1333]

Im Rahmen der Pflichten aus den §§ 2-8 GwG stellt sich dieses Problem der Ungewißheit nur eingeschränkt, denn die Voraussetzungen für eine Identifikationspflicht sind hier relativ klar im Gesetz beschrieben. Mit seinen Begriffsbestimmungen definiert das GwG im § 1 eindeutig, wer zu einer Feststellung und Aufzeichnung verpflichtet ist (Abs. 1) und welche Handlungen betroffen sein können (Abs. 6). Insofern kann die Bezugsperson der Daten zumindest relativ schnell erkennen, von wem eventuell „Gefahr droht“. Auch die allgemeine Identifizierung anhand des Schwellenbetrags entspricht der Forderung nach Normenklarheit, da der Betroffene weiß, ab welcher Summe eine Feststellung seiner Personalien notwendig werden kann. Wessen Transaktionsvolumen den Schwellenbetrag übersteigt, der muß mit der Aufzeichnung seiner Daten rechnen.

Problematisch erscheint dagegen die im Gesetz nicht näher bestimmte Formulierung der tatsächlichen Anhaltspunkte für eine Verbindung zwischen mehreren Finanztransaktionen, also die Pflicht in den Fällen, die an das „Smurfing“ denken lassen. Hier kann der Bürger nicht aus dem Gesetz ersehen, wann seine Daten aufgezeichnet und weitergegeben werden können. Er kann seine Handlungen nicht nach der Aufzeichnungspflicht richten.

Damit liegt in der ungewissen Möglichkeit der Feststellung und Aufzeichnung der persönlichen Daten wegen des Verdachts des Smurfings ein Eingriff in das Recht auf informationelle Selbstbestimmung. Denn die Gesetzesformulierung ist hier zu unbestimmt, um jederzeit Klarheit über die weitergegebenen Daten zu ermöglichen. Insofern bedeutet also die Pflicht zur Identifizierung in möglichen Fällen des *Smurfings* einen Eingriff in die grundrechtliche Planungssicherheit des Einzelnen und eine Einschränkung der „Gebrauchsfähigkeit“ der Grundrechte.

---

[1332] BVerfGE 65, 1 (43).

[1333] So auch *Hamacher*, DB 1984, 2159.

### c) Eingriff durch Speicherung und jederzeitige Abrufbarkeit der gespeicherten Daten

Eine dritte mögliche Eingriffsqualität erhält jede der Pflichten aus den §§ 2-8 GwG durch § 9 I, II GwG. Danach müssen die Daten nicht nur festgestellt und aufgezeichnet werden, sondern auch gespeichert, bzw. zur Verfügung gehalten werden. Das *BVerfG* hielt im Volkzählungsurteil folgendes fest:

> *„Freie Entfaltung der Persönlichkeit setzt unter den modernen* [15.12.1983!] *Bedingungen der Datenverarbeitung den Schutz des Einzelnen gegen unbegrenzte Erhebung, Speicherung, Verwendung und Weitergabe seiner persönlichen Daten voraus."*[1334]

Diese vom Gericht angesprochenen technischen Möglichkeiten der Datenverarbeitung haben sich durch die Einführung neuer Informationstechnologien weiterhin stark vermehrt. Das bedeutet für die Frage der Grundrechtsrelevanz, daß heute eine solche Aufzeichnung und Speicherung erst Recht eine Beeinträchtigung der geschützten Freiheiten des Einzelnen darstellt und somit einer verfassungsrechtlichen Rechtfertigung bedarf.

Daher enthalten die §§ 2-8 GwG, jeweils in Verbindung mit § 9 GwG, mit dem Eingriff in die Planungsfreiheit, der Sammlung und der Speicherung der Daten drei gegen das Recht auf informationelle Selbstbestimmung gerichtete Aspekte, also Maßnahmen mit Eingriffscharakter, die durch einen legitimen Zweck der gesetzlichen Regelung und ihre Erforderlichkeit sowie Angemessenheit begründet sein müssen, um nicht den verfassungsrechtlichen Normen zuwiderzulaufen. Diese Befugnisnormen und die durch sie ausgelösten Grundrechtseingriffe bedürfen also der verfassungsrechtlichen Überprüfung.

## 2. Verfassungsrechtliche Rechtfertigung der Eingriffe durch die §§ 2-9 GwG

Um den verfassungsrechtlichen Vorgaben zu entsprechen, müssen die betreffenden Regelungen über die Erhebung der Daten dem Grundsatz der Verhältnismäßigkeit entsprechen.

### a) Legitimer Zweck und Tauglichkeit des Mittels

Erklärtes Ziel des GwG als Teil des Gesetzespaketes, zu dem auch § 261 StGB gehörte, ist es, die Bekämpfung der Organisierten Kriminalität zu verbessern[1335], die sich nach Ansicht des Gesetzgebers als Gefahr für die Gesellschaftsstruktur, für das Leben und die Freiheit des Einzelnen und dessen Ver-

---

[1334] BVerfGE 65, 1 (43).

[1335] BT-Drs. 12/2704 S. 1; BT-Drs. 12/989, S.20 spricht von Entziehung *„finanzieller Ressourcen"*. Der Gesetzgeber erwartet dadurch eine Verhinderung neuer Straftaten.

mögen darstellt.[1336] Damit verfolgt das GwG einen legitimen Zweck. Denn es ist nicht nur das Recht, sondern sogar Pflicht des Staates, seine Bürger durch eine effektive Strafverfolgung vor Rechtsverlusten infolge strafrechtlich relevanter Delikte zu schützen. Die Aufklärung schwerer Straftaten ist nach der Rechtsprechung des *BVerfGs* ein wesentlicher Auftrag des rechtsstaatlichen Gemeinwesens.[1337]

Auch wenn das Gericht den Begriff der Organisierten Kriminalität ohne gesetzliche Definition als schwer bestimmbar bezeichnet hat[1338], ändert dies nichts an dem Umstand, daß die Kriminalitätsbekämpfung im Allgemeinen und die Bekämpfung der Organisierten Kriminalität im Besonderen einen gesetzlich legitimen Zweck und die Verfolgung verfassungsrechtlich hochstehender Ziele darstellt. Dieses Ziel der Strafverfolgung und Verbrechensbekämpfung hat folglich Verfassungsrang[1339], ist also grundsätzlich abstrakt gleichwertig mit dem Interesse des Einzelnen an dem Schutz seiner persönlichen Datensphäre.

Das angewandte Mittel, das die Rechte des Bürgers beschneidet, muß jedoch auch tauglich sein, den verfolgten und dem Gesetz zugrunde liegenden Zweck voranzutreiben, also positiv auf die Erreichung des Gesetzesziels hinzuwirken.[1340] Aus diesem Umstand ergibt sich die Zweckbindung der angewandten Maßnahmen. Es können demnach nur solche Eingriffe in die Rechte des Einzelnen verfassungsgemäß sein, die dem erklärten Ziel tatsächlich Nutzen bringen. Aus der Zweckbindung durch das Erfordernis der Tauglichkeit der Maßnahme ergibt sich demnach für das GwG im Besonderen, daß nur solche Maßnahmen verhältnismäßig und damit gerechtfertigt sein können, die tauglich sind, die Verfolgung solcher Straftaten zu fördern, die in einem engen Zusammenhang mit der Organisierten Kriminalität stehen. Alle anderen Maßnahmen sind nicht verhältnismäßig, da sie nicht dem angestrebten Ziel zugute kommen.

### aa) Mitwirkungspflicht als taugliches Mittel

Die Praxis zeigt vorliegend, daß die durch die Mitwirkungspflichten erzeugten Datenmengen in den Ermittlungsverfahren wegen Straftaten nach dem Geldwäschegesetz grundsätzlich nützlich sein können. Die verfolgbaren Papierspuren[1341] erleichtern in den verschiedensten Verfahren die Arbeit der Strafverfolgungsbehörden. Damit ist sowohl die Erhebung als auch die Datenspeicherung, die hier zum gesetzlichen Zweck der Bekämpfung der Organisierten Kriminali-

---

1336 Auch wenn *Sánchez*, S. 129, 181 diese Gefahr als unsichtbar bezeichnet und meint, es handele sich um eine *„populistisch orientierte Abwehrbereitschaft“*.

1337 Vgl. BVerfGE 19, 342 (347); 20, 144 (147); 29, 183 (194); 33, 367 (383); 35, 185 (190).

1338 *BVerfG*, NJW 2004, 999 (1009)

1339 So BVerfGE 57, 250 (284); 77, 65 (76), NJW 1990, 563 (564 f.).

1340 *Jarass/Pieroth*, GG, Art. 20/59.

1341 Zum Begriff der *„Papierspur“*, S. 166.

tät stattfinden, im Sinne des Verhältnismäßigkeitsgrundsatzes taugliches Mittel zur Erreichung eines legitimen Zwecks.

#### bb) Begrenzte Unbestimmtheit als taugliches Mittel

Bezüglich des sich durch die Unbestimmtheit der Gesetzesformulierung ergebenden Eingriffs in Grundrechte muß auch diese geringere Bestimmtheit der Begrifflichkeiten des Gesetzes taugliches Mittel sein, um den Zweck zu verfolgen. Die Unbestimmtheit muß also dem Ziel förderlich sein, denn der Verhältnismäßigkeitsgrundsatz verlangt, daß alle Maßnahmen mit Eingriffscharakter dem Zweck dienlich sind, den das Gesetzeskonzept vorsieht.

Hier hat der Gesetzgeber eine sehr abstrakte Definition gewählt und damit keine für den Bürger vollkommen eindeutige Norm geschaffen. Zweck dieser relativ unbestimmten Formulierung ist zunächst, der praktischen Notwendigkeit gerecht zu werden, daß möglichst viele der einschlägigen Fallgestaltungen erfaßt sein sollen. Denn im betreffenden Bereich sind die vorstellbaren Varianten nahezu unbegrenzt.

Es soll demnach auf diese Weise eine möglichst effiziente Regelung geschaffen werden, die auch in der Praxis greifen kann und nicht nur einige wenige Fälle erfaßt. Darüber hinaus soll naturgemäß dem potentiellen Täter keine genaue Beschreibung an die Hand gegeben werden, wie er die Entdeckung seiner Tat als Smurfing vermeiden kann.[1342] Beide Aspekte sind im Rahmen des Gesamtkonzeptes des Gesetzes legitime Ziele, die durch die unbestimmte Formulierung des Gesetzes gefördert werden.

### b) Erforderlichkeit

Die Frage nach der Erforderlichkeit der einzelnen Regelungen zur Zweckerreichung schließt sich an. Die Regelung muß also so beschaffen sein, daß sie das Ziel durch den mildesten Eingriff in die Rechte des Einzelnen noch so wirksam wie nötig verfolgen kann. Im Rahmen der Erforderlichkeitserwägungen ist dem Gesetzgeber eine *„Einschätzungsprärogative"* gegeben.[1343] Er darf sich also danach richten, welche Maßnahmen er – im Hinblick auf den Gesetzeszweck – für erfolgstauglich hält. Solange diese Einschätzung nicht offensichtlich unrealistisch ist, ist die Maßnahme als erforderlich anzusehen.

#### aa) Datensammlung

Der Gesetzgeber sah die Verpflichtung der privaten „Informanten" als eine Notwendigkeit an, um einer effektiven Bekämpfung dieser Gesetzesverstöße über-

---

1342 Ähnlich auch zu dem Begriff der Tatsachen, die auf *„Geldwäsche schließen lassen"* im § 11; *Bockelmann*, StbGwG01, 133.
1343 So *BVerfG*, NJW 2004, 1305 (1310).

überhaupt eine Chance zu geben. Er hat es für notwendig erachtet, gesetzliche Regelungen zu schaffen, die eine weitgehende Sammlung von Informationen über bestimmte Finanztransaktionen erlauben. Dadurch ermöglicht er es den Strafverfolgungsbehörden, die für die Erfüllung ihrer Aufgaben nach den praktischen Erfahrungen so dringend notwendigen Hinweisdaten schon im Vorfeld des Ermittlungsverfahrens zu sammeln.[1344]

Um die vom Gesetzgeber für notwendig gehaltene Papierspur zu legen, ist sowohl die Pflicht zur Feststellung persönlicher Daten als auch die zur Speicherung dieser Informationen unumgänglich. Der Schwellenwert, den der Gesetzgeber mit 15.000 € festgelegt hat, ist nicht offensichtlich zu niedrig. Damit ist diese Regelung insofern zum Zwecke der Bekämpfung der Organisierten Kriminalität erforderlich, zumal § 7 GwG die grundsätzliche Identifizierungspflicht auf ein praktikables Maß reduziert. In vielen Fällen kann nach dem Gesetz von der Identifikation abgesehen werden, wenn trotzdem die Identität der betreffenden Personen gesichert scheint. Somit scheitert die Verfassungsmäßigkeit auch nicht an einer fehlenden Ausnahmeregelung.

#### bb) Datenspeicherung

In Bezug auf die Speicherung hat der Gesetzgeber eine zeitliche Grenze gesetzt, innerhalb derer er die Verfügbarkeit der Aufzeichnungen für erforderlich hielt. Nach § 9 III GwG ist dies eine Zeitspanne von sechs Jahren.

Da die Daten nach § 10 I GwG für alle Strafverfahren wegen einer Straftat gem. § 261 StGB und der in § 261 I Nr. 1-5 StGB bezeichneten Taten verwandt werden sollen, ist für die Aufbewahrungsfrist natürlich unter anderem die Verjährungsfrist für die betreffende Straftat maßgebend. Denn mit der Verjährung einer der genannten Straftaten tritt ein Verfolgungshindernis ein, das eine weitere Aufbewahrung der Unterlagen überflüssig und damit unverhältnismäßig macht. Denn es dürfen keine Daten aufbewahrt werden, die nicht Zwecken der Verfolgung der in § 10 I GwG genannten Straftaten dienen können.

Problematisch könnte im vorliegenden Zusammenhang sein, daß § 261 StGB selbst ein Strafmaß von drei Monaten bis zu fünf Jahren Freiheitsstrafe festlegt und über den Katalog des § 261 I 2 StGB weitere Straftaten erfaßt sind, die im Höchstmaß mit fünf Jahren Freiheitsstrafe bedroht sind. Dies gilt etwa für Vergehen nach § 29 I Nr. 1 BtmG, denn diese sind mit bis zu fünf Jahren Freiheitsstrafe bedroht. Diese Taten verjähren gem. § 78 III Nr. 4 StGB nach fünf Jahren. Es ergibt sich also nach fünf Jahren ab dem Zeitpunkt der Beendigung die-

---

[1344] Dazu BT-Drs. 12/2704, S. 16:
*„Erst im Zusammenwirken von Identifizierungspflichten einerseits und Aufzeichnungs- und Aufbewahrungspflichten andererseits wird es möglich, Finanztransaktionen bzw. dauerhafte Geschäftsbeziehungen im nachhinein transparent zu machen.“.*

ser Taten ein endgültiges Verfolgungshindernis. Danach ist es zur Aufklärung der Vortat nicht mehr erforderlich, die Daten über die Finanztransaktion aufzubewahren. Bezüglich dieser Straftaten allein wäre eine Aufbewahrungspflicht gegenüber den Verpflichteten und den Betroffenen unverhältnismäßig.

Da aber die Speicherung nach der ratio legis nur der Verfolgung schwerer Straftaten dienen soll, deren Verjährungszeiträume weit länger sind, bestehen insofern gegen eine sechsjährige Aufbewahrung keine Bedenken. Wenn es um die Bekämpfung dieser Schwerkriminalität geht, deren Taten im Höchstmaß mit einer weit höheren Strafe als fünf Jahren Freiheitsstrafe bedroht und für die entsprechend lange Verjährungsfristen normiert sind, besteht ein Bedürfnis, die Daten sechs Jahre lang aufzubewahren. Es wäre sogar sinnvoll, die Daten noch länger aufbewahren zu lassen, soweit für die fraglichen Taten längere Verjährungszeiten existieren. Doch eine Aufbewahrung von mehr als sechs Jahren sah der Gesetzgeber wohl nicht als zumutbar an und nahm daher davon Abstand.

Da es aber weder für die aufbewahrenden Institute und Unternehmen noch für die Organe der Strafverfolgung feststellbar ist, um welche konkrete Straftat es sich handelt, die mit den Informationen evtl. verfolgt werden soll, ist eine Aufbewahrungsfrist von sechs Jahren eher zu kurz und damit ausreichend grundrechtsfreundlich. Es ergibt sich erst im Nachhinein, ob die Daten dienlich sein können, ein Verfahren wegen Geldwäsche oder einer Vortat zu fördern, daher kann die Aufbewahrungsfrist auch nicht an einer konkreten Verjährungszeit orientiert werden. Es wäre aber eventuell zu erwägen, einen Wegfall der Aufbewahrungsverpflichtung zu normieren, wenn sich im Einzelfall herausgestellt hat, daß als Vortat nur eine Straftat mit geringerer Verjährungsfrist in Betracht kommt.

### cc) Erforderlichkeit der Eingriffe durch Erhebung und Speicherung der Daten

Im Bereich der Erforderlichkeit der Erhebung und Speicherung von Daten gilt damit für beide Eingriffskategorien die Einschätzungsprärogative des Gesetzgebers. Solange sich – wie hier – eine mildere, gleich wirksame Möglichkeit nicht aufdrängt, hat der Gesetzgeber seine Einschätzungsprärogative nicht überschritten und die Maßnahme muß im Sinne des Verhältnismäßigkeitsgrundsatzes für erforderlich erachtet werden. Damit ist die Regelung der Feststellung, Aufzeichnungs- und Aufbewahrungspflicht durch die §§ 2-9 GwG in Bezug auf das Recht der informationellen Selbstbestimmung zur Bekämpfung der Organisierten Kriminalität erforderlich. Dies wird von *Häberle* wie folgt kommentiert:

> *„Hinnehmbar ist sie [die Pflicht zur Feststellung und Aufbewahrung] letztlich deshalb, weil anders als durch die von Kreditinstituten zu fertigenden und aufzube-*

*wahrenden Aufzeichnungen der Geldwäsche dienende Finanztransaktionen im Ermittlungsfall nicht transparent gemacht werden können.“*[1345]

### dd) Abstrakter Verbindungsbegriff des § 2 II GwG i.R.d. *Smurfings*

Darüber hinaus gilt auch für die oben erwähnte Unbestimmtheit der Formulierung des Gesetzestextes dieser Erforderlichkeitsmaßstab. Die Unbestimmtheit darf nur so weit gehen, wie es unbedingt sein muß, um den Zweck der Regelung noch verfolgen zu können. Sie darf jedoch nicht so weit gehen, daß die Gesetzesbegriffe vollkommen ihre Kontur verlieren. Im Rahmen des Problems des *Smurfings* wählte der Gesetzgeber diesen unbestimmten Begriff der *"Verbindung"*, da er eine abschließende Auflistung der möglichen Fälle nicht für möglich hielt und zusätzlich bei einer zu ausführlichen Auflistung der notwendigen Merkmale eine Umgehung des § 2 I GwG durch die Täter fürchtete. Die Auflistung verbiete

> *„sich deshalb, weil Geldwäscher ansonsten dem Gesetz sichere Anhaltspunkte dafür entnehmen könnten, wie sie sich der gesetzlich vorgeschriebenen Identifizierung entziehen können.“*[1346]

Diese Argumentation leuchtet ein. Ohne die Berücksichtigung des *Smurfings* wäre die Regelung des § 2 GwG nahezu sinnlos. Da der Gesetzgeber die Identifizierung an tatsächliche Anhaltspunkte koppelt und eine *„offenkundige“*[1347] Verbindung fordert, ist die Regelung des § 2 II GwG auch das relativ mildeste Mittel, da der konturlose Verbindungsbegriff durch die *„hohe Anforderung an die Wahrnehmbarkeit der Verbindung“*[1348] kompensiert wird. Daher ist die betreffende Regelung im Sinne des Verhältnismäßigkeitsgrundsatzes erforderlich.

### c) Angemessenheit

Abschließend stellt sich die Frage, ob der gesetzlich normierte Eingriff durch Aufzeichnung und Speicherung auch den weiteren Anforderungen der Rechtsprechung des *BVerfG* entspricht. Das heißt, die Regelungen der §§ 2-9 GwG müssen angemessen im Sinne des Verhältnismäßigkeitsgrundsatzes sein.

Schon im Grundsatz ist eine Datenerhebung auf Vorrat, wie sie hier offensichtlich vorgenommen werden soll, bedenklich; denn es werden damit Grundrechtspositionen des Einzelnen ohne konkrete Zielsetzung im Einzelfall eingeschränkt.[1349] Es kommt zu einer Grundrechtsbeeinträchtigung, ohne daß ein hin-

---

[1345] *Häberle* in: *Erbs/Kohlhaas*, GWG, § 10/1.

[1346] BT-Drs. 12/2704, S.12.

[1347] BT-Drs. 12/2704, S.12.

[1348] BT-Drs. 12/2704, S.12.

[1349] *Fülbier* spricht in *Fülbier/Aepfelbach*, § 11 GwG/9 in Hinblick auf eine solche Datenerhebung *„auf Vorrat“* von einem eklatanten Grundrechtsverstoß.

reichender Straftatverdacht vorausgesetzt ist.[1350] Daher ist die Frage besonders aufmerksam zu betrachten, inwieweit der zu erreichende Nutzen der Maßnahme in einem angemessenen Verhältnis zu der vom Bürger erlittenen Rechtseinbuße steht.

Der Gesetzgeber läßt durch den Eingriff in das Recht auf informationelle Selbstbestimmung des Betroffenen eine Papierspur schaffen, die es ermöglichen soll, die Täter einer Katalogtat des § 261 I Nr. 1-5 StGB effektiver verfolgen zu können. Diese Spur führt mittelbar auch zu einer effektiveren Bekämpfung der Organisierten Kriminalität. Denn es ist nun möglich, aufgrund der Daten, auf die die Verfolgungsorgane im Ermittlungsverfahren zurückgreifen können, bestimmte Wege der Transaktionen nachzuvollziehen und auch international operierende Verbünde von Straftäter wirkungsvoller zu verfolgen. Auch diese zum Teil grenzüberschreitende Strafverfolgung genießt als Element der Strafverfolgung Verfassungsrang und hat damit gleiche Priorität wie Grundrechte des Einzelnen.

Gegen dieses Interesse der effektiven Strafverfolgung muß die durch die Eingriffe erfolgende Beeinträchtigung, nicht in Geldwäschedelikte oder deren Vortaten verstrickten Bürgers abgewogen werden; denn es werden auch seine Grundrechte beschränkt. Die Pflichten der §§ 2-8 in Verbindung mit § 9 GwG ermöglichen eine flächendeckende Datenerhebung über alle Finanztransaktionen, die ein bestimmtes Volumen überschreiten oder bestimmte andere Merkmale aufweisen. Der Gesetzgeber war hier der Meinung, aufgrund des ausreichend hohen Schwellenbetrags die Belastung der Betroffenen durch § 2 I GwG auf ein *„zumutbares Maß"* begrenzt zu haben.[1351]

Der Eingriff in die Rechtssphäre des Einzelnen ist auch deswegen nicht allzu schwerwiegend, weil „nur" Name und Anschrift sowie die Transaktion gespeichert werden und keine weiteren persönlichen Daten, zumal der § 7 GwG sogar das Absehen von einer Identifizierung ermöglicht, wenn die persönlichen Daten anderweitig gesichert sind. Des weiteren ist mit der Möglichkeit der Datenfeststellung noch keine Aussage über die Befugnis zur Verwendung getroffen.

Diese Möglichkeit der Nutzung stellt einen weiteren Grundrechtseingriff dar, für den die §§ 2-9 GwG keine Ermächtigungsgrundlage darstellen sollen und ihn daher nicht rechtfertigen können. Diese weitere Verwendung regeln die §§ 10, 11 GwG.

Betrachtet man das Verhältnis zwischen Eingriffsnutzen, also der verbesserten Strafverfolgungsmöglichkeiten, und den negativen Auswirkungen, dann wird man wohl einer reinen Feststellung und Aufzeichnung von jenen Daten keine fehlende Verhältnismäßigkeit entgegenhalten können.

---

1350 Dazu *Simitis*, NJW 1997, 1902; besonders kritisch *Sánchez*, S. 111.
1351 vgl. BT-Drs. 12/2704, S. 12.

Letztlich muß die Frage der Verfassungswidrigkeit dieser Erhebungs- und Feststellungspflichten eventuell sogar dahinstehen, denn der Gesetzgeber war durch die Europäische Richtlinie zur Umsetzung dieser Pflichtenvorgabe gezwungen. Nach herrschender Meinung kann diese Richtlinie grundsätzlich nicht an der deutschen Verfassung gemessen werden.[1352]

Aber nach der hier vertretenen Ansicht handelt es sich bei der alleinigen Erfassung und Speicherung der Daten ohnehin nicht um eine unverhältnismäßige oder anderweitig verfassungswidrige Maßnahme.

### 3. Fazit

Daher wird man hier wohl festhalten können, daß eine reine Datenfeststellung und Aufzeichnung ebenso wie die Speicherung zum Zwecke der Strafverfolgung und Verhinderung von Straftaten nicht verfassungswidrig ist. Jedoch enthält das GwG – wie gezeigt – nicht nur Feststellungs- und Aufzeichnungspflichten. Diese hätten allein auch wenig praktischen Nutzen. Es bleibt daher noch die Aufgabe, die weitergehende Verpflichtung zur aktiven Anzeigeerstattung gegenüber den Strafverfolgungsbehörden aus § 11 GwG und die Befugnis der anderweitigen Verwendung der gem. den §§ 2-9 GwG an gewonnenen Daten zu erörtern.

## II. Anzeigepflicht des § 11 I GwG

### 1. Regelungsinhalt

Nach § 11 I GwG besteht für die Adressaten der Norm über die reine Aufzeichnungspflicht hinaus auch die Verpflichtung, bestimmte, im Sinne des § 261 StGB verdächtige Vorgänge anzuzeigen. Weiterhin sind sie zur Verschwiegenheit über die Umstände und die Notwendigkeit der Anzeige gegenüber anderen als den für diese Strafverfolgung zuständigen Personen verpflichtet.

Eine solche Anzeigepflicht besteht im Falle der Feststellung von Tatsachen, die auf eine Geldwäsche im Sinne des § 261 StGB schließen lassen. Es muß die Verdachtsschwelle des § 6 GwG[1353] erreicht werden und damit müssen hinreichende Anhaltspunkte für das Vorliegen die Herkunft des Geldes aus einer Geldwäschevortat gegeben sein.

### 2. Eingriffsqualität

Diese Pflichten treffen nicht nur die Grundrechte ihrer Adressaten – vornehmlich Bankangestellte und Angehörige freier rechtsberatender Berufe – sondern insbesondere auch den Bürger, dessen Daten, die vormals bei dem Kreditinstitut „schlummerten“, nun an die staatlichen Behörden weiterzugeben sind. Auch im

---

[1352] Dazu *Fülbier* in: *Fülbier/Aepfelbach*, Einl./100 ff.

[1353] Vgl. S. 275 ff.

Rahmen der Erörterung dieser Weitergabepflicht soll der Eingriff dem Kunden gegenüber vornehmlich Gegenstand sein. Denn für den Anzeigepflichtigen bedeutet zwar die Pflicht zur Anzeigeerstattung ebenfalls eine persönliche grundrechtsrelevante Belastung, aber für die Bezugsperson der Daten ist der Eingriff ungleich schwerwiegender, da es sich um seine persönlichen Daten handelt.

Diese Anzeigepflicht bedeutet insofern einen Eingriff in das Recht der informationellen Selbstbestimmung, als hier die festgehaltenen Daten weitergegeben werden, Art. 2 I GG in Verbindung mit 1 I GG jedoch nicht nur vor der Erhebung, sondern auch vor der Weitergabe dieser persönlichen Daten schützen soll.[1354] Die Regelung des § 11 I GwG stellt demnach einen Grundrechtseingriff dar, der über das reine Aufzeichnen der Daten hinaus geht. Hier wird die Pflicht normiert, festgehaltene Daten weiterzugeben. Die Daten werden also nun über die Erhebung hinaus auch verwandt. Das ist auf den ersten Blick eine Selbstverständlichkeit, denn es würde schließlich keinen Sinn machen, wenn man die Daten nur erhöbe und nicht verwandte. Eine reine Datensammlung wäre schon allein deswegen verfassungswidrig, wenn sie keinem Zweck wirksam dienen kann.

Dennoch ist gerade die Verwendung als weiterer Eingriff den Schranken des Verhältnismäßigkeitsprinzips unterworfen, da auch von der Verwendung eine gesteigerte Eingriffswirkung für den Bürger ausgehen kann. Sein Recht auf die Bestimmung, welche Daten wem und zu welchem Zweck zugänglich gemacht werden, wird durch die vorgesehene Verwendung ein weiteres Mal beschränkt.

### 3. Verfassungsrechtliche Rechtfertigung

Wie die bisher erörterten Pflichten soll auch diese Anzeigeverpflichtung der effektiven Bekämpfung der Organisierten Kriminalität und damit einem legitimen Zweck im Sinne des Verhältnismäßigkeitsgrundsatzes dienen. Es ist nämlich ausgewiesener Gesetzeszweck, die Strafverfolgungsbehörden

> *„in die Lage zu versetzen, die Ermittlungen in Sachen Geldwäsche bei Ausführung verdächtiger Finanztransaktionen schnellstmöglich aufnehmen zu können.“*[1355]

Die Notwendigkeit – also im verfassungsrechtlichen Sprachgebrauch die Erforderlichkeit – den Regelungsinhalt des § 11 I GwG in dieser grundrechtsbeschränkenden Weise zu normieren, begründet der Gesetzgeber in der Entwurfserläuterung[1356] mit der besonderen „Anfälligkeit“ des deutschen Bankensystems für Geldwäschetaten. Das deutsche Bankrecht ermögliche durch seine Liberali-

---

[1354] BVerfGE 65, 1 (43).

[1355] So *Fülbier* in: *Fülbier/Aepfelbach,* § 11 GwG/1 mit Hinweis auf BT-Drs. 12/2704, S. 17, der diesen Zweck jedoch als fragwürdig bezeichnet.

[1356] BT-Drs. 12/2704, S. 17.

tät und die weithin fehlenden staatlichen Kontrollen zwar eine effektive und zügige Geschäftsabwicklung im Rahmen des Finanzdienstleistungssektors. Aber diese Voraussetzungen begünstigen auch die Möglichkeiten einer ungehinderten Tätigkeit auf dem Gebiet der Geldwäsche.

Daher sei aufgrund der hohen Anfälligkeit der deutschen Bankenlandschaft die hier in Frage stehende Anzeigeverpflichtung, und damit eine aktive Mitwirkung der Finanzwirtschaft, notwendig, um eine effektive Bekämpfung dieser Deliktserscheinung zu ermöglichen. *Fülbier* formuliert dies mit Blick auf die Praxiserfahrung sehr deutlich, wenn er feststellt, die Strafverfolgungsbehörden sähen sich andernfalls kaum noch in der Lage, das organisierte Verbrechen zu bekämpfen.[1357] Die Behörden seien auf Hinweise vor allem aus den Banken angewiesen. Mit der Schaffung des § 11 I GwG sollte Art. 6 der Geldwäscherichtlinie der EWG vom 10.07.1991 umgesetzt werden, der den Unterzeichnerstaaten die Normierung einer Anzeigepflicht abverlangt. Die Norm wurde dann aufgrund der 2. Geldwäscherichtlinie durch das Geldwäschebekämpfungsgesetz noch einmal den europäischen Vorgaben angepaßt.

In den betroffenen Verdachtsfällen kann eine solche Anzeigepflicht aus dem Aspekt der Gefahrenabwehr als angebracht betrachtet werden, denn die Anzeige kann nämlich nicht nur der Aufklärung der Vortat dienen, sondern auch der Vorbeugung weiterer Taten durch Verfolgung der Täter. In diesen verdichteten Fällen eines Gefahrenverdachts kann hier – unter Berücksichtigung der Einschätzungsprärogative des Gesetzgebers – von einer erforderlichen Maßnahme durch Normierung der Anzeigepflicht ausgegangen werden. Das bringen die Ausführungen von *Klos/Hoyer* wie folgt auf den Punkt:

> *„Die bisherigen Resultate der Geldwäschebekämpfung verdeutlichen, daß aufgrund von Verdachtsanzeigen und der sich anschließenden Ermittlungstätigkeiten es durchaus möglich ist, die kriminelle Herkunft von Vermögenswerten aufzudekken.[...] Erfolge bei der Geldwäschebekämpfung sind jedoch nicht allein an der Sicherstellung von Vermögenswerten zu bemessen, sondern insbesondere an den Möglichkeiten, Strukturen Organisierter Kriminalität aufzudecken und zu zerschlagen. Darüber hinaus deuten die bisherigen Erfahrungen darauf hin, daß die Vorschriften zur Geldwäschebekämpfung, insbesondere das Geldwäschegesetz, eine nicht zu unterschätzende präventive Wirkung entfalten.“*[1358]

Jedoch gilt auch hier, daß der Gesetzeszweck Gefahrenbekämpfung und Strafverfolgung im Bereich der Organisierten Kriminalität ist.

Die erhobenen Daten dienen der Bekämpfung der Organisierten Kriminalität. Die funktionsfähige Strafrechtspflege ist ein hochrangiges Verfassungsgut und verdient daher bei einer Abwägung gegen Grundrechte des Einzelnen einen hohen Stellenwert. Daher hat der Bürger auch gewisse Einschränkungen seiner

---

[1357] *Fülbier* in: *Fülbier/Aepfelbach*, § 11 GwG/1.

[1358] *Hoyer/Klos*, S. 179 m.w.Nw. und Zahlen zu sichergestellten Vermögenswerten.

Grundrechte hinzunehmen, wenn nur auf diese Weise die Bekämpfung schwerwiegender Formen der Kriminalität sichergestellt werden kann. Demnach kann im vorliegenden Fall der Bekämpfung der Vortaten der Geldwäsche und auch der Bekämpfung der Geldwäsche als solcher ein höherer Stellenwert eingeräumt werden als dem Recht des Einzelnen auf Schutz seiner persönlichen Datensphäre.

### III. Zwischenergebnis

Die Datenerhebung und -speicherung gem. den §§ 2-9 GwG sowie die Anzeigepflicht nach § 11 I GwG können also grundsätzlich insofern als verfassungskonform angesehen werden, als keine Grundrechte der Datenbezugsperson **verletzt** werden.[1359] Jedoch kann dieses Ergebnis nur unter einer Voraussetzung, die das *BVerfG* auch im Volkszählungsurteil betont hat, als angemessen betrachtet werden:

Wenn der Gesetzgeber Datenerhebungen erlaubt, dann muß er einem zweckwidrigen Datengebrauch vorbeugen: Er hat in

> *„seinen Regelungen [...] den Grundsatz der Verhältnismäßigkeit zu beachten. Auch hat er organisatorische und verfahrensrechtliche Vorkehrungen zu treffen, welche der Gefahr einer Verletzung des Persönlichkeitsrechts entgegenwirken.“*[1360]

Der Gesetzgeber muß also sicherstellen, daß die von den staatlichen Organen erhobenen Daten auch nur zu dem von ihm vorgesehenen und dem vom Telos der Befugnisnormen gedeckten Zweck entsprechend verwandt werden. Denn die Rechtfertigung einer Befugnisnorm und ihrer Auswirkungen durch das Gesetz im Hinblick auf das Verhältnismäßigkeitsprinzip erfolgt gemäß der Zweck-Mittel-Relation. Dieses Verhältnis wird bei einer Zweckentfremdung von Daten gestört. Das *BVerfG* führt dazu aus:

> *„Angesichts der bereits dargelegten Gefährdungen durch die Nutzung der automatischen Datenverarbeitung hat der Gesetzgeber mehr als früher auch organisatorische und verfahrensrechtliche Vorkehrungen zu treffen, welche der Gefahr einer Verletzung des Persönlichkeitsrechts entgegenwirken (vgl. BVerfG E 53, 30]; 63, 131 [143]).“*[1361]

---

[1359] Ob die Anzeigepflicht Grundrechte der Pflichtigen verletzt, mag hier dahinstehen; dazu etwa *Zuck*, NJW 2002, 1397 f.

[1360] BVerfGE 65, 1.

[1361] BVerfGE 65, 1 (44).

## C. Verfassungsrechtliche Betrachtung der Datenverwendungsregelungen im GwG

### I. Anforderungen an die Datenverwendungsbefugnis im GwG

Es ist demnach zu untersuchen, ob der Gesetzgeber im GwG diesem Erfordernis, eine bestimmte und verhältnismäßige Regelung zur Verwendung der im Wege dieses Gesetzes erhobenen Daten zu schaffen, hinreichend Rechnung getragen hat. Die vom Gesetz getroffenen Verwendungsregelungen sind an den Anforderungen des Volkzählungsurteils zu messen und es ist zu prüfen, ob das GwG die erforderlichen *„organisatorischen und verfahrensrechtlichen Vorkehrungen"* enthält, um die Grundrechte der Betroffenen ausreichend zu schützen.

Auch hier sollen nur die Grundrechte derjenigen Betroffenen zur Diskussion stehen, deren persönliche Daten verwandt werden sollen. Für das GwG stellt sich die Frage, ob die getroffenen Vorkehrungen einen ausreichenden Schutz jener Personen bieten. Es gilt auch und insbesondere hier der rechtsstaatliche Grundsatz des Übermaßverbots. Verwendbarkeitsregelungen, die einen Eingriff in die Informationssphäre des Bürgers zulassen, sind daher nur dann verfassungsgemäß, wenn sie lediglich solche Verwendungsbefugnisse einräumen, die tauglich sind, den legitimen Zweck der Erhebung und Verwendung der Daten zu fördern, eine Verwendbarkeit der Daten über das unbedingt erforderliche Maß hinaus untersagen und deren Befugnisse und Eingriffe in einem angemessen Verhältnis zu dem erreichten Vorteil stehen.

Daher muß die weitere Verwendung der mit den besonderen Mitteln des GwG erhobenen Daten im konkreten Einzelfall dem Zweck der Strafverfolgung und zwar in der besonderen Form der Bekämpfung der Organisierten Kriminalität tatsächlich zu dienen bestimmt sein.

Die Bekämpfung der Organisierten Kriminalität ist der Zweck, den der Gesetzgeber sich im Gesetzgebungsverfahren des Geldwäschebekämpfungs-gesetzes „auf die Fahnen geschrieben" hatte.[1362] Ein verfassungskonformes Gesetz muß also notwendigerweise eine enge Zweckbindung der eingeräumten Befugnisse – in casu für den Umgang mit den Daten – enthalten. Der Verwendungszweck muß im Rahmen des Gesetzes mit dem Erhebungszweck identisch sein. Das ergibt sich aus seinem Gesamtkonzeption, das als Ganzes der Bekämpfung der Organisierten Kriminalität dient.

Des weiteren darf die Verwendbarkeit der Daten nicht über das unbedingt erforderliche Maß hinausgehen, das heißt, es dürfen nur dann die erlangten Daten verwandt werden, wenn eine Strafverfolgung im Zusammenhang mit der Organisierten Kriminalität auf andere Weise nicht ebenso effektiv oder sogar gar

[1362] Dazu etwa *Häberle* in: *Erbs/Kohlhaas*, GWG, Vorbem./1 ff.

nicht möglich zu sein scheint. Die Verwendbarkeit der Daten darf also nur in möglichst eng begrenzten Ausnahmefällen zulässig sein.

## II. Bedingungen im GwG

Der Gesetzgeber ist dem Erfordernis des Gesetzesvorbehalts und der Wesentlichkeitsrechtsprechung des *BVerfG*[1363] im GwG zumindest insofern nachgekommen, als ein Parlamentsgesetz die Verwendbarkeit der über dieses Gesetz gewonnenen Daten in den zentralen Punkten regelt. Der Gesetzgeber hat über die wichtige Frage, inwieweit in das Grundrecht der informationellen Selbstbestimmung durch die weitere Verwendung eingegriffen werden darf, selbst entschieden. Das GwG trifft hierzu eine allgemeine Regelung in § 10 I. Eine Spezialregelung für die Datenweitergabe an die Finanzbehörden in Fällen der Verdachtsanzeigen ist in § 11 VII GwG enthalten.

### 1. Allgemeine Regelung zur Verwendung der aufgezeichneten Daten aus § 10 I GwG

Die Zulässigkeit einer Verwendung der Daten, die nach den §§ 2 I in Verbindung mit II, 3 I, 4 I, 6 I und 8 I GwG erhoben und gem. § 9 I aufgezeichnet wurden, bestimmt sich grundsätzlich nach § 10 GwG. Das Gesetz unterscheidet demnach zutreffend – wie auch sonst im Datenschutzrecht üblich – zwischen dem Eingriff durch die Datenerhebung und einem erneuten Eingriff durch die weitere Nutzung der Informationen.[1364]

#### a) Verwendung für Strafverfahren wegen des Verdachts der Geldwäsche

Im § 10 I findet sich folgende Regelung:

> *„(1) Die nach § 9 Abs. 1 gefertigten Aufzeichnungen dürfen nur zur Verfolgung einer Straftat nach § 261 des Strafgesetzbuches und der in § 261 Abs. 1 Nr. 1 bis 3 des Strafgesetzbuches genannten Straftaten für Zwecke eines Strafverfahrens herangezogen und verwendet werden."*[1365]

Damit dürfen also die Informationen, die über §§ 2-9 GwG erlangt wurden, nur in einem Strafverfahren wegen Geldwäsche oder einer Geldwäschevortat verwandt werden, also in dem Verfahren, dessen effektiverer Betreibung auch das GwG als solches dient.[1366] Eine Verwendung der Daten für andere Zwecke ist unzulässig.

---

[1363] Dazu etwa BVerfGE 8, 274 (325); 20, 150 (157 ff.); 21, 73 (79 f.); 34 165 (192 f.); 41, 251 (262 f.); 45, 393 (399); 49, 89 (145); 52, 1 (41); 62, 169 (182 f.); 83, 130 (152); *Pieroth/Schlink*, Rn. 266; *Hesse*, Rn. 509.

[1364] Vgl. *Bittmann/Rosner*, wistra 1995, 167.

[1365] Zum Vorschlag des *Bundesrates* in Bezug auf diese Regelung, BT-Drs. 12/2704, S. 23, 26.

[1366] Vgl. *Bittmann/Rosner*, wistra 1995, 167; *Häberle* in: *Erbs/Kohlhaas*, GWG, § 10 Rn. 2.

### b) Begriff des Strafverfahrens

In diesem Zusammenhang stellt für sich *Bittmann/Rosner*[1367] die Frage nach dem hier gültigen Begriff des Strafverfahrens. Sie halten den Begriff des Strafverfahrens im GwG für unklar und hinterfragen ihn unter dem Aspekt der Gesamtbedeutung der Vorschrift. Eine eigene Begriffsbestimmung des Strafverfahrens enthält § 1 GwG, der innerhalb dieses Gesetzes einige Begrifflichkeiten regelt, nicht, so daß eine Auslegung des Begriffes anhand der allgemeinen Auslegungsregeln notwendig ist, soweit dieser Begriff unklar erscheint.

#### aa) Grammatikalische Auslegung

*Bittmann/Rosner* gehen wegen des ihrer Meinung nach unklaren Begriffs „Strafverfahren" von der Notwendigkeit seiner Auslegung aus. Auslegung beginnt und endet am Wortlaut des Gesetzes. Nach ihrer Auffassung ergibt sich aus den allgemeinen Regeln der Auslegung für § 10 I GwG folgendes:

> *„Die grammatikalische Auslegung des Begriffs „Strafverfahren" führt zu dem Ergebnis, daß Regelungen für die Verwendungen im gerichtlichen, nicht aber im Ermittlungsverfahren getroffen wurden. Nach der Terminologie des Strafprozeßrechts beginnt das Strafverfahren nämlich erst dann, wenn das Gericht mit einer Sache befaßt ist, in der Regel also erst mit Eingang der Anklageschrift."*[1368]

Abgesehen von der Tatsache, daß keine grammatikalische Auslegung betrieben wird, wenn ein Begriff nicht gemäß seinem Wortsinn, sondern im Zusammenhang mit einem anderen Gesetz ausgelegt wird, stellt sich die Frage, ob jene These von *Bittmann/Rosner* inhaltlich zwingend ist.

Die wörtliche Auslegung des Begriffs Strafverfahren führt nämlich nicht zu diesem, sondern eher zu einem gegenteiligen Ergebnis. Zum Strafverfahren müssen rein semantisch alle Verfahrensabschnitte gehören, die zur Verwirklichung eines rechtskräftigen Strafurteils beitragen können. Denn die Herbeiführung des die materielle Wahrheit klärenden Urteils ist Sinn des Strafverfahrens.[1369] Das sog. Vor- oder Ermittlungsverfahren, das *Bittmann/Rosner* gemäß der grammatikalischen Auslegung ausschließen wollen, ist ein solcher, der Urteilsfindung dienender Verfahrensteil. Er fördert die Ausforschung eines bestehenden Verdachts, um zu dem Ergebnis zu kommen, daß die Erhebung einer öffentlichen Anklage geboten oder gerade nicht geboten ist.[1370] Ohne dieses vorgelagerte Ermittlungsverfahren kann keine Anklage erhoben werden. Damit ist dem Ergebnis der „grammatikalischen" Auslegung von *Bittmann/Rosner* nicht zu fol-

---

[1367] In wistra 1995, 167.

[1368] *Bittmann/Rosner*, wistra 1995, 167.

[1369] Vgl. dazu S. 7 ff.

[1370] *Pfeiffer* in: KK-StPO, Einl./33.

gen.[1371] Zum Strafverfahren gehören danach auch alle Ermittlungsschritte, die vor der Anklageerhebung liegen.

**bb) Systematische Auslegung**

Darüber hinaus soll hier die systematische Exegese bemüht werden, um das Ergebnis abzusichern. Auch nach systematischer Auslegung dürfte das Ergebnis ein anderes, als das von *Bittmann/Rosner* vertretene sein. Die StPO verwendet den Begriff *„Strafverfahren"* etwa in § 416 StPO, unterscheidet diesen Begriff aber gerade von der anhängigen Strafsache, so daß aus dem Zusammenhang der StPO geschlossen werden muß, daß das Strafverfahren mit der Einleitung des Ermittlungsverfahrens beginnt und daher das Ermittlungsverfahren zum Strafverfahren im Sinne des § 10 GwG gehört.[1372] Demgegenüber ist nur die *„anhängige"* Strafsache das, was *Bittmann/Rosner* unter Strafverfahren verstehen: die Strafsache nach Erhebung der Anklage.

Mithin ist entgegen *Bittmann/Rosner* unter dem Strafverfahren im Sinne des StPO auch das Ermittlungsverfahren zu verstehen. Mit einem Blick auf § 397 AO wird dies für das Steuerstrafrecht deutlich. Denn nach dieser Norm ist das Strafverfahren mit der ersten Ermittlungshandlung eröffnet. Damit gehört das Ermittlungsverfahren zwangsläufig zum (Steuer-) Strafverfahren i.S.d. GwG.

**cc) Historische Auslegung**

Über die historische Auslegung kommen *Bittmann/Rosner* letztlich zu einem anderen Ergebnis als über den Wortlaut. Denn sie machen geltend, der Gesetzgeber habe schon in der Begründung des Gesetzesentwurfs klar gestellt, daß er bereits das Verhalten der Privaten, die ihrer Identifikationspflicht nachkommen, als Teil der Strafverfolgung begreife und daher ein Strafverfahren schon vor dem Zeitpunkt der Anklageerhebung annehme.[1373]

Unter Strafverfahren ist daher nach einheitlicher Auffassung im Sinne des GwG das gesamte Strafverfahren, inklusive Ermittlungsverfahren zu verstehen.[1374]

**dd) Teleologische Auslegung**

Auch die teleologische Auslegung führt hier zu keinem anderen Ergebnis. Sinn und Zweck der Regelungen des § 10 I GwG ist es nicht, erst dann die für die Sachverhaltermittlung notwendigen Informationen zu erhalten, wenn die Anklage schon zugelassen und das Hauptverfahren eröffnet ist.

---

[1371] I.E. kommen auch sie aber zu einem Verwendungsverbot auch für das Vorverfahren, wistra 1995, 167.

[1372] Zur *„Anhängigkeit"* einer Strafsache etwa *Schoreit* in: KK-StPO, § 151/6.

[1373] In wistra 1995, 167 mit Verweis auf BT-Drs. 12/2704, S. 16.

[1374] Zu diesem Ergebnis kommen „auf verschlungenen Pfaden" letztlich auch *Bittmann/Rosner*, wistra 1995, 167; so auch *Häberle* in: *Erbs/Kohlhaas*, GWG, § 10/4.

### c) Anwendungsbereich des § 10 I GwG

Folglich sind nach § 10 I GwG die Informationen, die die Strafverfolgungsorgane durch die Pflichten der §§ 2 ff. GwG feststellen und gem. § 9 GwG aufzeichnen lassen, nur in solchen Strafverfahren anwendbar, in denen wegen eines Geldwäschedeliktes oder einer Katalogtat des § 261 I Nr. 1-5 StGB ermittelt und verhandelt wird. Demnach dürfen jene Informationen, die die Verfolgungsbehörden über die Mittel des GwG erlangt haben, nach § 10 I GwG auch nur für solche Verfahren verwandt werden, die in den Anwendungsbereich des GwG fallen.

Die Regelung der Verwendungsbefugnisse entspricht prinzipiell der Zweckbindung, die das Grundgesetz fordert. Das heißt, daß diese Informationen auch im Hinblick auf die Grundrechte der Betroffenen verwendet werden dürfen, um ein Strafverfahren wegen Geldwäsche oder einer Vortat zur Geldwäsche voranzutreiben.

Soweit es die Verfolgung von nach § 261 StGB tatbestandsmäßigen Handlungen betrifft, die sich auf dem Bereich der Organisierten Kriminalität entstammende Vortaten beziehen, ist die Datenerhebung und Datenverwendung verfassungsrechtlich unbedenklich.

Insofern ist die Verwertbarkeit der erhobenen Daten für die Verfolgung der Geldwäschevortaten selbstverständlich auch notwendig, um den Anzeige- bzw. Aufzeichnungspflichten einen Sinn zu geben und der Strafverfolgung zu dienen. Damit normiert der § 10 I GwG eine dem Grundsatz der Verhältnismäßigkeit entsprechende Zweckbindung, da die erhobenen Daten nur für den Zweck verwandt werden dürfen, zu dessen Verfolgung sie erhoben wurden. Eine Nutzung der Daten im Rahmen des allgemeinen Strafverfahrens scheidet damit nach § 10 I GwG aus.

Jedoch stellt sich die Frage der Nutzung in anderen Straf- und Verwaltungsverfahren, namentlich in jenen, die von den Finanzbehörden betrieben werden. Hierzu treffen §§ 10 II und 11 VII GwG besondere Vorkehrungen.

## 2. Spezielle Verwendungsregelung aus § 11 VII GwG

Eine spezielle Verwendungsregelung für Verdachtsmeldefälle trifft § 11 VII GwG. Diese Norm erfaßt die Verwendbarkeit der Daten, die aus der Anzeigepflicht – vornehmlich die der Kreditinstitute – an die Strafverfolgungsbehörden gelangt sind. Das Gesetz bestimmt hier folgendes:

> *„Der Inhalt einer Anzeige nach Absatz 1 darf nur für die in § 10 Abs.1 und 2 Satz 3 bezeichneten Strafverfahren und für Strafverfahren wegen einer Straftat, die im Höchstmaß mit einer Freiheitsstrafe von mehr als drei Jahren bedroht ist [...] verwendet werden."*

Aus dem Gesetzeswortlaut ergibt sich damit, daß die Inhalte der Anzeige, insbesondere die Personalien und die Tatsachen, die zu dem Verdacht einer Geldwäschehandlung führten, an die Strafverfolgungsbehörden zu dem Zweck weitergegeben werden dürfen, eine Straftat zu verfolgen, die im Höchstmaß mit einer Freiheitsstrafe von mehr als drei Jahren bedroht ist.

### a) Weiter Anwendungsbereich des § 11 VII GwG

Problematisch ist hier, daß nicht alle dieser von § 11 VII GwG genannten Delikte zum Bereich der Organisierten Kriminalität gehören, sondern auch solche Delikte erfaßt sind, die keinen Bezug zu einer organisierten Begehung aufweisen müssen. Daß nicht alle der im Katalog des § 261 I 2 StGB genannten Delikte der Organisierten Kriminalität zugerechnet werden können wurde bereits erörtert[1375], ist hier jedoch nur ein weiteres Problem. Doch selbst wenn man davon ausginge, daß § 261 I Nr. 1-5 StGB in seinem Katalog allein an den Straftaten im Bereich der Organisierten Kriminalität ausgerichtet ist, wäre die Zahl der Delikte außerhalb des Geldwäschekatalogs, zu deren Verfolgung die über das GwG gewonnenen Daten verwendet würden, dennoch nicht unerheblich. Die von der Regelung des § 11 VII GwG erfaßten Delikte gehören also unzweifelhaft nicht alle zum „Zielgebiet" des § 261 StGB bzw. der Geldwäschegesetzgebung. Die Verwendungsbefugnis geht damit eindeutig zu weit.

#### aa) Verfahren wegen Katalogtaten

Solange es um die Delikte geht, die sowohl Katalogtaten des § 261 I 2 StGB als auch Taten sind, die im Höchstmaß mit mindestens drei Jahren Freiheitsentzug geahndet werden können, ergeben sich aus der Regelung des § 11 VII GwG keine ernsthaften verfassungsrechtlichen Probleme, die über die schon oben genannten Bedenken gegen den weiten Katalog des § 261 I 2 StGB hinaus gehen. Denn Zweck des GwG und des § 261 StGB ist die Verfolgung der Geldwäsche und ihrer Vortaten im Rahmen ihres Gesamtkonzeptes: Bekämpfung der Organisierten Kriminalität.

Es kann in diesem Zusammenhang trotzdem dahingestellt bleiben, ob es sich bei allen in § 261 I Nr. 1-5 StGB genannten Taten wirklich um Geldwäsche begünstigende Taten handelt. Denn wenn der Gesetzgeber diese Taten mit in das Gesamtkonzept der Geldwäschebekämpfung aufgenommen hat, dann ergibt sich aus der Zweckbindungsmaxime im Rahmen der Verwendung kein originäres Problem. Das gesetzgeberische Ziel ist die Geldwäschebekämpfung, und die Elemente der Geldwäsche legt der Gesetzgeber fest. Problematisch kann die sehr weite Fassung des § 261 I Nr. 1-5 StGB aber etwa vor dem Hintergrund des Übermaßverbotes im engeren Sinne sein, wenn man die Frage stellt, ob eine besondere Verpflichtung Privater überhaupt im verfassungsrechtlichen Sinne

---

[1375] Vgl. S. 200 ff.

angemessen ist. Aber diese Frage soll hier dahingestellt bleiben, da sie weniger die Grundrechte der Bezugspersonen der Informationen berührt.

Wenn ein Strafverfahren wegen einer solchen Katalogtat eingeleitet wird, verfolgt § 11 VII GwG das Ziel, das auch das gesamte GwG im Auge hat: Es werden Strafverfahren wegen des Verdachts einer Geldwäschevortat durch Informationen unterstützt. Hier wird mit den Mitteln des Geldwäschegesetzes eine Geldwäschevortat verfolgt und damit wird der Weg der Zweckbindung durch den Verhältnismäßigkeitsgrundsatz nicht verlassen. Das einzelne mit dem § 11 VII GwG vorangetriebene Strafverfahren steht also im Einklang mit der Gesetzeskonzeption, solange nur Katalogtaten verfolgt werden.

**bb) Problemkonstellation in anderen Strafverfahren**

Verfassungsrechtlich erheblich zweifelhafter ist der Aspekt der Datennutzung in anderen Strafverfahren, die keinen Bezug zur Geldwäsche aufweisen. Hier stellt sich unverkennbar die Frage, inwiefern sich diese Ausweitung der Nutzungsbefugnisse mit dem Grundsatz der Verhältnismäßigkeit vereinbaren läßt. Es ergibt sich die Konstellation, daß eine durch Gesetz herbeigeführte Meldepflicht, die die Bekämpfung der Organisierten Kriminalität zum Ziel hatte, zweckentfremdet werden kann, um damit die sog. „Alltagskriminalität“ zu bekämpfen. Denn die Straftaten, die der § 11 VII GwG erfaßt, sind nahezu alle relevanten Delikte des StGB, angefangen von der „kleinen“ Fundunterschlagung bis hin zum Mord. Taten, die nicht von § 11 VII GwG erfaßt werden, sind selbst im Bereich der Bagatellkriminalität nur wenige zu finden.

Es kommt daher über § 11 VII GwG zu einer massiven Erweiterung des Datenzugriffs durch die Strafverfolgungsbehörden. Geht nämlich bei der Staatsanwaltschaft eine Anzeige wegen des Verdachts der Geldwäsche ein, dann können diese Daten nach § 11 VII GwG auch dann verwandt werden, wenn sich der Verdacht der Geldwäschevortat nicht bestätigt.

Hatte also der Bankangestellte einen Raub als Vortat vermutet, der Verbrechen und damit Vortat der Geldwäsche nach § 261 I Nr. 1 StGB wäre, ergibt sich aber aus den Ermittlungen der Staatsanwaltschaft, daß der Wegnahme keine finale Gewaltanwendung vorausging, sondern die Wegnahme nur gelegentlich einer vorausgegangenen Körperverletzung begangen wurde, so steht immer noch ein Diebstahl im Raum, der gem. § 242 StGB mit einer Freiheitsstrafe von bis zu fünf Jahren bedroht ist. Damit kann der Inhalt der Anzeige im Verfahren gegen den Täter verwandt werden, obwohl ein nicht qualifizierter Diebstahl keine Vortat im Sinne des § 261 I StGB ist.

In solchen Fällen wird die Zweckentfremdung des GwG als Eingriffsmittel in die informationelle Selbstbestimmung offenbar. Ähnliche Fälle sind denkbar, wenn der Anzeigepflichtige etwa einer rechtlichen Fehleinschätzung unterliegt, d.h. nicht etwa nur Tatsachen verkennt, und daher eine Katalogtat i.S.d. § 261 I

StGB annimmt oder gar aus zu großer Vorsicht und aus Angst vor Strafe wegen leichtfertiger Geldwäsche eine objektiv falsche Anzeige tätigt, aus der sich dann zwar kein Verfahren wegen des Verdachts der Geldwäsche(vortat), aber ein Verdachtsgrund wegen einer Straftat, die nicht Geldwäschevortat ist, ergibt.

Diese Problematik macht deutlich, wie weit der Gesetzgeber sich im § 11 VII GwG von seinem eigentlichen Ziel entfernt hat, ein Instrument zur effektiveren Bekämpfung der Organisierten Kriminalität zu schaffen. Ob dieser Richtungswechsel von dem Zielgebiet der Organisierten Kriminalität hin zur allgemeinen Kriminalitätsbekämpfung durch die Norm des § 11 GwG verfassungsrechtlich hinnehmbar ist, soll im folgenden geprüft werden.

**b) Verfassungsrechtliche Rechtfertigung**

Der Eingriff, den es damit hier zu rechtfertigen gilt, liegt in der Nutzung von Ermittlungsergebnissen, also in einem Eingriff in das Recht auf informationelle Selbstbestimmung desjenigen, den ein aus dem GwG Anzeigepflichtiger einer Geldwäsche für verdächtig hielt. Es kommt allein auf die strafrechtliche Einschätzung des Bankangestellten oder anderen Meldepflichtigen an und darauf, ob dieser eine taugliche Vortat vermutet. In Bezug auf die Qualität des Eingriffs durch die Anzeige und die Güterabwägung ergibt sich zu den oben erörterten Eingriffen kein Unterschied.

Das Grundrecht steht hier wie im Fall der Katalogtaten einem anderen Verfassungswert gegenüber, nämlich dem Recht und vor allem der Pflicht des Staates, eine wirksame Strafverfolgung zu betreiben. Demnach kollidiert ein Grundrecht auch hier mit dem Verfassungsgut der funktionsfähigen Strafrechtspflege.

Dieser Widerstreit ist das Kernstück des Problemfeldes der Datennutzungsbefugnis im Rahmen des GwG und macht die Prüfung der Verhältnismäßigkeit der Regelung des § 11 VII GwG erforderlich. Denn im Gegensatz zu den oben erörterten Normaspekten ist hier der verfolgte Zweck ein anderer und damit die Gewichtung und Bewertung der beteiligten Belange, die im Rahmen des § 10 I GwG zugunsten des Interesses an der Verfolgung der Organisierten Kriminalität ausfiel, folglich mit anderen Vorzeichen vorzunehmen. Der legitime Zweck der Datenweitergabe und Verwertung ist nämlich in diesem Fall die allgemeine Strafverfolgung und die Bekämpfung von Straftaten aller Art mit dem Mittel der Anzeigepflicht, die der Gesetzgeber zwar nicht offen über das GwG erreichen wollte, der er aber dennoch einen großen Schritt näher gekommen ist.

Die Funktionsfähigkeit der Strafrechtspflege und das Grundrecht aus Art 2 I i.V.m. 1 I GG haben beide Verfassungsrang und sind grundsätzlich nicht mit einer verschiedenen abstrakten Wertigkeit zu belegen.[1376] Unter dem Begriff der

[1376] *H-J. Vogel*, NJW 1978, 1218 f. ist der Auffassung, die Funktionsfähigkeit der Strafrechtspflege sei jedem Grundrecht grundsätzlich ebenbürtig. *Krey*, Rechtsprobleme, Rn. 586 ff. be-

Funktionsfähigkeit der Strafrechtspflege ist mit dem *BVerfG* eine effiziente aber gerechte Strafverfolgung zu verstehen, die den *„Erfordernissen einer, an rechtsstaatlichen Garantien ausgerichteten Rechtspflege"*[1377] und den *„unabweisbaren Bedürfnissen einer wirksamen Strafverfolgung"*[1378] entspricht. Es ist also unter der Funktionsfähigkeit der Strafrechtspflege niemals eine Verfolgung von Straftätern um jeden Preis, nur um des Fahndungserfolgs willens, zu verstehen, sondern eine dem Rechtsfrieden dienende Strafverfolgungspraxis, die die Rechte des Einzelnen so weit wie möglich unberührt läßt.

Diese Konkretisierung des Begriffs ergibt sich aus dem einfachen logischen Schluß, daß der Staat, der sich über den Schutz der Grundrechte seiner Rechtsunterworfenen definiert, als Rechtsstaat nur dann weiterhin legitimiert sein kann, wenn er diesen größtmöglichen Grundrechtsschutz auch in allen Situationen beibehält. Dem Begriff einer funktionierenden rechtsstaatlichen Strafverfolgung ist damit die angemessene Grundrechtsachtung immanent. Ein Staat, der auf einer demokratisch-rechtsstaatliche Grundordnung aufbaut, muß insbesondere im Strafverfahren seine freiheitlichen Verfassungsprinzipien beibehalten, will er nicht seine Legitimation verlieren.[1379]

Trotz der Notwendigkeit einer Erhaltung beider Rechtsgüter und der Bemühung um praktische Konkordanz muß aber in der konkreten Situation einem der beiden Rechtsgüter letztlich insofern der Vorrang eingeräumt werden, als entschieden werden muß, ob die Regelung des § 11 VII GwG verfassungskonform oder verfassungswidrig ist.

Zweifellos besteht ein großes Interesse daran, die Strafrechtspflege, insbesondere wegen schwerer Straftaten, effektiv betreiben zu können.[1380] Denn durch die Bestrafung solcher Delikte mit hohem Unrechtsgehalt wird ein wichtiger Beitrag sowohl zum Rechtsfrieden als auch für die Sicherheit der Bürger geleistet. Der Staat, der schwerwiegende Straftaten nicht ahndet, entzieht sich selbst die Existenzgrundlage.[1381] Insofern muß das Grundrecht des Einzelnen eher zurücktreten, wenn es sich um schwere Straftaten handelt. Soweit die im Vortatenkata-

---

trachtet die *„Funktionsfähigkeit und Lauterkeit von Verwaltung und Justiz"* als *„Verfassungshöchstwerte"*; kritisch dazu: *Sánchez*, S. 163, *Hassemer*, StV 1982, 277 ff. und *Wolter*, GA 1988, 60 f.

[1377] BVerfGE 80, 367 (375).

[1378] BVerfGE 77, 65 (76).

[1379] Ähnlich *Sánchez*, S. 182.

[1380] BVerfGE 29, 183 (194), 33, 367 (383) betrachtet die funktionsfähige Strafrechtspflege als Voraussetzung für die Rechtsstaatlichkeit eines Rechtssystems; mit Bedenken: *Sánchez*, S. 168.

[1381] *Roxin*, Strafverfahrensrecht, § 1/7 betrachtet die funktionsfähige Strafrechtspflege als Fundament des Rechtsstaates, weist aber ebenso auf die Notwendigkeit der Achtung der Grundrechte im Strafverfahren hin; *Sánchez*, S. 165 warnt aber vor einer Verwechslung der Begriffe funktionierende Strafrechtspflege und *„Überführungstüchtigkeit"*.

log des § 261 I StGB aufgenommenen Verbrechen Gegenstand der Erörterung sind, kann also grundsätzlich von einem in Relation zum Eingriff in das Informationelle Selbstbestimmungsrecht höheren Gewicht des Strafverfolgungsinteresses ausgegangen werden. Bei weniger schwerwiegenden Straftaten sinkt zwar nicht das grundsätzliche Interesse des Staates an Verfolgung und Ahndung. Aber in diesen Fällen muß der Staat zu milderen Mitteln greifen als in Verbrechensfällen. Hier ist der Rechtsfrieden nicht in der gleichen Weise bedroht.

Daraus ergibt sich in der Gegenüberstellung der informationellen Selbstbestimmung und der Strafverfolgung eine andere Gewichtsverteilung als im Rahmen der Verfolgung auf dem Gebiet der Organisierten Kriminalität. Das Recht des Einzelnen auf informationelle Selbstbestimmung gewinnt in diesem Zusammenhang deutlich an Gewicht.

Die Frage der Angemessenheit einer Anzeigepflicht und Anzeigeverwertung bei Verfolgung anderer als schwerer Straftaten kann daher hier nur so beantwortet werden, daß § 11 VII GwG in seiner umfassenden Geltung nicht sachgerecht sein kann. Denn die Regelung ermöglicht eine Verwendung von Daten, die im Kampf gegen die Schwerkriminalität erhoben wurden, auch im Kampf gegen leichtere Kriminalität. Damit ist der Bereich des Zwecks, an den das GwG seine Anwendbarkeit gebunden hatte, verlassen. Eine Rechtfertigung für diese Zweckentfremdung ergibt sich aus dem Zweck der Strafverfolgung allein nicht. Der Gesetzgeber ist verfassungsrechtlich verpflichtet, die Normierung der Möglichkeit einer Verwendung der Daten zum Zweck der allgemeinen Strafverfolgung zu konkretisieren. So wie der § 11 VII GwG in der Änderung durch Gesetz vom 4.5.1998[1382] formuliert wurde, verstößt er wegen seiner zu weitreichenden Datenverwendungsbefugnisse gegen das Übermaßverbot und ist damit verfassungswidrig.

Daher gilt auch für die Strafverfolgungsbehörden, daß sie die aus § 11 GwG erhaltenen Daten nur in Verfahren nutzen dürfen, die mit der Organisierten Kriminalität in einem engen Zusammenhang stehen. Eine darüber hinausgehende Nutzung ist unverhältnismäßig.

---

[1382] BGBl. 1998 I, 845; damals noch Abs. 5. Durch das Geldwäschebekämpfungsgesetz, BGBl. 2002 I, 3105 ff. wurde aus diesem Abs. 5 der Abs. 7.

## D. Verwendungsbefugnisse der Finanzbehörden

Das GwG hält aber über § 11 VII GwG hinaus weitere Möglichkeiten der Datenübermittlung und -verwendung auch für andere Behörden bereit. Auch hier ergibt sich eine verfassungsrechtliche Notwendigkeit der Abwägung. Denn auch diese fraglichen Behörden verfolgen bestimmte staatliche Zwecke mit der Datennutzung.

### I. Interessenlage der Finanzverwaltung

Nicht nur die Strafverfolgungsbehörden haben ein Interesse daran, die Gewinne der Täter aus dem Bereich der Organisierten Kriminalität zu ermitteln, um daran die Strafzumessung zu orientieren oder eine etwaige Einziehung anordnen zu können. Auch seitens der Finanzbehörden besteht ein reges Interesse an der Ermittlung der Gewinnhöhe, und zwar insbesondere zum Zwecke der Einschätzung der Besteuerungsgrundlagen des Betreffenden.[1383]

Die Finanzbehörden haben aber letztlich aus zwei verschiedenen Gründen ein besonderes Interesse an Informationen über die Gewinne, die natürliche oder juristische Personen aus kriminellen Aktionen erzielen. Die Finanzämter benötigen diese Daten einerseits für die korrekte Veranlagung dieser Personen und andererseits, um Steuerstrafverfahren durchzuführen. Die im Rahmen der Pflichten des GwG ermittelten Daten können also sowohl im Besteuerungsverfahren als auch im Steuerstrafverfahren relevant werden. Für beide Verfahren ist die Ermittlung der tatsächlichen Steuerschuld des Steuerpflichtigen notwendig.

Jedoch reicht dieses – durchaus berechtigte – Interesse an der Weitergabe der Daten an die Finanzbehörde allein noch nicht aus, um auch die Rechtmäßigkeit einer Datennutzung durch die Veranlagungsstelle und die Buß- und Strafsachenstelle zu begründen. Es stellt sich hier die Frage, ob die Informationen, die nach § 9 I GwG aufgezeichnet wurden und gem. §§ 2 I, 2 I in Verbindung mit II, § 3 I, 4 I, 6 I und 8 I GwG erhoben wurden, von der Strafverfolgungsbehörde an die Steuerbehörden weitergegeben werden dürfen.

---

[1383] Gerade im Bereich des Steuerstrafrechts scheinen jedoch die fiskalischen Interessen das Interesse an einer angemessenen Strafverfolgung prinzipiell zurückzudrängen, soweit es zu einem Konflikt zwischen beiden Aspekten kommt. Dies folgert *Hellmann*, JZ 2002, 619 etwa aus §§ 393 II und § 371 AO.

## II. Gewinnabschöpfung

Doch nicht allein aus rein fiskalisch-steuerlichen Gründen wird das Steuerrecht im Rahmen der Abschöpfung von Verbrechensgewinnen relevant.[1384] Es wird heftig diskutiert, ob und wie das Steuerrecht als Gewinnabschöpfungsinstrument zur Bekämpfung der Organisierten Kriminalität beitragen kann. Es wird also über die Verwendung des Steuerrechts als Maßnahme zur Abwehr künftiger Gefahren oder auch als Sanktionsmittel diskutiert.

### 1. Strafrechtliche Vermögensabschöpfung im weiteren Sinne

De lege lata wird die Gewinnabschöpfung im Strafrecht vornehmlich durch die Mittel des Verfalls (§§ 73 ff. StGB) und der Einziehung (§ 74 ff. StGB) betrieben.

#### a) Verfall und erweiterter Verfall

Ein besonders scharfes Mittel im Rahmen der §§ 73 ff. StGB stellt der erweiterte Verfall des § 73 d StGB dar. Diese Norm richtet sich gegen die Organisierte Kriminalität. Es sollte durch den erweiterten Verfall den kriminellen Organisationen *„die finanzielle Basis"* entzogen werden.[1385] § 73d StGB ermöglicht eine Verfallsanordnung und damit die Entziehung erworbener Vermögenswerte schon dann, wenn Umstände darauf hindeuten, daß Gegenstände aus einer rechtswidrigen Tat oder für eine solche erlangt wurden.[1386]

##### aa) Kritik der Literatur am erweiterten Verfall

Der erweiterte Verfall wird von der Literatur zum Teil als verfassungswidrig kritisiert.[1387] § 73d StGB lautet:

> *„Ist eine rechtswidrige Tat nach einem Gesetz begangen worden, das auf diese Vorschrift verweist, so ordnet das Gericht den Verfall von Gegenständen des Täters oder Teilnehmers auch dann an, wenn die Umstände die Annahme rechtfertigen, daß diese Gegenstände für rechtswidrige Taten oder aus ihnen erlangt worden sind. Satz 1 ist auch anzuwenden, wenn ein Gegenstand dem Täter oder Teilnehmer nur deshalb nicht gehört oder zusteht, weil er den Gegenstand für eine rechtswidrige Tat oder aus ihr erlangt."*

Durch diese geringen Beweisanforderungen stellt der erweiterte Verfall nach einer in der Literatur verbreiteten Ansicht[1388] einen Verstoß gegen die

---

1384 Obwohl man im Rahmen der Diskussion um Abschöpfungsmöglichkeiten leicht den Eindruck gewinnen kann, es handele sich nicht um Strafverfolgung, sondern um die Suche nach einer Möglichkeit, an den illegalen Gewinnen teilzuhaben.

1385 So BT-Drs. 12/989, S. 23 ff.

1386 Das Konzept des erweiterten Verfalls wird heftig kritisiert von *Eser*, Festschrift für *Stree/Wessels*, S. 839 ff. Zur Vermögensstrafe: *BVerfG*, NJW 2002, 1779 ff.

1387 Etwa *Eser*, Festschrift für *Stree*, S. 849, 853.

1388 Etwa *Feigen*, S. 160 ff., weitere Nachweise bei *Lackner/Kühl*, § 73d/1.

**Unschuldsvermutung** dar, da er die Einführung eines, in dieser Weise unzulässigen, prima facie Beweises beinhaltet.

Eine solche Beweislastverschiebung könnte man allenfalls mit der Zielsetzung des § 73d StGB, der Bekämpfung der Organisierten Kriminalität rechtfertigen, wenn sichergestellt wäre, daß der erweiterte Verfall lediglich im Bereich einer Verurteilung wegen einer aus diesem Bereich stammenden schweren Straftat angeordnet wird. Dann hätte der Gesetzgeber aber eine solche Restriktion sicherstellen müssen. § 73d StGB enthält einen solchen Bezug zur Organisierten Kriminalität jedoch nicht. Eine Anordnung des erweiterten Verfalls ist dann möglich, wenn wegen eines Straftatbestandes verurteilt wird, der auf § 73d StGB verweist. Der Tatbestand des erweiterten Verfalls stellt also keine restriktive Anwendung sicher.

So ordnet z.B. § 263 VII 2 StGB an, daß der erweiterte Verfall stets dann ausgesprochen werden kann, wenn der Täter eines Betruges gewerbsmäßig gehandelt hat. Wie schon erörtert ist allein das gewerbsmäßige Handeln jedoch keine hinreichende Bedingung für eine Zugehörigkeit der Tat oder des Täters zum Bereich der Organisierten Kriminalität.

Damit stellen also auch die verweisenden Tatbestände des Besonderen Teils nicht immer einen ausreichenden Bezug zur Organisierten Kriminalität her. Daher könnten im Hinblick auf die Verhältnismäßigkeit des § 73d StGB die gleichen Bedenken angebracht sein, die schon im Rahmen des Vortatenkatalogs des § 261 I StGB und dessen Bezug zur Organisierten Kriminalität vorgebracht wurden.[1389]

### bb) Restriktive Auslegung durch den *BGH*

Indes hat der *BGH* inzwischen die verfassungsrechtlichen Bedenken gegen den Erweiterten Verfall auf Grund der Unschuldsvermutung weitgehend ausgeräumt, und zwar im Wege der verfassungskonformen restriktiven Auslegung; dazu stellt das Gericht fest:

> *„§ 73d Abs. 1 S.1 StGB ist verfassungskonform dahin auszulegen, daß die Anwendung des erweiterten Verfalls die uneingeschränkte tatrichterliche Überzeugung von der deliktischen Herkunft der Gegenstände voraussetzt."*[1390]

Daher dürfte § 73d StGB vor der Verfassung bestehen können – mag man auch aus rechtspolitischer Sicht die fehlende Beschränkung auf die Verbrechen der Organisierten Kriminalität bedauern.

---

[1389] Vgl. S. 200 ff.

[1390] *BGH*, StV 1995, 76; NJW 1995, 2235 (2236).

**b) Einziehung und erweiterte Einziehung**

Nach den § 74 ff. StGB können Gegenstände, die durch eine vorsätzliche Straftat hervorgebracht, für ihre Begehung genutzt worden oder bestimmt gewesen sind eingezogen werden. Dabei gilt der Grundsatz des § 74 II StGB, daß nur Gegenstände eingezogen werden dürfen, die zum Zeitpunkt der Einziehungsentscheidung einem Tatbeteiligten zustehen, es sei denn es geht von den Gegenständen eine Gefahr für die Allgemeinheit aus.

Ein von den Fraktionen *CDU/CSU*, *SPD* und *FDP* eingebrachter Gesetzesentwurf vom 03.02.1998[1391], der jedoch nicht umgesetzt wurde, verfolgte den Zweck, die Einziehung[1392] zu erleichtern. An diesem Gesetzesentwurf wird augenscheinlich, in welche verfassungsrechtlich fragwürdige Richtung sich die Gesetzgebung im Rahmen der Gewinnabschöpfung bewegt. Das zeigte sich besonders am Beispiel der vorgesehenen Änderung der erweiterten Einziehung in einem neuen § 73 b IV StGB, der die Einziehung im Anwendungsbereich vom Eigentum des Täters grundsätzlich auf dritte Personen ausweiten sollte.

Die heutige Fassung des § 74a StGB, der die erweiterte Einziehung regelt, fordert zumindest ein leichtfertiges Handeln des strafrechtlich unbeteiligten Dritten:

> *„Verweist das Gesetz auf diese Vorschrift, so dürfen die Gegenstände abweichend von § 74 Abs. 2 Nr. 1 auch dann eingezogen werden, wenn derjenige, dem sie zur Zeit der Entscheidung gehören oder zustehen,*
>
> *1. wenigstens leichtfertig dazu beigetragen hat, daß die Sache oder das Recht Mittel oder Gegenstand der Tat oder ihrer Vorbereitung gewesen ist, oder*
>
> *2. die Gegenstände in Kenntnis der Umstände, welche die Einziehung zugelassen hätten, in verwerflicher Weise erworben hat."*

Der *BGH* betrachtet die Einziehung als eine Nebenstrafe[1393], obwohl dies natürlich nur im Zusammenhang mit einer Hauptstrafe gegen den Betroffenen richtig sein kann. Die Einziehung relativer Art, also sich nicht aus der Gefährlichkeit der eingezogenen Sache ergebend, stellt nach herrschender Literatur eine Nebenstrafe dar.[1394] Diesen Strafcharakter der Einziehung belegt eindeutig die Möglichkeit der Einziehung des Wertersatzes nach § 74c StGB.[1395]

---

[1391] BT-Drs. 13/9742.

[1392] Es soll danach fortan in den §§ 73 ff StGB nur noch Einziehung der gesetzliche Begriff sein.

[1393] *BGH*, StV 1989, 529. Das *BVerfG* (StV 2002, 250) hat dazu kritisch angemerkt, daß die Verantwortlichen für die Vermögensstrafe den Eindruck erwecken wollten, es handele sich um eine Maßregel. Dabei handelt es sich nach Auffassung des Gerichts eindeutig um eine Strafe.

[1394] Dazu *Feigen*, S. 168 m.w.Nw.

[1395] So *Feigen*, S. 168 f.

Der genannte Gesetzesentwurf vom Februar 1998 sah vor, in der Vorschrift zum erweiterten Verfall die Voraussetzung der Leichtfertigkeit durch einfache Fahrlässigkeit zu ersetzen. Es sollte danach ausreichend sein, wenn der Betroffene einen fahrlässigen Beitrag zu Einbringung des betreffenden Gegenstandes in die Straftat geleistet hat.[1396] Damit könnte dann einer Person, die etwa den Gegenstand aus Unachtsamkeit zum Gegenstand oder Mittel einer Straftat werden ließ, dieser Gegenstand entzogen werden. Effekt dieser Änderung wäre die „Strafbarkeit" der fahrlässigen Teilnahme an einer nur bei Vorsatz strafbaren Tat, auch wenn die „Strafe" nur in der Einziehung von Vermögensgegenständen liegt. Das Gesetz würde damit in bestimmten Konstellationen die fahrlässige Beihilfe ohne eine ausreichende Berücksichtigung der Schuldkomponente unter „Strafe" stellen.[1397]

Die Begründung für jene geplante Reduzierung der Anforderungen auf einfache Fahrlässigkeit ist kurz. Die Leichtfertigkeit sollte *„im Interesse einer besseren Verbrechensbekämpfung durch die Voraussetzung der Fahrlässigkeit ersetzt..."*[1398] werden. Diese Erklärung der Herabsetzung der Anforderungen ist unzulänglich und ein deutliches Zeichen dafür, daß hinter diesem Unterfangen keine Begründung steckt, die einer Überprüfung unter rechtsstaatlichen Gesichtspunkten standhält. Es wird die Entziehung von Eigentum und damit ein Eingriff in Art. 14 GG unter minimalen Bedingungen ermöglicht, um damit vorgeblich die Verbrechensbekämpfung zu erleichtern. In welcher Art und Weise diese Maßnahme der Verbrechensbekämpfung dienen soll, wird nicht deutlich.

Hinter dieser Enteignung steht neben den offensichtlichen fiskalischen Motiven das Interesse der Strafverfolgung an einer Beweisentlastung. Die Einziehung sollte erleichtert werden, um sich nicht mit dem Problem des Vorsatznachweises belasten zu müssen. Die Einziehung würde letztlich in das Ermessen des Richters gestellt und die Strafe dem Legalitätsprinzip weitgehend entzogen. Aus welchem Grunde sonst das Fahrzeug, das der Eigentümer aus Unachtsamkeit zum Tatfahrzeug werden ließ, der Einziehung auch nur theoretisch unterworfen werden könnte, bleibt hier offen. Wer sein Fahrzeug aus Nachlässigkeit unabgeschlossen läßt, müßte also stets damit rechnen, daß es eingezogen wird.

#### c) Die Literaturforderung nach einer steuerlichen Beweislastumkehr im Strafrecht zur Gewinnabschöpfung

Über diese erleichterte Gewinnabschöpfung hinaus werden weitere Möglichkeiten der *„effektiven"* Abschöpfung von Verbrechensgewinne erörtert. Denn selbst die weitgehenden Mittel der Gewinnabschöpfung, die das Strafrecht zur

---

[1396] BT-Drs. 13/9472, S. 4 (§ 73b IV StGB-E).
[1397] Ähnlich auch *Feigen*, S. 167.
[1398] BT-Drs. 13/9742, S. 22.

Verfügung stellt, werden von manchen nicht für ausreichend befunden. Es sei, so wird vorgebracht, im Rahmen des geltenden Rechts wenig *„Spielraum für eine Optimierung der Gewinnabschöpfung"*.[1399] Letztlich seien diese Instrumente auch wegen der zu großen Umgehungsmöglichkeiten nicht effektiv. Aufgrund dieser resignierten Bewertung wurde dann eine *„Umkehr der Beweislast wie im Steuerrecht"* diskutiert, von der sich die Befürworter eine effizientere Handhabung der Instrumente versprechen.[1400]

Die Beweislastumkehr, wie sie im § 73d StGB schon in erheblichem Maße vorgesehen war, aber vom *BGH* abgeschwächt wurde[1401], soll nach dieser Meinung ausgeweitet und zur Regel gemacht werden. Diese Einführung einer Beweislast für den Beschuldigten im Strafverfahren soll nach den Änderungsvorschlägen so aussehen, daß in einem Einzelfall, in dem sich der Eindruck ergibt, der fragliche Vermögensgegenstand stamme aus einer Straftat, der Beschuldigte den Gegenbeweis antreten muß.[1402]

Diese Abschöpfung von Verbrechensgewinnen durch die Übertragung steuerrechtlicher Beweisregeln auf das Strafrecht sei notwendig, da auf diese Weise eine Entziehung des Kapitals für weitere Straftaten viel effektiver möglich sei. *Hetzer* spricht im Rahmen dieser Abschöpfung durch die Besteuerung statt durch das Strafverfahren vom „Al-Capone-Prinzip".[1403] Die Abschöpfung der kriminellen Mittel auf diesem Wege übersteige den *„Ertrag"*[1404] aus strafrechtlichen Maßnahmen deutlich. Nach *Hetzer* müssen die Kritiker der Gewinnabschöpfung einräumen, das dieser *„klassische Weg"* des Zugriffs auf illegal erworbenes Vermögen der erfolgreiche Weg ist.[1405]

---

[1399] *Hetzer*, Kriminalistik, 1997, 33; *Meyer/Hetzer*, ZRP 1997, 17 f.

[1400] Etwa *Meyer/Hetzer*, ZRP 1997, 18 f, obwohl dieses Konzept der Beweislastumkehr schon im Gesetzesvorschlag für das OKVBG in BT-Drs. 12/989, S. 23 als zu eingriffsintensiv abgelehnt worden war.

[1401] *BGH*, StV 1995, 76; *BGH*, NJW 1995, 2235 (2236).

[1402] Insbesondere von *Meyer/Hetzer*, Kriminalistik 1997, 32 ff. vertreten.

[1403] In Kriminalistik, 1998, 237 f. Er sollte sich darüber im klaren sein, daß der Prozeß gegen *Al Capone* ein Beispiel dafür ist, daß ein Angeklagter wegen einer Straftat (Steuerhinterziehung) zu einer unangemessen hohen Haftstrafe verurteilt wurde, weil man ihm die anderen von ihm begangenen Straftaten schlicht nicht nachweisen kann und daher die Strafe auch diese Verdachtsmomente abgelten soll; zum Urteil gegen Al Capone, *Schwind*, § 29/18. *J. Meyer* scheint dieses Prinzip einer Verdachtsstrafe in DStR 2002, 880 für verfassungsrechtlich unbedenklich zu halten, sehr kritisch zum „Al-Capone-Prinzip", *Kohlmann*, Steuerstrafrecht, § 370a/4.

[1404] Daß er hier von *„Ertrag"* spricht, macht deutlich, daß es ihm hier nicht um Kriminalitätsbekämpfung sondern um allein um den fiskalischen Aspekt geht. Die Idee der Beweislastumkehr entspringt weniger dem Gedanken der Strafverfolgung als dem der Haushaltspolitik. Daher scheuen *Meyer/Hetzer*, Kriminalistik 1997, 696 auch nicht davor zurück, in diesem Zusammenhang von **Einnahmen** zu sprechen. Ähnlich auch *Hetzer*, ZRP 1999, 249 ff.

[1405] Dazu *Hetzer*, Kriminalistik 1998, 237 f.

Hiergegen sind jedoch im Rahmen des Strafrechts schwerwiegende rechtsstaatliche Bedenken zu erheben. Obwohl Steuerrecht und Strafverfahren aufgrund der unterschiedlichen Zielsetzung nach vollkommen verschiedenen Regeln funktionieren, wollen *Hetzer/Meyer* gegen die anerkannten Regeln des Strafrechts/Strafprozeßrechts einige Beweislastregelungen aus dem Steuerrecht auf das Strafrecht/Strafprozeßrecht übertragen.[1406] Die Argumentationsstruktur ist hier kaum nachvollziehbar und die Beweggründe, eine solche Lösung vorzuschlagen, sind rein fiskalischer Natur. Eine Gewinnabschöpfung im Wege des Strafrechts kann über eine Beweislastumkehr nicht rechtsstaatlich durchgeführt werden.

### 2. Gewinnabschöpfung über das Steuerrecht

Im fiskalischen Endergebnis liegt *Hetzer* aber nicht falsch. Denn einer Abschöpfung krimineller Gewinne **über das Steuerrecht** steht im Grundsatz nichts entgegnen.[1407] Wenn auch eine Übertragung steuerrechtlicher Grundsätze in das Strafrecht nicht möglich ist, wäre es dennoch grundsätzlich denkbar, strafrechtliche Aufgabenstellungen, nämlich Verbrechensbekämpfung im weiteren Sinne, in der Praxis auch über das Steuerrecht wahrzunehmen.

Das Steuerrecht ist (§ 40 AO) wertneutral. Damit ist es für das steuerrechtliche Vorgehen nicht relevant, wie der Vermögensgegenstand erworben wurde. Es gilt schlicht der Grundsatz: solange die Erwerbsweise unter die sieben Einkunftsarten des § 2 EStG fällt, ist der Gewinn steuerbar.

## III. Verwendbarkeit von Daten aus Geldwäscheverfahren für das Besteuerungsverfahren

Es stellt sich in diesem Zusammenhang daher die Frage, ob und inwieweit die bestehenden Regelungen des GwG eine Weitergabe solcher Daten an die Steuerbehörden erlauben, die über dieses Gesetz von den für die Verfolgung der Organisierten Kriminalität zuständigen Behörden gewonnen wurden.

Die Weitergabe von über das GwG erlangten Daten an die Finanzbehörden regeln die §§ 10 II und 11 V GwG. Hier sollen diese Regelungen zunächst in Bezug auf die Gewinnung und Verwendbarkeit der Daten für Besteuerungszwecke untersucht werden.

### 1. Verwendbarkeit der Daten aus dem GwG im Besteuerungsverfahren

#### a) Regelung des § 10 II GwG

Genauso wie die AO erlegt auch das GwG den Betroffenen Mitwirkungspflichten auf. Jedoch handelt es sich bei letzteren um Auskunftspflichten bezüglich

---

[1406] *Meyer/Hetzer*, Kriminalistik 1997, 33.
[1407] So auch *Feigen*, S. 181.

anderer Personen, nicht in eigener Sache. Für erteilte Auskünfte gelten die Verwendungseinschränkungen des Steuergeheimnisses, die die AO aufstellt, naturgemäß nicht. Es kann grundsätzlich jeder gezwungen werden, Aussagen über andere Personen zu machen. Nur an seiner eigenen Verurteilung und der naher Angehöriger muß niemand mitwirken. Dennoch bestehen auch im Bezug auf die Verwendbarkeit dieser, durch das GwG erzwungenen Daten verfassungsrechtlich vorgegebene Einschränkungen, die sich aus den Grundrechten der Bezugspersonen der Informationen ergeben. Denn auch die pflichtigen Personen erhalten ihre Informationen oftmals nur unter Zusicherung von Diskretion und unter Anwendung sozialen Drucks von den Bezugspersonen.

Die Weitergabe von Daten an die Steuerbehörden, die durch die Feststellungs- und Aufzeichnungspflichten Privater gewonnen wurden, regelt § 10 II GwG. Damit stellt § 10 II GwG eine Sonderregelung des in § 116 AO generell festgehaltenen Grundsatzes der obligatorischen Informationsweitergabe an die Finanzbehörden dar. § 10 II GwG a.F.[1408] traf in diesem Punkt eine eindeutige Regelung:

> *„Soweit in einem Strafverfahren nach Absatz 1 eine rechtskräftige Verurteilung wegen einer dort bezeichneten Straftat erfolgt, ist § 116 der Abgabenordnung mit der Maßgabe anzuwenden, daß die Mitteilungen allein im Besteuerungsverfahren verwendet werden dürfen."*

Diese einschränkende Norm trug der Tatsache Rechnung, daß die gewonnenen Daten durch die weitgehende Verpflichtung Dritter nur aus Gründen der Bekämpfung von Schwerkriminalität gewonnen werden durften. Nach der damaligen Gesetzeslage war es möglich, die aus einer Schwellenwertmeldung gem. §§ 2-8 GwG gewonnenen Daten auch im Besteuerungsverfahren zu verwenden, sobald eine rechtskräftige Verurteilung wegen der Geldwäsche oder deren Vortat vorlag. Die Weitergabe der sog. Schwellenwertidentifizierung war nach der alten Fassung also an eine endgültige Feststellung der Strafbarkeit wegen einer Geldwäsche nach § 261 StGB oder wegen einer tauglichen Katalogtat des damaligen § 261 I Nr. 1-3 StGB geknüpft. Erst wenn nach strafrechtlichen Maßstäben sicher feststand, daß es sich bei der Bezugsperson der Daten um einen Täter eines geldwäscherelevanten Deliktes handelte, wurde es als gerechtfertigt angesehen, die steuerlich relevanten Daten weiterzugeben.

Diese Regelung wurde von vielen Seiten als unzureichend, weil ineffektiv, kritisiert. Der Gesetzgeber ermögliche es dem Steuerpflichtigen durch die damaligen hohen Voraussetzungen, die Durchsetzung des Steueranspruches zu verhindern, in dem er ihm Zeit gebe, sein Vermögen ins Ausland zu verlagern oder auf andere Weise der Besteuerung zu entziehen.[1409] Bei Wirtschaftsstraftaten sei

---

[1408] Vor der inhaltlichen Änderung am 04.05.1998, BGBl I 1998, 845 ff.

[1409] Etwa *Häberle* in: *Erbs/Kohlhaas*, GWG, § 10 Rn. 3 mit Verweis auf BT-Drs. 13/8651, 17; so auch *Hoyer/Klos*, S. 186.

dann der Steueranspruch meist sogar schon verjährt, bevor er geltend gemacht werden könne.[1410] Damit werde eine dringend notwendige Abschöpfung der kriminell erzielten Gewinne über das Steuerrecht verhindert. Daher hat der Gesetzgeber diese Voraussetzung gelockert. Es ist nunmehr nur noch erforderlich, daß ein derartiges Strafverfahren eingeleitet worden ist. § 10 II GwG lautet heute:[1411]

*„Soweit ein Strafverfahren wegen einer in Absatz 1 bezeichneten Tat eingeleitet wird, ist dieser Umstand zusammen mit den zugrundeliegenden Tatsachen der Finanzbehörde mitzuteilen, sobald eine Finanztransaktion im Sinne von § 1 Abs. 6 festgestellt wird, die für die Finanzverwaltung für die Einleitung oder Durchführung von Besteuerung- oder Steuerstrafverfahren Bedeutung haben könnte. Zieht die Strafverfolgungsbehörde im Strafverfahren Aufzeichnungen nach § 9 Abs. 1 heran, dürfen auch diese der Finanzbehörde übermittelt werden. Die Mitteilungen und Aufzeichnungen dürfen für Besteuerungsverfahren und für Strafverfahren wegen Steuerstraftaten verwendet werden."*[1412]

Eine rechtskräftige Verurteilung muß demnach nicht vorliegen. Sie muß nach dem Gesetz auch nicht zu erwarten, ja nicht einmal wahrscheinlich (Anklageerhebung) sein. Es reicht die Einleitung eines Strafverfahrens aus, wobei hier zu bemerken ist, daß dieses Strafverfahren nicht einmal gegen die von dem Verfahren vor der Finanzbehörde betroffene Person eingeleitet worden sein muß. Es reicht also aus, wenn die Daten bei Gelegenheit des Strafverfahrens in Erfahrung gebracht worden sind.[1413] Damit können also die persönlichen Daten aller Personen, die in das Verfahren wegen eines betreffenden Delikts involviert sind, an die Steuerbehörden weitergegeben werden.

---

[1410] *Meyer/Hetzer* Kriminalistik 1997, 696.

[1411] Geändert zunächst durch das Gesetz zur Verbesserung der Bekämpfung der Organisierten Kriminalität vom 04.05.1998, BGBl I 1998, 845 ff.; weitergehende Änderungen durch das Geldwäschebekämpfungsgesetz vom 08.08.2002. Eine ähnliche Regelung enthält auch § 12a III ZollVG, der eine Datenweitergabe der Zollbehörden an die Strafverfolgungsbehörden und die Finanzbehörden zum Zwecke der Steuerstrafverfolgung erlaubt.

[1412] Der letzte Halbsatz des § 10 II 1 wurde erst mit dem Geldwäschebekämpfungsgesetz vom 08.08.2002 eingefügt und sollte *„den Umfang der Mitteilungspflicht auf die Fälle beschränken, die für die Finanzverwaltung von Interesse sein können."*, so BR-Drs. 217/02, S. 27 zur ursprünglichen Fassung, die lautete: *„sobald eine Finanztransaktion im Sinne von § 1 Abs. 6 festgestellt wird, die mit der Tat in Zusammenhang stehen könnte."*
Sachlich brachte jedoch die gesamte Änderung des § 10 II nur insofern eine Neuerung, als nun die Pflicht der Strafverfolgungsbehörden, das Finanzamt zu informieren, theoretisch entfällt. Praktisch werden die Staatsanwaltschaften die Finanzämter dennoch in der Mehrzahl der Verfahren informieren müssen, da der nur strafrechtlich ausgebildete Staatsanwalt kaum entscheiden kann, welche Umstände für die genannten Steuerverfahren relevant sind.

[1413] Den vom damaligen Bundesminister für Wirtschaft unterbreiteten Vorschlag des Bundesverbandes der Banken, erst bei Eröffnung des Hauptverfahrens eine Mitteilung der Strafverfolgungsbehörden an die Finanzämter zuzulassen, bezeichnete *J. Meyer* im Plenarprotokoll, 13/214, 19517, 19523 als *„schamloser Versuch der Unterstützung von Steuerhinterziehern"*.

Die Informationen, die die Strafverfolgungsbehörde durch die Mitteilungen und Aufzeichnungen gem. § 10 I GwG erhält, dürfen mit Einleitung eines Strafverfahrens wegen einer Tat im Rahmen des § 261 StGB an die Steuerbehörden weitergegeben werden, § 10 II 1 GwG schreibt eine Mitteilung der Eröffnung des Strafverfahrens mitsamt der zu Grunde liegenden Tatsachen an die Finanzbehörde sogar vor. Die Informationen werden nun also von der Staatsanwaltschaft zum frühstmöglichen Zeitpunkt schon an die Finanzbehörden weitergegeben, um

> *„potentielle Steuerquellen aus dem Bereich des GwG im Sinne der Geldwäschebekämpfung effektiv abzuschöpfen".*[1414]

Diese Förderung der Abschöpfung des kriminellen Gewinnes durch die Änderung des § 10 II GwG hält *Hetzer* offensichtlich für verfassungsmäßig.[1415]

**b) Regelung des § 11 VII GwG für das Besteuerungsverfahren**

Auch § 11 VII GwG enthält eine Regelung, die sich auf die Verwertbarkeit jener Informationen bezieht, die Strafverfolgungsbehörden über das GwG von den verpflichteten Privatpersonen erhalten haben. Nach § 11 I GwG müssen die verpflichteten Unternehmen in Fällen, die den Verdacht nahegelegen, die gewünschte Finanztransaktion könne einem Vergehen gem. § 261 StGB dienen, eine Mitteilung an die Staatsanwaltschaft bzw. an die zuständigen Behörden machen. Diese Informationen dürfen neben Zwecken der Strafverfolgung nach § 11 VII GwG auch im Besteuerungsverfahren verwendet werden:

Diese Regelung hat im Rahmen der Änderung des GwG durch das OKVBG eine weitreichende Modifizierung erfahren, um dem Zweck der Gewinnabschöpfung über das Steuerrecht zu dienen. Die neue Fassung des § 11 VII GwG macht eine Nutzung für das Besteuerungsverfahren nun – konsequenterweise – ebenfalls nicht mehr von einer Verurteilung oder deren Wahrscheinlichkeit abhängig: *„Der Inhalt einer Anzeige nach Absatz 1 darf ...für das Besteuerungsverfahren verwandt werden."* Damit bleibt es bei der Möglichkeit, auch die über die Verdachtsanzeige nach dem GwG erlangten Informationen für das Besteuerungsverfahren zu nutzen.

Die Staatsanwaltschaften haben also weitgehende Möglichkeiten, die von ihnen in einem Verfahren wegen Geldwäsche erlangten Daten zum Zweck der Besteuerung an die Finanzbehörden weiter zu leiten.

---

[1414] *Meyer/Hetzer*, Kriminalistik 1997, 696.
[1415] *Hetzer*, Kriminalistik 1998, 237 f.

### 2. Folgen dieser Datenverwendungsmöglichkeiten

#### a) Die Datenweitergabe zu allgemeinen Besteuerungszwecken

Für die Praxis bedeuten diese Regelungen, daß die Informationen, die die privaten Verpflichteten nach dem GwG zu erheben haben, nun auch von den Steuerbehörden genutzt werden dürfen. Hat demnach die Staatsanwaltschaft Daten über einen Verdachtsfall der Geldwäsche erhalten, so ist sie befugt, diese Daten auch der Finanzbehörde weiterzugeben. Diese kann mit Hilfe der Informationen dann ein Besteuerungsverfahren betreiben. Das heißt, sobald der Geldwäscheverdacht auftritt, gehen die Informationen an die Veranlagungsstelle des Finanzamtes.

Nach der neuen Fassung ist nicht einmal ein hinreichender oder gar dringender Verdacht in Bezug auf eine Geldwäschehandlung notwendig. Die reine Einleitung eines Strafverfahrens, also ein Anfangsverdacht, reicht aus.[1416] Dies ist eine sehr weitgehende Gesetzesänderung, die den zu informierenden Behörden weitreichende Vorteile verschafft. Denn eine Information über einen steuerlichen Sachverhalt darf nun unabhängig vom sicheren Vorliegen einer Straftat nach § 261 StGB weitergegeben und von der Steuerbehörde verwandt werden.

Damit wird natürlich die Gefahr eines Steuerverlusts, den der Fiskus durch nicht angegebene steuerpflichtige Einkünfte erleidet, deutlich minimiert. Wer also einmal in das Visier der Strafverfolgungsbehörden gerät, muß damit rechnen, daß seine steuerlichen Daten auch ohne einen bestätigten Verdacht irgendeiner Straftat an die Finanzbehörden gelangen. Die akuten Verdachtsmeldungen müssen, die Aufzeichnungen über seine Transaktionen dürfen weitergegeben werden.

Ob diese Änderung des GwG sich noch im vertretbaren Rahmen bewegt, ist zu bezweifeln. Die Begründung mit der die Parlamentarier, die mit der Änderung des § 116 AO befaßt waren, dessen Erweiterung ablehnten, spricht auch gegen eine solche Ausweitung der Regelungen über die Geldwäsche:

> *„Ziel einer Ausweitung der Informationspflicht [...] sei es hingegen nicht, Finanzbehörden allgemein mit Informationen zu versorgen, damit sie unabhängig von einem Geldwäsche- oder Vortatenverdacht auf jegliches Vermögen ungeklärter Herkunft verbessert steuerrechtlich zugreifen können."*[1417]

Es darf also auch nicht Ziel des § 11 VII GwG sein, die Gewinne aus allen Straftaten einer angemessenen Besteuerung zuzuführen, sondern es geht in diesem Gesetz allein um die Bekämpfung der Organisierten Kriminalität durch Gewinnabschöpfung. In der neuen Fassung dieser Vorschrift wird es den Finanzbehörden dennoch ermöglicht, Daten zu erlangen und außerhalb der Bekämp-

---

[1416] Dazu S. 71 ff.

[1417] So *Hoyer/Klos*, S. 195.

fung der Organisierten Kriminalität zu verwenden, die nur über das GwG und seine Pflichtanforderungen an Private erlangt wurden.

Das ist insofern problematisch, als hier eine, durch auf Private ausgeübten Zwang erlangte Information über steuerlich relevante Sachverhalte weitergegeben wird, die nur gewonnen werden durfte, weil das dazu ermächtigende Gesetz durch eine Notwendigkeit der Bekämpfung der Organisierten Kriminalität gerechtfertigt ist. Diese Information wird hier an eine Behörde weitergegeben, die jedoch nur zum Teil in die Strafverfolgung eingebunden ist und damit zum Teil für Zwecke verwandt, die nicht der Strafverfolgung dienen.

Die Finanzbehörde verfolgt nämlich, soweit sie die Informationen im Besteuerungsverfahren verwendet, keine Strafverfolgungszwecke, auch wenn sie durch Straftaten erlangte Gewinne zu besteuern sucht. Es werden hier gemäß der Wertneutralität des Steuerrechts nur fiskalische Zwecke verfolgt. Diese Loslösung vom Normzweck der Bekämpfung der Organisierten Kriminalität ist aber mit dem Grundgesetz nicht in Einklang zu bringen. Schon zur alten Fassung des § 10 I GwG äußerte sich *Fülbier* daher wie folgt:

> „*Wenn das Strafverfolgungsinteresse bezüglich des organisierten Verbrechens nach einer Güterabwägung noch eine Rechtfertigung darstellt, muß dies bei der Datenerhebung auf Vorrat zu steuerlichen Zwecken abgelehnt werden. In diesem Punkt hat das BVerfG schon mehrfach entschieden, daß das Interesse an der Besteuerung vor diesem Grundrecht zurückzutreten hat und damit keine Eingriffe in dieses Grundrecht rechtfertigt. ...Die Erhebung dieser Informationen zu steuerlichen Zwecken ist deshalb unzulässig. Wo schon Daten zu einem legitimen Zweck in legitimer Weise erhoben werden, dürfen die Daten darüber hinaus nicht zu weiteren (hier: steuerlichen) Zwecken herangezogen werden. Denn wenn schon die Erhebung zu diesem Zweck unzulässig wäre, dann muß dies im gleichen Maße für die Verwertung der Daten gelten.*“[1418]

Insofern stellt es eine Einschränkung des Rechts auf informationelle Selbstbestimmung der Betroffenen dar, wenn die Finanzbehörden zu Besteuerungszwecken auf die auf Vorrat gesammelten Daten zugreifen können. Ein Eingriff in dieses Recht wäre allerdings dann tolerabel, wenn davon ausschließlich Personen tangiert wären, deren Einkünfte zumindest zum Teil aus Geldwäschevortaten stammen[1419] **und** wenn diese aufgrund der genutzten Daten durchgeführte Besteuerung der Kriminalitätsbekämpfung dienen würde.

### b) Datenweitergabe zur Besteuerung als Gewinnabschöpfung

Letzteres ist dann der Fall, wenn die Besteuerung des Gewinns aus den Vortaten und der Geldwäsche zu den Instrumenten zu rechnen ist, die der Bekämpfung

---

[1418] *Fülbier* in: *Fülbier/Aepfelbach*³, § 10 GwG/10.

[1419] So auch *Fülbier* in *Fülbier/Aepfelbach*, § 10 GwG/12 mit Verweis auf BVerfGE 65, 1; *BVerfG*, WM 1989, 1623 und *BFH*, WM 1990, 346 (350).

der Organisierten Kriminalität dienen. Denn nur dann kann es berechtigt sein, über das GwG gewonnene Daten auch zum Zwecke der Besteuerung an das Finanzamt gelangen zu lassen. Andernfalls könnte es hier zu einer rechtswidrigen Auflösung der Zweckbindung des GwG kommen.

Die Abschöpfung der kriminell erwirtschafteten Gewinne ist das Ziel gewesen, das zur Schaffung des § 10 II GwG in seiner ursprünglichen Form führte. Die effektivere Strafverfolgung soll nach der Gesetzeskonzeption dadurch erreicht werden, daß auch Gewinne aus dem geschäftsähnlichen Handeln der Organisierten Kriminalität steuerliche Berücksichtigung finden. Wenn die über § 10 II in Verbindung mit den §§ 2 ff. GwG erlangten Informationen der Gewinnabschöpfung durch Besteuerung dienen, kann von einer Bekämpfung der Organisierten Kriminalität durch die Besteuerung gesprochen werden.

Dies ergibt sich aus dem Gesichtspunkt der Ziele der Organisierten Kriminalität als solcher. Denn die Organisation der in der Organisierten Kriminalität tätigen Personengruppen ähnelt einem Unternehmen in Bezug auf den Beweggrund der Tätigkeit. Auch dem Täter in der Organisierten Kriminalität geht es um Gewinnerzielung und Gewinnmaximierung.[1420] Damit ist also die Bekämpfung der Organisierten Kriminalität neben der klassischen Strafverfolgung auch auf dem Wege grundsätzlich möglich, daß die Einträglichkeit der Straftaten verringert wird.

Jedoch ergibt sich hier die grundsätzliche Fragestellung, ob eine rechtmäßige Besteuerung nach den allgemeinen Regeln der AO begrifflich überhaupt der Kriminalitätsbekämpfung dienen kann. Denn strenggenommen wäre eine rechtmäßige Besteuerung bei legalen Wirtschaftsunternehmen dann eine Wirtschaftsbekämpfung. Daher wird man allein schon von dem, hinter dem GwG stehenden Gedankengerüst kaum behaupten können, daß Steuerrecht sei Teil der Mittel zur Bekämpfung der Organisierten Kriminalität.

Eine solche Bekämpfung ist dem Steuerrecht auch schlichtweg nicht immanent. Das Steuerrecht soll gleicher Lastenverteilung und nicht der Bekämpfung einer bestimmten Wirtschaftsform als solcher dienen. Dem wertneutralen Steuerrecht ist eine solche Sanktionskomponente grundsätzlich fremd.[1421]

---

1420 So BT-Drs. 12/2720, S. 2; des weiteren *Remmers*, S. 15; *Fromm*, Kriminalistik 1998, S. 464; *Hetzer*, Kriminalistik 1997, 391.

1421 Bezüglich der relativ hohen Hinterziehungszinsen könnte zwar der Eindruck entstehen, es handele sich um Strafzinsen. Jedoch handelt es sich lediglich um einen Aufschlag, um durch die Hinterziehung vom Steuerpflichtigen erzielte und dem Fiskus entgangene Gewinne abzuschöpfen. Strafzweck hat dieser Zins höchstens sekundär. Denn den Strafzweck erfüllt primär das Steuerstrafrecht. Der Strafzweck ergibt sich nur aus dem Unrecht, das durch Behinderung der Steuererhebung und Steuerfestsetzung verwirklicht wird.

Wird durch den Gesetzgeber dennoch ein Weg zur Bekämpfung der Organisierten Kriminalität über die Besteuerung gesucht, so kann dies zwar als Teilabschöpfung der Gewinne aus einer Straftat angesehen werden. Eine Abschöpfung des gesamten Gewinns aus der kriminellen Tätigkeit über das Steuerrecht ginge aber in die falsche Richtung. Das Steuerrecht darf nicht als Weg der Umgehung strafrechtlicher Grundrechtsgarantien mißbraucht werden, um auf diesem Wege die Hindernisse zu beseitigen, die sich der strafrechtlichen Gewinnabschöpfung entgegenstellen, die in der jetzigen Form ohnehin schon rechtsstaatlich sehr bedenklich ist.

### c) Der Aspekt der Steuergerechtigkeit

Die Sonderpflicht zur Informationssammlung wurde den pflichtigen Dritten zwar nominell nur zum Zwecke der Verbrechensbekämpfung auferlegt und dieser Zweck trägt steuerliche Maßnahmen nicht. Jedoch könnte unter dem Aspekt der Steuergerechtigkeit eine Datenverwendung durch die Steuerbehörden zu Zwecken des Besteuerungsverfahrens zu rechtfertigen sein. Hier käme eine mittelbare „Bekämpfung" der Organisierten Kriminalität insofern in Betracht, als ihr Vorteile in steuerlicher Hinsicht genommen würden, die sie der legalen Betätigung gegenüber wirtschaftlich überlegen erscheinen läßt. Demnach wäre es denkbar, die Pflichten zur Datensammlung durch Dritte und den Eingriff durch Weitergabe der Daten aus dem Aspekt der Gleichmäßigkeit der Besteuerung und damit vor dem Hintergrund des Art. 3 I GG zu rechtfertigen.

Der Gesetzgeber müßte zu diesem Zwecke zwar die Taktik, alle Pflichten aus dem GwG mit der Bekämpfung der Schwerstkriminalität rechtfertigen zu wollen, aufzugeben. Er wäre gezwungen, „Farbe zu bekennen", indem er klarstellt, daß ihn weit mehr fiskalische Motive treiben als der Aspekt der Förderung einer funktionsfähigen Strafrechtspflege. Im übrigen ist zweifelhaft, ob der Gesichtspunkt der gleichmäßigen Besteuerung es wirklich i.S.d. des Verhältnismäßigkeitsgrundsatzes erforderlich macht, den Pflichten zur Mitwirkung aus der AO solche nach dem GwG für Dritte zur Seite zu stellen:

#### aa) Keine Besserstellung der Organisierten Kriminalität

Vor Hintergrund der Belastungsgleichheit wird vorgetragen, es könne nicht angehen, daß derjenige, der sein Geld durch kriminelle Handlungen erlangt, vor einer Weitergabe seiner Daten zu Besteuerungszwecken geschützt sei, während ein anderer, der seine Einkünfte legal erziele, mit einer Weitergabe seiner Daten über § 116 AO rechnen müsse.[1422] Dieses Argument erscheint auf den ersten Blick einleuchtend.

---

[1422] Von einer solchen Besserstellung sprechen *Meyer/Hetzer*, Kriminalistik 1997, 696.

Doch in dieser These ist ein grundlegender Denkfehler enthalten: Daten desjenigen, der nicht in ein Verfahren wegen § 261 StGB verwickelt ist, können naturgemäß nicht im Rahmen eines solchen Verfahrens an die Steuerbehörden weitergegeben werden. Diese Daten werden nicht erhoben, so daß der Betroffene hier auch zwingend nicht mit einer Datenverwendung rechnen muß.

Außerdem muß der in ein Geldwäscheverfahren verstrickte Steuerpflichtige ebenso damit rechnen, daß alle seiner steuerlich relevanten Daten über § 116 AO weitergegeben werden. Insofern liegt eine datenschutzrechtliche Besserstellung der Organisierten Kriminalität nicht vor. Im Falle des Geldwäscheverdachts ergibt sich lediglich eine weitere und weitergehende Rechtsgrundlage für die Datenübermittlung.

**bb) Hinterziehungsnähe**

Von einigen Autoren wird eine gewisse Hinterziehungsnähe von Geldwäschetaten als Rechtfertigung für eine Datenverwendung zum Zwecke der Besteuerung angesehen: Die Steuerhinterziehung hänge mit der Geldwäsche strukturell zusammen.[1423]

Unter Hinweis auf die fehlende Bereitschaft der einschlägigen Täter der Organisierten Kriminalität, steuerpflichtige Einkünfte anzugeben und auf die Unmöglichkeit von Untersuchungsmaßnahmen – wie Betriebsprüfungen – bei typischen Organisationsformen der illegalen Unternehmen könnte man die Pflichten des GwG auch für die Besteuerung nutzbar machen.

Da eine Quellensteuer, wie sie bei den besonders oft hinterzogenen Zinsen für Kapitalanlagen eingeführt wurde, aus offensichtlichen Gründen nicht praktikabel ist, sei die Verpflichtung zur Meldung nach dem GwG eine andere Art, die Abführung der Steuern sicherzustellen. Die Verpflichteten könnten zwar nicht die Steuern selbst abführen, aber sie könnten zumindest die Informationen über den Finanzfluß beim Steuerpflichtigen liefern.

In diesem Zusammenhang wäre jedoch zunächst zu untersuchen, ob die Steuerhinterziehung wirklich eine typische, mit der Geldwäsche im Zusammenhang stehende Straftat ist. Allein dies könnte schon den besonderen Umgang mit den Daten der Steuerpflichtigen rechtfertigen, denn das Steuerrecht ist wertneutral, daher können die erörterten Aspekte der Strafe und Sanktion hier auch außen vor bleiben.

Folgt man der Beschreibung des typischen Ablaufs einer Geldwäsche, so kommt es im Rahmen der *integration stage* zu einer Wiedereinschleusung in den legalen Finanzkreislauf. Die Vermögenswerte werden in bestehende Fir-

[1423] *Hetzer* ist der Auffassung, die Steuerhinterziehung und die kriminellen Aktivitäten gingen „*Hand in Hand*", Kriminalistik 2002, 652.

menbilanzen integriert. Kommt es aber zu einer solchen Platzierung in einer legalen wirtschaftlichen Unternehmung, dann wird der Vermögenswert dort in der Regel als Buchgeld auftauchen. Dieses Buchgeld wird in der Bilanz des Unternehmens aufgeführt, so daß es grundsätzlich als steuerlicher Gewinn erscheinen wird. Es kommt also in vielen Fällen gar nicht zu einer Steuerverkürzung.

„*Für den Geldwäscher steht hierbei* [bei dem Schritt der Integration] *die gewinnbringende Anlage im Vordergrund, wobei die unauffällige Infiltration der legalen Wirtschaft nur gelingen kann, wenn das eingesetzte Geld als versteuert gilt...*“[1424]

Das heißt also, daß im Falle der mit Geldwäsche im Zusammenhang stehenden Steuerpflichtigen die Gefahr der Steuerverkürzung gerade nicht größer ist als bei anderen, mit legaler Beschäftigung Gewinn erzielenden Steuersubjekten.[1425] Den Tätern eines Geldwäschedeliktes ist im Gegenteil sehr daran gelegen, nicht die Aufmerksamkeit der Behörden zu wecken. Daher ergibt sich hier kein prinzipiell höheres Hinterziehungsrisiko im Bereich der Organisierten Kriminalität, als im Bereich der legalen Wirtschaft. Die Behauptung, es sei nötig, die Pflichten nach dem GwG zu Besteuerungszwecken zu nutzen, weil die Organisierte Kriminalität zwangsläufig mit Steuerhinterziehungen einhergehe, geht in dieser Pauschalität schlicht an der Realität vorbei.

### cc) Anzeigenbewehrte Mitwirkungspflichten

Im Hinblick auf steuerrechtliche Pflichten der mutmaßlich an der Geldwäsche beteiligten Straftäter könnte man letztlich auch argumentieren, es handele sich bei den Daten, die für das Besteuerungsverfahren verwandt werden sollen, lediglich um solche Angaben, die der Steuerpflichtige im Rahmen seiner Mitwirkungspflichten aus der AO ohnehin zu machen verpflichtet sei.

Die nach dem GwG Verpflichteten erfüllten unter dieser Prämisse nur die Pflichten, die eigentlich den Bezugspersonen der Daten obliegen. Diese Argumentation ist nicht von der Hand zu weisen. Denn wenn dem einzelnen Steuerpflichtigen solche Mitwirkungsverpflichtungen auferlegt werden, dann ist es auch sinnvoll, diese Verpflichtung mit den bestehenden Mitteln durchzusetzen, um die Pflicht nicht zur reinen Formalie werden zu lassen.

Wenn also die Informationen über diese Fälle schon ermittelt worden sind, dann kann einer Weitergabe dieser Daten zu einem legitimen Zweck, nämlich die Daten für eine gesetzmäßige Besteuerung zu nutzen, nur die Beeinträchtigung von Grundrechten entgegenstehen. Die Datenweitergabe an die Finanzbehörden stellt aber eine Beschränkung des Grundrechtes auf informationelle Selbstbestimmung dar.

---

[1424] *Hoyer/Klos*, S. 13.

[1425] Auch wenn *Hetzer* (Kriminalistik 2002, 652) dies nicht glauben mag und als paradox bezeichnet.

Diese Beeinträchtigung könnte unter dem Aspekt der Belastungsgleichheit gerechtfertigt sein. Es ist also der Eingriff in die Datensphäre der Betroffenen gegenüber dem Allgemeininteresse an der gleichmäßigen Besteuerung abzuwägen. Anders als in den vorher zumeist beschriebenen Konstellationen der Datenverwendung geht es hier um rein fiskalische Zwecke. Die Steuern sind nicht mit einem persönlichen Unwerturteil verbunden und der Grundsatz nemo tenetur kann hier nicht herangezogen werden. Darüber hinaus geht es nur um eine Ausfüllung von Pflichten, die der Bezugsperson der Daten ohnehin oblagen. Sie wäre ohnehin gem. § 90 AO verpflichtet, die Informationen weiterzugeben. Es bedeutet daher keinen übermäßigen Eingriff in die Rechte der Bezugsperson der Daten, wenn diese Pflicht von Dritten erfüllt wird und die übermittelten Daten zum Zwecke einer gerechten Besteuerung verwandt werden.

Das gilt natürlich nur unter der oben[1426] erörterten Bedingung, daß die Daten von der Finanzbehörde nicht an die Staatsanwaltschaft zum Zwecke der anderweitigen Strafverfolgung zurückgegeben werden. Es darf nicht zu einem Zwang zur Selbstbelastung durch die Hintertür kommen. Die Staatsanwaltschaft darf unter Zuhilfenahme dieser Daten keine anderen Verfahren als solche wegen Geldwäsche betreiben.

### d) Bewertung der Weitergabe an die Finanzbehörden zum Zwecke des Besteuerungsverfahrens

Damit ergibt sich als Fazit für die Bewertung der Informationsübermittlung der GwG-Daten an die Veranlagungsstellen der Finanzämter folgendes:

Eine „Abschöpfung" der Verbrechensgewinne über das Steuerrecht mit Hilfe des GwG ist nicht zulässig, soweit hiermit Strafverfolgung betrieben wird; denn dem Steuerrecht ist der Sanktionszweck fremd. Das Steuerrecht würde andernfalls unter dem Blickpunkt der Bekämpfung der Schwerkriminalität nur als Mittel der Umgehung der strafrechtlichen Verfahrensgarantien genutzt.

Unter dem Aspekt der gerechten Besteuerung ist eine Nutzung der GwG-Daten auch im Besteuerungsverfahren als solchem grundsätzlich nicht zu beanstanden. Der Gesetzgeber hat also die hier gerügte Zweckrichtung umzugestalten, um dann ein legitimes Ziel – gerechte Besteuerung – mit einem angemessenen Mittel, nämlich der Datenweitergabe nur zu Zwecken des Besteuerungsverfahrens, zu verfolgen.

[1426] Dazu S. 111 ff.

## IV. Verwendbarkeit für das Steuerstrafverfahren

Jedoch dürfen die Daten nach dem GwG in seiner heutigen Fassung[1427] auch zum Zwecke der Betreibung eines Steuerstrafverfahrens an die zuständigen Verfolgungsorgane weitergegeben werden. Zwar gehört die Steuerhinterziehung nicht - wie etwa der qualifizierte Schmuggel (§ 373 AO) oder die gewerbsmäßige Steuerhehlerei (§ 374 AO) – zu den Katalogtaten des § 261 I Nr. 1-5 StGB, aber trotzdem ergeben sich durch diesen möglichen Datentransfer weitreichende Auswirkungen auch auf das Strafverfahren wegen Steuerstraftaten:

Wenn die im Rahmen eines Verfahrens wegen des Verdachts der Geldwäsche ermittelten Daten an die Finanzbehörde weitergegeben werden dürfen, dann hat das Folgen für die Verfolgung von Steuerstraftaten. Die Buß- und Strafsachenstelle kann in dieser Konstellation nämlich – aufgrund jener Informationen – Steuerstrafverfahren gegen die Personen eröffnen oder vorantreiben, deren Daten den Finanzbehörden aufgrund eines begründeten oder auch unbegründeten Geldwäscheverdachts bekannt geworden sind.

### 1. Verwendungsmöglichkeit

Nach der alten Fassung des § 10 II GwG durften die GwG-Daten nur in einem Besteuerungsverfahren gegen die betroffenen Person verwandt werden. Auf Initiative der *SPD-Fraktion*, die durch *Meyer/Hetzer* einen entsprechenden Entwurf vorlegen ließ,[1428] weil sie die bestehende Regelung für unzureichend hielt und eine effektive Bekämpfung der Steuerhinterziehung mit den Mitteln des GwG forderte, wurde § 10 II GwG um den Satz 2 im OKVBG erweitert. Dort heißt es nun:

> *„Die Mitteilungen und Aufzeichnungen dürfen für Besteuerungsverfahren und für Strafverfahren wegen Steuerstraftaten verwendet werden."*

Diese Erweiterung des § 10 II GwG wurde im Diskussionsentwurf vorgeschlagen, um den „hinderlichen Umweg" über ein rechtskräftiges Urteil abzubauen und eine effektivere Bekämpfung der Steuerhinterziehung zu ermöglichen. Nach § 10 II 2 GwG in der geltenden Fassung dürfen nun solche über § 2 ff. GwG erlangten Informationen, die das Strafverfolgungsorgan zu Ermittlungszwecken heranzieht, auch an die Finanzbehörden weitergegeben werden, damit diese sie im Rahmen eines Steuerstrafverfahrens verwendet.

Durch diese Erweiterung des Anwendungsbereichs der genannten Normen hat man erreicht, daß der Datenfluß zur Buß- und Strafsachenstelle erhöht und beschleunigt wurde und der Steuerstrafsachenstelle jetzt wichtige Informationen überhaupt bzw. zügiger zur Verfügung stehen.

---

[1427] Durch die Neufassung 04.05.1998, BGBl I 1998, 845 ff; aktuelle Fassung in BGBl. 2003 I, 2320.

[1428] Erörtert von *Meyer/Hetzer*, ZRP 1997, 13 ff.

## 2. Kritik an § 10 II 2 GwG

Die gewählte Lösung in § 10 II GwG zeigt jedoch wiederum eine deutliche Abwendung des GwG von der ursprünglichen Zielsetzung, der Bekämpfung der Organisierten Kriminalität. Damit liefert die Bekämpfung von Organisierter Kriminalität nur noch ein zweifelhaftes Etikett[1429] für die mit dieser Zielsetzung nominell begründete Gesetzesänderung, die aber anderen Interessen dient. De facto kann es zu einer Bekämpfung von Alltagskriminalität durch die Verzahnung von Strafverfolgung wegen Geldwäsche und Steuerfahndung kommen.[1430] Hier ist der Steuerstraftäter gegenüber dem „normalen" Straftäter im Nachteil. Denn seine über § 10 I GwG herangezogenen Daten werden an die ermittelnde Behörde weitergegeben.

Daher darf dem Gesetzgeber hier wohl eine stark fiskalisch geprägte Motivation unterstellt werden. Das zeigt sich besonders deutlich an der Normierung des § 261 V StGB. Die hier normierte Strafbarkeit auch der leichtfertigen Geldwäsche hat den verdeckten Zweck, die Melde- und Aufzeichnungspflichtigen zur sorgfältigen Erfüllung ihrer Pflicht anzuhalten und sie dazu zu veranlassen, im Zweifel vor dem Hintergrund des § 12 GwG Anzeige zu erstatten. Der Gesetzgeber hat damit einem Zwangsdenuntiantentum Vorschub geleistet, das zu einer umfassenden Versorgung der Buß- und Strafsachenstellen mit für Steuerstrafsachen notwendigen Informationen führt.

Grotesk erscheint die Situation im Hinblick auf § 10 II GwG und die Stellung der Staatsanwaltschaften. Die Staatsanwaltschaft darf die Daten, die im Rahmen des § 10 I GwG für die Verfolgung einer Geldwäschetat oder -vortat ermittelt wurden, nicht zur Verfolgung einer Steuerstraftat nutzen. Dies ergibt sich aus § 10 I GwG, der auf den abschließenden Katalog des § 261 I 2 StGB verweist. Der Gesetzgeber hat sich mit der Aufnahme nur der §§ 370a, 373 II Nr.3 AO in den Vortatenkatalog dagegen entschieden, die GwG-Pflichtigen als allgemeines Ermittlungsorgan gegen die Steuerhinterziehung einzuschalten.[1431] Daher darf die Strafverfolgungsbehörde mit den Daten des § 10 GwG keine „gewöhnliche" Strafverfolgung betreiben.

Jedoch sind die herangezogenen Daten in der Regel an die Finanzbehörde weiterzugeben, wenn wegen einer, in § 10 I GwG genannten Straftat ein Strafverfahren eröffnet wird. Die Finanzbehörde erhält diese Daten, um sie in einem Besteuerungsverfahren oder einem Steuerstrafverfahren zu nutzen. Die Staatsanwaltschaft dürfte aber, wenn sie das Steuerstrafverfahren selbst betreiben wollte und daher das Verfahren an sich zieht, wozu sie ja nach § 385 AO berechtigt ist, diese Daten nicht nutzen. Geht man nach dem Wortlaut des § 10 I

[1429] So auch *Herzog*, WM 1996, 1763.
[1430] Dies befürchtet zumindest *Marx*, PStR 1999, 16 ff.
[1431] *Kottke*, NWB 1999, 1364; *Kohlmann*, Steuerstrafrecht, § 370 AO/17.8.

GwG, so dürfte die Staatsanwaltschaft folglich ein, von der Finanzbehörde begonnenes Strafverfahren wegen einer mit Geldwäsche im Zusammenhang stehenden Steuerhinterziehung nicht mehr nach § 385 AO an sich ziehen, wenn sie nicht auf die Daten aus dem Verfahren wegen Geldwäsche verzichten wollte. Damit ergibt sich eine Situation, in der die Staatsanwaltschaft als Herrin des Verfahrens Befugnisse nicht hat, auf die die im Strafverfahren der Staatsanwaltschaft untergeordnete Buß- und Strafsachenstelle zurückgreifen kann. Die Widersinnigkeit einer solchen Regelung liegt auf der Hand.

### V. Folgen eines „Geldwäsche-Fehlalarms"

Durch die Neuregelung des § 10 II 1 GwG, insbesondere aber durch § 11 VII GwG, entstand ein weiteres Problem, dessen Regelung sich aus dem Gesetz nicht entnehmen läßt und an das man entweder nicht gedacht hat, oder wenn man die Entstehungsgeschichte der betreffenden GwG-Neuerungen betrachtet, das man vicllcicht auch in der Diskussion bewußt außer Acht gelassen hat, um nicht die Aufmerksamkeit auf Mißbrauchsmöglichkeiten zu lenken.

Das Gesetz enthält keine Regelung zu der Frage, was mit Daten passiert, die erhoben wurden, wenn sich ein Verdachtsfall der Geldwäsche ergab, der sich jedoch nicht bestätigte.

*Bsp.: Eine Bank meldet einen Verdachtsfall der Geldwäsche gem. § 11 GwG an die Strafverfolgungsbehörden, da eine Person einen sehr hohen Geldbetrag auf ein Konto einzahlen will, vorher aber immer nur einen sehr niedrigen Umsatz über dieses Konto hatte. Die Informationen werden von der Staatsanwaltschaft an die Veranlagungsstelle und Buß- und Strafsachenstelle des zuständigen Finanzamtes weitergegeben und es stellt sich heraus, daß das Geld aus einem Immobilienverkauf stammt, bei dem der Kaufpreis zu niedrig angegeben wurde, um die Grunderwerbssteuer zu sparen, und daher der tatsächliche Kaufpreis z.T. überwiesen und z.T. bar übergeben wurde. Der Verdacht des § 261 StGB oder einer Katalogvortat zur Geldwäsche erhärtet sich also nicht.*

Dieser Fall hat mit der Umstellung auf den Euro um so mehr Bedeutung gewonnen, als nach einem Bericht des Handelsblatts[1432] sich die Zahl der Geldwäscheanzeigen im Januar 2002 verdoppelt hat und die meisten dieser Anzeigen sich auf nicht geldwäscherelevante Vorgänge bezogen. Danach seien die Meldungen zwar wieder zurückgegangen, aber eine gegenüber dem Vorjahr erhöhte Anzeigenzahl sei wegen verbesserter Software und der Angst der Banken vor strafrechtlicher Verfolgung dennoch zu erwarten.

Wenn das Finanzamt Informationen über einem unbestätigten Verdachtsfall erhält, sich aber nur der Verdacht der Steuerstraftat erhärtet, nicht aber der einer Katalogtat oder der Geldwäsche, dann dürfen die Informationen nach der Rechtsprechung dennoch im weiteren Strafverfahren, das die Buß- und Strafsa-

[1432] Handelsblatt-Online vom 07.04.2002.

chenstelle führt, verwertet werden.[1433] Diese wichtigen und durch § 261 V StGB und § 12 GwG provoziert häufigen Fälle, in denen das Strafverfahren wegen des Verdachts der Geldwäsche zwar eingeleitet wird, sich jedoch der Verdacht letztlich nicht bestätigt und dennoch die erhobenen Informationen im Steuerstrafverfahren verwendet werden, nehmen zu.[1434] Insbesondere im Bereich der Erbschaftssteuer und vor dem Hintergrund der hohen Erbschaftssummen der letzten und der kommenden Jahre ist diese Fallkonstellation sehr interessant. Das GwG wird hier zum Überwachungsinstrument für die Erbschaft- und Schenkungsteuer.

Die Möglichkeiten der Finanzbehörden, auch in sonst ungeklärten Fällen und über sonst nicht nutzbare Wege an wichtige ermittlungsfördernde Daten zu gelangen, sind damit stark erweitert worden. Dadurch wird die Strafverfolgung bei Steuerstraftaten, die möglicherweise mit Geldwäschedelikten zusammenhängen könnten, deutlich effektiver.

Nach alter Rechtslage war die Verwertung der zur Bekämpfung der Organisierten Kriminalität ermittelten Daten für Zwecke des Steuerstrafverfahrens nicht zulässig, es durften nur Daten für das Besteuerungsverfahren verwendet werden. Durch die heutige Vorverlagerung des Datenaustauschs in den Bereich des Ermittlungsverfahrens sollen über einen schnellen „Informationsverbund"[1435] der beteiligten Strafverfolgungs- und Besteuerungsorgane die Gesetze gegen die Geldwäsche auch für die steuerliche und steuerstrafrechtliche Kontrolle wirksam werden.[1436] Es steht jedoch nun nicht mehr das Ziel der Strafverfolgung der Organisierten Kriminalität, sondern der allgemeine Aspekt der Gewinnabschöpfung als Zweck hinter dem Gesetz.[1437]

Jedoch ist zu fragen, ob die Gewinnabschöpfung im Rahmen des Steuerrechts und die Verfolgung von Steuerstraftaten noch mit dem ursprünglichen Zweck des Gesetzes, nämlich der Verfolgung der Organisierten Kriminalität in Einklang zu bringen ist.

Diese Frage kann insofern dahin stehen, als schon jetzt festgestellt werden kann, daß die Regelungen, die der Gesetzgeber zur Sicherung einer kontrollierten Datenverwendung getroffen hat, unzureichend sind:

§ 10 II GwG läßt, ebenso wie § 11 VII GwG zu viele Verwendungsmöglichkeiten offen und gibt dem Recht des Einzelnen auf informationelle Selbstbestimmung nicht den ausreichenden und nach dem Volkzählungsurteil notwendigen Schutz. Er läßt auch ein Verwertungsverbot für eventuell fehlerhaft verwandte

[1433] *OLG Celle*, wistra 2000, 277.
[1434] *Marx*, DStR 2000, 2046.
[1435] So genannt von *Meyer/Hetzer*, Kriminalistik 1997, 31, 35.
[1436] *Kreß*, wistra 1998, 123, 129f.
[1437] *Meyer/Hetzer*, NJW 1998, 1021 f.

Daten nicht erkennen. *Marx* spricht davon, daß der Steuerpflichtige auch dann weiterhin *„an der Angel der Steuerfahndung"*[1438] hängt. §§ 10 II und 11 VII GwG entsprechen also nicht den Vorgaben des Volkzählungsurteils und sind damit verfassungswidrig. Diese umfassenden Verwendungsmöglichkeiten sind in ihrer Unbestimmtheit und ihrer fehlenden Zweckbindung unverhältnismäßig.

---

[1438] *Marx*, PStR 1999, 16.

Peter Lang · Europäischer Verlag der Wissenschaften

Stephan Niermann

# „e-Geldwäsche"

## Rechtliche und faktische Grenzen der Gewinnabschöpfung bei Straftaten im modernen Zahlungsverkehr

Frankfurt am Main, Berlin, Bern, Bruxelles, New York, Oxford, Wien, 2004.
228 S., zahlr. Graf.
Bielefelder Rechtsstudien. Verantwortlicher Herausgeber: Stephan Barton.
Bd. 20
ISBN 3-631-53039-0 · br. € 42.50*

In Wissenschaft und Praxis wird befürchtet, die neuen Möglichkeiten des elektronischen Zahlungsverkehrs (u. a. „e-Geld", „Cyber-Money") könnten in erheblichem Maße zur Geldwäsche missbraucht werden. Die Gesetzgebung versucht, dem durch „normative Prävention", also durch neue Gesetzgebungsvorhaben, zu begegnen. Der dahinter stehende Ansatz wird einer kritischen Analyse unterzogen. Dazu werden Geldwäschevorgänge im modernen Zahlungsverkehr „herkömmlichen" Geldwäschevorgängen unter Berücksichtigung der Pflichten des Geldwäschegesetzes gegenübergestellt. Dabei tritt ein Missverhältnis zum Vorschein, nämlich eine geringe Effektivität der Gesetzgebungsbemühungen bei gleichzeitiger hoher Eingriffsintensität in die bürgerlichen Grundfreiheiten. Dies wirft die Frage nach funktionalen Äquivalenten auf. Es werden demgemäß verschiedene technische Spezifikationen des modernen Zahlungsverkehrs diskutiert, die geeignet erscheinen, Geldwäsche mit weniger einschneidenden Mitteln zu verhindern.

*Aus dem Inhalt*: Internationale und nationale Grundlagen der Geldwäschegesetzgebung · Geldwäscherichtlinien · Geldwäschebekämpfungsgesetz · Pflichten des GwG · Strafrechtliche und verfassungsrechtliche Probleme des § 261 StGB · Zahlungsverkehrssysteme, eine Abgrenzung · Elektronisches Geld · Beeinträchtigung effektiver Gewinnabschöpfung beim Missbrauch des modernen Zahlungsverkehrs im Rahmen von Geldwäschehandlungen · Unterstützungsfaktoren neuerer elektronischer Zahlungsverkehrssysteme für Geldwäschehandlungen · Internet · Cyber-Crime-Konvention · Grenzen normativer Prävention und funktionale Äquivalente · uvm.

www.ingramcontent.com/pod-product-compliance
Ingram Content Group UK Ltd.
Pitfield, Milton Keynes, MK11 3LW, UK
UKHW021918290926
8980IPUK00015B/1328

9 783631 561638